1988 年 12 月，由北京市教育局督学室牵头，市政府文教办、市教育局、市成教局有关处室参加，对城近郊八个区“两基达标”情况验收检查。图为检查人员合影。

1993 年 2 月，北京市教育局督学室工作会召开。图为市督学合影（前排右二为北京市教育局局长、督学室主任陶西平）。

1993年12月，北京市“两基”达标经验交流暨总结大会召开，北京市委副书记李志坚、副市长胡昭广、市人大常委会副主任陶西平、市政协副主席陈大白等出席会议。

1996年2月，北京市人民政府教育督导室与北京市教育委员会同时举行成立大会和揭牌仪式，北京市市长李其炎，市教委主任、市政府教育督导室主任徐锡安出席。

1998 年 4 月，北京市教育法律法规检查工作会议召开，市人大常委会副主任陶西平，副市长林文漪，市长助理、市教委主任、市政府教育督导室主任袁贵仁出席并讲话。

1998 年 5 月，北京市人大常委会副主任陶西平，市长助理、市教委主任、市政府教育督导室主任袁贵仁等对山区教育进行调研检查。

1998 年 11 月，市政府教育督导室与英国国家职业学历与学术考试机构（EDexcel）举办督学培训。

1999 年 7 月，北京市教育督导工作电视电话会议召开，教育部督导办领导和北京市领导向市督学颁发督学证书。

2006年11月，市教育执法检查组开展教育执法情况检查。图为市教委主任、市政府教育督导室主任刘利民带队深入小学检查。

2008年10月至11月，市政府教育督导室对《职业教育法》落实情况进行检查。

2009 年 6 月，市政府教育督导室、市教委举办“北京教育督导评价国际论坛”。

2009 年 10 月，市政府教育督导室主任线联平参加平谷区综合督导并实地考察学校。

2010 年 9 月，北京市督学大讲堂启动仪式举行，何秀超、陶西平等出席。

2013 年 12 月，杨晓超、何秀超、线联平、唐立军等在朝阳实验小学 (北京市首个责任督学挂牌督导学校) 与挂牌责任督学合影。

2015 年 4 月，教育部召开“对北京市义务教育发展基本均衡区县督导检查反馈意见暨全国义务教育均衡发展中期推进会”。在会上，北京市 16 个区（县）全部一次性通过全国义务教育发展基本均衡县（市、区）评估验收。市委副书记、市长王安顺到会听取反馈意见并讲话。

2015 年 11 月，市政府教育督导室主任唐立军一行调研初中开放性科学实践活动。

2016 年 6 月，国务院教育督导委员会办公室、市政府教育督导室联合举办“北京 2016 年教育督导与评价研讨会”。刘利民、王宁出席会议。

2016 年 12 月，北京市人民政府教育督导委员会成立暨第十届督学聘任工作会议召开。副市长、市政府教育督导委员会主任王宁，市政府教育督导委员会副主任、市政府副秘书长尹培彦，市政府教育督导委员会副主任、市教委主任刘宇辉，市政府教育督导委员会副主任、市政府教育督导室主任唐立军出席会议。

1986—2016年北京市人民政府教育督导室（北京市教育局督学室）历任主任及任职时间（按任职时间先后排序）

陶西平
1986.9—1993.12

陶春辉
1993.12—1995.12

徐锡安
1995.12—1998.3
1999.5—2001.12

袁贵仁
1998.3—1999.5

耿学超
2002.3—2006.2

刘利民
2006.2—2007.11

线联平
2007.11—2013.7

唐立军
2013.11—2018.11

北京市人民政府教育督导室（北京市教育局督学室）历任副主任及任职时间

刘铁岭
1987.10—1994.8

徐俊德
1991.1—1991.11

高同福
1991.11—1995.2

高玉琛（常务）
1994.8—2001.5

文教亨
1995.12—1998.10

章家祥
1995.12—2000.4

谢幼琅
1995.12—2002.3

刘　莉
1995.12—2019.2

佟志衷
2001.5—2003.4

董柏林
2003.6—2005.11

李　壑
2003.6—2012.10

陈宏（正局级）
2005.7—2009.3

关国珍
2009.6—2018.1

张　军
2013.8—2014.9

冯义国
2015.2—2022.8

北京教育督导30年

BEIJING JIAOYU DUDAO SANSHI NIAN

北京市人民政府教育督导室　编
刘宇辉　主编

中国教育出版传媒集团
人民教育出版社
·北京·

图书在版编目（CIP）数据

北京教育督导30年 / 北京市人民政府教育督导室编；刘宇辉主编. —北京：人民教育出版社，2023.6

ISBN 978-7-107-37419-7

Ⅰ. ①北… Ⅱ. ①北… ②刘… Ⅲ. ①教育视导—概况—北京 Ⅳ. ①G526.4

中国国家版本馆CIP数据核字（2023）第120511号

北京教育督导30年

出版发行 人民教育出版社
（北京市海淀区中关村南大街17号院1号楼 邮编：100081）
网 址 http://www.pep.com.cn
经 销 全国新华书店
印 刷 北京盛通印刷股份有限公司
版 次 2023年6月第1版
印 次 2023年9月第1次印刷
开 本 787毫米×1 092毫米 1/16
印 张 42.75
字 数 838千字
插 页 6
定 价 380.00元

主　　编: 刘宇辉
副 主 编: 唐立军　刘　莉　关国珍　冯义国　李　鋆

责任编辑: 程　军　杨　燕　张　达
装帧设计: 郭　威

序　言

刘宇辉

教育督导制度是我国基本的教育制度之一。从1986年恢复教育督导制度，到2016年深化推进教育督导改革，北京教育督导事业走过了30年路程。其间在教育部的亲切关怀下，在北京市委、市政府高度重视和正确领导下，北京市教育督导事业快速发展，建立起了具有鲜明首都特色的现代教育督导体系，为首都教育改革发展提供了坚实保障。

值此《北京教育督导30年》即将出版之际，再次回顾北京教育督导30年的发展历程，鉴古知今，承前启后，是一项很有意义的工作。本书通过梳理和选编政策法规文件、领导讲话和访谈录、档案资料等，客观呈现了北京市教育督导30年的发展史，全面再现了北京教育督导人30年的奋斗史，堪称北京教育督导30年的一部“百科全书”，也是一座丰厚的精神宝库。

在30年的传承与发展中，北京教育督导工作始终坚持依法依规，其制度建设一直走在全国前列。1986年，设立北京市教育局督学室，建立对普通中小学、学前教育的督导制度；1995年，建立对教育法律法规执行情况的检查制度；20世纪90年代初，施行对普通教育、职业教育和成人教育的“三教统督”；1997年起，启动对区县政府、教委和中小学校实施“三位一体”的素质教育督导评价；1999年，率先在全国出台了政府行政规章《北京市教育督导规定》；2016年，主动适应教育现代化发展的要求，研制实施《北京市人民政府办公厅关于深化教育督导改革的实施意见》，全面推进教育督导职能体系、政策标准体系、工作体系、支持保障体系建设，架起现代教育督导体系的“四梁八柱”。

在30年的传承与发展中，北京教育督导始终坚持服务大局，有力助推教育事业发展。在首都教育改革发展的不同时期，教育督导工作一路攻坚克难：推动北京市率先完成“两基”历史性任务，推进全市16个区（县）一次性通过国家义务教育均衡发展区（县）评估认定；督重大方针政策的贯彻落实，督政府履行教育职能，督学校提升教育教学质量和管理水平，督教育热点难点问题破解……在深化教育改革、促进教育公平、提升教育质量等方面，发挥了重要的、不可替代的作用，强有力地推进了首都教育改革和发展。

在30年的传承与发展中，北京教育督导始终坚持改革创新，不断强化自身建设。督导机构历经变迁，从北京市教育局督学室到北京市人民政府教育督导室，再到北京市人民政府教育督导委员会办公室；督导职能与时俱进，从“督政为重、督学为本”，到“督政、督学、评估监测”三位一体；教育督导范围日益全面，从对普通中小学、学前教育的督导，拓展到对各级各类教育的督导评估与监测……体制机制更加完善，教育督导专业化、科学化和现代化水平稳步提升。

跨入新时代，踏上新征程，建设首都高质量教育体系、办好人民满意的教育的目标对教育督导工作提出了更高要求。我们继承和发扬 30 年来的优良传统，积极适应新形势新要求，出台《北京市关于深化新时代教育督导体制机制改革的实施意见》《北京市教育督导问责实施细则》等一系列政策文件，进一步完善顶层设计；完成《北京市教育督导规定》的修订，进一步强化法制建设；成立了北京教育督导评估院，进一步建强督导专业力量……新蓝图正在绘就，新发展已经启程。在建设教育强国的伟大征程中，我们将继续为首都教育督导保驾护航贡献力量。

最后，我谨代表北京市人民政府教育督导室历届领导班子成员向为北京教育督导工作作出历史贡献的老领导、老同事，向组织和参与《北京教育督导 30 年》编写工作的同志们表示感谢和敬意！

2022 年 12 月

（本序作者时任中共北京市委教育工作委员会副书记、北京市教育委员会主任、北京市人民政府教育督导室主任）

目　录

第一编

综述与领导讲话

北京教育督导 30 年发展的回顾

伴随着国家的改革开放和教育的改革发展，北京市教育督导制度自 1986 年恢复至 2016 年，共 30 年了。30 年间，北京教育督导始终坚持贯彻落实党的教育方针，始终坚持立德树人，始终坚持服务首都教育事业的改革和发展，始终坚持探索和创新，取得了一系列成功和突破。30 年的奋斗，北京教育督导在首都教育发展史上留下了浓墨重彩的一页，弥足珍贵。30 年创造的经验，更为今后北京教育督导工作的改革发展奠定了坚实的基础。

一、北京教育督导的历史沿革

（一）北京教育督导的雏形

1906 年，清政府设立京师督学局，督理京师学务。1912 年，京师督学局改为京师学务局，执掌督理京师学务，其内容涉及劝学督导、私立学校、教育经费、教师、校务、学校体育卫生及私塾整顿等。1928 年，京师学务局改为北平特别市教育局，内设督学室，其职责为“分掌视察调查及指导事务”。1930 年，北平特别市改称北平市，北平特别市教育局改称北平市教育局。1932 年，北平市教育局并入北平市社会局，内设督学室。1938 年，恢复北平市教育局，内设督学室。

（二）新中国成立到改革开放前夕的教育督导

1949 年 1 月 1 日，北平市人民政府（1949 年 9 月 27 日更名为北京市人民政府）成立。1949 年 3 月，市人民政府所属教育局成立，5 月组建教育局视导室，职责是“主管各级学校教育、社会教育之视察指导及调查事宜”。1951 年，北京市教育局撤销了单独设立的视导室，而在中等教育科、初等教育科、幼儿教育科内分别设立视导组，在体育卫生科设立体育视导员。中等教育科编制 20 人，其中视导组 13 人，行政组 7 人；初等教育科编制 17 人，其中视导组 11 人，行政组 6 人。中等教育科视导任务是有计划、有步骤地对学校工作进行调查研究，发现和推广经验，提出并解决问题，以期逐步提高学校工作水平。初等教育科视导任务是检查各区文教科与所属学校对党和政府关于学校教育之决议、指令、计划的执行情况，对教育方针、政策贯彻执行的情况，以及了解提高教学质量的各种措施与经验。幼儿教育科视导任务是根据幼儿教育方针、政策对幼儿园的全面工作进行督促和检查，研究区幼教局、公社幼教部（组）和幼儿园工作情况，解决具体问题，并推广优良工作方法和经验，帮助幼儿园提高工作质量。1966 年，“文化大革命”开始，教育视导工作中断。

（三）改革开放以来的教育督导

1977 年 9 月 19 日，邓小平同志同教育部主要负责人谈了教育战线的拨乱反正问题。在这个谈话中，邓小平同志提出教育战线需要拨乱反正的各项问题，并强调："要健全教育部的机构。要找一些四十岁左右的人，天天到学校里去跑。搞四十个人，至少搞二十个人专门下去跑。要像下连队当兵一样，下去当'学生'，到班里听听课，了解情况，监督计划、政策等的执行，然后回来报告。这样才能使情况反映得快，问题解决得快。可以首先跑重点大学，跑重点中学、小学。这些就是具体措施，不能只讲空话。"这个谈话最早提出了在我国恢复教育督导制度的构想。这个构想是邓小平同志抓科学、教育，实现四个现代化总体构想的组成部分。邓小平同志从战略高度深刻指出，"不抓科学、教育，四个现代化就没有希望，就成为一句空话。抓，要有具体政策、具体措施，解决具体的思想问题和实际问题"，建立一种监督计划、政策执行的制度，不仅是抓教育的具体措施之一，而且对实现我国科技发展和经济发展目标具有重要的意义。正是在这个谈话的指引下，我国逐步恢复重建了教育督导制度，并使之成为我国教育的基本制度之一。

1983年7月，在全国普通教育工作会议上，教育部提出了《建立普通教育督导制度的意见》，要求县以上教育行政部门都要设立督导机构，并要求先试点，而后逐步实行。1986年，六届全国人大四次会议批准的国务院《关于第七个五年计划的报告》明确提出："要加强教育事业的管理，逐步建立系统的教育评价和监督制度。"1986年9月，国务院办公厅转发国家教委、国家计委、财政部、劳动人事部《关于实施〈义务教育法〉若干问题的意见》，文件明确指出："逐步建立基础教育督学（视导）机构，负责对全国或本地区范围内义务教育的实施进行全面的视察、督促和指导，并协同当地人民政府处理有关实施义务教育的各项问题。"

为了加强政府对教育工作的监督、评价和指导，提高教育管理工作的水平，使教育事业更好地为社会主义现代化建设服务，1986年9月17日，北京市人民政府印发《关于试行中小学和学龄前教育督学制度的决定》（以下简称《决定》），这标志着北京市教育督导制度的正式恢复和重建。《决定》有四个特点：一是提出从北京市的实际出发，主动、适时建立教育督导制度；二是把建立教育督导制度作为政府行为，由市政府颁布《决定》，要求各级政府和教育行政部门高度重视，切实加强对教育督导工作的领导和支持；三是赋予市、区（县）督学机构和督学督导下级政府教育工作的职权，率先赋予督学室"督政"职能，这是教育督导史上的创举；四是赋予督导机构较高的规格，规定市教育局建立督学室，编制10人，主任由市教育局局长兼任，副主任由副局级干部担任，督学由处级或副处级干部担任。市教育局督学室成立后，依据《决定》，经过在区县试点和认真研究论证，1988年10月，市教育局印发了经市政府批复同意的《关于建立区县督学机构的几点意见的请示》，各区县相继建立督学室。1989年9月，北京市机构编制委员会办公室印发《关于区县督学机构编制的通知》，对区县督学机构设置、人员编制进行了统一和规范。至 1990 年年初，全市 18 个区（县）均建立了区（县）人民政府督学室，市区两级教育督导体系正式形成。据 1994 年年底的统计，全市共有专职督学 128 人，兼职督学 105 人。

1995 年，中共北京市委、北京市人民政府决定撤销北京市人民政府文教办公室、北京市教育局、北京市高等教育局、北京市成人教育局，组建北京市教育委员会，成立北京市人民政府教育督导室。1996 年 2 月 15 日，北京市人民政府教育督导室与北京市教育委员会同时举行成立和挂牌仪式，国家教委副主任张天保、中共北京市委副书记李志坚为北京市人民政府教育督导室挂牌揭幕，北京市市长李其炎为市政府教育督导室主任（正局级）徐锡安、常务副主任（副局级）高玉琛，副主任（副局级）文教亨、章家祥、谢幼琅、刘莉颁发任命书。随后，北京市机构编制委员会印发《关于成立北京市人民政府教育督导室的批复》，北京市人民政府办公厅印发《关于设立北京市人民政府教育督导室的通知》，都对北京市人民政府教育督导室的机构、职责、编制等做了规定。北京市人民政府教育督导室为市教委代管机构，督导对象从中小学、幼儿园拓展到中等和中等以下各类教育，从区县政府及其教育行政部门拓展到区县政府及其教育行政部门和有关部门，并明确要向市政府报告工作、反映情况。行政编制为 17 名，其中主任 1 名，由市教委主任兼任（不占督导室编制）；副主任 5 名，为副局级，其中 1 名常务副主任；另设正副处级督学及工作人员。市政府教育督导室内设三处一室，即一处（负责城近郊区基础教育督导）、二处（负责远郊区县基础教育督导）、三处（负责职业教育、成人教育督导）和办公室（负责日常行政管理工作），基本形成了督政为重、督学为本，基础教育、职业教育、成人教育“三教统督”的格局。北京市各区（县）政府教育督导机构统一改名为“××区（县）人民政府教育督导室”，由该区（县）教委主任兼任区（县）政府教育督导室主任。各区（县）均配置了区（县）政府教育督导室专职副主任和督学，增加教育督导经费，改善办公条件。

1999 年，北京市人民政府颁布了《北京市教育督导规定》（以下简称《规定》），对教育督导工作的内涵、督导范围、督导机构、督学职责、督导实施以及相关法律责任等做了明确规定。《规定》首次将本级人民政府的有关部门纳入督导对象，率先实行“同级督政”。《规定》的出台，顺应了全市教育改革发展和政府职能转变的需要，成为北京市教育管理走向现代化的重要标志。

2000 年，在北京市政府机构改革中，市政府教育督导室行政编制精简为 9 名，设主任 1 名，由市教委主任兼任（不占督导室编制），副主任 3 名，为副局级，内设督导一处（负责基础教育督导）、督导二处（负责职业教育、成人教育督导）。

2007 年，市政府任命了市政府教育督导室正局级专职主任（教委主任不再兼任），加强了全市教育督导工作的领导力量，促进了教育行政权和教育监督权的进一步分离。北京市机构编制委员会办公室为市政府教育督导室增加行政编制2名，市政府教育督导室内设督导一处、督导二处。

2010年，北京市机构编制委员会办公室为市政府教育督导室核增行政编制5名，增设综合处。内设机构增至三个处，即综合处、督导一处、督导二处。处级领导职数3正3副。市政府教育督导室行政编制增至16名，设主任1名，为正局级，副主任3名，为副局级。

同时，北京市注重加强教育督导支撑机构建设。在市政府教育督导室的提议下，2011年，北京市教育督导与教育质量评价研究中心挂牌成立，设在北京教育科学研究院，编制12名，处级领导职数1正1副，主要承担教育督导与教育质量监测评价的理论研究、工具开发、数据库管理和维护及事务性工作。2012年，北京市督学研修中心挂牌成立，设在北京教育学院，编制9名，处级领导职数1正1副，主要承担督学专业培训和高级研修、督学队伍建设的管理和相关研究工作。

（四）党的十八大以来的教育督导

2013年11月，《中共中央关于全面深化改革若干重大问题的决定》对全面深化改革做出重大部署，明确了教育改革的攻坚方向和重点举措，提出“深入推进管办评分离”“强化国家教育督导，委托社会组织开展教育评估监测”。

党的十八大特别是党的十八届三中全会以来，在深化教育领域综合改革的进程中，北京市坚持管办评分离，统筹谋划、顶层设计，深入推进教育领域综合改革，强化教育督导职能机构，注重教育督导职责履行，整体推进教育督导的改革发展。2015年8月17日，北京市机构编制委员会办公室印发《关于同意调整市政府教育督导室机构编制等有关事项的函》，批复同意对市政府教育督导室的主要职责、内设机构和人员编制做出调整，实现了北京教育督导历史上教育督导职能和机构建设质的飞跃。批复同意对“两委一室”（市委教育工委、市教委、市政府教育督导室）主要职责做如下调整：一是将市教委承担的有关教育评估和监测的职责划入市政府教育督导室，将市教委主要职责第6条中“负责教育教学质量的评估和监控工作”修改为“负责制定教育教学质量标准并组织实施”；二是市政府教育督导室主要职责中增加“负责各级各类教育发展状况和质量的监测以及各级各类学校办学状况和教育教学水平的督导评估”职责。市政府教育督导室督导对象拓展到各级各类教育，内设机构调整并增设为6个处：综合处、督政处、学校督导处、专项督导处、督学管理与信息化处、评估与监测处。市政府教育督导室行政编制增至29名，其中主任1名，为正局级，副主任3名，为副局级，处级领导职数为6正6副。

2016年4月29日，北京市人民政府办公厅印发《关于深化教育督导改革的实施意见》，明确了深化教育督导改革的总体思路、工作目标、主要任务和保障措施，统领全市教育督导改革发展，为教育督导改革发展注入了强大动力。

2016 年 6 月 1 日，北京市机构编制委员会办公室印发了《北京市机构编制委员会关于设立北京市人民政府教育督导委员会有关事项的批复》，同意设立北京市人民政府教育督导委员会，为市政府议事协调机构。市政府教育督导委员会在市政府领导下独立行使教育督导职能，代表市政府对各级各类教育进行监督、检查、监测、评估、指导。副市长王宁同志担任主任，市政府副秘书长尹培彦同志、市教委主任刘宇辉同志、市政府教育督导室主任唐立军同志为副主任，市发展和改革委员会等 14 个部门为市政府教育督导委员会成员。市政府教育督导委员会办公室设在市政府教育督导室，承担市政府教育督导委员会日常工作。

同时，市政府教育督导室注重指导各区政府教育督导室建设，各区政府教育督导室均按照"两科一中心"（督学科、督政科、督评中心）或"三科一中心"（综合科、督学科、督政科、督评中心）架构，推进教育督导机构职能改革，推进成立区级政府教育督导委员会并强化运行机制，加强对教育督导重点工作的统筹协调。各区政府教育督导室普遍通过增加行政编制、事业编制，聘请督学、教育监督员等方式，充实教育督导行政和专业力量。据 2016 年年底的统计，全市共有专职督学 215 人，兼职督学 1 387 人。

二、北京教育督导的历史贡献

新中国成立后，视导工作是加强和改进教育工作的关键环节，市教育局通过视导员深入基层，加强督促检查，帮助区教育局改进工作，给学校干部教师以具体指导，切实提高学校工作水平。

在中等教育领域，1951 年春到 1952 年夏，中等教育科视导组与行政组合作完成了各中学抗美援朝爱国主义运动的组织与检查，处理反动流氓分子，整顿私立中学行政，改造天主教、基督教教会学校，各中学教师的思想改造，各中等学校的"三反""五反"运动等工作。自 1952 年秋开始，除检查与监督学校行政工作外，视导组一方面协助学校解决问题，提出改进学校工作的意见，另一方面总结与推广学校工作中的优良经验。自 1954 年起，视导组通过视导校长的领导和管理工作，帮助其改进学校工作。

在初等教育领域，初等教育科视导员以教学和教育为中心，从学生的实际质量出发，对学校工作进行全面视导，除一般视察和专题视察外，还进行了全面视察和定期复查。视导员普遍重视听课，总结和推广学校的经验，指出学校存在的问题，帮助学校改进工作，并通过出题测试、观察学生品德情况等途径检查学生的实际质量。通过视导工作，视导员有效解决了以下几个方面的问题：在领导方面，帮助学校领导摆脱事务圈子、正确执行团结改造知识分子的政策、加强全学区领导和重视教学工作；在教学方面，对优秀教师的教学经验予以发掘总结推广，推进教师进一步重视备课工作；在教育方面，纠正了学校在全面发展教育方面的偏废现象，纠正了体罚或变相体罚等错误的教育方法。由于大力开展了视导工作，加强了对学校工作的领导，各区文教科工作中的主观主义和官僚主义作风也随之有所克服，教育局和学校的关系变得更为密切。

在幼儿教育领域，视导员对幼儿园的工作进行监督、检查，在改进幼儿园教育工作上发挥了很大的作用。视导员通过查阅资料、听取区教育局汇报、实地观察、个别谈话等方式对以下情况进行视导：幼儿园班数、人数、环境、制度等一般情况，幼儿园体育、德育、游戏、作业等教育教学情况，家长联系、配合、反映情况，教育会议、学习、园长领导、工作人员关系等情况。通过视导农村幼儿教育机构、城近郊区幼儿园托儿所、各区各市立幼儿园、街道幼儿园，全面推进了幼儿教育的发展。

在改革开放以来的中国教育发展史上，教育督导制度发挥了巨大的历史作用。30 年间，北京市教育督导工作在推动教育法律法规落实、加快素质教育实施、推进义务教育均衡发展中不断发展和完善，在学校改善办学条件、提高办学水平、改进教学管理方面发挥了极为重要的作用，为领导决策提供了重要依据，为推动首都教育改革发展做出了巨大的历史贡献，为建立中国特色的教育督导制度积累了丰富而宝贵的经验。

（一）建立健全教育督导体制机制，示范引领全国教育督导发展

北京市委、市政府历来高度重视教育督导工作，将建立、健全教育督导体制机制作为政府对教育事业宏观管理、科学决策的重要抓手，统筹加强顶层设计，注重督导作用发挥，蹄疾步稳推进改革，教育督导体制机制建设率先取得一系列重大成就，为全国其他地区教育督导发展树立了典范。

一是教育督导职能体制运转顺畅。市、区（县）两级都较早建立了能够相对独立负责教育行政监督、行使教育督导职能的政府教育督导机构，并建立健全教育决策、执行、监督既相分离又相协调、统筹有力的权力结构和运行机制，全面强化政府教育监督监管。同时注重顶层设计，率先行使“督政”职能，督促区（县）、乡（镇）政府履行教育职责，推进北京市在全国率先实现“两基”，创造性地建立“同级督政”制度，从更广范围、以更大力度督促市、区（县）政府有关部门履行教育职责，实现了对政策制定、执行的全过程督导。随着不同历史时期教育发展面临的困难和问题变化，北京教育督导职能也在逐步变迁，从督政为重、督学为本，到督政、督学并重，再到督政、督学、评估监测“三位一体”的职能体系，始终围绕破解教育发展难题发力。

二是教育督导法制建设影响深远。《北京市教育督导规定》于 1999 年印发实施，在全国省、自治区、直辖市中颁布最早，也具有最广泛的影响力。教育部办公厅在转发《北京市教育督导规定》时指出：“《北京市教育督导规定》的颁布和实施，充分体现了北京市对落实科教兴国战略，依法治教，强化教育宏观管理和行政监督的重视，标志着北京市教育督导制度步入了规范化、法治化的轨道。”“《北京市教育督导规定》反映了有中国特色的教育督导制度的基本框架，对加强和完善各地督导制度建设有借鉴意义。请各地认真研究，结合本地实际，加快地方教育督导法规建设。”1999 年 7 月 26 日，教育部总督学柳斌在致北京市教育督导工作电视电话会议的贺信中高度肯定了北京市教育督导工作，认为北京市人民政府出台的《北京市教育督导规定》及其实施意见，为北京市教育督导工作走上法制化、规范化轨道，迈出了重要一步，为开创北京市教育督导工作新局面奠定了基础，也为全国教育督导法制建设起到了示范作用。

三是教育督导工作协同协作机制充分发挥。作为市政府教育督导委员会办公室的日常办事机构，市政府教育督导室建立了与教育督导委员会成员单位及市政府相关委办局畅通协调的运行机制，每年组织召开市政府教育督导委员会全体会议和教育督导工作会议，推动教育督导重大决策与事项落实。加强与市教育两委（市委教育工委、市教委）及各业务处室的互动交流协作，创新“事前主动征求需求建议，事中积极协同协作，事后及时反馈整改落实”的工作机制。合理划分市、区教育督导职责权限、任务分工，加强对区教育督导工作的指导和服务，建立全市教育督导工作统筹协调，市级主导、区级主责、上下联动、工作协同、高效运转的体制。强化重要工作市级统筹和主导，经常性工作区级主责，整体工作市、区、校联动，分层负责机制，充分发挥各方工作积极性，加强学校内部督导建设。

四是教育督导协作交流机制广泛运行。自 1997 年起，先后举办京津沪教育督导学术交流会、京津沪渝教育督导学术交流会、环渤海地区教育督导论坛等，广泛开展教育督导交流合作。1998 年，北京市人民政府教育督导室与英国商业与技术教育委员会（Business and Technology Education Council）签订教育合作项目意向书，负责合作项目学校质量监控工作。自 2009 年起，与教育部教育督导局（教育部教育督导团办公室）每年都联合举办北京教育督导与评价研讨会，紧紧围绕教育督导的重点、难点和热点问题，邀请国内外教育督导的知名专家、学者、政府代表开展主题交流与研讨，推进区域合作，促进教育督导专业化发展。2016 年，落实国家京津冀协同发展战略要求，建立京津冀教育督导协作机制，建立协同发展联席会议制度、教育督导与评估监测协作研究机制与督学培训机制，协作完成区域交叉督导等教育督导的重要任务、重大事项，促进区域教育发展水平整体提升。

五是第三方评估监测机制有效实施。2016 年，按照教育督导评估监测统筹归口管理的原则，市政府教育督导室积极建立第三方评估监测机制。先后研制《关于委托第三方机构开展教育评估监测工作暂行办法》等系列配套文件，规范第三方参与教育督导评估监测的主体、对象、程序和保障机制，形成了完善的第三方教育评估监测机制。公开遴选高层次评估专家和高水平第三方机构，形成教育评估监测工作的专业支撑力量，提升了教育督导的专业化水平。

六是教育督导结果使用机制逐步规范。市政府教育督导室长期对教育领域的重大问题进行调查研究，提出加强或改进教育工作的意见和建议，向市政府、市教育行政部门报告，为科学决策提供依据。规范建立教育督导评估监测报告发布制度，2016年出台《北京市教育督导报告发布管理暂行办法》，坚持市、区两级教育督导部门“谁组织、谁发布、谁负责”的原则，规范流程，明确载体，提高实效，每年公开发布年度教育督导报告、综合教育督导报告、专项教育督导报告和教育评估监测报告。

北京市教育督导体制机制建设在实践中积累了丰富经验，对全国教育督导体制机制建设起着示范引领作用。特别是《北京市人民政府办公厅关于深化教育督导改革的实施意见》印发以来，全国十余个省、自治区、直辖市的教育督导机构专程到北京市学习体制机制建设经验，以推进当地教育督导工作。

（二）开展教育法律法规实施情况检查，推进依法治教成效显著

为保证党的教育方针政策、法律法规有效贯彻实施，市政府教育督导部门每年代表市政府开展全市范围的教育法律法规实施情况检查，形成年度报告报市政府，并严格督促有关部门对查出的问题进行整改，发挥监督检查、指导帮助、参谋反馈的职能，有力促进了《中华人民共和国教育法》（以下简称《教育法》）、《中华人民共和国义务教育法》（以下简称《义务教育法》）、《中华人民共和国教师法》（以下简称《教师法》）、《中华人民共和国职业教育法》）（以下简称《职业教育法》）及《北京市实施〈中华人民共和国义务教育法〉办法》等教育法律法规的贯彻落实和依法治教局面的逐步形成，助推全市完成普及义务教育、改善办学条件、提高教育质量、义务教育均衡发展等重要任务。其中，1995—2007年，市政府对教育法律法规执行情况的检查与市人大的法律法规检查联合开展，有力增强了教育法律法规实施情况检查的权威性。

1987—1994年，市督学室每年对全市进行一次贯彻执行《义务教育法》及北京市实施《义务教育法》办法情况的检查，并形成制度。1989年增加了“五查”的内容（对落实中小学教育经费政策和教师工资待遇、改造校舍危房、制止中小学学生流失、制止乱收费现象和贯彻《中共中央关于改革和加强中小学德育工作的通知》情况进行督导检查）。1991年，市督学室开展北京市《义务教育法》执行情况的自查，并接受全国人大检查组的执法检查。1993年，市人大、市政府联合行文，将“两基”评估验收纳入北京市《义务教育法》执法检查工作。1994年，将《教师法》贯彻执行情况纳入检查范围。

1995年4月，市人大、市政府决定建立和完善教育法律法规监督检查制度，加强对《义务教育法》《教师法》及北京市实施《义务教育法》办法等教育法律法规贯彻落实情况的督导检查，成立了由市人大常委会主管副主任、市政府主管副市长分别任正副组长，市人大常委会教科委、市政府文教办、市政府法制办、市教育督导机构主要领导为成员的北京市教育法律法规检查领导小组，领导小组办公室设在市督学室。领导小组办公室1996年开始设在市政府教育督导室。检查对象1996年后由区县人民政府扩大到各区县人民政府，市属有关委办局、总公司（企业集团）。检查内容随着国家法制建设的完善逐步扩展，《教育法》《职业教育法》等法律法规有关条款执行情况陆续被纳入检查重点。检查方式上，各区县人民政府和市属有关委办局、总公司（企业集团），以及它们所管辖的有关部门和教育机构，每年上半年按要求进行自查，市政府教育督导室进行随访、指导，下半年市教育法律法规执行情况检查组进行检查。

自2008年起，市政府教育督导室每年组织市专兼职督学、市政府特约教育督导员及市属有关委办局代表成立教育法律法规执行情况督导检查组，独立开展督导检查。

从政府教育经费依法拨付到办学条件的改善，从教师待遇的落实到制止中小学乱收费，从山区中小学建设到义务教育均衡发展，从中小学德育工作开展到保证学生每天一小时的体育锻炼时间，从学前教育的布局设点到高等职业教育发展规划与实施，从新建小区的教育配套设施建设到少年宫、科技馆的运行……北京市教育执法检查连续开展了30年，有力地推动了《义务教育法》《教师法》《教育法》《职业教育法》等法律法规、方针政策的贯彻落实和一些热点难点问题的解决，形成了有效的监督机制，为北京教育循法治轨道健康发展发挥了无可替代的作用。

（三）开展“两基”评估验收，助推北京市率先实现“两基”

1992年10月，党的十四大提出，到20世纪末，基本普及九年义务教育，基本扫除青壮年文盲。之后，实施“两基”的目标被写进党的文件，写进国家法律法规，成为全党全国关注的大事。1993年2月13日，中共中央、国务院印发《中国教育改革和发展纲要》，正式把实现“两基”作为我国20世纪90年代的奋斗目标。1994年，中共中央、国务院召开了全国教育工作会议，确定“两基”为我国教育工作的“重中之重”，提出了“双八五”的目标。当时，北京要实现“两基”，面临很大困难，特别是义务教育阶段学校办学条件差，农村地区中小学危房严重程度高、数量大，农村中小学学生流失严重、辍学率高。1993年4月，北京市人大常委会办公厅、市政府办公厅要求，将“两基”的评估验收，纳入本市教育执法检查工作中。

市督学室依据《义务教育法》等教育法律法规，立足首都教育实际，与市教育局协同配合，先后印发了《义务教育法实施标准》《北京市关于巩固普及九年制义务教育成果提高教学质量和办学效益的标准（试行）》等文件。市督学室督学赴各区

（县）调研，督促指导区（县）自查自评，与各区（县）政府、教育行政部门深入研讨问题的解决办法，并结合区（县）政府执行教育法律法规情况的检查工作，对各区（县）政府对教育的投入、办学条件的改善、制止中小学在校生的流失等问题进行重点检查。

经过全市上下的共同努力，北京的基础教育特别是农村地区中小学的办学条件发生了翻天覆地的变化，学校面貌彻底改变，学校管理大大加强，学生入学率、巩固率、毕业率等指标也大幅提高。

1993年10月，国家教委对北京市普及九年义务教育和扫除青壮年文盲工作进行评估验收，验收结果为：北京市18个区（县）均达到“两基”要求，基本普及了九年义务教育，基本扫除了青壮年文盲。在北京市实现“两基”目标后，市督学室继续加强对“两基”内容的检查，确保“加强基础薄弱学校建设三年规划”“山区中小学建设三年规划”如期完成，使全市的“两基”水平不断提高。

北京市在全国率先实现“两基”，是北京市教育取得的伟大成就，标志着北京市义务教育率先进入了一个新的发展阶段，在全国发挥了示范引领作用。副市长胡昭广在市人大、市政府联合召开的“两基”达标经验交流暨总结会上总结经验时强调：“七年来，市、区、县督学室在执法检查、教育评估等方面做了大量工作，发挥了显著的作用，成为一支主要力量。”督导工作为“两基”的实现立下了不可磨灭的功劳，充分展示了北京教育督导在推动首都教育发展的责任担当，扩大了督导的影响，树立了督导的权威。

（四）落实“两全”要求，率先建立实施素质教育“三位一体”的督导评价机制

1993年，《中国教育改革和发展纲要》指出，中小学要从“‘应试教育’转向全面提高国民素质的轨道”。1994年6月，全国教育工作会议提出：“基础教育必须从‘应试教育’转到素质教育的轨道上来，全面贯彻教育方针，全面提高教育质量。”

北京市自1988年开展中小学教育评价，特别是1993年建立中小学自我评价和督导评价相结合的评价制度，中小学评价工作取得明显成效。在实现“两基”目标后，为了落实“两全”（即全面贯彻教育方针，全面提高教育质量）的要求，1997年印发了《北京市区县政府巩固“两基”，落实“两全”，全面实施素质教育评价方案（试行）》《北京市区（县）教委（教育局）全面贯彻教育方针全面实施素质教育评价方案》《北京市普通中学、小学教育质量综合评价方案》（以下简称“三个评价方案”），在全国率先建立了对区县政府、教委（教育局）、学校实施素质教育“三位一体”的督导评价工作体制和机制，建立起具有首都特点的督政与督学相结合的素质教育督导评价体系，构建了市、区（县）两级实施素质教育自我评价和督导评价相结合的评价机制，较好地发挥了教育评价导向、激励、调控、鉴定等功能，有力地推动了北京市素质教育的全面实施。此后，每五年为一个周期，对各区（县）实施素质教育的情况进行一轮综合评价，到2016年北京已完成了四个周期的督导评价。每一周期评价前市政府教育督导室均根据形势的发展，以及对教育督导规律认识的深化，对评价方案的内容进行修订：一是根据形势的发展、国家对教育提出的新要求，充实、补充评价方案的内容；二是逐渐扩展评价对象，2008年增加了职业高中和幼儿园，2014年增加了特殊教育学校和校外教育机构，从而使综合素质教育督导评价的范围更加宽泛，内容更加系统；三是评价理念与时俱进，2002年版的"三个评价方案"引进了发展性评价的理念，在对学校督导评价过程中，坚持"在规范的基础上发展，在发展的进程中规范"。经过历次修改，评价方案更加注重形成性评价和终结性评价相结合、定性和定量有机结合。

"三个评价方案"几经修订更新，尽管内容相对宽泛，但是在督导内容上，始终抓住重点不放松。例如，将全面贯彻党的教育方针、全面推进素质教育、深化教育领域改革以及把教育纳入区域经济社会发展的重点领域并列入政府主要议事日程建立教育科学发展的决策机制等内容，摆在对区（县）政府、教委（教育局）、学校的督导评价的重要位置；按照《教育法》《义务教育法》等教育法律法规的规定，将有关教育经费投入确保实现"一个提高"和"三个增长"为基本要求，作为评价区（县）政府履行教育法律职责的硬性指标之一；将坚持立德树人，根据学生身心发展特点，贴近学生实际，以社会主义核心价值观教育为统领，加强学校德育工作，突出德育的主动性、针对性和实效性，摆在对学校督导评价的首要位置；将加强干部教师队伍建设，加强师德教育，尊重学生人格，规范教育教学行为，推进教育教学改革，促进教师专业化发展，作为对学校督导评价的关键指标；将落实有关保障学校师生安全规定，开展安全教育，增强师生自我防护意识和能力，建立安全责任制度和应急机制作为教育督导不可或缺的重要指标。凡此种种，始终将相关重要指标作为素质教育综合评价的重点内容抓住不放，年年督促检查，常抓不懈，筑牢根基，追求实效，使学校、教师和学生受益。

为了使督导评价取得实效，做到"督得客观公正，评得实事求是，导得方向明确"，北京市教育评价实行了"一个结合"和"四个统一"：教育督导部门牵头，教育行政部门参加，相互结合共同实施；统一使用"三个评价方案"，统一成立由市、区（县）教育督导室会同教育行政部门组成的督导评价领导小组，统一组建以专兼职督学为主、教育行政有关部门参与的督导评价队伍，统一开展指导自评和督导评价活动、认定和使用评价结果。在督导评价中，坚持定性和定量相结合，重视对督导评价对象的监督和指导。

建立以实施素质教育为目标的评价体系，是北京市深入推进实施素质教育的重要保障措施，是构建实施素质教育运行机制的重要内容，是对素质教育工作加强宏观管理、实施监督指导的重要手段。北京市通过全面实施素质教育"三位一体"的督导评价，促进了教育观念的转变，推动了基础教育的改革和发展，促进了教育外部环境的改善，整体推进了区域性实施素质教育，较好地起到了保障实施素质教育的作用。

（五）督促检查义务教育均衡发展，全市 16 个区（县）一次性通过国家认定

在巩固“两基”、落实“两全”的基础上，《北京市人民政府贯彻〈国务院关于基础教育改革与发展的决定〉的意见》提出坚持高标准、高质量，实现九年义务教育均衡发展。2002 年教育部在《关于加强基础教育办学管理若干问题的通知》中首次提出“积极推进义务教育阶段学校均衡发展”。2005 年教育部印发《关于进一步推进义务教育均衡发展的若干意见》。2006 年修订的《义务教育法》将义务教育均衡发展上升到法律层面。

2008 年，根据北京市委、市政府《关于进一步推进义务教育均衡发展的意见》，市教委、市政府教育督导室印发了《北京市推进义务教育均衡发展督导评价方案》和《北京市推进义务教育均衡发展工作督导评估指标体系》，在全国率先建立了省级义务教育实施情况和均衡发展状况数据分析系统和信息平台，对义务教育实施情况和均衡发展状况进行动态监测，将督促检查义务教育均衡发展列入教育督导的重要日程。2011 年，北京市政府与教育部签订了《义务教育均衡发展备忘录》，市政府与各区县签订了《义务教育均衡发展责任书》，全市召开了动员部署大会。自 2012 年起市政府教育督导室对区县开展均衡发展达标情况督导验收工作，发布北京市义务教育均衡发展状况专项督导报告，并于 2013 年年底完成对所有区县的督导评估工作。自 2013 年 5 月开始，全国义务教育均衡发展评估认定工作正式启动。2015 年 4 月底，北京市 16 个区（县）一次性通过全国义务教育发展基本均衡县（市、区）评估认定。在全面实现义务教育均衡发展的基础上，2015 年，北京市委、市政府印发了《关于推进义务教育优质均衡发展的意见》，要求按照公平、优质、创新、开放的理念，以均衡配置资源为重点，以提高教育质量为核心，以体制机制改革为动力，着力推进北京市义务教育优质均衡发展。

2015 年，在对北京市义务教育发展基本均衡区（县）督导检查反馈意见暨全国义务教育均衡发展中期推进会上，教育部部长袁贵仁为北京推进义务教育均衡发展“点赞”。他指出，22 年前，北京率先实现‘两基’目标，在全国发挥了示范引领作用；22 年后，北京市所辖区县一次全部通过国家义务教育发展基本均衡县督导评估认定，再次为全国其他地区提供了有益借鉴。北京市实行免试就近入学工作难度可谓全国之最，因此，北京市通过督导评估认定，最具说服力和影响力。

为切实推进义务教育均衡发展，市政府教育督导室将义务教育均衡发展纳入了教育执法检查重点，进行了完善农村义务教育管理体制情况的调研，并先后开展了初中建设工程、小学规范化建设工程专项督导和义务教育均衡发展状况的督导监测与评估验收工作。通过督促区（县）政府不断强化责任意识，持续加大义务教育均衡发展推进力度，落实国家和北京市战略部署，认真履职，完善制度和机制，改革创新义务教育资源供给结构，扩大优质资源覆盖面，有力地促进了教育公平。

（六）中小学校责任督学挂牌督导全覆盖，争创全国中小学校责任督学挂牌督导创新区

2012年，国务院教育督导委员会办公室在全国范围内组织开展了中小学校责任督学挂牌督导工作，试行责任督学挂牌督导制度。

北京市高度重视责任督学挂牌督导工作，认真贯彻落实国务院教育督导委员会办公室《中小学校责任督学挂牌督导办法》等政策文件，创新推动各项工作。一是统筹谋划，抓好顶层设计。2013年，市政府教育督导室印发《关于建立和完善督学责任区制度的意见》，规范完善督学责任区制度，明确工作要求，为全面开展责任督学挂牌督导工作奠定了良好基础。2014年3月，市政府办公厅转发《市教委、市政府教育督导室关于做好中小学校责任督学挂牌督导工作的实施意见（试行）》，建立健全了责任督学挂牌督导工作的政策、体制、标准，明确了市、区（县）、校管理职责；同年，市政府教育督导室研究编写了《北京市中小学校责任督学挂牌督导工作指南》，提供了工作实施的工具和方法，便于责任督学查阅和熟悉相关制度，规范实施责任督学挂牌督导工作。二是完善机制，建立健全挂牌督导工作运行管理制度。加强对区县工作的指导服务，及时解决管理中的主要问题，形成了较完备的挂牌督导工作制度体系。加强与教育行政部门的沟通协调，研究挂牌督导中所反映的区县教育改革发展问题，促进各项政策落实和问题解决。加强挂牌督导工作的日常管理，细化工作流程，创新工作模式，加强队伍建设，注重过程积累和档案建设。完善挂牌督导结果报告制度，强化督导结果的运用。三是创新驱动，有效发挥挂牌督导职能作用。立足教育中心任务，结合基础教育综合改革、北京空气重污染教育系统应急预案实施、“减负”等教育重点、难点和热点问题，有针对性地开展责任督学挂牌督导工作。

2014年，北京市各区县中小学校责任督学挂牌督导工作实现了全覆盖，得到教育部的高度肯定。2016年4月，朝阳、海淀、顺义、大兴、怀柔五个区通过了责任督学挂牌督导国家创新区的核查认定，教育部在北京召开全国中小学校责任督学挂牌督导工作现场会，市政府教育督导室主任唐立军介绍了北京市中小学校责任督学挂牌督导工作成果，在全国产生了重要影响。

通过责任督学挂牌督导创新，责任督学依法依规入校督导，及时发现并解决教育教学中的实际问题，促进学校全面实施素质教育，得到了教育行政部门、学校、家长及社会的广泛认可，为提高教育质量、促进教育公平、办人民满意的教育做出了新贡献。

（七）创新形式，率先实施职业教育与成人教育督导工作

我国职业教育从20世纪80年代开始大规模发展，北京市职业教育督导和成人教育督导随之起步。1989年，北京市建立了中等师范教育质量评价制度。1991年，市政府任命市高教局1位副局级干部为中等职业教育督导员，后来市成教局又任命1位正处级干部为成人教育督导员，逐步将督导制度引入了中等专业教育领域和成人教育领域。1994年，北京市召开新中国成立以来首次中等专业教育工作会议，印发了《关于建立北京市中等专业教育督导制度的意见》和《北京市中等专业教育督导暂行规定》，明确中专教育督导的任务包含督政与督学两部分。

1996年颁布的《职业教育法》规定，县级以上地方各级人民政府应当加强对本行政区域内职业教育工作的领导、统筹协调和督导评估，标志着职业教育督导评估工作有了法律依据。1996—2016年，市政府教育督导室坚持每年开展职业教育督导。一是在督导形式上，针对北京市职业教育多部门、多层级的管理特征，采取分级分类督导的办法。市教委和行业企业所属中专学校的督导由市政府教育督导室直接负责；中等技工学校由市政府教育督导室会同市人力社保部门进行联合督导；职业高中由区县政府教育督导室负责督导，市政府教育督导室给予指导。二是在督导对象上逐步拓展，基本涵盖了高等职业院校、中等职业学校、普通中等专业学校、职业高中、中等技工学校等。三是在督导内容上逐步深化。围绕办学定位，先后开展了中等职业教育布局结构调整工作和职高办学情况随访督导、中专管理体制督导调研、中专学校毕业环节教学专项督导、中等职业学校2001级新生质量调研、中外合作办学项目专项督导、技能型人才需求规格调查、社会力量举办的中职学校和非学历培训机构情况调查、中职学校开展农民培训情况调研。围绕办学质量，先后实施了职业院校德育工作调研和专项督导、中等职业学校体育工作基本情况调查、中等职业学校全面实施素质教育综合督导评价；开展了工业系统36所各类职业学校育人质量评估、市级重点技工学校评估验收、中外合作项目学校质量监控、首都铁路卫生学校等10所中专学校综合督导评估、国家级农村职业教育和成人教育示范区评审、中等职业学校办学能力评估、高等职业院校适应社会需求能力评估等督导评估工作；进行了职业学校提高教育质量的实验与研究，上线了职业学校教育教学监测系统软件。围绕办学条件，先后开展了中专学校办学条件合格评估和中专与职业高中部分专业生均教育培养成本、国有企业职工教育经费拨付与管理现状、区（县）职业教育经费情况、中等职业学校投资使用情况、学校实习实训基地使用效益情况、国有企业职业教育和职工培训情况等督导调研工作。

市区两级教育督导部门共同努力，圆满完成了三轮职业学校全面实施素质教育情况综合督导和促进技工学校完善治理结构、凝练办学特色的首轮综合督导，在全国率先启动了对高等职业学院和本科独立学院办学状况的督导检查，助推高等职

业学院和独立学院依法、科学、健康发展。同时，开展了中等职业学校德育和实训基地使用绩效的专项督导，创造性开展了社区教育、成人教育随访督导，尝试开展了对行业企业的督导回访工作，探索完善了职业教育和继续教育督导的长效机制。

北京市职业教育与成人教育督导工作起步早、周期长、覆盖面广，为职业学校及成人教育机构明确办学定位、达到办学标准、提高办学水平起到了重要的指导、帮扶和监督作用。

（八）逐步拓展督导领域，建立“法之所到，督之所到”的督导体系

北京市教育督导适应教育改革与发展的现实需求，强化全面履职，在中等和中等以下教育的普教、职教、成教“三教统督”的基础上，积极拓展督导领域，推进建立了覆盖学前教育、普通高中教育、高等教育、特殊教育、校外教育、社区教育等各级各类教育的“法之所到，督之所到”的督导体系。

一是逐步加强学前教育督导。1998 年，市政府教育督导室对各区（县）学前教育“九五”规划目标完成情况进行了中期督导检查；2001 年，开展各区（县）学前教育工作督导评估；2008 年，将对幼儿园的督导评价纳入北京市全面实施素质教育评价体系；2012 年到 2014 年，开展区（县）落实学前教育三年行动计划专项督导。自 2016 年起，每年开展学前教育质量监测。通过长期有效的努力，学前教育督导切实促进了幼儿园改善办学条件和“入园难”问题的缓解。

二是推进普通高中教育督导研究。2010 年，市政府教育督导室召开“普通高中多样化发展与现代督导制度建设研究”工作启动会，标志着北京市普通高中教育督导工作研究正式启动。2010—2012 年，先后对普通高中教育功能定位、培养模式、学生发展、教师队伍建设开展了专项督导调研。到 2012 年，初步形成了《普通高中学校督导观测要素框架（征求意见稿）》和《促进普通高中多样化发展教育督导观测要素研究报告》，为开展普通高中教育督导工作奠定了基础。

三是探索开展高等教育督导工作。2016 年，市政府教育督导室部署开展高校师德建设、学风建设、思想政治理论课教学、实践教学和创业就业能力培养的督导调研，科学开展本科教学工作审核评估和水平评估，有效推动了高校教学质量和办学水平提升。

四是率先开展特殊教育督导。2012 年，市政府教育督导室与市教委联合印发了《关于对区县特殊教育工作进行督导评价的意见（试行）》，从此每年开展特殊教育督导评价，促进特殊教育事业健康发展。

五是率先开展校外教育、社区教育督导评价。1999 年，市政府教育督导室与市教委联合印发《北京市校外教育机构等级评价标准与实施办法（试行）》；2007 年，印发《北京市区县校外教育工作督导评价方案》，并开展校外教育工作督导评价，这也是全国省级政府教育督导室首次开展校外教育督导评价。自 2009 年起，多次举办社区教育和成人教育的随访督导。

六是创造性开展工读学校办学情况督导。1999 年，根据有关法律及有关工读教育的文件精神，市政府教育督导室与市教委联合印发《关于做好北京市工读学校办学情况综合督导检查工作的通知》，1999—2003 年连续五年逐校开展对工读学校的办学情况的督导检查。

七是创新开展对区县教育督导工作的督导，促进区县不断重视和加强教育督导工作。

市政府教育督导室通过教育督导全面履职，有效促进了教育发展热点难点问题的解决，推动了各级各类教育实现更加公平和更高质量的发展。

三、北京教育督导的创新发展

北京教育督导始终坚持改革创新，创造了很多新鲜经验。1986 年，北京市教育督导制度恢复和机构建立，率先提出“督政”的概念。1991 年，率先将督导制度引入中等专业教育领域和成人教育领域。1997 年，率先建立对区（县）政府、教委（教育局）、学校实施素质教育“三位一体”的督导评价工作体制和机制。1999 年，北京市政府颁布《北京市教育督导规定》，率先在全国制定了关于教育督导工作的政府规章，率先实施“同级督政”。

党的十八大以来，北京市深入推进教育管办评分离，不断加大教育督导改革力度，有效发挥教育督导职能，在调整教育督导机构职能、创新体制机制、健全完善教育督导体系、加强督导队伍专业化、创新优化教育督导模式、强化教育督导基层基础工作、全面完成教育督导重点工作等方面均取得突破和进展，教育督导职能得到有效发挥，为助力首都教育改革发展，推动办好人民满意的首都教育做出了贡献。

（一）现代教育督导体系基本建成

多年来，北京市致力于构建基于教育督导督政、督学、评估监测三位一体职能，包含“职能体系”“工作体系”“政策标准体系”“支持保障体系”的现代教育督导体系，并取得实际成效。

一是建立起以督政、督学、评估监测职能为依据，全面覆盖各级各类教育的督导评估与质量监测体系。围绕政府履行教育职责和执行教育法律法规情况，以教育发展水平、教育现代化发展、义务教育优质均衡发展、高中教育多样化特色化发展为重点全面开展市政府相关部门和区级政府教育工作督导评价；围绕学校全面贯彻党的教育方针，实施立德树人，以加强和改进学校办学管理、培育和践行社会主义核心价值观、全面实施素质教育、全面提升教育教学质量为重点，深入开展各级各类学校教育教学工作的督导评价；围绕依法治教和教育改革与发展，以发展状况、队伍建设和教育教学质量为重点，科学开展各级各类教育评估监测工作。三位一体督导职能体系逐步建立起来。

二是建立起教育督导和教育行政有机协调，市、区、校三级分层负责、运转顺畅的工作体系。合理划分教育行政机构和教育督导机构的职责，实行评估和监测工作归口管理，强化教育督导的行政监督职能；合理划分市、区教育督导职责权限，明确各项督导工作分工，加上学校内部督导机制的建立和完善，市、区、校三级督导主体分工负责，分层次开展工作，市、区、校联动，运转顺畅的督导工作体系逐步形成。

三是构建了涵盖政策、规划、制度、标准、工具与规程的政策标准体系。陆续研究制定了《学校督导规程（试行）》《北京市中小学校培育和践行社会主义核心价值观督导评估方案（试行）》《关于进一步加强学校内部督导工作的指导意见（试行）》《区政府和市政府有关部门履行教育职责督导评价方案》等督导工作文件，以及中小学校实施素质教育、义务教育均衡发展、基础教育提升学科教学质量、职业院校职业技能人才培养、中高职衔接与贯通培养、高等学校思想政治理论课教学、师德建设、学风建设等系列教育督导评估监测标准，形成了一套完整的对政府和学校依法履职、改革发展、加强管理、提高教育教学质量开展督导评估与监测评价的政策、规划、制度、标准、工具和规程，教育督导制度化建设取得实质成效。

四是建立起教育督导支持保障体系。重点包括教育督导信息管理应用系统建设、教育督导队伍建设、社会支持系统建设和保障条件建设。按照“全纳需求、优化功能、规范管理、强化应用、提升水平”的思路，积极推进北京市教育督导管理服务平台建设，实现门户网站、信息平台、“蓝信”移动办公平台和微信公众号的互联互通。坚持以“标准引领、关联整合、指标驱动、可视化展示”为标准要求，积极整合北京市中小学电子学籍数据等九类基础数据，推进北京教育督导数据库建设。持续推进功能模块开发建设，先后为国家义务教育质量监测、责任督学挂牌督导、春秋季开学专项督导、办公自动化等方面的工作提供了良好的平台保障和数据支撑。建设专业化督学队伍、高素质教育督导管理队伍、高水平教育督导专家队伍、专业化社会支持机构与队伍、多元化教育督导社会监督队伍五个方面力量的人力保障体系。加强北京市教育督导与教育质量评价研究中心、北京市督学研修中心等专业机构建设，大力培育第三方教育评估机构，强化社会力量参与教育监督，切实提升教育督导专业支撑能力。建立健全教育督导经费和条件保障机制，有效支持和保障教育督导工作开展。

（二）教育督导模式日益优化完善

针对教育督导内容和工作需要，北京市不断优化教育督导模式，探索实施综合督政、专项督导和经常性督导，持续进行教育督导方式方法创新。

一是建立更加科学高效的教育督导模式。坚持以经常性督导为基础，以专项督导为重点，以教育质量监测信息数据为依据，立足学校内部督导，市区两级教育督导部门统筹组织实施三至五年为周期的综合督导，综合评估评价市域、区域教育发展水平和学校办学水平与质量，使综合督政、专项督导、经常性督导、学校内部督导互相配合、有机统一，形成互为印证、科学高效的教育督导模式，解决过去重过程轻结果、重主观轻客观、重定性轻定量、重单项轻综合、重结果轻使用的问题。

二是探索实施综合督政。针对教育改革与发展中的重点问题，坚持选取不同领域，对政府履职情况开展多维度综合督导。先后围绕义务教育均衡发展、优质教育资源扩大、基础教育重点领域办学情况、办学体制机制建设等，开展综合督政。2016年，市政府教育督导室依据基础监测数据，针对数据异常学校，统合多项督导任务，对全市16个区开展中小学办学情况综合督政，对学校生均体育运动场地面积、生均教学用房面积、生均占地面积、生均仪器设备值及安全情况等方面基础数据进行了全面复核，准确把握了全市中小学办学基本情况。

三是全面加强专项督导。全面加强对各级各类教育协调发展和教育改革发展重点工作领域和热点难点问题的专项督导。不断拓宽教育督导的工作领域，全面启动中小学德育、体育、美育、实践育人、民族团结教育、语言文字工作等督导标准研制工作，积极开展学前教育、特殊教育、校外教育、成人教育、社区教育等领域的专项督导，连续开展初中实践活动（含开放性科学实践活动、综合社会实践活动）实施情况调查，为完善政策提供参考信息和决策依据。针对首都教育热点难点问题，注重长效机制建设，研制印发《关于加强北京市中小学校和在职中小学教师有偿补课长效治理工作的意见》，深入落实在职教师有偿补课专项督导工作。针对开学检查、空气重污染、校园欺凌等应急性问题，出台《北京教育系统重大突发事件专项督导管理办法（试行）》，建立起较为完备的应急督导工作网络，实时进行督导检查。

四是夯实经常性督导。充分发挥责任督学挂牌督导工作优势，不定期派出督学深入学校了解情况、检查指导工作、听取意见和反馈结果，夯实经常性督导。先后组织责任督学对中小学校培育和践行社会主义核心价值观、基础教育部分学科教学改进、学校减负工作、中小学校开学暨年度重点工作落实情况等开展经常性督导，推进素质教育的全面实施，确保学校依法依规办学。

五是健全完善学校内部督导。1993年，北京市教育督导部门与教育行政、科研、教研部门紧密结合，建立了“学校自我评价”与“督导评价”相结合的教育评价制度，教育督导部门和教育行政部门定期对学校进行督导评价，较好地发挥了教育评价的导向、激励、调控、改进等功能，使学校教育质量综合评价逐步规范化、系统化、制度化，取得了明显效果，对全国教育评价的发展产生了深远的影响。2016年，研究制定《关于进一步加强学校内部督导工作的指导意见（试行）》，坚持“有人管、有人做、有效果”的原则，夯实学校内部督导工作基础。建立健全学校内部督导工作体系，市级教育督导部门统筹指导市属高等学校和高等职业学校做好内部督导工作，并根据需要对区属各级各类学校内部督导工作进行指导。各区教育督导部门按照管理职责，统筹指导区级各级各类学校内部督导工作。明确学校是内部督导工作的责任主体，校级领导对学校督导评估和质量评价工作统筹负责。建立学校视导员制度，加强视导员队伍建设，建立健全学校内部检查、巡视、指导的相关制度规定。以办学育人为核心，强化质量保障，界定中小学校、职业学校、高等院校督导内容，根据不同学段的特点，重点加强对学校管理、教育教学、学生学习、条件保障等领域的督导。统筹运用校内外督导评估与质量监测的结果，深入分析学生培养和学校管理中的问题，找准原因，采取措施，积极改进，建立学校内部督导长效机制，切实发挥学校内部督导作用。

六是创新督导手段方式。注重信息化手段在教育督导工作中的应用，积极建设包括基础教育、职业教育和高等教育在内的各级各类教育质量数据信息系统。利用北京市教育督导管理服务平台，实现各类数据库的相互融通，让数据说话，强化教育督导的数据支持、信息支撑、管理保障与服务决策能力。利用“蓝信”移动办公平台的即时传输功能，实现责任督学在经常性督导工作中的零延时反馈；利用基础教育质量监测数据，形成全市 16 个区的基础教育质量情况报告；利用本科教学基本状态数据采集等平台，实现高校评估工作中“专家不进校”，极大地提高了工作效率，增强了教育督导评估监测工作的科学性、专业性。在市级统筹、区级主责的工作模式下，市区两级围绕育人质量提升、素质教育实施等重点工作，创新教育督导方式方法，开展学科督导、诊断性督导、随访式督导、回访式督导和不同形式的专项督导。

（三）督导职责职能得到全面强化

教育督导改革推进以来，北京市以全面深化体制机制改革为突破口，以保障教育改革发展稳定为主线，狠抓市区各级政府履职督导、各级各类学校督导和各级各类教育评估监测，为提高教育质量、促进教育公平、服务教育科学决策做出了应有贡献，督导履职不断强化。

一是全面开展政府履行教育职责的督导。早在 1986 年，北京市教育局督学室就被市政府赋予对下级政府的督导权，在全国开创了督政的先河。此后，北京市全面开展市政府相关部门和区县政府及其相关部门履行教育职责情况的综合督导。同时，重点围绕“义务教育阶段入学”“优质教育资源扩大”“实践育人”以及民办教育机构参与中小学学科改革项目、中小学教师绩效奖励激励机制和乡村教师支持计划落实情况、全市中小学重点领域办学情况等开展督导调研，综合研判全市中小学办学中存在的突出矛盾和问题，针对性提出政策建议，督促区县和学校整改，助推全市基础教育综合改革。建立义务教育均衡发展常态化的监测和推进机制，探索义务教育优质均衡发展督导评价长效机制。围绕首都实现教育现代化目标，开展区域教育现代化督导评估相关政策标准的研制。组织开展教育法律法规联合督导检查，对市属部分行业企业履行法定教育职责情况进行督导，推动各区县、各行业落实教育法定职责。

二是有效开展学校教育教学工作督导。深入开展中小学校培育和践行社会主义核心价值观、部分学科教学改革、义务教育阶段减负等工作的督导调研和监测，促进相关工作扎实推进。积极开展全市中高等职业学校课堂教学现状调研工作，促进学校建立常态化课堂教学质量保障机制，持续提升中高职学校人才培养质量；指导各区县建立和完善职业教育督学责任区制度，引导各区县在职业高中实施责任督学挂牌督导制度，强化对职业高中的经常性督导。重点开展对高等学校师德建设、思想政治理论课教学、学风建设、就业创业教育的督导调研，推动高校加强师德建设，提升思想政治教育亲和力和针对性，督促高校落实内部督导、提高人才培养水平。

三是科学实施评估监测。落实国务院教育督导办幼儿园办园行为督导评估工作要求，在有效实施幼儿园办园行为督导的同时，探索研制北京市学前教育督导与评估一体化办法，将幼儿园评级评类工作纳入其中，进一步实现学前教育领域的管办评分离。围绕职业院校技能人才培养、中高职衔接与贯通培养等重点工作，突出实践教学、实训基地建设等评价指标，圆满完成中职办学能力和高职适应社会需求能力评估。探索开展市属高校评估工作，完成新建本科院校教学工作合格评估。顺利完成针对北京工业大学、首都师范大学等20所市属高校英语、会计学、计算机科学与技术三个专业的试点评估，为下一步全面开展专业评估奠定基础。全面开展本科教学工作审核评估工作，按照国家标准，结合北京市特点，在审核评估范围中增加贯彻落实立德树人情况、教师社会实践与创新能力、思想政治理论课教育教学效果、毕业生创新创业教育与效果、委托实施专业认证及相关评估情况与效果等重点项目，强化办学合理定位、人才培养中心地位和质量保障体系建设与运行，不断提高人才培养质量。组织开展学前教育发展状况监测、义务教育质量监测工作，实现北京市基础教育发展状况的常态监测。探索开展中小学生综合素质与非智力因素影响评价、学业水平增值性评价、课业负担动态监测等监测评价工作。组织完成年度《北京高等教育质量报告（本科）》，全面展示本科教学质量和人才培养状况。统筹完成硕士论文抽检工作，督促培养单位逐步建立与完善研究生培养的自我约束、自我监督机制。主动开展北京市基础教育发展水平与质量监测评价研究、北京市教育发展水平与质量评估监测体系研究等，努力做好评估与监测基础政策研究。连续开展北京市教育工作满意度调查，为全面了解各区（县）教育改革与发展状况、持续完善教育政策提供舆情信息和决策参考。

（四）教育督导队伍专业化建设水平不断提升

北京市重视教育督导专业化建设，狠抓高素质教育督导管理队伍、专业化督学队伍、高水平教育督导专家队伍、专业化社会支持机构与队伍、多元化教育督导社会监督队伍等五支队伍建设，着力提高教育督导专业化水平。

一是建设高素质教育督导行政管理队伍。科学规划和设置市、区两级教育督导部门的人员编制，配齐配强教育督导专职队伍，并根据编制调整情况及时充实力量。

二是建设专业化督学队伍。不断丰富督学来源，完善督学结构，全力加快专业化督学队伍建设。2016 年，组织完成了第十届督学换届工作，聘任 260 名专兼职市级督学。新一届督学增加了高等教育、职业教育、民办教育和基础教育代表名额，并吸纳 66 名市政府各委办局、各区教育督导室负责人加入市级督学队伍。同时按照督学任职条件，将部分具有政府行政管理、学校党政管理、教育教学管理等方面经验的专家和教学科研骨干、学科带头人、社会专业人士等纳入督学队伍。发布《北京市督学管理暂行办法》，逐步规范督学资格与聘任、职责与权利、培养与培训、管理与考核等工作。进一步强化教育督导队伍培训，加快研发督学培训大纲、教材，开发培训课程，创新培训形式，扎实做好督学分级分类培训工作。积极探索制定督学晋职晋级、提高待遇的政策，形成优秀教育督导队伍建设长效机制，努力实现建设“数量充足、结构合理、责任心强、业务精湛”督学队伍的目标。

三是建立高水平专家智库。组建成立教育督导评估专家委员会，建立教育督导专家支撑团队，形成教育评估监测工作的专业支持力量。印发《关于建立北京市教育督导评估与质量监测专家委员会的通知》，公开遴选高层次评估专家，目前已成立基础教育、职业教育、高等教育、民办教育等四个教育督导评估专家委员会，入库专家 658 名，动态支持与管理教育督导评估专家委员会的工作，承担市级教育督导部门组织开展的教育督导评估工作。

四是积极培育专业化社会支持机构。加强教育督导支持机构建设，设立北京市教育督导与教育质量评价研究中心、北京市督学研修中心，强化教育督导研究和督学培训工作。适应教育督导职能机构的变化和工作需要，积极培育和充分依托各类高等学校、教育科研机构、教育学术团体和其他有资质的具有教育评估监测职能的社会组织，筹备成立北京市教育督导学会（一级学会），吸引凝聚高水平专家队伍，发挥社团组织的支持服务职能。公开遴选高水平第三方机构参与教育评估监测工作，首批 37 家单位已进入第三方机构库。坚持项目导向、竞争择优、开放有序的原则，加大培育力度，建强一批教育评估监测的社会组织，委托开展各级各类教育的评估和质量监测，完成教育满意度调查等多个教育督导项目，提高教育督导的社会公信力和权威性。

五是强化广泛多元的社会监督力量。聘请人大代表、政协委员、民主党派等方面社会人士为政府特约教育督导员，多种形式参与教育督导与监督工作，参与高考招生、责任督学挂牌督导创新区认定、重点领域办学情况等重要工作的督导调研，广开言路，接受监督。同时充分吸纳新闻媒体、企业、社区和相关单位等社会公众力量，多元参与教育监督评价工作；改版升级北京市人民政府教育督导室门户网站，开通微信公众号，多渠道开展教育督导宣传报道，主动做好政务信息公开工作。

在北京市督学室工作会议上的讲话（要点）

北京市市长助理、北京市教育局局长兼北京市督学室主任　陶西平

（1993年2月6日）

我们的教育督导工作从弱到强，督导队伍从无到有，从小到大，至今已成为推进义务教育举足轻重的力量。督导工作恢复初期，教育督导的地位未被确认，开创工作很艰巨，同志们就是在这种情况下，兢兢业业，同心同德，持之以恒，各方面的工作都取得了进展。督导工作要保证教育工作贯彻党的方针、政策、法律、法规。在新一届市委市政府的领导下及有关部门的配合下，我相信，我们北京市的教育督导工作，今后会有新的进展。

在邓小平同志视察南方并发表重要谈话后，教育形势也发生了很大变化，教育发展有很多有利因素。（1）出现了建设有中国特色的社会主义新局面，使广大教育工作者深受鼓舞，充满信心。全国人民对目前大好形势是满意的，对奔“小康”衷心拥护，在这样的大气候下，教育战线的广大教育工作者群情振奋，对未来充满希望。（2）“一个中心，两个基本点”的基本路线深入人心，使教育的战略地位进一步得到确认，大家都深感需要大批人才，要提高劳动者素质。经济战线的同志也越来越感到有人就有钱，出现了竞争人才的形势，这就使教育的战略地位进一步得到确认，教育战线也更加明确为社会主义经济建设服务的方向。（3）解放思想、开拓进取，使教育战线的思想空前活跃，极大地调动了教育战线改革开放的积极性，激发了广大教育工作者对教育性质、任务、出路新的探索热情；经济战线的改革经验，也给我们提供了很多借鉴，这就为我们深化教育改革产生强大动力提供了有利条件。（4）“七五”期间、“八五”初期，教育战线的发展、改革的推进为今后教育再上台阶奠定了基础，积累了经验。《中国教育改革和发展纲要》即将公布，这是我们教育事业的发展蓝图。但是，希望与困难同在。再上新台阶，我们必须要善于研究所面临的问题。（1）在新形势下，教育如何适应经济发展的需要，如何适应社会主义市场经济体制建立的需要，认识上还不够明确，思想上也有一定程度的混乱。（2）在经济高速发展的初期，国家财政相对紧张，各行各业资金短缺，对教育投入会产生一定影响。因此，教育投入与教育发展的矛盾比以往更突出。（3）企业在深化改革，合资、合营、个体经济发展迅速，第三产业的崛起带来分配上的变化。其他行业收入上去了，而教师收入低，住房紧张。这可能引起教育队伍的不稳定，一方面表现在有人员外流的趋势，应警惕，另一方面则大量表现在思想上的不稳定，一些教师总感觉收入低，而别人都在发财，安不下心来。1987年教育战线曾一度出现不稳定，

1988 年经过内部管理体制的改革，有转机，但现在又有不稳定的苗头。（4）人民群众对人才水平、劳动者素质和精神文明建设的要求越来越高，越来越不满，这些不满在相当程度上集中表现在要求提高教育质量上；而教育内部有一定的差距，存在着不适应。如：教师与干部的新旧交替、德育工作面临的新的困难等。以上几方面正是我们深化改革所面临的、需要认真探讨解决的问题。但我想只要我们解放思想，积极引导有利因素，不断地开拓进取，就能开创新的局面。

我们北京的教育督导工作要上新台阶，1993 年将有四场攻坚战：（1）全市城乡初步达到实施九年义务教育的基本标准。今年按期最后达标的有 6 个乡，需投入 300 万元；而已初步实现达标的要补齐缺项，也是个大问题。市人大已把修改《北京市贯彻〈义务教育法〉的实施办法》议案立项。国家教委也要抽查验收。因此，我们要下大力推动这一项工作，把全市初步达标的任务真正拿下来。（2）切实减轻学生过重负担，全面贯彻教育方针，全面提高教育质量。这项工作，从全市看，情况较复杂，难度也很大，需要我们认真研究、完善制度，积极推进。（3）采取稳定教师队伍的措施，防止教师外流，防止大的波动。要抓好已有措施的落实，同时要进行新政策的出台。我们要积极引导在教育战线内部促进人才的交流。（4）中等职业技术教育要有大的发展，为普及高中阶段的教育做好准备。

我们的督导工作有特殊的不可替代作用，在新形势下应上下兼顾（对上反馈、对下督导）、内外并重（督政与督教）、专兼结合（建设专兼结合的督导队伍）、软硬兼施（既督硬件达标，又督软件建设，提高教育质量）。我们的督导工作已积累了经验，正朝着制度化、规范化迈进。有上级的指导，有同志们的共同努力，我相信，我们的工作一定会上新台阶。愿大家都来为督导工作做出新贡献。

关于普教工作的思路和要点

北京市教育局局长兼北京市督学室主任　陶春辉

（1994年年初）

一

1993年，在党的十四大精神和邓小平同志建设有中国特色社会主义理论的指导下，在市委、市政府的领导下，全市普教系统坚持党的基本路线，坚持解放思想，实事求是，认真学习贯彻《中国教育改革和发展纲要》，以提高教育质量为中心，以加强干部、教师队伍建设为重点，推进并深化了教育管理体制改革、教育结构改革和教育教学改革，普教事业有了新的进展，教育质量稳步提高。主要表现在以下八个方面。

（一）全市提前两年在全国率先基本实现了普及九年义务教育。这是我市基础教育事业在发展进程中取得的一项经国家鉴定的、具有历史意义的阶段性成果。

（二）加强了基础薄弱校建设，面貌有一定改观。城近郊区23所基础薄弱初中校、远郊区县200多所基础薄弱乡镇中学的综合治理取得一定进展，教育质量稳步提高。远郊区县263所乡镇中心小学全部达到办学条件的基本标准。

（三）高中阶段教育有新的发展。普通高中必修课、选修课、活动课三个板块的课程结构初步形成。高二后、高三后分流基本走上正轨。高中毕业会考与教学计划调整同步进行。中等职业技术教育坚持“面向市场，产教结合”的路子，发展步伐加快，初步形成多种形式、多种规格、多层次办学的格局，并主动适应经济和社会发展的需要。

（四）教育教学质量稳步提高。德育工作的针对性、实效性进一步增强。养成教育、以“两史一情”为主要内容的爱国主义教育进一步深化。九年义务教育新课程方案已在全市中小学起始年级全面实施。“全面育人，办有特色”的办学目标稳步落实。体育、劳动技术教育和社会实践活动基地建设取得显著成绩，校外教育基地发展迅速。

（五）两支队伍建设进一步加强。继续落实了加强青年教师队伍建设的“五四工程”，干部、教师岗位职务培训和继续教育进一步开展，后备干部培训逐步规范化、制度化，中小学教师学历补偿教育基本完成，中师建设加速发展。

（六）各项改革不断深入。全市进行了初中入学办法的改革；崇文区教材改革试点工作已经推开；初步形成了以政府办学为主，企事业、机关团体和个人办学为辅的格局。

（七）加强了宏观调控措施。进一步完善了督导评估制度。市教育局提出的简政放权的六条意见，进一步明确了各级职责权限，目前正在积极进展中。

（八）办学条件进一步改善，校办产业利润超过1992年。

当前我市普教战线面临的困难和问题依然很多：一是投入不足，经费短缺，生均公用经费增长比例过低，不能满足正常教学的需要。二是现行教育管理体制和运行机制与市场经济对人才多层次、多规格的需求不相适应，与增强办学活力、扩大办学自主权不相适应；教师队伍的建设与事业发展对教师的数量和质量，特别是与青年教师素质的要求不相适应，与人民群众对高质量教育的要求不相适应；部分中小学出现的乱收费现象，引起社会较大反响，在一定程度上损害了教育的形象。

二

1994年总的工作思路是：认真学习《邓小平文选》第三卷，并把学习《邓小平文选》第三卷与学习贯彻党的十四届三中全会决定结合起来，与学习贯彻《中国教育改革和发展纲要》结合起来。坚持党的基本路线，坚持解放思想，实事求是，全面贯彻教育方针，面向现代化，面向世界，面向未来，加快教育改革和发展步伐，整体推进和重点突破相结合，继续以教师、干部队伍建设为重点，以提高教育质量和办学效益为根本目的，提高办学水平，培养德、智、体全面发展的社会主义建设者和接班人。逐步办好一批在国内和国际上有竞争能力、具有一流水平的学校。逐步建立起体现首都特点、适应首都经济和社会发展需要的普通教育体系。

根据以上思路，确定1994年普教工作的要点为以下八个部分。

（一）组织干部、教师认真学习《邓小平文选》第三卷。要把学习《邓小平文选》第三卷与学习贯彻党的十四届三中全会精神和《中国教育改革和发展纲要》及《教师法》结合起来，以邓小平建设有中国特色社会主义理论为指针，着重解决以下几个问题：正确理解教育与现代化建设的关系，增强教育主动为经济建设服务的自觉性；进一步解放思想，树立大教育观和整体意识，在相互沟通中提高办学的综合效益；坚持“三个面向”和社会主义办学方向，端正办学指导思想，使中小学从“应试教育”转入全面提高国民素质的轨道，落实“两全”；提倡艰苦奋斗的精神，形成务本求实，勤俭办教育的好风气。

（二）继续大力加强教师和干部队伍建设。要把这项工作放在突出的战略位置来抓，从工作排序来说，列为1994年第一位的工作。打好提高教育质量纵深战的核心和实质是打好提高教师队伍素质的纵深战。首都普教要提高到一个新水平，实质就是要使队伍建设的总体水平再上一个新台阶。因此，今后若干年，宁可把改善办学条件的速度放慢一点，也要集中人力、物力、财力加强教师队伍建设。要认真学习贯彻好《教师法》，制定相关配套措施，引导教师认真履行义务，做到政府依法治教，社会尊师重教，教师献身从教。要继续推进“五四工程”，在注重队伍素质整体提高的同时，要特别注重中年骨干教师和青年教师尖子梯队的形成，培养选拔一批代表首都水平的、优秀的学科专家和知名度很高的教师，以及一批出类拔萃的管理干部。1994 年着手建立北京师专，同时采取扩大高师预备班的规模和保送生数量、北京高师招收“三北”地区优秀高中毕业生、招聘外地大学本科毕业生来京任教等办法改善高师的生源，扩大师资来源。制定政策，鼓励中小学教师跨区县跨学校联聘、兼课，把努力提高师生比作为解决师资短缺的主要手段。要加强继续教育，提高现有中小学干部、教师的学历层次。将北京教育学院与北京教育行政学院合并，定名为北京教育学院，以加强对中小学教学工作和两支队伍建设的指导。为鼓励教师著书立说，继续编辑出版《北京教育丛书》(第二个百本)。

(三)巩固普及九年义务教育成果，提高教育质量。我市虽然基本普及了九年义务教育，但普及的水平是不高的，教育质量仍是低水平的，对此，必须有清醒的认识。今后几年的工作重点仍是义务教育这一块，要把工作重点转向“两全”。要制定提高九年义务教育办学质量的要求和标准；进一步完善小学毕业考试和初中入学办法的改革，继续进行初中毕业升学考试制度改革的试点；要下决心采取有力措施，改变基础薄弱校的面貌，与此同时，还要研究新形势下办好窗口校、示范校的措施，办出一批具有高质量、高层次和鲜明特色的学校。

(四)加快普及高中阶段教育的步伐。本市 20 世纪 90 年代普及高中阶段教育的总体战略思考是：确保九年义务教育质量，适度发展普通高中，大力发展中等职业技术教育。依此原则制定普通高中和职业高中的发展规划及深化改革的措施。要本着积极慎重、匹配合理、确保质量的精神，把规划做在切实可行的基础上，提前准备，按年度实施。在规划普及高中阶段教育时，要在调整高中阶段教育结构、扩大办学规模上下功夫，进行多元化办学体制和多样化办学模式的试点。促进普通高中与职业技术教育的结合与沟通，继续进行综合高中、高二后向职教分流等试点。职业高中要主动适应并服务于经济建设，大力发展多形式、多层次的联合办学，坚持走“校企结合、产教结合”的路子，努力提高办学效益和教育质量。要建设一批重点与较好的普通高中及职业高中，创一流、创特色，培养一大批全面发展的、有特长的学生。

(五)继续深化教育教学改革。过去我们成功地进行了教育结构改革、学校内部管理体制改革和基础教育分级管理等多项改革。这些改革的终极目的就是提高教育质量，因此，要继续深化这些改革。要继续推行九年义务教育课程方案，落实普通高中调整教学计划的意见，完善普通高中会考制度，继续推进教学内容、教学方法和教学手段的改革，充分发挥现代化教学手段的作用，按照“全面育人，办有特色”的要求，努力发展学校的办学特色。要着手研究北京市中小学课程改革方案，用一年左右时间拿出符合首都特点、面向 21 世纪、具有一流水平、比较现代化的课程改革方案。要继续加强和改进德育工作，积极探索在社会主义市场经济环境下，中小学德育工作的新思路、新方法。要发挥优势，重点放在运用多种途径、多种形式开展爱国主义教育、中华民族传统美德教育以及行为规范和礼仪常规的教育和训练上。加强校园文化建设，进一步促进中小学良好校风、教风、学风的形成。

（六）要大力加强教育科研工作，研究新情况，解决新问题。李瑞环同志曾用一句名言生动地概括行政工作和科研工作相脱离的现象，一个是瞎指挥，另一个是白研究。瞎指挥，就是离开调查研究这一基础，不以调查研究和科研成果为根据、为先导，就靠行政指挥，属于经验型的管理；白研究，就是离开现实的教育在推进过程中急于解决的课题，去搞所谓书斋式的科研。因此，要进一步增强科研意识。教育科研要着重研究普教改革和发展中的重大课题，要为教育行政部门决策、学校办学、教师教学服务；教育行政部门和学校要支持科研、依靠科研，充分运用科研成果。要加强专业和兼职科研队伍建设，增加投入。

（七）多渠道筹措教育经费，加强宏观调控，促进教育资源的优化配置，提高办学综合效益。要研究财政税收体制改革对教育税费的影响，分析教育成本，拓宽教育经费筹措渠道。要对校产、设备、仪器、教师等教育资源进行开发，挖掘潜力。要大力发展校办企业，深化改革，转换经营机制，适应社会主义市场经济发展的需要，力争全市校办产业的总产值和纯利润比1993年有较大增长。

（八）完善和深化教育管理体制改革，在加强宏观管理的同时，简政放权，提高工作效率和管理水平。继续完善基础教育实行“地方负责、分级管理”的体制，在加强宏观管理的基础上，明责放权，市教育局关于调整管理权限的六条措施要逐步到位。要贯彻落实《北京市中小学党支部（总支）工作意见》《北京市中小学校长工作意见》《北京市中小学教职工代表大会工作意见》三个文件，以强化学校内部激励机制为重点，深化学校内部管理体制改革，逐步扩大学校办学自主权。

市教育局要进一步转变职能和管理方式，加强法制建设，从主要依靠行政手段直接管理转移到重点用统筹规划、政策指导、组织协调、信息服务、审计监督和必要的行政手段，进行宏观管理。进一步完善教育督导制度，加强督导队伍建设，推动中小学教育质量综合评价工作。要切实减少会议、活动、检查和评比，加强调查研究。要坚决制止中小学乱收费。加强廉政建设，反对腐败，提倡勤政，提高工作效率。

要进一步办好《北京教育》《学前教育》《中小学管理》《班主任》《北京教育报》及其他教育刊物，办好《教育之窗》《校园内外》电视专栏节目，办好北京电视台教育记者站。要充分利用宣传媒介为教育改革和发展创造良好的舆论环境。

在暑期北京市普教系统领导干部会议上的讲话

北京市教委主任、北京市人民政府教育督导室主任　袁贵仁

（1998 年 8 月 24 日）

邓小平教育理论是邓小平理论的重要组成部分，是具有中国特色和时代特征的马克思主义教育理论。深入学习邓小平教育理论特别是邓小平同志关于基础教育的论述，全面推进素质教育，培养学生的创新精神和创造能力，是当前基础教育改革和发展的紧迫任务和核心内容。

一、基础教育是国民教育的奠基工程

邓小平同志特别重视教育。在国际共产主义运动和我们党的历史上，还没有哪个领导人像他这样，把教育的作用看得那样重大，对教育发展的意义看得那样深刻。在邓小平理论体系中有一条清晰的逻辑线索，那就是，我国现在最大的政治任务是现代化建设，现代化建设的中心是发展经济，经济振兴的关键在科技，科技进步的根本在人才，人才培养的基础是教育。因此，他认为教育是一个民族的最根本的事业。

在邓小平同志看来，教育是现代化的基础，“不抓科学、教育，四个现代化就没有希望，就成为一句空话”；教育是经济发展的基础，他不仅把教育与农业、能源和交通并列为经济发展的战略重点，而且反复强调发展战略第一位就是发展教育和科学技术；教育是文化发展的基础，“发展教育和科学，是文化建设的基础工程”；教育是科技发展的基础，“发展科学技术，不抓教育不行”；教育是人才的基础，人才的极端重要性决定了教育在四化建设中的战略地位。

教育是社会发展的基础，基础教育又是教育的基础，在整个国民教育系列中处于基础地位，因而受到邓小平同志的特别关注。教育要从娃娃抓起，是邓小平同志的一个基本思想。1985 年他在全国教育工作会议上深刻地指出：“中央提出要以极大的努力抓教育，并且从中小学抓起，这是有战略眼光的一着。如果现在不向全党提出这样的任务，就会误大事，就要负历史的责任。”作为一种战略考虑，他要求教育从基础教育抓起，扎扎实实地抓，坚持不懈地抓，真正抓出成效来。他说：“抓科技必须同时抓教育。从小学抓起，一直到中学、大学。我希望从现在开始做起，五年小见成效，十年中见成效，十五年二十年大见成效。”

邓小平同志之所以特别重视基础教育，是因为基础教育作为国民教育的基础，其质量直接影响到高等教育。“高等院校学生来源于中学，中学学生来源于小学，因

此要重视中小学教育。”中小学的基础不牢，高等教育的质量就难以提高。因此，“我们要在科学技术上赶超世界先进水平，不但要提高高等教育的质量，而且首先要提高中小学教育的质量”。

邓小平同志之所以特别重视基础教育，是因为从人才成长的角度看，基础教育是人才成长的基础。十年树木，百年树人，人才培养应当从青少年开始。邓小平同志说：“知识不是立即就能得到的，人才也不是一天两天就能培养出来的，这就要抓教育，要从娃娃抓起。”总结各国教育发展的经验教训，他指出：“有的国家中小学质量差，吃了亏。我们无论如何要保证有一批学生基础课学得好，否则将来要吃大亏。”

邓小平同志之所以特别重视基础教育，还因为从社会发展的角度看，基础教育是社会发展的基础。青少年是国家的未来，将来国家竞争力的大小是由现在基础教育的质量高低决定的。1985年他就提出：“现在小学一年级的娃娃，经过十几年的学校教育，将成为开创二十一世纪大业的生力军。”

邓小平同志重视基础教育，他十分重视基础教育的指导方针和培养目标。大家知道，“面向现代化，面向世界，面向未来”，这是新时期我国教育改革和发展的战略指导方针，也可以说是新时期我国改革开放的指导方针。但我们不应忘记，“三个面向”是1983年邓小平同志为北京景山学校的题词，也就是说它首先是针对基础教育提出来的。大家还知道，“有理想、有道德、有文化、有纪律”，这是新时期我国各级各类教育的培养目标，以及对全体公民素质的基本要求。但我们也不应忘记，“四有新人”起初也是针对青少年提出来的。1980年邓小平同志为《中国少年报》和《辅导员》杂志题词：“希望全国的小朋友，立志做有理想、有道德、有知识、有体力的人，立志为人民作贡献，为祖国作贡献，为人类作贡献。”这是邓小平同志关于“四有新人”最早的提法。1982年他把“有知识、有体力”改为“有文化、守纪律”，1985年他又把“守纪律”改为“有纪律”。这就是我们今天所讲的“四有新人”。

邓小平同志重视基础教育，不仅体现在他对基础教育的指导方针、培养目标的指示上，而且表现在他对基础教育改革的一系列论述中。邓小平同志关心基础教育的教学内容和教材编写。1977年他指出，“看来，教材非从中小学抓起不可，教书非教最先进的内容不可”。1978年他再次提出，要“按照中小学生所能接受的程度，用先进的科学知识来充实中小学的教育内容”。邓小平同志特别关心基础教育的思想道德教育。他说“革命的理想，共产主义的品德，要从小开始培养”，“法制教育要从娃娃开始，小学、中学都要进行这个教育”。“文化大革命”刚刚结束时，针对当时的一些不良风气，他指出：“改变这种风气，要从小学教育开始。”邓小平同志还关心基础教育的科学技术教育。1984年他视察上海，看到刚刚在少数中小学出现的计算机就高瞻远瞩地指出：“计算机的普及要从娃娃抓起。”

最令人感动的是，邓小平同志不仅重视基础教育，而且身体力行，以实际行动满腔热情地支持基础教育，关心中小学生的发展。1990 年他为中国青少年发展基金会救助失学儿童活动题写“希望工程”四个字。1992 年 6 月 10 日和 10 月 6 日，希望工程先后收到署名为“一个老共产党员”的 3 000 元和 2 000 元的两笔捐款。经有关人员的多方查找，终于发现这位“老共产党员”就是邓小平同志。

二、素质教育是基础教育的紧迫任务

基础教育如此重要，但目前基础教育的状况离邓小平同志的期望，离教育发展、人才培养和现代化建设的要求还有较大差距，存在不少问题。其中一个重大问题是“应试教育”的问题。坚持“三个面向”的方针，按照“四有新人”的目标，切实纠正“应试教育”的偏向，积极推进素质教育，这是基础教育改革和发展中最根本、最紧迫的任务。

素质教育是新时期党和国家教育方针的新阐述，贯彻落实教育方针的新形式，培养社会主义新人的新模式，它以全面贯彻教育方针，促进每个学生全面发展，全面提高国民素质为宗旨。邓小平同志明确指出：“把毛泽东同志提出的培养德智体全面发展、有社会主义觉悟的有文化的劳动者的方针贯彻到底，贯彻到整个社会的各个方面。这样做，对于提高整个职工队伍的政治质量和科学文化素养，对于满足不同工种、职业的特殊要求，对于在青少年中以至在整个社会上造成人人向上、奋发有为、不甘落后的革命风气，都将发挥巨大的促进作用。”

毫无疑问，各级各类教育都承担提高受教育者素质的任务，各行各业的人员都需要提高素质，但是由于基础教育的对象、作用、地位的特殊性，素质教育主要和基础教育相联系，特别要在基础教育中推行素质教育。换句话说，提高素质，是对所有人讲的。素质教育，主要是对基础教育、中小学生讲的。对于受教育者来说，基础教育阶段是实施素质教育的关键阶段；对于教育者来说，基础教育对提高全体学生素质、提高全民族素质负有重大责任。

《义务教育法》明确规定，基础教育的根本任务是“贯彻国家的教育方针，努力提高教育质量，使儿童、少年在品德、智力、体质等方面全面发展，为提高全民族的素质，培养有理想、有道德、有文化、有纪律的社会主义建设人才奠定基础”。这里包含了素质教育的基本思想。《中国教育改革和发展纲要》特别强调：“中小学要由‘应试教育’转向全面提高国民素质的轨道，面向全体学生，全面提高学生的思想道德、文化科学、劳动技能和身体心理素质，促进学生生动活泼地发展，办出各自的特色。”这段话强调：（1）面向全体学生；（2）提高学生的全面素质；（3）学生素质包括思想道德、文化科学、身体、心理素质以及劳动技能；（4）学生生动活泼地发展；（5）办好每所学校。我国《国民经济和社会发展“九五”计划和 2010 年远景目标纲要》则进一步相对于“应试教育”提出了“素质教育”概念，要求“改革人才培养模式，由‘应试教育’向全面素质教育转变”。“应试教育”和素质教育是两种不同的教育观念，从“应试教育”向素质教育转变，是基础教育领域的一场深刻革命，是提高国民素质、培养跨世纪人才的必然要求，也是党中央、国务院向基础教育提出的一项根本任务。

全面推进素质教育，要坚持思想领先，从转变观念入手，深刻认识实施素质教育的重要性和必要性，以高度的责任感和使命感改革创新；坚持实施素质教育过程中干部的决定性作用和教师的主导地位，全面提高学校干部、教师的素质，由高素质的干部、教师培养和造就高素质的学生；坚持课内和课外、校内和校外相结合基础上校内课堂教学的主渠道作用，加强课堂教学内容和方法的改革。这些工作是实现由“应试教育”向素质教育转变的根本举措，是长期性的任务，不可能在短期内就彻底完成和完全解决。现在的问题是要集中力量，找准主攻方向，明确工作重点，在关键环节上取得突破性进展，由此带动素质教育的全面展开，并在素质教育过程中进一步提高认识，提高学校干部、教师的素质，提高教育教学质量，不断把素质教育引向深入。

明确当前素质教育的工作重点和主攻方向，必须牢牢把握住素质教育是怎样提出来的，它主要针对的是什么问题。很显然，素质教育是针对“应试教育”提出来的，它最直接、最重要的目的，是要克服“应试教育”的弊端，培养更多更好的人才。

“应试教育”作为一种教育观念、模式，它的基本特征是“应试”，以考试为中心组织开展教育教学活动，一切和考试有关的，都得到重视，一切和考试无关的，都受到排斥。“应试教育”偏离了基础教育提高国民素质的根本任务，违背了基础教育普及性、基础性和发展性的特征，忽视了学生个性、特长的发展。1987年党的十三大报告提出：“教育必须克服脱离实际和片面追求升学率的倾向。”这就指明了“应试教育”的主要弊端和素质教育的基本方向。

“应试教育”的弊端告诉我们，实现由“应试教育”向素质教育转变，最关键、最现实的问题是加快考试、评估制度的改革，建立符合全体学生全面发展要求的考试、评估制度，发挥其在推行素质教育中的积极的导向作用。否则，一边倡导素质教育，一边继续以体现“应试教育”质量观、人才观的考试、评估制度选拔学生、评价教师、评估学校，其结果只能是嘴里说的是一套，实际做的是另一套，最后必然是“应试教育”大行其道，素质教育不了了之。

试想，如果我们真正按照素质教育的人才标准、质量标准建立和实施了真实反映学生全面发展的考试、评估制度，全面监测学生德智体美劳诸方面发展状况，以及动手能力和创造能力，全面监测学校为确保每个学生全面发展，在教育教学过程中、学校管理方式上的特色，那谁还会去片面追求升学率，按“应试教育”的一套去教、去考、去学呢？无论教师还是学生、家长，无论出于何种原因，都会自觉或不自觉地由“应试教育”转移到素质教育方面来。如果说新的人才观、质量观是推行素质教育的思想先导，那么按照这种人才观、质量观建立起来考核、评估学生、教师、学校的制度则是推行素质教育的根本保证。邓小平同志说，制度更带有根本性、全局性、稳定性和长期性。改革“应试教育”中的考试、评估制度，建立和完善适应素质教育要求的考试、评估制度，就是实现由“应试教育”向素质教育转变的一项带有根本性、全局性、稳定性和长期性的工作，是“应试教育”的治本之策，是素质教育的关键环节。只有在这个方面多下功夫，取得突破性进展，才可能由此带动教材更新、教学内容和方法的改革，提高教师、干部素质，把素质教育扎扎实实地向前推进。

改革考试、评估制度，不是简单地取消一切考试。在教育教学活动中，一定的考试是检验教学效果、提高教学质量、促进师生发展的必要手段。邓小平同志曾经指出，考试是检查学习情况和教学效果的一种重要方法，如同检验产品质量是保证工厂生产水平的必要制度一样。当然也不能迷信考试，把它当作检查学习效果的唯一方法。要认真研究、试验，改进考试的内容和形式，使它完善起来。对于没有考好的学生，要鼓励和帮助他们继续努力，不要因此造成不必要的精神负担。邓小平关于考试的这一论述，十分深刻、全面，充满着辩证法。既要重视考试，又“不能迷信考试”；既肯定考试是检查教学的“重要方法”，又指出它不是“唯一方法”；既强调考试的作用，又要求认真开展考试的“研究、试验”，使之不断完善；既要改革考试的内容，又要改进考试的形式；既要表扬、关心考得好的学生，又要鼓励、帮助考得不好的学生。根据邓小平同志的论述和目前的教育现状，我们应当改革“应试教育”中考试目的的唯一性、考试内容的片面性和考试形式的单一性。义务教育阶段要取消升学考试，免试就近入学。中考和高考要逐步实行分级考试、分期考试、分片考试，增强学校和学生的选择权。所有考试都要改革其内容和形式，使之有利于全面提高学生素质，培养学生的动手能力、思考能力和创新能力，以及养成积极的生活态度和高度的社会责任感。

三、创新教育是素质教育的核心内容

素质教育是要全面提高学生素质，使之具有高尚的思想道德情操、丰富的科学文化知识以及健康的身体和心理。但应当指出的是，人是一个整体，人的素质不是几个方面的简单相加；人的素质还要进一步转化为人的活动能力，特别是创造性活动的能力，提高工作和生活的质量与效益。人的思想品德、科学文化和身心素质的高低都要表现在人的创造性的活动上，都要通过活动的质量和效益来检验。创新意识、创新精神和创新能力是人才素质高低的重要标志，创新教育是素质教育的核心内容。

邓小平同志历来提倡并身体力行“勇于思考、勇于探索、勇于创新”，主张敢想、敢试、敢闯，说真话、说新话，要求鼓励学生创新、启发学生创新、教育学生创新。他在1984年就指出：“我们在教学上‘满堂灌’的现象还存在，要多多鼓励学生自己发展。”他认为“一开始就启发学生向着更广更深的方向发展，这就有希望了”。《中共中央关于教育体制改革的决定》也明确提出，社会主义“四有”新人，不仅要有为国家富强和人民富裕而艰苦奋斗的献身精神，而且“应该不断追求新知，具有实事求是、独立思考、勇于创造的科学精神”。

江泽民同志特别重视创新及创新人才的培养，在1995年全国科学技术大会上他指出：“创新是一个民族进步的灵魂，是国家兴旺发达的不竭动力。一个没有创新能力的民族，难于屹立于世界先进民族之林。”在《迎接知识经济时代，建设国家创新体系》的研究报告的批示中他指出：“知识经济、创新意识对于我们21世纪的发展至关重要。”在1998年接见出席中国科学院第九次院士大会和中国工程院第四次院士大会部分院士时他再次强调：“科技创新已越来越成为当今社会生产力的解放和发展的重要基础和标志。”他还特别提出：“创新就要靠人才，特别是要靠年轻的英才不断涌现出来。”

人的创新意识、创新精神、创新能力不是天生的，它虽然和天赋有一定联系，但主要是后天培养和教育的结果，靠的是创新教育。“应试教育”有许多弊端，但主要的弊端是在统一的考试内容、形式下，按照统一标准评判学生，它非但不能培养学生的创造性，相反在很大程度上把学生的创造性束缚起来和压抑下去，迫使学生走上死读书、读死书的死胡同。相对于国外教育，中国学生创新意识不强，创新能力不足，已成为国内外有识之士的共识。由“应试教育”转变到素质教育，就是要培养学生主动学习、独立思考，培养学生实践能力和创造精神，为21世纪培养和造就更多更好的创新人才。

创新教育包括诸多内容，需要培养学生的个性，发展学生的能力，创造民主、进取、开放的教育氛围。当前最主要的是针对“应试教育”的弊端在以下方面深化教育改革。

创新教育需要改革“应试教育”中的知识教育，培养学生的动手能力。素质教育、创新教育不是排斥知识教育，掌握知识的多少，本身就是人的素质高低的一个标志，影响人的创造力大小的一个条件。素质教育、创新教育需要的是，不仅知道是什么，而且知道为什么，更重要的是知道怎么做，培养学生的动手能力；不仅要学会已有的知识，而且要学会搜集、加工知识，学会自我增长知识；不仅要掌握知识，而且要消化、吸收知识，开阔视野、增长见识，提高为基本素养和实践能力。

创新教育需要改革“应试教育”中的教学方法，引导学生独立思考。“应试教育”把学生简单地视为被动的客体，满堂灌、填鸭式的教学没有给学生留有积极思维的空间和余地，抑制了学生学习的主动性、思考的独立性。创新教育要求尊重学生学习的主体地位，采取老师启发、引导和学生积极参与的方法，使学生开动脑筋，积极探索寻找问题的可能性答案，养成对新问题、新知识的好奇心、求知欲，以及对问题主动、独立思考的质疑态度和批判精神，既要“学会”，又要“会学”。创新教育还要求给学生必要的设计、发现、发明和创造的方法训练，使学生了解、掌握创新的规律和特点，以及创新主体必备的素质和条件，从而自觉地培养创新意识和训练创新能力，使学生既能独立思考又能科学地思考，从而学会学习，学会创新。

创新教育需要减轻“应试教育”中学生过重的课业负担，培养学生的学习兴趣。学生课业负担过重，是“应试教育”的必然结果。为了升学率，学科内容偏多，要求偏高，层次偏深，作业偏重，损害了中小学生的身心健康，阻碍了他们自由天性的发展。只有把学生从沉重的课业负担、烦琐的死记硬背中解放出来，学生对学习才会有浓厚的兴趣和乐趣，创新精神、创造能力才能得到蓬勃发展。

在北京市教育督导工作电视电话会议上的讲话

北京市教委主任、北京市人民政府教育督导室主任　徐锡安

（1999年7月26日）

今天召开的北京市教育督导工作会议，是在最近召开的第三次全国教育工作会议之后，我市贯彻落实全国教育工作会精神推进教育督导工作的一次重要会议。6月15日江泽民总书记在第三次全国教育工作会议上强调“我们必须全面贯彻党的教育方针，坚持教育为社会主义、为人民服务，坚持教育与社会实践相结合，以提高国民素质为根本宗旨，以培养学生的创新精神和实践能力为重点，努力造就有理想、有道德、有文化、有纪律的，德育、智育、体育、美育等全面发展的社会主义事业建设者和接班人”，为我们贯彻国务院批转的《面向21世纪教育振兴行动计划》，实施科教兴国战略，迎接21世纪知识经济挑战再一次指明了方向。这次教育督导工作会议就是要认清教育督导事业面临的新形势新任务，通过总结我市教育督导工作的成功经验，进一步提高对教育督导在现代教育管理和依法治教过程中的重要作用的认识，认真贯彻《中共中央国务院关于深化教育改革全面推进素质教育的决定》和《北京市教育督导规定》，保障实施素质教育。

下面我讲两个问题。

一、认真贯彻《北京市教育督导规定》，进一步发挥教育督导在依法治教中的重要作用

党的十五大把依法治国确定为党领导人民治理国家的基本方略。这一治国方略，经过九届全国人大二次会议审议通过，已经正式写入我国宪法。依法治教是依法治国的重要组成部分。要落实科教兴国战略，实施素质教育，推动教育的改革和发展，就必须坚持依法治教。现在我国的教育法律体系已经初步建立，为依法治教奠定了基础。但是，有了教育方面的法律，并不等于依法治教，如果有了法不去执行，或者不认真严格执行，那再好的法律也可能是一纸空文。只有真正长期坚持做到有法必依、执法必严、违法必究，才能称得上实现了依法治教。

要保证法律法规的全面落实，除了组织各级领导和教育战线广大干部教师认真学习，提高法制意识，切实做到知法守法外，建立有效的监督机制，是绝对不可缺少的一个重要方面。监督本身也包含法制教育，是生动具体的法制教育形式。教育督导就是一种非常重要的行政监督，是我市实现依法治教的不可缺少和不可替代的一项工作。

过去的十几年，我市的教育督导部门依据《教育法》《义务教育法》《职业教育法》等法律法规，为推动依法治教做了大量工作，取得了显著成绩。现在我市又根据教育法律法规出台了《北京市教育督导规定》，为进一步实施有效的教育执法行政监督提供了新的法规保障。

但是，只有法规保障还不够，还需要我们去努力工作。我们要进一步认清教育督导在推动依法治教工作中的重要作用，全力支持教育督导部门对执法情况的检查，对查出的问题坚决进行整改，全面落实教育法律法规要求，推进素质教育实施。当然，作为执法监督的教育督导部门自身也应当按照教育督导规定的要求规范督导行为，要做到依法督导。要通过“督导”和“被督导”两个方面的共同努力，充分发挥教育督导在依法治教中的作用，把我市依法治教工作提高到一个新水平。

二、全面落实《北京市教育督导规定》，开创北京教育督导工作的新局面

《北京市教育督导规定》是1998年12月24日经北京市人民政府第12次常务会议通过的。它对教育督导的性质、任务、机构，督学的职责，督导的实施、法律责任等都做出了明确的规定，是我市教育督导制度的重要的政府规章，各级政府特别是主要领导一定要带头学习、宣传、贯彻。要站在法制的高度来认识《北京市教育督导规定》颁布实施的意义和作用。要把贯彻落实《北京市教育督导规定》作为我们今后一个时期内我市落实依法治教，保障全面实施素质教育的一项重要工作来抓。为此，要着重抓好以下几项工作。

第一，要加强学习和宣传，提高各级领导和全社会的教育执法意识，提高对教育督导工作重要性的认识。要把学习同本地区、本部门的教育工作和教育督导工作实际相结合，按照《北京市教育督导规定》的要求，在工作中认真贯彻、落实。

第二，在学习《北京市教育督导规定》的同时，认真按照《中共中央国务院关于深化教育改革全面推进素质教育的决定》和《北京市教育督导规定》的要求，健全督导机构，建设好政府的教育督导室，建立一支数量足够、结构合理、条件合格、相对稳定的督导工作者队伍，并为教育督导室和督学开展工作提供必要的经费和物质支持。

第三，要认真落实朱镕基总理在第三次全国教育工作会议上提出的“切实加强对各类学校的引导、监督和管理，抓紧建立健全教育评估、督导、检查体系和制度”，充分发挥教育督导的行政监督作用，努力促进教育改革和发展，全面实施素质教育，大力提高教育质量和办学效益。

第四，要加强教育督导自身建设。从事教育督导工作的同志要充分认识到新的形势和任务对你们工作提出了更高的要求。要加强学习，学习邓小平理论和有关教育的法律、法规、方针、政策，学习教育和教育督导理论，掌握督导和评价技术，

提高科研能力。还要研究教育改革和发展的新情况、新经验，认真贯彻执行教育督导规定中对督导工作提出的要求。各个教育督导室都要自觉地把江泽民总书记所号召的“讲学习、讲政治、讲正气”作为重点，不断提高自身修养，做求真、务实、守纪、廉正的模范。

同志们，北京的教育督导工作取得了很多好的经验，在全国也有一定的影响。过去的成绩为我们今后的工作奠定了基础。在迎接21世纪、贯彻第三次全国教育工作会议精神、实现首都教育现代化的进程中，我市各级政府领导、广大教育工作者和教育督导工作者要进一步解放思想，抓住机遇，更加深入扎实地开展工作，开创教育督导的新局面，为进一步发展具有中国特色、首都特点的教育督导事业做出新的贡献。

在北京市第五次教育督导工作会议上的讲话

北京市教委主任、北京市人民政府教育督导室主任　耿学超

（2002年8月30日）

同志们：

今天，我们在这里召开北京市第五次教育督导工作会议。这次会议的主要任务是认真学习江泽民总书记“5·31”重要讲话，落实市第九次党代会精神，进一步加强与改进教育督导工作，推动我市教育的改革与发展，全面保障素质教育的实施和教育目标的实现。刚才，林文漪副市长做了一个重要讲话，对北京市今后教育督导工作的重要问题都讲得比较全面了。另外，三个区县的领导又分别就前一段督导工作做了经验介绍。这两个方面的结合，体现了我们这次教育督导工作会议的精神。下面，我想就教育督导室的工作做个补充。

一、三年来我市教育督导工作的回顾

从1999年我市召开第四次教育督导工作会议至今已经三年了，这是我市各级政府及其教育督导部门认真贯彻第三次全国教育工作会议和北京市教育工作会议精神及《北京市教育督导规定》的三年，是我市教育督导制度建设向纵深发展的三年，是我市教育督导工作不断开拓创新的三年，也是教育督导工作为全市的教育改革与发展做出较大贡献的三年。主要成绩体现在以下8个方面。

（一）区县教育督导机构和督导队伍得到加强

三年来，各区县政府对教育督导工作的地位、作用和认识不断提高，区县教育督导机构和督导队伍得到加强。比如，朝阳区率先建立了教育督导网络，通州区、海淀区先后在督导室内设立了“督学科”“督政科”，使督导机构进一步完善。在2001年机构改革中，尽管区县政府机构的编制数精简20%，但全市仍有东城、西城、宣武、朝阳、石景山、通州、顺义、密云、平谷、怀柔、燕山等11个区县（地区）教育督导室的编制数一个也没有减少，其中通州区、朝阳区人数还有所增加，通州区由5人增至10人，朝阳区由7人增至9人。此外，有些区县教育督导室的人员结构也进行了调整：宣武区教育督导室在常务副主任之外又配备了一名专职副主任，崇文区实行督学竞聘考核上岗，平均年龄下降了10岁，海淀区教育督导室引进了一名硕士研究生。现在，各区县教育督导室共有专职督学90人，特约教育督导员64人，兼职督学260人。总体上看，教育督导机构及督导队伍得到加强，为完成各项督导任务提供了有力的组织保证。

（二）教育执法检查推动了“普九”水平的巩固提高，促进了中等职业教育的健康发展

我市教育执法检查制度始建于1995年。在近三年的执法检查中，按照突出重点、求真务实、边查边改的原则，检查力度进一步加大，落实法律、法规的重点工作得到强力推进。通过检查，在市、区（县）、乡（镇）各级政府的努力下，全市教育经费连续多年依法增长；义务教育办学条件明显改善；山区中小学建设三年规划圆满完成，山区学校落后面貌发生了根本性变化；中等职业学校布局结构调整取得明显进展，学校数已从1996年的459所减少到193所，骨干示范学校和特色专业得到加强，办学效益明显提高。市、区（县）教育督导室作为执法检查办公室在检查中多方组织协调，深入调研督查，做了大量工作。

（三）实施素质教育的督导评价工作在教育改革与发展中发挥了较大作用

我市对区县政府、教委、普通中小学校全面实施素质教育的“三个评价方案”于1997年出台。到2000年年底，依据评价方案，市政府教育督导室对18个区县及燕山地区政府、教委（教育局）的综合督导评价已全面完成，各区县政府教育督导室综合督导评价中小学达到1 633所。通过评价，素质教育的观念初步树立，实施素质教育的各项职责得到落实，实施素质教育的外部环境和物质条件有了一定改善，教育优先发展的战略地位得到巩固，教育工作的薄弱环节得到加强，中小学校的办学行为得到规范，同时涌现了一批实施素质教育的先进典型，为进一步深化教育改革、推进素质教育积累了经验，奠定了良好基础。

（四）督政工作有了新的进展

各区县普遍建立了区属委、办、局、街（乡）执行教育法律法规、履行教育责任、实施素质教育目标责任制，开展了对这些部门的教育工作的督导检查。近三年，共督评委办局163个，街道83个，乡镇183个。部分区县实行了对相关部门领导干部履行素质教育目标责任情况的考核奖励制度，从而加大了督政力度。门头沟区在贯彻落实《北京市教育督导规定》的过程中，每年由主管副区长与区属22个委、办、局、10个乡镇、4个街道办事处的主管领导，签订《实施素质教育目标责任书》，区教育督导室进行督导检查与评价，区政府依据督导评价结果给予不同等级的奖励，初步建立了有本区特点的督政评价机制，形成了全区各部门齐抓共管，相互配合，共同推进素质教育的新局面。西城区为贯彻落实《中共中央国务院关于深化教育改革全面推进素质教育的决定》，于2000年4月制定了《关于将履行素质教育目标责任情况纳入相关职能部门领导干部政绩考核的意见》，区教育督导室依据该意见，每年对区内30个委办局和街道办事处党政领导干部履行责任情况进行考核评价，区政府根据考评结果，于9月教师节期间，对在实施素质教育工作中表现突出的单位和个人给予表彰奖励，区委组织部门将考评结果作为今后对干部奖励、表彰、使用的一项重要依据。这项工作提高了党政主要领导干部实施素质教育的责任感，保证了素质教育工作中的政府行为到位。

（五）职业教育督导工作力度加大

1999 年，市政府教育督导室在全国率先制定了《北京市中等专业学校督导工作暂行规定》和《北京市职业高中督导评估指导纲要》，市、区（县）政府教育督导室依据这两个文件在 1999 年至 2001 年分别完成了对 46 所中专学校和 92 所职业高中的综合督导评价。督导评价促进了我市职业学校的建设与发展，促使一些职业学校建成为骨干示范校。市第三人民警察学校、市交通学校和顺义区职业教育中心校等，经过综合督导、专项督导和随访检查，办学水平提高很快，一年一个台阶，由合格校成为骨干校，又由骨干校成为示范校，并被推荐为国家级重点校。目前，全市已建成职业教育省部级以上骨干示范校 82 所。

职业教育督导方面的国际合作也取得显著进展。从 1999 年起，经市政府、市教委批准，北京无线电工业学校、北京市一轻工业学校，先后与英国商业技术教育委员会（Business and Technology Education Council，BTEC）合作，试行 BTEC 课程教学。为保证质量，市政府教育督导室受英方委托，对合作项目学校进行外审和质量监控，从而在中国教育督导国际合作方面开了先河。到 2001 年，首届 BTEC 班 149 名毕业生获得了 BTEC 职业资格证书。现在，我市职业教育督导与英国威根利学院和新加坡信威技术有限公司的合作也已进入签订协议阶段。

（六）专项督导检查推动了重大教育措施的落实

近三年，市、区（县）教育督导室共进行了 40 余项 125 次专项督导检查。其中包括对师德教育、工读教育、中小学减负工作、学生体育卫生艺术教育、学校安全及食品卫生工作、贯彻落实《国务院关于基础教育改革与发展的决定》情况等重点工作的督导检查。检查中对发现的问题高度重视。例如，发现远郊有 5 个区（县）没有按要求在 2001 年年底将教师工资发放工作上收到区县，督导室就采取了跟踪督导的办法，找区（县）有关领导反复进行宣传，加快了这项工作的进程。这个问题将于 2002 年 9 月全部解决。检查中也重视总结经验。东城区教育督导室为推动学生创新精神和实践能力的培养，对 8 所中小学和 3 个校外教育机构的这方面工作进行了专项督导，总结了一批典型经验，梳理出一些培养思路和渠道，并为领导决策提出了工作建议，受到了教育行政部门的重视。

（七）一批调研成果对教育决策产生了重要影响

近三年，市、区（县）教育督导室针对教育改革与发展中的重点、难点、热点问题，做了大量调查研究，为领导决策提供了依据，推动了教育改革与发展。

市教育督导室近三年共撰写调研报告 26 篇，其中，1999 年对市经委系统所属院校划转给市教委管理问题的调研报告，分析了市经委系统所属院校的各种情况，提出了划转的原则、范围、政策、方案等方面的建议，为政府实施划转工作提供了依据；2000年在“在京流动人口子女就学情况及流动人口自办学校情况的调研报告”中，分析了流动人口子女在京就学的基本情况和流动人口自办学校存在的严重问题，提出了以公办中小学接收为主解决在京流动人口子女就学问题的一系列建议，受到有关领导和有关部门的高度重视，为我市出台在京流动人口中适龄儿童少年接受义务教育的有关规定提供了重要的参考意见。

区（县）教育督导室近三年共撰写调研报告270篇，其中74篇在本地区的教育改革与发展中发挥了较大作用。顺义区教育督导室坚持为领导决策服务的方向，开展了全区“普九”巩固提高情况、中小学教学设备情况等多项调查研究，提出了切实可行的建议，在实现办学条件均衡化、全面提高义务教育质量的进程中发挥了“参谋部”的作用。东城区教育督导室针对办学效益难以评估的问题，与科研部门合作，对58所中小学和职业高中进行了办学效益情况的调查研究，从人力物力资源配置、学校规模及学校管理与办学效益的关系，找出了当前办学效益方面存在的主要问题，为政府和教育行政部门合理调整学校布局、优化教育资源配置、加强学校资金设备使用的监督与指导，提供了有益的思路。

（八）教育督导科研工作提升了我市教育督导与评价工作的水平

三年来，全市教育督导科研工作稳步发展。其中，市教育督导室组织的北京市教育督导体制研究、完善北京市教育督导制度的研究、中等职业教育教学质量控制与评价的研究、北京市农村职教现状与对策的研究等，取得显著成果，有的已经转化为教育督导与评价的工作思路、工作文件和工作方案，运用到了实际工作当中。西城区教育督导室关于中小学校长职级制督导评价的研究，丰台区教育督导室关于中小学教育科研工作评价的研究，也都具有很高水准，在推动本区教育督导工作改革与创新的过程中发挥了较大作用。实践证明，教育督导科研工作有力地推进了我市教育督导与评价工作科学化的进程，提升了我市教育督导与评价工作的水平，保证了我市教育督导与评价工作的健康发展。

三年来的实践告诉我们，各级领导的高度重视是搞好教育督导工作的前提，健全的、有权威的教育督导机构和高素质的督导队伍是搞好教育督导工作的根本，深入的调研科研工作是改革与发展教育督导工作的基础，增强服务意识、坚持改革创新是教育督导工作改革与发展的动力。我们应当认真总结工作经验，自觉遵循科学规律，不断推动教育督导工作向前发展。

二、开拓进取，改革创新，充分发挥教育督导在教育改革与发展中的作用

我想强调四个方面。

（一）教育督导工作要紧紧围绕着我市教育改革和发展的重大问题发挥应有的作用

前不久召开的市第九次党代会，提出了我市到2008年的发展奋斗目标，提出要在全国率先基本实现现代化，人均GDP（国内生产总值）由现在的3 000美元达到6 000美元，北京的经济实力要有较大的增长，人民生活水平要有较大的提高。现在，各行各业都在研究贯彻市第九次党代会精神。市教委和全市教育系统都非常清醒地认识到，要实现北京市到2008年在全国率先基本实现现代化的目标，必须要率先实现教育现代化，为北京市基本实现现代化提供人才、智力保证。现在市教委正在组织研究，进一步厘清基础教育、职业教育、高等教育等各类教育的改革与发展的思路，希望各个区县在贯彻市第九次党代会提出的目标的工作中，共同来研究这个问题。市里的领导同志，包括龙新民副书记、朱善璐同志和林文漪副市长，都一再强调，我们的教育发展也要有新的思路，要有新的举措，特别是要抓住一些重大的战略问题来进行研究，要抓住当前教育工作上的重大难题进行研究。我们一定要按市委、市政府领导的要求，进一步把北京市的教育改革与发展提高到一个新的水平。我们的教育督导工作也要紧紧围绕这些方面的工作发挥作用。刚才几个区县的领导讲得都非常好，教育督导是政府管理教育中不可缺少、不可替代的工作，发挥教育督导的作用，为北京市率先实现教育现代化服务，要做的工作是很多的。最近我们召开了普通教育、职业教育、成人教育的领导干部会议，对今年下半年的工作进行了部署，根据这次会议精神，围绕北京市教育改革与发展的重大问题开展我们的督政和督学工作，重点至少有三个方面。

一是要继续抓住教育经费的投入问题进行督导。应当说，这几年来市、区（县）、乡（镇）政府对教育的投入是重视的，是支持的，而且连续多年全市教育经费实现了“三个增长”，但是，各个区（县）并不平衡，有的区（县）困难比较多，难度比较大，这里既有实际问题，也有认识问题，因此，这方面的工作要常抓不懈。前天我们开了个会，研究教育的预算问题，我就讲，一方面要承认这几年来市、区（县）、乡（镇）教育的投入是不断增长的，现在比20世纪80年代、比20世纪90年代初期投入大多了，各个学校的办学条件也有了很大的改善，但是，从另外一方面看，现在我们教育的投入，仍然赶不上教育发展的需要，仍然赶不上人民群众对优质教育的需求，仍然是制约教育改革与发展的主要因素之一，因此要继续开展对教育经费投入的督导工作，要作为经常性工作常抓不懈。要对重视教育、增加投入的那些区（县）、乡（镇），包括市各有关委办局给予表彰宣传；对那些不够重视的、投入不足的，要进行监督检查；对使用效益不高甚至浪费有限教育资源的，要提出一些处理意见。教育经费问题还是我们今后一个时期督导工作的重点。

二是要根据前几年开展工作的经验，进一步深化全面实施素质教育方面的督导工作。这方面的任务还非常重，后面我还要单独讲。

三是对职业教育的督导工作要加强。前不久刚刚开过全国职业教育工作会议，会议的精神在上次普通教育、职业教育、成人教育领导干部会上林文漪副市长已经做了传达。我们下一阶段就要积极开展调查研究，准备召开北京市的职业教育工作会议。在这期间希望督导室发挥积极作用，加强职业教育的督导工作。

另外，围绕群众反映的热点问题、难点问题要开展一些督导工作。比如中小学乱收费问题，今年总体来看，有关部门和群众反映，上升的势头得到一定遏制，总的趋势是向下的，但是仍然有少数学校对择校生变相地收人家8万元、10万元的现象。所以最近我们还准备再开会，还得检查这个事情，今年无论如何不能突破3万。今天各区县主管区县长、教委主任都来了，今年我们不能手软，一定要按照经过讨论大家都认可的、觉得是有效的办法，把工作抓扎实，不能让少数学校继续高收费、乱收费。类似这样的现象还有一些。最近市教委一楼有一个值班室，平均每天接400至500个电话，大多数电话反映的问题应当说是准确的，反映了当前我们中小学的一些问题。比如一到暑期，家长就给我们打电话，反映有些中小学在那儿补课，而且收人家的钱。对这样的事情，希望你们能认真地对待、处理这些事情。这也是人民群众在帮助我们改进工作。

（二）进一步完善教育督导管理体制，确立教育督导在教育管理中的重要地位

教育督导是《教育法》规定的我国教育基本制度之一，是现代教育管理中不可缺少、不可替代的行政监督系统，是实行依法治教、落实科教兴国战略、全面实施素质教育的保障机制。督导工作的重要性刚才林副市长也讲了，有关文件都一再强调了。希望通过这个会，进一步把教育督导的管理体制确立起来，并不断地得到加强。

长期以来，我们的教育管理受计划经济的影响，统得过死，管得过细，决策与执行环节不断加强，而监督环节被放到可有可无的位置。改革开放以后，尽管从中央到地方都建立了教育督导机构，但由于认识上的滞后和工作上的惯性，特别是教育督导的管理体制不够完善，有些地方的教育督导工作并没有得到足够的重视，教育督导结果没有被充分利用，教育督导在教育管理中的地位没有得到真正的落实。为了推进教育的改革与发展，充分发挥教育督导在实施素质教育中的保障作用，我们一定要从认识上、工作上，特别是从教育管理体制上真正把北京市教育督导工作的重要地位确定下来。教育督导室是政府行使教育督导职能的专门机构，在本级政府领导下开展教育督导工作，因此，各级政府要让本级教育督导室的主要负责同志参加研究教育工作的重要会议，并且让教育督导室人员的编制和领导职数在教育行政部门内单列，教育督导工作的专项经费也要在教育行政部门每年的经费预算中单列。同时，由于市、区（县）政府教育督导室都是由教育行政部门代管的，所以教育行政部门要认真把督导室的人事、财务、装备等工作做好。在日常工作中，教委和督导室要紧密配合，对于教育工作中的重大问题、热点难点问题，要通力合作，抓出成效。

（三）健全具有首都特点的督导与评价机制，保障素质教育的全面实施

我市的教育督导工作经过多年来的探索与创新，已经初步形成了具有首都特点的基础教育、职业教育、成人教育“三教统督”，政府、教委、学校“三位一体”的督导与评价机制，并在推动依法治教、促进“普九”的巩固提高和中等职业教育发展、保障素质教育全面实施等方面发挥了重要作用。但是，用中央对教育督导工作的要求来衡量，用群众对我们的要求来衡量，我们还有许多薄弱环节，应当通过进一步的探索与创新，使这个机制更加健全，使督导工作对实施素质教育的保障力度进一步增强。

在教育执法检查工作中，应当进一步改进方法，坚持求真务实，把集中检查和平时检查结合起来，切实解决教育执法中存在的问题。

在对区县政府、教委和各类学校实施素质教育的督导评价工作中，要坚持统一方案、统一领导、统一组织、统一实施的“四统一”的原则，并把规范性和发展性要求紧密结合起来，着力引导各单位、各学校更新观念，加强管理，改革创新，自主发展。“十五”期间，市、区（县）教育督导室要按照分工，依据新的评价方案，对区县政府、教委、中小学校进行一轮实施素质教育工作的督导评价；根据中等职业教育教学质量控制与评价指标体系，对中等职业学校进行一轮督导评价；根据民办中小学和职业学校督导评估方案，对各类民办学校进行一轮督导评价。7 月 28 日至 30 日，国务院召开的全国职业教育工作会议对当前和今后一个时期职业教育的改革与发展工作做了部署，要求各级政府高度重视职业教育工作，依法增加对职业教育的投入；各部门要明确职责，密切配合，共同为职业教育的改革与发展创造良好的环境。同时要求各级政府教育督导部门要加强对职业教育的督导检查，把职业教育作为教育督导的重要内容。因此，在安排“十五”期间的督导工作时，一定要把职业教育督导评估安排好。

在对教育工作的重大问题和热点难点问题的专项督导和调查研究工作中，要增强为领导决策服务的意识，选择那些对教育改革与发展影响较大、亟待解决的难题，深入扎实地进行督导和调研，并拿出有分量的报告，提出有较大价值的建议。

在制度建设上要强化反馈、奖励和制约机制，提高教育督导的权威性。要按照教育督导结果的通报制度、执法检查工作表彰制度和实施素质教育工作的表彰奖励制度，对重要督导结果进行通报，并依据督导结果实施表彰奖励。

（四）认真贯彻市政府办公厅转发的《关于加强和改进教育督导工作的意见》，把我市教育督导工作推向新阶段

最近，市政府办公厅转发了市政府教育督导室《关于加强和改进教育督导工作的意见》，这个文件和林文漪副市长的讲话是我们这次会议的主要精神。文件是市政府教育督导室的同志们经过半年多的调查研究，反复修改写成的，针对性是很强的，在某些方面有一定突破，在《北京市教育督导规定》的基础上又有一些新的进展。各区县政府、各市属委办局都要结合自己的实际认真贯彻落实。通过贯彻落实这个文件，把我市的教育督导工作推向一个新的阶段。

多年来，我市的教育督导工作取得了显著成绩，这一方面是督导室各位同志努力的结果，同时也离不开各方面的支持和帮助。特别是市人大以及各区县政府、各市属委办局的支持和帮助。同时，也得到了国家教育督导团各位领导的关心和指导。我借此机会向国家教育督导团的各位领导，向市人大、市属各委办局以及各区县政府的各位领导表示衷心的感谢。

同志们，我们北京市的教育督导工作，在邓小平理论和“三个代表”重要思想的指引下，在各级政府的高度重视下，取得了长足的发展和显著的成绩。在教育改革与发展的新形势下，让我们以这次会议为契机，进一步完善有中国特色、首都特点的教育督导制度，充分发挥教育督导在推动依法治教、保障实施素质教育中的职能作用，开创教育督导工作的新局面，为率先在全国实现教育现代化做出新的贡献，以优异的成绩迎接党的十六大的召开。

在北京市基础教育领导干部工作会议上的讲话

北京市教委主任、北京市人民政府教育督导室主任　刘利民

（2007 年 1 月 24 日）

同志们：

刚才，罗洁同志对我市基础教育工作进行了总结和布置，4 个区县做了经验介绍，讲得很好。2006 年是实施“十一五”规划的开局之年，北京市基础教育工作以邓小平理论和“三个代表”重要思想为指导，认真落实科学发展观，围绕全面贯彻教育方针、全面推进素质教育这一核心任务，积极推进义务教育均衡发展，促进每个学生健康成长，基础教育各项工作取得明显进展，在这里，我代表市委教育工委、市教委对为首都基础教育工作做出贡献的同志们表示崇高的敬意和衷心的感谢！

2007 年是深入贯彻落实科学发展观、推进社会主义和谐社会首善之区建设的重要一年。党的十六届六中全会通过的《中共中央关于构建社会主义和谐社会若干重大问题的决定》强调，要将坚持教育优先发展、促进教育公平摆在突出位置，提出了新形势下教育改革和发展的指导方针和重大举措，对教育工作提出了新的更高要求。下面，结合做好 2007 年工作，我讲三点意见。

一、正确认识和总结当前我市基础教育发展取得的成就，科学看待当前推进均衡发展所面临的突出问题和严峻挑战

关于“十五”以来我市在推进义务教育均衡发展方面的工作，在 2006 年的基础教育领导干部会上曾经做了详细论述，在这里不再展开。首先，我们把促进义务教育均衡发展作为首都教育的战略原则。明确提出北京市教育改革与发展要突出三个倾斜，即向郊区农村倾斜，向农村义务教育倾斜，向基础薄弱区县、学校和困难群体倾斜。其次，我们把加强农村教育、缩小城乡教育差距作为促进均衡发展的重点工作，加强政策倾斜和经费投入，农村义务教育整体水平明显提高。最后，我市制定了各项政策切实保障弱势群体接受义务教育，义务教育“两免一补”政策不断完善，特殊教育不断加强，进京务工农民子女受教育条件不断改善。

通过以上措施，有力推进了全市义务教育均衡发展，城乡差距、校际差距明显缩小，这个基本事实要承认。但是另一方面也要看到，目前我市义务教育均衡发展状况不容乐观，还存在一些与均衡发展不相适应的问题。目前，全市义务教育不均衡主要表现在：城乡之间、区域之间、学校之间在办学条件、教育投入、师资水平、教育质量等方面还有较大差距；各区县都还有一批办学条件和师资力量相对较弱的小

学和初中。

这些问题集中体现在两个方面，一个是城区校际的不均衡，另一个是农村地区义务教育整体水平和质量需要进一步提高。城区校际的不均衡，突出表现在义务教育阶段入学的“择校”上。“择校热”实际上就是义务教育的不均衡造成的，这是个关键原因。所以，我们解决义务教育均衡发展就要在这两个问题上着力下功夫，要通过宏观政策调控和加强规范管理来引导义务教育向着均衡化的方向发展，增强解决均衡发展问题的紧迫感和责任感，把推进义务教育均衡发展作为今后三到五年基础教育工作的重中之重，制定可行政策措施，有计划地逐步实施。

二、科学把握均衡发展内涵，大力推进义务教育均衡发展

均衡发展不是削峰填谷，让所有的学校在一个水平上齐步走，这不符合事物发展规律。另一方面，义务教育不能把所有的学校全部建设成为示范校或者所谓的优质校，这既不现实，也无必要，反而会破坏教育生态，使整体资源加速枯竭。我们需要的是不同层次的区域基础教育资源的和谐共生，不是千校一面，每所学校都能够在整个大的教育生态中形成良性的发展，使北京市基础教育呈现出生机勃勃的发展态势。

北京市基础教育过去的发展已经为我们构建这样一个均衡发展的目标打下了坚实基础，我们要在过去工作的基础上，抓住新的《义务教育法》颁布实施的有利时机，加速推进全市义务教育均衡发展。

在发给大家的《北京市人民政府关于进一步推进义务教育均衡发展的意见（征求意见稿）》中说得很全面、很清楚，我就不再重复了。在这里我想重点强调几个方面的问题，请大家务必引起高度重视。

（一）树立科学发展观，按照新的《义务教育法》要求，把义务教育均衡发展摆上重要议事日程

1. 要把推进义务教育均衡发展作为基础教育工作的战略重点。《义务教育法》是我们推进义务教育的法律依据，这部法律明确把促进义务教育均衡发展作为方向性要求确定下来，因此我们在工作中也必须把推进义务教育均衡发展作为战略重点，争取用三到五年时间，使全市义务教育均衡发展取得新的进展。

2. 要制定标准，明确义务教育均衡发展目标。什么是均衡发展，怎样才算达到了均衡发展，均衡发展的检验标准是什么，这是首先要明确的，这样才能有的放矢。所以各区县一是要把标准的研究制定作为推进义务教育均衡发展的一项基础性工作。二是制定或完善基本标准要体现北京市“十一五”期间对义务教育的总体要求。三是制定或完善基本标准要体现区域经济社会发展水平和趋势。四是标准要有年度计划和目标，逐步实施。

3. 要建立推进义务教育均衡发展的有效工作机制，切实加强对具体工作的指导。推进义务教育均衡发展要由政府统筹，教委牵头，其他各有关部门参加，形成合力，共同推进工作。在工作过程中，要注意因地制宜，加强分类指导，及时总结经验，宣传推广。

（二）加强薄弱学校建设，切实缩小区域内义务教育阶段学校办学条件差距

全面实施《北京市中小学校办学条件标准》，实现全市中小学办学条件的基本均衡。在实施过程中，要注意几个问题。

1. 现有学校2010年前要在专用教室建设、教学设备设施、音体美器材和图书资料等项目上达到新颁标准。各区县要分年度制定出改造计划，限期改造，完不成要追究有关人员责任。

2. 新建学校起点要高，要按照新颁标准建设。在建设过程中，要坚持标准，注重节约，严禁超标准建设。现有超大规模学校要采取措施，逐步过渡到适宜规模办学。

3. 在实施办学条件标准建设过程中，要按照农村学校和办学困难学校优先的原则，逐校提出达标时限和要求。各区县要按照新颁标准逐校进行评估、验收。今后三年要特别抓好初中建设工程、小学规范化建设工程以及农村薄弱校硬件建设，各区县要把这些学校办学条件改善放在首要位置，保证投入，如期完成。

（三）加大干部教师交流、对口支援、培训力度，整体提升中小学干部教师队伍素质

1. 推进中小学教师工资制度改革。按照教师平均工资不低于公务员平均工资要求，妥善解决现行结构工资问题，逐步实现义务教育阶段校际教师工资收入的基本统一。

2. 建立区域内干部教师交流机制。各区县要尽快制定方案，建立区域内义务教育阶段干部教师合理流动制度，实现干部教师的定期流动，特别是优质学校干部教师要在不影响学校自身发展前提下合理流动，扩大优质教育资源辐射范围。要树立义务教育由政府负责，是国家予以保障的公益性事业的观念，干部教师要按照均衡发展的要求由区县统筹管理、合理配置。

3. 抓好城镇优秀教师支援农村教育工作。特级教师，市、区（县）骨干教师和学科带头人要定期到农村和城市办学困难学校培训教师、指导教学工作。特级教师、骨干教师评定后要有一年支教经历，城镇教师晋升高级职务、申报市级骨干教师，要有到农村任教一年以上的经历。农村学校、城区办学困难学校设立特聘教师岗位。继续做好“十百千万”工程，加大对农村教育的支持力度。各区县也要结合实际，开展多层次、多形式的支教活动。

4. 加大教师培训力度。市级继续实施“绿色耕耘”和“春风化雨”行动计划，为义务教育学校干部教师提供高质量的培训。各区县也要采取有效措施，落实教师培训资金，并逐步提高标准。优先在义务教育学校试行教师脱产带薪进修学习制度，促进教师终身学习和发展。

（四）加快考试评价改革步伐，为义务教育均衡发展创造条件

1. 义务教育阶段要建立质量监控体系。试行小学和初中学生综合素质评价，加强对学生全面质量的考核与评估。

2. 区县教育行政部门要加强小学和初中招生计划管理，严格按规定控制班级规模。不能任意突破计划，班数不能随意增加。

3. 积极进行中考考试内容和录取办法的改革试验，正确引导义务教育阶段学校办学方向。

4. 要继续推行和完善示范高中招生指标定向分配到初中的改革措施。指标的分配要与初中的办学水平和学生质量评价挂钩，确保指标逐年增长。具体操作要根据区县实际稳妥进行。

（五）进一步规范办学行为，促进义务教育持续健康发展

1. 依法规范义务教育阶段学校办学行为。各级政府及其教育行政部门不得以任何名义改变或者变相改变公办学校的性质。对全市现有47所办学体制改革试点校，市教育行政部门要在充分调研的基础上，按照以政府办学为主导方向进行调整，从2007年起，尽快厘清体改校性质，规范办学体制改革试点校管理。最终使义务教育阶段学生在公办校比例占到95%以上。

2. 重点规范义务教育阶段各种重点班、实验班管理。在取消义务教育阶段重点学校的基础上，严格规范义务教育阶段各类实验班管理。如发生违反规定的行为，要追究有关人员责任。

3. 严格规范义务教育阶段收费行为。切实抓好教育系统党风廉政建设责任制，努力加强教育系统行风建设，坚决治理教育乱收费，规范学校收费行为，切实纠正招生、考试等方面的不正之风。

（六）加强督导评估，促进义务教育均衡发展

督导监测和评估是及时掌握义务教育均衡状况、推进义务教育均衡发展的重要手段。

1. 各区县要建立和完善义务教育均衡发展的评估、监测、推进等制度，定期对辖区内义务教育学校间的差距进行监测和分析，及时向上级部门报告义务教育均衡发展状况和遇到的突出问题。定期向社会公布义务教育发展情况，争取全社会的支持。

2. 对于工作成效显著、人民群众满意度高的区县要予以表彰奖励。要通过新闻媒体宣传先进事例和成功经验，积极营造良好的社会氛围。

3. 要把义务教育均衡发展作为督导评估区县人民政府教育工作的重要内容，其督导评估结果要作为考核主要领导干部政绩的重要内容和进行表彰奖励的依据。

（七）外来流动人口子女义务教育问题

我们要继续按照政府负责、齐抓共管、公办为主、确保安全的原则，积极稳妥地做好这项工作。

三、全面推进素质教育，促进每个学生健康成长

（一）全面推进素质教育、提高教育质量是推进义务教育均衡发展的根本任务

全面实施素质教育，核心是要解决好培养什么人、怎样培养人的重大问题，这应该成为教育工作的主题。什么是素质教育？素质教育涵盖了教育的一切内容，一切有利于促进人的全面发展的教育都属于素质教育的范畴。素质教育要促进每个学生基本素质的全面发展。因此，学校教育要全面贯彻党和国家的教育方针，使适龄儿童、少年在品德、智力、体质等方面全面发展，为培养有理想、有道德、有文化、有纪律的社会主义建设者和接班人奠定基础。

（二）继续深入贯彻落实2004年中央8号文件精神，进一步加强和改进学校德育工作

深入开展社会主义荣辱观教育，引导青少年坚定理想信念，增强责任意识、诚信意识、法制意识。改进德育课程教学方法和综合考评办法，丰富德育活动的载体和渠道，增强德育的针对性和实效性。推动奥运德育，继续抓实“情系奥运，文明礼仪伴我行”主题教育活动。大力加强学校文化建设，创设文化育人、实践育人的校园氛围，积极构建和谐校园。

（三）实施素质教育和推进均衡发展都要以提高教育质量为目标

素质教育不是不要考试，更不是不要教学质量，而是对教学质量提出了更高的要求。因此，学校教育一定要树立科学的教育观念，教育教学工作应当符合教育规律和学生身心发展特点，面向全体学生，教书育人，将德育、智育、体育、美育等有机统一在教育教学活动中。加大基础教育课程改革推进力度，强化教学研究和教师培训，提高课程改革管理水平。巩固义务教育阶段课程改革成果，积极启动高中阶段课程改革。严格执行国家课程标准，开齐课程、开足课时，面向全体学生，真正使每个学生的身心得到健康发展。要关注课堂教学的效益和质量。注重培养学生的创新意识、创新能力和实践能力，促进学生全面发展。

（四）认真贯彻落实全国学校体育工作会议精神，把加强体育作为推进素质教育的重要切入点和突破口

忽视青少年的身心健康，忽视学校体育工作，就谈不上全面贯彻党的教育方针，谈不上全面实施素质教育。因此，我们要坚持“健康第一”，全面提高学生的健康水平。上好体育课，保证学生每天参加一小时体育锻炼，让“每天锻炼一小时，健康生活一辈子”的理念深入人心。积极改善中小学生课外活动条件，推动市属博物馆

免费向中小学生开放。

同志们，2007 年是全面贯彻党的十六届六中全会精神、迎接党的十七大胜利召开的重要一年。做好 2007 年基础教育工作任务繁重，责任重大。让我们共同努力，抓住机遇，大胆实践，用求真务实的态度扎实做好基础教育工作，为首都率先基本实现教育现代化和构建和谐社会首善之区奠定坚实基础。

在北京市第六次教育督导工作会议上的讲话

北京市委教育工委副书记、北京市人民政府教育督导室主任　线联平

（2008 年 5 月 9 日）

同志们：

在举国上下认真学习党的十七大精神，高举中国特色社会主义伟大旗帜，深入贯彻落实科学发展观，继续解放思想，坚持改革开放，推动科学发展，促进社会和谐，为夺取全面建设小康社会新胜利而奋斗的大好形势下，北京市召开第六次教育督导工作会议，进一步加强北京教育督导工作，对于推进首都教育发展战略，加快首都教育现代化进程，具有重要意义。

这次大会的任务是，深入贯彻落实科学发展观，把握教育发展的新形势和新要求，在全面总结北京教育督导工作的基础上，遵循教育督导基本规律，加强教育督导制度建设，明确教育督导思路、目标和措施，保障素质教育全面实施，促进义务教育均衡发展，推进首都教育现代化，努力开创教育督导工作的新局面。

一、北京教育督导工作的回顾

自第五次教育督导工作会议以来的六年中，在市委、市政府领导下，全市教育督导工作坚持以邓小平理论和“三个代表”重要思想为指导，认真贯彻落实科学发展观，不断加强教育督导制度建设，坚持“依法督导、实事求是、客观公正”的原则，努力提高教育督导水平，在首都教育率先基本实现现代化的进程中，为保障素质教育全面实施，促进教育质量稳步提高，推动义务教育均衡发展和职业教育快速发展，做出了应有的贡献。

（一）开展教育法律法规执行情况督导检查，促进依法治教方针贯彻落实

我市从 1995 年开始，建立了每年一度的教育执法情况督导检查工作制度，并在实践中不断完善，成为北京教育督导的特色和经验之一。市政府教育督导室以法律法规为依据，抓住教育发展过程中的关键环节，和市人大有关部门研究和确定教育执法情况督导检查的内容，在区县人大、政府和区县政府教育督导室积极配合下，认真开展教育执法情况督导检查。六年来，重点围绕“区县政府依法保证教育经费投入，落实‘三个增长’”“‘十一五’教育发展规划和职业教育发展规划的制定”“加快农村基础教育发展、办学困难初中校改造、初中建设工程”“农村实用技术培训、转岗就业培训”“职业教育经费的投入与管理”“市属企业职工教育经费的拨付和使用”等约 30 个项目进行了督导检查，并取得显著成效。通过督导检查，不

仅保证了教育经费的投入，而且促进了办学条件的改善、义务教育的均衡发展、职业教育资源的整合和教育结构布局的调整。通过督导检查，政府部门和社会有关方面的法律意识，履行教育职责、贯彻落实依法治教方针的自觉性，都得到了有效的增强和提高。

（二）推进综合督导评价，保障素质教育实施

保障素质教育全面实施，是教育督导的首要任务。北京市教育督导系统将实施素质教育作为督导工作的主要内容开始于1997年，当年，市教育督导室制定了对区（县）政府、教委（教育局）、中小学校全面实施素质教育进行督导评价的三个评价方案（简称“三个评价方案”）。实施五年后，2002年市教育督导室根据教育发展实际，对“三个评价方案”进行了全面修订，引入了发展性评价理念，突出了“规范性督导评价与发展性督导评价”相结合的特点。市和各区县教育督导室随即以保证素质教育全面实施、促进教育持续发展为重点，结合实际认真贯彻实施“三个评价方案”。到2005年年底，区县教育督导室完成对2 264所中小学校和133所中等职业学校新一轮督导评价工作，市教育督导室深入42个乡镇街道，215所中小学校、幼儿园和职业高中，194个校外教育机构和教科研单位，完成对全市18个区（县）和燕山地区政府、教委全面实施素质教育督导评价并撰写了督导评价回复意见。市教育督导室还认真研究区县开展教育督导评价的经验，通过各种形式介绍了对中小学开展发展性评价的做法，推广了运用现代信息技术创新督导手段的经验，对全市的教育督导工作起到了推动作用。

在督导评价过程中，坚持了政府、教委和学校“三位一体”整体推进的工作思路，完善了教育督导评价工作机制，提高了教育督导队伍的整体素质，加强了教育督导制度建设。

通过综合督导评价，充分发挥区县政府、教委、学校自我评价、自主发展的主体作用，对政府部门加强教育管理，履行素质教育职责，规范学校办学行为，保证素质教育全面实施，努力提高教育质量，办好人民满意的教育，起到了监督和促进作用。

（三）实施教育专项督导，促进重点工作落实

六年来，市教育督导室围绕加强农村基础教育、流动儿童少年接受义务教育、中小学德育工作、初中建设工程、确保中小学生每天体育锻炼一小时等重点工作，完成了20余项专项督导。2003年，为贯彻全国农村教育工作会议和我市教育工作会议的精神，落实市政府提出的六项目标和六项措施，把加强农村基础教育列入专项督导，深入到门头沟、房山、通州、怀柔等9个区县，对分布在51个乡镇的中小学进行了督导检查。通过专项督导，督促市、区（县）共投入1.55亿元资金，改造农村困难校66所，撤并农村中小学103所，加快了教育资源整合和学校布局调整。2006年起，组织了初中建设工程和学生每天一小时体育锻炼等多项专项督导，推动了义务教育均衡发展、办学条件改善，加强了学校体育工作，落实了管理措施。

市、区（县）教育督导室协调一致、相互配合，督学人员作风深入、务本求实，各专项督导工作均顺利完成，体现出了针对性和时效性强的特点。

（四）组织督导调研和科研，促进督导内涵发展

督导调研和科研是教育督导工作的主要内容之一。六年来，市教育督导室始终把督导调研和督导科研摆在重要位置，作为加强督导制度建设、促进督导内涵发展、增强督导队伍素质、推进督导工作的重要措施。

教育督导调研工作取得了新的进展。市、区（县）教育督导室协同配合，围绕“山区中小学教学仪器设备和图书使用情况”“进城务工农民子女接受义务教育情况”“中小学生过重课业负担情况”“城镇教师到农村支教情况”“国有企业职工教育经费拨付使用与管理现状”“职业学校开展校企合作情况”等近50项课题开展了调研，调研报告为领导决策提供了重要依据。例如，市教育督导室关于“进城务工农民子女接受义务教育情况”的调研报告受到市政府领导的高度重视，为市政府和市教委制定相关文件奠定了基础。再如，结合“培养和造就首都郊区社会主义新型农民行动计划”，市教育督导室组织了对农民培训情况的调研，走访朝阳、房山等13个区县，所提出的建议为我市完善农民培养培训工作，增强政策扶持的实效性，提供了重要参考。此外，从2005年开始，市教育督导室组织开展了有关素质教育实施情况、教育政策的群众反映、中小学生课业负担情况等方面的大型教育社情民意调查，委托社会民调机构入户进行问卷调查，每年采样均在5 000户以上，已经进行了三年。这种形式将作为一种制度，长期坚持下去。

督导科研工作取得了丰硕成果。全市教育督导系统紧密结合工作实际，充分发挥市、区（县）教育督导室、学校以及市教育评价与督导研究会的积极性，把研究教育督导理论与总结督导经验结合起来，把解决督导实际问题与创新督导机制结合起来，开展了广泛深入的教育督导科研工作，取得了丰硕的成果。其中，参与国家科研课题的研究，开展了“建立有利于实施素质教育的监督机制与教育督导制度理论框架”“学校实施素质教育监督机制与教育督导制度”“学校实施素质教育发展水平的教育督导与评价制度”“新形势下北京市职业教育督导工作探索与研究”等多项课题研究，形成了一批研究成果，有12篇论文获奖。崇文、丰台、宣武三个区研制的调查问卷软件系统适用性强，受到专家和兄弟省（自治区、直辖市）教育督导部门的好评和重视。市教育督导室承担市教委的重点课题“职业学校提高教育质量的改革实验研究”，有36所中职学校及部分高职院校参加，撰写研究论文155篇，其中《职业学校发展性教学评价的研究》获市级一等奖。

（五）重视督导制度建设，夯实督导工作基础

1999年，我市在全国率先出台了省级教育督导的政府规章——《北京市教育督导规定》，成为我市教育督导制度建设跨入新阶段的重要标志。在此基础上，市和区县教育督导部门继续在督导制度建设方面做出了积极的努力。2002 年以来又做了以下几个方面工作。

一是加快推进教育督导地方立法的步伐，调研起草了《北京市教育督导条例》，现已列入北京市 2008 年立法计划；二是 2007 年 5 月市政府办公厅转发了市教育督导室和市教委《关于进一步加强和改进教育督导工作和教育评价工作的若干意见》；三是市教育督导室和市教委研究制定了《关于进一步完善对区县人民政府实施素质教育工作进行督导评估制度的意见》，现已由市政府办公厅转发；四是再次修订实施素质教育的评价方案，制定了《义务教育均衡发展督导评价方案》，对我市督导评价工作提出了新要求；五是根据国家有关大力发展职业教育的文件精神，制定了《北京市职业教育督导评估工作指导意见》；六是建立教育督导评价结果公布制度，市教育督导室在一定范围内，按规定程序，采取适当的形式公布了《关于 2006 年度教育法律法规执行情况的检查报告》《加强中小学体育工作确保学生每天一小时体育活动情况专项督导报告》等一批督导结果报告；七是进一步完善了北京市九年义务教育实施情况监测统计制度等。此外，市教育督导室还根据《义务教育法》规定的政府教育督导部门要对义务教育的教育教学质量实施督导的要求，组织北师大教育科研机构，研究制定《义务教育教学质量督导工作方案》，现已基本成熟，今年将在全市征求意见，准备试行。

（六）加强督导队伍建设，提升专业化发展水平

六年来，市教育督导室按照“政治坚定、业务精通、作风优良”的基本要求，加大督导队伍建设的工作力度，主要从四个方面展开。一是加强教育督导理论培训，提升督导人员的理论水平。围绕教育督导和教育评价理论等主题，举办了 5 次专题讲座，参加督学近千余人次；召开 4 次督导工作研讨会，沟通交流督导经验，参加的专兼职督学有 540 余人次。二是加强教育法律法规的培训，提高督导人员的法律政策水平。三是组织国外教育督导理论与实践的专业培训，开阔思路，拓宽视野。2007 年，邀请法国教育部汉语总督学和英国皇家督学为全市督学讲授法国和英国的督学制度，介绍督导体制、督导职能、质量评估、督导活动组织及督导人员的选拔与任用等基本情况，全市近 400 余人参加培训。四是加强教育教学方面的专题培训。如在高中新课改全面启动的同年，邀请市教委领导、专家学者对高中新课改文件进行了系统解读，实地考察了学校高中课改的状况，为实施高中课程改革督导评估奠定了基础。

（七）扩大教育督导范围，探索高等教育督导模式

六年来，我市教育督导工作范围不断取得新的拓展。2007 年，市教育督导室坚持创新发展的思路，适应首都高等教育发展形势要求，依据有关教育法律法规和教育部的文件，启动了对市属高等职业院校和民办普通高校的督导工作，积极探索高等教育督导模式。与市教委联合印发了《关于对高等职业院校和民办高等学校开展专项督导的通知》，对学校规范化管理、安全管理等方面的工作进行了督导检查。依据教育部25号令，围绕办学思想、办学条件、组织与队伍、办学行为、资产与财务、内部管理和安全稳定等七个方面制定了督导指标体系，对全市10所民办普通高校进行了专项督导检查，总结了学校优势和办学特色，指出了学校存在的问题，引导学校向规范化、优质化方向发展。

六年来我市的教育督导工作，不仅为首都教育现代化建设做出了积极贡献，而且积累了宝贵经验，我们的体会是：

第一，教育督导要充分发挥工作职能，必须不断完善教育督导制度。《北京市教育督导规定》的颁行，初步奠定了我市教育督导的制度基础。《关于进一步加强和改进教育督导和教育评价工作的若干意见》的出台，进一步理顺了教育督导机构与相关部门的关系。教育执法情况督导检查，对政府、教委、学校“三位一体”的综合督导评价，重点教育工作的专项督导和热点难点问题的督导调研等一系列制度的实施，不仅建立了教育督导的工作机制，而且明确了教育督导不可替代的地位。

第二，教育督导要增强权威性，必须坚持教育督导的行政监督性质。实行教育督导制度是加强教育行政监督的一种重要手段。开展教育督导工作是《教育法》《义务教育法》《职业教育法》等教育法律法规赋予教育督导部门的法律职责。监督政府履行教育执法职责，督导学校贯彻教育方针政策，既是教育督导权威性的体现，又是行政监督的要求，本质上是维护教育法规的严肃性和权威性。

第三，教育督导要提高实效性，必须紧紧围绕教育的中心工作进行。教育督导的首要任务是保障素质教育的实施和教育目标的实现，促进教育科学发展。围绕教育的中心工作开展教育督导，是一条教育督导的基本规律。教育督导发展史告诉我们，教育与教育督导是相伴而生的，教育督导总是按照国家意志围绕教育的中心工作展开。我市教育督导围绕“两基”目标实现、实施素质教育、山区教育工程、初中建设工程以及职业教育布局调整等不同时期的中心工作，通过教育执法情况督导检查、综合督导评价、专项督导、督导调研等形式全面推进，不仅促进了教育中心工作，而且体现了教育督导的职能，提高了教育督导的实效性。

第四，教育督导要保持活力，必须坚持与时俱进，不断改革创新。教育督导只有在改革创新中才能不断开创工作的新局面。我市教育督导工作通过更新督导理念，引入发展性评价理论，开发与运用信息技术手段，实现督导模式和督导体制创新，坚持与时俱进，保持了教育督导的活力，在教育改革与发展中不断做出了新贡献。

在总结和充分肯定教育督导取得成绩的同时，要清醒地看到我们工作上的差距和不足。主要表现为：教育督导制度建设还不能完全适应教育发展的要求；教育督导队伍建设还存在一些弱项，不能完全适应督导工作的要求；教育督导工作机制还需要进一步创新；教育督导水平还需要进一步提高。这些都需要我们进一步改进和加强，提高工作水平和效能，以适应首都教育现代化发展的需要。

二、北京教育督导面临的新形势、新要求

自上次教育督导工作会议以来，形势发生了很大的变化，特别是党的十七大对教育工作提出了一系列新任务新要求。全面贯彻党的十七大精神，认真落实科学发展观，促进首都教育现代化，开创北京教育督导的新局面，是未来五年教育督导的光荣使命。

首先，我们要深刻认识党的十七大对教育发展提出的新要求。党的十七大提出了“优先发展教育，建设人力资源强国”战略构想，在全面建设小康社会的伟大征程中，把教育发展摆在了民生之首、发展之基、保障之先的地位。教育是民族振兴的基石，教育公平是社会公平的重要基础，优先发展教育事业，提升国民文明素质，建设人力资源强国，进入创新型国家行列，是推进中国特色社会主义建设的必然选择。教育督导工作者必须深入领会党对教育发展提出的新要求，并且在教育督导工作中认真加以贯彻。

其次，我们要深刻认识首都教育发展的新要求。市十次党代会提出，今后五年北京人均国内生产总值将达到10 000美元，北京将进入加速实现城市化、市场化、国际化和现代化的关键阶段，将加快实现首都经济更加繁荣、城市更加文明、社会更加和谐、环境更加宜居的目标。同时还提出把教育放在优先发展的战略地位，并对首都教育发展提出了新要求：一要全面推进教育现代化，建设学习型城市；二要保证教育投入，提高教育经费的使用效益，为推进教育现代化提供必要的条件；三要深入贯彻科学发展观，办好人民满意的教育，促进教育公平。作为北京的教育督导工作者要深刻认识教育督导是首都教育的重要组成部分，北京教育督导的水平是首都教育现代化的重要标志之一，要为促进首都教育现代化做出新贡献。

再次，我们要准确把握法律赋予教育督导职责的新要求。《教育法》规定“国家实行教育督导制度和学校及其他教育机构教育评估制度”，《义务教育法》规定“人民政府教育督导机构对义务教育工作执行法律法规情况、教育教学质量以及义务教育均衡发展状况等进行督导，督导报告向社会公布”。如何履行好这些法定职责，教育督导部门要加强研究，勇于探索，不负使命。

最后，我们要正确认识教育督导发展的新要求。党的十七大提出“完善制约和监督机制”要求，即“建立健全决策权、执行权、监督权既相互制约又相互协调的权力结构和运行机制”。在新的历史时期，教育督导制度建设是政府职能转变的重要组成部分，教育督导要在政府教育管理的工作系统中，发挥好监督、保障、服务的作用。

目前教育督导工作正在发生“四个转变、一个拓展”。“四个转变”：一是由主要关注环境优化，向既关注教育环境优化，同时也关注教育质量提高转变；二是由主要关注教育硬件建设，向既关注硬件建设，同时也更多地关注教育内涵发展转变；三是由主要关注学校规范管理，向既关注学校的规范管理，同时也关注学校的自主发展转变；四是由主要关注教育系统内部信息反馈，向既关注教育系统相关信息的反馈，同时也关注社会对教育评估信息的反馈转变。“一个拓展”是市教育督导室依据教育部《民办高等学校办学管理若干规定》，对 10 所民办普通高校进行了专项督导检查，这是北京市教育督导工作的一次积极探索。

面对教育督导工作的新形势、新要求、新变化、新特点，我们要统一思想认识，明确任务目标，把握工作全局，抓住关键环节，整体有序推进，坚持求真务实，开创新的局面。

三、今后五年北京教育督导的思路、任务和措施

今后五年是实现首都教育现代化的关键时期，也是首都教育督导创新和发展的关键时期。

总的指导思想是，全面贯彻党的十七大精神，认真落实科学发展观，加强教育督导制度建设，完善教育督导机制，提高督导队伍素质，为保障素质教育全面实施、促进义务教育均衡发展、推进首都教育现代化做出新贡献。

工作目标是：以保障素质教育全面实施和教育目标实现为重点，坚持求真务实，常规工作有创新，重点工作抓落实，把督导质量提高到一个新水平；以认真履行法律职责为己任，坚持依法督导，逐步完善教育督导机制，把教育督导机制创新提高到一个新水平；以加强自身建设、促进内涵发展为基础，坚持与时俱进，加强制度建设，完善督导体制，强化队伍培训，把督导队伍专业化发展提高到一个新水平。

主要任务：

（一）继续加强教育督导制度建设

1. 积极推进教育督导地方立法进程。在督导调研和总结经验的基础上，完善《北京市教育督导条例》草稿，在《北京市教育督导条例》已经列入市人大立法工作计划的基础上，加强与市人大、市政府法制办等有关部门的沟通协调，加快教育督导立法进程。

2. 依法完善教育督导制度体系。按照教育督导制度建设计划，结合实际，研究制定《教育督导评价结果公布制度》《教育督导工作通报制度》《教育督导结果报告与回复制度》《督学任职履职制度》等。

（二）以教育法律法规执行情况督导检查为重点，推进督政工作

1. 根据教育法律法规有关规定，明确各级政府及其职能部门履行教育法律法规

的责任，结合实际确定督导检查的专题，坚持教育法律法规执行情况检查制度，每年一次，落实到位。

2. 研究制定方案，通过专项督导、督导调研等形式，督促有关方面认真落实市委、市政府有关教育的决策和要求，并按规定程序及时通报督导检查结果。

3. 认真落实市政府办公厅转发的《进一步完善对区县人民政府实施素质教育进行督导评估制度的意见》，按照新修订的实施素质教育的评价方案扎实、积极地推进对区县政府、教委的督导评价工作。

4. 颁布《义务教育均衡发展督导评价方案》，制定实施办法，市、区（县）教育督导部门协同配合，努力推进，促进全市义务教育均衡发展。

（三）以保障素质教育全面实施为重点，推进督学工作

1. 按照新修订的实施素质教育评价方案，在市教育督导室的指导下，区（县）教育督导部门牵头，会同区（县）教委制定区（县）督导规划和实施细则，在三至四年之内完成新一轮对普通中小学、中等职业学校和幼儿园的综合督导评价。

2. 研究制定义务教育阶段教育教学质量监测督导方案，与高等学校和教育科研、教研、考试管理等部门协同配合，制定教育教学质量督导评价的具体实施办法。

3. 按照新修订的实施素质教育评价方案，在四年之内，完成新一轮对市属中等职业学校的综合督导。

4. 在总结市属高等职业院校评估的基础上，针对高等职业教育的特点，完善有关高等职业教育督导评估的文件，逐步形成具有北京特点的高等职业教育督导评估体系。

5. 依据国家和本市有关德育、体育、美育、课改等工作的要求，研究制定专项督导评价的方案，并组织实施。

6. 依据市委、市政府有关建设学习型城市的文件要求，围绕社区教育、终身教育等工作，与有关部门配合，研究制定社区教育督导评价方案，协同组织实施。

（四）深入实际开展督导调研工作

根据市委、市政府有关教育工作的部署，结合首都教育发展的实际，围绕教育重点、热点问题，研究确定调研专题，深入实际收集信息，撰写调研报告；委托社会中介机构收集有关信息，形成报告和建议，为领导和有关部门决策及研究工作提供参考。

要完成好这些任务，我们的主要措施包括：

1. 积极推进督导队伍专业化建设。按照《北京市教育督导规定》，选拔觉悟高、作风正、能力强、业务精的人员进入督学队伍，打造一支数量足够、结构合理、素质较高的督导队伍。在总结经验和认真研究的基础上，编写《北京市督学专业化发展纲要》和《北京市教育督导基本规程》，规范督学培训要求和督导工作程序。广泛挖掘教育资源，通过专家讲座、工作研讨、经验交流、参观访问等形式，组织督学人员进行通识培训和专业培训，使督学人员不断提高政策水平、专业素质和实际能力。

2. 加快教育督导信息化建设。逐步推进现代信息技术手段在督导过程中的应用，在素质教育综合督导、教育教学质量督导、义务教育均衡发展督导、义务教育实施情况监测统计等具体工作中，加快引入现代信息技术手段的进度。一是按照新的评价方案要求，研制《教育督导学校自评软件系统》和《教育督导调查问卷软件系统》的升级版，在全市推广使用。二是投入资金与人力，逐步建立市、区（县）、校三级相互沟通的教育督导信息网络，筹备和建立教育督导信息资源数据库，推进北京教育督导信息化的进程。

3. 建立北京市教育质量监测中心。在国家基础教育质量监测中心的指导下，与高等院校的基础教育研究部门合作，以科研为先导，在已构建的教育教学质量监测的基本框架基础上，下一阶段抓紧各项筹备工作，加快建立北京市教育质量监测中心。

4. 加强教育督导评价工作的协调配合。落实市政府转发的《关于进一步加强和改进教育督导和教育评价工作的若干意见》，建立教育督导评价协调领导小组，教育督导评价工作归口到教育督导部门统一管理，切实减轻学校和有关部门的负担。

5. 开展教育督导科研工作。本着积极开放的态度，广泛挖掘资源，发动政府职能部门、教育科研部门、学校领导、专家和教师，与督导人员一道共同参与督导科研工作，在理论研究和工作实践等方面有所创新。

四、认真做好 2008 年教育法律法规执行情况督导检查工作

2007 年全市教育执法检查工作，在市教育督导室与市人大教科文卫体办公室紧密配合下，在区县人大、政府和政府教育督导室及各方面的大力支持下，圆满完成任务。

2007 年的教育执法检查工作是在时间紧、任务重、要求高的情况下进行的，各区县高度重视此项工作，按照规定程序认真进行自查，完善督导检查机制，落实各项工作要求，保证了检查工作有序推进。有的区县结合实际，在保证市检查重点的基础上，还增加了“流动人口子女接受义务教育情况”等内容，有的区县采取分组汇报与重点检查相结合的形式，落实检查要求，完善检查模式，积累新鲜经验，保证了教育法律法规的落实。

教育法律法规执行情况检查取得了明显成效。首先，对我市教育经费连续实现依法增长起到了促进作用。通过检查，全市总体上看，教育财政拨款实现了“一个提高”“三个增长”，全市预算内教育经费拨款从 2002 年达到 100 亿元以后，又增长到 2006 年的 230.3 亿元，初步统计 2007 年达到 290 亿元以上，经费投入之多，增长幅度之大，在北京教育发展史上是空前的，充分说明市、区（县）政府对教育高度重视，把教育摆在了优先发展的战略地位。其次，促进了义务教育均衡发展。依据

有关教育法规和文件要求对初中建设工程等重点项目，包括学校布局调整、办学条件改善等进行的检查，推动了各项工作扎扎实实地落实，促进了义务教育均衡发展。最后，督导检查将中等职业教育实习实训基地建设和农民培训工作列为重点内容，有力地促进了职业教育健康发展。

通过教育法律法规执行情况检查，我们也发现在落实教育法律法规过程中还存在个别问题。例如，少数区县没能依法保证2006年度教育经费实现“一个提高”“三个增长”，与法律要求有差距，需要认真研究，加以解决。

在今年教育执法检查工作的安排上，情况有一些变化。根据进一步厘清工作职责和范围的需要，市人大的教育执法检查不再与市政府教育法律法规执行情况督导检查工作联合进行，人大系统的教育执法检查按照《中华人民共和国各级人民代表大会常务委员会监督法》规定的程序和步骤进行，市政府教育法律法规执行情况督导检查按照市政府办公厅转发的《关于进一步加强和改进教育督导工作和教育评价工作的若干意见》的要求进行。具体检查内容、安排与要求的文件，会上已经印发，各区县政府及相关部门、企业和区县教育督导室要认真研究，切实贯彻落实到位。我重点讲几点意见。

第一，理顺工作机制，深入做好教育法律法规执行情况的督导检查工作。市教育督导室已经与市人大进行了沟通，市人大的教育执法检查与市政府的教育督导检查在检查内容上协调一致，在检查对象上各有侧重，在检查结果上相互通报。2008年北京市教育法律法规执行情况督导检查工作，对于教育督导部门来说是个新起点，各区县要在总结以往工作经验的基础上，理顺和完善工作机制，扎扎实实做好督导检查工作。

第二，依法保证教育经费的增长仍然是今年督导检查的重点之一。依法保证教育经费增长是政府的法律责任，是教育发展的基础条件。依据《义务教育法》，将“义务教育经费实现三个增长”和“落实农村义务教育经费分项目按比例分担机制”列入重点检查内容，目的在于保证经费投入，促进义务教育均衡发展，落实教育法律法规的要求。

第三，依据《义务教育法》规定，今年将加强义务教育阶段教师培训和均衡配置师资力量的落实情况列入督导检查内容。当前，在办学条件逐步改善的基础上，不断提高师资水平，逐步均衡配置师资力量，已经成为提高义务教育质量和实现义务教育均衡发展的关键。督导检查的目的在于，督促各区县总结经验，落实措施，促进教师专业化发展和合理配置。在师资力量补充、骨干教师培养等方面，注意向农村学校、相对薄弱学校倾斜，发挥优秀骨干教师传、帮、带的作用，逐步实现优秀师资力量共享，促进义务教育均衡发展。

第四，依据《职业教育法》和北京市的实施办法，将加强职业教育督导、履行职业教育职责、落实职工培训要求和职业教育实习实训基地建设等纳入督导检查内容，主要是督促各区县和企业公司树立“大职业教育”的观念，全方位促进职业教育的发展。各区县、企业等单位要在认真学习法律法规的基础上，做好自查工作，坚持边查边改，保证工作落实到位，为职业教育持续发展创造良好条件。

我们相信，在市委、市政府的领导下，有市政府所属各部门、区县政府、教委、教育督导室、各类学校和企业公司的大力支持，2008 年教育法律法规执行情况督导检查工作一定会顺利进行，各方面执行教育法律法规的意识和水平一定会得到进一步的提高。

同志们，在新的历史时期，教育督导事业任重道远，我们要在市委、市政府的领导下，全面贯彻党的十七大精神，落实科学发展观，以对教育事业高度负责的态度，努力工作，积极进取，不断开创教育督导工作新局面，为促进首都教育现代化做出新贡献。

在北京市教育督导领导干部会议上的讲话

北京市委常委、教育工委书记　苟仲文

（2015年5月20日）

同志们，督学们：

大家上午好！

今天，我们召开2015年北京教育督导领导干部会议，主要是贯彻落实党的十八大和十八届三中、四中全会精神以及习近平总书记系列讲话精神，认真落实国务院颁发的《教育督导条例》，按照深入推进教育综合改革和依法治教的要求，总结2014年工作，推动部署2015年工作，加快推进首都教育督导改革，不断提升北京教育督导工作的科学化和专业化水平，为首都教育改革发展保驾护航。刚才，唐立军同志对督导工作进行了总结和部署，刘莉同志通报了区县全面实施素质教育综合督导评价情况，部分区县和学校代表结合自身工作进行了交流发言。下面，我讲三点意见，供大家参考。

一、教育督导在首都教育改革发展中发挥了重要作用

北京市恢复教育督导工作已有20多年。在这20多年里，市、区（县）人民政府始终把教育督导作为政府加强教育宏观管理的一支重要力量，不断强化督导职能，推进改革发展，在落实教育优先发展的战略地位、推进教育科学发展，特别是在率先实现“两基”达标、推进全面实施素质教育、促进义务教育优质均衡发展、促进教育公平、提高教育质量、推动教育现代化等方面发挥了重要的保障作用和促进作用，体现了教育督导的价值导向，形成了北京教育督导工作的特色，在全国也产生了积极的影响。

一是不断加强教育督导机构和队伍建设，为有效履行教育督导职能提供组织和人才保障。自1986年建立督学制度以来，市政府结合首都教育工作发展状况和教育督导工作需要，适时强化教育督导职能，2011年成立北京市教育督导与教育质量评价研究中心，2012年成立北京市督学研修中心，全市构建了一体两翼的教育督导工作格局，形成了理论研究、专业提升和工作推进的有机统一的良好发展态势，北京教育督导已进入历史发展的最好时期。目前，全市已建成一支近900人的高素质的督学队伍，为顺利完成各项督导工作提供了支撑保障。

二是坚持开展教育执法检查，切实推进教育法律法规的有效落实。北京市建立教育执法检查制度已有22年。这22年，市、区（县）教育督导室每年都会根据北京

教育工作的重点难点和热点确定检查内容，开展执法检查工作。特别是近年来，市、区（县）教育督导室结合素质教育发展的要求和义务教育均衡发展的需要，对体育、文艺、科技和社会实践活动进行执法检查，督促区（县）建立了长效机制，保证了经费投入，完善了工作措施，促进了学生体育、文艺、科技和社会实践等各项教育活动的有效落实。

三是认真开展实施素质教育综合督导，努力促进青少年健康成长。1997年，北京建立了区县政府、教委、中小学校全面实施素质教育综合督导评价制度，形成了对区县政府、教委和学校“三位一体”的综合督导评价工作机制。到目前为止，市政府教育督导室已完成了四轮对所有区县政府的督导评价，有效促进了区县每届政府法定教育责任的落实和学生创新精神、实践能力的培养，得到了社会的积极评价。去年下半年第四轮督导评价工作，坚持全面贯彻党的十八大和十八届三中、四中全会精神，坚持立德树人的根本导向，结合首都教育改革发展的新任务新要求，较好完成了素质教育综合督导任务，形成了各区县全面实施素质教育督导评价回复意见、《2014年区县政府全面实施素质教育综合督导报告》和几个专项督导报告，借此机会继续推进了素质教育的全面实施。

四是适时开展义务教育均衡发展专项督导，切实推进教育公平公正、优质均衡地发展。2008年以来，市政府教育督导室按照市政府办公厅印发的《北京市推进义务教育均衡发展督导评价方案》，对区县义务教育实施情况和均衡发展状况进行动态监测和督导评价，督促指导各区县形成了推动义务教育均衡发展的长效机制，切实保障了义务教育经费投入，显著提升了学校办学条件，有效促进了师资的均衡配备，全面提高了教育教学质量。2012年至2013年，按照教育部工作部署要求，开展了对所有区县的督导评估工作，督促各区县政府认真落实与市政府签署的教育责任目标，有效促进了我市义务教育的优质均衡发展，也为接受国家级评估验收奠定了坚实的基础。上个月，在大家的共同努力下，我们圆满完成了义务教育发展基本均衡县区国家级督导检查，16个区县顺利通过验收。同时，还成功承办全国义务教育均衡发展督导评估中期推进会。希望大家再接再厉，认真落实市委市政府新近印发的《关于推进义务教育优质均衡发展的意见》，加快推进首都义务教育优质均衡发展，保障适龄儿童接受良好义务教育。

五是积极拓展教育督导领域，不断健全教育督导工作体系。在继续完善义务教育督导体系和职业教育督导体系的基础上，市、区（县）两级督导室认真履行职责，顺应首都教育工作需求，陆续开展了初中建设工程、小学规范化建设、学前教育、高中教育、校外教育、特殊教育、民办高等教育等不同教育领域的专项督导，切实促进了各教育领域工作的健康发展，发挥了教育督导应有的作用。特别是在推进义务教育综合改革中，紧紧围绕改革的重点问题开展专项督导调研，组织了对培育和践行社会主义核心价值观、基础教育综合改革、扩大优质教育资源、高校支持中小学特色发展、义务教育阶段入学工作、减负工作、特殊教育发展等情况的专项督导调研，掌握了第一手材料，促进了改革措施的落实。

六是构建义务教育督导监测数据系统，不断推进教育督导信息化建设。建立并不断完善了义务教育发展情况数据监测系统，通过监测数据展现了教育的发展变化，切实提高了教育督导的信息化水平。建立了义务教育实施情况监测系统，对区县教育经费、师资和发展水平进行了动态监测。建立了义务教育均衡发展状况监测系统，监测全市每所学校每个指标，对本市各区县义务教育均衡程度进行准确判断。建立了义务教育阶段学校学生课业负担监测系统，以点带面了解全市中小学生课业负担情况。2014年又利用责任督学挂牌督导制度，对全市所有义务教育学校进行减负督导监测，形成了对中小学减轻学生过重课业负担的常态化监测。

七是不断丰富督导手段，创新督导方式方法。2009年以来，市政府教育督导室连续6年在全市开展区县教育工作满意度入户调查。每年走进1万多户学生家庭，深入了解学生及家长对区县教育工作的意见和建议，准确掌握第一手教育系统舆情。综合分析6年的满意度调查结果可以看出，全市家长对区县教育工作的满意度逐年提高。开展责任督学挂牌督导工作，配齐配强责任督学，实现了全市所有中小学挂牌督导全覆盖，此项工作得到了教育部的充分肯定，相关经验在2014年全国责任督学挂牌督导现场会上做了介绍。

在看到成绩的同时，我们也要清醒地认识到，与近年来国家对教育督导工作的要求、与全市教育改革发展的要求相比，我市教育督导工作还有一些不足。主要是：与构建现代教育治理体系和治理能力的要求相比，教育督导工作的职能定位还需要进一步明晰，教育督导机构与工作体系还需要进一步健全，教育督导机构的职能分工还需要进一步明确；与管办评分离的改革要求相比，我市教育督导工作还需要进一步深化自身改革，督导部门和督导队伍的自身建设还需进一步加强，督导工作的科学性、权威性还需要进一步提升。这些都需要我们在今后的工作中加大力度，不断加强改革和实践的探索。

二、充分认识教育督导工作面临的新形势新任务新要求

随着国家经济社会发展进入新常态和教育综合改革的不断推进，北京教育督导工作的内外部环境正在发生着深刻的变化，北京教育督导改革势在必行。

一是督导法治化程度不断提高。党的十八届四中全会确立了依法治国的基本方略，明确提出了依法治教、依法行政的基本要求。2012年，国务院颁布了新中国第一部专门的、完整的关于教育督导的法规《教育督导条例》，对教育督导的适用范围、教育督导的原则、教育督导实施及其法律责任等方面都做了明确的规定，从法

律的层面确立了督导工作体系，以法规的形式确立了教育督导的法律地位、法定职能和工作要求，这些都标志着教育督导工作真正走上了法治化轨道。据了解，上海、天津、重庆三个直辖市以及山东、湖南等十多个省都已出台本省、本市的教育督导条例。当然，在立法工作上，不是说越早越好，也不是与兄弟省、市简单地进行对比，但我们需要加快这方面的工作节奏。

二是教育综合改革不断出现新的突破。为认真贯彻党的十八大和十八届三中、四中全会精神，切实推进教育领域综合改革和依法治教的有效实施，全国教育系统都在紧紧抓住促进公平和提高质量两大任务，更加聚力攻坚克难，更加重视制度建设，更加注重统筹谋划。一些制约教育事业科学发展的体制性、制度性障碍开始“破冰”，一些人民群众关心的重大热点难点问题开始“破解”，一些重要领域的创新举措开始“破土”。国家教育体制改革领导小组办公室印发了《关于进一步扩大省级政府教育统筹权的意见》，加大了简政放权力度，深入推进管办评分离。中共教育部党组和共青团中央联合印发了《关于在各级各类学校推动培育和践行社会主义核心价值观长效机制建设的意见》，教育部印发了《完善中华优秀传统文化教育指导纲要》，强调要将社会主义核心价值观落实到教育教学全过程和管理服务的各个环节。国务院出台了《关于深化考试招生制度改革的实施意见》，整体设计了中国特色考试招生制度，从教育评价体系的关键环节进行了深度改革。教育部出台了《关于全面深化课程改革落实立德树人根本任务的意见》，系统设计、整体规划了大中小学思想品德教育，促进全科育人、全程育人、全员育人。为推进管办评分离任务的有效落实，教育部近期印发了《关于深入推进教育管办评分离促进政府职能转变的若干意见》，明确了加快推进教育管理体制、现代学校制度、教育评价制度改革的具体要求，提出了到2020年基本形成政府依法管理、学校依法自主办学、社会各界依法参与和监督的教育公共治理新格局。

在过去的一段时间里，北京市以公平、优质、均衡为主题，以考试入学改革为突破口，加大工作创新力度，深入推进各项改革措施的有效落实，进一步规范义务教育阶段的办学行为，大力培育和践行社会主义核心价值观，深入实施素质教育长效机制建设，稳步推进考试招生制度改革，多措并举扩大基础教育优质资源，扎实推进依法治教，基础教育综合改革取得初步成效。在今后的一段时间里，北京市将按照国务院和教育部各项文件精神，全面深化教育综合改革，深入推进管办评分离，在深化考试招生制度改革、加强社会主义核心价值观教育、积极促进学生综合素质提升、促进义务教育优质均衡发展、推动普通高中多样化发展、加强教师队伍建设等方面进一步加大工作力度。教育督导要有效发挥在推进教育综合改革中的作用，及时掌握改革进展情况，准确把握改革方向，及时发现问题，推动各项改革政策落实。要积极培育第三方评价机构，引导社会力量开展教育评价，不断推动教育改革的深入发展并取得实效。

三是教育督导工作格局正在发生深刻的变化。为贯彻落实《国家中长期教育改革和发展规划纲要（2010—2020年）》，切实推进教育治理体系和治理能力现代化，2012年8月，国务院设立了教育督导委员会，中央政治局委员、国务院副总理刘延东同志亲自担任委员会主任，教育部部长袁贵仁、国务院副秘书长江小涓担任委员会副主任。教育督导委员会的设立，不仅提高了教育督导工作的地位，理顺了教育督导工作机制，而且增强了教育督导工作的权威性，充分体现了国家深化教育体制改革、推进依法治教的信心和决心，这是中国教育督导史上的一件大事。去年2月，国务院教育督导委员会办公室印发了《深化教育督导改革转变教育管理方式的意见》，明确提出深化教育督导改革要按照决策、执行、监督既相互制约又相互支持的原则和强化国家教育督导、深入推进管办评分离的要求，立足我国实际，结合国际经验，建立"督促地方政府依法履行教育职责"的督政机制、"指导各级各类学校规范办学提高教育质量"的督学机制以及"科学评价教育教学质量"的评估监测机制，构建督政、督学、评估监测三位一体的教育督导体系，为促进教育事业科学发展、办好人民满意教育提供制度保障。一个月后，教育部就按照中央关于转变政府职能的总体要求，加强工作统筹，扩大了国家级教育督导工作队伍，增强了督导工作力量，并把部分司局原来承担的一些评价任务划归到国家教育督导团办公室。除此之外，国家还在不断推进督导工作的信息化和专业化建设。

三、真抓实干，落细落小落实，努力开创北京教育督导工作的新局面

面对新的形势、任务与要求，我们要认真贯彻落实党的十八大和十八届三中、四中全会精神以及习近平总书记系列讲话精神，认真落实《教育督导条例》，沿着教育现代化的发展方向，不断深化教育领域综合改革，深入推进管办评分离，强化教育督导，不断促进首都教育现代化水平的提升。

一要加强理论学习，努力做到思想上统一，步调上一致。党的十八大和十八届三中、四中全会精神以及习近平总书记系列重要讲话，是新一届中央领导集体执政理念、工作思路和信念意志的集中反映，深刻回答了新形势下党和国家发展的重大理论和现实问题，进一步深化了我们党对中国特色社会主义建设规律和马克思主义执政党建设规律的认识，为做好各项工作指明了方向。总书记非常关心教育工作，多次就教育工作做出重要指示，如关于坚持党的教育方针、优先发展教育的重要论述，关于促进教育改革、教育公平、教师队伍建设、教育开放等方面的重要论述等等，这些都是我们推进首都教育现代化建设的强大思想武器。要切实加强理论学习，领会精神实质，明确教育发展方向，坚定不移地把思想认识统一到首都教育综合改革的工作实践中，行动上要步调一致，大胆探索，积极创新，为办好人民满意的首

都教育贡献力量。

二要加强组织领导，切实深化教育督导改革。深化教育督导改革既是教育综合改革的重要组成部分，也是推进依法治教、依法治校的重要抓手，顺应教育改革发展新趋势的必然要求。我们要按照“四个全面”的战略布局，站在教育改革发展全局的高度，围绕完善和发展中国特色社会主义教育制度、推进首都教育治理体系和治理能力现代化这一目标，进一步凝聚改革发展的共识，切实领会推进教育领域综合改革和教育督导改革的重要意义和发展方向，认真落实国家和教育部相关文件精神，进一步明确教育督导改革的指导思想，抓住教育督导改革的重点，推进教育督导改革的有效实施；切实转变观念，加强顶层设计，加强整体谋划，持续推进教育改革创新，努力构建与首都教育现代治理体系和治理能力相适应的现代教育督导体系；加强各项工作统筹，推进督导立法，成立市、区（县）两级教育督导委员会；建立健全政府、学校督导、评估、监测的政策、标准和规程，全面开展督政、督学和评估监测工作；完善教育督导和监测评估结果使用机制，切实提高教育督导工作的权威性。

三是加强教育督导专业化建设，努力提升教育督导专业化水平。要进一步按照管办评分离的要求，整合职能，强化教育督导工作，切实履行督政、督学、评估监测三大教育督导职责。要加强督导队伍建设，完成督学换届工作，把年富力强、有时间保证、热爱教育督导工作的同志吸收到督导队伍中来，通过系统的业务培训，不断提高教育督导队伍的专业化水平，为完成各项督导任务提供人才保障。要加快推进教育督导信息化建设，围绕教育督导机构改革和教育督导职能定位，全面梳理教育督导与监测评估工作的改革发展需求，研究建立教育督导信息汇总与运行管理系统。

四是突出工作重点，全面完成好教育督导改革的各项任务。2015 年是全面深化综合改革的关键之年，也是全面推进依法治国的开局之年、全面完成“十二五”规划的收官之年。各项工作落实情况如何，事关教育改革发展大局。要结合新的形势和任务，抓紧推进教育督导改革。要充分发挥教育督导的特有职能，紧紧围绕教育综合改革的目标任务和立德树人的根本导向，深入落实培育和践行社会主义核心价值观、首都教育综合改革及教育督导改革发展等各项工作任务，为首都教育综合改革提供信息支撑和政策依据。要不断改进工作，深入推进素质教育工作各项任务的有效落实。要以这次通过的义务教育发展基本均衡区县国家验收为契机，巩固成果，抓好整改，深入落实《关于推进义务教育优质均衡发展的意见》各项工作要求，全面提升北京义务教育优质均衡发展的水平，为率先实现教育现代化奠定基础。

在北京市人民政府教育督导委员会成立暨第十届督学聘任工作会议上的讲话

北京市人民政府副市长、北京市人民政府教育督导委员会主任　王宁

（2016年12月1日）

同志们：

今天我们在这里召开大会，宣布成立北京市人民政府教育督导委员会，聘任北京市第十届督学，这是我市教育领域的一件大事。刚才，张雪同志宣读了北京市人民政府教育督导委员会成立的批复，刘宇辉同志宣读了北京市第十届督学聘任决定，督学代表们领到了聘书，市财政局、石景山区政府和督学代表做了交流发言，唐立军同志向大会报告了教育督导工作，讲得都很好，我深受启发。在此，我代表市政府，向新任市级督学表示热烈的祝贺！向多年来在教育督导岗位勤奋工作的同志们、向关心和支持我市教育事业发展的部门和同志们表示衷心的感谢！

10月20日，国务院教育督导委员会召开了“深化教育督导改革暨第十届国家督学聘任工作会议”，国务院副总理刘延东同志出席会议并强调，要全面贯彻党的教育方针，完善督导体系，提高督导水平，履行督导职责，为教育事业改革发展提供有力保障。今天我们这个会议的召开，是贯彻落实刘延东同志讲话和国家深化教育督导改革会议精神的一个新起点，是市委、市政府为进一步完善教育治理体系和提升教育治理能力吹响的集结号。下面，我讲四点意见，供大家参考。

一、充分认识首都教育综合改革面临的新形势新任务

近年来，市委、市政府将教育作为最重要的民生工程、民心工程，坚持优先发展教育，聚焦学生的实际需求，深化教育综合改革，打出了一系列促进教育优质均衡发展的组合拳，大力解决入园难、铁腕治理择校热、打造教育新地图、矫正考试指挥棒、深化课程教学改革、创新人才培养方式，取得了阶段性成果，获得了人民群众的广泛认可。习近平总书记今年教师节在八一学校视察时特别提到，北京教改取得了一系列突破，就近入学、学区制、名校办分校、城区优质资源向郊区辐射等，要认真总结，继续深入。这是对首都教育综合改革的高度认可。

同时，我们也要清醒地认识到，与人民群众“渴望更好的教育”的期盼相比，与精准立足首都城市战略定位、优化提升首都核心功能的战略任务相比，我们的工作仍然存在一定不足。一些深层次矛盾和问题亟待破解，政府管理缺位、越位、错位的问题不同程度上依然存在。深化教育督导改革，必须牢牢把握首都教育改革发

展面临的新形势，进一步明确教育督导工作的着力点，推动教育治理体系的完善和治理能力的提高，真正为首都教育改革发展保驾护航。

一是要更加注重教育改革的人民立场。保障和改善民生是一项长期工作，没有终点站。满足人民群众教育需求，不断提高人民群众对改革的获得感，是首都教育改革发展必须始终坚持的价值导向。随着经济社会快速发展和人民生活水平日益提升，人民群众的教育需求呈现多层次、多样化、个性化等特点。但是，首都教育资源结构性供给不足、优质教育资源短缺等问题尚未完全解决，教育发展水平区域差距依然明显，教师队伍的数量、结构与质量还不能完全满足需要。我们要通过坚持不懈的努力，进一步缩小区域间、城乡间、学校间的发展差距，处理好学前教育资源紧张、随迁子女教育、教师队伍建设、德育工作实效性等一系列问题，提供更多更公平的符合社会、家长和孩子们需要的优质教育资源，提高人民群众满意度。

二是要更加注重教育质量的提升。深化首都教育综合改革，要把提高教育质量摆在更加重要的战略位置。今天我们所讲的质量，是均衡基础上的更高质量，是侧重于人的全面发展的质量。要全面落实立德树人根本任务，深入实施素质教育，完善育人体系，提高学生综合素养；要打破单一的课程、资源、考试评价供给结构，持续深化考试招生制度改革和教育教学改革；要深化办学模式改革，统筹城乡义务教育一体化发展，促进普通高中多样化特色发展，强化高等教育内涵发展；要创新人才培养模式，搭建人才培养“立交桥”，从而进一步优化首都教育供给体系，提升首都教育的总体质量。

三是要更加注重教育改革的总体谋划。改革进行到现在，市区两级教育管理部门都要及时“回头看”，固化成果，总结经验，正视不足。近年来，我们在深化教育综合改革的过程中，更多是依靠问题驱动，在解决义务教育均衡发展等重大问题上逐一布局，各个击破，取得了显著成效。但是，目前阶段，我们对首都教育改革的总体谋划还不到位，对下一步教育改革发展的整体设计仍然不够。各区各高校要抓紧制定和完善各自的教育“十三五”规划和综合改革实施方案，加强顶层设计，主动谋划发展。要着眼于京津冀协同发展的大局，着眼于首都经济社会发展的大局，加强资源统筹和政策协调，优化调整教育布局结构，稳步推进部分教育功能疏解，使首都教育在空间布局结构上与首都功能区建设、人口分布和京津冀协同发展相协调；在类型层次和规模数量上与有序疏解非首都功能、优化提升首都核心功能和人民群众的选择相适应，从而更好地发挥教育的基础性、先导性、全局性作用，在各级各类人才培养、区域教育协同发展方面取得新进展。

四是要更加注重教育“放管服”改革。实现教育治理体系和治理能力现代化，必须推进“简政放权、放管结合、优化服务”为内容的“放管服”改革。当前首都教育管理放权还不够，体制机制活力仍不足。教育管理权限在政府与学校之间的分配仍不尽合理，政府管得过多，学校应有的管理权限仍未完全回归。教育综合改革、教育督导改革取得了一系列成效，但中小学生课业负担重、教师有偿补课、校园安全（如毒操场）等问题时有发生，其中的重要原因就是责任体系不完善，政府责任特别是监督监管不够，学校主体责任不到位，社会舆论导向不明确，教育治理体系亟待优化。因此，需要进一步深化教育领域“放管服”改革，深入推进管办评分离。一方面，要把工作重点转到加强宏观管理和统筹上来，转到创造良好发展环境、提供优质公共服务上来；另一方面，要在简政放权的同时，强化对政府和学校执行国家法律法规和方针政策的监管。总之，要以构建政府、学校、社会新型关系为基础，加快实现由“教育管理”到“教育治理”的跨越。

二、进一步强化教育督导职能的全面落实

近年来，首都教育督导工作在体制机制改革、机构职能建设、重点工作推动等方面取得了较好的成绩。但我们深知，与建立完备的现代教育治理体系和高标准的教育治理能力相比，教育督导工作还有差距，还需进一步加强和改进，特别是在强化问题导向、完善手段方式、提升工作水平、体现督导权威等方面还需要不断加强。

一要狠抓督政，全力保障教育优先发展，促进教育公平。督促地方政府切实履行教育职责，是教育督导的首要任务。要充分发挥教育督导作用，强化地方政府的责任意识和担当精神。要科学规划，明确目标，找准教育发展存在的突出问题，针对各级政府教育履职情况，全面督导，重点突破。要把人民群众的呼声放在心中最高的位置，敢于直面问题，积极回应人民群众关切，以更大的决心和勇气解决好人民群众反映最强烈、最迫切需要解决的问题。比如学前教育资源供给不足问题、教育配套不落实问题、义务教育优质均衡发展问题、升学考试政策执行中的问题、部分教育功能有序疏解问题，等等，要围绕这些问题，下大力气开展督政工作，切实促进问题的解决。要建立完善地方政府履行教育职责评估制度，明确激励惩戒措施，强化督政结果的使用，督促和监督地方政府有效履职，全力保障教育优先，促进教育公平。

二要强化学校督导，促进各级各类教育科学发展，提高育人质量。当前教育领域的热点难点问题，许多是学校办学不规范、管理水平不高造成的。为此，要加强对学校依法办学的监督，加强对学校教育教学和管理的指导和服务。要加强学前教育督导，通过专项督导和学前教育质量监测，力戒“小学化倾向”，让儿童快乐健康成长。通过全面加强幼儿园保育教育工作管理督导，提升学前教育服务保障能力。要深化基础教育督导，充分发挥责任督学挂牌督导的作用，紧紧围绕“立德树人”，创新综合督导、专项督导、经常性督导模式，在培育和践行社会主义核心价值观、全面实施素质教育、学科教学改进、普通高中多样化特色发展、师资队伍建设等方

面，督出成效，督出水平。要创新职业教育督导，围绕完善现代职业教育体系、深化办学模式改革、提高教育教学质量等开展督导，督导内容和标准要突出职业教育特点，体现我市经济社会发展和京津冀协同发展的需要。要推进高端技能人才贯通培养，从根本上解决职业教育生存发展问题。要切实加强和改进对高等教育的督导评估和质量监测工作，重点加强对高校思想政治理论课教学、师德建设、学风建设、创业就业能力建设等方面的督导评估，要有效实施对人才培养质量、高水平师资队伍建设、“双一流”建设等方面的评估监测，特别是要把近两年实施的“高水平人才交叉培养”等重点改革项目纳入评估监测，整体推进高等教育综合改革，提升高校特别是市属高校办学水平。

三要健全评估监测体系，充分发挥第三方评价作用，高效权威评价教育发展。科学的评估监测是发现问题的手段，是有效开展督政、督学工作的前提和基础。构建教育管办评分离的新格局，推进第三方教育评估监测是重要手段。要整合评估监测资源，积极培育和扶持一批社会专业评估机构，做强做精教育监测专业机构，发展壮大教育评估监测队伍。要合理引入市场机制，把委托专业机构和社会组织开展教育评估监测纳入政府购买服务范围。要完善制度，建立健全各级各类教育质量监测指标体系，完善教育质量监测标准和工具，为各级各类教育发展状况和质量水平把好脉。

三、着力建设一支高水平专业化的督学队伍

同志们，今天市政府教育督导委员会正式成立，第十届督学正式上岗，教育督导工作站在了一个新的起点上。恰逢“十三五”全面实现首都教育现代化的决胜阶段，我和在座的同志们一样，深感肩上的担子更重，责任更大，使命光荣而艰巨。蓝图已经绘就，改革争在朝夕，落实难在方寸，希望与在座各位共同努力。

督学队伍的能力水平关乎教育督导事业的成败。今天聘任的260位第十届市级督学，是经过严格遴选确定的。相比以往，督学的数量增加了，结构上也有所调整，增加了高等教育、职业教育、民办教育方面的督学，增加了督政方面的督学，来源覆盖了政府教育管理和学校教育教学等多个领域，基本实现了构建一支“数量充足、结构合理、责任心强、业务精湛”的高素质专业化督学队伍的初衷。接下来，市、区两级要进一步做好督学队伍的管理使用和服务保障。要扎实做好督学分级分类培训工作，强化培训效果考核；积极探索制定督学晋职晋级、提高待遇的政策，形成优秀教育督导队伍建设长效机制。

市级督学肩负着市委、市政府的重托，肩负着全市人民的信任和期待。借此机会，我想再提几点希望。

一是希望你们努力钻研业务，做教育督导的行家里手。教育督导是一项专业性很强的工作。各位督学要深刻领会全国深化教育督导改革暨第十届督学换届工作会

议精神，按照全市教育督导工作部署，研究和探索教育督导规律，持续提高法律素养和政策水平，创造性地开展工作，真正成为教育督导工作的行家里手。

二是希望你们经常深入学校，做服务学校发展的智囊团。无论是哪种身份的督学，都要主动深入学校、深入实际，了解教学、熟知管理，听真话、查实情，认真分析问题产生的原因，积极寻求解决问题的办法。要尊重基层的首创精神，强化服务学校意识，积极为学校提高办学水平献计献策。

三是希望你们严守纪律和规矩，做促进首都教育发展的“排头兵”。督学要有敢于担当、不回避矛盾的责任感，更要有坚持原则、敢于和不良现象作斗争的勇气。督学要守纪律、讲规矩，做到严格自律、秉公执法、真督真查，发现真问题，敢于揭盖子，肩负起促进首都教育健康发展的历史使命。

四是希望你们讲政治顾大局，做首都教育改革事业的“岗前哨”。教育改革牵动千家万户，教育改革无小事。从某种意义上来说，督学工作是一项政治性很强的工作。面对人民群众对优质教育的多样化诉求，督学要有“灵敏的嗅觉”，要积极引导人民群众正确面对改革带来的变化，特别是及时发现群体性、突发性事件的隐患和苗头，帮助学校及教育行政部门妥善处理问题、化解矛盾。

四、重拳治理中小学校和在职中小学教师校外有偿补课问题

一直以来，北京市中小学校和在职中小学教师校外有偿补课现象屡禁不止，扰乱正常的教学、升学秩序的情况时有发生，在社会上造成了恶劣影响，已经成为我市教育行风问题的一个顽疾。对于这一问题，我们的态度是：必须重拳治理，绝不姑息。近期，市教育两委一室对北京市中小学校和中小学教师校外有偿补课专项检查工作进行了全面部署，为期两个月的集中专项检查已经启动。这是未来一段时间我市教育治理的一件大事。在此，我再重申几点要求。

一是要提高思想认识，高度重视治理中小学校和在职中小学教师有偿补课问题。严禁中小学校和在职中小学教师有偿补课是全面贯彻党的教育方针、落实立德树人根本任务的必然要求，是大力推进素质教育、切实减轻学生过重课业负担的重要举措，更是贯彻党的十八届六中全会精神、治理我市群众反映强烈的教育行风问题的具体体现。各级政府和教育行政部门要高度重视，统筹推进，坚决治理。

二是要强化组织领导，切实落实各区政府和教育行政部门的主体责任。各区要切实做好自查整顿，研究制定对违规学校和教师的处置处罚措施，把校外有偿补课治理与教师个人评奖评优、职称评定等相结合，与行政部门监管责任追究相结合。要明确中小学校校长、书记是治理有偿补课的第一责任人，坚持党政双责，对于中小学校、教师有偿补课行为，要依法、依规，严肃追究相关教师、学校以及教育行政部门领导的责任。对出现“点招”问题的单位，要严肃追究校长、招生考试部门

负责人的直接责任。对监管不力、问题频发、社会反响强烈的学校和地区，要严格追究区、校两级主要责任人的责任。要研究制定标本兼治的有偿补课治理方案，推动校外培训机构建立授课教师实名备案制，实现区域师资动态监控管理，逐步建立中小学校和在职中小学教师有偿补课治理长效机制。

三是要直面问题、敢于碰硬，坚决遏制中小学校和在职中小学教师有偿补课不正之风。要坚决查处公办中小学校、教研机构、校外教育机构组织要求学生参加有偿补课、与校外培训机构联合进行有偿补课、违规举办“占坑班”、为校外培训机构有偿补课提供教育教学设施或学生信息等违规行为；坚决查处在职教师不执行教学计划，组织、推荐和诱导学生参加校内外有偿补课，参加校外培训机构或由其他教师、家长、家长委员会等组织的有偿补课，为校外培训机构和他人介绍生源、提供相关信息等违规行为。要依法依规查处、整治校外培训机构虚假宣传、违规招生等行为，坚决斩断校内外违反招生考试制度、破坏升学秩序的利益链条。对于群众实名举报的违规线索，要逐一查实处理，决不姑息。

四是要加强正面引导和日常监督，营造齐抓共管的教育治理格局。要全面贯彻落实习近平总书记教师节重要讲话精神，持续加强师德师风建设，引导广大教师践行社会主义核心价值观，甘当“四个引路人”，自觉拒绝有偿补课。要做好新闻宣传和舆论引导，广泛宣传优秀教师典型，充分展现当代教师无私奉献、崇德向善的精神风貌。要利用督学工作优势，把治理有偿补课纳入责任督学挂牌督导、经常性督导的重点内容，健全责任落实和倒查追责的常态化机制。要依托12345、96391等政府非紧急救助热线，畅通经常性社会监督渠道，广泛发动和支持社会各界监督举报包括在职中小学教师有偿补课在内的师德师风问题，共同营造风清气正的教育环境。总之，要以此次专项检查为契机，加强对教师从教行为的管理，坚决杜绝学校及教师组织或参与有偿补课行为。

同志们，市政府教育督导委员会的成立和第十届督学的上任，标志着我市教育督导工作进入了一个全新的历史时期。深化教育督导改革、为首都教育事业保驾护航，责任重大，使命光荣。让我们牢记使命，认真履职，勇于创新，为推进首都教育督导改革发展、全面实现首都教育现代化而努力奋斗！

在北京市人民政府教育督导委员会成立暨第十届督学聘任工作会议上的讲话

北京市委教育工委副书记、北京市人民政府教育督导室主任
北京市人民政府教育督导委员会副主任
唐立军

（2016年12月1日）

各位领导、同志们：

下面，我向大会简要报告全市教育督导工作。

一、深化改革，强化职能，教育督导改革发展取得显著成效

近年来，在市委、市政府的正确领导下，全市教育督导工作认真贯彻落实党的十八大和十八届三中、四中、五中、六中全会精神及习近平总书记系列重要讲话精神，适应深化教育领域综合改革的需要，紧紧围绕“办人民满意教育”的宗旨和“立德树人”根本任务，以体制机制改革为突破口，以专业化督学队伍建设为重点，以构建督政、督学、评估监测三位一体的现代教育督导体系为核心，深入推进教育督导改革发展，有效发挥教育督导职能，为首都教育事业科学发展做出了应有贡献。

（一）统筹谋划设计，明确改革思路、目标与任务

随着教育领域综合改革的逐步深入，国务院颁布《教育督导条例》，国务院教育督导委员会印发《深化教育督导改革转变教育管理方式的意见》，教育部印发《关于深入推进教育管办评分离促进政府职能转变的若干意见》，对教育督导改革提出新的任务、要求。全面深化教育领域综合改革，推进管办评分离，落实依法治教、依法行政的职责，需要进一步转变政府职能、强化政府教育监督监管，提升教育督导专业化水平。在主管市领导的重视和关心指导下，在市委、市政府各部门大力支持下，市政府教育督导室深入研究，精心谋划，整体推进我市教育督导改革，明确改革思路和目标，先后完成市政府教育督导委员会成立筹备工作，对市委教育工委、市教委、市政府教育督导室职能机构进行调整，研究制定《关于深化教育督导改革的实施意见》和配套制度文件，深入推进教育督导改革各项任务的落实。

在市政府办公厅印发的《关于深化教育督导改革的实施意见》中，明晰了教育督导改革的总体思路，即按照“政府统筹、强化职能、多元参与、权威高效”的要求，坚持依法治教、依法行政，坚持教育决策、执行、监督既相互制约又相互协调、统筹有力的原则，深入推进管办评分离，不断提升教育督导工作水平和效能，为办

好人民满意的首都教育提供有力保障。

明确了教育督导改革的工作目标，即建立健全市政府相关部门和区政府及其相关部门依法履行教育职责督导评价制度，建立健全各级各类学校教育教学工作督导评价制度，建立健全政府教育督导部门归口管理并统筹组织实施、专业机构提供服务、社会组织多方参与的竞争性、专业化第三方评估监测机制，着力构建督政、督学、评估监测三位一体的现代教育督导体系，全面提升教育督导法制化、专业化和现代化水平。

确定了教育督导改革的六项重点任务，即创新教育督导体制机制与模式，全面开展政府履行教育职责督导，有效开展学校教育教学工作督导，科学开展教育发展水平和教育质量评估监测，建立健全教育督导和评估监测结果使用制度，着力加强教育督导队伍专业化建设。

（二）强化政府职能，教育督导体制机制不断完善

一是教育督导职能机构建设整体推进。2015 年，完成了市委教育工委、市教委和市政府教育督导室的职能机构的调整。进一步明晰了市教委与市政府教育督导室的职责，明确了市教委负责制定各级各类教育质量标准并组织实施的职责，将市教委承担的有关教育评估和监测职责划入市政府教育督导室，市政府教育督导室增加“负责各级各类教育发展状况和质量的监测以及各级各类学校办学状况和教育教学水平的督导评估”。有机整合了市教育两委一室的部分处室，将督导室内设机构核增为 6 个处，29 名编制，为强化政府教育督导、有效履行教育督导职能奠定了坚实基础。

二是第三方教育评估监测机制建设积极推进。为加强教育督导评估与质量监测专业化建设，以制度建设为先导，率先制定出台《关于委托第三方机构开展教育评估监测工作暂行办法》以及《教育评估监测第三方机构库管理办法》《教育督导评估与质量监测专家委员会管理暂行办法》《教育评估监测项目招投标管理办法》《教育督导与评估监测项目竞争性委托管理办法》《教育评估监测委托项目成果验收办法》等相关配套文件，对第三方参与教育督导评估监测的主体、对象、程序和保障机制进行规范，初步形成了政府购买第三方教育评估监测服务的机制和相关制度体系，为规范开展第三方教育评估监测、全面推进教育督导专业化发展提供了制度保障。

三是积极探索更加有效的教育督导模式和方式手段。根据教育督导内容和工作需要，坚持以经常性督导为基础，以专项督导为重点，以教育质量监测数据信息为支撑，强化学校内部督导，逐步形成综合督导、专项督导、经常性督导和学校内部督导有机统一、结果互为印证、科学高效的教育督导模式。近两年，对全市 16 个区开展的“中小学办学重点领域情况督导调研”等项工作，就充分发挥了基础监测数据支持作用，统筹多项督导任务，综合开展督导工作，提高了督导工作效率，减轻了区校督导工作的负担。此外，围绕首都教育综合改革中不断出现的新情况、新问题，不断丰富教育督导方式和手段，创新开展了中小学校诊断式督导、随访式督导、空气重污染红色预警应对情况应急式督导、中小学培育和践行社会主义核心价值观情况跟踪式督导等，增强了教育督导的针对性、实效性和服务功能。

（三）坚持改革创新，现代教育督导体系日趋完善

一是教育督导“三位一体职能体系”健全完善。坚持以政府全面履职和提高区域教育发展水平为重点，全面加强督政工作；以贯彻党的教育方针和立德树人的根本要求为核心，以全面实施素质教育和提高教育质量为重点，全面开展各级各类教育督学工作；以科学开展第三方评估监测为基础，以教育发展质量和教育教学质量为重点，建立全面覆盖各级各类教育的督导评估与质量监测体系。

二是教育督导“工作体系”有效运转。坚持以有效履行教育督导职能为核心，逐步形成教育督导和教育行政有机协调，第三方教育评估监测有效实施，教育监督、检查、评估、监测统筹归口管理，市、区、校三级分层负责、运转顺畅的工作体系。

三是教育督导“政策标准体系”加快建设。坚持以教育督导评估与质量监测内容为基础、项目为导向，构建涵盖政策、规划、制度、标准、工具与规程等具体内容的政策标准体系，切实加强教育督导工作基础和制度保障。研制完成了包括改革实施意见、发展规划、督导工作规程、督学管理暂行办法和系列教育督导评估监测指标工具等政策标准工作，教育督导制度化建设取得实质成效。

四是教育督导“支持保障体系”建设有序推进。坚持强化基层基础工作，建立教育督导信息管理应用平台，推进“互联网+”教育督导，提升大数据支持能力。建强专业化督学、高素质教育督导管理、高水平专家、专业化社会支持机构、多元化社会监督等五支教育督导队伍。完成北京市第十届督学换届。社会化评估监测机构培育建立工作积极有效推进。教育督导条件保障建设得到加强。

（四）全面履行教育督导职责，深入推动首都教育事业科学发展

一是坚持依法督导，有效推进教育法律法规执行情况督导检查。从 1995 年开始，市政府教育督导室与市人大联合开展对区县政府、行业集团贯彻落实教育法律法规的督导检查，对推进督促区县政府、行业集团履行法定职责，特别是建立健全教育经费保障机制等方面发挥了重要作用，形成有效监督的机制。从 2008 年至今，市政府教育督导室对教育经费“三个增长、一个提高”、校园周边安全、新建小区教育资源配套等重点督政内容，独立组织教育法律法规执行情况的督导检查，有效促进了教育政策法规的落实和一些问题的解决以及各级政府和相关部门全面履职。

二是坚持贯彻党的教育方针，有效实施素质教育综合督导。从 1997 年开始，我市率先建立了对区县政府、教委（教育局）、学校实施素质教育“三位一体”的督导评价工作体制和机制，完成了四轮督导评价，制度机制更加完善，成效更加明显。

下一步，将进一步明确市、区、校素质教育主体责任，加大学校全面实施素质教育综合督导工作力度，督促学校依法依规办学，全面实施素质教育。

三是坚持义务教育均衡发展国家战略，深入开展义务教育优质均衡发展督导验收。在我市义务教育发展的不同时期，市、区两级教育督导机构先后承担了“两基”检查验收、高标准巩固“普九”成果检查等重要任务，确保了我市薄弱学校改造、山区教育、千所完小验收、中小学建设三年行动计划实施等重点工程的完成。2008年起，市政府教育督导室先后制定了推进义务教育均衡发展督导评价方案、办学条件达标评估体系、校际均衡发展状况督导评估指标体系等一系列工具，建立了市级义务教育实施情况和均衡发展状况数据分析系统和信息平台，开展了对区县义务教育均衡发展达标情况专项督导，对义务教育实施情况和均衡发展状况进行动态监测，完成对全市16个区义务教育均衡发展的市级督导验收。2015年4月底，北京市16个区县一次性通过全国义务教育发展基本均衡县（市、区）评估验收。

四是坚持全面履职，积极促进各级各类教育协调发展。根据教育督导工作职责，教育督导工作触角延伸到各级各类教育的督导评估和质量监测。近年来，相继开展了学前教育、特殊教育、校外教育、成人教育、社区教育、民办高等教育、中高等职业教育等领域的专项督导和执法检查，专题开展了对各区县教育督导工作的督导，完成了三轮职业学校全面实施素质教育综合督导，联合市人力资源和社会保障局等部门开展了技工学校素质教育综合督导等。组织实施了中等职业院校办学能力和高等职业院校适应社会需求能力情况的评估，探索开展了市属高校本科专业试点评估、市属高校办学水平审核评估和在京高校、科研院所研究生学位论文抽检工作等，基本构建了“法之所到、督之所到”的全职督导体系。

五是扎实推进责任督学挂牌督导，完善经常性督导工作体系。坚持市级统筹、区级主责、任务驱动、务实实施，制定关于做好中小学校责任督学挂牌督导工作的实施意见，健全责任督学挂牌督导工作政策、体制、标准，明确和落实市、区、校管理职责；研制《北京市中小学校责任督学挂牌督导工作指南》，为责任督学开展工作提供指导服务。坚持以督学责任区建设为基础，紧密结合各区改革实际，鼓励各区创新完善督学责任区制度，健全经常性督导工作机制，争创全国中小学校责任督学挂牌督导创新区县。今年4月，我市朝阳、海淀、顺义、大兴、怀柔五个区通过了国家创新区的核查认定，全国中小学责任督学挂牌督导工作现场会在北京召开，我市介绍了责任督学挂牌督导工作经验，在全国产生了很大影响。

六是围绕教育改革重点开展督导，积极推进各项改革政策落地并取得实效。根据基础教育综合改革的重点难点，坚持同步介入、跟踪督导，先后开展了幼儿园小学化倾向问题、基础教育学科教学改进意见实施情况、中小学校开放性实践活动落实情况、全市招生考试制度改革意见实施情况、中小学校培育和践行社会主义核心价值观情况等多个方面的专项督导和督导检查，适时开展了义务教育阶段入学工作情况监测、义务教育均衡发展状况监测、中小学生课业负担情况监测、学前教育发展状况监测、中小学生综合素质监测评价等监测实施工作，以及时掌握改革政策实施与效果情况，准确把握矛盾问题，促进改革顺利推进。

在实践中，我们深刻地认识和体会到：教育督导要充分履职并发挥作用，必须强化职能机构建设，不断完善督导体制机制和制度，夯实工作基础；必须坚持依法督导，提升教育督导专业化水平，增强督导权威；必须坚持围绕中心，聚焦立德树人的根本任务和教育质量的主题开展督导，积极促进教育改革发展；必须强化督导结果使用，健全完善奖惩机制和相关制度，切实提高督导效能；必须坚持创新发展，全面履行教育督导职责，不断推动教育督导的法制化、专业化和现代化建设。

二、着眼大局，服务育人，为首都教育改革发展保驾护航

立足新的起点，我们将认真贯彻国家深化教育督导改革暨第十届国家督学聘任工作会议精神，认真贯彻市委、市政府的决策部署，围绕首都教育“十三五”规划实施及各项中心任务，着眼改革发展大局，聚焦教育质量，服务人才培养，强化职能职责，不断提升教育督导的专业化水平。

一是坚持规划统领，全面落实教育督导改革各项任务。市政府办公厅印发的《关于深化教育督导改革的实施意见》明确了教育督导改革指导思想、工作目标和主要任务。市政府教育督导室将围绕《首都教育“十三五”改革发展规划》确定的目标任务，制定北京教育督导“十三五”规划，统筹落实教育督导改革发展的各项任务，促进首都教育“十三五”改革发展规划的实施。市、区教育督导部门及各级各类学校要围绕《首都教育“十三五”改革发展规划》和《关于深化教育督导改革的实施意见》的落实，根据职责定位与任务分工，加快推进教育督导改革各项工作，争取到明年年底基本完成《关于深化教育督导改革的实施意见》确定的主要任务。要根据市教育“十三五”规划确定的任务和重点工作，强化督政，深化督学，优化监测，全面履行教育督导职责，保障我市教育改革发展各项任务的落实，为首都教育率先实现现代化贡献力量。

二是坚持依法督导，完善落实教育督导各项制度。认真贯彻落实国务院《教育督导条例》，加强教育督导立法调研，加快推进《北京市教育督导条例》立法工作，强化教育督导的法律保障。推动各区政府成立教育督导委员会，并健全完善工作规则和制度，有效履行议事协调职能。市、区政府教育督导室发挥好教育督导委员会办事机构的作用，根据教育督导委员会确定的任务要求，有效履行职责，推动教育督导各项重大事项落实。结合北京实际，研制实施《北京市区级政府履行教育职责督导评估暂行办法》《北京市区域教育现代化发展水平督导评估办法》《北京市教育

法律法规执行情况督导检查办法》等，督促市政府相关部门、行业企业及各区政府切实履行教育职责。研制实施《北京市中小学校实施素质教育督导评估办法》《北京市中小学校培育践行社会主义核心价值观督导评估办法》《北京市中小学校管理督导评估办法》等，促进中小学校全面实施素质教育，规范办学行为，提升教育教学质量。组织实施中高等职业院校职业技能人才培养能力和高等学校师德、学风、实践教学、就业创业工作、思政理论课教学督导评估，促进学校办学水平和人才培养能力提升。组织实施各级各类教育发展状况监测和质量监测，促进教育教学质量提升。制定实施《北京市学校督导规程》《北京市督学管理办法》《北京市教育督导报告发布管理暂行办法》及各项专项督导实施办法等，确保各项教育督导工作有效开展。

三是坚持围绕中心，着力促进首都教育质量提升。质量是教育的生命线，提高教育质量是教育改革发展的永恒主题，是人民满意教育的核心要求，促进教育质量提升也就成为教育督导的终极目的。市、区教育督导部门要围绕教育工作重点，统筹开展综合督导、专项督导，有效运用综合督政、执法检查和监测评价等多种方式手段，督促各区政府重视区域教育发展，完善相关政策，切实履行教育职责，重点保障教育规划布局、教育财政投入、教育资源有效供给、义务教育均衡发展、学校标准化建设、教师队伍建设等工作依法落实，确保区域教育现代化目标的实现。要紧紧围绕贯彻党的教育方针和立德树人的根本要求及教育教学、实践育人、学生获得、办学管理等重点，统筹开展督导评估和质量监测，创新督导方法手段，强化督导服务功能，促进教学质量和办学水平提升。要加强对学校内部督导和自我评价工作的指导，提升学校内部教育质量监控水平。要加强整体设计，统筹国家、市、区和社会资源，科学组织开展教育发展水平和教育教学质量的监测评价，探索开展中小学生综合素质评价、学业水平增值性评价。完善高等学校、职业院校教育质量年报制度，探索建立高等教育、职业教育质量监测体系。探索开展高等学校研究生培养工作督导评估，适度扩大研究生论文抽测数量比例。充分发挥督导评估和质量监测的导向功能，促进各级各类教育的质量不断提升。

四是坚持问题导向，有效促进教育矛盾问题破解。“十三五”时期的首都教育，一方面要主动适应新形势新要求，继续全面深化推进综合改革，全面推进依法治教，全面提高服务经济社会发展的能力。另一方面要有效破解教育资源特别是优质教育资源供给不足、配置不均衡，人才培养模式优化创新不够，教师队伍建设不能满足需要，教育治理体系与能力仍需提升等多方面重要问题。在这个过程中，教育督导要紧紧围绕教育改革发展中的重点、热点、难点问题，开展专项督导、跟踪督导、应急督导、专题调研和舆情监测等多种方式的督导工作，推动教育法律法规和各项方针政策的落实，协调解决各种困难和问题，确保各项改革顺利推进。特别是要重点关注学前教育学位供给、优质教育资源均衡配置、招生考试政策实施、教育人事制度改革、职业教育贯通培养、教育功能有序疏解、学校规范办学管理等领域政策的实施情况和问题，充分发挥教育督导监督监管的职能作用，促进问题的有效解决。

五是坚持改革创新，不断提升教育督导工作水平。深化教育领域综合改革的关键在于：切实转变政府管理职能和方式，由办教育向管教育转变，由直接管理向间接管理转变，由教育管理向教育治理转变。要通过转变政府管理方式、实施简政放权、完善学校内部治理、强化政府教育督导、有效实施社会监督，建立多元参与的教育治理体系。其关键节点是强化政府教育督导，建立完善的督政、督学、评估监测三位一体的现代教育督导体系，有效实施对政府教育执法行为和学校教育教学工作的督导评价。

为此，教育督导不仅要通过管办评分离改革体制机制，更要改革自身，练好内功。要建立更加科学高效的教育督导模式，探索实施更加科学有效的督导方式和手段，解决过去重过程轻结果、重主观轻客观、重定性轻定量、重单项轻综合、重结果轻使用等现象和问题。要切实加强教育督导队伍建设，以第十届督学换届为契机，坚持任务驱动，加强全员培训，强化督导实战，健全考核评价，提升督学的专业素质。要建立完善督导工作协同协作机制，坚持“事前征求需求建议，事中协同协作，事后反馈整改落实”的工作机制，加强与市委教育工委和市教委各业务处室的互动交流协作，相互支持，形成合力。要建立市、区两级教育督导信息管理应用系统，实现数据资源整合与共享，建立数据填报、采集、接入、生成及兼容系统与工作机制，提升教育督导的信息化支持水平。要构建多元参与的教育督导评估和监测评价体系，提升教育督导的权威性和公信力。

六是坚持服务基层，指导推动区、校教育督导改革与发展。

要加强对各区教育督导工作的支持和指导。鼓励各区创新教育督导组织模式，建立与学校办学管理模式相适应的督导工作体系，探索建立集团化办学、名校办分校、一体化办学、托管制办学、多校区办学、学区制管理、集群式管理等不同办学管理条件下的督导组织模式和工作体系，探索开展对群体校、单体校、跨区域校、特色校等不同督导对象的督导工作。各区要结合实际，健全完善督学责任区制度机制，可以按片区，也可以按“盟贯带”，还可以考虑水平结构因素，探索采取与区域学校结构与办学管理相适应的督学责任区模式。要按国家和市级责任督学挂牌督导创新区的标准，将责任督学挂牌督导工作深化落实，切实体现创新、务实、高效和全覆盖，真正做到全时间、全视域、全责任，夯实经常性督导的工作基础。

要指导学校健全完善内部制度机制，积极开展学校内部督导和质量评价。要强化校级领导对学校教学质量评价和学校督导评估工作统筹负责，突出学校自我评估的主体地位和责任，形成内外结合的良性互动督导机制。要建立学校督导员或视导员制度，可根据学校内部督导工作需要，设立专兼职工作岗位，选聘素质高、懂教学、会评教、善指导的人员作督导员或视导员，明确工作职责，实施经常性的内部督导或视导。要建立健全学校内部检查、巡视、指导的相关制度规定，切实履行相应工作职责，重在发现问题、督促改进和强化指导，促进质量提升。要加强学校内部质量评价工作，建立健全学校学科、课程建设质量、教师教学质量和学生学习质量等方面的评价制度，完善评价指标和工具，实施科学评价。要统筹利用校内外督导评估与质量监测的结果，深入分析学生培养和学校管理中的问题，找准原因，采取措施，积极改进工作。

同志们，改革永远在路上，“十三五”期间，首都教育将迈向现代化，任务依然艰巨。全市教育督导工作要以习近平总书记五大发展理念为指导，认真贯彻全国深化教育督导改革暨第十届国家督学换届会议精神，主动适应首都教育综合改革的新任务新要求，持续抓好责任落实，准确把握重点难点，切实履行教育督导职责，以督政推动政府履责、以督学推动学校发展、以评估监测推动质量提升，努力为办好人民满意的教育、推进首都教育现代化做出新贡献！

谢谢大家！

第二编

访谈录

顺应教育发展需要　建立北京教育督导制度和市督学室

——陶西平同志访谈录

在北京市教育督导制度和市督学室建立30周年之际，编写《北京教育督导30年》这本书，我认为很有意义。

一、北京市教育督导制度和市督学室建立的背景和过程

北京市人民政府1986年9月17日颁布了《关于试行中小学和学龄前教育督学制度的决定》，提出由市教育局建立督学室，编制10人，主任由市教育局局长兼任。

我是北京市教育局局长，所以兼任北京市督学室第一任主任，主要任务是普及九年义务教育。当时义务教育正在普及初期，北京市包括市区、近郊区、远郊区县都不同程度地存在问题和差距，其中远郊区县的问题更突出。学校校舍非常简陋，有些山区学校的单人岗位还很多，单人岗位的条件更差。

我上任第一件事情就是调研。同志们问我先去哪里，我就在地图上，选择了东南西北方向最偏远的几个学校。最西边我去的房山县的鱼斗泉村小学。这个村靠近河北省，那时交通特别不方便，学校又在山沟里，所以开车用了8个小时才到。整个学校只有一间教室，教室里面有些破烂的课桌椅，就一名老师，他看到我去很紧张。后来我问老师有什么要求没有，他说能不能让村里面婚丧嫁娶时不要老搬学校的课桌椅。他说村子里面一有人办事，就把学校的课桌椅搬走去吃饭，学校就上不了课。我问他还有什么要求，他说想给学校盖一个厕所。我问他现在上厕所去哪儿，他说他爬上山去找一个空地就当“厕所”。当时我跟他说，给学校全部换新的桌椅，然后我跟村里面说以后不要用学校桌椅办事，厕所也拨钱建。

回来之后我就想，我们地方政府对于推进义务教育的认识还有很大差距，需要通过上级政府的力量来促进地方政府重视教育，重视义务教育的普及和办学条件的改善。

最初提出建立督导制度时，没有多少法律或政策文件依据。当时我们觉得应该加强政府对教育工作的监督、评价和指导，市人大代表也建议加强对农村地区普及义务教育的关注和检查。在这样的背景下，北京市教育局根据普及义务教育和加强督导检查的需要，提出了建议建立督学室的报告。此报告经过市政府文教办同意，提交到市政府常务会议讨论。市政府常务会议讨论时，认为应该加上督导区县政府和乡镇政府的职能。所以，经市政府常务会议审议通过并印发的《关于试行中小学和学龄前教育督学制度的决定》，明确加上了督政职能，随后正式成立督学室。

二、北京市教育督导制度和市教育局督学室建立初期发挥的作用

（一）推动北京市第一个接受并通过国家“两基”评估验收

督学室的成立对北京市第一个接受并通过全国“两基”（基本普及九年义务教育、基本扫除青壮年文盲）评估验收，起到了很大作用。

1. 督促各区县政府改善义务教育办学条件

北京市顺利通过国家“两基”评估验收，主要归功于市委、市政府加强了对教育工作的领导，也和督学室的推动有很大关系。

当时督学室主要任务就是促进义务教育普及，促进各区县改善办学条件，以达到市级的检查要求。农村义务教育发生了翻天覆地的变化，学校改造速度非常快，我参加了许多新建学校的揭幕典礼。当时好多区县的书记、区长都说他就是区教育书记、教育区长，我们很受鼓舞。

关于督政跟督学的关系，最初是强调督学为本，督政为重，重点还是督促区县政府履行教育职能，改善办学条件。后来逐步调整为督政、督学并重。国家教育督导团成立后，我当了几届总督学顾问，看法也有调整。因为学校的办学思想主要是受政府领导影响，所以督学也包括督政府的办学指导思想。如果政府的办学指导思想不端正，学校的办学思想也端正不了。因此，我在全国督导会议上一直讲，督学不是光督学校的办学思想，督政也不是光督办学条件，也要督政府的办学思想。当然，因为当时办学条件是主要矛盾，政府主要任务还是改善办学条件，所以当时督导任务也重在督促政府改善办学条件。

2. 开展专题督导解决“二部制”、学生课业负担等问题

当时在以达到义务教育办学条件标准为主要督导目标的同时，也进行一些专题督导。

第一个是解决当时遇到的小学入学人数猛增，要开二部制的难题。如果不开二部制，接收不了这么多学生；一旦开二部制，不仅影响教育教学水平，而且影响家长的工作。因此，市政府下定决心不开二部制。当时动员了全社会的力量，包括中央单位，很多中央单位都腾出空置房屋当作教室。

第二个是开展学生课业负担问题的专题督导，经过我们的努力，按当时的办学条件要求，达到了义务教育检查验收的标准。

3. 高标准通过国家教委第一次“两基”验收

国家教委第一次开展“两基”评估验收的通过标准是区域内85%的学校达到普及九年义务教育标准，北京市超过了90%，所以1993年验收的时候，检查组到远郊的区县都去看了，都很满意。我们不仅改善了远郊区县的基本办学条件，还考虑到边远山区的困难，在当时分管教育的市委副书记徐惟诚的倡议下，搞了“书箱计划”。每一个教室里面配备一个书箱，放100本课外读物；给每个单人岗位配备一箱

最基本的教具。这样，农村和山区的办学条件有了比较明显的改善。

所以总体来看，当时督学室最主要的是在市政府的授权之下，对于推动全市达到“两基”评估验收标准，发挥了重要的作用。

（二）做沟通市政府和市教育局和区县、学校之间的桥梁

市政府颁发了《关于试行中小学和学龄前教育督学制度的决定》，提出市教育局建立督学室。有了文件授权，还要让区县政府认同，督学室必须下得去区县，所以当时就要求督学必须下去，不能够在办公室里面待着。

当时我强调督学第一是去发现经验，第二才是去检查问题。督学室当时是政府内部的一个反馈机构，发现典型经验要写报告，发现问题要提出来供政府决策参考。当时每年在北京展览馆剧场开全市校长会，每年我的工作报告里面都有督学室提供的案例，特别是有一些典型经验，所以督学室不要让人家怕你们去。我在全国督导会议上讲，要和学校建立成一个学习共同体，大家共同提出问题、共同研究、共同探讨。

当时督学的作风都很好，他们都下到基层，对农村学校教育情况非常熟悉，和基层的关系都非常好。我们反复强调要下去跑，要有亲和力，要多发现典型，当然也要发现问题。

督学室发现一些问题，我们反馈给区县。当时有一个局长沙龙，每两三个月各区县教育局局长坐在一起，大家敞开谈，我说你们的牢骚在区和县里面不敢发，到这儿来发，你们发完牢骚我再发牢骚，我就把督导反映的问题说说。所以，督学室确实成为沟通市政府、市教育局和区县、学校之间的桥梁。当时市政府对于督导工作挺满意，各区县对督学也都很尊重。

（三）督学遴选与区县督学室建立

督学任命当时是由教育局党组确定。关于市督学室人员编制，当时市领导定完后，市编办出“三定”（定职能配置、定内设机构、定人员编制）方案，批文批的是主任由教育局局长担任，副主任为副局级，给了 10 个编制。因为当时市督学室作为行政系统的组成部分，反馈作用很大，但是没有处置权和处罚权，所以规模没有办得很大。市教育局督学室的督学，是处级或副处级，最早闫长文同志等是从市教育局的处长里面调过来的，朴荣亭同志等是从区县教育局长里面调过来的。然后把时任北京四中党总支书记的刘铁岭同志调过来做副主任，他对于北京市督学室最早的基础建设发挥了很大作用。

督导制度最初是建立在推进义务教育的基础上，随着教育事业的发展，国家督导制度的健全，现在范围扩大了。当时区县建立督学室没有特别强调一定要建成什么样，一方面是当时正在推进办学体制改革，强调学校的办学自主权，另一方面是遴选督学的限制，因为应该是有较丰富的教学经验和一定水平的人才能作为督学。

督政比督学容易，督政只要是有行政经验就可以，督学比较难。学校的业务性比较强，如果督学选不好，会妨碍学校办学自主权的行使，所以我们觉得要慎重。另外，当时校长的年龄多数正处于事业高峰期，退休的校长不是很多，那批名校长都在岗位上，他们的创造性都很强，所以再找个督学去督他们反而不好，特别是在远郊，更不太好找督学。所以，当时没有太强调区县建立督学室一定要怎么样。

当时很多地方都到北京来“取经”，特别羡慕北京市督导下级政府的职能，回去以后很多地方都去说服当地政府，但很多地方都没说服下来。

（四）配合督导制度建立教育评价制度

督学室成立以后，于1987年召开了北京市第一次教育评价工作会议，是全国第一家召开此类会议，也是北京市第一次由市教育局正式召开的各区（县）主管教育的区（县）长、教育行政部门都参加的教育评价工作会。

开这次会的时候，绝大部分领导干部都不知道教育评价是什么，所以先从最基础的教育评价开始科普，然后提出逐步建立比较科学的教育评价制度。教育评价制度的建立，同时也是针对当时出现的学生负担相对比较重、全面贯彻教育方针不够等问题的，所以建立一个全面的教育评价制度和评价体系很重要。

当时我做市教育局局长，北京教科所（现北京教育科学研究院）研究的教育评价的课题给我汇报以后，我觉得这跟督学制度配合起来，评价才有依据，特别是对学校的评价才有依据。它提供了一个学校自我评价的依据、一个区（县）对学校评价的依据，所以在第一次教育评价工作会议上确定了北京学校教育评价的方案，给评价制度的建立奠定了基础。

全国的教育评价研究可能更早一点，但北京市在督导制度建立之后，配合督导制度建立了评价制度，是创举。现在大家用的《教育评价辞典》还是当时由我担任首任教育评价协会会长时主编的那本。我觉得北京市的督导制度跟评价制度建设，对全国还是产生了很大影响。

三、北京教育督导发展寄语

现在，国家的教育督导制度在建立和完善的过程中，北京也按照国家的要求成立了教育督导委员会。因为教育督导委员会是建立在教育部门之外、政府里面的一个信息反馈系统，它应该朝着全方位地反映教育各方面情况的方向努力，不宜受任何行政部门的干预。

第一，要围绕教育改革的中心任务开展工作：一个是强调教育公平，另一个是强调立德树人是教育的基本任务。全面贯彻党的教育方针，是一个经久不衰的督导任务。

第二，督导部门应该协同作战、归口督导，既避免给学校造成过重负担，也避免督导检查简单化。因为教育部督导局有六个处，北京市人民政府教育督导室也有六个处，但如果专项检查过多的话，校长会负担太重。所以要加强协同，把力量整合起来，既完成督导任务，也不增加学校的负担。当然也要防止简单化，责任督学进学校以后不能只是听完课打一个分，就完成任务了。现在成立了教育督导委员会，能不能建议把财务、税务、人事等各个部门对学校的检查统一到督导部门来，这样能较好地减轻基层的负担。

第三，要加强对于督学责任的研究。要加强对责任督学的责任的研究，明确“责任”两个字的含义，明确什么是督学的责任区，在加强研究的同时要进一步提高督导水平。

最后，我还是强调一个学习共同体的概念。督导制度的完善过程是一个督导水平跟学校的办学水平同时提高的过程，督学水平的提高是一个跟学校互动的过程，是一个共同体。我觉得要加强相互的交流，要加强共同的研究。

（马千里　整理）

高起点开展首都教育督导工作　助推"两基"目标率先实现

——刘铁岭同志访谈录

正值恢复和重建首都教育督导制度30年之际，对首都教育督导工作进行回顾和总结，意义重大。30年间，首都教育督导工作取得了巨大成绩，积累了丰富经验。

一、建立市教育局督学室，高起点开展督导工作

1986年4月，《义务教育法》颁布。同年7月，北京市人大常委会二十九次会议通过了《北京市实施〈中华人民共和国义务教育法〉办法》。为保证《义务教育法》和本市实施《义务教育法》办法的贯彻落实，1986年，市政府在北京市教育工作会议上提出建立督学制度，成立市教育局督学室，并列为市政府当年要为教育办的十件实事之一。

为推动实施九年义务教育，加强政府对教育工作的监督、检查、评估和指导，在1986年的市长办公会上，讨论做出《北京市人民政府关于试行中小学和学龄前教育督学制度的决定》，明确规定市、区（县）教育局设立督学机构，市和区（县）督学由市教育局提名、同级政府任命，授予市和区（县）督学对区（县）政府和乡镇政府教育工作和中小学幼儿园工作的督导权。市教育局督学室配备10个编制，督学室主任由市教育局的局长兼任，副主任由副局级干部担任，其他督学由正副处级干部担任。市政府在全市的教育工作检查特别是《义务教育法》执行情况检查和评估中，把督学室放在了第一线，代表政府执行检查任务，体现出对督学这支力量的充分信任与依靠。

北京市督学室的建立有几个特点：一是规格较高。当时全国其他各地都是将督学室作为教育行政部门的一个处室，北京市督学室主任由局长兼任，副主任由副局级干部担任，督学室相当于一个局级单位。二是明确赋予督学室对下级政府的督导权，即市对区（县）、区（县）对乡镇政府教育工作提出批评和建议的权力。三是编制配备充足，督学都由处级和副处级干部担任，给予职级上的保证。之所以后来能够督导实施《义务教育法》工作，与督学室的规格以及督学室编制的有力保障息息相关。

1988年8月，市政府批准了北京市教育局关于建立区县教育督导机构的请示，要求在1989年内建立区县督学机构；1989年初，市督学室协同市机构编制办公室对6个区县的督学机构进行了调查，9月下发了编制通知，给各区县增加100名事业编制。这样的人员配置在当时的全国范围来看都是较为充足的。1990年，全市18个区县及燕山办事处都设立了督学室。自此，市和区（县）两级的教育督导体系正式建立。

当时，市督学室聘请了 3 位离退休局长为顾问、8 位在市教育界颇有影响的离退休校长为兼职督学。1990 年，市政府从民盟、民进、九三学社等民主党派聘请了 10 位特约教育督导员，逐渐形成了以专为主、专兼特相结合的一支教育督导队伍。以上就是北京市督学室在推动《义务教育法》贯彻执行的大背景下建立的过程。

二、扎实推进工作，促进《义务教育法》贯彻实施

北京市实施《义务教育法》办法颁布后，需要对全市范围内《义务教育法》的执行情况进行检查。这项工作首先由市人大代表以议案的形式提出，市人大、市政府高度重视，从 1987 年起，坚持每年对《义务教育法》实施情况进行监督检查，形成相应制度，有力保障了《义务教育法》和本市实施办法的贯彻执行。

市教育局督学室成立后，将推动《义务教育法》的贯彻实施作为首要工作，着力推动“两基”（基本普及九年义务教育，基本扫除青壮年文盲）。首先，根据国家教委制定的标准，结合本市实际情况，协调市教育局、市成教局、市政府文教办、市财政局等，制定了北京市“两基”基本标准。

为保证《义务教育法》和本市实施办法的落实，市人大、市政府对北京市实施九年义务教育做出明确的规划要求：城区、近郊城市地区和远郊县城为 1987 年，农村地区为 1990 年。个别有特殊困难的地方，经区县人民政府报请同级人民代表大会常务委员会批准，可以适当推迟。

北京市教育基础较好，经过努力，1987 年城市地区达到实施九年义务教育的基本标准和要求，人口覆盖率达到 55%；1990 年近郊全部农村地区、远郊平原大部分地区及部分山区共 183 个乡镇初步达到基本标准和要求，累计人口覆盖率达到 88%；1991 年有 55 个乡镇达标，累计人口覆盖率达到 95%；1992 年又有 43 个乡镇达标，累计人口覆盖率达到 99.4%；1993 年上半年，剩下的 6 个乡镇也达到标准，义务教育的人口覆盖率达到 100%。

从 1987 年起，北京市每年在全市范围内进行一次《义务教育法》实施情况检查。由市督学室在调查研究的基础上提出检查建议，拟好检查提纲，由市人大、市政府有关部门研究审定后下发正式文件，并由市人大、市政府召集各区县政府和区县人大动员部署检查工作。动员会规格较高，各区县的主管区县长、教育局局长参会，由市政府的副市长或市人大常委会主管主任出面下达检查任务。

任务下达后，先组织区县自查。自查工作由主管的区县长负责，组织、动员区县政府各有关委、办、局，各乡镇、街道、中小学广泛进行自查。各区县督学室和有关部门深入乡镇、街道、学校，进行普遍检查或抽查，发现问题后及时研究解决。区县政府综合分析自查情况，写好自查报告上交市督学室。市督学室深入各区县检查指导自查工作。

在自查基础上，市督学室组织几个检查组，分别下到各区县进行检查。检查组听取汇报，与区县政府有关委、办、局座谈，查阅有关档案资料，深入乡镇、街道和学校抽查。抽查完成以后，检查组综合抽查情况，召开座谈会，向各区县主管区县长和教育局、成教局、督学室的同志作口头意见回复，肯定成绩、指出问题、提出建议。市督学室综合全市18个区（县）和燕山办事处的情况，撰写报告报市政府、市人大和市教育局，并对各区县作出正式书面回复意见，肯定成绩，指出存在的问题，针对问题有的要求限期改正，有的提出具体建议。

1988年，市督学室下发对城近郊8个区教育工作进行评估的意见。根据意见，由市教育局、成教局、文教办等有关方面联合对8个区的教育工作进行评估。后来逐渐形成制度，在义务教育检查的基础上，综合日常随访督导和专项督导的情况，每两年评选一次先进教育区县并上报市政府。

针对某些区县或全市性的重大教育问题，市督学室还专门深入区县进行调查研究，撰写报告提出意见建议。同时，为保证督导工作的深入实施，实行督学督导区县责任制，为每个督学分配责任区县，按要求做好随访。此外，还有针对学生负担过重问题、经费问题等进行专项督导，综合运用多种方式，推动《义务教育法》贯彻实施。

三、做好迎检准备，率先通过国家“两基”验收

1993年国家教委发布通知，要对各省、自治区、直辖市实施九年义务教育和扫除青壮年文盲的情况进行评估验收。北京市接到通知以后，认真进行迎检准备工作。市督学室针对本市实施义务教育的情况，提出自查的主要项目和主要要求，市人大、市政府研究之后，提出了本市检查验收的意见。4月20日，市人大常委会办公厅和市政府办公厅正式下发了关于普及九年义务教育和扫除青壮年文盲工作进行评估验收的通知。

4月21日，市人大常委会、市政府召开市有关委办局、区县人大常委会和政府负责同志的会议，对“两基”检查评估验收工作进行了动员部署。强调各有关部门和各区县政府要以从严求实的精神认真开展自查，做到领导重视、组织健全、重点明确、措施得力，要以落实改进措施、按标准补齐缺项为重点，边查边改，务求实效推进工作。大会明确“两基”检查评估验收工作的指导思想，是将检查评估验收工作和促进本市完成实施九年义务教育的规划，以及三年巩固扫盲成果的工作结合起来，与学习贯彻《中国教育改革和发展纲要》结合起来，与解放思想、深化教育改革、全面落实教育方针、全面提高教育质量的工作结合起来，切实加强教育工作管理，努力提高普及九年义务教育和扫盲工作的水平，提高首都人民的文化素质。

北京市的“两基”检查评估验收工作由市、区（县）两级政府负责，市、区

（县）人大常委会依法进行监督。北京市成立了“两基”检查评估验收工作小组，由时任市人大常委会副主任陶西平任组长，领导小组下设办公室在市督学室，负责协调处理日常工作。各区县也建立了相应的自查和自评领导小组来组织领导本区县的自查自评工作，领导小组下设办公室也一般在区县督学室。

全市的“两基”自查工作分为两个阶段。第一阶段是从4月下旬到8月底，由各区县政府自查自评，向市政府提交“两基”自查自评报告和验收申请报告。其间市“两基”检查评估验收小组在崇文区进行了验收试点，之后又召开了各区县自查领导小组负责人的会议，了解自查进展情况，还到其他11个区（县）进行随访，狠抓区县实施九年义务教育的薄弱环节。市领导小组办公室负责汇总情况，及时反馈给市政府。市政府根据情况反馈，针对难点工作，先后对延庆、密云、房山等区（县）给予了重点支持。第二阶段是9月中旬到10月上旬，市政府组织“两基”评估验收检查组，分五路对每个区县进行了为期一周的检查，共深入到100个乡镇、街道，110个行政村和329所学校进行抽查。

北京市的自查和评估验收工作有三个特点：一是区县领导高度重视，扎实做好了自查自评工作；二是部署动手早，组织精心；三是从严求实，边查边改，准确及时。这些工作为迎接全国的检查验收奠定了良好基础。

国家教委检查组在1993年10月18日至30日对北京市“两基”工作进行了评估验收，13天当中，采取点面结合的方法重点抽查了延庆、通县两个郊县，察看了东城、朝阳两个区，一共抽查了18个乡镇、2个县城的城区、1个街道办事处、27所中学、37所小学、1所师范学校、2所区（县）成人学校、14所乡镇成人学校、11所村成人学校或教学点、2所特教学校、1所区级少年宫、1个区级德育实验室、1个学生劳动实践基地。在抽查过程中，检查组听取了市政府和所到区县乡镇的“两基”工作情况汇报，还对28位脱盲的青壮年进行了书面测试，召开了9个不同类型的座谈会，查阅了大量有关“两基”工作的文件资料。

在此基础上，检查组根据国家和北京市“两基”评估验收标准，综合分析，提出了对北京市“两基”评估验收的意见。检查组认为：延庆、通县、东城、朝阳4个区（县）都达到了国家和北京市“两基”评估验收标准，基本普及了九年义务教育，基本扫除了青壮年文盲。北京市成为我国率先提前实现“两基”的直辖市，这在全国产生了较大影响。

检查组对北京市“两基”工作给予了充分的肯定，其中包括：第一，各级党政领导十分重视、关心教育工作。第二，坚持依法治教，除政府加强普法宣传、严格执法、依法实施“两基”外，人大、政协监督和支持教育，形成了助推力量；北京市督学室连续七年依法对区县实施九年义务教育工作进行督导，及时提出改进意见，并向人大、政府报告情况提出建议，形成制度，督学们分工联系区县，每个区县的责任督学深入乡镇和街道，了解学校情况，进行指导，在推进“两基”目标的实现过程中，发挥了重要作用。第三，重视学校规划和布局的调整，提高了办学的规模效应。第四，各级领导对扫除青壮年文盲工作认识较深，把这项工作作为提高首都人民素质的大事来推动，认真贯彻国务院发布的《扫除文盲工作条例》，部署到位，责任落实到人。

四、北京市实施“两基”的基本经验

总结北京市实施九年义务教育和扫除青壮年文盲工作的基本经验，概括有以下六点。

第一，关键在领导。北京市“两基”工作能够扎实推进，率先实现目标，首先是因为市委、市政府、市人大、市教育局的领导高度重视。

第二，保障在法制。1986 年北京市制定了本市实施《义务教育法》办法和《北京市实施九年制义务教育的基本要求和标准》《北京市中小学办学条件标准》等行政规章、文件，完善了实施《义务教育法》的法规体系。各区县政府也制定了各有关部门实施义务教育的工作职责。各级政府和有关部门努力做到依法行政，依法管理，使义务教育切实纳入了法制的轨道。

在市人大、市政府领导下，每年深入地进行一次全市性的《义务教育法》执法情况大检查，各有关部门密切配合且充分发挥督学机构行政监督执法的职能作用，市人大常委会每年还要审议市政府关于检查《义务教育法》执行情况的汇报或者办理代表议案情况的报告。各区县人大常委会也加强了《义务教育法》在本地实施情况的法律监督和检查。

第三，出路在改革。一是北京市推进基础教育地方负责、分级管理，把义务教育的职责落实在区县，区县又发挥乡镇的作用，实行乡管教育，充分调动起群众的积极性。二是推动学校内部管理体制改革，解决教师待遇问题，进一步调动起干部、教职工的积极性。

第四，力量在群众。由于教育经费紧张，北京市注重调动群众积极性，社会和个人对教育的投入在教育经费中的比重逐年增加，1986 年为 6.9%，2 年以后发展到 20% 左右。7 年内，全市中小学校舍面积每年增加 35.5 万平方米，从 1986 年的 798 万平方米增长到 1992 年的 1 011 万平方米，速度之快是空前的。中小学的教育教学设备也得到了极大补充。以顺义县为例，从 1989 年到 1992 年捐资助学的金额达到 9 000 万元，其中，社会各界集体捐资达到 5 200 万元，个人捐资为 3 800 万元，全县建成了中小学教学楼 127 栋，群众办学热情非常高。

第五，目的在育人。为促进各学校坚持正确的办学方向，全面提高教学质量，北京市制定了中小学教育质量的综合评价方案，督促各中小学按照国家的要求，结合学校实际情况来推进教育质量不断提高。

第六，根本在队伍。市委、市政府高度重视加强学校干部队伍、教师队伍的建设，组建了一支数量充足、素质较高的教师队伍。

北京市能够提前在全国率先实现“两基”，意义重大。第一，为北京市普教乃至高教打下了扎实的发展基础。第二，在全国起到了带头示范作用。第三，在推进“两基”的过程中，凸显了教育督导部门的作用。

在教育督导机构最初建立之时，全国各地看法很不一致。1998 年，我参加了在甘肃兰州举行的一个全国教育督导研究会，会上，大家对督导工作究竟是督政还是督学产生了分歧。北京市自身实践说明，教育督导既能督学又能督政，且首先必须得能督政。有的地方认为督学室督政没有职权，但北京市政府授了权，而且在实际操作中成效明显。北京市的探索实践经验在全国教育督导工作会和各大刊物上介绍后，在全国产生了较大影响。

五、开创教育督导工作的几点体会

我个人认为，北京市教育督导工作的经验有以下几点。第一，领导重视是前提。北京市政府在设立教育督导机构之初，给了它较高的规格，给了它督政的权力，为我们推进工作开创了有利的条件。例如，实施九年义务教育牵扯到经费等各方面管理问题，以及各级政府工作问题，仅仅督教育部门和督学校解决不了这些问题，很多事还需要依靠政府解决。当时的教育局局长陶西平思想敏锐，认识超前，积极地组建教育督导机构，为以后的工作打下了良好基础。

第二，教育督导机构积极主动地开展工作，把工作做好是关键。有位才好有为，但有为才能有位。只有不断地在实践中探索开拓，总结提高，才能真正有位。北京市督学室建设之初就提出了“两个坚持、两个发扬”的总体要求：一要坚持坚定正确的政治方向，因为督导是管方向、引导方向的；二要坚持全心全意为人民服务的宗旨，不做“钦差大臣”，要服务于基层、服务于群众、服务于各区县，要充分认识到督导工作也是服务工作；三要发扬实事求是、走群众路线的工作作风；四要发扬开拓进取、艰苦创业的精神。

教育督导机构是县以上各级政府的专业行政执法监督机构，有以下几个特点。督导的方向性，对象的广泛性，内容的综合性，相对的独立性和较高的权威性。因此，在具体的督导工作中，需要处理好以下几类关系：一是处理好督政和督学的关系。作为督导部门应该以督政为重，督学为本。当然，不同时期情况不同，应当有所侧重，正确结合督政和督学工作。二是处理好监督和指导的关系。既履行好政府的行政监督职能，又能起到专业的指导作用。三是处理好督导和反馈的关系。对下的督导和对上的反馈同样重要，督导部门应该成为政府的参谋部和情报部。四是处理好督导者与被督导者的关系，充分调动被督导者的积极性。

第三，加强督导机构自身建设、提高督导人员的素质能力是重要保障。加强自身建设有几个方面应该注意：一是注重选拔和培训督学；二是充分利用教育科研来促进工作；三是注重干中学，在实践中提升自己；四是注重利用研讨会、专业刊物等搭建交流平台。

第四，教育督导机构和有关部门的团结协作是开展工作的重要条件。要充分尊重、注重沟通、加强协作，处理好与人大、文教办、教育行政部门各处室之间的关系。

（龙梅　整理）

深入研究，制度先行，推进北京教育督导科学发展

——线联平同志访谈录

从1986年到2016年的30年间，北京教育督导肩负历史使命，不断开拓创新，为首都教育科学发展保驾护航。在我任市政府教育督导室主任期间，和同志们一道，努力推进教育督导的科学化、专业化和规范化发展，不断健全和完善与首都教育现代化相适应的现代化教育督导体系，同时也见证了北京教育督导事业的发展历程。

伴随着首都教育的发展，社会对教育督导工作也赋予了新的意义和要求。在教育现代化不断推进的今天，教育督导面临着怎样的形势、如何突破、如何实现现代化和国际化，成为社会关注的热点话题，作为一位长期工作在教育战线上的“老兵”，在此从以下五个方面谈谈个人的一些思考和认识。

一、社会发展对人才培养提出了新的要求

改革开放30多年间，教育改革越来越广泛、越来越深入。近几年，北京市委、市政府高度重视教育领域综合改革，而且很有气魄地推进了教育督导制度改革。在今天经济社会发展的大背景下，教育改革必须要有新思路、新方法，争取实现新目标。

从经济发展形势分析，首都社会经济发展在结构调整、产业优化和高新技术研究推广应用方面始终走在国内前列。随着经济的发展，社会对人才的要求也不断提高，传统的人才培养模式、质量、类型已经出现了与当下社会发展很多不适应的地方，突出表现在三个方面。

第一，对人才的自主发展和学习能力提出了新要求。过去要求毕业生基础文化知识扎实，对社会有一定程度的认知与了解。当今标准在不断提高，要求毕业生不仅要掌握扎实的基础文化知识，还应进一步掌握深入学习的方法，拥有继续学习的能力。对此，需要在原有的基础上推进教育制度的改革，适应人才发展的培养需求。

第二，对人才的创造性思维和实践能力提出了新要求。长期以来，我们在教育活动实施过程中，强调课堂教学以教师为主，学生要适应教师的教学方式方法，掌握教材的内容和知识点。而现在我们不仅要完成这些内容，还需要学生有更多的自己的想法、创意，更要研究创新。因此简单的研习教育模式已经不够，整个社会都处在一个创新的阶段，学生要提高创新能力，教师在激发自身活力的同时，要调动学生勇于思考、大胆创意的活力。这是当前我们面临的新问题，也正是需要我们深入推进教育体制机制改革才能实现的。

第三，对人才的科学精神、科学意识和创新能力提出了新要求。科技发展、环境变化对人的成长发挥的作用是不可低估的，因此我们培养的学生在科学意识上能否做到与时俱进，这非常重要。坦率地说，由于经济发展水平与教育发展水平差异比较大，学生之间在科学意识方面差异也比较大。举个简单的例子，遇到一个问题，学生从哪个角度开始思考切入？有的学生会想老师是怎么讲的，有的会想课本是怎么讲的，还有的会想传统方式是怎么做的，而现在需要的则是用科学的思维去分析现象，根源是什么，怎么解释、分析和解决，而这也正是社会经济发展对我们人才的素质产生的新要求。

二、全面客观认识教育公平的内涵

社会经济的发展对人才提出了新的要求，首先就是教育公平的要求。对于不同地区来说，教育公平的内涵也不一样。过去老百姓追求有学上，现在追求是要上好学，上好学的内涵比有学上的内涵要丰富得多，其中就包括教育公平。什么是教育公平？在我看来，既包括机会公平，也包括过程公平、结果公平。因材施教，就是促进教育公平的一种体现。现在人们对公平的认识有一些偏差和局限性。

首先，关于公平。优质教育资源，像社会其他优质资源一样，要公平占有。这其中有个问题，即什么是优质教育资源？是不是所谓的品牌代表就是质量？这是需要认真讨论的一个问题。审视我们的工作，确实还存在着差距，比如说办学的基本条件，在区域、学校之间确实存在差距，无法保证绝对公平。此外，有些地区的教师水平差异还比较明显，这些也使得公平受到影响。

其次，关于因材施教。我们希望每个孩子健康地成长、愉快地学习和生活，但是什么样的教育才能够让学生健康快乐地成长？在我看来，只有因材施教才能让每个孩子拥有适合他的教育。这是个理想，也需要经过多少年、多少代人的努力才能实现。但是在现阶段，特别是在首都，社会经济发展达到一定水平的条件下，可以进行尝试探索。

最后，关于丰富教育质量内涵。当前北京教育发展进入到一个新的阶段，过去人们对教育质量的认识是把升学比例、考试成绩作为主要标准。在今天看来，这个内涵仍然有效，而且发挥着很大的作用。然而从社会对人才需求的发展要求来看，仅仅把升学和成绩作为硬性指标是远远不够的，更多的是人的综合素质、文化修养、品德修养，也包括在新的社会发展阶段必须关注到团队意识和群体意识，这些都需要认真研究。

从以上几个方面看，经济社会发展对教育改革提出了新要求，也给予了更大范围宽松环境的支持。

三、落实教育政策需要在管理上下功夫

伴随着人们对教育认识的加深，对教育的期待值不断提高，从教育督导的角度来看，政府在制定落实教育政策的过程中，更应该加强监督。从这一角度来看，目前教育管理还存在着薄弱环节，主要表现在以下三个方面。

第一，教育政策的科学性、现实性和持续性。人们常说教育是百年大计，作为百年大计就需要有与之匹配的战略设计，它不是短期行为。纵观历史发展，一个时期教育政策成功的话，会造就一代人乃至几代人，形成一个英才辈出的社会现象，这对国家建设、社会发展有很大促进作用。但是，假如一个时期的教育政策有失误，产生的影响也绝不仅仅是一代人，也会影响几代人，甚至成为一种对社会发展不利的文化。从这个角度来说，在战略决策制定时要强调科学性、现实性和持续性。

第二，区域教育发展水平的差异影响教育政策效能。北京作为首都，在教育投入方面位居全国前列，且在教育管理方面积累了丰富的经验，然而，区域现存的差异性，使得一些决策在执行中有衰减，这个衰减直接影响到决策效果。一个战略决策和部署，能不能深入到每一所学校里，深入到每一位老师，最后影响到每一位学生，是大不相同的。

第三，教育政策实施过程中及时检查和纠偏。任何一个政策实施起来都需要诸多环节，在每个环节信号会不会衰减是保证其准确性的一个大问题。很多人都玩过传话游戏，即在外界保持相对安静的前提下，把一句话经过若干人从头传到尾，结果这句话的意思就会发生变化，有的可能和原话的初衷是相悖的。教育政策在实施过程中，每一层级的人都有自己的价值观，每一层级的群体都有自己的利益所在，都会将教育政策做相应的调整。如果调整得当，与整体设计的政策就相一致；调整不好，就会出现信号衰减问题，最终使好的设计落不到实处或者流于形式，甚至起到相反的作用，这就需要我们在教育政策实施当中加强检查和纠偏。

因此，在教育改革和实践发展中，很多专家、学者，包括教育管理者都在研究如何建立一个科学、高效、现代化的教育管理体系，使教育能够平稳、准确地推进实施，从而取得预期的效果。

四、推进教育督导现代化需要加强制度建设

为建立一个科学、高效、现代化的教育管理体系，北京一直在努力，与之并行的是建立现代化的教育督导评价监测体系。究竟怎么实现教育决策的科学性、可持续性，促进教育事业的发展，全国各地都在不断探索。随着教育事业的发展和行政管理体制的完善，教育督导的手段需要进一步制度化、法制化和科学化，才能够承担起历史使命，在这方面我曾提出一些想法。

第一，建立健全督导机构和队伍。督导团办公室这一模式，在新的教育管理体

系下已经不适用了，因为很难判断它的性质，从名称、组成形式、实际的管理效果来看，它更像一个学术性的临时机构，而不是政府机构。所以我当时提的意见是撤销这个称号，改叫具有政府行政职能的机构名称。当时我提出组建国务院教育督导委员会，后来这一事情成功了。教育督导队伍的建设，如果只靠一些临时的、非正规地聘用一些督学，这个力度远远不够。因为我们各个行业特别是教育行业，教育法律法规的不断完善对各级政府各级部门的权限有一些限定。如果采用的还是一些相对非政府的形式是有问题的，因此就要解决专职的督学队伍和督导队伍问题。

第二，不断完善督导制度机制。怎么发挥督导的监督和指导作用？在教育督导工作中督学们发挥了积极作用，特别是在指导学校开展教育教学方面，提了很多宝贵的建议和意见。但是，履行对政府监督和检查的作用发挥还远远不够，所以需要不断完善制度建设，形成一个完整的制度，保证教育督导工作的正常进行，并充分发挥作用。再有是机制问题，我们不论是在哪一级设置教育督导机构，都有一个要向上级机关负责的问题，向上级机关负责的成绩怎样体现？我曾说过一个观点，督导工作应该是发现问题，多总结归纳。问题发现得多，应该是教育督导的成绩。教育行政部门和教育督导部门应该是政府管理教育的两只手，而不是一只手和这只手里面的一个手指。

第三，创新督导方式和手段。用什么方法才能发挥教育督导的监测和督促作用？过去从形式上相对来说比较粗放，习惯开展一些大规模全覆盖式的调查，这很有声势，但有点水过地皮湿的感觉，深入不下去。我们需要结合教育发展的新特点、社会的新要求去做一些有针对性的专题和专项的督导，这样教育督导的效果会更明显。要让督学真正深入到学校里面帮助学校去诊断和管理，发现问题和提出建议，帮助学校总结工作经验，改进薄弱环节。这样的督导才能真正发挥作用。随着科学技术的发展，教育信息化程度不断提高，以往那种到校检查，进去看一看、听一听的形式尽管还有效，但现在更需要加强信息化建设，把学校综合管理状态通过信息化手段收集起来进行分析，通过数据分析一所学校管理上的成绩及问题，从而发现总结一些好的经验，这也是很重要的。

第四，发挥教育督导的引导作用。坦率地说，各级督导部门做了很多事情，取得了积极的效果，但随着教育改革的不断深入，督导部门对社会的影响力问题需要进一步关注。很多学生和家长不太了解教育督导是始终为学生全面发展以及教育改革提供保障与服务的。为什么呢？这说明督导的成果没能做到广泛宣传，让每个老百姓都知道。督导报告往往只是在一个小范围内传递，是一种简单的工作交流，我们辛辛苦苦获得的督导成果，在传播效果上大打折扣。所以需要通过制度建设，充分发挥督导报告、督导结果的作用。

五、创新教育督导需要加强理论研究

实际上，教育督导要想实现突破，需要关注的是教育督导的建设元素问题。一直以来，我们在强调要加强教育督导建设，国家在制度层面上也取得了很多新的进展，这是可喜的。然而真正的督导工作在教育管理体系当中要发挥更大作用，实现两只手的目的，我觉得还有几个问题需要进一步地研究，还有三个方面的工作需要加强。

一是要坚持教育督导系统化科学建设，不断强化理论指导。教育督导不是一种简单的行政督查，它不同于行政检查，也不同于财政审计，不是一个简单的行政行为，它是从教育科学理论的高度去审视、评价教育过程的效果，或者是育人的效果，所以教育督导的理论需要加强研究。在新的历史条件下，在经济社会发展的新特点下，教育督导的作用是什么，需要进一步研究，不能离开大环境。

二是要坚持教育监测手段的现代化，加强工具应用。在教育督导与工具运用的问题上，需要进一步开发。我们现在有一些标准的计算办法和一些公式，但怎么适应教育发展的实际需要？如何把这些数据分析和学校办学状态的评价有机结合？当然在实践中也发现，有的时候数据的分析掩盖了教学的实际办学状况，这一问题如何解决需要研究。

三是要坚持教育督导的国际化，加强前瞻性研究。教育督导是教育现代化管理体制当中的一个重要手段，体现了教育的管办评分离。尽管现在各地做法不同，有些方面的差距还比较大，认识也不一致，但在我看来，不一致是客观的，与我们这个管理体制改革是相适应的，发展到一定阶段大家就会重视起来，而且也会加强督导的建设。建立国际化的教育督导评价体系，一方面，要广泛地吸收和借鉴国际上督导的先进经验以及科学做法；另一方面，要在更大的范围内对教育的一些基本问题进行国际化的讨论和研究，从而进行前瞻性的探讨，为教育发展提供支持。

我相信，北京的教育督导工作会迈上一个新台阶，而且创造出更多新的经验。以上是我对完善教育督导制度的一些建议和意见，仅供参考和借鉴。

（聂荣　整理）

坚持传承创新，不断推动北京教育督导改革发展

——唐立军同志访谈录

编纂《北京教育督导30年》具有重要意义，除记载北京教育督导30年（1986—2016）不平凡的历程外，更主要的是要通过回顾与总结历史，积累经验、固化成果、传承文化、弘扬精神、创新发展。因此，我主要从传承创新的意义上，谈谈党的十八大以来北京教育督导的改革发展。有感而发，谈谈认识和体会。

北京教育督导有着良好的制度基础和工作传承，始终坚持首善标准，在全国发挥着示范引领作用。能够担任北京市人民政府教育督导室主任，任职伊始就决心不忘初心、牢记使命、忠实履职，与大家一道同心勠力，传承北京教育督导文化精神，固化工作基础成果，创新工作思想理念，全面推动改革发展，不断为深化教育综合改革、推动北京教育督导事业改革发展、办好人民满意的首都教育做出应有贡献。

一、深化北京教育督导改革发展的根本遵循

一是习近平总书记关于教育的重要论述。党的十八大以来，习近平总书记多次主持会议审议教育重大议题，多次到教育系统特别是到北京的大中小学考察并发表重要讲话，多次回信致信。习近平总书记始终着眼党和国家事业全局，围绕教育“是什么、为了谁、干什么、怎么干”，全面系统阐述了教育的战略地位、教育的根本任务、教育的人民立场、教育的中国道路、教育领域综合改革和党对教育事业的领导等重要方面，并对广大教师、青少年学生寄予了殷切希望和要求。习近平总书记关于教育的重要论述进一步深化了我们党对中国特色社会主义教育规律的认识，为我国教育改革发展和现代化建设指明了方向，为办好人民满意的教育提供了根本遵循，更是教育督导改革发展的根本遵循。

二是党和国家对教育改革发展的总体部署。党的十八大以来，以习近平同志为核心的党中央高度重视教育事业，对教育工作做出一系列重大决策部署。

中共中央办公厅、国务院办公厅印发了《关于深化教育体制机制改革的意见》，明确了教育体制机制改革的总体要求、基本原则和主要任务，强调坚持放管服结合、加强事中事后监管、健全教育宏观管理体制、完善教育督导体制等重点内容。明确指出要促进教育督导机构独立行使职能，落实督导评估、检查验收、质量监测的法定职责，要依法加强对地方各级政府的督导，依法加强对学校规范办学的督导，强化督导结果运用。

党的十八大对教育改革发展的根本要求就是“努力办好人民满意的教育”，这

也是教育督导改革发展的方向和重点任务。教育督导改革发展，要“全面贯彻党的教育方针”“全面实施素质教育”“把立德树人作为教育的根本任务”。要坚持优先发展教育，坚持以人为本，坚持改革创新、促进教育公平、提高教育质量的工作方针，扎实推进教育事业科学发展。要深化教育改革创新，坚持以素质教育为导向，以提高教育质量为核心，把促进人的全面发展和适应社会需求作为衡量质量的根本标准，系统推进教育领域综合改革。要坚持教育的公益性和普惠性，大力促进教育公平，合理配置教育资源，逐渐缩小教育发展中的区域、城乡、学校间的差距，为所有学生开辟不同的成长成才之路。要加强教师队伍建设，努力造就一支“师德高尚、业务精湛、结构合理、充满活力”的高素质专业化的教师队伍。

党的十八届三中全会进一步明确了包括教育督导改革在内的教育综合改革的重点任务和要求。教育督导改革发展，要保障和促进落实立德树人根本任务，准确把握教育公平的着力点，积极推进教育结构调整和人才培养模式改革、全面实施考试招生制度改革、深化教育管理体制和办学体制改革、完善教育治理体系等重点工作。

党和国家关于深化推进教育治理体系和治理能力建设的部署要求是教育督导改革发展的目标导向和具体遵循。党的十八届三中全会明确要求，要深入推进管办评分离，强化国家教育督导。党的十八届四中全会对深入推进依法行政、加快建设法治政府做出了一系列制度安排，强化教育督导是落实依法治教的重要环节。党的十八届五中全会更是明确提出，要完善教育督导，加强社会监督。2010 年，中共中央、国务院印发《国家中长期教育改革和发展规划纲要（2010—2020 年）》，提出探索建立相对独立的教育督导机构，完善督导制度和监督问责机制。2012 年，国务院颁布了《教育督导条例》，确立了教育督导的法律地位，明确了教育督导体制机制、职能权限和内容方式，强化了教育督导的权威性和相对独立性。同年，成立了国务院教育督导委员会。2013 年 11 月，《中共中央关于全面深化改革若干重大问题的决定》明确提出，全面深化改革的总目标是完善和发展中国特色社会主义制度，推进国家治理体系和治理能力现代化。2014 年，国务院教育督导委员会办公室印发《深化教育督导改革转变教育管理方式的意见》，强调了教育督导改革的重大意义，明确了教育督导改革的总体思路、目标、重点任务和工作要求，成为深化推动教育督导改革的政策依据。2015 年 5 月 12 日，李克强总理在全国推进简政放权放管结合职能转变工作电视电话会议上首次提出：“当前和今后一个时期，深化行政体制改革、转变政府职能总的要求是：简政放权、放管结合、优化服务协同推进，即‘放、管、服’三管齐下。”2015 年，《教育部关于深入推进管办评分离促进政府职能转变的若干意见》印发实施，明确提出“推进依法评价，建立科学、规范、公正的教育评价制度”。文件要求推动学校开展自我评价，提高教育督导实效，支持专业机构和社会组织规范开展教育评价，切实保证教育评价质量，切实发挥教育评价结果的激励与约束作用。同年，深化教育督导改革工作会在上海召开，会议强调要以深入推进管办评分离、强化和完善国家教育督导为目标，加快教育督导信息化建设。2016年政府工作报告进一步对“推动简政放权、放管结合、优化服务改革向纵深发展”做出部署要求。2016年，深化教育督导改革暨第十届国家督学聘任工作会议在北京召开。时任中共中央政治局委员、国务院副总理、国务院教育督导委员会主任刘延东同志在会上强调，教育领域“放管服”改革，关键就是要做好“管办评”分离。一方面，要向地方政府放权，向学校放权，把工作重点转到加强宏观管理和统筹上来，转到创造良好发展环境、提供优质公共服务上来；另一方面，要在简政放权的同时强化对地方政府和学校执行国家法律法规和方针政策的监管，解决好教育监管、评价缺位的问题。在这一改革中，教育督导既是教育决策、执行、监督体系的重要一环，也是教育评估监测的统领者，可谓举足轻重。从一定意义上讲，教育“管办评”分离，首先是“管办督”的分离，教育督导改革是教育“管办评”分离的“牛鼻子”。2017年3月，教育部等五部门联合印发了《关于深化高等教育领域简政放权放管结合优化服务改革的意见》。文件明确了高等学校内部治理体系和强化监管优化服务等内容，突出强调深入推进“管办评”分离，切实履行监管职责，创新监管方式和手段，通过完善行政执法、督导、巡视和第三方评估等加强事中事后监管。

北京教育督导改革发展必须坚持正确方向和导向，最重要的是深刻学习领会和深入贯彻落实习近平新时代中国特色社会主义思想特别是习近平总书记关于教育的重要论述、党的教育方针政策及党和国家对教育的部署要求，准确把握教育改革发展的实际，紧密结合教育督导改革发展的实际，把好向、定好位、谋好篇、布好局，坚定不移推进实施。

三是教育督导改革发展的内在动因。深化教育督导改革是深化教育领域综合改革的重要内容，深化教育领域综合改革也为教育督导改革提出了更高的目标和要求，同时也给教育督导改革和发展提供了难得的历史机遇。但是，教育督导的体制机制、制度模式、职能职责、人员队伍、手段方式、保障条件等都存在突出矛盾问题，教育督导应有的地位、职能、作用远未到位，深化推进教育督导改革发展任重而道远。

深刻认识教育督导改革发展的重要意义，必须站在建立完善中国特色社会主义教育制度、建立现代教育治理体系、提高教育治理能力的高度着眼思考和推动实施，充分认识其重要性和必要性。深化教育督导改革是转变政府职能、强化教育监管的重要举措，是全面落实依法治教、依法行政的必然要求，是提升教育督导专业化水平的内在需要，是坚持立德树人、全面实施素质教育、提高教育质量、推进首都教育事业科学发展的重要保障。

其重要性在于：全面深化改革、教育综合改革、国家教育督导改革为各地教育督导改革发展提供了重要机遇，有利于建立完善的教育督导制度，有效履行教育督导职能，有利于推进建立中国特色社会主义教育制度，提升教育治理能力。

其必要性在于：通过改革解决教育督导地位、职能、作用确立问题，解决教育督导体制、机制、模式、方法、手段等自身问题，提升教育督导工作水平和质量，为落实立德树人根本任务、为教育改革发展、为办人民满意教育保驾护航。

二、深化北京教育督导改革发展的基础与传承

恢复并逐步建立健全教育督导制度是改革开放以来我国教育制度建设的重要成就。教育督导在中国有悠久历史，但现行教育督导制度却是改革开放以后特别是从1986年开始，在邓小平同志的倡导下恢复重建的。从1986年到2016年的30年间，教育督导在督促我国各级政府和教育机构依法履行教育职责、推动教育改革发展、全面实施素质教育、培养各级各类合格人才等方面，发挥了重要保障和促进作用。北京市一直努力探索建立相对独立的教育督导机构，独立行使教育督导职能，不断推动教育督导改革与发展，为首都教育事业科学发展保驾护航。

一是北京教育督导的改革发展具有较为健全的机构职能基础。1949年解放军接管北平，就建立了中国共产党领导下的教育机构，教育督导机构也随之建立。同年3月，北平市人民政府教育局成立，5月组建教育局视导室，编制20人，市政府任命了17名视导员。1951年，撤销单独设置的视导室，在中小幼教育科室内设视导组，划分视导责任区，根据教育工作重点，开展视导工作。1958年，各区县教育局（文教局）建立，教育视导工作成为教育局中小幼教育处、科的一项主要工作。从1966年“文化大革命”开始到1986年，视导工作中断。

改革开放后，北京的教育督导制度逐渐恢复重建和完善。1986年9月，为加强政府对教育工作的监督、评价和指导，提高教育管理工作水平，市政府决定在我市试行中小学和学龄前教育督学制度，印发了《北京市人民政府关于试行中小学和学龄前教育督学制度的决定》。自此，各区县教育督导机构、队伍和制度逐步得以恢复重建。1986年北京市教育局督学室成立，市督学室编制10名，主任由市教育局局长兼任（不占编制）。各区县也相继建立区县督学室，截至1990年底，18个区（县）均建立了督学室，构建起了市、区两级督导体制。

1991年至1993年，市政府在市高等教育局任命一名副局级中等专业学校教育督导员，市成人教育局任命一名正处级干部为成人教育督导员。至此，北京市基础教育、职业教育和成人教育的督导工作全面开展起来。1995年在市高教局、教育局、成教局和市政府文教办“三局一办”机构改革中，市委决定同意成立北京市人民政府教育督导室和北京市教育委员会，市政府教育督导室为市教委代管机构，行政编制为17名，其中主任由市教委主任兼任（不占督导室编制），副主任4名，为副局级，其中1名为常务副主任；另设正、副处级督学及工作人员。督导的工作对象从对

下一级的教育部门和中小学校，扩大到对区县政府及其教育部门、有关部门、学校及其他教育机构；督导工作任务除督导检查之外，增加了对教育工作重大问题开展调查研究，并向市政府报告工作，反映情况，提出建议。1997年后，各区县均将督学室改为政府教育督导室。1999年，市政府颁布《北京市教育督导规定》，率先在全国各省、自治区、直辖市中制定了关于教育督导工作的政府规章，进一步规定了教育督导工作的内涵、范围，教育督导机构、督学及职责，教育督导的实施以及相关法律责任等。2000年，经过机构改革，市政府教育督导室行政编制减至9名。2007年，市政府任命了正局级教育督导室专职主任（教委主任不再兼任），加强了全市教育督导工作的领导力量，促进了教育行政权和教育监督权的进一步分离。2010年，北京市编办为市政府教育督导室核增行政编制5名，内设机构增至三个处，市政府教育督导室行政编制增至17名。

二是北京教育督导的改革发展具有良好的工作基础和经验积累。30年间，面对北京市经济社会的迅速发展以及教育普及程度的持续提高，为适应社会对人才质量和市民对教育发展提出的新要求，北京市不断推进教育督导工作的改革与创新，教育督导工作水平不断提高，逐渐形成了具有鲜明特色、符合北京实际的教育督导工作体制机制。教育督导制度不断完善。市、区两级都较早建立了能够相对独立负责教育行政监督、行使教育督导职能的政府教育督导机构，建立了市、区两级统筹协调，分工负责的工作体系。行政监督职能不断增强。1995年开始，开展对区县政府、行业集团贯彻落实教育法律法规的督导检查，形成了对政府和有关部门履行教育法律法规职责的有效的监督机制，成为北京市教育督导的特色和亮点。督导评价工作不断深入。从1997年开始，在全国率先建立了对区县政府、教委（教育局）、学校实施素质教育“三位一体”的督导评价工作体制和机制，至今已完成了四轮督导评价。始终坚持义务教育发展的战略地位，建立了促进义务教育均衡发展的教育督导长效机制，2015年全市16个区（县）一次性通过国家义务教育均衡发展检查验收。创新督导形式，组织实施高等教育、职业教育、成人教育、校外教育、特殊教育、社区教育等方面督导工作，不断拓展教育督导新领域，强化教育督导全覆盖，基本构建了“法之所到，督之所到”的大督导体系。教育督导队伍选聘、培训机制不断完善，教育督导队伍的专业化水平不断提高。组织开展京津沪渝教育督导学术研讨会，搭建教育督导交流平台，促进了教育督导的交流与合作。

北京教育督导的改革发展是不断接续发展的事业，每一代人都有其必须承担的使命与责任，但最应记住的是不忘初心、勇担责任、传承创新、推动发展。

三、北京教育督导改革发展的最新实践探索

党的十八大特别是2014年以来，北京教育督导的改革和发展坚持统筹谋划，整

体推进，取得明显成效。2016年年初，北京市政府办公厅印发了《关于深化教育督导改革的实施意见》，进一步明确了北京教育督导改革的总体思路、工作目标、主要任务和保障措施。近年来，各项改革任务和措施得到全面推进和深入落实。

（一）深化教育督导改革的总体思路和工作目标

总体思路：以党的十八大和十八届三中、四中、五中、六中全会精神以及习近平总书记系列重要讲话精神为指导，全面贯彻党的教育方针，认真贯彻落实教育法律法规和政策，紧紧围绕立德树人的根本任务，按照“政府统筹、强化职能、多元参与、权威高效”的要求，坚持依法治教、依法行政，坚持教育决策、执行、监督既相分离又相协调、统筹有力的原则，深入推进管办评分离，强化政府教育督导，推进教育督导的法制化、专业化和现代化建设，创新教育督导体制机制与模式，构建现代教育督导体系，切实加强教育督导队伍专业化建设，不断提升教育督导工作水平和效能，为推进教育治理体系和治理能力现代化、促进首都教育事业科学发展、提升教育质量、办好人民满意的首都教育提供支持和保障。

工作目标：建立健全与首都教育治理体系和治理能力现代化相适应，体制机制健全、职能完善、方式方法科学、手段先进、权威高效的现代教育督导体系，全面提升支持保障首都教育事业科学发展的能力，全面提升教育督导的法制化、专业化和现代化水平，努力推动首都教育实现现代化，努力办好人民满意的首都教育。具体工作目标为：

一是建立健全市级政府相关部门和区级政府及其相关部门依法履行教育职责的督导评价制度，督促政府及其相关部门切实履行教育职责，提高教育公共服务的能力和水平。

二是建立健全各级各类学校（教育机构）教育工作的督导评价制度，监督、指导、促进学校依法自主办学，规范办学行为，全面实施素质教育，全面提高教育质量。

三是建立健全政府、学校、专业机构和社会组织等多元参与的教育督导评估与质量监测体系。强化政府教育督导部门统筹组织实施和归口管理的职能，建立专业机构和社会组织提供服务、社会力量充分参与的竞争性、专业化第三方教育评估监测机制，全面提升对全市和区域教育发展状况、对各级各类学校办学状况和教育教学质量的评估监测水平，为教育决策管理和提升教育教学质量提供依据和支撑。

（二）深化推进教育督导改革的主要任务和举措

主要有六个方面的任务和举措。

第一个方面是创新完善教育督导体制机制，这是教育督导改革发展的基础和关键。按照强化政府教育督导的总体要求，加强政府教育督导机构职能建设，统筹实施教育监督、检查、评估与监测。成立市、区两级政府教育督导委员会及办事机构，强化市、区两级教育督导工作的领导和统筹协调。合理划分市、区教育督导职责权限，强化区级教育督导部门职能；加强学校内部督导机制建设，形成市、区、校统筹协调的教育督导工作体系，分层次开展各级各类教育督导评估工作。

要建立相对完善的第三方教育评估监测机制和社会力量参与监督机制。通过政府购买服务的方式开展教育评估监测工作，构建专业化教育督导评估和监测评价体系。聘请人大代表、政协委员等作为政府特约教育督导员，充分发挥新闻媒体等社会多元力量监督作用，形成多元参与教育监督评价的局面。

要建立健全教育督导结果使用机制，强化督导结果使用效能。规范教育督导评估监测报告发布，出台《北京市教育督导报告发布管理暂行办法》，每年公开发布年度教育督导工作报告、综合督导报告、专项督导报告和评估监测报告。建立健全教育督导评估监测工作的反馈、约谈、预警、限期整改和复评复查等相关制度，探索将督导评估监测结果纳入相关考核评价范围，健全奖惩、问责和综合运用机制。

要建立拓展教育督导协作交流机制。落实国家京津冀协同发展战略要求，建立京津冀教育督导协作机制，建立协同发展联席会议制度、教育督导与评估监测协作研究机制与督学培训机制，组织开展工作交流，协作完成区域交叉督导等教育督导的重要任务、重大事项，促进区域教育发展水平整体提升。与国务院教育督导委员会办公室联合举办北京教育督导与评价研讨会，与教育部基础教育质量监测中心、教育部高等教育教学评估中心（2022年更名为教育部教育质量评估中心）、教育部学位与研究生教育发展中心等建立合作机制，强化合作指导和服务。

第二个方面是建立形成现代教育督导体系，这是教育督导改革发展的核心和主要内容。基于教育督导督政、督学、评估监测“三位一体”职能定位、职责履行及工作需要，围绕“督什么”“谁来督”“怎么督”“怎样督好”，构建形成以“职能体系”“工作体系”“政策标准体系”“支持保障体系”为内容的现代教育督导体系。

教育督导“三位一体职能体系”主要解决“督什么”的问题。要建立覆盖各级各类教育的督导评估与质量监测体系。“督政”，围绕市、区教育发展水平和政府履行教育职责情况，全面开展督政工作；“督学”，围绕学校全面贯彻党的教育方针，实施立德树人，以学校办学管理、培育践行社会主义核心价值观、全面实施素质教育、全面提升教育教学质量为重点，有效开展各级各类学校教育教学工作的督导；“评估与监测”，围绕各级各类教育发展状况和质量、各级各类学校办学水平和教育教学质量等内容，科学开展评估监测工作。

教育督导“工作体系”主要解决“谁来督”的问题。要建立起以有效履行教育督导职能为核心，教育督导和教育行政有机协调，教育评价统筹归口管理，第三方教育评估监测有效实施，市、区、校三级分层负责、运转顺畅的工作体系。要统筹协调市、区、校三级督导主体分工，分层次开展各项教育督导工作，进一步强化学校内部督导机制建设。

教育督导“政策标准体系”主要解决“怎样督”的问题，这是教育督导改革发展取得实效的基础保障系统。要坚持以教育督导评估与质量监测内容为基础、项目为导向，研制构建涵盖政策、规划、制度、标准、工具与规程等具体内容的政策标准体系。要研究制定和印发实施《关于深化教育督导改革的实施意见》《学校督导规程（试行）》及系列督导评估标准和工作方案，形成完善的覆盖政府履行教育职责和各级各类学校教育教学工作的督导评估与监测评价的政策标准体系，有效保障教育督导评估的科学开展。

教育督导“支持保障体系”主要解决“怎样有效实施督导即督得好”的问题，这是深入推进教育督导改革发展、实现教育督导现代化的保障条件。要重点建设好教育督导信息管理应用系统、专业化教育督导队伍、社会化的支持系统和充分有力的保障条件。按照“全纳需求、优化功能、规范管理、强化应用、提升水平”的思路，建立北京市教育督导信息管理应用系统。建立包括专业化督学队伍、高素质教育督导管理队伍、高水平教育督导专家队伍、专业化社会支持机构与队伍、多元化教育督导社会监督队伍五个方面力量的人力资源保障体系。建立健全教育督导经费和条件保障机制，有效支持和保障教育督导工作开展。

第三个方面是建立实施更加科学高效的教育督导模式。要探索建立以经常性督导为基础、以专项督导为重点、以教育质量监测信息数据为依据，由市、区两级督导部门统筹组织实施 3 年至 5 年为周期的综合督导，综合评估评价市域、区域教育发展水平和学校办学水平与质量，形成综合督政、专项督导、经常性督导、学校内部督导互相配合、有机统一，结果互为印证，科学高效的教育督导模式，解决过去重过程轻结果、重主观轻客观、重定性轻定量、重单项轻综合、重结果轻使用的现象和问题。

要创新完善教育督导方式与手段，加强学校内部督导与自我评价，夯实经常性督导工作体系和基础。探索实施综合督政、专项督导、督导调研、学区督导、学科督导、诊断式督导等多种形式和方式，深化教育督导方式方法创新。

第四个方面是全面有效履行教育督导职能职责，权威高效开展教育督导工作。要切实强化督政工作，有效开展对市政府相关部门和区政府及其相关部门履行教育职责情况的综合督导，开展对区政府履行教育职责有关重点领域、重大问题、重点工作、重要情况的专项督导，开展对区教委及督导部门履职情况的督导。建立应对教育突发事件专项督导制度，有效开展应急督导，开展对市政府相关部门、市属行业企业和区政府、区政府相关部门及乡镇政府等单位执行教育领域法律法规情况的督导检查。

要深化督学工作，有效开展学校教育教学工作督导。组织开展对各级各类学校教育教学工作的综合督导，开展对各级各类学校的专项督导。健全完善经常性督导工作机制，有效开展对中等及以下各级各类学校的经常性督导，构建覆盖中等及以下各级各类学校的责任督学挂牌督导工作体系。研究制定进一步加强学校内部督导工作的意见，指导学校加强内部督导制度、机制与队伍建设，加强学校教育教学工作的内部管理与评价。

要科学开展教育发展水平和教育质量评估监测。市级教育督导部门统筹组织开展对全市义务教育优质均衡发展、高中教育普及化发展、职业教育创新发展、高等教育内涵式发展等的评估监测，构建开放型教育评估监测体系。区级教育督导部门统筹组织开展对中等及以下各级各类学校办学管理、教育教学质量的评估监测。市级教育督导部门按照管理权限，组织开展高等学校评估及高等学校研究生培养工作的评估监测。

第五个方面是着力加强教育督导队伍专业化建设。要进一步强化督学队伍的选配、选聘与管理。按照数量充足、结构合理、责任心强、业务精湛的要求，逐步建立以专职为主、专兼职结合的专业化督学队伍。强化督学队伍聘任与管理，探索实施督学职级制，建立健全督学资格准入、持证履职、聘任考核、聘期管理、奖惩问责等相关制度和机制。

要建立高水平的教育督导评估专家委员会和专家库。依托教育社会团体选聘相关领域专家，成立基础教育、职业教育、高等教育、民办教育等不同类别的教育督导评估专家委员会。建立教育督导评估专家库，实现动态管理。

要切实强化教育督导队伍的教育培训，健全市、区两级培训体系，围绕提升队伍综合素质、履职能力和专业化水平，创新教育培训方式方法，提升教育督导培训的系统性、针对性、实效性。

第六个方面是全面加强教育督导改革发展的组织领导和保障措施。首先要加强组织领导。深入贯彻落实国家教育领域综合改革部署和教育督导改革工作要求，将教育督导改革纳入全市教育领域综合改革工作统筹推进。组织有关部门定期研究教育督导改革重大事项，及时解决改革中遇到的困难和问题。加强对各区教育督导改革的指导和协调，各区要研究制定具体实施方案，切实推动各项任务落实。

要强化教育督导改革发展的基础保障。建立健全教育督导经费和条件保障机制，有效支持和保障教育督导工作开展。培育和支持专业机构建设，切实提升教育督导专业支撑能力。加强教育督导信息化建设，以数据资源整合与共享为基础，构建高水平的教育督导信息管理应用系统。

要加大教育督导改革发展的宣传力度，努力塑造和形成良好环境。充分利用报刊、电视、互联网等媒体，广泛宣传国家及本市有关教育改革及教育督导改革的法律法规和政策，积极开展政策解读，回应社会关切，充分关注基层基础，努力营造全社会关心支持教育督导改革发展的舆论环境和良好氛围。

党的十八大以来，北京教育督导的改革发展不断深化，各项改革任务全面推进，各项工作取得扎实成效。如今，教育督导体制机制进一步健全，现代教育督导体系基本形成，教育督导模式更加科学，教育督导职能全面强化，教育督导队伍专业化建设水平显著提升，教育督导基层基础全面加强，教育督导战线整体面貌焕然一新。北京教育督导改革发展进入新阶段，为深化教育领域综合改革、提升首都教育质量和发展水平、推进首都教育实现现代化、办好人民满意的首都教育，做出了应有贡献。

最后，我要谈谈对北京教育督导改革发展实践的体会。

《北京教育督导 30 年》全面体现了北京教育督导工作者适应不同时期教育改革发展的形势任务的有效履职情况，全面记载了北京教育督导为首都教育改革发展、推进首都教育实现现代化保驾护航的生动历程，全面展现了历代北京教育督导人忠于党的教育事业、忠于人民群众对美好教育的需求、传承创新、不懈奋斗、不断做出的重大历史贡献。

北京教育督导要着眼于中国特色社会主义新时代的历史使命与责任，着眼于我国社会新时期主要矛盾变化对教育的新要求，着眼于我国教育改革发展不平衡不充分的形势与特点，始终保持定力，坚持好四个原则，即始终坚持立德树人，牢牢把握办学育人的根本方向；始终坚持首善标准，更加聚焦教育教学质量的内涵要求；始终坚持问题导向，瞄准教育综合改革的重点难点；始终坚持改革创新，建立健全统筹有力的现代教育治理体系。始终把握好五个重点，即紧紧围绕立德树人根本任务，全面落实教育督导改革发展的重点任务；紧紧围绕政府履职，强化督政工作；紧紧围绕办学育人，做好学校督导工作；紧紧围绕教育质量，科学实施评估监测；紧紧围绕权威高效，加强督导自身建设。

（胥丹丹　整理）

首都教育督导始终走在全国前列

——高玉琛同志访谈录

北京市督学室成立于1986年，是正厅级规格，督学室主任由时任北京市教育局局长陶西平兼任。所有督学都是正副处级干部，多数是来自一线的区县教育局局长和市教育局的老处长。当时陶西平同志的设想是，将教育督导变成一支独立大队，只对政府负责。所以北京的教育督导从建立之初，就是一支非常强的队伍，督政是政府赋予督学室的一项重要任务。

什么是督政呢？督政就是代表一级政府对下级政府和教育行政部门、有关主管部门履行教育职责和执行教育法律法规情况进行督导，保证教育法律法规的落实和教育目标的实现。在一些文件中非常明确地提到了为什么要督政。

第一，督政是由中国教育管理体制所决定的。1986年颁布的《义务教育法》第八条提出，义务教育事业在国务院领导下，实行地方负责、分级管理。1993年《中国教育改革和发展纲要》第十六条提出，在现阶段基础教育应当是地方负责、分级管理。1995年《教育法》第十四条规定的是国务院和地方各级人民政府分级管理、分工负责，这是领导和管理教育工作的法律依据。它提出，中等和中等以下的教育管理工作是在国务院的领导下由地方人民政府管理。既然在《教育法》和《义务教育法》中都非常明确提出这样一个管理体制，那么教育督导部门作为政府监督教育的职能部门，当然要对下级政府进行督导，所以督政是由中国教育管理体制所决定的。

1993年，北京市在全国率先实现了“两基”达标。1994年市政府明确提出，市政府教育督导机构应对下级人民政府教育行政部门、有关部门、街道办事处义务教育工作执法情况进行监督、检查、评估和指导，保证教育法律法规的贯彻执行和教育目标的实现。北京市政府教育督导机构根据政府的要求，很务实地推进了督政工作。

第二，督政是中国教育的法律法规的定向要求。《义务教育法》中关于评估验收的办法指出，义务教育由省、自治区、直辖市对地、市、县进行评估验收，然后国家再验收。很多地方把义务教育作为一把手工程来亲自抓。因此，我们在督导的时候，当然需要对一把手的履职情况进行督导，同时也需要对相关部门进行督导。1997年出台的《普通中小学校督导评估工作指导纲要》指出，对中小学的督导评价就是督促政府及其教育行政部门履行职责，转变职能，加强领导，创造条件，办好每所学校。那么我们督导学校工作的时候，首先要督促政府及其教育行政部门从法律上履行其职责。其次，督促指导中小学贯彻执行教育法律法规等。最后，引导社会和家长用正确的评价标准去评价学校。这也是督政的内容。

1999 年，中共中央、国务院出台了《关于深化教育改革全面推进素质教育的决定》，其中第四条第二十三款提出，把保障学生素质教育作为教育督导的重要任务。“保障”二字表明，既然要实施素质教育，政府的责任必须到位才行。当时国务院办公厅转发了教育部的文件，对县级人民政府进行教育督导评估的意见非常明确。义务教育主要落实到县。随后在农村教育工作会上提到了保安全、保工资、保运转。校舍安全问题，工资发放问题，学校办学经费问题，都是政府的责任。因此，我们的教育管理体制和教育政策都明确要求督政。

北京的教育督导，在对市政府相关委办局的督导检查，是走在全国前面的。有关委办局有很多教育责任，谁来督促责任落实呢？代表政府的就是教育督导室。比如说教育经费问题，拨款够不够？“三个增长”实现没有？这些都要对委办局进行监督。又比如老师的公费医疗问题，过去存在困难，不能马上兑现的时候，卫生局和财政局都要负责。再有，很多职业教育学校隶属于委办局，因此劳动局还有其他局，对这些学校的投入问题、运转问题、办学水平问题，都有责任。所以北京同级督政是走在全国前面的，这是我们独有的经验，而且一直坚持且做得非常到位。

督政不仅是一种政策的要求，也不仅是一种体制的要求，还是中国国情和基础教育发展的现实要求。这里面涉及几个问题。

一是随着教育立法的逐步完善，法的严肃性和强制性与法制观念淡薄存在矛盾。当时在社会上，存在过很多问题，例如学校校舍的危房问题、学校的安全问题等，这都是因为执法不力才存在的问题。

二是中央的优先发展教育的战略地位要求。把教育放在优先发展的战略地位，是因为教育具有先导性、全局性、基础性等特性，但是政府有关职能部门的责任落实不够是一个问题。咱们做教育工作的很重视教育，把发展教育放在第一位，但规划部门很可能把经济放在第一位了。开发商把配套商店先建起来了，配套学校不建或不交付，规划局和有关部门为什么不先去验收学校？这就是相关委办局的执法对孰轻孰重没有分清。

三是“三个面向”有超前性，实际的教育发展却有滞后性。

四是全面实施素质教育和现实“应试教育”模式之间的矛盾。这也是很现实的问题。补课、排名次等给学生施加压力，不能够使其主动、生动活泼地发展。全面实施素质教育的要求大家都认可，但运行当中“应试教育”的影响和“应试教育”的做法依然存在，应试科目挤占其他科目的时间，这在全国也很普遍。我记得《人民日报》曾发文关注学生体质下降，证明“应试教育”在影响学生身体健康方面存在着一些问题。所以督政不仅是法律法规的要求、体制的要求，也是从实际出发，从现实的要求出发决定的。

北京市教育督导，有九年义务教育验收的经验，各区各乡要把学校办成什么样有明确的指标，有奖惩和评估标准，有一支专职的督导队伍去推动。督导队伍下去后发现问题及时反映到政府。那个时候，主管教育的副市长陆宇澄亲自带队去各区县督导，到地方去调查了解，发现问题及时解决，极大地加强了北京市义务教育学校建设。这就是教育督导起的作用。

随着义务教育水平的不断提高，北京市第十届人大常委会第七次会议通过的修订版《北京市实施〈中华人民共和国义务教育法〉办法》，在达标之上提出了实施的新标准，我们叫高标准的九年义务教育。为了实现新目标，北京市提出了更加明确的督政要求，即市、区县人民政府教育督导机构应当对下级人民政府及其教育行政部门、有关行政部门、街道办事处和学校实施义务教育情况及其职责履行情况进行监督、检查、评估和指导，以此保证义务教育法律法规的贯彻执行和义务教育目标的实现。1993 年，中共中央、国务院印发《中国教育改革和发展纲要》。1994 年，北京市委、市政府发布了《关于进一步落实教育优先发展战略地位高标准实施〈纲要〉的决定》，此决定提出各级政府要做到依法治教。提出了健全教育督导制度，加强区县政府教育督导机构的建设，充分发挥督导的作用。在提到明确政府教育职能的责任目标的时候，同时提出了加强教育督导以及督导队伍建设问题，这就是北京市具有自身地区特点的教育督导行为。

当年，北京市教育督导在督政当中建立了四项制度。

第一项制度是教育执法检查制度。该制度是 1995 年建立的，力度非常大，由北京市人大和北京市政府分别发文，对《教育法》《义务教育法》《教师法》及本市相关实施办法的贯彻落实进行监督检查。执行中每年先发一个检查通知，然后全市召开大会动员部署，之后，各区县和相关部门进行自查，市人大和市政府组织检查组对各区县进行执法检查。每年成立的执法检查队伍由市人大和市政府组成领导小组，市人大常委会副主任为组长，主管教育的副市长为副组长，其他还有市人大、市政府文教办、法制办的人员共同参与。办公室设在市督学室。1995 年，陶西平同志提出要一年检查一条，务求实效，检查的力度非常大。

1996 年，当时的丰台西罗园小区有一个配套的义务教育学校半截工程停在那里，10 年都没交付使用。市领导很关注，但开发商因财力不够就搁置了。于是市政府教育督导室要求规划局对这个问题做出答复。督导室还为规划局提供了一个方案。1 年期限内督导室做了多次随访，了解工程进展程度，1 年以后再来检查，最后这个拖了 10 年的工程最终完成了。随后，市政府有关部门又找到规划局研究下一步怎样避免出现类似问题。这种督导检查很有实效。

第二年，我们检查《教师法》实施情况。我记得北京市实施《教师法》办法里，有一条是解决人均不足5平方米的教师住房问题。并提出，这个问题要在1997年解决。我们去做调查的时候发现，北京市人均住房面积不足5平方米的中小学教师有3350户。市政府教育督导室要求各区县，根据自己的实际情况加快解决。3350户分散到各区县，要在1年之内完成，困难不少，但为了履行法律职责，再大的困难大家也想办法克服，西城区当年就投入了1个亿。最后，经过认真核实，这3350户教师的住房困难问题在1997年底全部解决。督政工作功不可没。

北京市的教育执法检查，不是走过场，是解决实际问题的。再举个例子，1997年市政府提出要对山区困难校每年投入1亿元、三年投入3亿元进行改造。提出来以后，一年查一次。开始，有记者带着录像机去，对原来破损的学校、困难学校进行照相录像，1年或者2年以后再去看学校的建设情况，还要与录像对比，通过这样的检查，山区困难校的基础条件很快就上去了。其实基础教育的薄弱环节还是不少的，但经过我们一年进行一次执法检查，很多问题得以解决。这当中督导室把随访督导和执法检查结合起来，做得很实在。各区县也很重视，有的区县长亲自察看，各地方的积极性普遍提升。

在人员组成方面，有人大代表，有政协委员，有市政府督学，还有特约教育督导员。北京教育督导的三支队伍，分为专职督学，兼职督学和特约教育督导员。特约教育督导员是由统战部门聘请的党派人士，其中有很多著名的大学教授，他们很客观、很有水平，也很有影响力。

第二项制度是九年义务教育的监督制度。北京市普及九年义务教育和扫盲在全国率先实现，于是后来高标准制定了新的发展目标。这个发展目标做得如何是要教育督导进行监测的，通过每年上报执行情况、收集数据、分析典型事例，然后反映一些情况。

第三项制度是建立全面推进素质教育的检查制度。当时我们制定出三个评估方案：对区县政府全面实施素质教育的评估方案、对区县教委（教育局）全面实施素质教育的评估方案、对中小学全面实施素质教育的评估方案。三个评估方案形成一体，如果中小学出了问题，除了中小学自身的因素以外，教委（教育局）也要负责。因为这些问题中有的是投入问题，有的是教师的配备问题。此外，还有政府需要承担的问题，有的区县政府对素质教育的认识不到位，比如下达升学指标，过度关注学校升学率等，这些导向也会导致出现问题。所以在全面推进素质教育的问题上，教育理念方面，教育法律法规执行方面，对待素质教育的课程问题方面，教委（教育局）会有责任。而不给配备教师可能人事局有责任，政府不给钱可能财政局有责任，三位一体，互相关联，各自承担各自的责任，这样对北京市全面推进素质教育起到了一个很好的推动作用。这是北京市自己创立的制度，三个方案连带着各自承担各自责任的模式，在全国是首创。

第四项制度就是建立职业技术教育督导制度。职业技术教育的督导检查涉及委办局办的学校。比如，有一个委办局曾经提出，某个职业学校拨付的生均经费不足。为此，我们进行大量的调查，写了1万多字调研报告，最后拿出了政府很认可的关于职业教育生均培养成本的意见，促进了职业教育的发展。

我们在执行这四个制度的时候，加强了教育督导的调研工作，对重大问题、难点问题、热点问题每年进行教育督导调研。调研是决策的依据和基础，督导和调研结合使我们工作的针对性和实效性更强。

这一点区县执行得非常好，我再举几个例子。东城区在督导过程中表示，教育督导对上要起到参谋和反馈作用，对下要起到监督和指导作用，督学要做到：既在领导身边，又扎根学校之中；既在教育之内，又能跳出教育之外；既明上意，又知下情；既有理论，又有实践；既有资历，又有经验；既掌握教育的现状，又能预测教育的发展。所以，东城区教育督导工作组成了“党、政、督”三位一体的队伍。我记得当时东城区还有一个很好的经验，就是把准备提拔当校长的人员，先放在督导队伍一年，叫作见习督学。他们跟着督学到学校了解情况，了解了很多经验和问题，再做校长，底气就更足了。见习督导是培养校长很好的一个途径，也是加强教育督导工作的一个方面。还有一个例子是海淀区。海淀区建立了几个系统，即教育行政的指挥系统、教育教学的研究指导系统、教育督导和教育咨询服务系统。西城区提供了对相关委办局的督导经验：第一条是对有关委办局和街道办事处的督导加大力度，这是推动教育社会化进程的一项重要基础。第二是教育督政的具体化，促使管理教育的人认识和行为切实到位。第三是形成一种对政府部门实施教育法律法规的有效检查机制。第四是引导督导队伍树立大教育观、大督导观，学会从教育发展的全局看问题，从督学督政的相关性去分析和认识教育事业发展和改革，学会掌握政府的职能部门执法工作的客观规律以及开展部门执法的监督检查的特点。朝阳区的督导工作做得很有特点，有一支督政队伍和一支督学队伍。督政队伍由委办局的相关人员，包括教育界退休的教育局党委书记、老局长，还有人大的、政协的人员组成。他们一年一度地对委办局和街道办事处相关部门进行督查，检查其职责落实情况，然后把督导情况递交组织部门，作为地方政府和街道办事处年终考核指标。朝阳区学校比较多，区里设立了若干个督导工作站，渗透到每所学校。朝阳区除有监督有指导之外，还有培训。有些新提拔的主管教育的副乡长，对教育法律法规的要求、素质教育的要求可能不太懂，就对他们做培训。督导有随访、指导，还有咨询、检查和最后的总结建议。我记得门头沟区主管副区长每年代表区政府和各乡副乡长、街道办事处副主任签落实教育职责责任书，然后，再签一年一次督导检查责任书，检查街道和乡镇落实教育职责的情况，这样教育督导工作就能落到实处。市和区县两个层面的督导，形成了制度，成效是非常明显的。

我有一个体会：知政才能督政，通学才能督学。知政的第一方面是要了解对政府的教育行政要求。比如，对基建工作、财政工作、教学工作、德育工作都要了解，这样才能去督政。知政的第二个方面是要熟悉法律法规以及相关事务。不知道相关法律法规就没有依据，就很难把工作做好。所以要去学习相关法律法规，而且要做到特别熟悉，才能把工作做好。通学就是督学在熟悉一门教学工作的基础上，同时对整体教学工作非常了解，这样才有发言权。

北京市督政多次在全国介绍经验，各地非常认可，在全国很有影响。在这个过程中我们又提出要建立机制：加强行政性，提高权威性；加强独立性，提高客观性；加强专业性，提高指导性；加强针对性，提高实效性；加强敏锐性，提高前瞻性。教育督导还要做到“三个要”。第一是要让教育督导成为教育新鲜经验的第一发现者。督导是既督政又督学，无论是政府、教育行政部门还是学校的新鲜经验，都需要督导去做第一发现者。第二是要在督导部门与被督导部门之间建立学习共同体，研究新问题，拿出新对策。因为改革不断地前行，不断创新，所以这个过程中的新生事物我们要去发现，在这个过程中我们要和被督导的单位建立学习共同体，共同研究发展中的新事物，共同研究解决问题的对策，它是一个合作体。第三就是要建立督导的安全预警机制，教育督导要防患于未然。

教育督导在整个教育管理过程中是不可替代和不可或缺的。

（张士佐　整理）

北京职业教育督导的发轫

——谢幼琅同志访谈录

1963年大学毕业后，我一直从事职业教育工作。我当过老师、做过教研、编写过教材、搞过研究，直到最后做职业教育督导。几十年来，我能健康地为祖国工作，我觉得很荣幸；这几十年，我对职业教育情有独钟，把它当作我一生的事业。

一、北京职业教育督导的发展概况

1991年到1995年，是北京市职业教育督导工作的起步阶段。那时候，全国只有北京市有局级的督导员。1991年，市政府在北京市高等教育局认证了北京市第一个中专督导员——朱兆勇；朱兆勇退休后，我于1993年9月10日成为被市政府认证的第二个副局级中专督导员。所以，北京职业教育的督导工作正式开始于1991年。当时，很多工作都在摸索阶段，督导的任务、职责并不是很清晰，只是对学校做合格评估工作。因为人力有限，我们与中专学校配合，并聘请一些兼职的督导员，共同做学校合格评估工作。当时，国家启动相关评估工作，学校发展的相关标准逐渐明晰，例如，师资标准、设备标准等。最早的评估工作就是评估学校办学水平、条件达到怎样的标准。北京的职业教育督导开创了我国职业教育督导的先河，在此之后，上海、天津、江苏等地才开始有职业教育的督导工作。现在回想，那个阶段是北京职业教育督导的起步阶段。

1995年到2002年，是北京职业教育督导发展的成熟期。1995年12月，北京市教委成立，同时成立了北京市政府教育督导室。自此，北京教育督导进入普通教育、职业教育、成人教育“三教统督”的崭新阶段。那个阶段，北京市政府教育督导室规格很高，当时的市教委主任徐锡安兼督导室主任，5位副局级干部任副主任，还有10位处级专职督学和两名工作人员。因为起点高，当时的督导室摸索着做了很多开创性的工作。我们秉承的理念是，督学是医生，要防病治病，不是法官。因为坚持这种理念，实实在在帮学校解决问题，深受学校欢迎。当时教育部督导办主任郭振有曾说:“人家老百姓说有困难找警察，北京市职业教育要有困难有问题就找督学找督导室。”可见，上级对我们的评价还是很高的。通过工作，我们也慢慢总结出来督导的“四个服务”：为领导决策服务、为教委及综合管理部门服务、为学校的主管部门服务、为学校的改革建设发展服务。

当时，职业教育督导的根本原则是督政为重、督学为本。这意味着我们工作的重点是督政，督导政府执行国家的法律法规以及教育政策的情况；督学为本就是要督促学校落实改革发展政策和提高教学质量，培养更多的人才。另外，督学方面，区县也设有督导室，负责中小学和职业高中督导。中等专业学校由市政府教育督导室直接来督导，技工学校由市政府教育督导室和劳动局共同督导。

2001 年，我们出版了《北京市职业教育督导文集》，书中详细介绍了我们的工作成果，特别是督政的详细情况。

二、北京职业教育督导的三种形式

从我的工作体会来看，教育督导分为随访督导、专项督导和综合督导三种形式。

随访督导是根据工作的需要进行督导。例如，当时的第二商业学校因为地方小，评估不合格。后来他们把职工大学和中专学校合并，认为兵强马壮了应该办得很好，但是结果并不如意。因为这个问题，他们很发愁，请来督导室进行诊断，于是我们进行随访督导。随访督导不是去一次就能解决问题，而是去若干次。经过访谈、开教师座谈会，甚至吃住在学校，与校长、书记、教师交流，我们诊断出这个学校之所以办得不好，是因为校领导之间不和。因此，主管局再加大投入也无济于事。于是我们就向二商局的主管领导反馈相关情况并建议调走一位领导。之后二商局采纳了我们的建议。可见，随访督导可以帮学校解决问题。后来新任校长又请督导室做了一份有关教师队伍建设、学生管理、教学质量等方面的报告。根据这份报告，校长进行领导班子的重组，经过两年努力，把这所学校建设成了国家级重点学校。我认为这就是随访督导的一个生动例子。

第二种形式是专项督导，根据中心工作的需要做专项督导。例如，需要检查中专学校的教学设备和实训基地建设情况时，我们就组织行业的专家共同来对学校进行督导。

第三种形式是综合督导。这就是按照国家规定，每五年一次，对所有的学校进行督导，规范其管理，帮助其改进工作。

三、北京职业教育督导的四大作用

（一）为学校提高办学水平服务

对职业教育督导，北京开了先河。职业教育督导发挥的作用，是示范和引领。我认为，督导工作对提高学校的办学质量、提高办学水平不可或缺。过去没有督导的时候，行政部门既是教练员又是运动员，缺少裁判，这种做法欠妥。督导室的作用如同裁判，但又不像法官。因为我们要做医生，帮助学校发现问题、解决问题，要以预防为主。因为坚持这一点，职业学校对市政府教育督导室，特别是职业教育督学的反响特别好。直到现在，他们很留恋我们为学校改革发展所做的工作。

例如，当时皮革工业学校的主管局有将其撤销的想法。学校委托我们进行调查，调查后发现，人民生活需要皮衣皮鞋皮具，而北京的这所学校是全国唯一的一所皮革工业学校，为皮革工业培养了大批技术人才。督导室通过随访督导和专项督导给主管局提出有效意见：皮革工业学校不能撤销。

再例如，昌平职业学校的校长曾经对如何抓教学一头雾水。针对学校的困惑，督学深入学校，帮助教研室成长，帮助教师备课，并引进国外优质教育资源。督导室的工作对学校提高办学水平、提高教学质量发挥了重要的作用。

（二）为政府决策提供依据

督导室为政府决策提供依据。1999年市政府“减轻企业负担”的文件有一个重要指示，要把经委系统的学校划归教委。经过从市政府到教委的层层批示，由市政府教育督导室主抓这项工作。这在当时非常轰动，因为把市经委系统的151所学校全部划归教委管，难度非常大。接到这项任务后，我们根据市长的要求，立即成立管理体制改革调研小组，由我任组长，把各有关方面的人才组织利用起来。当时参加调研小组的除督学以外，还有市教工委职成教处处长黄海洋、经委教育处处长李长林、市教委职成教处贺宏志、市政府教育督导室分管职业教育督导的处长徐绍忠、市教工委职成教处副处长邵和平，以及市经委的法规处、工业处、教育处等部门的同志。

小组成立后，我们从领会中央、教育部的文件精神开始，认真学习领导讲话以及教育法规，搞清楚把学校全都剥离到底要减轻企业的什么负担。此外，我们还专程去考察上海市的做法。深入调查研究之后，我们认为不能把151所学校都划转。

为此，小组自己设计了计算机编程，把151所学校的情况列出表进行统计。然后通过与主管局局长、学校校长教师分别座谈的方式进行调研，向市政府提出了关于市经委所属学校划转的调研报告并提出相关建议，包括哪些学校应该划归教委，哪些不应该，具体原因是什么。后来，我们的建议在市长办公会上一次通过，这就是督导室为市政府决策提供依据、为政府排忧解难。

此外，我们还专门调查过职业学校教育经费标准，这在全国尚属首例。当时教育部提出“培养职业学校学生应投入多少”的问题，没有人能给出准确的答案。于是市政府教育督导室就组织兼职督学做专项调查。利用学过统计学的优势，我们自己设计软件，对北京市的职业学校分类调查。经过调查，我们发现北京市职业院校情况复杂，不像普通中小学有非常固定的科目，职业学校的课程“五花八门”。例如，财经类学校教学设备一般有计算机、算盘等，相对简单；工科学校、卫生类学校需要大量实验实习设备、耗材；有的还需要专业设备；农业院校的农业实习环节需要播种、收获……所以，我们根据学校的不同类型计算教育成本。此外，同一类型的学校情况也各有不同。有的学校办在城区，学生都在附近上学，花费较少；而中专学校大多在远郊，学生需要住校，花费较多。经过翔实的调研，我们把不同类别学校的教育成本以及职业学校人均成本经费都计算出来，并详细分析国家、家长、单位在一个学生身上分别应该投入的资金。这不仅为北京市如何给职业学校、中专学校拨款提供依据，也为教育部、财政部如何给职业学校拨款提供依据，对全国有借鉴意义。

职业教育督导有很多科研成果，除了“中职教育的经费调查”，还有一项成果就是“中等学校下放问题”的调研。当时，《中共中央关于国有企业改革和发展若干问题的决定》指出，要减轻企业负担，要把国有企业所办学校移交地方政府管理。这意味着可能会出现全国一窝蜂地把中专学校层层下放的局面，有的学校层层下放后，就可能被改成招待所或宾馆。

当时我是全国中专教育委员会的主任，很多人向我反映这方面的问题。后来受教育部职业教育与成人教育司司长黄尧所托，我们对此展开调查，完成河北、山东、湖北、浙江四个省份的“中专学校管理体制调查报告”。这份报告当时发表于《中国教育报》，名为《中专学校不能没有你》。后来教育部下发文件《关于中等专业学校管理体制调整工作中防止中等职业学校教育资源流失问题的意见》。可以说，督导室所做的科研成果挽救了一批学校。

（三）为学校主管部门服务

职业教育督导的另一个重要作用是为学校的主管部门服务，督促并帮助他们解决学校的困难。当时朝阳区将台路职业高中有志于跻身国家级重点学校。督导视察后，我们发现学校的问题很多。例如，汽车维修专业只有一辆解放牌的报废汽车，学生学修理、学操作、学汽车结构，条件根本不可能保证。所以我们提出反馈意见：学校与办国家级重点学校还有一段距离，建议朝阳区加大对学校的投入，改善学校的办学条件，同时加强师资的培养。后来，朝阳区教委根据我们的反馈意见进行改进。当我们督导室再次随访督导时发现，学校的办学条件焕然一新。第二年，学校真正达到了重点学校的标准。类似这样的例子很多，对主管部门来说，他们很难有精力去做细致的调研工作，而市政府教育督导室可以组织一支专业的队伍去帮助学校发现问题，为主管部门做决策提供依据。

（四）开展职业教育国际合作

职业教育督导发挥的第四个作用是开展职业教育国际合作。1996 年，市政府教育督导室刚刚成立。由我带队组织 5 位校长去英国访问。我们发现英国学校的教学管理、教学质量、实践环节有很多值得学习之处。原来他们借鉴英国皇家督学，采用 BTEC 模式。后来，这种模式被我们引进到中国，并在北京的计算机工业学校、无线电学校、二商学校试点。结果发现，这种课程模式对职业学校培养学生动手能力、提高学生的水平等方面大有好处。例如，当时计算机工业学校计算机专业有三位毕业生被录取至高等教育出版社，就是因为这种模式培养出来的学生动手能力强、职业素养高。要知道，在那个年代，高等教育出版社只要研究生。

其实，这种模式中的关键点是包含了内审与外审，外审的作用类似于我们的督导。后来，我们把这种模式的过程译为中文，并推广至全国，有100多所学校采用。同时，英国职业技术学校合作委员会还委托我们督导室做外审。这是我们开创的国际合作的一个项目，而且把国外先进的工作模式引入中国。如今，中专学校和职业院校都有督导室这样的机构。

四、工作中的体会

第一，不唯书，不唯上，只唯实。我在市政府教育督导室工作了七年，有很多体会。我认为既然党把这份工作交给我们，我们就应有责任、有担当，创造性地把工作做好。所以，我还是发动群众，积极探索、潜心钻研，创造了一个新的局面。当时，我的指导思想是，不唯书，不唯上，只唯实。即便市长已经批准学校的划转工作，但我们还是从实际出发调查研究。

第二，调查研究非常重要。这是基本功，也是决定事业成败的关键问题。所以，督导室、公务员都应植根于群众，像海绵吸水一样汲取群众智慧，提高自己的认知水平、工作水平。去年我读了习近平同志关于调查研究的一篇文章。我觉得写得非常深刻。作为一个公务员、作为国家的干部，我们首先应该把调查研究做好。对督导室来说，要把调研做好，加强队伍建设非常重要。我在督导室期间，督导室规格很高，18个人组成的团队，有5个局级干部，拥有基层丰富的工作经验，10个专职督学德才兼备，拥有扎实的理论功底和丰富的实践经验。这样一支队伍很能打硬仗。做调研的时候，我们经常住在学生宿舍，与学生、老师“打成一片”开展工作。所以我们掌握的一手资料很符合实际。

第三，要坚持不断学习，与时俱进。当时我们督导室每周要学习一次。除了学习法规、上级文件，还要向基层学习。我们每周基本上三四天都在基层。我一个学期要听100多节课。只有听老师的课，才能了解老师，知道老师的心声；只有了解老师，提出的建议才会让老师心服口服。后来我们都和老师成为很好的朋友。此外，我们也要向外地学习，向其他国家学习。例如，当时我们经常向上海、江苏等地的督导室学习。我们去国外考察，不是走马观花，而是真正地把人家一些好的东西引到中国来。例如，英国的BTEC课程模式后来被我们推广到很多学校，这些都对学校的改革建设发展起了很好的作用。

（李丽晖　整理）

北京教育督导工作成长历程

——刘莉同志访谈录

一、为促进《义务教育法》实施而成立督学室

1986 年《义务教育法》通过之后，北京市教育局成立了督学室。时任北京市教育局局长陶西平任督学室主任。刘铁岭同志当时从北京四中党总支书记调到北京市教育局督学室任副主任。督学室成立之后，一项特别重要的工作就是推进《义务教育法》的实施，就是对区县基本普及九年义务教育和基本扫除青壮年文盲（以下简称“两基”）进行检查验收。对区县政府的义务教育工作进行督导检查，就是开展督政工作。但是市教育局对区县政府没有一个直接工作上下级领导关系，在这种情况下，当时的北京市政府授权给市教育局督学室做《义务教育法》落实情况的督导检查。当时各个区县还没有成立督学室，在北京市成立督学室之后，大概是 1989 年前后区县才陆续成立督学室。但那个时候，各个区县实际上也有督学工作，还都是叫视导。

北京市从 1987 年开始进行教育督导工作。1993 年，北京市成为全国第一家通过国家教委进行的基本实现“两基”的验收。基本实现“两基”之后，就是巩固“两基”成果，不断推进义务教育发展水平。

在 1995 年机构改革运行中，当时市委教育工委书记陈大白同志带队到全国几个发达的城市去考察督导机构的建设情况。考察回来以后，经过研究给北京教育督导机构定名为北京市人民政府教育督导室。1996 年 2 月，北京市人民政府教育督导室与北京市教育委员会同时挂牌成立，我被正式任命为督导室副主任。

机构定位之后，要建立相应的督导制度。当时提出来督政与督学并重的指导思想。在制度设计上明确提出市、区两级督导；在职责分配上，市政府教育督导室以督政为主，兼顾督学，区、县督导室以督学为主，兼顾督政。

在职能设计方面，督导工作紧紧围绕教育的中心工作和重点工作开展。比如说督政，就是对区县人民政府执行教育法律法规情况进行督导检查。当时这个督导检查，我觉得比我们今天的督政力度还要大。因为 1995 年的时候，由北京市人大和北京市政府两家分别发文，建立教育法律法规执行情况的执法检查制度。在实施这项政策性的执法检查工作时，执行层面是市人大教科委和市政府教育督导室两家联合进行的。每年都是人大常委会副主任和副市长带队，督导室全体人员参加。人大的法律法规检查和政府对法律法规执行情况的行政督导，二者有机结合，是我们北京市督政工作非常鲜明的特色。

二、通过专项督导工作推进北京教育事业的发展

督政是对区县政府履行教育职责的督导评估。当时我们是通过对专项工作的督导来体现督政职能的。

一是通过专项督导工作保障北京城区薄弱初中校改造。

1996年2月成立市政府教育督导室之后，北京市实施了一项重点教育工程，就是改造北京市基础薄弱初中学校。各个区县包括西城、东城，都存在办学条件不达标、师资队伍比较薄弱、人民群众不是特别满意的初中学校。当时全市有105所学校申请并实施了改造，这些学校不涉及远郊区县，主要是在城区。改造薄弱学校的主要责任在区政府，市、区政府按照1∶1的比例投入改造这105所基础薄弱初中学校。办学条件的改善，是政府必须保障的，当时经费的配比体现了两级政府的职责。这项工作由市里统筹主抓，主要领导全程推进，市政府给予政策和资金保障。通过改造基础薄弱初中学校这个重点项目的督导，我们逐步建立起了督政制度。

1997年，北京市在全国率先建立起区县政府、区县教委（教育局）和中小学校全面实施素质教育工作的督导评价制度，这是具有开创性的一项工作。这项督导工作就是通过建立“三位一体”的督导评价制度对区县政府、区县教育行政机关和中小学校在推进素质教育工作中的责任进行督政和督学。市政府教育督导室的定位是以督政为主，区县是以督学为主。我们到区县开展工作的时候，要听政府、教委（教育局）的工作汇报，召开各种座谈会。

在我们督导工作20多年的发展过程中，我们努力地去有所作为，这个作为不是为了作为而作为，而是为了推进教育事业的发展，推动教育改革的深入，特别是为了让我们的孩子学有特长、全面发展。

二是通过专项督导工作助推山区薄弱中小学校改造和全市中小学标准化建设。

到了1998年，我们又对山区的基础薄弱学校改造进行督导检查。除了顺义、通州和大兴三个区之外，另外7个远郊区县都有山区。全市山区最开始有500多所学校，经过资源整合后变为460多所，这些山区学校经过撤并后都得到改造。当时山区的条件相当困难，现在完全无法想象。我们扛着摄像机，重点走访了密云、延庆和房山。我们用了3年的时间对这项工作进行专项督导。因为改造工作是政府的职责，所以跟推进城区基础薄弱校改造工作是一样的，督导室每年对这项工作进行执法检查，因为《教育法》要保证孩子们的受教育条件。

2006年，北京市又开始推进小学和中学的达标建设工程。市、区县教育督导室每年都要围绕中小学建设标准的实施做工作。各个区县要分期、分批给学校做规划。市政府教育督导室要推进这项工作，要进行抽查，2007年还把初中建设工程实施情况的检查纳入了当年的教育执法检查重点。这项工作持续到2009年。

发展到现在，督政工作越来越成熟，制度建设也越来越完善。过去我们是在实

施素质教育的架构里边来推进督政工作，现在的定位是实施素质教育，最终落脚点在学校。随着这种认识的转变，我们对区县政府、区县教委履行教育职责情况进行督导检查，重点变为实行管办评分离。

首先，政府不是简单地进行宏观管理。什么地方该退，什么地方该进，需要通过制度设计，包括督导检查，让政府既能保障学校依法有充分的办学自主权，还要对学校教育实施科学化的管理。要让政府根据法律法规要求，在发展变化中不断完善教育政策，履行好教育职责方面的设计。这是一个永久的话题。

机制和制度也是相联结的。比如我们在大的督政制度下，又建立了一些督导评估机制来推进政府履职。督政和督学这是制度设计，还要通过建立专项督导的各项工作机制，不断推进督政和督学制度的完善，最终实现教育事业的健康发展。

三、完善机制，强化督导队伍建设

在推进制度机制建设的同时，我们根据不同的工作岗位，分层、分级、有针对性地开展督学培训，不断提高北京市督导队伍的专业水平和素质。通过举办大讲堂，结合重点工作对督学进行全员培训。培训内容有形势报告，也有业务性非常强的讲座。针对北京的教育综合改革，我们特地邀请了几位负责教育综合改革的主任给我们开挂牌督导的大讲堂。大讲堂走到今天，口碑还是非常好的。在第十届国家督学聘任工作会议上，国务院副总理刘延东做了一个报告，教育部部长陈宝生也做了一个报告。我们马上就请教育部教育督导局的局长给我们做讲座，主题是“改革背景下的教育督导创新和发展”。能够请教育部督导局局长在大讲堂上做讲座，这是我们得天独厚的条件。

现在我们已经启动建立北京市督学培训课程体系，开始研制课标。明年上半年，要出台两本督学实操技能方面的培训教材。目前我们正在做督学的教育心理学、教育管理学、教育督导学的培训教材研究，今后还要不断制定课程标准，出台督学培训的教材。还要与国家教育学院合作，实现资源的共享、互通。

四、督导工作不断发展和突破

督导队伍发展的过程是有波折的。1996 年以前，市教育局督学室 10 个编制，到 1996 年 2 月成立北京市人民政府教育督导室，17 个编制。但是到了 2000 年，随着国家机关的机构改革，市政府教育督导室的队伍规模走入低谷，只剩下 9 位同志。到 2005 年，又增加到了 11 个。2010 年又增编至 16 个。今天已是 29 个编制了。

首都教育事业的快速发展，督导是一支非常坚强有力的推动力量，是教育发展的助推器。政府建立教育督导制度，就因为它是教育科学管理的重要组成部分。世界各国的教育督导现在都发展得非常好。政府制定政策，出台标准，不断转换管理的方式方法和手段，但是政府不能事无巨细都管，那是做不过来的，还得利用多种力量，从多个角度来发力，才能够把政府职责履行好，教育督导就是一种履行职责很好的手段。

我们根据素质教育要求，完善了政府、教委和学校推进素质教育的评价方案。我们确定了发展性评价导向，在督导评价方案中专门设一个自主发展指标，鼓励各区县结合区情、学校结合校情，有特色地发展。我觉得这个过程特别有意义。

随着形势不断变化，我们也在改变自己，我感觉我们的路走得比较坚实。过去我们有很多困惑，素质教育推行那么多年，有些问题还没有根本解决，一些思想意识方面的问题解决起来很难，但总体上看还是好多了。在督导室和教委共同努力下，很多问题都在逐步解决。有些问题解决的结果还是比较好的，从家长的满意度也能看得出来。

我们的督导评价现在走向了全面督导的时代，过去督导的重点方向是基础教育，义务教育是重中之重，现在我们从学前教育到高等教育，全学段各门类的教育全部纳入督导范围。督导方式从督学责任区到责任督学挂牌督导，从建立督政制度和督学制度到督政、督学、评估监测三位一体督导体系。现在，伴随教育体制改革的发展和国家教育发展方向的变化，国家最新的教育战略方针，包括大的教育政策，比如义务教育均衡发展、教育现代化等，都应当是督导工作的创新点。

至于问题，还有许多要去解决。作为督导自身，我们需要在发展中不断地在体制机制方面有所突破。关于督导结果的使用，我们会做很多的思考。督导结果是从最大程度上做出客观公正的判断、做出评价。我们认为结果是有科学性的，但同时也会听到一些不同的意见。

要构建科学的教育管理体系，督导这个角色不能没有，教育管理体系中督导不可或缺。决策和执行不能没有监督和反馈。行政部门自己定标准、自己执行、自己评估，结论不可能都客观。自我监督不是独立的角度，不是独立的视野，不容易采取公正的立场，这样的教育管理体系不完善，只有管办评分离，督导独立行使对行政的监督权，教育管理体系才是真正科学有效和完善的。

各国都很重视教育督导，在我国，随着政府简政放权的深入进行，权力放得越来越多，监督越需要跟上。权力拥有者不见得能够很好地驾驭这份权力，一旦权力不受制约，一定会出现问题。所以人民给予政府权力，但同时权力也要受监督和制约，只有这样，我们的政府才能更好地为人民服务，才能促进教育更加科学良性发展。

（张晓玲　徐孟军　整理）

重视德育的北京教育督导

——董柏林同志访谈录

北京市在学习贯彻落实党的十九大精神的时候，发动大家回顾教育督导30年、研究教育督导30年，展望未来，有它的特殊意义。

第一，提到这30年，首先想到的是，我们国家社会主义市场经济的启动、发展和健全。这个历史性变革对于各行各业都必然提出了一些新的要求和新的改革任务。所以，对于教育改革也提出了相应的要求，需要教育的发展适应社会主义的市场经济发展，提出了规范、规章、规则、规划等这四方面要求，从而北京市教育督导工作应运而生。不是我们自己强迫要搞，而是首都的教育在市场经济条件下要率先启动点什么，首都的教育督导工作要率先做出点什么来。

第二，社会发展历经30年，人们对于教育提出了更高的要求，比如对教育的层次、教育的质量、教育的多元化等提出了新要求，所以就使得我们的教育水平、教育追求、教育的标准和教育条件，必须有新的思路和新的规划，督导工作的使命焕然一新。

第三，这30年从我们教育自身的规律和我国的教育方针的实施来看，我们的教育一直致力于如何适应国家经济体制和社会发展的需求，如何能够更科学地把握好教育规律和原则，更好地服从和服务于社会发展和学生自身发展的需求。所以，这就促使我们督导室的工作要不断创新。这30年概括来讲，督导室肩负着教育的使命，建设着督导的工程，自觉地增强督导的意识，最后达到依法治教的目的。这就构成了我们北京市教育督导室的整个工作背景，也促成了我们北京市教育督导工作由无到有，督导队伍由小到大，督导的范围由专项变成综合，等等。北京市教育督导工作经历了不断进步的30年、不断发展的30年。

下面从我自身的角度，谈两个方面的体会。

回顾这30年，第一，想谈一谈在我进入督导室之前是怎么介入和参与督导工作的；第二，想谈一谈我到了督导室以后，对于督导室加强队伍建设有一些什么体会。

先说说第一个方面。我感觉我们北京市的教育督导工作，是始终重视德育督导的，虽然立德树人的这个方针是近期提出来的，但是，我市教育督导工作30年的历史一直就是这条主线。大约在20世纪80年代中期，市督学室成立的时候，我们国家处在拨乱反正时期，各种必要的规章制度和准则等，需要重新规划、恢复和完善。大家都知道，“文化大革命”中，教育上的一些的法规、政策等等，全都被模糊了或者全都被否定了。所以，当时国家教委就开始召集一部分同志，一起回顾“文化大革命”前各种教育的规章制度。我有幸参加了《小学生守则》《中学生守则》《小学生日常行为规范》《中学生日常行为规范》的重新起草工作。当时北京只有我参加，还有上海、福建、广东、辽宁、天津等地方来的几个人，在海南进行修订工作。我记得那个时候，社会上还有一些自由化的倾向。比如有人觉得如果在教育上还恢复原来的样子，那就是“复辟”；比如还有人提出来，为什么非得有班主任，当时报刊上有一篇文章叫作《踢开班主任闹革命》。在当时那种挺复杂的情况下，我起草规章很有感触。之后，我还参与起草了国家《中学德育大纲》和《小学德育纲要》。回来之后，紧跟着就在市里起草了北京市《中学德育大纲》《小学德育纲要》，还有《美育大纲》和《中小学家庭教育大纲》。北京市这几个大纲的制定，在全国是率先的，这一切都为开展教育督导工作做了铺垫。在起草这些纲要、大纲、规则、规范的同时，教育、教学工作也都完善了一系列规章。1986年，北京市决定成立市教育局督学室，依章督导教育行为。那个时候我还在市教育局德育处工作。督学室每年都要对各区县人民政府贯彻这些德育文件、德育规章和德育政策的情况进行专项督导，每年提前预告督查内容，重在促进自我评估过程。督导的成功率不只在于查出多少问题，而是为了推动工作。当然，不排除每次督导也都会查出问题。督学室每年提前半年就把相关处室的同志叫到督学室，提出当年督学室工作计划，希望各个相关处室和部门，有时还请市政府的部门，提出当年的工作重点、热点和难点问题，所以相关处室往往提前预热，到时候向督学室汇报我们各个部门、各个处室工作情况、工作重点和我们遇到的具体问题和工作难点，并建议督导什么，解决什么问题，在什么地方要有突破。督学室经过归纳、总结、升华，提出年度的督导重点、督导项目、督导目标和内容、督导的要求。我们德育处到年底还要根据督学室的要求派人参加到督学室的队伍，下到区县去督导。到区县后，督导组首先要看各区县根据督导的要求，准备的各种档案、文件、资料，还包括一些课程的案例、教案，包括教师的一些体会感想，还包括一些教育成果等等，这是看。另外，我们要抽查学校，抽签，抽到哪个查哪个。学校的很多情况，督导人员一看就明白了。一进校园，一看教室，墙上公布着扶贫学生的名单，说这个学生的家长上个月下岗了，希望全校同学给他扶助，我们看到这些，立马禁止。“榜上有名”是对孩子最大的伤害。另外，就是听课，听各门课程，我们处主要听思想品德课、思想政治课，还看老师的教案，看老师批改作业的情况，要跟老师、学生座谈，同时，还给一些班级发调查问卷。最后，督学室经过分析、交流、提问、咨询，写出督导评估报告。这个评估报告一方面是对区县和学校贯彻督导工作年度要求的基本评价，另一方面就是提出督导工作中发现的主要倾向或者问题，拿不准的我们称为倾向，提出整改意见，要求定期整改。

另外，教育部连续多年转发中共中央办公厅、国务院办公厅两办发布的关于加强德育工作的文件，促进德育工作。北京市教育局督学室一直把贯彻中央德育工作文件作为督导的内容，这样我们北京市的德育工作能够在督学室的督导之下，让育人目标落地生根。

另一块就是督导室注意对不良行为学生教育的专项督导。这个不良行为学生是什么学生？就是有轻微违法倾向的学生，咱们不能管人家叫犯罪，所以叫不良行为学生，这是国家规定的称呼。这项工作主要体现在对工读学校的教育督导。北京市是在全国第一个成立工读学校的，在“文化大革命”之前就成立了，那会儿是半工半读，就是一半劳动，一半学习。“文化大革命”后恢复工读学校，北京市也是全国率先的，当时一共有 6 所工读学校，进工读学校的，有男生，也有女生，男生比女生多一些。开展工读教育是对学校教育的一个完善和补充，是对这些学生的教育和挽救。北京市教育督导室从成立之日起，一直没放弃过对工读教育的督导，以督导室的名义，组织专门人员对各区县开展工读教育的情况进行督导检查，查的是犯罪率、工读入学率和工读学校的管理教育情况。这项检查需要跟北京市公安局、各区县政府、各区县公安分局联系，齐抓共管。那个时候，对于工读教育的专项督导检查构成北京市教育督导的一个特色，它使得综合治理扎实有效，不是一句空话。

那时，我参加了教育部和中国教育学会的中小学德育研究工作，有幸跟各省市的朋友们交流一些情况，多了解了一些信息。总的来讲，我觉得北京市非常重视德育督导工作，采取了很多相应的措施，落实党和国家立德树人的方针。

我从 1970 年开始在学校里教学和当班主任，然后到学校教导处抓德育，之后调到区里，1984 年调到市教育局。

在学校干了 7 年，在石景山区教育局干了 7 年，1984 年到了市教育局，一直干到我退休。我还一直担任中国教育学会中小学德育研究分会的会长，到前年，过了 70 岁以后，根据中央文件的精神退下来了，现在跟全国各地都还有一些工作联系。

下边我就说说我到市教育督导室做副主任工作以后的情况。因为我有 10 多年在德育处参与督导室工作的预热阶段，所以真正到督导室抓督导工作，就比较容易介入了。一个是跟市教育督导室的人员很熟，一个是对督导室的工作比较熟，一个是对各区县督导室的人比较熟，我觉得这些都非常重要。对督导室的人员，如果对他的工作性质不熟悉，如果对他分管的区县不熟悉，如果跟他分管区县的人不熟悉，那很难开展工作。我觉得督导工作要全面优化资源，不断提高自身队伍的素质，这是很重要的。而优化资源最重要的就是优化人，世界上第一大资源，第一重要的资源，就是人。所以督导室的自身队伍建设，必须从资源入手。

第一，就是注意跟相关部门形成合力，整合资源。比如，市教育督导室是市政府的一级部门，必须跟市人大紧密联系，市人大是我们北京市的立法和执法部门；还要跟市政府相关委办局配合形成合力，跟市教委各处室密切合作。这种合力不要小看，它是开展督导工作的有生力量和基本保障。那个时候，我们跟市人大每年都有一次到两次的联合办公，就是两个单位的人员坐在一起研究、讨论，争取市人大的支持和配合。我们一块儿说知心话，办知心事，同心同德推动事业发展。再有一个是联合调研，比如发现什么倾向了，要去针对某一个倾向开展调研，市政府加上市人大，这种合力构建和形成了巨大力量，这样有些问题就能够立即解决，还有些问题可以拿到市政府的办公会上去解决。对于热点和难点问题，我们就更加注重跟相关部门密切配合，比如曾经有一段时间，根据市公安局的统计，全市青少年的违法犯罪率突然增高，那马上就得紧急调研，采取措施尽快解决问题。另外，发现各种问题及时跟相关部门沟通，我觉得是很重要的，这应该作为督导室队伍建设的一个很重要的部分。

第二，就是要充分发挥兼职督学的作用，关心、支持他们的工作和生活。兼职督学是聘请来的，有的来自各种行业，有的来自普教系统。作为督导室来讲，不能把他们当外人，必须把他们当作自家人来对待，真心实意地帮助和支持他们的工作，甚至生活。那个时候我抓督导室三处，三处是负责职业教育的，而督导室的工作人员多数都是搞普教的，对于职业教育中一些专业性的东西是不了解的，于是我们就聘请了三位专业人员。首先，我们把他们当作自家人，关心他们跟原单位的关系，甚至各种待遇等，主动跟他们的原单位取得联系。其次，关心他们的社会生活和家庭生活情况，帮助他们解决困难。当时我是副主任，很多具体工作放手给大家做，这是对他们的最大尊重，我要做的工作就是关心他们，跟他们贴心，发现他们的喜怒哀乐，帮助他们解决问题，克服一切功利的东西，做一些实在的工作，就是真情的东西。这一点很重要，队伍建设就靠你这领头人，怎么用你的情感，怎么用你的智慧去感动或者感召这些同志，把他们凝聚在一起。凝聚不是靠嘴，而是靠你的心。同时对于处室内部的同志，也要倍加关心爱护。那个时候在督导室的工作中，我注意把我所掌握的全国的情况和新信息及时与同事们分享，力争意识超前。我建议市教育督导室跟教育部、中国教育学会及各省市都要有点联系，这样有利于了解全局，拓展思路，增添我们的智慧元素。一个领导凭什么来领导大家，就凭你的智慧，凭你的情感，所以那个时候，我们督导室互相之间都是很熟悉的，我跟全国各地包括上海、天津、广东等十几个省（市）的同志们也很熟悉，甚至连他们的家属都认识。这样，开展工作时底气足、力量强、思路活、效果好。

要关心各区县专职督学同志的发展和前程，解决他们的工作困难和实际问题，保证他们安心工作，快乐生活。同时，最大限度地调动督导室内部同志的积极性和创造性。我在全处提出“没有特色就没有质量”这个观念，鼓励同志们在自己所抓的实际工作中争创一流。

同时，在处室里提倡团结和谐向上的风气。有时工作空闲的时候，同志们议论一些杂事，这都是正常的，但是必须维持在和谐的氛围之内。我们每周召开一次例会，如果有事不能参加要提前请假。例会内容就是让他们汇报上周工作的情况和发现的新的信息的情况，我比较注重信息，每个人都汇报，有话则长，无话则短。再就是他们深入基层的情况，在例会上汇报，这样我们能够发现并且抓住典型的情况，好的和差的两方面都得有。例会上我们也及时通报很多宏观的，包括国外或者外省市的一些信息，让大家觉得每周例会有开头，每次开完以后都能够知道点什么或者了解点什么，甚至有的到各区县去能说点儿什么。平时还倡导督导室的同志要善于提建议，善于有新思路，我跟他们明确地说，最优秀的人是能够提新思路的人。另外，就是要跟市教委的相关处室加强联系，比如跟基教处，必须加强最基本的联系，还有职教处等其他很多处室，甚至要指定具体的联络员。同时，我们也请相关处室争取指定一位同志与督导室联系，平时加强沟通。跟国务院教育督导委员会、教育部、中国教育学会也要加强联系。这个联系是双向的，一方面，他们愿意跟咱们联系，从咱们这儿了解北京市的情况；另一方面，咱们愿意跟他们联系，可以从他们那里获得一些工作信息，明确一些问题。

总之，这30年是不平凡的30年，督导工作从无到有，督导队伍从弱到强；是不平坦的30年，我们知难而上，北京市率先普及九年义务教育，“普九”任务是我们督导工作最大的亮点之一；是不平庸的30年，我们开拓创新，起草了很多督导文件，总结了很多督导经验，这是北京市的宝贵财富。展望未来，我希望咱们北京市教育督导工作，在不平凡、不平坦、不平庸的基础上，开创不寻常的新路径。也就是说，要开放，要用现代化的手段、现代化的理念，开展多方位的教育督导，要把北京市的社区教育和新教育领域的督导主动承担起来。最后，祝愿北京市的教育督导工作踏上新时代的新征程，创建现代新的思想和新的方略。

（韩宝来 整理）

对高等教育开展教育督导的回顾与思考

——陈宏同志访谈录

一、背景

众所周知，教育督导的对象是中等及中等以下教育。高等学校不搞教育督导，而是利用教育评估来保障教育教学质量和水平的提高。

但是，在很多高校都一直设有教育督导组织，并利用督导手段保证教学基本条件不断健全，保障教育质量不断提高，促进教师队伍建设特别是青年教师的健康成长。

北京市把教育督导工作拓展到高等教育领域是偶然中的必然。因为既有需求，又有资源，具备了开展教育督导的条件。

20世纪90年代末，随着我国高等学校大规模扩招，教学基本条件严重不足，高等教育质量有下滑趋势。同时，基础教育发展不均衡的问题也愈发突出，“择校”和“应试教育”等问题引起社会广泛关注。

2005年，上述问题在北京更加凸显，时任市教委主任耿学超同志提议成立北京教育评估院，切实保证各级各类教育质量。在市委常委、教育工委书记朱善璐同志支持下，我被调来负责筹建。2005年8月，我被任命为北京市人民政府教育督导室副主任（正局级），正式开始筹建北京教育评估院。

我从1999年8月起担任北京物资学院院长，此前担任过7年主管教学的副院长。参与过荣获国家级优秀教学成果奖的“高等学校管理通则”课题研究，主持过教育部对我校“教学合格评估”和“教学水平评估”的迎评促建工作，对高等教育管理工作比较熟悉。作为北京市人民政府教育督导室的副主任，我不仅参与督导室日常工作，还负责北京教育评估院筹建工作。

北京教育评估院开始筹建后，我立即投入到紧张的工作中，带队去江苏、上海的教育评估院学习、调研，并作为教育部高校教学水平评估专家到景德镇陶瓷学院等高校开展评估实践，积累工作经验。通过调研、研究，我们提出了我市教育评估院的建设规划和方案。

刚开始时由于各种因素的干扰，各方面对于北京教育评估院的创办，理解的不多，赞成的不多，筹建工作举步维艰。

赵凤桐同志2006年担任主管教育的副市长后，他经过认真调研发现，一些高等职业院校发展前景堪忧，还有一些民办高等学校办学不规范，也存在许多隐忧。他提出要深入了解实际情况，提出有效解决措施，并表示可以开展专项教育督导。根据他的指示，经市委教育工委、市教委、市政府教育督导室专题会议研究，发布京教督〔2007〕3号文件，决定由我负责对高等职业院校和民办高等学校开展专项督导。从此，北京市把教育督导拓展到了高等教育领域。

二、基本情况

北京市对高等教育的教育督导开展了三次。我在任内主持了两次，前两次都限于高等职业教育层次。第三次是对独立学院的督导。由于当时市政府教育督导室只设有基础教育督导处、职业教育督导处和综合处，所以，我领导综合处承担了这项工作。

（一）根据京教督〔2007〕3号文件，从2007年6月底开始到10月对高等职业院校和民办高等学校专项督导

1. 督导目的。主要是全面了解各校的基本情况，摸清我市高等职业院校和民办高等学校的底数。另一重要任务是进行安全工作督导，要求各校强化安全意识，加强安全管理，探索有效预防措施，消除安全隐患。

通过专项督导，一方面推动学校求真务实，开拓进取，努力改进薄弱环节和不足之处，另一方面是不断积累督导经验，逐步形成督导北京市高等职业院校和民办高等学校办学行为的长效机制。

2. 督导内容。紧紧围绕北京市高等职业院校和民办高等学校发展过程中容易引发问题的关键环节和重要方面，依法加强检查和规范。分两种情况进行。

对已经通过市教委主持的北京市高职高专院校人才培养工作水平评估的学校，我们重点检查规范化管理和安全管理、师资队伍建设、规章制度建设、校园环境建设、日常教学管理特别是教学质量管理、科技创安、消防安全、食品安全等方面的情况。

对在北京市高职高专院校人才培养工作水平评估中未达标的学校，除以上有关内容外，主要检查落实市教委整改意见的情况，找出学校在整改过程中存在的突出问题，督促学校切实解决。

3. 督导方式。听取学校工作汇报，察看学校规章制度、文书档案，举行小型座谈会和实地察看四种方式。每个学校基本上半天时间。

4. 督导成果。这是首次把教育督导用于高等教育领域，引起被督导院校的高度重视，取得很好成效。各校基本上都做到了思想认识、组织领导和工作落实“三到位”。不少学校都认真做好了自查，着力从源头上解决问题。

本次督导呈现出普遍性和基础性的特点。我们走遍了我市全部高等职业院校和民办高等学校，了解了各学校的发展水平和各自存在的突出问题。

第一，我们清楚地看到我市高等职业院校和民办高等学校壁垒森严、差距明显。

第二，公办高等职业院校基本上办学都规范有序，各有特色，能保证正常发展。无论是办学历史长的北京工业职业技术学院、北京信息职业技术学院，还是改革开放后才成立的北京财贸职业学院、北京交通职业技术学院，都有发展需求，发展动力强劲，发展思路切实可行。

第三，民办高等学校大多都存在或多或少的问题。办学条件普遍不足，办学行为特别是管理很不规范，存在较多隐患，教学质量无法保证。

以上意见得到了学校、主管部门的重视，推动了教育管理、办学行为的规范化，促进了教育质量的提升。

（二）对北京民办高等学校贯彻执行教育部令第25号情况进行的专项督导检查

1. 起因和准备。首次对我市高等教育领域的专项教育督导得到市主管教育的领导和“两委一室”的高度重视。听取汇报后，赵凤桐同志指示尽快拿出方案，解决我市民办高等学校存在的突出问题。

当时，教育部已颁发《民办高等学校办学管理若干规定》。我们把这个文件简称为“教育部令第25号”。这个文件是引导民办高等学校规范发展的重要依据和标准。有利于解决我市民办高等学校存在的问题。在市领导支持下，我们开始了对北京市民办高等学校贯彻执行《民办高等学校办学管理若干规定》情况的专项督导检查。

这次督导有了上次的基础，并做了充分的准备，比较正规，成效明显。

首先，督导检查的指导思想和目的明确：以《中华人民共和国民办教育促进法》和《民办高等学校办学管理若干规定》等法律法规为依据，督导检查学校的办学行为，逐步形成有效的监督机制，引导学校切实将工作重点转移到稳定规模、规范管理、提高质量上来，支持、帮助、督促学校向规范化、制度化、优质化方向发展，努力营造有利于学校发展的外部环境，为创办具有首都特色的高质量、高水平民办普通高等学校提供监督保障。

最直接的目的就是督促我市民办高等学校全面充实并改善办学条件，努力加强和规范教学管理，提高水平、增强实力。

2. 研制督导检查要点。分成两个组，我和首都师范大学原校长许祥源各带一组，并聘请了北京建工学院（现北京建筑大学）原院长裴立德等专家。

各位专家根据《民办高等学校办学管理若干规定》和我市民办高等学校的实际情况研制了《北京市民办普通高等学校贯彻执行教育部令第25号督导检查要点》，文件包括督导项目、督导内容、督导基本要求等内容。另设《民办高等学校办学管理若干规定》对应条文规定和备注两个栏目。

督导项目（一级指标）包括办学思想、办学条件、组织与队伍、办学行为、资产与财务、内部管理、安全稳定。

督导内容（二级指标）包括：办学方向和目标、教育质量、专业设置、校舍、教学仪器设备和适用图书、实验课及实习条件、经费、学生体育活动场所等。

督导基本要求（三级指标）包括经备案的学校章程，学校经董事会批准的“十一五”规划，教师任职资格、教师聘任规定和聘用合同等。

3. 督导检查的进度和成果：2007 年 11 月 23 日，市政府教育督导室下发了京督导〔2007〕43 号文件，即《北京市人民政府教育督导室关于对北京民办普通高校贯彻执行教育部令第 25 号情况进行专项督导检查的通知》。一个月后，在各校认真自查、充分准备的基础上，我们对 10 所民办高校实地开展了这项督导检查。

通过督导，我们认识到，除了北京城市学院办学历史长、各方面都比较规范有序、符合规定外，其余各校或多或少都存在问题，而且相互之间区分度比较明显。

三、督导形式和效果

在我任职期间开展的高等教育督导检查都属于探索，参与人员不多，督导时间不长，督导形式比较简单。但是，由于目的明确、目标集中、针对性较强，效果很好。

我通过两次督导了解的情况主要有以下六个方面。

1. 了解了北京市民办普通高等学校存在的差距和不足。与国内民办普通高等教育发达的省市相比，我市除北京城市学院外，其他民办高等学校基本都处于发展的初级阶段，经费投入不足，办学条件不健全，规模不大，实力不强。

2. 除北京城市学院外，很多学校的计划内生源不多，在校生多数是自学高考学生，不少学校的主要任务是自学助考。由于招生不规范，生源质量不高，因此毕业通过率较低。许多学校薄弱环节突出，短板明显，制约可持续发展。

3. 不少学校发展思路不切实际。不明确民办高等学校在北京的发展前景，不清楚自己的特色和优势，不了解自己所处的地位和应发挥的作用。特别是没有认识到制约发展的瓶颈，没有针对性的有效举措，没有脚踏实地刻苦努力。热衷于走上层路线，希望“天上掉馅饼”。

4. 与国内民办普通高等教育发达的地区相比，我市民办高等学校规模小，收入有限，投入不足，薄弱环节明显，还没有进入良性循环轨道，发展举步维艰。

5. 各校发展中形成的资产，产权不明确，管理有漏洞，存在流失和向个人集中的倾向。

6. 学校举办者不了解高等教育发展的客观规律，发展目标不切实际。不注重教学基本建设，功利主义倾向严重。

四、值得总结的经验

第一，北京市对高等教育的专项督导是有益的尝试，是解放思想、实事求是、与时俱进的结果，符合“五大发展理念”中“创新发展”的要求。教育督导作为有效的手段是可以在各级各类教育中发挥作用的。在其他领域，只要具备相关条件，我们也应该并且能够有所突破！

第二，通过专项督导检查，我了解到北京不利于民办高等教育的社会背景和主客观条件，向市领导提出了控制民办高等教育的建议。

民办高等教育和其他事物一样，也有自己的发展规律。发展需具备主客观条件，具备充足的动力。我经过在民办普通高等教育发达的省市调研，认识到民办高等学校发展有两种类型，一是“需求拉动型”，二是“资源拉动型”。浙江和江西是典型的“需求拉动型”。由于距离我国台湾较近，改革开放前，属于“前线”，高等学校不多。改革开放后，随着经济快速发展，高等教育供不应求，民办高等学校应运而生。由于各方面投入都有保证，浙江民办高等学校都有较强实力，学生也比较务实，不盲目追求高学历。江西民办高等学校发展迅速。江西南昌的蓝天学院 2007 年时是全国规模最大的民办高等学校。江西服装学院是发展速度最快的民办高等学校，2007 年在校生达到 15 000 名，拥有 9 000 台各种类型的缝纫机，建成了从面料选择、服装设计到模特展示的“一条龙”专业群，学生学习认真、愉快，非常满意！陕西是“资源拉动型”的突出代表，鼓励民办高等学校发展，制定了完善的发展政策，提供了优惠的发展条件。因此，陕西民办高等学校规模都较大，校舍成本都较低。加上陕西特别是西安高等学校众多，离退休的专家、学者多，能够提供优质师资，民办高校教育教学质量有保障，因此吸引了大量东北、内蒙古、河北、河南的学生。稳定的生源是可持续发展的关键。广东、湖南的民办高等学校也都属于这两种类型，或者兼而有之。我们北京是首都，高水平大学密集，公办资源丰富，而北京学生及家长又普遍讲求高学历，因此，北京民办高等学校不具备发展的充分条件。

推而广之，我认为要想干成任何事情，都必须进行可行性分析，不能人云亦云，随波逐流。每个干部都要立足客观实际，认真做好自己的本职工作，勇于向领导提出合理化建议。

（徐孟军　整理）

重大教育工程项目专项督导的实践探索

——李壑同志访谈录

从20世纪90年代开始，北京市委、市政府为了发展教育事业，提出了若干项有关教育事业发展的重大工作项目，其中，相当一部分是以教育工程的方式呈现的。比如1994年，中共中央、国务院召开了改革开放以来第二次全国教育工作会议。会议结束后，北京市贯彻落实会议精神的具体措施中，就提出了十项有关的教育工程，另外还有“六大措施”“五项政策”等。在1996年北京市教委成立之后，市委、市政府又陆续出台了一系列的教育工程，其中比较有名的就有“示范高中建设工程”。到了2004年，北京市召开首都教育大会，又提出了若干项工程，其中就包括“初中建设工程”“小学规范化工程”“学前教育三年行动计划”等。在20多年中，前后总共提出的教育类工程有数十项之多。

实践证明，以工程的形式来推进教育事业改革和发展，或者来推进教育这个薄弱环节的建设，是很有效的举措。因为在当时，这些工程是市委、市政府提出的重大项目，是举全市之力要完成好的工作。不仅仅是教育系统，市发改委、市财政以及人事、土地、规划等有关部门都配合并参与其中。在这个过程中，怎样理解工程的必要性，教育督导部门如何在其中发挥作用呢？可以从以下四个方面来理解。

第一，要看教育工程的实施背景。1986年，国家提出要普及九年义务教育，从那之后，我们完成的每一个阶段目标都是采取重点建设或者重点方向突破的方式。1993年，全国开始了关于“两基”的验收，即基本普及九年义务教育和基本扫除青壮年文盲，北京率先通过验收。之所以北京能够走在全国的前面，这与那几年开展的“山区教育工程”等工程项目是直接相关的。

1996年北京市教委成立之后的教育工程，和前面提到的工程，有着不太一样的背景。当时北京市的教育又向前发展了一大步。北京地区的九年义务教育已经实现了普及，高中阶段的教育在1996年、1997年、1998年这三年也已基本实现了普及。高等教育的毛入学率在那个阶段也超越大众化，迈进了普及化教育阶段。北京的教育在全国领先。但是，即便是这样，距离国家现代化建设的需要还是有所不足的，距离人民群众希望的接受更高水平的教育的目标，也还是有较大差距的。作为首善之区，市委、市政府长期以来一直要求北京教育工作应走在前列。在这样的基础和背景下，北京市又进一步陆续提出了一系列的教育类工程，希望做到北京的教育工作能够距离人民群众的需求和期望更近一些，希望除了让孩子都能上学之外，还能够接受比较均衡、公平、高效的教育。在21世纪到来之际，北京教育该追求什么新的目标，2004年召开的首都教育大会最先提出一个目标，就是通过四至六年的奋斗，使北京的教育迈向教育现代化。在这个奋斗目标下，北京分不同领域、不同方向实施了一批教育工程。

第二，怎样对教育工程实施督导？一般来讲，教育督导工作分成以下几个部分，通俗地讲就是监督、检查、评估、指导。从另一个角度看，督导工作还可以分为督政和督学两大方面。督政就是督各级政府对教育工作应该尽到什么样的责任，有没有形成经验、优势，还有哪些缺陷、弱项等。督学主要是督教育内部，比如，学校有没有按照国家的教育方针，按照党的教育方针，按照教育规律来实施教育教学工作等。当年，北京市教委成立之时，同时组建了北京市人民政府教育督导室。这就使得当时的教育督导工作得到了进一步加强，特别是督政工作。

随后的各个不同时期提出的不同教育工程和教育督导室又是什么样的关系呢？因为那些教育工程大部分是以市委、市政府的名义提出的，工程的落实仅靠教育系统是远远不够的。很多工程还需要市一级的计划、财政部门，也包括劳动人事、规划、土地等相关部门的配合，需要下级区县政府的相关部门，甚至需要区以下的乡镇街道的政府或者派出部门一起来配合。实际上，教育督导工作和教育工程的实施过程里面包含着督政、督学各个环节。打一个比喻，为了使市委、市政府有关教育的一些重大决策，具体来讲就是教育工程等，能够得到切实落实，教育督导部门就需要扮演这样的角色，相当于这个工程的监理方和执行方。甲方是市政府，而市政府各有关部门，甚至包括市教委、区县政府以及区县政府的下属各个部门，包括一些学校，是乙方，是操作方。在这里，督导就相当于一个监理部，它需要根据工程最初的设计目标、进展步骤，以及最终应达到的效果，来开展过程性的监督工作。

第三，督导的效果和重点。督导工作在市委、市政府下达任务的文件上，可能就是一小段话。随后，包括北京市教委在内的一些市级相关部门，要协调方方面面把这个工程细化。比如，这个教育工程主要有哪些内容？从几个方面开始建设？工程的进度是几年完成？某一个阶段达到怎样一个阶段目标，最终完成什么？作为教育督导部门，有责任对工程的实施情况进行督促和提示。首先是要求细化，要求具体操作方案的可行性。督导部门要进行监督，比如按计划本应该在三个月之内或者半年之内完成的任务，督导要检查是不是在这个阶段完成了。

督导工作的另一个重点是什么呢？比如某项工程涉及农村，需要教育督导部门到那个具体地区，针对具体阶段具体地了解情况。以比较典型的“初中建设工程”为例。“初中建设工程”实施时，当时督导的工作需要看各区县相应的配合方案和措施是不是已经出台。之所以提出“初中建设工程”，是因为有一批初中学校相对比较薄弱，要重点对其加以建设，力争消除这个薄弱环节。这样一来，工程正式提出后，各个区县根据实际情况，上报薄弱学校数字。市教委根据上报数字进行测算。假如一共报了100所，市里就要按照北京市的管理分工，分解任务，制定建设计划。按照常规，初中以下的学校的建设责任，主要靠区县政府负责。但由于财力或实力的差异，各区县对工程实施的支持力度是不一样的。这就需要市里统一调配资源，重点建设。“初中建设工程”还涉及学校的管理水平如何提升、师资队伍水平怎么提高、配置资源如何优化等问题，这些都是工程实施中的一些具体内容。教育督导部门当时的做法是到各个区县，根据实施方案，随着工程的进展，检查方案制定是否合理，有没有需要调整的地方。如果没有按原方案实施进展，教育督导部门要了解工程中是否有具体的问题需要向上面反映。“初中建设工程”一开始，教育督导部门就介入。在工程实施的全程中，每一个阶段督导都是及时跟踪、全面了解。最后，市政府教育督导室作为市政府的代表还要对工程有一个总结、验收。

前面谈到，从20世纪90年代初，北京市政府就陆续推出了一系列的教育工程，由于某些原因，有一部分工程还没有开工就无声无息了。有的工程虽然说是做得有模有样，但没有得到及时的总结，也没有人宣布工程结束。进入21世纪后，教育督导部门对工程建设项目的介入，逐渐改变了原来的状况。比如刚才提到的“初中建设工程”，最后全市开了一个总结验收大会，宣布工程胜利结束。工程开展起来多大规模，多长时间，什么样的具体成效，都在总结大会上一一交代，这样才能保证工程的实施。后来，教育督导部门配合市委、市政府重大的教育工程项目，大致都是采取这样的方式。对于推进教育事业的改革发展，这样的方式应该说是效率最高、效果最显著的。

第四，参与工程建设督导工作带来的经验有三条。

第一条经验，在打开工作局面问题上，抓重点是有效的方式。进入21世纪以来的教育工程，除了“初中建设工程”“小学规范化工程”，还有“绿色耕耘”“春风化雨”“学前教育行动计划”等一系列工程，是不是每个工程都要等量齐观地去抓监督？显然，教育督导部门力不能及，也没有必要。在实践中，市教育督导部门选择了关系到全局的、牵扯面较广的几项大的工程，积极地介入配合，通过配合起到监督作用，在配合中抓重点，是比较有效的一种推进方式。

第二条经验，在监督中促进各方面的协调配合，督导可以发挥独特作用。教育工程的实施确实需要方方面面的配合，这样一来，教育督导部门在这里面就可以牵头。“初中建设工程”的实施是市政府相关部门配合，市、区二级配合，然后区里来协同。教育督导部门可以利用其市政府代表的身份，联系各方，监督协调和促进各方面把配合做到最好，这也是完成好工程的一个重要的因素。

第三条经验，教育督导部门要充分注意并努力激发基层部门在工程建设上的积极性。在实践中，教育督导部门发现，基层蕴藏着很大的建设积极性。这里说的基层指的是区县下面的各个乡镇人民政府，或街道一级的政府办事机构，以及我们的各个基层学校。通过督导工作，我们感觉到基层积极性的发挥是工程圆满高效完成不可或缺的。一个方面是学校，之前有过经验教训。例如，20世纪90年代初为普及电脑和信息化教学，尽管当时也是北京市的工程，市里拿出一大笔钱，统一招标采购后给农村各个学校分配，但实际效果并不理想，投入和产出不成比例。原因之一就是没有让学校主动参与进来。应该说，能把所有硬件和软件都发挥最大效益的是学校。在"初中建设工程"中，涉及的学校应该完成到工作的哪一部分，这一点在督导工作的过程中，我们要宣传到位。要动员学校的力量，学校的力量一旦充分发挥，工程实施的效率和效果就远远不一样。督导的经验是深入到学校，去了解学校有哪些想法、如何落实、有哪些困难等。作为工程项目的最后一个环节，学校这一级干得好，对学校整体水平的提高，对教师和学生队伍精神状态的振奋，是能起到极大促进作用的。

另一个重要的基层是乡镇人民政府。按照北京市的教育管理职责，主要支撑义务教育的责任在于市人民政府和区县人民政府，乡镇一级人民政府有明确的投入责任。在实际中，北京郊区各区县的乡镇政府在教育事业的参与方面有着很大的积极性。比如在"初中建设工程"中，房山、通州、密云的乡镇人民政府都发挥了极大的作用。以通州为例，乡镇政府在短短的两三年中，自筹资金建好并交付了十几所新学校。市里在动员各方面参与教育工程时，并没有直接给学校所在乡镇提具体的财力投入要求，但积极性高的乡镇相互比着干。例如，这个乡在学校工作上配合市里的教育工程做了一些事情，改造了操场，新修建了教学楼，给教师采取了鼓励政策等，其他乡镇就学着这个乡的经验来做，而且还要做得更多更好。实际上，市级财政总体工程实际使用多少资金大部分都是计划的，在"初中建设工程"中，在花费的一百多亿元资金中，一半以上不是市级、区级财政支付的，而是带动起来社会自己投入的，只要是工程宣传动员得好，那么乡镇一级，包括社会方方面面的积极参与，会呈现事半功倍的带动效应。就任何一个工程而言，设计得再好，没有基层的动员、介入和配合，没有调动积极性，总体效果是要受影响的。

除了参与有大量资金投入的教育建设工程项目，市政府教育督导室这些年来还参与了一系列其他以市委、市政府名义推行的教育工作项目，主要有"义务教育均衡化建设""基础教育减轻中小学生课业负担""保证学生每天锻炼一小时"等。比如，"体育锻炼一小时"这个项目推进过程中，市级教育督导部门和区级教育督导部门配合，像监督工程一样，看学生是否真正做到体育锻炼一小时。在工作实施中，督导部门一定要开展学校实地检验。比如开教师座谈会、学生座谈会，问孩子们是不是做到了每天锻炼一小时等，有时还要搞"回马枪"式的检查。要想了解一线的真实情况，光看报表，光看文字是远远不够的。这些年，市政府教育督导室在配合市政府开展推进教育事业的改革发展建设方面，想了一些措施，采取了一些办法，起到了积极的推进作用。但是，从高标准、严要求来衡量，我们还有提高的空间，还可以去总结分析探讨，还可以继续改进我们的工作，使督导的效果更加有效，使教育事业更加健康有序向前发展。

（王家兵　整理）

推行教育督导责任区制度实施挂牌督导的经过

——关国珍同志访谈录

一、北京市推行督导责任区制度、实施责任督学挂牌督导的基本情况

2012 年 5 月《教育部关于加强督学责任区建设的意见》中明确提出：督学责任区建设是教育督导制度建设的重要组成部分；按照“因地制宜、分级负责、全面覆盖、推动工作”的原则，在省、市、县三级分别设立督学责任区。北京市积极贯彻落实，结合我市实际，于 2013 年 11 月制定《北京市人民政府教育督导室关于建立和完善督学责任区制度的意见》，对督学责任区的设置、责任区督学的工作职责和工作方式、督学队伍建设、责任区工作的保障和管理等提出明确要求。2013 年 9 月，国务院教育督导委员会办公室印发《中小学校责任督学挂牌督导办法》。2013 年 12 月 27 日，北京市教委、市政府教育督导室联合召开了中小学校责任督学挂牌督导启动会，部署全市中小学校责任督学挂牌督导工作。副市长杨晓超和教育部督导办主任何秀超出席会议并为朝阳实验小学“责任督学公示牌”揭牌。2014 年 3 月市人民政府办公厅转发市教委市政府教育督导室《北京市关于做好中小学校责任督学挂牌督导工作的实施意见》，确定了北京市推进挂牌督导工作的指导思想、工作策略和主要措施。在此期间，各区县均成立了以主管区县长为组长的领导小组和协调小组，加强责任督学挂牌督导工作的组织和领导。

中小学校责任督学挂牌督导和督学责任区建设工作，是深化教育督导改革、加强督导工作的重要方式。北京市高度重视，采取了一系列措施，进行了顶层设计，提出了“市级指导、区县主责、全面推进、稳步实施、务求实效”20 个字的挂牌督导工作原则，为开展挂牌督导工作提供了制度和机制保障。全市统一制作了中小学校责任督学公示牌、督学工作证，促进了此项工作规范、可持续发展。

（一）市级统筹指导，着眼于可持续发展

一是加强指导，整体推进。市政府教育督导室组织专家研制了《北京市中小学校责任督学挂牌督导工作指南》，为区县教育督导室、责任督学、学校有效开展挂牌督导提供政策支撑和实践指导，对加强体制机制建设、督学队伍建设和提高挂牌督导工作水平起到了促进作用。

二是加强培训，专业化发展。依托北京市督学研修中心，把责任督学的培训纳入年度培训计划，明确培训内容和培训形式。利用“督学大讲堂”，面向全市责任督学进行首都基础教育综合改革、招生入学政策、如何开展过程性督导等方面的培训，提高责任督学的专业水平与政策水平。针对挂牌督导工作，我们已经举办了 9

期“督学大讲堂”，先后邀请教育部副部长刘利民，市委常委、市委教育工委书记苟仲文，教育部督导办主任何秀超，教育部教育发展研究中心主任张力等有关领导和专家为全市责任督学做报告，有效提高了责任督学的专业水平与政策水平。

三是典型引领，加强宣传。充分利用《北京教育》《现代教育报》和北京教育督导室网站等各种宣传平台，推介区县先进典型经验、责任督学先进事迹。每年组织责任督学挂牌督导工作现场会，编辑督学工作案例，宣传交流典型经验、督学感悟与心得、校长体会与事例，发挥典型引领示范作用，促进了中小学校责任督学挂牌督导工作的顺利实施，整体推动了挂牌督导工作。

四是加强理论研究，深化实践。连续两年以委托课题的形式，开展挂牌督导实践与理论研究，研究制定挂牌督导工作的标准和流程，探索挂牌督导规律，提高挂牌督导理论水平，并以此促进责任督学专业发展和挂牌督导的科学发展。

（二）坚持任务驱动，着眼于挂牌督导落到实处

我市挂牌督导工作紧紧围绕首都教育改革的重点、热点工作推进，统一部署、统一培训、统一检查，推动了综合改革各项工作的有效落实，得到社会各方面的普遍认可。总体来看，挂牌督导发挥了六个方面的作用。

一是在促进教育公平方面发挥了重要作用。为了促进首都义务教育均衡发展，我市 16 个区（县）整体申请了国家义务教育均衡发展督导评估验收。为了促进每所学校达到评估认定标准，全市挂牌责任督学 684 人深入每一所学校，针对每一项指标进行督促检查，指导学校认真落实国家和本市要求，积极整改，有效促进了学校硬件达标和管理水平、办学水平的提升，实现了北京市义务教育均衡发展一次性通过国家验收和全市义务教育优质均衡发展的目标。

二是在“减负”工作中发挥了督导监测作用。在本市中小学校大力推进“减负”工作的过程中，挂牌责任督学通过多种方式对中小学生课业负担情况进行督导监测，初步建立了全市“减负”督导监测数据库，形成了区县、学校“减负”督导监测报告，并将监测结果发送至区县教委，促进了学校规范办学和学生全面健康发展。

三是在提高教育教学质量方面发挥了助推作用。在本市推进基础教育部分学科教学改进工作过程中，中小学挂牌责任督学深入学校、深入课堂，参与学校教学研究活动，帮助教师研究分析学科教学改进方法，对学校教学实践活动提出有益的建议和指导，深受学校和教师的欢迎。

四是在开展初中开放性科学实践活动专项检查工作中发挥了检查督导作用。初中开放性科学实践活动是北京深化教育领域综合改革的重要举措，2015 年进入实施阶段，责任督学挂牌督导及时跟进，启动开放性科学实践活动专项督导。对于社会资源单位的督导，扩大了我市责任督学的工作范围和领域。这项督导在培养中小学生创新精神和实践能力方面发挥了积极作用。

五是在面对突发事件应急处理工作中发挥了巡视反馈作用。2015年12月，北京连续两次启动空气重污染红色预警措施，全市中小学校全部停课。为了解各区和学校工作落实情况，全市所有挂牌责任督学深入一线开展应急督导，采取电话随访和实地走访的方式对学校进行检查。建立起每天定期信息反馈上报制度，充分展现了挂牌责任督学高度的责任心和对教育督导工作认真负责的精神。

六是凸显服务意识，发挥了桥梁沟通作用。挂牌督导使督导工作阵地前移、重心下移，挂牌责任督学能全面了解、掌握学校贯彻党和国家教育方针政策、规范办学、常规管理的情况，及时发现学校发展中存在的问题和困难，提出有针对性的建议，促进学校健康发展，特别是在招生政策和中高考改革政策的宣传方面发挥了重要作用。仅朝阳区实施挂牌督导以来，挂牌责任督学就接听电话10 684个，特别是在招生季，责任督学在宣传招生政策、解答家长疑问等方面起到了重要作用。

（三）激励区县创新，着眼于挂牌督导制度和机制建设

各区县根据国家和北京市挂牌督导工作要求，制定了挂牌督导实施方案，着力开拓创新，既加强挂牌督导工作基础建设，也突破工作难点。

一是加强挂牌督导的制度和机制建设。制度和机制建设是做好工作的基础和前提，有效的制度和机制将会为各项工作顺利开展提供保障。各区县普遍制定了责任督学挂牌督导工作机制，如海淀区制定了《海淀区关于加强督学责任区建设的意见》《海淀区落实〈中小学校责任督学挂牌督导办法〉实施方案》《海淀区责任督学挂牌督导工作指南》《海淀区责任督学挂牌督导工作实用手册》等工作文件，编印了《海淀区责任督学挂牌督导工作报告选编》《海淀区责任督学挂牌督导工作实践案例》《海淀区义务教育阶段减轻学生过重课业负担督导监测文集》等资料，让挂牌督导工作的每一步都有目标、有制度、有痕迹、有交流，对每一个单位督导的标准及流程实现高度一致，为提高挂牌督导工作水平奠定了制度基础。

二是研究制定挂牌督导流程。各区县借助已有的问题解决工作机制，创新工作方式，研究制定了责任督学挂牌督导问题解决流程与机制。例如，昌平等区结合区域实际，建立和完善了挂牌责任督学接待来信、来电、来访的工作流程与问题解决机制，既解决了挂牌责任督学收集到的问题，又保障了挂牌责任督学的主要精力聚焦于对学校的经常性督导。大兴区严格“五三”工作制，一是“三看制度”，坚持“看校园、看教室、看设施”；二是“三听制度”，坚持“听课、听声（即师生反映）、听会（参加学校重要会议）；三是“三问制度”，坚持“问生活、问工作、问学习”；四是“三查制度”，坚持“查师德、查安全、查常规”；五是“三督制度”，坚持“督规范办学行为、督重点工作落实、督教育教学改革”，既明确了挂牌责任督学经常性督导的流程和要求，又实现了工作的规范和高效。

三是促进责任督学专业化发展。提高责任督学专业水平，提高挂牌督导的质量，是在构建挂牌督导责任督学队伍时必须解决的问题。各区县开阔工作思路，通过拓宽责任督学聘任范围，改变督学结构，提高了责任督学整体的专业水平。

四是探索提高挂牌督导工作的实效性。为了有效深入学校、深入课堂、走近教师，全面落实挂牌督导内容，各区县结合实际，创造性地开展挂牌督导工作，均形成了有效的工作模式。

二、2016 年全国责任督学挂牌督导推进会在北京召开，北京市责任督学挂牌督导工作在全国产生了很大影响

2016 年 4 月，在全国两会刚刚闭幕、全国教育系统正在科学谋划和实施“十三五”规划之际，教育部督导办在北京召开全国中小学校责任督学挂牌督导工作推进会，主要是贯彻党的十八大和十八届三中、四中、五中全会精神，落实党中央、国务院关于强化教育督导的有关决策，启动认定并推进全国中小学校责任督学挂牌督导创新县（市、区）工作，以此推动教育督导工作水平提高，保障教育事业科学发展。

推进会会期一天，分两段进行。上午，各省（自治区、直辖市）教育督导的领导分五个组实地观摩了北京市申报国家创新区的 5 个区的各一所中小学校的责任督学现场督导，包括责任督学们校园巡视和听课评课。下午有三项议程：一是北京市委教育工委副书记、市政府教育督导室主任唐立军同志发言。二是观看北京市、辽宁省大连市金普新区、江苏省南京市秦淮区、湖南省长沙市望城区和重庆市巴南区的专题宣传片，了解各地中小学校责任督学挂牌督导创新工作的主要做法。三是教育部副部长、国家总督学刘利民同志讲话。他指出，北京市为大家介绍了中小学校责任督学挂牌督导创新工作的主要做法，形式生动，内容翔实，他们对挂牌督导工作高度重视，措施得力，敢于探索，勇于创新，取得了很好的经验，尤其是在督学的遴选、工作保障、职权赋予、对群众关切问题的处理、对学校教育教学的指导以及利用信息化工作平台开展工作等方面形成了特色，提供了示范。

由于在全国推进会上推出北京经验，北京市中小学校责任督学挂牌督导工作在全国产生了非常大的影响，随后各地纷纷到北京观摩责任督学挂牌督导创新区工作，学习北京的经验和做法，如上海市、辽宁省和南京市等与北京市进行了沟通交流。同时五个获得首批创新区的先进经验也在北京市创造了良好的教育督导工作氛围，很好地带动了其他各区责任督学挂牌督导创新区创建工作。

三、北京市大力推进责任督学挂牌督导创新区建设工作

2015 年 3 月，为推动全国各地进一步落实《中小学校责任督学挂牌督导办法》《中小学校责任督学挂牌督导规程》《中小学校责任督学工作守则》，逐步实现学校督导评估工作科学化、规范化和制度化，国务院教育督导委员会办公室决定在全国开

展中小学校责任督学挂牌督导创新县（市、区）工作。

根据国务院教育督导委员会办公室印发的《中小学校责任督学挂牌督导创新县（市、区）工作方案》精神，2015 年 6 月北京市教委、市政府教育督导室下发《关于开展中小学校责任督学挂牌督导创新区县工作的意见》，在全面落实督导办工作要求的同时，对北京市挂牌督导创新区工作做出明确部署，制定了北京市挂牌督导创新区评估认定标准。把创新区争创工作作为促进责任督学挂牌督导工作的激励机制和重要举措，要求各区高度重视此项工作，准确把握创新区标准，从实践出发，形成鲜明特色。同时决定每年开展北京市责任督学挂牌督导创新区评估认定工作，从此拉开了全市创新区创建工作的序幕。2015 年 9 月，市政府教育督导室组织了第一次北京市中小学校责任督学挂牌督导创新区评估认定工作，海淀区、朝阳区、顺义区、大兴区和怀柔区 5 个区按照要求，对照评估标准进行了自评，在自评合格的基础上，申报了北京市市级挂牌督导创新区，10 月，市政府教育督导室组织评估专家组对这 5 个区挂牌督导工作情况进行了评估核查，经评估 5 个区符合北京市市级评估认定标准，评定为北京市市级挂牌督导创新区，同时向教育部督导办申报国家级评估认定。2016 年 3 月教育部督导办组织专家评估组对 5 个区进行了评估认定，5 个区顺利通过核查，成为全国第一批国家级挂牌督导创新区。为进一步推进全市此项工作，2016 年 4 月 29 日北京市召开全市督导工作会，为 5 个区颁发市级创新区奖牌，同时总结全市挂牌督导创新区工作情况，对下阶段工作提出明确要求，确定力争用三年时间，16 个区全部达到北京市和国家级创新区评估认定标准。2016 年 7 月，市教委和市政府教育督导室下发《关于印发 2016 年北京市责任督学挂牌督导创新区评估认定工作方案的通知》。2016 年 9 月，组织召开了全市挂牌督导创新区创建工作学习培训会，围绕创新区评估标准、工作要求等，进一步对教育督导室相关部门和责任督学进行专题培训。2016 年 10 月，组织全市第二次市级评估认定工作。

四、北京市责任督学挂牌督导工作值得总结的经验

1. 市级指导，区县主责，形成了具有北京创新实践经验的“三个坚持”的工作思路、模式。市教委、市政府教育督导室全面部署，加强指导，各区县根据实际，强化政策协调和条件保证，积极推动挂牌督导工作，形成了“三个坚持”的工作思路和模式：坚持在深化首都教育综合改革、推进教育督导创新中健全工作体系；坚持以督学责任区建设为基础，强化责任督学队伍专业化能力建设；坚持问题导向、任务驱动，创新体制机制，全面推进，稳步实施，务求实效，高水平完成责任督学挂牌督导各项任务。

2. 以制度建设为切入点，建立了管用、实用的一系列落实挂牌督导工作的保障机制。依据教育部督导办相关文件要求，北京市先后制定出台了《关于做好中小学

校责任督学挂牌督导工作的实施意见》《北京市教育委员会、北京市人民政府教育督导室关于开展中小学校责任督学挂牌督导创新区县工作的意见》《2015 年责任督学挂牌督导创新区县评估认定工作方案》等一系列文件，建立健全了具有北京特色的挂牌督导制度体系，为挂牌督导工作顺利开展提供了制度保障，实现了挂牌督导工作的标准化、规范化。

3. 加强挂牌督导工作的科学研究，推动挂牌督导工作科学、有序、深入发展。市、区两级教育督导机构注重开展挂牌督导实践与理论研究，探索挂牌督导规律，确定了挂牌督导的指导思想和工作思路，制定了一系列挂牌督导的制度和机制，研制了挂牌督导工作指南。各责任督学紧紧把握挂牌督导的职责内容、基本标准和要求，结合各校实际制定切实有效的工作方案和工作计划，工作方法不断创新，工作效果日益明显。通过实践探索和改革创新，北京责任督学挂牌督导工作初步形成了具有鲜明特色的北京模式。

（胡靖　整理）

北京市区（县）级教育督导发展历程

——冯义国同志访谈录

我在顺义从事教育和教育督导工作30余年，担任过顺义区政府教育督导室副主任、主任，就以顺义区教育督导工作为例，回顾一下北京教育督导工作的历程。总体上看，顺义教育督导大致经历了三个阶段。

一、恢复成立，起步阶段

1986年10月，国务院批准教育部视导室更名为国家教委督导司，这标志着我国的教育督导制度的正式恢复和重新建立。顺义县人民政府督学室1988年随之成立。1998年顺义撤县设区。同年12月16日，庆祝顺义区成立大会召开。同时，顺义县人民政府督学室更名为顺义区人民政府教育督导室。

在建立督学室十余年间，督学室相当于教育局的一个科，人员编制归教育局统筹安排，没有明确的定位，没有在人事局备案，没有确定的身份。但那时候督学室虽然人手有限，却积极督促乡镇政府重视教育工作，关心教师生活，督促没有兑现按时发放教师工资的乡镇加快兑现，为落实教育政策、推进教育发展付出了努力。

二、机构改革，奠定基础阶段

2001年，顺义区进行了机构改革，明确了教育督导室的职能定位和督导室编制、身份，教育督导工作进入了奠定基础、稳步前进的阶段。

（一）为教育布局调整出谋划策

为深入贯彻《义务教育法》，优化中小学布局，提高教育投资效益和教育质量，促进义务教育均衡发展，区教育督导室积极配合区教委进行第三次布局调整，拟定了布局调整的设想、步骤、办法和保障措施等。还邀请教育系统离退休干部就中小学布局调整规划的科学性、合理性和可行性进行座谈，积极为第三次布局调整建言献策。

（二）为推进义务教育均衡发展全力以赴

区教育督导室承担了落实《北京市中小学校办学条件标准》政府折子工程，启动农村30所中小学校办学条件标准化建设工程。召开会议认真研究确定了“前期调研—资金测算—分步实施—整体推进”的工作思路，有力保障了《北京市中小学校办学条件标准》的全面落实，推进了区义务教育的均衡发展。

（三）形成了联动检查机制

为促进《教育法》《义务教育法》《职业教育法》的贯彻落实，推进顺义区基础教育均衡发展，高标准、高质量实施九年义务教育，区教育督导室形成了与区人大教科文卫委员会、区政协科教文卫体委员会联合组成教育执法检查团，对区财政局等相关委办局及镇、街贯彻执行《教育法》《义务教育法》情况进行联合检查的机制。通过听取汇报、开展座谈、深入实地考察等途径，推进全区依法行政、依法治教的进程，促进全区基础教育均衡发展、职业教育更高更快发展。

（四）全面开展学前教育督导

幼儿教育是基础教育的基础，关系到一个家庭、一个地区、一个民族的未来。区教育督导室将培养幼儿良好的行为习惯，注重孩子节约意识、审美意识的培养，为孩子一生发展奠基等作为对幼儿园的督导重点，配合教育行政部门着力打造顺义区乃至北京市优质园所。在督导过程中，提出学前教育个性化发展的“三特一个”主张，即学前教育行政管理上要有特点、办园要形成特色、教师要有特长，幼儿发展要有个性。

三、机构完善，阔步前行阶段

2008 年，区教育督导室从教委机关搬出到退休教师服务中心北楼三层，开始独立办公。按照市、区部署进行机构改革，落实“三定”政策，确定了区教育督导室的机构、职能和编制，明确区教育督导室为正处级行政单位，领导职数一正二副，且督导室主任不再由教委主任兼任。2014 年 12 月，经区编办批复，区教育督导室再次进行了机构调整，设立了综合科、督政科、督学科三个科室，编制上确定了一位主任、两位副主任、三位科长和六位专职督学，教育督导力量不断加强。

区教育督导室认真落实《北京市教育督导规定》和北京市教育督导工作会议精神，加强督导机构和督导队伍建设，并依据教育法律法规，对乡镇政府、街道办事处和区政府有关委办局进行督导，对义务教育、学前教育、校外教育、特殊教育等各级各类教育实施督导检查，各项工作取得显著成绩，先后获得全国教育督导工作先进集体、全国责任督学挂牌督导工作创新区、全国教育督导信息宣传工作先进集体等荣誉称号。

（一）一次性通过义务教育均衡发展国家级验收

为推进义务教育均衡发展，顺义区一方面以提高义务教育发展水平和教育质量为核心，以完善教育资源配置为抓手，以提高队伍素质为重点，实施城乡统筹策略，推动城乡学校协调发展；实施学校标准化建设策略，高效配置教育资源；实施教师素质提升策略，提高义务教育优质发展的保障能力；实施城乡教师交流策略，推进城乡教育一体化进程；实施学校内涵发展策略，打造一批优质特色学校；实施督导推进策略，建立义务教育均衡发展长效机制。

另一方面认真落实《教育督导条例》，制定了《义务教育均衡发展问责办法》，全面加强义务教育督导工作，建立起义务教育阶段学校均衡发展年度监测机制。对镇、街道、委办局和中小学进行推进义务教育均衡发展任务分解，探索综合督导与专项督导相结合的督导模式。把每年9月作为教育法律法规“宣传月”，加强对《义务教育法》的学习宣传，采取多种形式不断提高各单位、各部门领导干部和行政人员依法行政、依法治教意识。坚持把有关委办局、镇政府、街道办事处依法履行教育职责纳入督导考核指标体系，对其推进义务教育均衡发展情况进行综合督导，实行督学责任区制度，采取“听、查、看、问、访”等途径，对初中校建设、小学规范化建设、中小学体育工作等进行专项督导。督导过程中，实施“走五步、重五字”的督学模式——学校自评突出“助”字、随访督导突出“导”字、督导评估突出“督”字、督导复查突出“实”字、交流总结突出“飨”字，受到学校欢迎。实施问责制，将义务教育阶段不设重点校、重点班和缓解公办义务教育择校等工作作为执法检查和义务教育阶段学校督导工作的重要内容。

2015年4月，一次性通过国家义务教育均衡发展督导验收。

（二）首批通过国家级责任督学挂牌督导创新区评估验收

顺义区责任督学挂牌督导工作的做法归结起来主要是双轮驱动、四级组织、多措并举，护航教育发展。

双轮驱动：2012年建立了督学责任区制度，按照《顺义区城乡联动教育改革实验方案》的组团划分，将全区中小学校划分成6个督学责任区，每个责任区安排3名责任督学，并设1名组长。责任区督学主要由知名校长、教育专家等担任，重点职能是指导与监督，目的是发挥专业督学对学校的指导引领作用，促进学校内涵发展。全区共有19个镇、6个街道，每个镇街各有一名区教委委派的教育助理，协助镇长处理辖区有关教育方面的行政事务工作。他们均担任过副校长以上职务，兼任辖区内某校党支部书记，有着丰富的教育管理经验。2013年底，增聘各镇街教育助理为行政督学，并挂牌公示，重点职能是对辖区内中小学进行监督与指导，发挥教育助理在行政上对学校的监督保障作用。目前，每一所学校都有业务和行政两类责任督学，协调学校、镇街、教委科室，共同解决学校发展问题，共同作用于责任区学校，实现了专业督学和行政督学并驾齐驱。

四级组织：一是区政府成立了责任督学工作区级联席会。主管副区长任组长，各镇、街道及教委、发改委、公安分局、财政局、人保局、卫生局、体委及文委等有关委办局为成员单位，统筹协调解决家长、学生、教师、社会反映的教委无法独立承担、处理的教育发展热点、难点问题。二是区教委、教育督导室成立了责任督学工作协调会。组长由教育督导室主任担任，教委各科科长为协调会成员，会商、处理责任督学不能独立处理的问题。三是设立责任督学工作办公室。办公室设在教育督导室，由教育督导室副主任担任督学工作办公室主任，统筹协调责任督学日常工作。四是建立了校级层面的督学联系人制度。凡责任督学深入学校发现的问题，接到群众反映的电话、信件等，学校能解决的，直接与学校联系人沟通，要求学校及时解决。四级组织各司其职，相互沟通，形成了联动处理问题机制。

多措并举：一是条件保障。为了开展工作方便，每位责任督学配发专用工作手机一部，作为工作电话，并建立公共邮箱，通过督学公示牌和网络向社会公布；多种办法解决交通问题，责任督学可乘坐公交或学校教师班车到学校开展工作。二是经费保障。在 2014 年预算里，包含责任督学酬金、通信补助等费用共 32.8 万元，为责任督学经常化开展工作提供了坚实的经费保障。三是建立了定期培训机制。责任督学挂牌督导强调依法对中小学校进行监督和指导，督导事项多、要求高，具有很强的专业性，定期培训有力地保障了挂牌督导质量。四是完善了责任督学考核机制。责任督学考核基本分值为 100 分，其中督导绩效考核 50 分，工作过程考核 50 分，对责任督学履行职责、开展工作和完成任务情况进行考核。

2014 年 9 月 11 日，北京市中小学校责任督学挂牌督导现场会在顺义召开；2015 年 9 月，顺义区被认定为北京市中小学校责任督学挂牌督导创新区；2016 年 3 月，顺义区通过全国中小学校责任督学挂牌督导创新区核查验收。

（三）每年对镇政府、街道办事处依法履行教育职责情况督导形成制度

为加快区依法推进素质教育进程，进一步强化各镇政府、街道办事处依法履行教育职责，全面实施素质教育，区政府教育督导室每年按照区考核领导小组办公室《关于对各镇和街道进行集中考核的通知》要求，依照《镇（街道）绩效管理集中考核工作方案》和《北京市顺义区镇政府全面实施素质教育评价方案》，于每年年底协同发改委等有关委办局，对全区 19 个镇、6 个街道办事处集中进行绩效考核工作。督导考核的主要内容是各镇、街道年度综合治理辖区学校、幼儿园周边环境和维护校（园）安全稳定情况，满足适龄儿童入园情况、社区教育基地建设及社区教育（重点是青少年校外教育）开展情况等。

督导考核组通过查阅《顺义区镇政府、街道办事处履行教育法律法规 全面实施素质教育工作手册》、治理校园周边环境和维护校园安全稳定等相关档案资料，组织校、园长网上问卷，实地考察部分中小学、幼儿园周边环境等途径，广泛获取信息，并进行认真归纳、整理、分析、总结，按照区考核小组分配的权重，给各镇、街道打分，报主管区长审批后上报区考核领导小组，教育考核得分纳入对各镇、街道绩效考核范畴。

通过督政，引起了各镇政府、街道办事处对教育工作的高度重视，围绕“打造教育强区，实现全区教育发展一体化、均衡化和现代化”的教育发展总目标，全区各界齐心协力、务本求实、勇于创新，教育事业取得了辉煌的成就。

（四）每年坚持教育法律法规执行情况自查

区政府教育督导室每年召开教育法律法规执行情况自查工作动员会，成立了区教育法律法规执行情况督导检查组，区政府教育督导室主任任组长，成员由区专、兼职督学及区发改委、区财政局、区规划分局、区住建委、区教委、区公安分局等有关委办局特邀人员组成。

教育法律法规执行情况督导检查采取部门自查与区政府教育督导室实地抽查相结合的方式进行。检查重点是有关委办局贯彻执行《北京市实施〈中华人民共和国义务教育法〉办法》及贯彻落实《北京市顺义区人民政府办公室关于明确有关部门教育法律职责的通知》情况。

教育工作执行法律法规情况督导检查工作，坚持以查促建、以查促改的原则，采取各项有力措施，切实贯彻教育法律法规的要求，落实教育优先发展的战略地位，促进本区教育的科学发展、和谐发展。

（五）开放式效能性学前教育督导促进幼儿园自主发展

开放式效能性督导的目的是立足服务、谋求发展，定位是挖掘潜能、彰显特色。开放包括督导对象开放、督导人员开放、督导现场开放、督导标准开放、督导过程开放，在前期准备和后期持续跟进过程中，以商讨确定目标达成的方式，由责任督学负责指导幼儿园开展自评工作、完善发展规划，与幼儿园园长交流沟通，消除被督导幼儿园“迎检”心理，协助梳理办园特色和发展瓶颈问题等内容，出面联系相关专家，搭起幼儿园与专家指导工作的桥梁。现场督导时，市、区专家通过听取园长汇报、召开座谈会、看环境、查资料等形式，了解幼儿园现状，根据现状答疑解惑，引导帮助幼儿园找准特色，提升办园水平。督导过程中，各特色相近幼儿园园长、业务园长前往观摩，督评会场、检查过程、评估交流、反馈意见过程及备检材料等均现场开放。创新的督导形式取得了良好的督导效果，一方面使被督导幼儿园进一步理清了办园思路，为下一步加强队伍建设、提升教育质量、打造园所特色给予了有针对性的引领，另一方面给各幼儿园搭建了参观学习、汲取经验的平台，提供了相互学习的机会，同时也使督导评估指标体系在参观学习的过程中再次深化，并与日常工作更加有机地结合，受到各园园长的热烈欢迎。

（六）将青少年校外教育工作纳入督导范畴

开展校外教育督导是贯彻落实中共中央办公厅、国务院办公厅《关于进一步加强和改进未成年人校外活动场所建设和管理工作的意见》和市委办公厅、市政府办公厅《关于进一步加强和改进未成年人校外教育工作的意见》及区委办、区政府办《关于进一步加强和改进未成年人校外教育工作意见》，进一步推进区校外教育事业健康、可持续发展的有力举措。区教育督导室主持研讨了《北京市区县校外教育工作督导评估方案》，修订了《北京市顺义区校外教育工作督导评估方案实施细则》，分析了顺义区青少年校外教育发展现状，提出了下一步开展校外教育工作的目的、意义、途径和办法，自2011年起每年将校外教育纳入督导范畴，要求各部门认真履行职责，全面提高校外教育的管理水平和发展水平；在全面实施素质教育要求下，通过学校教育和校外教育双轮驱动，使青少年的素质得到全面提升。

（七）将特殊教育工作纳入督导范畴

根据《北京市教育委员会、北京市人民政府教育督导室关于对区县特殊教育工作进行督导评价的意见（试行）》精神，更好地落实《中华人民共和国残疾人教育条例》和市教委《关于落实第四次全国教育工作会议精神进一步加快首都特殊教育事业发展的意见》，进一步加强对特殊教育工作的督导，促进特殊教育事业发展，区政府教育督导室修订了《北京市顺义区特殊教育工作督导评估方案实施细则》，自2013年起每三年对特殊教育学校进行一轮调研式督导。

督导的主要内容是学校硬件建设与使用、经费投入与使用、干部教师队伍建设、学校管理、档案资料、工作绩效与特色等。通过听取特教学校校长工作汇报，实地考察学校设备、设施及环境，随机听课，访谈干部、教师，查阅档案资料等途径，全面了解特教学校发展情况。

在过去的几年间，“教育督导”从一个新鲜词逐渐成为教育领域一个十分重要的关键词，而且，越是急难险重，越是需要改革攻坚的地方，教育督导的重要性就愈加凸显。现在北京市教育督导委员会成立了，各区县需要积极行动起来，加快改革攻坚步伐，从机构、职责、人员编制等方面重新梳理教育督导定位。要在新的历史时期把师德师风、义务教育阶段“择校”、教师有偿补课现象等教育重点、难点、热点问题作为监督检查的重点。要加快教育督导信息化建设，健全评估监测体系，充分发挥第三方评价作用，高效权威评价教育发展，为办人民满意教育保驾护航。

（李强　整理）

制定完善区县政府、教委、学校“三位一体”教育督导评价方案的情况

——刘任同同志访谈录

教育督导和教育评价是现代教育科学应用研究的重要理论和实践课题，二者的有机结合产生和发展了教育督导评价，随着教育的发展和创新逐步形成了教育督导评价制度。北京市制定、完善区县政府、教委、学校“三位一体”的教育督导评价方案，初步形成教育督导评价制度是这个理论和实践课题的研究成果之一，是教育督导30年发展中具有首都特色的重要特点之一。

一、制定“三位一体”教育督导评价方案的基础——中小学校教育质量综合评价方案

（一）制定了《试行意见》

北京市教育局督学室成立后，根据市委领导同志提出的“怎样才是一所好学校，怎样才是一个好学生的标准”的课题，与市教育局、市教科所密切配合，积极开展了“中小学工作质量综合评价”和“中小学生质量综合评价”的研讨和试点，制定了《北京市普通中学教育质量综合评价试行意见》和《北京市小学教育质量综合评价试行意见》（以下简称《试行意见》），并于1988年6月由市教育局作为指导性意见予以颁布。《试行意见》包括《学校工作质量综合评价方案》和《学生质量综合评价方案》，两个方案有机结合，组成学校教育质量的整体。这两个方案的颁布，适应了当时实行校长负责制，加强宏观管理和实施教育监督的客观需要，其目的是力求科学地评价学校教育质量，引导广大教育工作者树立正确的教育观和质量观，端正办学方向，加强科学管理，深化教育改革，全面提高学生素质，实现培养目标。同时，也使学校和教育行政部门及时了解情况，为教育决策提供依据。这两个方案的颁布，第一次提出了教育质量综合评价的指导思想是坚持党的基本路线以及党和国家的教育方针，以马克思主义教育价值观、全面发展学说系统论思想和教育管理学为理论依据，运用现代教育评价的理论和方法，坚持方向性、整体性、动态性、主体性和科学性与可行性相结合的评价原则。第一次提出了在评价过程中要进行形成性评价；发挥评价的导向、激励、调控、鉴定基本功能；重视被评价者的主体地位和自我评价的作用，采用定性和定量相结合的方法，做出价值判断，提出评价意见，以利于学校工作的改进和学生质量的提高。这两个方案的指标体系，是对学校工作质量和学生个体质量的基本要求，力求达到树立衡量一所好学校和一个好学生标准

的作用。在实践中，要因地制宜、因校制宜，二者可单独使用也可配套使用。评价结果可以是定性的如评语，也可以是定量的如分值或等级。

《试行意见》颁发后，引起了广大教育行政干部和教师的重视。绝大多数区县认真组织学习和实施，开展了我市第一轮中小学教育质量综合评价工作，取得了初步效果。

（二）形成了《评价方案》

1992 年，在总结实施《试行意见》的基础上，为了认真贯彻党的十四大精神，落实《中国教育改革和发展规划纲要》的有关要求，适应深化教育改革的新形势，进一步促进中小学校全面贯彻教育方针，加强学校科学管理，提高教育质量，市教育局督学室组织市教育局有关处室、市教科所科研人员对《试行意见》进行了修订，形成了《北京市普通中学教育质量综合评价方案（试行）》和《北京市小学教育质量综合评价方案（试行）》（以下简称《评价方案》）并于 1993 年 2 月由北京市教育局作为指导性意见，予以颁布。

《评价方案》与《试行意见》在指导思想、理论依据、评价原则和设计思路上总体相同，主要区别是评价内容表格化、简约化，便于操作，其主要特点是：

1.《评价方案》是全市教育行政部门、教育督导部门和各中小学统一使用的评价方案。评价内容经调整，贯彻了当时国家教委颁布的《中小学督导评估工作指导纲要》精神；把学生个体质量评价指标，调整为学生群体质量评价指标，并与学校工作质量评价指标紧密结合，融为一体，组成学校教育质量综合评价整体。修订后的评价指标体系体现了国家和北京市对学校管理工作质量和学生群体质量的基本要求，进一步明确了衡量一所学校教育质量的基本标准，对推动学校坚持正确的办学方向，提高教育质量，发挥了积极作用。

2.《评价方案》第一次提出了在我市逐步建立中小学校自我评价和督导评价相结合的督导评价制度的要求。要求学校领导班子每学年结合总结工作，依据《评价方案》进行一次自我评价，发挥优势，克服不足，及时反馈，及时调整，作为加强学校科学管理和民主管理，进行自我完善的重要手段；要求区县由督学室牵头，会同区县教育局有关科室，对所属中小学校一年一次进行自我评价基础上，每 3—5 年完成一轮督导评价，运用诊断性评价、形成性评价和总结性评价相结合的评价手段，发挥教育评价功能，分类指导，促进学校全面贯彻教育方针，全面提高教育质量，促进区域性教育水平的不断提升，并为教育管理部门职能转换，为政府教育决策提供重要依据。要求从 1993 年起，根据本地实际情况，建立起对中小学校的教育督导评价制度。

3.《评价方案》设置了一级和二级评价指标、评价要素、评价标准、评价方法（含评价等级、权重及分值）、实施办法，条目清晰，要求明确，简便易行，较好地体现了科学性与可行性相结合、定性评价与定量评价相结合。

4. 在实施《评价方案》的过程中，各区县可以采取统一性与灵活性相结合的方法，根据不同地区、不同学校的实际情况，调整方案中的评价要素，也可以据此制定本区县的实施方案或评价方案。

修订后的《评价方案》从1993年至1996年在全市全面实施，取得了较好的成效。

与此同时，市有关部门对幼儿园、中等职业学校也参考《评价方案》制定了相应的评价方案，开展了自我评价和督导评价。

实践证明，《试行意见》和《评价方案》的上述基本思路、基本特点和基本做法，为制定“三位一体”教育督导评价方案在理论和实践的结合上奠定了基础。

二、“三位一体”教育督导评价方案的制定过程

（一）制定“三位一体”教育督导评价方案（以下简称《三个评价方案》）的背景

1. 1996年2月，北京市政府教育督导室成立后，通过回顾1986年以来督导检查各区县《义务教育法》贯彻情况，推动实现“两基”达标；开展各项教育法律法规执行情况检查，推动“两基”巩固和“两全”落实；对区县、乡镇政府教育工作进行督导评价和表彰；对中小学校、幼儿园、中职学校教育质量督导评价等一系列教育督导工作实践，总结出一条基本经验，即区县教育工作的整体是由承担不同教育职责的区县政府、区县教育行政部门和学校共同组成的。区县政府的教育决策职能、教育行政部门的宏观管理职能、学校的科学管理职能是相互依存、相互联系，不可分离的。只有政府行为到位，教育行政工作落实，学校充分发挥自身的积极性、主动性，三者形成合力，即“三位一体”，才能实现教育目标。因此，对区县政府、教育行政部门和学校的督导评价也必须适应“三位一体”模式，三个层次一起督导。建立“三位一体”督导评价机制成为创新教育督导评价、推动教育发展的内在需求和必然趋势。

2. 为落实国家“九五”计划和2010年远景目标纲要中提出的“改革人才培育模式，由“应试教育”向全面素质教育转变”的要求，贯彻1996年6月国家教委召开的构建督导评估机制，推动实施素质教育研讨会精神，根据北京市政府办公厅转发《市教委关于进一步加强中小学素质教育实施意见》通知中提出的“完善对区县政府和教育行政部门、中小学校实施素质教育的分级督导评价制度”的具体要求，我们必须构建以素质教育为核心内容的督导评价机制，有效地推动中小学教育向全面实施素质教育转变。

素质教育是一项系统工程，其中担负领导责任的政府、担负主管责任的教育行政部门和担负具体实施责任的学校是这一系统工程的三根支柱，构建素质教育督导评价机制必须面向这三个层次，缺一不可。只有建立起“三位一体”的督导评价机

制，才能保障素质教育区域性整体推进。这是教育督导工作适应新形势、落实新要求的重要措施和必要手段。

（二）制定、完善和实施“三位一体”督导评价方案的过程

1. 颁发和试行四个方案，先后经过三次修改，完成四轮督导评价

1997 年 7 月，市教委、市政府教育督导室颁布了《北京市区县政府巩固“两基”落实“两全”全面实施素质教育评价方案（试行）》《北京市区县教委（教育局）全面贯彻教育方针全面实施素质教育评价方案（试行）》《北京市普通中学、小学教育质量综合评价方案（试行）》（以下简称《三个评价方案》97 版），在全市开始实施“三位一体”督导评价方案。

经过五年第一轮试行，进行了第一次修订，于 2002 年 6 月颁布了《北京市区县政府、教委、普通中小学全面实施素质教育评价方案（修订・试行）》（以下简称《三个评价方案》02 版），市和区县教育督导室据此在全市开展了第二轮督导评价。

2008 年 4 月经过第二次修订，颁布了《北京市区县政府、教委、中小学校、幼儿园全面实施素质教育评价方案（试行）》（以下简称《三个评价方案》08 版）。通过第三轮评价试行后，又进行了第三次修订，于 2014 年 2 月颁布了《北京市区县政府、教委、学校（教育机构）全面实施素质教育评价方案（修订）》（以下简称《三个评价方案》14 版），2015 年完成全市性第四轮督导评价。

2. 四个方案的共同特点

一是评价目的突出推动我市中小学教育巩固“两基”落实“两全”，实现由“应试教育”向全面素质教育转变。通过实施，引导区县政府、教委领导转变教育观念，加快区域性素质教育实施步伐，努力办好每一所中小学。引导中小学干部、教师端正教育思想，全面提高全体学生素质，全面提高教育质量。

二是评价整体构思突出“三位一体”形成合力。区县政府、区县教委、中小学校三个层次分别作为评价对象；共同确立一个目标——全面实施素质教育；形成一个体系——自上而下相互联系，构成系统；形成一股力量，实施区域性素质教育整体推进。

三是评价内容突出法定原则，体现导向性和针对性。评价内容依据不同时期国家颁布的教育法律法规、方针政策及北京市有关素质教育的各项要求，确立全面实施素质教育的目标，并贯穿在评价指标体系之中。通过对指标、要素的督导评价，充分发挥导向作用和调控功能。同时，将有法不依、执法不严的问题，“应试教育”的弊端表现和实施素质教育的薄弱环节也列入指标、要素内容，通过有针对性的评价，引导区县政府、教委、中小学校克服“应试教育”影响，增强执法意识，推进素质教育的全面实施。

四是评价方法突出可操作性。设置了相当数量具有直接可测性的刚性指标。有的用数量描述，也称量化指标。有的用语言描述，是必须做到的指标要求。指标的

表述简明、具体。制定了评价细则，按指标要求设置要素，按要素细化为要素要求，使评价要点一目了然，可测性强。评价结果采取定性和定量相结合，用语言描述法和评语法形成定性结果，用累积分数法划分等级作为定量结果，定性、定量综合分析，做出价值判断。

五是实施评价的方法，突出建立制度，形成机制。落实“一个结合”“四个统一”的要求，即实施评价要做到教育行政部门和教育督导部门相结合，统一方案、统一领导、统一组织、统一实施。制定实施评价工作程序，建立健全自我评价和督导评价相结合的素质教育评价制度，即区县政府、教委和中小学校每年进行一次形成性和终结性相结合的自我评价，并形成自我评价报告上报；五年一轮，市对区县政府、教委，区县对中小学校自评结果进行验证和复评的督导评价，督导评价的结果，是区（县）、学校改进实施素质教育工作的依据，充分发挥了督导评价的激励、制约作用，形成有效机制。

此外，还坚持统一性和灵活性相结合，区政府教育督导室对指标体系中的评价要素和量化要求，可从实际出发进行适当调整和补充。

3. 方案中具有首都特色的创新与发展

一是引入发展性评价理念，创建规范性与发展性相结合的评价模式。《三个评价方案》02 版为了适应不断发展的教育形势，克服运用统一标准（即一把尺子）衡量不同教育基础的区县政府、教委、学校的不公平性和不完整性，进一步调动自主办学、自主发展，形成特色的积极性，运用发展性评价的科学理念，调整了评价指标结构，形成了一个方案，包括两个指标模块，即具有法定性的统一的规范性指标和以自主发展为主要内容，由区县政府、教委和学校自行制定并体现个性特征的发展性指标。在开展自评和督评时，规范性指标用于横向比较，发展性指标用于纵向比较（自己和自己比较），较好地发挥了督导评价的导向功能，既促进区县、学校规范办学行为，全面实施素质教育，又强化了评价对象的主体性、发展性，调动了区县、学校自主办教育的积极性，加快了教育的自主发展和改革创新。通过实践，这一评价模式得到了区县、学校的认可，取得了显著的效果。

《三个评价方案》08 版、14 版继续坚持运用发展性评价理念，对评价指标结构做了进一步调整，把两个模块合二而一，融为一体，将规范性指标和发展性指标有机结合，既简便可行，又引导被督导单位在规范基础上发展，在发展过程中规范，促进了自主发展和科学发展。

二是创造性地构建“嵌入式”评价指标结构。《三个评价方案》08 版、14 版着力研究、解决评价结构中指标交叉和重复问题。由于区县教委是区县政府管理教育的一个职能部门，区县教委教育行政管理工作的指标也应是区县政府管理教育指标的一部分。根据这一思路，打破了方案必须独立设置指标的评价结构，将评价教委

“教育行政管理工作”的指标设置在区县政府“教育管理”指标中，使这一指标既是评价政府教育工作指标的组成部分，又是评价教委教育行政管理工作的指标。评价时，职责分明，有分有合，在评价结果中教委评价分值按30%的比例纳入政府评价总分中。这一创新，使政府与教委两个方案指标不再重复，职能更加分明，操作更加简便，得到了区县政府、教委的肯定。

三是运用先进的评价理论，不断创新和改进督导评价工作方式。从实施《三个评价方案》02版开始，注重建立教育督导部门和督评对象的新型关系。运用“合作性评价”和“共同构建”的评价理念，创设合作性督评工作方式。督评人员树立服务观念，增强民主意识，采取措施，形成督导评价的良好环境和相互配合的和谐气氛，提高了督导评价的实效性。

四是《三个评价方案》14版引入“共同构建”评价理论，评价指标体系由市、区县共同制定。市级制定一、二、三级指标，体现指导性；进一步细化的评价要素、监测要点，留给区县，立足本地区实际自己制定，形成创新的空间和余地，体现针对性。做到市有统一要求，区县有再创造天地，即统而不死。经过一轮评价，这一改进，取得了较好效果。

五是《三个评价方案》08版、14版依据“多元评价”理念，在督评过程中引入第三方参与评价，并将开展政府教育工作满意度社会调查的结果，挂牌责任督学经常性督导的评价意见作为督评结果的重要参数。

六是评价对象不断扩展，范围不断扩大。评价对象除区县政府、教委外，学校作为“三位一体”的办学单位从1997年至今，从普通中小学已扩大到幼儿园、职业院校、特殊教育学校、校外教育机构、民办教育机构等，推进了教育督导的全面发展与创新。

三、实施“三位一体”教育督导评价方案的历史价值和基本经验

综上所述，《三个评价方案》的研制和实施，在北京30年教育督导工作中呈现了重要的历史价值，积累了具有首都特色的基本经验。

（一）坚持依法督导的基本原则，推进基础教育工作法制化

依法督导是落实依法治教的重要内容，是引导教育工作法制化的必要手段。《三个评价方案》中评价内容的依据是：党和国家及北京市不同时期发布的有关教育工作的法律、法规、方针、政策，如《教育法》《义务教育法》《教师法》《职业教育法》《民办教育促进法》等教育法律和北京市制定的相应的地方法规；国家的教育方针；国务院关于基础教育改革与发展、全面实施素质教育的重要决定及北京市有关规章等。评价体系规定了区县政府、教委和学校应履行的教育执法职责，评价指标包含了各项执法要求，这些都具有明确的法定性、导向性。通过评价，检查区县政府、

教委、学校落实依法治教情况，对有法不依、执法不严，违背教育方针、教育规律的问题形成有效的监督机制；通过评价，增强了各级领导干部、广大教师的法制意识，依法行政、依法治教意识，提高了他们严格执法的自觉性，在促进北京市教育法制化工作中发挥了重要作用。

（二）坚持以全面实施素质教育为评价核心，不断促进教育工作规范化，推进教育的改革与发展

依据党中央、国务院有关深化教育改革、推进素质教育的文件精神，《三个评价方案》体现了时代要求，不断研究新情况、新问题，经过四次修改，把全面实施素质教育作为评价教育的目的和核心内容；运用目标调控模式，把实施素质教育的各项规范性要求，按照区县政府、教委、学校的不同职责，分解到每个方案和各项指标中，通过自我评价和督导评价，发挥导向、激励、调控、鉴定功能，及时调节、矫正非规范化行为，克服“应试教育”影响，不断完善和改进教育行为，达到实施素质教育的各项要求，在北京市教育的发展和创新中发挥了不可替代的作用。

（三）重视运用督导评价结果，充分发挥督导评价在教育督导工作体系中的监督反馈和指导服务功能

督导评价是教育督导工作体系中的重要组成部分，它承担着监督、反馈、指导、服务的功能。

《三个评价方案》在实施办法中，明确规定要充分运用督评结果，注重反馈，督促整改。通过实践，主要做法是：

市、区（县）教育督导部门在督评后要向被督导单位口头和书面反馈评价意见，针对发现的问题，提出整改建议，指导改进工作，被督导单位要及时研究改进措施，向督导部门提交整改报告。必要时，督导部门要进行回访，确保整改措施落到实处。

每轮督评后，市、区（县）教育督导部门要综合被督评单位情况，撰写督评报告，向同级政府反馈，提出对全市、本区县教育工作改进建议和奖惩建议，为政府教育决策提供依据。为加强监督力度，市、区（县）教育督导部门必要时要以公报形式向社会公布督评结果，接受社会监督。

上述工作取得了良好的效果，形成了督导评价的制约机制和激励机制，加大了监督、反馈、指导、服务的力度，增强了教育督导部门的权威性，为构建完整的北京市教育督导工作体系发挥了不可或缺的重要作用。

（高传霞　整理）

难忘的《教育督导》杂志

——李长禄同志访谈录

在全国教育督导工作者中拥有很高知名度的《教育督导》杂志2012年停刊了。当杂志编委会和编辑部在2011年第5期和第6期上刊登《停刊声明》时，我内心深处五味杂陈。这本多年来深受广大读者欢迎，被称为“良师益友”的杂志说停就停了，非常令人遗憾，但面对客观情况的变化及订数和稿源的突然下降，也着实让人无奈。

《教育督导》杂志一开始是北京市教育局督学室编印的内部刊物，于1990年创刊，最初的刊名叫《北京教育督导通讯》，1993年改名为《北京教育督导》，每季度出版一期。1995年初，中国教育学会教育督导分会将其作为会刊，更名为《教育督导》，并改为双月刊，由北京市教育局主办。经北京市新闻出版局批准，《教育督导》可用彩色封面，但仍为内部刊物。1996年北京市人民政府教育督导室成立，《教育督导》杂志主办单位遂改为北京市人民政府教育督导室。2008年，根据中央有关精神，主办单位改为北京市教育学会，但实际上仍为北京市人民政府教育督导室办理。截至2011年最后一期，连同《北京教育督导通讯》《北京教育督导》，《教育督导》杂志共发行124期，刊发稿件3 000余篇。

《教育督导》杂志的办刊宗旨是紧密配合国家教育督导部门的工作重点，紧跟时代前进的步伐，交流督导与评价经验，探讨督导与评价理论，传播教育管理信息，促进素质教育实施，推动督导制度建设，为全国教育和教育督导的改革与发展做出积极贡献。

《教育督导》杂志的主要服务对象是各级地方政府的教育工作和教育督导工作负责同志、教育督导工作人员、中小学校和职业学校的管理干部。文稿的内容范围主要是教育工作和教育督导工作的有关法规、文件和领导讲话，教育改革与发展的经验与探索，教育督导的制度建设和改革探索，教育督导与评价工作的经验和做法，教育督导与评价理论的研究与思考，学校管理的经验与创新，外国教育督导介绍等。

《教育督导》杂志的栏目是根据办刊宗旨、服务对象和稿件内容设置的，既有常设栏目，也有即时性栏目，随着教育改革与发展的进程，有些栏目适时进行调整。主要栏目有《文件刊载》《两基工作》(后改为《普九新篇》)《素质教育》《校长论坛》《学校管理》《地方教育管理》《制度建设》《督导与评估》《教育督导与评价研究》《督导室建设》《思考与建议》《人物风采》《国际视窗》《信息点击》等。全国教育督导研究会年会、全国教育督导工作会议、一些区域性教育督导和评价会议和与教育督导工作相关的教育工作会议之后，都会及时跟进，设置会议专栏。1996年之后，为集中反映各省（自治区、直辖市）教育督导工作特色，专门开辟了《地方教育督导专栏》，由编辑部与省、自治区、直辖市政府教育督导室合作主办，从1996年至2011年停刊，先后刊发了18个省（自治区、直辖市）的32个专栏，其中，上海5个，湖南4个，北京、广东、山东、辽宁、重庆、吉林、新疆各2个，天津、江苏、黑龙江、云南、河北、西藏、青海、宁夏、甘肃各1个。2006年，国家教育督导团工作通讯《督导与评估》与《教育督导》杂志合并之后，增设了《教育部工作部署》《教育督导工作简报》《督导报告》等栏目。

《教育督导》杂志的主要特点有两个。一是教育督导特色突出。所刊稿件或与督导与评价工作直接相关，或与和教育督导有关的素质教育及教育管理工作密切相关，其他教育教学工作方面的学术性文章，不论其内容如何新颖与深刻，一律不予刊登。二是贴近实际，贴近基层。所刊稿件不论是宏观层面的，还是中观、微观层面的，均是与本地区、本单位的具体实际紧密结合的，不同层次的读者都能从适合自己的接地气的文章中受到启迪，很多地方的经验和做法因此迅速在其他地方扩散开来，成了教育督导、教育管理和学校管理人员的共同财富，各地的教育督导工作水平也在这种相互学习之中不断提升，一些教育督导的新理念、新做法，例如发展性督导评价、教育督导与教育工作考核结合等，有效回答了督导实践中的共性问题，有力推动了督导工作向深层次发展，因而在相当长一段时间内引领了督导工作的方向，并逐渐形成了我国教育督导工作的新特点。

《教育督导》杂志作为北京市人民政府教育督导室主办的中国教育学会教育督导分会会刊，由编委会领导和管理。编委会初期由10人组成，其中主任1人，由教育督导分会理事长担任，副主任4人、委员5人，由教育督导分会常务理事、理事和杂志执行副主编组成。2002年以后减为4人，其中主任1人，仍由教育督导分会理事长担任，编委3人，由实际参与杂志管理的人员担任，同时取消了副主任设置。除此之外，编委会另设有顾问若干人（初期5人，2002年后3人），由长期关心、支持教育督导工作的领导和专家担任。杂志的编审、出版、发行等日常运作由编辑部负责，编辑部设主编1人，副主编1人，执行副主编（后改称编辑部主任）1人，编辑和工作人员若干人，其中主编由编委会主任兼任，副主编、执行副主编（编辑部主任）和编辑由北京市人民政府教育督导室在职或退休的领导和专兼职督学担任。编委会每年召开一次扩大会议，听取执行副主编（编辑部主任）关于编辑、出版、发行等方面的工作汇报，研究新一年宣传工作思路和重点，商讨改进各项工作的措施及编辑部人员调整等相关事宜。

《教育督导》杂志实行三审定稿制度。每期稿件先由执行副主编（编辑部主任）

分配给一审编辑进行初步编审并填写一审意见表（含可否刊用意见），然后由二审编辑对一审稿件进一步编审并填写二审意见表，同时，执行副主编（编辑部主任）将当期拟刊用稿件进行整体栏目设置与编排，最后由副主编和一位编委进行终审并签批审定意见。办刊初期一审工作由市教育局督学室（后由市政府教育督导室）全体督学负责，二审由编辑部编辑负责，三审由编委会副主任刘铁岭同志负责。2002年之后，一审工作改由编辑部聘任的编辑负责，二审由编辑部编辑负责，三审由编委、副主编高玉琛同志和编委刘铁岭同志负责，主编白景龙同志虽然不直接参与编审工作，但经常通过多种途径对编审工作给予指导。这当中最令我感动的是刘铁岭同志对三审工作的极端负责精神，他对每一期二审后送达的每一篇稿件，从题目到文字乃至标点，都认真进行审阅和修订，用其广博的学识、深厚的文字功底和对督导工作的深刻认知严格把关，有几期稿件送审时，他正在住院治病，但依然坚持认真编审，从未耽误过出刊时间。

这里需要特别指出，《教育督导》杂志之所以能够坚持出刊20余年，与各级领导和各地教育督导部门及广大读者的支持是分不开的。办刊初期，时任北京市副市长陆宇澄，全国人大常委会委员杨海波，国家教委副主任邹时炎，国家教委副主任、国家总督学柳斌等领导同志先后为刊物题词给予指导。当刊物出版第100期时，时任教育部部长周济、副部长袁贵仁和陈小娅、国家总督学顾问张天保、基础教育司司长姜沛民，全国人大常委会委员暨教科文卫委委员柳斌，北京市教委主任、市政府教育督导室主任刘利民等领导同志也通过题词表示祝贺并给予指导。柳斌同志不但多次为《教育督导》杂志题词，还于1997年2月3日致函时任北京市委副书记李志坚同志，请他为《教育督导》杂志申请由内部刊物变为公开刊物给予关照和支持。虽然变为公开刊物的愿望一直未能实现，但柳斌同志对刊物的鼎力支持一直令编委会和编辑部的同志们十分感动。此外，教育部督导办对《教育督导》杂志也给予了大力支持，每年的编委会会议督导办都有领导参加，每次全国教育督导工作会议和一些全国性的教育工作会议督导办都通知编辑部派人参加，每期杂志出刊后督导办都想方设法送给各国家督学和教育部各领导及相关部门，督导办的几位领导都为杂志写过卷首语。最令人称道的和感动的是2010年1月督导办在北京召开了全国教育督导宣传工作会，重点宣传《教育督导》杂志，督促各地加大力度做好杂志的宣传和发行工作，中国教育学会教育督导分会理事长白景龙同志在会上做了重要讲话。

在《教育督导》杂志出刊的功劳簿上，各地教育督导机构的支持也是应当写下浓重一笔的，杂志的销量好是各地教育督导机构大力宣传和组织订阅的结果。北京市政府教育督导室作为主办单位，对杂志的编辑、出版、发行给予了全方位支持，为编辑部选派了全部编辑人员和工作人员，并提供了办公条件，每次全国通讯员会议都拨付专款给予支持，刊物发行到全市每一所中小学，订阅数量在全国是最高的。

山东省人民政府教育督导室把《教育督导》杂志作为自己的宣传阵地，要求各地市政府教育督导室认真组织宣传和订阅并积极为其撰稿，该省每年的订数都在2 000份左右。海南省琼山市（2003年1月1日后改为“琼山区”）教育局督导室利用各种会议和各种形式宣传《教育督导》杂志并组织征订，全市各中学、学区、完全小学每年都至少订有一份《教育督导》杂志。

广大读者、作者、通讯员对《教育督导》杂志的支持更是功不可没。读者人数将近10万人，经常有读者通过信件、电话、电子信箱对刊物给予鼓励或指出稿件中存在的问题。作者队伍虽不断变化，但常年保持有上百人，每年都有上千份稿件投进编辑部。各省、自治区、直辖市都有《教育督导》杂志通讯员，他们或直接撰写稿件，或组织稿件，编委会和编辑部曾召开过4次全国通讯员会议交流经验。

《教育督导》杂志编辑部的工作从1990年创刊到2004年一直由田文生同志负责，他从组稿、编校、出版、发行到联系审批、集文出书、召开通讯员会议等，付出了大量心血。由于健康原因，2005年他退出了编辑部，但他为这本杂志做出的贡献，我和很多同事都看在眼里，记在心里，难以忘怀。按照领导安排，2005年起我和张广茂、郑晓东同志先后主持编辑部工作，主要负责组稿、编校、出版等工作，来稿收处、照片拍摄和编排、财务收支、刊物发行等主要由马进同志负责。为了杂志的高质量，我们兢兢业业，丝毫不敢懈怠。

作为《教育督导》杂志编委会和编辑队伍中的一员，回顾《教育督导》杂志的历史，我们对其停刊深为遗憾，但更多的是为这本杂志丰富的内容、新颖的形式、上乘的质量和鲜明的特色感到骄傲。北京市教育局督学室、北京市政府教育督导室在我国教育督导制度建设和教育督导工作发展的重要时期为全国的教育督导工作者和督导对象主办了这样一份杂志，是对中国教育督导事业做出的重要贡献。我能在相当长一段时期参与这本杂志的编校工作深感荣幸，虽然辛苦，但始终快乐着。在此，衷心地感谢市政府教育督导室领导的信任和支持，感谢并肩作战的各位同事的协作和支持。

（高传霞　整理）

开展教育工作满意度调查　服务首都教育改革发展

——杨江林同志访谈录

为办好人民满意的首都教育，深入了解学生及家长对北京市区县教育工作的意见和建议，市政府教育督导室委托北京市教育督导与教育质量评价研究中心、北京市统计局统计信息咨询中心，自2009年开始已连续7年对全市各区县及燕山地区学生及家长进行随机抽样入户调查，开展北京市区县教育工作满意度调研调查工作（以下简称满意度调查）。同时，为了更全面地收集社会各界对区县教育工作的意见和建议，于2015年拓展了调查对象，除了学生家长，还增加了人大代表、政协委员，学校干部、教职员工，督学，媒体工作者及社区工作者等五类社会群体。连续几年来的调查工作日益完善和深入，通过调查和报告反馈制度，较好地发挥了教育督导的督促、诊断、指导和服务作用。

一、开展满意度调查的工作背景

为落实国家和北京市相关教育法规和政策，北京市在提升学前教育服务保障能力、推进义务教育优质均衡发展、促进高中的多样化特色发展、来京务工人员随迁子女教育、规范教育收费、减轻学生课业负担、维护校园和谐稳定等方面做了很多工作，也取得了显著成效。为了能够更加准确地了解相关政策和举措的落实情况，从教育服务对象——学生家长的角度，检验政策制定与执行的效果，为政策的完善、办好人民满意的教育提供决策参考，市政府教育督导室从2009年开始启动了本市区县教育工作满意度调查工作。

二、开展满意度调查的目的和意义

有针对性地开展对教育工作满意度的调查，不仅是各级政府了解民意的重要途径之一，也为公众参与教育工作搭建了民意平台。同时，通过对教育工作满意度调查结果的分析，能及时发现区县教育工作的典型经验和困难问题，为北京市及各区县政府改进和完善教育工作提供参考信息和决策依据，积极引导区县政府践行“办好人民满意的教育”的服务宗旨，从而进一步推进首都教育公平、优质、创新和开放发展。

从督导评价的角度看，满意度调查工作从公众满意度这一视角来审视区县教育工作的状况和绩效，为衡量区县“办好人民满意的教育”这一目标的实现程度提供了科学的测评方法和评价工具，对于改进区县教育工作、将社会评价引入教育督导评价、完善具有首都特色的教育督导评价制度有重要意义。

三、满意度调查的工作目标

北京市满意度调查的工作目标是：站在办好人民满意的教育和构建和谐社会的战略高度，以《国家中长期教育改革和发展规划纲要（2010—2020年）》和《北京市中长期教育改革和发展规划纲要（2010—2020年）》为指导，从全面实施素质教育、推进义务教育优质均衡发展、促进教育现代化建设的视角切入，通过开展满意度调查工作构建“北京市区县教育工作满意度测评”的指标体系，开发测量公众教育工作满意度的有效工具，形成操作性强的区县教育工作满意度调查方案及实施办法（实施细则），建立一套系统、全面的满意度调查数据统计分析方案模型，建立北京市区县教育工作满意度数据库及查询分析平台，形成基于满意度调查反馈报告制度的工作推进机制。

四、满意度调查工作的组织与实施

（一）调查对象和调查方式

2009年开始时，调查对象为北京市所有区县及燕山地区接受中等及中等以下教育的学生及其家庭成员，被调查者必须是本区县常住人口（含在本区县居住一年以上的外来人口），且学生上学学校与住所在同一区县，调查方式是入户（学生家庭和街道社区）调查。2015年，调查对象除上面人员外又增加了人大代表、政协委员，学校干部、教职员工，督学，媒体工作者，社区工作者，对他们采用网络问卷调查的方式进行。

调查样本的选取采用配额分层随机抽样的方法。根据北京市年度教育事业统计，考虑各区县资源分配和体量规模情况，按照相同的精度（各区县各类学校学生比例及抽样误差）要求，采取不同的允许误差，最终确定各区县样本量。

（二）满意度调查评价指标体系的设计

评价指标是满意度调查的载体，也是计算满意度指数的基础。为保证评价指标能够最大限度地反映影响教育工作满意度的关键因素，能够反映区县教育工作的特性，可供直接评价，遵循综合性原则、导向性原则、可行性原则、独立性原则和发展性原则进行指标的设定，提高指标体系的适用性和合理性。

结合北京市教育工作实际和发展需求，将北京市区县教育工作满意度评价指标体系确定为政府教育职责、学校管理、师资队伍、教育效果4个一级指标，若干个二级指标（每年根据情况增删调整）。同时，根据北京市教育工作发展和深化教育领域综合改革系列改革举措的推出，又相继设置了关于义务教育均衡、幼儿园入园难入园贵、课业负担等专项指标。

（三）满意度调查工具

1. 调查问卷的构成

调查问卷是满意度调查工作的实施手段和载体，根据评价指标编制。调查问卷

（2015 年）包括甄别题、单选题、多选题、开放题和背景信息题。其中，甄别题用于甄别调查对象是否符合本调查要求；单选题依据评价指标体系中的二级评价指标设计，其中寒暑假是否违规补课、教师是否有体罚和变相体罚行为、学校是否公布学生考试成绩排名、幼儿园有没有学习拼音和 10 以上加减法等有规范性要求的行为是“是否”两级记分题目，其他题目均为利克特五级记分题目，并对其中关键要素加以说明，如“学校设施条件”包括教学楼、课桌、椅子、运动场、宿舍、食堂、图书馆等。

多选题和开放题调查学生家长对区县教育工作的意见和建议。多选题列举了区县教育工作的重要内容，要求调查对象从中选出本区县教育工作亟须加强或改进的方面；开放题“您对本区县的教育工作还有其他的意见和建议吗？”放在问卷的最后，以此来收集更丰富和具体的家长和学生对本区县教育工作的意见和建议。背景信息题目包括学生的户口情况、家长与学生的亲属关系、职业、受教育程度和家庭的年收入，以便从人口统计学的角度对调查数据进行更深入的分析和科学解释。

2. 调查问卷的预测试

在对问卷内部的一致性信度和结构性效度进行分析的基础上，正式开展调查之前，项目组还对形成的问卷做预测试，来检验问卷设置的问题是否表达清楚、准确，是否有产生歧义的词语，题目和问卷的长短是否合适，排版是否存在问题等。通过预测试，进一步修改完善问卷，并最终确定问卷。

（四）满意度调查的组织与实施

1. 调查前的准备工作

调查的准备工作除了常规的编制修订方案与工具、抽取样本、协调实施部门，还会系统地开展访问员培训，以保证实施过程的科学有效。在获得数据的过程中，访问员是第一要素，访问员按照标准的流程收集数据，访问过程科学，是调查结果客观真实的保障。为此，编写了《北京市区县教育工作满意度调查培训手册》，包括调查目的、调查对象、实施方案、调查流程、问卷填写说明、实地抽样细则、入户情况登记表、对每题关键要素的解释、调查员职责和问卷审核须知等，以此对全市访问员进行专门培训，以保证访问员能够准确回答受访者提出的问题，不误导受访者答题。同时，还撰写了《致家庭户的一封信》，以保证受访家庭能够了解本次调查的目的和过程，配合访谈。

2. 调查的实施过程

对学生家长实施入户调查。入户后，首先进行被试的甄选，保证该家庭中目前有在本区县接受基础教育的学生，同时是该区县的常住人口（居住时间在一年以上），接着进行满意度调查，最后完成受访者背景信息的填写。为避免漏答和误答的现象，所有题目都由访问员阅读题干和选项，受访者选择，访问员填写答案。

对于人大代表、政协委员等几类人群实施网络问卷调查，通过一对一的网上问卷填写回馈的方式进行。

3. 调查过程的质量控制

为保障数据收集的质量，针对整个调查过程建立了三级审核制度，包括调查员自审、审核员复审、复核员终审。其中，电话复核占 40%，实地复核占 10%，问卷抽审占 10%。

4. 调查结果的统计分析

完成数据收集后，按照统计分析的系列操作规范对数据进行编码、录入和清理（差异性和缺失性数据），并进一步对数据进行挖掘分析，包括对调查对象进行相关的背景分析，调查对象对本区县教育工作的满意度描述统计分析（综合得分分析、四个维度、指标分析），调查对象对本区县教育工作满意度的差异分析（分不同学段、不同家庭类型、不同亲属关系、不同行政区域、不同文化水平），调查对象对本区县教育工作的满意度的影响因素分析（各学段）。最后进行调查对象对本区县教育工作的意见和建议的汇总分析，进一步分析问题、剖析原因、提出建议意见。

五、满意度调查结果的呈现与反馈

（一）调查结果的呈现

每年的满意度调查会形成全市总报告、五个学段报告和各区县反馈报告等三类报告，即“____年度北京市区县教育工作满意度调研总报告”“____年度北京市 ×× （学段）教育工作满意度调研总报告”“____年度北京市 ×× 区（县）教育工作满意度调查报告”三种类型。

（二）调查结果的反馈与报告

为发挥满意度调查督促改进、服务决策、推动发展的作用，每年调查工作结束后，一方面市政府教育督导室组织召开全市各区县教育督导室主任及教育行政部门主管领导会，通报全市区县教育工作满意度调查结果，反馈各区县教育工作满意度调查结果，并对调查设计的科学性及整个调查过程进行说明，对调查结果进行深入解读；同时，向市委教育工委、市教委主任办公会报告调查结果，并将调查结果书面报送市人大、政协及市政府相关领导。另一方面，通过多种渠道和方式向社会公布公众对北京市区县教育工作满意度调查的结果。

六、满意度调查工作的主要创新

满意度调查工作是有效地倾听教育服务对象声音，了解区县教育工作现状，发现服务短板，制定整改措施，从而提高公共教育服务质量、提升公众满意度、实现办好人民满意教育的有效途径，是教育督导体制机制的有益创新和探索。

（一）重视研究支撑，保障调查工作的科学性和系统性

北京市在开展满意度调查工作的过程中，注重实证研究与理论研究相结合，学习研究了满意度评价理论，对“教育满意度”及与之相关的概念做了界定，构建了教育满意度的形成模型，明确了教育满意度的内涵、特点及规律，并通过实证研究加以验证，为区县教育工作满意度调查奠定了理论基础。

（二）开展指标工具研制，强化载体保障

构建了学生及家长对区县教育工作满意度评价指标体系，并研制出与该指标体系相配套的信度、效度较高的满意度调查工具，制定了区县教育工作满意度调查方案及实施办法（实施细则），为区县教育工作满意度调查提供了技术支持和组织保证。

（三）创新工作方法，保证调查工作可信可靠

将定量分析与定性分析有机结合，在数据分析方法上，形成了系统的区县教育工作满意度调查数据分析方案，充分挖掘调查信息，保证了结果分析的科学性和全面性，主要包括：区县教育工作满意度的描述统计分析、区县教育工作满意度的差异分析、区县教育工作满意度影响因素的多元回归分析、区县教育工作优先发展矩阵分析、历年调查结果的纵向比较分析和开放题结果分类归纳统计分析等。在报告的形式上，创新了调查结果的呈现方式，注重报告的可视化水平，信息量丰富，可读性强。

（四）重视结果应用，发挥调查工作的推动促进作用

建立了北京市区县教育工作满意度数据库，搭建了数据分析管理平台，为政府和教育行政部门提供了全市及各区县教育舆情及发展趋势，为科学进行教育决策、提高教育公共服务水平提供了新思路和新方法。

七、满意度调查的工作成效

北京市区县教育工作满意度调查的有效实施，创新了首都教育督导职能实现的方式，有力助推了首都教育的高质量、高水平发展。

（一）促进了教育督导工作的创新

北京市教育督导部门通过满意度调查首次尝试把政府评价和社会评价相结合，把人民群众对区县教育工作的评价纳入到对区县政府教育工作的总体评价，调查结果作为总体评价的重要依据。此项工作是政府畅通人民群众参与教育工作的新途径，是完善具有首都特色的教育督导评价制度的又一项创新举措。

（二）提高了政府改进教育工作的针对性

满意度调查结果使市、区（县）政府能够全面了解人民群众对区县教育工作的满意情况，为查找区县教育公共服务中存在的问题提供了实证依据，从而使市和区县政府进一步践行“办好人民满意教育”的服务宗旨，制定提高教育公共服务水平的整改措施增强了针对性。例如，市政府教育督导室针对2009年学生和学生家长对社会资源用于教育的问题反映比较突出的情况，着手研究了对区县政府校外教育工作进行督导检查的方案和指标体系，在全国率先启动对校外教育工作的督导，促进了社会资源更好地用于教育。关于学前教育工作的调查有效地促进了区县加强规划建设，加强统筹协调，加大政策支持，有力地推动了北京市学前教育在学位供给、经费保障、师资补充等方面问题的快速解决。

（三）为教育政策制定和教育决策提供了重要参考

对于教育政策制定部门来说，满意度调查工作拓展了公众参与教育政策制定的新渠道，对于提高教育决策的预见性、民主性和可行性，提高教育公共服务水平有重要意义。例如，调查工作中关于学前教育入园难入园贵、学生课业负担、区域教育资源均衡配置等问题的调查分析，进一步明晰了服务对象的准确需求，同时也为政府和有关部门制定教育政策明确了推进工作的着力点。

（四）形成了较为成熟的调查工作机制

几年来的满意度调查工作，已经形成了成熟稳定的市、区（县）政府与相关部门协同实施的工作机制、反馈报告制度、结果应用制度等一系列的制度机制，也是现代教育治理体系构建的积极探索和实践。此项工作在全国范围形成较大的影响力，成为部分省市（如湖南、深圳、广东、浙江、宁波、天津等）开展教育满意度调查的重要参考，调查方法被教育部教育督导局在县域义务教育基本均衡验收工作中借鉴。

党的十八大报告把教育放在改善民生和加强社会建设之首，提出深化教育领域综合改革，“努力办好人民满意的教育”。“办好人民满意教育”成为改善民生、促进和谐社会建设的重要内容，这就要求各级政府及其教育行政部门在制定教育政策、实施教育管理行为时，更要以满足社会公众需要为导向，坚持人民满意的工作标准，切实解决那些为社会公众所广泛关注的教育管理过程中的热点、难点、焦点问题，真正走进普通市民，倾听民意，问计于民，促进教育公平，推动教育优质发展。开展好满意度调查工作是政府教育督导机构转变工作职能，构建现代教育治理体系，办好人民满意教育的使命所在。下一个阶段，北京市政府教育督导室将进一步开拓数据分析新思路，对调查数据进行充分挖掘，加强教育满意度的相关因素分析，为改进教育工作提供更有价值、更有针对性的信息。将进一步拓展调查对象的范围，形成更加广泛的公众调查人群，广纳和畅通各领域意见建议，协同教育与经济社会发展步伐，办好人民满意的教育。

（刘中阁　整理）

第三编

大事记

1986 年

9 月 17 日，市政府颁布《关于试行中小学和学龄前教育督学制度的决定》，提出在本市试行中小学和学龄前教育督学制度，市教育局建立督学室，编制 10 人，主任由市教育局局长兼任，副主任由副局级干部担任，督学由处或副处级干部担任。督学每人负责 2—3 个区（县）的督导工作。

1987 年

本年，开展经常性督导，检查城区、近郊区的城市地区和远郊县城地区的中小学教学设备不足问题。

同年，为实现全市城市地区达到九年义务教育标准，在检查《义务教育法》实施情况的基础上，对城区、近郊区的城市地区和远郊县城地区的中小学教学设备不足问题做专题调查。

1987—1988 年，连续两年对假期补习情况进行经常性督导检查。

1987 年起，每年 9—12 月开展全市性义务教育实施情况的综合督导检查。检查结果表明，1987 年城市地区（包括城区、近郊城市地区和远郊县城地区）达到《义务教育法》实施标准。检查项目包括义务教育的领导落实情况，适龄儿童、少年接受九年义务教育情况，义务教育经费、师资情况，义务教育实施规划的制定与落实情况，义务教育是否全面贯彻国家的教育方针并把德育摆在首位。

1988 年

6 月 21 日，市教育局颁布《北京市普通中学教育质量综合评价试行意见》和《北京市小学教育质量综合评价试行意见》，并建立教育质量综合督导制度，规定普通中学、小学每学年进行一次自我评价，区县督学室会同有关部门每 3 年对本区县的中学、小学进行一次综合督导评价。

7 月 5 日，市教育局颁布《北京市幼儿园教育质量综合评价试行意见》。

8 月 9 日，市教育局向市政府呈报《关于建立区（县）督学机构几点意见的请示》。市政府同意并转发，此后区县督学机构相继建立。

9 月 10 日，市政府文教办、市教育局印发《关于北京市郊区农村实施九年义务教育的通知》。规定市督学室从 10 月起对各区县贯彻执行《中华人民共和国义务教育法》和《北京市实施〈中华人民共和国义务教育法〉办法》进行重点执法检查，并形成制度，今后每年检查一次。

年内，制定《区教育工作综合评价指标》。

年内，以城近郊区为对象，开展区（县）教育工作综合督导评价制度试评，完成对城近郊八个区综合督导评价。

年底，副市长陆宇澄在市教育工作会议上，正式向市督学颁发任命书。

1989 年

6 月 22 日，市教育局颁布《北京市中等师范教育质量综合评价试行意见》，建立中等师范教育质量综合评价制度。

7 月 22 日，市政府办公厅印发关于对中小学教育工作开展五项督导、检查的通知，部署对中小学教育经费增长政策和教师待遇落实情况、校舍中危房的改造情况、中小学学生流失的制止情况、乱收费现象的纠正情况和《中共中央关于改革和加强中小学德育工作的通知》贯彻情况进行督导检查（以下简称“五查”）。当年的全市性义务教育实施情况综合督导中，即增加了“五查”的内容。

9 月，市机构编制委员会办公室下发了《关于区县督学机构编制的通知》，明确区县教育局设立督学室，为了便于工作，对外称区县人民政府督学室，主任由区（县）教育局局长兼任，并配一名区县属副局级干部担任专职副主任。督学由副科级以上的干部担任。并为全市区县督学室增配事业编制 110 名。

9 月，汇编出版《农教新路》。

年内，为控制中小学学生辍学，对学生流失问题进行经常性督导。

年内，市政府在全市开展评选教育先进区县工作。依据市委、市政府《关于评选表彰教育先进区（县）的条件》，市督学室拟出《北京市区（县）教育工作质量评价试行方案》。市督学室既代表市教育局参加评选，又是评选领导小组的综合办公室。参加领导小组的市政府文教办、市教育局、市成人教育局分别提出评价意见后，经市政府办公会讨论决定，评出东城、西城、海淀、通县、顺义、昌平 6 个教育先进区（县），并对教育工作取得明显进展的怀柔县提出表扬。自 1989 年起，北京市评选教育先进区县的工作每两年进行一次。

年内，聘请三名离退休老局长担任市督学室顾问。聘请一批有经验、有能力、离退休的老校长、老教育工作者做兼职督学。

1990 年

2 月，召开北京市首次教育督导工作会议，研究健全督学制度问题，总结交流督导工作经验，部署 1990 年督导工作。

2—3 月，对全市 18 个区（县）进行随访督导检查，督促各区县政府贯彻市教育工作会议提出的各项任务，落实德育的首要地位，改进 1989 年“五查”中发现的问题以及督学室的建设等问题。

3 月中旬至 4 月中旬，对全市 12 所中小学、中等师范学校进行了为期一个月的随访督导检查。整理出《我市部分中小学目前的办学状况和亟待解决的问题》的书面报告，为拟定《关于全面提高教育质量的意见》提供一定的依据。

3 月，创办全市督学系统的内部刊物《北京教育督导通讯》。该刊以“疏通信息、报道成果、理论建设、推进督导工作”为宗旨，积极推进建立健全具有北京市特色的教育督导制度。开设《工作指导》《报告选登》《经验交流》《督学室建设》《乡管教育》《典型报道》《督学随想》《理论探讨》《国外督导》《区县信息》等 10 余个栏目。每年 4 期，每期约 10 万字。

7 月，编辑出版《北京市城区、近郊区教育宏观管理经验》。

8 月，召开北京市学校工作督导评价研讨会。年底，全市 18 个区（县）和燕山办事处都建立了督学室。

12 月 22 日，作为为教育办 10 件实事中的第一件实事，同市教育局联合聘请 10 名民主党派成员和无党派人士为北京市特约教育督导员，由督学室负责组织开展教育督导工作。其后，市特约教育督导员参与了市政府和市教育局举办的一系列重要活动，对北京市中小学教育工作提出意见和建议，曹云健、任国臣、沈静珠 3 位特约教育督导员，还在 1992 年市政协七届五次会议上就市教育局督学室改名为“市政府督学室”及其职责问题，做出提案。

年内，到延庆县的深山区贫困乡，对单人岗位的小学进行了调查研究，给副市长陆宇澄写出《关于延庆县山区小学布局情况的调查报告》，阐述了山区小学布局过于分散、单人岗位教学点过多的诸多弊端，提出改善山区小学状况的建议和在山区实施九年义务教育的构想。为此，陆宇澄带领市政府各有关部门的领导先后四次深入山区召开现场办公会议，专题研究山区小学合理布局和办好寄宿制的乡中心小学的问题。市政府决定对每个山区贫困乡补助经费 30 万元（1990 年、1991 年各 15 万元），全市 46 个贫困乡，共补助 1 380 万元，加快了北京市山区实施九年义务教育的进程。

年内，对加快落实个别农村地区教师的经济待遇和中小学乱收费问题进行经常性督导。

1991 年

2 月底，由市督学室牵头，召集市政府文教办公室、市成人教育局等有关方面，举办《北京市区（县）教育工作质量评价试行方案》《北京市乡（镇）教育工作评价标准（试行）》研讨会。经反复研究和广泛征求意见，8月由北京市人民政府文教办公室、北京市教育局、北京市成人教育局联合颁布施行。

3月中旬，对全市18个区（县）进行随访督导。随访督导的主要内容是市教育局提出的“四落实、两纠正、一检查”的落实情况、新高一教学计划的执行情况，重点是收费情况，“五项规定”的落实情况。

3月下旬，在通县进行评价乡镇教育工作的试点。试点有两个特点：一是督导评价乡镇政府管理教育工作与督导评价乡镇管理的中小学相结合；二是通过试点研讨，探索郊区县开展乡镇教育督导评价实施途径。评价试点组撰写出3篇报告、2篇论文。此后，近郊区及远郊区（县）均在本区（县）内进行评乡评校相结合的督导评价工作试点。

4月中旬至5月中旬，深入西城区调研区督学室的地位和作用，以及在加强区级教育工作宏观管理过程中，今后怎样逐步完善区级督导制度。其后，调研组撰写了调研报告《区级督学室在教育宏观管理中的地位和作用》。

4月中旬至5月中旬，深入房山区调研两支队伍的建设、教育教学的管理以及乡管教育等有关问题。其后，撰写了《关于房山区普教管理工作的调查报告》。

5月23—26日，全国首次教育督导工作会议在京召开。北京市督学室领导在会上作《积极发挥督导作用，推进九年制义务教育的实施》的经验介绍。

9月9—11日，国家教委督导司在海淀区教师进修学校举办教育督导研讨会。北京市督学室领导在会上作了题为《关于对区（县）教育工作进行督导评价的探讨》的发言，西城区督学室领导作了题为《建立中小学督导评价制度》的发言。

年内，在市人大、市政府领导下，在有关部门和市教育局处室密切协作下，完成了《义务教育法》执行情况的自查，并接受全国人大检查组的执法检查。

年内，市督学室建立了督学月报制度，开始编印《督学月报》。其宗旨是，向市领导反馈信息，供教育决策参考；向区县及其教育行政部门的领导提供信息，为及时改进工作提供服务。《督学月报》每期编印200份，呈报市委、市政府以及市委教育工委、市政府文教办、市教育局的主要领导，并寄送区县政府和教育行政部门的主要领导。1991年，共刊发9期、161条信息。

年底，《普通教育的督导评价》一书出版。该书由北京市督学室牵头，与辽宁、甘肃、重庆督学机构共同编著，着意从教育督导和教育评价的结合上探讨教育督导评价理论。

1992年

2月11—12日，北京市第二届教育督导工作会议在大兴县召开。各区县主管教育的副区（县）长，市、区（县）教育局局长，市教育局有关处室负责人，市特约教育督导员和市、区（县）督学 250 余人到会。会议部署 1992 年督导工作，交流加强督学室建设、开展教育督导工作的经验。

2 月 27—28 日，在丰台区召开城近郊区乡镇教育管理工作督导评价研讨会。参加人员有：市督学室城近郊区督导组全体督学，有关区督学室督学，市人大教科委员会、市政府文教办公室、北师大教育管理学院和丰台区委区政府的有关人员。会上，三个区的督学室交流了督导评价的基本思路和做法。

2 月中旬至 3 月上旬，市督学室全体督学分两组赴 18 个区（县）进行随访督导。了解区县落实市教育局工作会议和市第二届教育督导工作会议精神情况，各区县 1992 年教育工作计划，远郊区县 1992 年实施九年义务教育的 38 个乡镇情况及督学室建设情况。远郊组听取有关 6 个区（县）的情况汇报，到 14 个乡镇和 30 多所中小学现场视察、座谈，撰写了调查报告。

4 月 3 日，中共北京市委教育工作委员会、北京市人大常委会教育科技委员会、北京市人民政府文教办公室、北京市教育局印发《关于对〈中华人民共和国义务教育法〉和中小学德育工作有关法规、文件落实情况进行检查的通知》，对执法检查工作做了具体部署。决定 1992 年我市的《义务教育法》执行情况检查与国家教委部署的对中小学德育工作有关法规、文件落实情况的督导检查结合进行。其主要内容是：1. 中小学德育工作情况：（1）贯彻落实近几年我国发布的关于加强中小学德育工作法规、文件的实际情况。（2）各区县开展德育工作的主要经验和特色。2. 实施九年义务教育规划落实情况和执法责任落实情况：（1）全市 42 个乡（镇）要按规划达到实施九年义务教育基本标准，已初步实施九年义务教育的地区要补齐缺项，并进一步提高办学水平。（2）区（县）、乡（镇）政府、街道办事处及有关委、办、局执法责任落实情况。（3）国家和我市有关教育经费规定的执行情况。成立由市长助理陶西平任组长的检查工作领导小组，领导小组下设办公室，负责处理日常工作。各区县也成立了相应的自查工作领导小组。4 月上旬至 9 月上旬，各区县政府、市政府各有关部门进行自查，写出了自查报告。

4 月 13—25 日，赴大兴县进行普教宏观管理情况调查。召开乡镇长、中小学校长、县教育局各科室人员参与的不同类型的座谈会 15 个，有 63 人次参加。巡视了县教师进修学校、黄村一中、师范学校、教育行政干部学校、大辛庄中学、大辛庄中心小学。对礼贤一中和西红门中心小学进行了综合督导。调查后向大兴县人民政府书面回复意见。

4 月，编印《对各区（县）贯彻实施〈义务教育法〉情况检查回复意见汇编（1987—1991）》，呈送市委市政府的有关领导并下发各区县政府。自 1987 年以来，市督学室除进行经常性督导外，在市人大、市政府领导下，会同有关部门，每年对各区县进行一次集中检查。市督学室在连续五年的《义务教育法》执法检查中，参与制定检查计划，部署检查工作，指导区县政府自查，组织对区县进行检查并撰写总结报告和回复意见。

5 月 11 日，在朝阳区召开城近郊区中小学德育工作和教职工思想政治工作督导研讨会，城近郊 8 个区的督学室副主任及有关督学参加会议。

5 月中旬，对崇文区教育局及有关部门就如何加强中小学德育工作和教职工思想政治工作情况进行调查研究。调研组听取了区委教育部、区教育局主要负责人的汇报，召开 40 个座谈会并查阅有关资料；在整理、分析调查材料的基础上，撰写了《关于崇文区中小学德育工作及教职工思想政治工作情况的调查报告》。

8 月 25 日至 10 月 25 日，委托国家教委华北教育管理干部培训中心、北京师范大学教育管理学院举办教育督导人员培训班，就中国教育督导简论，教育理论专题，教育管理专题，教育督导、教育评价方法和技术，形势政策等内容进行了培训。区（县）督学室副主任 2 人、督学 23 人、督学室工作人员 5 人参加了培训。

9 月中旬至 10 月上旬，市《义务教育法》执法检查组分成 7 路，对全市 18 个区（县）分别进行为时一周的检查，抽查了 59 个街道、乡镇和 230 所学校。经检查确认：45 个乡镇实施九年义务教育初步达标（其中 5 个乡镇提前达标），大兴、房山、门头沟、怀柔、密云 5 个区（县）初步实施九年义务教育。全市实施九年义务教育地区人口覆盖率达 99.4%，有 6 个乡（延庆县 2 个乡，矿务局工农区 4 个乡）规划在 1993 年达标。12 月，市督学室完成对全市 18 个区（县）政府义务教育和中小学德育有关法规文件的落实情况的书面回复，并向市政府呈报《关于我市贯彻落实〈义务教育法〉和中小学德育工作有关法规文件情况的报告》。

10 月 15—28 日，国家教委督导检查组一行 7 人，对北京市落实中小学德育工作有关法规文件情况和减轻小学生课业负担情况进行专项督导检查。

1993 年

2 月 27 日，市教育局颁布《北京市普通中学教育质量综合评价方案（试行）》和《北京市小学教育质量综合评价方案（试行）》。两个方案是在 1988 年 6 月《试行意见》基础上修订的。修订后的评价方案把学校管理过程评价和学生群体质量评价紧密结合起来，增设了评价等级标准、评价方法和权重量表，它是教育行政部门、教育督导部门评价各中小学统一使用的评价方案。3 月 25 日，在各区县主管区（县）长和教育局局长会议上作了具体部署，下发了《评价方案》及东城、西城、通县有关学校综合评价工作的经验材料。

4 月 20 日，市人大常委会办公厅、市政府办公厅印发《关于对区县普及九年制义务教育和扫除青壮年文盲工作进行检查、评估验收的通知》，将“两基”的评估验收纳入本市《义务教育法》执法检查工作中。同时颁布《北京市关于区县普及九年制义务教育评估验收的指标要求及说明》，颁布《北京市对区县扫除青壮年文盲单位检查评估的指标要求》。3 月，市督学室各责任督学深入区县随访指导区县自查自评。

4 月 20—24 日，由市督学室和顺义县督学室专兼职督学、教研员共 45 人组成联合督导评价组，对顺义县杨镇一中教育质量进行综合督导评价。5 月向杨镇一中下发《关于杨镇一中教育质量综合督导评价结果通知》，7 月，杨镇一中向市、县督学室书面报告其改进工作的思路和措施。

4 月 28 日，北京市教育学会普通教育评价研究会成立。会议选举第一届理事会成员 49 人，常务理事 19 人，陶西平任名誉理事长。

5 月 28—29 日，北京市“两基”检查、评估验收组以崇文区为试点，进行“两基”工作的检查、评估验收。参加检查验收的有市人大教科委、政府文教办、成人教育局、教育局有关领导及市督学室全体督学共 25 人。检查结论为：崇文区已普及九年义务教育，各项指标均已达到国家教委及市政府颁布的检查、评估验收标准。

6 月 11—22 日，对城近郊区和远郊区（县）17 个区（县）的 21 个乡镇、52 所中学、64 所小学进行“两基”随访检查，针对问题与区县研究制定改进措施。随访后汇总分析撰写报告呈送市“两基”检查评估验收领导小组。9 月中旬以后，与有关部门组成市检查组，抽查 18 个区（县）的 100 个乡镇、街道，329 所中小学。确认全市各区县均已达到国家教委和本市规定的普及指标和要求。

10 月 18—28 日，国家教委对北京市“两基”评估验收工作进行抽查。抽查组重点抽查了延庆、通县，面上察看了东城、朝阳两区，共抽查了 18 个乡镇、2 个县城地区、1 个街道办事处，察看了 27 所中学、37 所小学、1 所师范学校、2 所县级成人学校、14 所乡镇成人学校、2 所特教学校、1 个区级少年宫、1 个区级德育实验室、1 个学生劳动实践基地，对 31 位脱盲青壮年进行了书面测试。

10 月 30 日，国家教委公布对北京市普及九年义务教育和扫除青壮年文盲评估验收工作的抽查结果，18 个区（县）基本普及了九年义务教育，基本扫除了青壮年文盲。北京市成为我国率先提前实现“两基”的直辖市。12 月 22 日，市人大、市政府召开北京市“两基”检查验收总结大会，授予 18 个区（县）为“普及九年义务教育扫除青壮年文盲区（县）”。1995 年 1 月 16 日，国家教委关于公布首批普及九年义务教育和扫除青壮年文盲县（市、区）名单，北京市 18 个区（县）全部在列。

11 月 26 日，在海淀区召开城近郊 8 个区“街道教育工作督导评价研讨会”。与会者围绕东城区督学室的实践，就北京市开展街道教育工作督导评价的重要性、必要性、可行性，街道教育工作督导评价的基本程序等问题进行了研讨，还就海淀区关于建立“海淀社区教育”的认识进行了研究。

11月底，编辑出版《乡管教育》。此书反映了北京市乡镇管理教育工作的实践成果。

12月16日，市教育局和市教育学会联合召开第四届教育评价研讨会。陶西平、胡昭广到会并讲话。

12月29日，在通县召开乡镇教育工作督导评价研讨会，重点研讨乡镇教育工作督导评价的模式及其规范的督导程序。会议总结了“建立首都农村乡镇教育工作督导评价制度及理论”科研课题的进展情况，并对今后的科研任务及分工作了部署。

年内，《北京教育督导通讯》为进一步适应工作需要，更名为《北京教育督导》，仍为季刊，每年4期。

年内，开展了多项调研。一是深入延庆县靳家堡乡、清泉铺乡和房山区河北镇、南窖乡、金鸡台办事处调查实施义务教育的现状，写出《延庆、房山未达到义务教育标准的六个山区乡镇情况的调查》。二是对郊区中小学代课教师情况进行调查，就加强中小学教师队伍建设、如何对待代课教师问题向市政府及有关方面提出了建议。三是对密云县八个乡镇在年前改建校舍中遗留的8处工程因资金短缺而停工的问题进行调查，向胡昭广副市长呈送了《密云县八个乡（镇）中小学校舍改建困难的反映》，胡昭广副市长到密云县现场办公，解决了这一难题。四是对远郊区县建立人民教育基金情况进行调查，提出了完善人民教育基金制度的建议。

1994年

3月7—12日，举办督学研习班，对全体市督学、各区县督学室副主任30余人进行培训。与会同志在学习十四届三中全会决定以及《义务教育法》《教师法》（以下简称“两法”）和本市《实施办法》的基础上，就加强对“两法”执行情况的监督、检查，加强督学室自身建设等方面工作进行了研讨。崇文、海淀两区督学室副主任介绍工作经验。

4月22日和12月21日，市督学室和顺义县督学室先后对顺义县杨镇一中、县城东风小学进行了教育质量综合督导评价后的复评工作。

6月24日，市教育局印发《北京市中小学校教育质量自我评价工作程序（试行）》；12月28日，市督学室印发《北京市中小学校教育质量综合督导评价工作程序（试行）》。至12月底，全市有12个区县和燕山办事处建立了学校自评制度，14个区县和燕山办事处对中小学校开展了综合督导评价。

6月29日，召开市第二届特约教育督导员聘任会。陶西平、胡昭广、陈大白等市领导向北京市第二届特约教育督导员颁发证书。民革、民盟、民建、民进、致公党、台盟等民主党派市委领导也出席了会议。

8月初，分别在海淀区、怀柔县召开督学室副主任会议，就“两法”执法检查中进一步发挥督导机构的作用、开展中小学教育督导评价促进学校评价制度的建立和加强督导机构、队伍建设等问题进行交流。

8月18—19日，北京市教育学会和北京市普通教育评价研究会联合召开北京市教育评价学术研讨会暨北京市普通教育评价研究会首届年会。

8月22日，市委、市政府召开1949年以来首次北京市中等专业教育工作会议，会议提出当前着重抓好的主要工作，其中第二项工作是“建立督导制度，明确管理职责”。会议印发《关于建立北京市中等专业教育督导制度的意见》和《北京市中等专业教育督导暂行规定》。文件规定：中等专业教育督导的任务包含督政与督学两部分，督导对象为各中等专业学校的业务主管部门和教育行政部门对中等专业教育的管理及执行政策、法规的情况和中等专业学校的工作情况；目前着重做好督学工作。

9月中旬至10月上旬，组织专兼职督学进行“两法”执法检查自查期间的随访督导，每个区县1—2天。重点调研1994届初中毕业生的人员流动情况、中小学校公用经费的投入执行情况以及教师的公费医疗等福利待遇情况，推进区县“两法”执行情况的自查工作，促进区县边查边改。

10月7—14日，由国家督学郑启明、郝维谦、赵光华、朱世和、姬君式和国家教育督导团办公室副处长宣兴平6人组成的调研组来京调研北京市开展中小学校综合督导评价工作。

10月24日，市教育局印发《北京市关于巩固普及九年制义务教育成果提高教学质量和办学效益的标准（试行）》。这一标准是指导各区县制定2000年“高标准实施九年制义务教育规划”和监督检查各区县实施义务教育工作及履行教育职责情况的重要依据。同前7年使用的原标准相比，涵盖面明显扩大，各项标准均有提高，体现“两基”和“两全”是一个有机的整体。

10月25日至11月18日，由市人大教科委、市政府文教办、市委教育工委、市教育局、市成人教育局和市督学室60余人组成的市“两法”执法检查组，共分5组对各区（县）进行了为期4天的执法检查。检查结束后，与各区（县）政府口头交换意见。11月30日至12月2日市督学室进行了专题汇报总结，制定了向市政府提交的“两法”执法检查报告框架，并初步确立了1995年督导工作的基本思路及工作要点。12月21日，向市主管教育工作的领导汇报全市“两法”执法检查结果，涉及对94届初中毕业生的人员流动情况、中小学校公用经费的执行情况、教师的公费医疗情况等8个专题。

11月8—18日，与市教育局联合组成督导检查组，到西城、崇文两区对中小学生课业负担情况进行专项督导检查。其后，督导检查组撰写出督导检查报告上报国家教育督导团和市教育局。

1995年

1月12—13日，在房山区韩村河山庄召开乡管教育研讨会。13个区（县）督学室副主任参加。会上，通县、密云、海淀、顺义、昌平等区县围绕建立北京市农村乡镇教育督导评价制度，就乡管教育的职责、乡管教育督导评价的方法作了重点发言。

1月26日，市人大教科委、市政府文教办联合召开的北京市教育督导座谈会在台湾饭店举行。会上，市人大常委会副主任陶西平总结了北京市8年督导工作的五条基本经验，即政府的内部监督与人大执法监督的紧密结合；督政与督教的紧密结合，专兼职督导员工作与特约督导员工作的紧密结合；督与导的紧密结合；实践与理论探讨的紧密结合。

3月10—11日，召开督学室工作会议，市督学、各区县督学室副主任30余人到会。会议传达了全国教育督导工作会议精神，并部署了1995年本市教育督导工作，交流了区县督导机构建设经验。

4月21日，市人大常委会办公厅印发《关于贯彻〈教育法〉，建立〈义务教育法〉〈教师法〉及本市〈实施办法〉执行情况的监督检查制度和1995年检查工作安排的通知》。《通知》指出，市人大、市政府决定对“两法”和本市《实施办法》的贯彻落实情况建立和完善监督检查制度。在今后几年内，坚持每年进行一次“两法”执行情况的检查。成立由市人大常委会主管副主任、市政府主管副市长分别任正、副组长，市人大常委会教科委、市政府文教办、法制办、市教育督导机构主要领导为成员的领导小组。领导小组办公室设在市督学室。各区县和市各有关委、办、局、总公司也设立领导机构。

4月27日，市政府办公厅印发《关于对有关教育法律法规执行情况建立检查制度的通知》，决定建立对有关教育法律法规执行情况进行检查（以下简称“教育执法检查”）的制度：从1995年开始，每年在全市范围内进行一次教育执法检查。市政府成立由主管市长任组长，市政府文教办、法制办、市教育督导机构等部门主要领导人为成员的北京市教育法律法规检查工作领导小组。领导小组办公室设在市督学室。

5月24日，召开第一次区县教育执法检查领导小组办公室主任会，交流各区县迎接教育执法检查的自查计划以及准备情况；7月底召开第二次会，汇报交流各区县自查工作进展情况。区县和市有关委办局自查期间，市检查工作领导小组办公室深入各区县进行了随访调研。10月10日至11月2日，市检查组深入到25个乡镇、46所中学、48所小学和9个居民住宅小区，采取抽查的方式，对各区县的自查情况和

"两法"落实情况进行了检查。

6月20—21日，北京市第三届教育督导工作会议召开。市教育局督学室负责人作题为《认真贯彻执行〈教育法〉，努力完善教育督导制度》的报告和《北京市教育督导工作八年的回顾》的书面报告，西城区、海淀区、顺义县、东城区交流了经验。市人大常委会副主任陶西平、副市长胡昭广讲话。

7月25日，召开全市区（县）督学室副主任会，交流研讨区（县）教育督导机构改革的经验。会上，海淀、顺义、怀柔分别介绍了各自的情况，城近郊组、远郊组分组座谈。

10月13日至11月24日，市教育执法检查工作领导小组组织检查市卫生局、地税局、建委、规划局、财政局执行"两法"情况。市人大常委会副主任陶西平、副市长胡昭广等参加检查。

11月，"北京市农村乡镇教育督导评价制度研究"论文获国家"八五"重点课题"深化基础教育管理体制改革研究"子课题"农村基础教育管理体制改革研究"一等奖，北京市督学室获组织奖。

12月13日、19日，分别在丰台、通县召开城近郊组、远郊组的区县督学室副主任信息交流会，会议提出信息交流要成为一项制度。

12月14—15日，与市普教评价研究会联合在石景山区召开研讨会。会议以"发挥学校督导评价功能（学校自我评价功能），增强实效性，促进素质教育的落实，提高教育质量和办学效益"为主题。

年内，经北京市新闻出版局批准，《北京教育督导》从1995年第3期（总第25期）起更名为《教育督导》，并改为双月刊。中国教育学会教育督导分会（国家二级学会）与北京市督学室商定，《教育督导》为分会的会刊，委托北京市教育局主办，是面向全国的教育督导专业理论性刊物。更名改版后，编辑部在教育督导分会理事长郑启明等9人组成的编委会领导下负责编辑管理工作，聘请柳斌、陶西平、陈德珍、顾明远、江铭5位领导、专家任顾问，对刊物宗旨、刊物特色、服务范围、常设栏目做了调整和充实。1996年北京市人民政府教育督导室成立，《教育督导》主办单位改为北京市人民政府教育督导室。

年内，完成了教育督导工作专题调研、督学室建设调研、教育经费落实调研、学校管理状况调研、民办学校管理工作状况调研、二十一世纪实验学校建设调研，并分别完成调研报告。

1996年

2月15日，北京市人民政府教育督导室与北京市教育委员会同时举行成立大会和揭牌仪式。国家教委副主任张天保，北京市委副书记李志坚为北京市人民政府教育督导室揭牌。市长李其炎为督导室主任徐锡安和5名副主任颁发任命书。市教委主任兼市政府教育督导室主任徐锡安向10名专职督学颁发了聘任书。

3月14—22日，组织督导人员教育理论系列讲座。邀请北师大教育管理学院，国家教委政策法规司，国家教委督导办，北师大研究生院、教育管理学院、监控研究中心，中国教育学会教育督导分会等单位专家教授主讲。

3月，成立北京市教育督导暂行规定起草组起草《北京市教育督导暂行规定》，其间召开了有关专家、督学、教育行政人员、校长座谈会。12月，经市政府教育督导室主任办公会审定，形成《北京市教育督导暂行规定（送审稿）》，上报市人民政府法制办公室。

3月，对全市18个区（县）教育经费单独列项问题，分别进行了1—2天的随访督导。

4月22日，北京市教育执法检查工作领导小组印发关于1996年教育执法检查工作安排意见。

5月27日，北京市机构编制委员会批复成立北京市人民政府教育督导室。市政府教育督导室为市教委代管机构，负责中等和中等以下各级各类教育的督导工作。其主要职责是：负责统筹规划、组织领导全市的教育督导工作，指导区县开展教育督导工作，起草有关教育督导的法规、规章，制订有关教育督导的指导性文件；对区县政府及其教育行政部门和有关部门贯彻执行教育法律法规和方针政策，履行职责的情况，进行监督、检查、评估、指导；对学校及其他教育机构的办学方向、教育教学质量进行督导评估；对教育工作重大问题进行调查研究，向市政府报告工作、反映情况、提出建议。

6月5—7日，与市委教育工委、市教委、市教育工会、团市委及部分区县教育部门主管德育工作的领导联合对区县贯彻落实中央德育文件的情况和效果进行全面检查。检查结束后，撰写出《北京市中小学贯彻落实中央德育文件的情况报告》。对区县的检查意见分别纳入下半年执法检查的回复意见。

6—9月，对全市各区县开展学校督导评估工作进展情况进行调查。

9月5—14日，组织市专兼职督学、市特约教育督导员及市教委有关处室，组成两个检查组，分别深入东城、西城、海淀、顺义、昌平、密云6个区（县），实地检查申报全国“两基”工作先进区县的情况。市评委会审议了检查结果，并听取申报区（县）主管领导的汇报，评选出海淀区、顺义县为全国“两基”工作先进区县推荐单位。之后，两个区（县）被评为1996年全国“两基”工作先进区县。

12月4日，向北京市教育法律法规检查工作领导小组报告1996年度全市教育执法检查情况。检查工作自4月26日起，10月31日结束。检查对象是各区县人民政府和市属各有关委办局、总公司（企业集团），检查的重点是："九五"教育发展规划启动情况，教育经费实现"三个增长"情况，解决教师住房、保障教师公费医疗情况，德育工作情况，制止中小学乱收费情况及市属各委办局、总公司（企业集团）贯彻市委、市政府《关于进一步落实教育优先发展战略地位高标准实施〈纲要〉的决定》中提出的"六个优先""五项制度"的落实情况，完善执法配套规章和行政措施情况。在自查的基础上，市检查组到18个区（县）、9个市属局和总公司、109所中小学、17所中专及技校、31个乡镇进行了实地检查。检查结束后，形成了29份回复意见。

12月9—20日，在北京教育学院举办教育督导系统首期计算机技术应用培训班，共有30人参加。主要课程为WPS文字处理系统、CCED（中文字表编辑软件）、北京市"两基"工作质量情况计算机报表方法。

12月27日，召开首批兼职督学聘任会。徐锡安等领导向28名兼职督学颁发聘书。

年内，开展了多项调研：一是对全市义务教育阶段贫困生、特困生情况进行调查，完成《关于我市义务教育阶段贫困生、特困生情况的调查报告》。二是对部分中等职业学校经费进行调研，完成《北京市中等职业教育经费情况调研报告》（初稿）。三是协同市教委基教一处到私立汇佳学校了解学生家长来信反映停上音乐、体育等课和学生在学校食堂用餐吃不饱等问题，调查结果及时上报有关领导。四是调查通县教育经费落实情况。

1997年

4月3日，市教育法律法规检查工作领导小组召开1997年教育法律法规检查工作会议，部署1997年教育执法检查工作。检查重点为：（1）本市建立教育经费监测制度的情况，各区县政府实行教育经费预算单列，事权财权相统一的情况；（2）1997年完成教师住宅建设计划情况，城近郊区解决教师中人均在5平方米以下住房困难户的情况；（3）实施素质教育年度阶段性目标落实情况；（4）《职业教育法》第六条贯彻实施情况；（5）《北京市专业技术人员继续教育规定》第六条贯彻实施情况；（6）1996年教育执法检查中提出的问题改进情况。随后，各区县政府及市属委办局、总公司（企业集团）即开始按会议安排开展自查。5—6月，市政府教育督导室对有关委办局（总公司）和各区县的自查工作进行了随访督导。

4月，完成《北京市普通中等专业学校综合评估指标体系（试行）》（草案）制定工作。

5—8月，与市经委联合完成工业系统36所各类职业学校育人质量评估工作。共评出13所市工业系统育人质量先进学校。

5 月、10 月，完成全市 18 个区（县）的教师住房困难户普遍调查。

6 月 27 日，召开第三届市特约教育督导员首次会议。

6 月 28 日，市政府办公厅转发市教委《关于进一步推进中小学素质教育的实施意见》。文件规定完善对区县政府和教育行政部门、中小学校实施素质教育的分级督导评价制度。市教委、市政府教育督导室负责《北京市区县政府巩固“两基”，落实“两全”，全面实施素质教育评价方案（试行）》等三个评价方案的实施工作，并对各区县实施素质教育工作定期进行督导评价。

7 月 3 日，市政府办公厅印发《关于设立北京市人民政府教育督导室的通知》，经市政府批准，设立北京市人民政府教育督导室，为市教委代管机构。其主要职责是：统筹规划并组织协调全市教育督导工作；负责组织全市教育评估工作；对本市教育工作重大问题进行调查研究，向市政府报告情况。

7 月 8 日，市教委发布《北京市区（县）政府巩固“两基”落实“两全”全面实施素质教育评价方案（试行）》等三个评价方案，并规定把贯彻实施三个评价方案作为 1997 年和“九五”期间加强中小学教育工作的一项重要任务。

7 月 14—16 日，组织首次京津沪三直辖市教育督导学术交流会，研讨交流教育督导工作。三直辖市政府教育督导室的领导和督学出席会议。

7—9 月，编辑出版《北京市基础教育实施素质教育文件选编（一）》。

9 月 19 日，与国家教委督导团有关同志一起到怀柔调研《普通中小学督导评估工作指导纲要》及《北京市普通中小学教育质量综合评价方案》落实情况。

9 月 24 日，北京市教育学会普通教育评价研究会召开第二届会员代表大会暨学术年会，听取第一届理事会工作报告，向 31 名第一届教育评价优秀科研成果获奖者颁发奖状。大会宣布普通教育评价研究会更名为北京市教育学会教育评价与督导研究会。

9—10 月，由市人大代表、市政府教育督导室专兼职督学、市特约教育督导员及市委教育工委、市教委有关人员组成 6 个执法检查组，分别到 18 个区（县），1 个办事处，8 个市属局、总公司，44 个乡镇、118 所中小学、39 所职业高中和成人学校、3 个住宅小区、12 个教师住宅建设工地进行检查。11 月底完成《关于 1997 年度教育法律法规实施情况的检查报告》，呈送市教育法律法规检查工作领导小组。

10 月 20 日，与市计委和市劳动局联合发出通知，在全市开展市级重点技工学校评估验收工作。该项工作自 11 月 4 日开始，12 月 15 日结束，共评估验收 22 所技工学校，遴选省市级重点技校 16 所，拟从中择优推荐 2—5 所，参加劳动部的国家级重点技校评估。

12 月 16—20 日，深入 12 个区（县）的 20 所中小学校，检查《北京市中小学杂费减免办法（试行）》和《北京市义务教育阶段人民助学金制度（试行）》贯彻落实情况。

1998年

1月8日，与市教委联合印发建立第一批推动实施素质教育实验联系区县的通知。实验联系区县的工作目标是通过构建督导评价机制，推动区域性教育综合改革，促使中小学摆脱“应试教育”的束缚，全面走上实施素质教育的办学轨道。市政府教育督导室负责对实验联系区县实施工作的联系。

3月2日，市政府教育督导室、市学前教育领导小组办公室印发《关于1998年进行学前教育“九五”规划中期督导检查的通知》。5月份对各区县学前教育“九五”规划目标完成情况进行了中期督导检查。检查结果表明，18个区（县）学前儿童入园率、幼儿教师任职资格合格率均比“八五”期间有所增长。

3月6日，与市教委联合印发《北京市区县政府、教委（教育局）、普通中学、小学全面实施素质教育评价工作程序（试行）》。

3月，举办教育督导理论培训班，邀请教育部教育发展研究中心、教育部和市教委有关领导、专家分别就“邓小平教育思想与教育现代化”“素质教育与督导评估”“英国的教育督导及对我们的启示”等专题作报告。市政府教育督导室领导及市、区县全体督学和部分兼职督学近200人参加学习。

4月21日，市教育法律法规检查工作领导小组召开1998年教育法律法规检查工作会议。会议确定1998年教育执法检查重点为:（1）各级政府贯彻《北京市实施〈义务教育法〉办法》第二条规定，普及九年义务教育的巩固提高情况;（2）贯彻《教育法》第55条规定，教育经费支出按照事权和财权相统一原则，在财政预算中单独列项情况;（3）贯彻《职业教育法》第17条及《北京市实施〈职业教育法〉办法》第18条第5款规定，举办发挥骨干和示范作用职业学校等情况;（4）贯彻《职业教育法》第20条及《北京市实施〈职业教育法〉办法》第13条第2款规定，对从事国家规定技术工种、特种作业人员必须取得职业资格证书方能上岗规定的执行情况;（5）实施《北京市专业技术人员继续教育规定》及有关制度和继续教育学习比率情况;（6）1997年教育执法检查中提出问题改进情况。

4月23—30日，与市教委有关处室组成检查组，对城近郊区基础薄弱学校建设工作进行专项督导。督导情况表明，加强基础薄弱学校建设工作受到各区政府和教育行政部门重视，责任书规定任务多数执行较好。7月25日，市教委、市政府教育督导室向市政府报告了基础薄弱学校建设工作专项督导结果。

5—6月，对没有职高骨干示范校的门头沟、通州、延庆、房山、平谷5个区（县）职业教育工作进行随访督导。

7月27日，在对教育执法检查自查工作进行随访的基础上，市教育法律法规检查工作领导小组召开自查中期经验交流会。海淀区人大等5个单位介绍了自查经验和做法。

8月18日，颁布《北京市中等专业学校督导工作暂行规定》。

8月18日，市教委、市政府教育督导室联合发布《北京市职业高中督导评估工作指导纲要》。该纲要自1999年1月1日起正式施行。

9月21—22日，召开区县政府教育督导室主任工作会，交流实施三个评价方案的经验，西城区、东城区、怀柔县、海淀区教育督导室（督学室）主任作大会发言。市政府教育督导室同时部署了1998年教育执法检查工作安排。

10月，由市人大代表、市政府教育督导室专兼职督学、市特约教育督导员及市委教育工委有关人员组成3个执法检查组，深入到15个区（县），8个市属局、总公司（企业集团），11个市属企业与职业学校，4个区属企业与单位，14个乡镇，102所中小学，6所职业高中进行检查。完成27份回复意见，形成《关于1998年度教育法律法规执行情况的检查报告》。

11月1—3日，在中国教育学会教育督导分会第四届年会暨第二届代表大会上，北京市政府教育督导室作北京市教育督导体制研究发言，《关于教育督导性质任务的思考》论文获一等奖。

11月3日，与英国商业与技术教育委员会（EDEXCEL）举行教育合作项目意向书签字仪式。经市政府批准，北京无线电工业学校等3所中专学校与其合作，在电工电子、计算机应用、市场营销3个专业中试行BTEC课程教学，为期6年。英方委托北京市政府教育督导室负责合作项目学校质量监控工作。

11月，与市教委联合组成督导评价组，对崇文、海淀、顺义区政府、教委（教育局）1997—1998学年度实施素质教育工作进行综合督导评价。

12月，制定《关于聘请兼职督学的规定》。

年内，开展了多项调查、调研工作：一是对1997—1998学年度本市九年义务教育阶段贫困生、特困生情况进行调查，形成《关于北京市九年义务教育阶段贫困生、特困生情况的调查报告》；二是对10个远郊区（县），211个乡镇教育事业费执行情况开展专题调研，形成《农村乡镇中小学教育经费管理使用情况的调研报告》；三是与市教委联合组成专题调研组，对全市新建小区依法建设配套教育设施情况进行调研，形成调研报告；四是对北京市中等职业学校中专与职业高中部分专业生均教育培养成本进行调研；五是与市教委、市计委、市财政局、市山区办等部门联合组成专题调研组，对7个区县及所属20个乡镇中小学教育现状进行调研。

1999 年

1 月 14 日，市政府第 21 号令颁布《北京市教育督导规定》，自 1999 年 3 月 1 日起施行。3 月 22 日，教育部办公厅向全国转发了《北京市教育督导规定》。转发通知指出，《北京市教育督导规定》对教育督导的性质、对象、任务、督导机构设置、督学职责、督导实施都做了明确规定，反映了有中国特色的教育督导制度的基本框架，对加强和完善各地督导制度建设有借鉴意义。

3—10 月，市政府教育督导室对 15 所提出“中等职业学校骨干示范校”评选的中专学校进行 20 余次随访督导，10—12 月，对另外 11 所中专学校进行了综合督导评估。

4 月，《教育督导》编辑部编辑的《教育督导法制建设与理论研究》出版。

4 月 28 日，与市教委联合印发《关于实施北京市教育督导规定的意见》。

4 月 28 日，市教育评价与督导研究会召开中小学督导评价专题研讨会。会议主题是发挥学校自我评价和督导评价功能，提高评价实效，促进素质教育实施。崇文区等 4 区（县）教育督导室与和平街一中等 3 所学校在会上交流经验。

4—11 月，完成年度教育执法检查。1999 年检查的重点是：区县政府巩固九年义务教育普及成果，提高教育质量和办学效益及贯彻落实市加强山区中小学建设工作意见的情况（1998 年 9 月 8 日，市教委印发北京市加强山区中小学建设工作的意见的通知，即“山区工程”）；区县政府和市属有关部门贯彻落实本市实施《职业教育法》办法第三条、第四条，推进职业学校布局和专业调整的情况；本市高等职业教育发展规划制定与实施情况；市属高等学校、成人高校举办高等职业教育情况。据检查，1998—1999 学年度，全市巩固提高普及九年义务教育工作情况良好，学校办学条件进一步改善，教师队伍建设进一步加强，教育普及程度和教育质量稳定在较高水平。

5 月和 6 月，对 6 所中专学校毕业环节教学进行专项督导。结果显示，学校普遍重视毕业环节教学。

6 月 3 日，与市教委联合印发《北京市中小学科技教育工作评价方案（试行）》。文件规定，从 2000 年起，各区县对所属中小学校评价每两年一次，并对各校评价量表汇总分析，写出书面报告。

6 月 3 日，市教委、市政府教育督导室印发《北京市校外教育机构等级评价标准与实施办法（试行）》。计划从 2000 年起，用 3 年左右时间对申报等级认定的校外教育机构进行一轮评价。

6 月 14—25 日，会同市教委有关处室、基础教育教研中心组成专项督导组，对北京市翔宇中学等4所民办学校教育教学工作进行专项督导。

7月26日，市政府召开教育督导工作电视电话会议。会议的任务是贯彻第三次全教会精神和《北京市教育督导规定》，总结北京市第三届教育督导工作会议以来教育督导工作的基本经验，明确今后工作思路。会议指出，教育督导是一种行政监督，是北京市实现依法治教不可缺少、不可替代的重要工作。西城区、门头沟区分别介绍了加强教育督导工作的经验。

9—12月，完成全面实施素质教育综合督导评价工作。18个区（县）政府和教委（教育局）全部完成自我评价，全市1 981所普通中小学（含职普合校）进行了自我评价，其中，各区县教育督导室（督学室）会同区县教委（教育局）对849所进行督导评价，占全市普通中小学的1/4。市政府教育督导室会同市教委对西城、朝阳、石景山、大兴、通州及燕山地区6个区（县、地区）政府和教委（教育局）进行了督导评价，并将评价意见分别通知了受检单位。

11月11—26日，会同市教委有关处室对7个山区（县）"山区工程"年度计划完成情况进行专项督导检查。结果显示，1998—1999学年度，7个区（县）各项指标均已达到北京市高标准普及九年义务教育要求。

11月30日，与市教委联合印发《关于做好北京市工读学校办学情况综合督导检查工作的通知》，决定自1999年开始，根据有关法律及有关工读教育的文件精神，对各工读学校的办学情况实施督导检查。

12月，市教育评价与督导研究会召开第三届学术年会。研究会理事、会员代表约180人参加会议。

12月，市教育评价与督导研究会编辑的《素质教育评价的实践与研究》一书由北京工业大学出版社出版。

年内，就市经委系统院校划转教育行政部门管理问题与有关部门进行了联合调研，对城近郊区教育行政部门和中学的计算机使用效益情况、远郊区县边远乡镇教育经费的投入情况、10所院校高等职业教育状况进行了调研。

2000年

1月24日，向各区县政府教育督导室（督学室）下发《关于贯彻落实市教委〈关于转发教育部在小学减轻学生过重负担文件的紧急通知〉开展专项督导检查的通知》。1月20日至2月17日，进行两次"减负"工作专项督导，并向国家教育督导团办公室呈交"减负"工作专项督导检查报告。

3月14—15日，举办第五次督学培训讲座。邀请教育部、市财政局就基础教育改革与减轻中小学生过重负担、市财政管理体制改革与规范教育经费管理两个热点问题作报告。

3 月 16 日，召开职业高中督导评估工作汇报会，各区县教育督导室（督学室）主任参加会议。至年底，共督导评估职高学校 50 余所。

3—5 月，对朝阳、延庆、丰台、大兴 4 个区（县）中等职业教育布局结构调整工作和职高办学情况进行随访督导。

3 月和 5 月，与市教委一起先后对海淀区工读学校和朝阳区工读学校的办学方向、办学条件、学校管理进行综合督导检查。自本年起，北京市开始实行工读教育督导制度。

4 月 29 日，与市教委联合印发《关于开展争创人民满意中小学幼儿园活动的通知》，决定在全市中小学、幼儿园开展“争创人民满意中小学、幼儿园”活动。

5 月 12 日，市教育法律法规检查工作领导小组召开教育法律法规检查工作会议。会议确定，2000 年教育执法检查重点是区县政府 1999 年教育经费支出占财政支出比例提高情况，教育经费实现“三个增长”情况，本年教育经费预算制定情况，巩固提高普及九年义务教育工作情况，加强山区中小学建设工作情况，中等职业学校布局结构调整情况。在各单位自查的基础上，9—11 月，由市人大代表、市政府教育督导室专兼职督学、市特约教育督导员及市委教育工委、市教委有关人员组成 3 个检查组，到 12 个区（县）、3 个市属局、24 个乡镇、60 所中小学校、11 所中等职业学校进行教育执法检查。年底，完成 15 份执法检查的回复意见和《关于 2000 年度教育法律法规执行情况的检查报告》。

6 月 30 日，根据市委、市政府改革北京市教育管理体制的决定，市政府教育督导室完成内设机构改革，原一、二、三处改设为基础教育督导处、职业教育督导处、综合处。

6—7 月，对首都铁路卫生学校等 10 所中专学校进行综合督导评估。结果显示：各学校毕业环节教学质量均有提高。

7 月，制定《督导工作行为规范》和《督导工作程序》。

7 月，召开怀柔、昌平、东城、宣武、丰台、门头沟、房山、平谷、密云、延庆 10 个区（县）教育督导室（督学室）主任、教委主任（教育局局长）、自评办主任会议，安排对 10 区（县）实施素质教育督导评价工作。10—12 月，对以上 10 个区（县）政府、教委（教育局）实施素质教育工作进行综合督导评价。

9 月 13—20 日，检查各区县落实《北京市教育督导规定》情况。

12 月 13 日，与市教委联合印发《关于对中小学生安全工作进行专项督导检查的紧急通知》。12 月 26—27 日，抽查了崇文区及 4 个区（县）的 19 所中小学安全工作。检查发现了一些安全隐患，引起各级教育行政部门、学校和有关部门的重视，及时采取措施予以解决。

12月，编印《北京市教育督导制度文件汇编》，印数4 000册。

年内，完成学生辍学留级情况、在京流动儿童少年就学情况、素质教育区域性改革实验情况、中专管理体制、中小学生体质健康状况5项督导调研。

2001年

3月14—19日，举办第六次督学培训讲座。有关领导和专家作教育现代化、信息技术与创新人才培养、基础教育质量评价与监控、基础教育课程教材改革等专题报告。

4月，市教育法律法规检查工作领导小组召开教育法律法规检查工作会议，部署2001年教育执法检查工作。会议确定2001年教育执法检查重点是区县政府2000年教育经费支出占财政支出比例情况、教育经费“三个增长”情况、本年度教育经费预算制定情况、义务教育阶段学校改善办学条件情况、山区中小学建设计划目标完成情况、中等职业教育布局结构调整情况。会后，各区县政府、市有关委办局、市属有关机构开始进行自查，并于9月上交了自查报告。7—8月，市政府教育督导室进入16个山区乡镇、28所中小学，重点随访督导山区工程的进展情况，督促解决有关问题。

5月，完成对东城等6个区中小学教师职业道德建设专项督导。5—6月，完成对中国科技大学附中等6所中专学校毕业环节教学专项督导，之后又分两批完成了对中国戏曲学院附中等10所中专学校的综合督导。

6月5—8日，组织召开京津沪渝第五届教育督导学术交流会。会议强调，学校督导评价要重视教育发展研究，并逐步建立起年轻化、专业化督导队伍。来自国家教育督导团、中国教育学会教育督导分会以及4个直辖市政府教育督导室的领导21人参加交流研讨。

6月11日，经教育部、财政部、国家计委联合评选，在全国基础教育工作会上北京市获得推进“两基”成就奖。海淀区、顺义区获得全国“两基”工作先进地区奖，市人大常委会教育科技委员会等6个单位获得全国“两基”工作先进单位称号。

6月，与市劳动和社会保障局共同制定技工教育综合督导评估指标体系。

8月22日，市政府印发《贯彻〈国务院关于基础教育改革与发展的决定〉的意见》。文件规定切实贯彻《北京市教育督导规定》，完善教育督导制度，加强教育督导工作。要求教育督导部门要坚持“督政”与“督学”相结合，完善对各级政府部门落实教育法律法规、履行教育工作职责、实施素质教育情况的督导检查。对九年义务教育普及情况进行评估验收检查。对教育经费投入、办学标准、教师工资统一发放、生均公用经费等进行检查与监测。坚持对中小学教育质量进行综合评价，探索和实验有利于学校科学管理的发展性评价。开展对师德建设、德育工作、中小学收费等热点问题和涉及基础教育改革与发展的重大问题的调查研究，并及时向各级政府和教育主管部门报告。做好各项评估的统筹与协调工作。建立普及九年义务教育年度目标实现状况的监测制度、督导结果公报制度和相应的奖惩制度。提高督导工作的实效性。

8月30日，与市教委联合印发《关于开展贯彻落实〈国务院关于基础教育改革与发展的决定〉督导检查的通知》，决定开展一次贯彻落实《决定》和《意见》的督导检查。9—10月，与市教委共同开展了此项督导检查。检查结果显示：市区（县）政府制订实施方案，进行重点工作责任分解，“以县为主”的农村义务教育管理体制正在落实。

9月6日，市教委印发《关于北京市“十五”时期学前教育事业发展目标的实施意见》。文件规定建立并完善市、区县两级学前教育督导评估制度，市政府教育督导室依据《北京市学前教育条例》对各区县学前教育工作进行督导评估，对贯彻《北京市学前教育条例》、落实学前教育规划成绩突出的区县、街道和乡镇予以表彰。

9—10月，市委教育工委、市人大教科委、市教委有关人员和市人大代表、市特约教育督导员、市政府教育督导室专兼职督学组成三个教育执法检查组，抽查12个区（县）和市政府1个委办局，完成对13个单位执法检查的回复意见和《关于2001年度教育法律法规执行情况的检查报告》。

11月27—29日，与市教委一起检查东城区工读学校。

12月，完成房山等4个区（县）的山区（半山区）18所中小学供暖改造工作检查，昌平等6个区（县）教委及18所中小学、6所幼儿园学校食品卫生安全工作检查，石景山等2个区学校体育、卫生和艺术教育工作专项督导检查。

年内，开展了部分中学假期补课问题、山区中小学第三年度建设目标完成情况、农村职业教育现状、示范性高中提前招生试点工作情况、中等职业学校2001级新生情况、中小学教师职业道德建设情况、丰台区清理整顿打工子弟学校情况、社会力量举办的中小学校办学情况、社会力量举办的中职学校和非学历培训机构情况等9项调研工作，完成相应的调研报告。《中等职业教育教学质量控制与评价的研究》获得教育部二等奖，有两项调研报告被市教委推荐为市政府优秀调研成果。

2002年

3月21日，市教育学会教育评价与督导研究会召开第三次会员代表大会暨第四届学术交流会，听取第二届理事会工作报告，推举产生第三届理事会。同时，交流论文并颁发优秀科研成果奖。

3月26—27日，举办第七次督学培训讲座。邀请有关领导和专家就教育督导基本理论和实践、教育评价基本理论和发展趋势等作专题报告，260余人参加培训。年内，市政府教育督导室共举办5次教育理论、教育督导理论、教育评价理论讲座。

4月3日，与市教委联合印发《关于对贯彻〈北京市中小学德育整体化工作纲要〉情况进行专项督导检查的通知》，决定对区县贯彻落实《北京市中小学德育整体化工作纲要》的情况进行一次专项督导检查。10—11月，对宣武、房山区教委进行了抽查。结果表明，两区教委认真贯彻落实了《纲要》。

4月，与新加坡信威技术有限公司签订合作协议。根据协议，新加坡信威技术有限公司与北京艺术设计学院、北京信息职业技术学院、北京二轻工业学校、北京市化工学校、北京市电子工业学校合作办学，北京市政府教育督导室负责教育质量监控。

6月3日，与市教委联合发布《北京市区县政府、教委、普通中小学全面实施素质教育评价方案（修订·试行）》。新三个评价方案主要特点是：评价指标体系坚持"区县政府、教委、中小学三位一体"，"基础教育、职业教育、成人教育三教统督"，"督政"与"督学"相结合。方案由规范性与发展性两部分指标组成，发展性指标由被评价者自行制定三级指标和评价要素，体现"个性"要求。8—12月，在4个区进行修订后的《北京市区县政府、教委、普通中小学全面实施素质教育评价方案》评价试点工作：西城、门头沟区政府、教委制定自主发展评价指标；崇文、丰台区政府教育督导室制定中小学自主发展评价指导性意见，并指导试点学校开展自主发展自评工作。

6月，对北京市一轻技术学校和北京市服务管理学校进行综合督导评估。9—12月，对北京市音乐舞蹈学校、北京市盛基艺术学校、北京市爱莲舞蹈学校、北京市现代音乐学校、北京中华商科学校进行综合督导评估。12月，对北京市商业学校、北京市财经学校、北京市八一农机学校和大兴区第一职业学校进行综合督导评估。

7月，颁发《北京市民办中小学办学水平评估方案（试行）》，为民办中小学校进行自我评价和实施督导评价提供了依据。

8月15日，市政府办公厅转发市政府教育督导室《关于加强和改进教育督导工作的意见》。

8月30日，市政府召开第五次教育督导工作会议。各区县政府、教委、教育督导室负责人及专兼职督学、特约教育督导员共300余人参加会议。会议印发了《北京市教育督导结果通报制度》《北京市建立九年义务教育实施情况监测制度的意见》，表彰了6个市教育执法检查工作先进单位、7个市教育督导先进集体、30名先进个人和9所职业教育综合督导评估优秀学校。海淀区、门头沟区、宣武区副区长和区政府教育督导室领导分别介绍了加强教育督导工作的经验。

10月，全市教育执法检查组抽查6个区和两个市属总公司，并到12个乡镇、37

所中小学、7 所职业学校进行检查。此次抽查是在 4 月份开始的各单位自查的基础上进行的。检查重点是各级政府 2001 年教育经费支出占财政支出总额比例提高情况，教育经费实现“三个增长”情况，农村中小学教师工资由区县政府统一发放情况，落实北京市普通教育事业公用经费新定额标准情况，巩固提高山区中小学建设及改善农村寄宿制中小学生活设施情况，城市地区义务教育均衡发展情况，推进中等职业学校布局结构调整、改善职业学校办学条件、提高教育质量和办学效益情况，以及 2001 年教育执法检查中提出问题的改进情况。年底完成《关于 2002 年度教育法律法规执行情况的检查报告》。

12 月 4—6 日，与市教委联合督导检查门头沟区工读教育工作。检查后向区教委反馈了督导结果。

年内，开展了市教育督导规定落实情况、农村教育费附加拨付和管理情况、山区中小学教学仪器设备和图书使用情况、山区寄宿制中小学管理状况、中小学教师继续教育现状与对策、在首都实现教育现代化工作中加强与改进教育督导工作等 6 项调研活动，并完成了相应的调研报告。

2003 年

1 月 13—14 日，与新加坡信威技术有限公司联合举办教育质量监控培训班。来自全市 30 余名专、兼职督学参加学习，全部获得结业证书。

3 月 26 日，召开聘任督学顾问和兼职督学工作会。会议向首次聘任的 9 名督学顾问和新一届 71 名兼职督学颁发聘书。新一届兼职督学由教育行政管理干部、教育科研工作者、校长和教师组成。

6 月 11—13 日，与市教委联合检查“空中课堂”同步教学落实情况。该检查涉及 8 个城近郊区及通州、大兴两区教委。检查结果显示，“空中课堂”同步教学落实较好。

9 月 2—12 日，完成 14 所中专学校办学条件评估工作，结果显示 14 所学校均达到合格标准。

9 月，对开展规范性与发展性相结合素质教育督导评价试点的 4 个区进行随访。该试点工作从上年 8 月开始，试点包括西城、门头沟两个区政府、教委全面实施素质教育督导评价和崇文、丰台两个区普通中小学全面实施素质教育督导评价，重点研究和探索实施发展性评价与合作性评价的途径和方法。

9 月，完成对朝阳、海淀、丰台、石景山、昌平和大兴 6 个区流动儿童少年义务教育工作专项督导。

10—11 月，在有关单位自查的基础上，与市人大联合开展 2003 年教育执法检查，检查重点是区县政府2002年教育经费支出占财政支出总额比例情况、教育经费“三个增长”落实情况、普通教育事业公用经费新定额标准执行情况、本年度教育经费预算制定情况、落实市政府人大议案办理报告加快农村基础教育发展工作情况、市有关部门及其所属企业依法提取和使用职业教育经费情况。市检查组检查了6个区和3个市属总公司（企业集团），察看了29个乡镇、39所中小学校以及2个职工培训基地。年底完成《关于2003年度教育法律法规执行情况的检查报告》。

11月28日，向教育部报送《学前教育专项督导自查报告》。该报告总结了北京市学前教育事业发展概况和主要成绩、主要措施、问题与对策。

11月，完成北京铁路运输学校、北京市国际艺术学校等2所中专学校综合督导评估。

12月3—18日，与市教委联合对丰台、西城2个区中小学法制教育和工读教育进行检查。至此，自1999年开始的全市工读教育（含6所工读学校）督导检查工作全部完成。

12月16日，与市教委联合印发《关于进一步规范中小学管理行为的通知》，就进一步规范中小学管理行为做出规定。

12月，对平谷、密云、延庆和昌平4个区（县）农村基础教育发展情况进行检查。

12月，在中国教育学会教育督导分会第五届年会上，北京市政府教育督导室《关于北京市教育督导体制的研究》获得一等奖。本次年会北京市教育督导系统共有6篇论文参加评选，其中，获得一等奖1篇、二等奖1篇、三等奖2篇。

年内，完成国有企业职工教育经费拨付使用与管理现状、打工子弟学校防控“非典”情况、流动儿童少年义务教育工作实施情况、东城和门头沟两区教育经费情况、区县职业教育经费情况、中小学办学自主权、关于北京市中小学教育社会评价共7个调研课题，并撰写了相应的调研报告。

2004年

2月12日，检查昌平区教育系统安全稳定工作。

2月14日，市委、市政府召开新一届特约人员聘任会。会议向98名特约工作人员颁发聘书。其中，特约教育督导员12人。

4月2日，市委教育工委、市教委、市人事局、市政府教育督导室联合印发《北京市教育工作先进区县评选办法》。4月4日，市委、市政府决定授予东城、西城、朝阳、海淀、顺义、昌平6个区“北京市教育工作先进区县”称号，并于4月27日北京市教育大会上进行了表彰和奖励。

5月19日、24日、25日，对房山、东城和海淀3个区3所中小学进行基础教育课程改革实验专项督导。督导结果显示，课改各项工作有条不紊进行，课堂教学研究逐步深入。督导后撰写了《基础教育课程改革实验工作专项督导报告》。

5月12日，与市人大常委会教科文卫体办公室联合召开年度教育法律法规检查工作会议。会议印发《关于北京市2004年教育执法检查工作意见的通知》，提出教育执法检查重点包括市和区（县）政府2003年教育支出占财政支出总额比例情况、教育经费“三个增长”落实情况、普通教育事业公用经费新定额标准执行情况、教育费附加的拨付管理及使用情况、2004年度教育经费预算制定情况、落实市政府人大议案办理报告加快农村基础教育发展第二年工作进展情况、城近郊区办学困难初中校改造情况、市有关部门及其所属企业依法提取和使用职业教育经费情况。10—11月，在各区县、各单位自查基础上完成年度教育执法检查。该检查涉及东城、宣武、朝阳、石景山、平谷、密云、延庆7个区（县）和北京汽车控股有限公司、北京三元集团有限公司、北京建工集团有限公司3个企业集团，实地检查22个乡镇、33所中小学及3个职工培训基地。同时完成21个市属委办局、总公司（企业集团）调研。年底完成《关于2004年度教育法律法规执行情况的检查报告》。

5—12月，完成对海淀、通州、房山、昌平、怀柔、顺义6个区政府、教委的素质教育综合督导评价。5、6月份，在被评价单位自查的同时，督导组深入其112个单位进行随访。11月，听取区政府、教委自评工作汇报，查阅资料，召开30个座谈会。最终完成各区政府、教委实施素质教育工作督导评价意见12份。

6月11日、18日，举办全市督学培训班。该培训班以落实北京市教育大会精神为主题，听取市教委、市社科联和教育部等4名领导关于学习化社会、学习型组织建设和基础教育课程改革三方面内容的专题报告。

8月25—26日，召开实施素质教育督导评价工作经验交流会。西城等5个区介绍了经验。各区县政府、教委、教育督导室有关领导参加会议。

9月，完成流动儿童少年义务教育工作专项督导检查。该检查以公办学校接收流动儿童少年入学任务完成情况、各区县政府及其职能部门落实有关职责情况及流动人口自办学校校车使用情况为主要内容，主要涉及朝阳、海淀、丰台、石景山、昌平、大兴、通州和顺义8个区。

11月3—7日，国家教育督导团检查北京市学前教育工作。督导团督导小组听取了市政府学前教育工作汇报，并召开财政、人事、公安、规划、建设、卫生、妇联和劳动保障等部门领导座谈会，深入顺义、朝阳和怀柔3个区13所不同级、类幼儿园考察。督导团督导小组肯定北京市学前教育管理体制、队伍建设和安全等10个方面工作，并提出工作建议。

12月15日，与市基础教育课程教材改革实验领导小组一起，深入宣武、大兴、房山、石景山和密云5个区（县）5所小学，联合视导课程教材改革实验情况。

12月，职业学校教育教学监测系统软件研制成功。该软件可以编制职业学校办学目标、教学运行、教学保障、专业建设、教学改革、办学效益网络系统，可以综合分析学校办学水平发展情况。

12月，完成市化工学校等3所中专学校的中外合作办学项目专项督导。督导结果显示，学校通过合作办学，在引进国外优质教育资源同时，注重把先进教育理念、教学模式注入到教学中，有效提高了学校整体教学水平，推动了教学改革。

年内，研究制定了《北京市教育督导工作2005—2010年度规划》。完成北京市实施高质量九年义务教育工作情况、教育费附加用于职业教育情况、远郊区县落实"以县为主"农村义务教育管理体制情况、流动儿童少年义务教育工作实施情况、职业学校提高教育质量的实验与研究共5个专项调研工作，并撰写了相应的调研报告。

2005年

2月6日、17日，与市教委一起到顺义、朝阳、海淀、丰台、崇文和通州6个区共17所中小学校检查中小学假期补课情况，重点检查补课内容、时间、人数、形式和收费等，并撰写了《关于寒假期间中小学校集体补课情况及检查处理综述》报告。

2月24日，召开实施素质教育督导评价工作会议，部署对东城、宣武、崇文、朝阳、丰台、大兴、石景山、密云、平谷、延庆10个区（县）和燕山地区实施素质教育综合督导评价工作。区县政府自评办公室主任、教委自评办公室主任、教育督导室主任共30人参加会议。3—5月，对这些区县的22个乡镇和街道办事处、146所中小学幼儿园及职业高中、61个教育机构进行随访调查。10月，对10个区（县）和燕山地区进行了综合督导评价，撰写了22份督导评价意见。

3月29日，与市教委联合印发中小学校德育工作评价要点。该要点纳入2002年发布的《北京市普通中小学全面实施素质教育评价方案》，作为中小学全面实施素质教育评价指标体系中规范性指标"德育工作""学生思想道德素质"两项指标的评价要点。

4月5日至5月12日，对西城、崇文、海淀、门头沟、大兴、平谷、延庆7个区（县）进行德育工作专项督导。

5—9月，与市教委联合开展《北京市教育督导条例》立法调研。完成《北京市教育督导条例（草案第八稿）》和《关于制定北京市教育督导条例的立法论证报告（第四稿）》。

5月，市人大常委会教科文卫体办公室、市政府教育督导室联合召开全市教育执法检查工作会议，部署教育执法检查工作，并印发《关于北京市2005年教育执法检查工作意见的通知》。检查重点是2004年依法保证教育经费增长的情况，市和远郊区县政府办理市人大代表议案加快农村教育发展三年规划目标完成情况，各区县政府、市有关部门实施职业教育规划、计划，采取措施促进地区、部门职业教育发展情况，2004年教育执法检查中提出问题的改进情况。上半年，市属各有关委办局、总公司（企业集团）和各区县政府进行自查。10—11月，市检查组重点抽查了通州、怀柔、门头沟、昌平等4个区加快农村基础教育发展三年规划目标完成情况和西城、顺义、门头沟等3个区职业教育规划、实习实训基地建设、教育费附加用于发展职业教育情况。年底完成《关于2005年度教育法律法规执行情况的检查报告》。

7月5日，举办专兼职督学培训班，国家督学和北师大教授分别讲解了用科学发展观指导教育发展、实施发展性评价促进学校教育教学质量提高等内容。来自全市的专兼职督学370人参加学习。

7月5日，与市教委联合印发《关于实施初中建设工程的意见》，决定从2005—2006学年度起，用五年左右时间实施“北京市初中建设工程”，使初中学校在办学条件、教师队伍、管理水平、生源质量等方面缩小差距、趋向均衡，初中学校整体办学质量和水平明显提高，均衡发展程度基本得到群众认可。《意见》规定建立初中建设工程专项督导评估机制，市、区（县）教育督导部门要将其作为今后几年教育督导的重要内容，纳入年度工作计划。

7月12日，召开新一届兼职督学聘任会。会议聘任59名市兼职督学，其中基础教育督学38人，职成教育督学21人。

10月9日，市教育学会教育评价与督导研究会召开第五届学术年会。会议以“发展性评价的研究与实践”为主题。会上表彰优秀论文作者137人。会议听取崇文区光明小学、门头沟区育新中学关于教育督导与评价学术论文撰写经验介绍。

11月，国家教育督导团对我市学校体育、卫生和艺术教育工作进行专项督导检查。检查内容主要是全面落实《学校艺术教育工作规程》《学生体质健康标准》《学校食堂与学生集体用餐卫生管理规定》的情况。市教委要求各区县教委要以此次专项督导检查为契机，对本区（县）各项有关工作的落实情况进行自查。

11—12月，深入西城、丰台、昌平、平谷、怀柔、密云、延庆7个区（县）进行教师公费医疗情况调查。调查显示，教师在现行公费医疗制度下遇到各种医疗困难和问题，学校呼吁医疗制度改革，希望尽快实现医疗保险制度。年内还完成了来京务工人员子女义务教育工作实施情况、中小学生过重课业负担情况、基础教育课程改革实验工作情况、残疾儿童少年接受义务教育情况、职业学校提高教学质量实验与研究、关于区县教育费附加20%用于职业教育情况等6项专题调研，撰写了相应的调研报告。

2006 年

4 月 11 日，举办北京市中等职业学校教学质量监测系统应用培训班。来自 30 所中专校领导及市政府教育督导室人员参加学习。

4 月 26 日，与市人大常委会教科文卫体办公室联合召开教育执法检查工作会，来自区县人大常委会、教委、教育督导室领导 300 人参加会议。会议印发本年度执法检查工作文件，明确检查重点是：市、区（县）2005 年实际执行和 2006 年预算依法保障教育经费增长情况，教育费附加征收、拨付、使用情况；实施初中建设工程情况；区县制定“十一五”教育发展规划和职业教育发展规划情况等。会议强调，区县检查由人大常委会主持、教育督导室配合。会后至 8 月各区县进行了自查。10—11 月，市检查组深入密云、海淀、房山、宣武和怀柔 5 个区（县）及所属 4 个乡镇、16 所初中校和 1 个职业教育实训基地进行了检查。年底完成《关于 2006 年度教育法律法规执行情况的检查报告》。

5 月 16 日至 6 月 16 日，对各区县初中建设工程进展情况进行随访。结果显示，各区县重视初中建设工程，制定初中建设工程规划和年度实施计划，积极安排专项经费确保办学条件达标，采取措施加强干部教师队伍建设。根据区县 3 年规划统计，全市完成初中学校办学条件主要项目达标至少需要 40 亿元经费。

8 月 29—31 日，对丰台、大兴、石景山和海淀 4 个区 6 所民办中等职业学校进行安全工作检查。

9 月 19 日，举办初中建设工程督导培训班。区县教育督导室主任及市、区督学 100 人参加学习。

9—10 月，以落实中共中央、国务院《关于进一步加强和改进未成年人思想道德建设的若干意见》和 2004 年北京市德育大会精神为重点，对密云、顺义、昌平、房山、怀柔等 5 个区（县）和燕山地区 30 所学校德育工作进行督导检查。

9—11 月，对北京现代职业技术学院、北京农业职业学院、北京电子科技职业学院和北京工业职业技术学院等高职院校安全工作进行检查。结果显示，各高职院校均建立了健全的安全制度，落实较好。

10 月 10 日，邀请全国人大常委会委员、法律委员会委员李连宁作“学习贯彻新《义务教育法》”专题报告，讲解新《义务教育法》的意义、主要内容和对教育督导提出的要求。来自全市专、兼职督学，部分中小学校长共计 400 人出席。

10 月 29 日至 11 月 2 日，国家 7 部委深入密云县和朝阳区的 8 所公办中小学、1 所市属高等学校、1 所民办高等学校，检查北京市治理教育乱收费工作。

10—11 月，对崇文、怀柔区政府落实《职业教育法》情况进行检查。

10—11 月，对西城、丰台、大兴、宣武、门头沟和平谷 6 个区及所属 6 所高中校、6 所初中校、6 所小学落实学生每天一小时体育活动情况进行督导检查。

11 月，对东城、西城、崇文、石景山、丰台和朝阳 6 个区初中建设工程进展情况进行督导检查。结果显示，区县重视初中建设工程，但初中学校两支队伍建设需要解决的问题还很多，学校办学条件标准配套政策出台滞后，有些学校的专项建设资金没有完全到位。

年内，完成了民办中小学校和来京务工农民子弟学校安全工作情况调研，中职学校开展农民培训情况调研，各区县落实《北京市中小学校办学条件标准》工作情况调研，流动人口自办学校清理整顿情况调研。据调查统计，9 月，在京就学流动儿童少年共 40 万人，其中 25 万人在公办中小学校借读，15 万人在各类民办中小学就读。流动人口自办学校 251 所，在校生 14.2 万人；其中批准 63 所，在校生 5.1 万人，未批准 188 所，在校生 9.1 万人。本年清理整顿共撤销未批准流动人口自办学校 73 所，分流学生 2.7 万人。

年内，完成了历时 3 年的全国教育科学“十五”规划国家课题 3 个子课题研究任务，并被评为课题成果一等奖。

2007 年

1 月 30—31 日，召开区县政府教育督导室主任工作会议暨教育督导信息工作表彰会议。

3 月 16 日，与市人大常委会教科文卫体办公室联合召开 2007 年教育执法检查工作会议。会议确定检查重点是：2006 年依法保障教育经费增长情况，落实义务教育经费全额纳入财政保障范围情况，促进义务教育均衡发展、实施初中建设工程情况，建立农村义务教育经费分担机制情况，义务教育经费在财政预算中单列情况，规范义务教育财政转移支付情况，落实“十一五”职业教育发展规划情况，郊区县开展农民培训情况，职业学校实习实训基地建设情况，教育费附加用于职业教育情况，2006 年教育执法检查中提出问题的改进情况。4 月开始各区县政府和市属有关委办局进行自查，4 月中下旬市检查组对朝阳、西城、平谷、大兴 4 个区的教育经费执行情况和初中建设工程实施情况进行检查，10 月，市检查组到房山、通州、延庆 3 个区（县）对职业教育执法情况进行检查。年底完成《关于 2007 年度教育法律法规执行情况的检查报告》。

3—12 月，完成部分中专校新一轮督导评估试点工作，并检查了北京水利水电学校等 6 所学校实施素质教育工作情况。

4 月 30 日，与市教委联合印发《关于开展 2007 年小学初中入学工作专项督导检查的通知》，决定对区县2007年小学、初中入学工作进行专项督导检查。

5月25日，市政府办公厅转发市教委、市政府教育督导室《关于进一步加强和改进教育督导和教育评价工作的若干意见》。提出切实加强和改进教育督导工作：（1）教育督导工作要坚持督政与督学并重，监督与指导并重，督导与服务并重的原则；（2）健全教育督导检查制度；（3）积极开展对基础教育的督导工作；（4）进一步做好对职业教育的督导评价工作；（5）认真研究制定对各类学习型组织、学习型社区和校外教育机构的督导方案并组织实施；（6）切实加强对各类民办学校的督导工作；（7）加强调查研究和教育督导理论建设。

5月，与市教委联合检查东城、西城、崇文、宣武、朝阳、海淀6个区13所学校及测试点的中小学入学工作，检查重点是文体科技特长生招生和实验班招生工作。

5—12月，完成部分区县职业高中综合督导试点工作。

7月2日，制定《普通高中课程改革实验工作评估标准及评估方案》，以落实《北京市普通高中课程改革实验工作方案（试行）》中关于建立对普通高中课程改革实验工作的监控与评价机制，建立对其专项督导制度的规定。

9月29日，召开第八届兼职督学聘任会。聘任69名市级兼职督学，其中基础教育督学40人，职成教育督学18人，高等职业教育督学4人，有关委办局督学7人。

10月8日，与市教委联合印发《关于实施小学规范化建设工程的意见》，决定自2007年秋季开始，用5年左右时间实施"北京市小学规范化建设工程"。要求市、区（县）教育督导部门要将小学规范化建设工程作为今后几年教育督导的重要内容，纳入年度工作计划，区县教育督导部门要按计划对区域内小学达标情况进行逐校验收，并定期评估。

年内，还完成3项专项督导检查：部分区县初中建设工程督导检查，学生每天一小时体育活动专项督导检查，《民办高等学校办学管理若干规定》落实情况督导检查。

年内，完成5项调研：职业院校德育工作调研，市属部分国有企业职业教育现状调研，城八区教师到远郊农村支教情况调研，中小学实施素质教育现状调研，2006年以来各区县居住小区配套建设教育设施情况专题调研。

年内，完成4项培训：教育督导信息员培训，与英国剑桥教育集团合作开展的督导培训，职业教育督学培训，专职督学培训。

2008年

2月29日，制定《兼职督学工作补贴发放办法（试行）》，规定了兼职督学工作补贴发放范围、发放标准、工作量计算方法、经费来源等方面的内容。

3月，制定《教育督导工作经费管理规定（试行）》。

3月5—6日，召开教育督导信息工作年度总结表彰会。

4月7日，市政府办公厅转发市教委、市政府教育督导室《关于进一步完善对区县人民政府实施素质教育工作进行督导评估制度的意见》，规定区县政府实施素质教育工作的主要职责：一是履行领导职责；二是保障经费投入；三是改善办学条件；四是加强教育管理；五是促进科学发展，如期实现本区县教育发展的规划目标和任务。

4月11日，与市教委联合印发《北京市区县政府、教委、中小学校、幼儿园全面实施素质教育评价方案（试行）》。此方案在完善2002年“三个评价方案”中《北京市区县政府教育工作评价指标体系》《北京市区县教委教育行政管理工作评价指标体系》《北京市普通中小学校全面实施素质教育评价指标体系》的同时，增加《北京市中等职业学校全面实施素质教育评价指标体系》《北京市幼儿园全面实施素质教育评价指标体系》。

4月11日，与市教委联合印发《北京市义务教育均衡发展状况督导评价方案（试行）》，作为实施义务教育均衡发展状况督导评价的重要依据。

4月18日，与市教委联合表彰北京市教育督导先进工作者，授予白辉等32名同志“北京市教育督导先进工作者”荣誉称号。

5月8—20日，完成中小学生每天一小时体育活动专项督导。

5月9日，召开北京市第六次教育督导工作会议暨2008年教育法律法规执行情况督导检查工作部署会。会议总结了六年来全市教育督导的成绩和经验，分析了面临的形势和任务，部署了下年度教育督导工作。会议表彰了区县教育督导先进工作者，宣布启动2008年教育执法检查工作。2008年教育执法检查工作由市政府教育督导室组织，线联平主任任检查组组长，刘莉、陈宏、李璽三位副主任任副组长，市专兼职督学、特约教育督导员及有关委办局特邀人员任检查组成员。本次检查重点为：区县政府2007年教育经费保障情况，落实义务教育经费全面纳入财政保障范围、加强教师培养和均衡配置、加强农村地区和薄弱学校师资队伍建设情况；加强职业教育工作领导、统筹协调和督导评估情况，职业教育经费逐步增长和专款划拨情况；企业集团（总公司）执行本市实施《职业教育法》办法履职情况。10—11月，市检查组在各区县各部门自查基础上实地检查了6个区（县）和1个总公司。年底，完成《关于2008年度教育法律法规执行情况检查报告》。

6月11日，召开新一届北京市特约教育督导员工作会。新一届特约教育督导员共12人。

6月19日，与市教委联合印发《关于开展义务教育均衡发展状况专项督导评价的通知》，决定2008—2012年，对各区县义务教育均衡发展状况进行专项督导评价。

8月28日，与市教委联合印发《关于做好国家基础教育质量监测工作的通知》，明确西城区、海淀区、通州区、密云县被列为国家基础教育质量监测样本区县，这4

个区（县）的部分小学和初中参加国家基础教育质量监测。

8月，受教育部督导办委托，承担“全国中等职业教育督导评价研究”课题。

9月23日，与市教委联合转发教育部办公厅《关于做好中小学体育专项督导检查自查工作的通知》。要求各区县做好中小学体育专项督导自查工作。11月17—28日，市教委、市政府教育督导室对全市中小学体育工作进行专项督导抽查。

10月27日、11月7日和12月11日，完成中职学校德育工作专项督导。

10—12月，与市教委联合对宣武、海淀、大兴、密云、平谷、房山6个区（县）和燕山地区初中建设工程进行督导检查，重点检查了该工程专项经费的使用情况。

年内，完成了6项调研或调查：学生学习困难成因调研，北京市中等职业学校近两年政府投资使用情况调研，部分普通高中校课程改革情况调研，北京市技能型人才需求规格调查，北京市独立学院办学情况调研，教育督导工作状况调研。

年内，组织了3次大型培训活动：全市暑期督学培训，高中课程改革督学培训，职业教育督学培训。

2009年

2月10—11日，召开2009年北京市教育督导领导干部工作会。会上通报了全市义务教育均衡发展状况督导评价的初步数据分析结果和2009年北京市教育工作先进区县评选方案征求意见稿。

2月，北京市政府教育督导室被评为全国教育督导宣传工作先进单位。

3月24日，与市教委联合召开社区教育督导工作研讨会，探讨社区教育督导工作的切入点、保障措施等问题。各区县教育督导室代表参加会议。

4月2日，与市教委联合印发《关于进一步治理利用培训机构选拔学生干扰义务教育阶段入学秩序行为的意见》，决定开展进一步治理利用培训机构选拔学生，干扰义务教育阶段入学秩序行为的专项督导工作。

5月11日，召开北京市督学顾问和兼职督学聘任大会暨北京市人民政府教育督导室网站开通仪式。大会为新一届12名督学顾问和第九届100名兼职督学颁发证书和聘书。

6月14日，举办2009年北京教育督导评价国际论坛。该论坛是第六届北京国际教育博览会的一部分，也是市政府教育督导室和市教委第一次组织的有关教育督导和教育评价领域的国际论坛。

6月15日，在4—5月完成全市初中建设工程总结和督导验收工作的基础上，与市教委联合印发《关于做好北京市初中建设工程先进集体和先进个人评选表彰工作的通知》，明确在北京市初中建设工程总结大会上对初中建设工程100个先进集体和300名先进个人进行表彰。据统计，自2005年启动“初中建设工程”到2008年底，全市调整撤并54所初中学校，初中学校由2005年562所减少到2008年509所。全市481所初中学校主要项目达到新颁办学条件标准，占纳入初中建设工程学校的95%。

8月25—26日，召开全市教育督导领导干部暑期研讨会。

9月29日，召开教育督导宣传信息工作总结会，6个区（县）教育督导室被授予“2008年教育督导宣传工作先进单位”称号，11人被评为“2008年教育督导宣传工作优秀信息员”。

9—12月，对北京市公共交通高级技工学校（技校）、北京市中医学校（中专）、中国戏曲学院附属中等戏曲学校（中专）3所学校的德育工作进行专项督导。

9—12月，完成中等职业学校体育工作基本情况调查。

10月27日至12月9日，完成第三轮区县政府全面实施素质教育情况综合督导评价。督评组分三组检查18个区（县）及燕山办事处全面实施素质教育情况。这是北京市教育督导史上第一次在同一时间内，对全市各区县政府同时进行综合督导评价。督导评价意见于2010年下发。

10—11月，对10所中专学校全面实施素质教育进行综合督导。

10—11月，完成年度全市教育执法检查。检查重点是区县政府将教育费附加交由教育行政部门管理及使用情况，对义务教育经费的审计情况，维护学校周边秩序工作情况，履行职业教育职责情况，2008年教育执法检查中提出问题的改进情况。检查组由线联平主任任组长，刘莉、李壑、关国珍任副组长，市专兼职督学和特约教育督导员及市教委有关处室工作人员参加。检查组在自查基础上实地抽查了3个区。年底完成《北京市2009年教育法律法规执行情况督导检查报告》。

11月5日，召开2009年北京市义务教育均衡发展状况分析会，通报2008年、2009年各区县义务教育均衡发展状况基础数据统计分析结果。教育部督导团有关领导和有关专家、项目督学参加会议。

11月，与北京市统计信息咨询中心和北京教育科学研究院共同开展2009年北京市区县教育工作满意度入户调查。

年内，开展了中等职业学校职业培训情况调研，开展了社区教育督导工作调研，完成全市义务教育均衡发展状况调研。

年内，开展了义务教育均衡发展状况专项督导培训、“北京市普通中小学全面实施素质教育督导评价管理系统”培训、中等职业学校全面实施素质教育督导评价工作培训、第九届兼职督学培训、第一届专职督学培训。

2010年

1月5—6日，会同市教委对首都师范大学科德学院2009年办学状况进行督导检查。之后，又完成8所中专学校、4所技工学校全面实施素质教育综合督导评估工作，完成中央音乐学院附中等学校德育专项督导评估工作，并联合有关区县教育督导室完成了对黄庄职业高中等职高学校德育专项督导工作。

3月31日，召开“北京市校外教育工作督导评估”研讨会。会议提出，为拟定校外教育工作督导评估调研方案和指标体系，要全面进行调查研究，并就开展校外教育督导评估的目的、内容、对象、形式、工作安排进行讨论。10月25日，与市教委联合印发《关于开展校外教育工作督导调研的通知》，同时印发了《北京市区县校外教育工作督导评估方案（征求意见稿）》。

4月1日，召开“2009年北京市独立学院办学状况督导检查回复意见沟通会”。北京市5所独立学院投资方和举办方代表，北京市高等教育兼职督学、专家，市政府教育督导室、市教委有关处室负责人参加会议。

5月18日，召开“普通高中多样化发展与现代督导制度建设研究”工作启动会。至年底，调研工作形成2万字的研究总报告和15万字的区县报告，同时整理出专家学者讲稿近5万字，初步形成北京市开展普通高中教育督导的思路和基本框架。

5月，北京市2008—2009学年度义务教育均衡发展督导监测报告向社会公布。这是全国范围内首次公布义务教育均衡发展状况的监测报告，得到教育部领导高度评价。

6月11日，中等职业教育德育督导工作现场会暨北京市中等职业学校德育工作研讨会在延庆县第一职业学校召开。

6月19—20日，“北京2010年教育督导评价国际论坛”在北京工大建国饭店召开。论坛由国家教育督导团办公室、市政府教育督导室联合主办，来自英国、法国、荷兰、美国、新加坡、新西兰、澳大利亚7个国家，国内20余个省（自治区、直辖市）的教育督导官员、高校学者、校长共200人参加。

6月28日至11月18日，委托北京教育学院开展2010年北京市专职督学培训。

6月30日，北京市机构编制委员会办公室决定，市政府教育督导室增设综合处，市政府教育督导室行政编制从11人增至16人。

6月，对16个区（县）分别进行回访，并向区县政府送达区县政府全面实施素质教育综合督导评价意见。与此同时，形成全市全面实施素质教育综合督导评价总报告，并于10月向社会公布，这是近年来形成的第一份关于全市整体教育情况的综合报告。

8月20—21日，“环渤海地区教育督导联盟第四届年会暨教育督导论坛”在顺义区举行。会议以“教育督导创新与学校内涵发展”为主题，交流教育督导创新、体制机制建设、人才培养和促进学校内涵发展的经验和成绩。来自辽宁、河北、山东、山西、北京、天津和内蒙古的教育督导人员，以及北京市部分学校代表参加了会议。

9月14日，印发《北京市区（县）小学规范化建设工程专项督导评价指标体系》。

9月21日，与北京教育学院联合举办“北京市督学大讲堂”。启动仪式结束后，陶西平作第一场专题报告。10月29日，“北京市督学大讲堂”举行第二次讲座。

10—12月，督导检查各区县义务教育工作执行法律法规情况。检查的重点是区县政府新建、改建居民区配套设置学校的情况。在各区县自查基础上，市督导检查组实地检查了3个区。年底完成《北京市2010年义务教育法律法规执行情况的督导报告》。

11月2—3日，召开九年义务教育实施及均衡发展情况监测统计工作培训会。会议标志着北京市义务教育实施及均衡发展情况监测统计工作启动。

11月，启动全市义务教育阶段中小学生综合素质监测评价，该项评价涉及德、智、体、美四方面内容。

11—12月，北京市第二次区县教育工作满意度入户调查在全市16个区（县）同时展开。400名调查员走进北京市16个区（县）、燕山地区11 600户家庭，对接受中等及中等以下教育的学生和学生家长，就区县政府教育工作满意度进行问卷调查。

年内，完成了对金隅集团、北京公交控股集团等单位执行《职业教育法》情况的教育执法检查。完成职业教育相关课题调研，包括《全国中等职业教育督导评估方案》研究、非本市户籍学生在中等职业学校就学情况调研、中等职业学校推行职业资格证书制度情况调研、中等职业学校“双师型”教师队伍建设情况研究。完成顺义区社区学院和朝阳区社区学院随访督导检查。

2011年

3月15日，召开2011年职成教育督导工作会暨督导人员培训会。

3月25日，2011年首期“督学大讲堂”在北京教育学院开课。自2010年开始至2011年底，“督学大讲堂”共举办讲座4次。

3月，完成全市2009—2010学年度义务教育均衡发展状况监测工作，并向社会公布监测评估报告。

3月，召开教育法律法规执行情况督导检查工作会议，部署2011年的教育执法检查工作。11月，组成督导检查组，实地督导检查丰台、海淀、大兴3个区新建、改建居民小区教育配套建设情况，检查北京市粮食局、公园管理中心、供销合作总社等单位执行职业教育法律法规情况，年底完成《北京市2011年教育法律法规执行情况督导检查报告》。

4月27—28日，召开“2011年北京市普通高中教育督导调研工作研讨会”。市政府教育督导室领导和各区县代表100人参加会议。

6月18—19日，与国家教育督导团办公室、市教委联合举办“北京2011年教育督导评价国际研讨会”。会议以“现代学校管理与评价”为主题，来自中国、美国、英国、日本等国家的200名代表参加会议。此次研讨会是市政府教育督导室主办的第三次教育督导评价国际会议。

9月13—14日，召开2011年暑假北京市教育督导领导干部工作会议。会议听取国家教育质量监测工作情况、首都教育现代化进程中有关问题等专题报告，并部署下半年北京市教育督导工作要点。

9月16日，北京市教育督导与教育质量评价研究中心成立暨揭牌仪式在建国饭店举行。该中心经北京市机构编制委员会办公室同意成立。其主要职责是受市教委和市政府教育督导室委托，开展教育督导与教育质量监测评价研究工作，开发教育质量监控工具，管理和维护北京教育督导与教育评价数据库，承担教育督导与教育质量评价的事务性工作，为相关部门提供理论和信息咨询服务。该中心设在北京教科院，下设办公室、督导及评价理论研究室、工具研发及组织实施室、信息与数据处理中心4个部门。

9月25—28日，教育部基础教育质量监测中心监测西城、海淀、昌平、密云4个区（县）义务教育阶段教育教学质量。4个区（县）72所义务教育阶段学校参加英语和体育两个学科的测试。此次监测，市政府教育督导室获得“全国优秀组织奖”。

9月27日，北京市专职督学轮训第二期结业式暨第三期开学典礼在北京教育学院举行。第二期培训班27名学员结业，26名学员进入第三期培训班学习。2009年，市政府教育督导室委托北京教育学院开展督学专业培训。

10月10日，与北京市统计信息咨询中心、北京教科院联合召开2011年北京市区县教育工作满意度入户调查动员和培训会，正式启动北京市2011年区县教育工作满意度入户调查工作。至12月，400名调查员走访北京市16个区（县）和燕山地区1 100个居委会、村委会的11 600户家庭，对接受中等及中等以下教育的学生和学生家长，就区县教育工作满意度进行问卷调查。次年3月23日，召开本次调查情况通报会。三年数据纵向分析表明市民对区县教育工作的满意度逐年提高。

11月7日，印发《北京市区县校外教育工作督导评价方案》。12月7—8日，12月20—22日，会同市教委组成督导评价组，分别以昌平区和平谷区为试点，开展校外教育工作督导评价。这也是全国省级教育督导室首次开展校外教育督导评价。

12月，《教育督导》2011年第6期出版之后，宣布2012年停刊。《教育督导》连同《北京教育督导通讯》《北京教育督导》，总共发行124期，刊发大小稿件3 000余篇，约1 240万字。

年内，完成北京农业职业学院中专部等5所技工学校全面实施素质教育综合督导评价工作，完成对海淀艺术职业学校和丰台职教中心等职高学校的德育专项督导，完成对海淀等6个区（县）小学规范化建设工程的专项督导检查，完成对东城区和西城区社区教育的随访督导检查。

年内，开展了朝阳区学前教育工作调研、西城区和东城区社区教育和学习型城区建设工作调研，与市教委联合进行了“减轻学生过重课业负担，促进学生健康成长”调研。

2012年

1月6日，与市教委联合印发《关于对区县学前教育工作进行专项督导的通知》，并颁布《北京市区县学前教育工作督导评价指标体系（试行）》。决定从2012年到2014年，对区县落实学前教育三年行动计划的情况进行专项督导。

2月18—19日，在全国教育督导工作研讨会上，北京市政府教育督导室入选全国教育督导先进集体。同时入选的还有朝阳区、顺义区、海淀区政府教育督导室。

3月29日，与北京教育学院联合举办2012年督学大讲堂第一次讲课活动，邀请市委副秘书长傅华作“北京精神与北京文化”专题报告。至年底，督学大讲堂共举办5次讲座。

4月12日，市教委、市政府教育督导室印发《北京市区县人民政府落实义务教育均衡发展责任情况督导评估办法（暂行）》，决定自2012年开始，深入开展对区县义务教育均衡发展状况督导检查，全面启动义务教育发展基本均衡区县的评估认定工作。

5月3日，与市教委联合印发《关于做好北京市区县学前教育发展状况监测统计工作的通知》，决定依据《关于对区县学前教育工作进行专项督导的通知》对各区县学前教育发展状况进行督导监测。

5月22日，召开国家教育体制改革试点项目“探索有效履行教育督导职能的体制机制”研讨会。

5月23日，召开全面实施素质教育综合督导评价方案修订工作座谈会。市政府教育督导室1997年制定了区县政府全面实施素质教育综合督导评价方案等三个评价方案并启动第一轮综合督导评价，2002年、2008年先后两次对三个评价方案进行修订并陆续开展了第二轮和第三轮综合督导评价。本次评价方案修订是第三次修订。

5月，教育部基础教育质量监测中心对北京市西城、朝阳、海淀、大兴、怀柔、平谷6个区义务教育阶段数学和科学两个学科进行质量监测。

6月14日，召开北京2012教育督导与评价研讨会，会议以“公平、优质、创新——义务教育均衡发展与督导评价”为主题。

6—10月，对11个区（县）义务教育均衡发展情况进行督导评估。评估主要内容包括区县政府推进义务教育均衡发展工作情况、区域内义务教育阶段中小学达到北京市办学条件基本标准情况、中小学教育资源均衡配置情况，以及公众对义务教育均衡发展满意度情况。次年4月12日，召开专题会议通报了2012年北京市区县教育工作满意度入户调查情况。

7月6日，北京市督学研修中心成立。该中心设在北京教育学院，接受市教委和市政府教育督导室业务领导。中心职能是：受市教委和市政府教育督导室委托，面向督学和学校教育评价相关人员开展专业培训和高级研修；开展督学专业发展和督学资格认定研究，开发督学培训课程；建设和维护北京市督学专业发展数据库、培训课程库、案例库等。该中心是全国首家设立的专门从事督学培训与督学专业发展研究的专业机构。10月31日至11月2日，该中心举办北京市专职督学第四期轮训和2012年新任督学培训，共52名专职督导人员参加培训。

7—10月，联合市人力社保局组成督导评估组，对北京市公共交通高级技工学校、北京市新媒体技师学院、北京市实验技工学校、北京二七机车厂技工学校4所中职学校进行综合督导评估。

10月22日，与市教委联合印发《关于对区县特殊教育工作进行督导评价的意见（试行）》《北京市区县特殊教育工作督导评价指标体系（试行）》，明确2012年下半年选择一个区县开展特殊教育工作督导评价试点，2013—2015年，每年选择部分区（县）进行督导评价。

10—12月，完成年度教育法律法规执行情况督导检查工作。检查内容是，学校组织学生开展体育、文艺、科技和其他社会实践活动的情况，社会公共文化体育设施为学校开展这些活动提供条件和便利的情况。在各有关单位自查的基础上，市政府教育督导室实地检查了东城区、西城区、燕山地区政府（办事处）的相关情况。年底完成《北京市2012年基础教育法律法规执行情况督导检查报告》。

12月14日，举办职业教育督学培训。培训邀请北京师范大学专家主讲，内容涉及职业教育教学理论基础、职业教育教学质量监控、教育督导评测手段等。

12月19—20日，试点督导评价朝阳区教育督导工作。

年内，依托北京市教育督导和教育质量评价研究中心，开展质量标准和质量测评研究与实施工作，制定《北京市关于实施义务教育阶段学生综合素质督导监测的意见（试行）》。开展了 3 项专项督导：一是通州区校外教育工作专项督导，二是东城区学前教育专项督导，三是联合房山区和门头沟区政府教育督导室专项督导两区职业学校德育和实训基地工作。开展了普通高中教育多样化发展与督导制度建设调研和石景山、顺义、平谷 3 个区高中教师队伍建设专项督导调研。

2013 年

4 月 3 日，召开职成教育督导工作会议，部署 2013 年督导工作，并举办北京市中长期教育改革与发展规划纲要专题讲座。区县教育督导室负责人、高职院校和中职学校负责人及教育督导人员近 200 人参会。

6 月 14 日，召开“北京 2013 教育督导与评价研讨会”。会议主题是“教师队伍建设与督导评价”。来自北京、上海、吉林、山东等地的教育行政官员、督学、专家学者 200 人参会。

6 月 20 日至 11 月 25 日，开展对各区县执行体育工作法律法规和市属总公司（企业集团）执行职业教育法律法规情况的执法检查，并完成督导检查报告。

6—11 月，对 16 个区（县）进行义务教育均衡发展状况督导评估。评估主要内容包括：政府落实义务教育发展责任、办学条件达标、综合差异系数和人民群众满意度四个方面。

7 月 18 日，北京市督学研修中心召开专家延聘暨成立一周年座谈会。会议宣布 10 名顾问委员会名单、27 名专家委员会名单。

8 月 9 日，与市教委联合印发《关于开展北京市中小学落实学校艺术教育工作规程督导检查的通知》，决定 2013 年 9—12 月通过自查和抽查的形式，对全市中小学《学校艺术教育规程》落实情况进行督导检查。

9 月 17 日，督学下校监测、调研减负工作开始。从本学期起，50 名督学每年两次深入 117 所中小学校，对中小学生课业负担情况进行督导监测。

10 月 8 日，与市教委联合印发《晓超同志关于减轻中小学生过重课业负担工作意见》。

10 月 9—11 日，举办首届北京市区县教育督导室主任高级研修班，来自 14 个区（县）的督导室主任、副主任 19 人参加研修培训。

10—11 月，对北京市供销学校、北京水利水电学校、中央美术学院附属中等美术学校和北京电子信息高级技工学校全面实施素质教育工作进行综合督导，并联合怀柔区政府教育督导室对怀柔区职业学校进行综合督导。

11 月 13 日，印发《关于建立和完善督学责任区制度的意见》，并召开区县督学责任区建设工作交流会。

12月25日，与市教委联合印发《北京市区县人民政府落实义务教育均衡发展责任情况督导评估办法（试行）》。文件附《北京市中小学办学条件达标评估指标体系》《北京市义务教育阶段校际间均衡发展状况督导评估指标体系》《北京市区县义务教育均衡发展公众满意度调查工作方案》《全国义务教育发展基本均衡县（市、区）申报表》。

12月27日，召开北京市义务教育均衡发展国家级评估暨中小学校责任督学挂牌督导工作推进会，为朝阳区实验小学“责任督学公示牌”挂牌。

12月27日，2013年北京市初中学生综合素质评价交流研讨会在通州三中举行。

年内，进行了以下专项督导：对东城区、石景山区、延庆县和燕山办事处校外教育工作的专项督导检查；对房山区、通州区典型农村乡校开展社区教育和成人教育相关工作的随访督导，并完成对房山和大兴两个区的国家级农村职业教育和成人教育示范区评审工作；对西城区、海淀区、朝阳区、通州区和房山区学前教育的专项督导；对大兴区特殊教育工作的专项督导。

年内，开展了两项调研：对通州区整体教育发展情况和区教育督导工作的调研，对北京金隅科技学校、北京市商业学校、北京商贸学校、北京电子科技职业学院、北京工业职业技术学院、北京财贸职业学院的调研。

2014年

2月10日，与市教委联合印发《关于对顺义区等七区县学前教育工作进行专项督导的通知》。3月12日至4月2日，对门头沟、顺义、平谷、怀柔、密云、延庆6个区（县）和燕山办事处学前教育三年行动计划完成情况进行专项督导。至此，对全市各区县学前教育工作的首轮专项督导全部完成。

2月18日，市教委、市政府教育督导室印发《北京市区县政府、教委、学校（教育机构）全面实施素质教育评价方案（修订）》。

3月5日，与市教委联合召开北京市素质教育综合督导评价动员会暨教育工作满意度入户调查结果通报会。

3月18日，市政府办公厅印发《北京市人民政府办公厅转发〈北京市教育委员会北京市人民政府教育督导室关于做好中小学校责任督学挂牌督导工作的实施意见（试行）〉的通知》。通知确立中小学校责任督学挂牌督导制度。市政府教育督导室为所有责任督学统一印制工作证和《北京市责任督学挂牌督导指南》，并组织召开“北京市推进责任督学挂牌督学工作现场会”，进一步规范中小学校经常性督导工作。

3月20日，市教育督导与教育质量评价研究中心对首都师范大学附属中学实施学校外部评价实验。

4—10 月，督导调研北京工业职业技术学院和北京电子科技职业学院，重点了解集团化办学、中高职衔接、职教人才培养的体系建设等情况。修订完善高职督导工作方案。

5 月 19 日，与市教委联合印发《关于开展 2014 年教育法律法规执行情况督导检查的通知》，检查重点主要是学校体育工作、职业教育教师培训工作和教育费附加 30% 用于职业教育规定落实情况。11 月 19 日至 12 月 17 日，市检查组在各区县自查的基础上，分别对平谷区、怀柔区、大兴区、西城区、海淀区进行了实地督导检查。形成督导检查意见，并完成督导检查报告。

6 月 10—11 日，举办职业教育督学专题培训会。苏格兰皇家督学约翰·莱尔德博士（Dr. John Laird）以职业教育为例，讲解苏格兰教育督导体系、督导评价的工具和方法，以及职业院校内部质量管理等内容。

6 月 18 日，召开“北京 2014 教育督导与评价研讨会”。围绕“现代教育治理与教育督导改革”主题，研讨教育治理与教育督导改革的重点、热点话题。

9 月 12 日，与市教委联合印发《关于对区县政府全面实施素质教育综合督导的通知》。2014 年 11 月中旬至 12 月中旬，对各区县政府全面实施素质教育情况进行第四轮综合督导评价，并形成督导评价回复意见。

11 月 21 日，2014 年督学培训项目开班。培训共有 4 个类别，即区县教育督导室主任高级研修（180 学时）、专职督学轮训（200 学时）、新任督学培训（100 学时）和责任督学专题培训（60 学时）。区县教育督导室主任、专职督学、新任督学和责任督学共 154 人参加培训。

12 月 16 日，召开民办高校、独立学院有关办学及管理情况座谈会。

12 月 26 日，委托北京市督学研修中心组织 2014 年第六次“督学大讲堂”，教育部教育发展研究中心主任张力做“贯彻党的十八届三中、四中全会精神，推进教育治理体系和治理能力现代化”专题报告。

年内，开展了学前教育工作满意度调查。调查结果显示：2014 年幼儿及家长对各区县学前教育工作均持比较满意的态度。

年内，印发《关于做好国家级义务教育均衡发展达标区县验收工作的通知》，重新调整并修订了《北京市区县人民政府落实义务教育均衡发展责任情况督导评估办法（试行）》，对北京市迎接国家级义务教育均衡发展达标区县验收工作进行了部署。

年内，还开展了 7 项督导工作：对北京市国际艺术学校、北京工业职业技术学院、北京电子科技职业学院、北京京北职业技术学院 4 所学校进行综合督导，对昌平区社区教育、成人教育进行随访督导，对北京市商务科技学校实习实训基地使用效益情况进行专项督导，对北京市水务局和北京汽车集团有限公司的职业教育和职工培训情况进行专项督导，对北京铁路电气化学校实施校企合作情况进行专项督导，与西城区政府教育督导室联合对北京市实美职业学校德育工作进行专项督导，对北京现代职业学校教师队伍建设情况进行专项督导。

2015年

3月4日，举办2015年第一期“督学大讲堂”，615人参加培训。12月2日，又与北京教育学院联合举办了“督学大讲堂”专题报告会。

4月27—29日，国务院教育督导委员会办公室组织专家分8个组对北京市16个区县实地检查，进行义务教育均衡发展督导评估，共抽查学校231所，召开座谈会64次，发放调查问卷8 988份，认为全市各区县各项指标符合国家评估标准。

4月30日，全国义务教育均衡发展中期推进会在京举行。会议通报了对北京市义务教育发展基本均衡督导评估意见，认定本市16个区（县）全部一次性通过国家义务教育发展基本均衡县（区）评估。教育部部长袁贵仁讲话说：“北京义务教育免试就近入学难度可谓全国之最。全市各区县一次通过国家认定，最具有说服力和影响力，为全国其他地区提供了有益借鉴。”王安顺市长出席会议并讲话。

5月20日，召开2015年教育督导工作会，总结2014年、部署2015年全市教育督导工作。市教委、市政府教育督导室领导出席会议，市教委相关处室负责同志、市和区县专兼职督学及相关研究人员240余人参会。

6月3日，与市教委联合举办2015年国家义务教育质量监测样本区和学校培训。国务院教育督导委员会办公室决定从2015年起，正式在全国开展义务教育质量监测工作。经抽样，朝阳区、海淀区、丰台区、门头沟区、昌平区和怀柔区作为样本区县，参加2015年国家义务教育阶段数学和体育两个学科的监测。

6月3日，与国务院教育督导委员会办公室、市教委联合举办主题为“教育现代化发展与督导评价”的“北京2015教育督导与评价研讨会”。北京市政府教育督导室有关同志以“深化教育督导改革，全面推进首都教育现代化”为题做了主旨发言。各省、自治区、直辖市及计划单列市教育行政、督导部门专家领导和本市各区县教育督导室负责同志240余人参加会议。

6月30日、7月2日和7月10日，在对全市16个区（县）全面督导检查的基础上，召开防止和纠正“小学化”现象幼儿园园长座谈会、区县教育行政部门座谈会和小学教师座谈会，听取防止和纠正幼儿园“小学化”现象工作汇报。

7月8日，印发北京市第十届兼职督学聘任工作方案，规定北京市督学聘任原则、聘任标准及第十届兼职督学聘任工作安排。

8月25日，印发关于进一步做好教育督导信息工作的通知，要求各区县高度重视教育督导信息报送工作，建立完善报送机制，规范报送方式，提供更多质量高、针对性强、有参考价值的教育督导信息。

9月17日，召开全市进一步推进义务教育优质均衡发展工作会议。市委教育工委书记苟仲文、副市长张建东出席并讲话。

11月11—26日，对西城、朝阳、海淀、丰台、大兴、顺义、密云7个区（县）的校外教育集中进行专项督导。至此，首轮区县校外教育工作专项督导结束。

11月20日，召开国家级责任督学挂牌督导创新区评估认定暨全国启动会部署会。已于10月19—26日接受市政府教育督导室市级责任督学挂牌督导创新区县评估的朝阳、海淀、大兴、顺义、怀柔5个区汇报迎检工作方案和筹备工作进展情况。

11—12月，对全市各区县学校体育工作、课外活动组织机制建立落实情况和深入推进培育和践行社会主义核心价值观工作情况进行教育执法检查，并完成《北京市2015年教育法律法规和政策执行情况的督导报告》。

12月16日和18日，对北京一轻控股有限责任公司和首钢总公司落实职业教育法律法规的情况进行执法检查。

12月21—22日，分别到门头沟区、海淀区、朝阳区和西城区的10所学校督导调研空气重污染红色预警指令执行情况。此前12月8日，全市600余名挂牌责任督学深入辖区内所有中小学、幼儿园和职业高中，检查了有关要求落实情况。

12月30日，北京市教育“两委一室”机构职能调整情况通报会召开。经市编办批准，市教委承担的有关教育评估和监测的职责划入市政府教育督导室，市政府教育督导室主要职责中增加“负责各级各类教育发展状况和质量的监测以及各级各类学校办学状况和教育教学水平的督导评估”职责；市政府教育督导室内设机构由原来的3个处调整为综合处、督政处、学校督导处、专项督导处、督学管理与信息化处、评估与监测处6个处，行政编制29人。撤销市委教育工委基层联络处和市教委民办教育处。教育部副部长刘利民、市委教育工委书记苟仲文出席通报会并讲话。

年底，完成制定《关于深化北京市教育督导改革的意见（征求意见稿）》工作。该项工作2014年3月启动，核心任务是通过改革健全完善体制机制，推进教育督导立法和机构建设；建立健全教育督导职能，构建督政、督学、评估监测“三位一体”工作体系。

年内，开展了两项调研活动：到北京市督学研修中心进行调研，到北京友高教育科技公司和北京中科航天人才服务有限公司对初中开放性科学实践活动进行调研。进行了四项专项督导：对平谷、房山两区特殊教育工作专项督导；对区县推进基础教育综合改革情况专项督导调研；对东城、西城、门头沟、房山4个区8所中小学校教学工作督导调研，并形成《北京市基础教育部分学科教学改进情况督导调研报告》；对东城、西城、门头沟、房山4个区开展培育和践行社会主义核心价值观工作专项督导，并形成《北京市区县落实培育和践行社会主义核心价值观实施意见情况专项督导报告》。

2016 年

3 月 24 日，朝阳、顺义、大兴、怀柔 4 个区被国务院教育督导委员会办公室认定为第一批“全国中小学校责任督学挂牌督导创新县（市、区）”。

3 月和 9 月，与市教委共同开展春秋季开学专项督导检查。检查组进入各区（校），围绕义务教育均衡发展、规范办学行为、师资队伍、校园安全、国际学生管理工作开展重点督导检查。

5 月 16—27 日，与市教委一起对全市中小学“减负”工作情况开展专项检查。检查组在各区自查基础上，走进 8 个区的 16 所中小学，通过听取区教委和学校工作汇报、召开师生座谈会方式开展工作。

5 月 26 日，与市教委共同组织国家义务教育阶段语文、艺术学习质量监测的现场测试，10 个区 203 所中小学校的 6 000 余名学生参加测试。北京市政府教育督导室获得“2016 年国家义务教育质量监测实施组织工作保障奖”，东城区、西城区、石景山区、房山区和顺义区教育督导室获得区（县）优秀组织单位奖。

5 月 30 日，印发《关于委托第三方机构开展教育评估监测工作暂行办法》。年底，印发相关配套文件和相应管理措施。

5 月，市教育督导信息管理应用平台与市教委业务数据对接，实现基础数据共享。年内，分别在东城、丰台、石景山、门头沟、昌平、通州 6 个试点区开展信息管理应用平台及蓝信应用的使用培训。

5—12 月，与市教委开展校园欺凌专项治理工作。12 月 13 日，与市教委联合印发《关于在中小学进一步开展防治学生欺凌和暴力教育的通知》。

7 月 11 日，召开北京市 2015 年教育工作满意度调查结果通报暨 2016 年教育工作满意度调查部署视频会。

10 月 17 日，召开 2016 年中小学校责任督学挂牌督导创新区评估认定申报报告陈述会，正式启动第二批市级中小学校责任督学挂牌督导创新区评估认定工作。经专家组审核材料与实地核查后，认定东城、西城、石景山、门头沟、通州和昌平 6 个区为北京市中小学校责任督学挂牌督导创新区，并推荐申报国家级中小学校责任督学挂牌督导创新区。

10 月 28 日，与市教委联合召开市属高校审核评估和本科专业评估试点工作部署会。印发《北京市普通高等学校本科专业评估试点工作方案》，启动对 18 所市属高校英语、会计学、计算机科学与技术专业的评估试点，通过专业教学基本状态数据采集、学校自评、市级评估、评估结果使用四个环节，形成北京市普通高等学校本科专业评估试点工作总结报告。全面部署市属普通高等学校本科教学工作审核评估，组织各市属高校填报全国高等学校教学基本状态数据库数据。

10月30日，印发《关于做好空气重污染天气应急督导检查工作的通知》，要求各区教育督导部门切实做好空气重污染天气中小学校应急预案落实情况督导检查。

11月7日，印发《北京市督学管理暂行办法》，办法自发布之日起实施，2008年4月2日颁布的《北京市兼职督学聘任管理办法（暂行）》同时废止。

11月10日至12月31日，与市教委联合开展中小学校和在职中小学教师校外有偿补课专项检查。检查组在各区自查基础上开展重点检查，检查范围包括公办中小学校、教研机构及校外教育机构；公办中小学校、教研机构及校外教育机构在职教师；存在违规行为的校外培训机构。5个检查组通过召开座谈会，到校外培训机构实地察看、暗访等方式，了解掌握情况，同时根据举报线索开展重点检查。

11月14—16日，组织开展中小学校培育和践行社会主义核心价值观工作情况专项督导调研，并完成专项督导调研报告；组织开展基础教育部分学科教学改进工作情况专项督导调研，并完成专项督导调研报告。

11月21日至12月2日，组织开展履行法定教育职责的督导检查。市政府教育督导室、市教委、市规划国土委、市财政局、市住房城乡建设委相关工作人员及督学组成督导检查组，在各区自查基础上，赴平谷区、延庆区、房山区实地检查，重点检查新建和改建居民区设置学校情况、义务教育经费“三个增长”要求落实情况、职业教育发展规划制定情况。

11月28日、30日，开展市属行业、企业履行法定教育职责情况的督导检查。重点检查市公园管理中心、北京金隅集团有限责任公司落实职工培训教育法定职责情况。

11月29日至12月2日，与市委教工委共同开展市属高校思想政治理论课专项督查。

12月1日，北京市人民政府教育督导委员会成立大会召开。会议宣布成立北京市人民政府教育督导委员会，任命北京市副市长王宁为市政府教育督导委员会主任，市政府副秘书长尹培彦、市教委主任刘宇辉、市政府教育督导室主任唐立军为市政府教育督导委员会副主任。市发展改革委、市教委、市科委、市公安局、市财政局、市人力社保局、市机构编制委、市住房城乡建设委、市卫计委、市审计局、市工商局、市体育局、市统计局、市法制办等14个部门为市政府教育督导委员会成员单位，相关部门主管领导为市政府教育督导委员会委员。市政府教育督导委员会在市政府领导下独立行使教育督导职能，代表市政府对各级各类教育进行监督、检查、监测、评估、指导。

12月1日，为第十届督学颁发聘书。第十届专兼职督学260人，其中专职督学

66人，兼职督学194人。

12月7—8日，与市委教育工委、市教委联合开展市属高校师德建设状况督导调研，并形成专项督导调研报告。

12月12—21日，督导调研中小学教师绩效奖励激励机制和乡村教师支持计划落实情况。

12月28日，召开北京市2015年硕士学位论文抽检工作总结暨2016年工作部署会。

年内，继续监测北京市2014—2015学年度义务教育实施情况及均衡发展情况，并形成常态化机制。

年内，组织开展北京地区全国中等职业学校办学能力评估和高等职业院校适应社会需求能力评估，研究制定了《北京市参加2016年全国职业院校评估工作实施方案》。

年内，完成新建本科院校教学工作合格评估计划申报。形成《北京高等教育质量报告2015（本科）》，全面展示本科教学质量和人才培养状况。

年内，完成2015—2016学年度北京市学前教育发展状况监测并形成《北京市学前教育发展状况监测报告》。监测内容包括幼儿园结构、分布、建设、分级分类情况，适龄儿童入园情况，学前教育经费投入、教师队伍结构情况。

年内，研究制定《北京市中小学校督导规程》《北京市职业院校督导规程》《北京市市属普通高等学校（本科）督导规程》等文件，健全学校督导工作制度体系。

年内，组织开展督学培训，举办4期督学大讲堂，累计培训1 259人次。

年内，还完成了以下督导调研：初中开放性科学实践活动情况调查、中等职业学校课堂教学现状督导调研、中小学重点领域办学情况督导调研、市属高等学校教育教学工作情况督导调研、特殊教育发展状况专题调研、督学队伍建设及培训需求调研、基础教育综合改革督导调研。

第四编

区县教育督导

提升教育督导水平　保障教育改革发展

——东城教育督导（1988—2016 年）

第一部分　综　　述

一、原东城区教育督导机构设置

1989 年 5 月 21 日，北京市东城区人民政府签发〔1989〕50 号文，批准成立东城区人民政府督学室，1999 年 12 月更名为北京市东城区人民政府教育督导室。2009 年，东城区人民政府教育督导室分设督政科和督学科，分别承担区域内的督政和督学两大部分工作。

二、原崇文区教育督导机构设置

1988 年 4 月 16 日，根据市政府《北京市人民政府关于试行中小学和学龄前教育督学制度的决定》和崇文区机构编制委员会《关于崇文区教育局内增设督学室的批复》，成立了崇文区教育局督学室。1990 年 2 月 2 日，依据崇文区政府文件《关于将区教育局督学室改称〈崇文区人民政府督学室〉的通知》，崇文区教育局督学室改称崇文区人民政府督学室。1997 年 8 月，教育机构改革，崇文区人民政府督学室改称崇文区人民政府教育督导室。

三、新东城区教育督导机构设置

2010 年 8 月，原东城区和崇文区合并，同时组建新东城区人民政府教育督导室，设督导室主任 1 人，常务副主任 1 人，副主任 3 人。督导室分设督学科、督政科和综合科，专职督学 14 人，特邀督学 3 人，兼职督学 16 人。2015 年，机构设督政科、督学科，原综合科并入督政科。有公务员编制 9 人，专职督学 4 人，兼职督学（挂牌督学）36 人。

第二部分　传承与发展

东城区教育督导紧紧围绕“办人民满意教育”宗旨和教育改革发展的重点任务，认真贯彻落实全国及北京市教育督导工作部署要求，全面落实教育督导改革各项任务，扎实推进各项重点工作，有效履行督政、督学、评估监测各项职责，不断提升教育督导工作法制化、专业化、现代化水平。创新教育督导机制，改革教育督导方式，有效发挥教育督导职能，不断提升教育督导水平，保障和助力东城教育综合改革与发展。依据《教育督导条例》及《北京市教育督导规定》，坚持督政与督学有机统一，做好年度北京市教育法律法规执行情况督导检查工作和义务教育、学前教育的监测统计工作。强化督政工作职能，创新工作机制，逐步健全相关委办局履行教育职责、实施素质教育职责以及推进义务教育均衡发展工作问责机制。探索“管办评分离”的教育综合改革评价机制，积极探索开展第三方教育评价工作。建立东城区教育督导与质量监控评价中心，完善监督评价体系。坚持综合督导评估和专项督导评价相结合。依据《北京市中小学校责任督学挂牌督导办法》，全面落实责任督学挂牌督导工作，加强责任督学挂牌督导工作制度的实践研究，完善责任督学挂牌督导工作制度。深入开展对学校的调研督导、专项督导和随访督导，发挥督导工作的引导与服务职能，保证督导常态化工作取得实效。加强教育督导信息化建设，逐步完善数据平台管理工作。

第三部分　大　事　记

一、原东城区教育督导工作情况

（一）督导室建设

1993年4月，召开区首届教育督导工作会，区政府印发了《关于进一步加强督导工作的意见》，明确了教育督导的任务、机构设置、督学室工作职责、督学任职条件及职责等。

1994年，制定了《1995—2000年督导工作规划意见》。

1998年，与区教育局联合印发了《关于认真贯彻落实〈北京市区县教委（教育局）全面贯彻教育方针全面实施素质教育评价方案〉和〈北京市普通中小学教育质量综合评价方案〉的意见》，启动素质教育评价工作。

1999年7月，区政府常务会通过区政府教育督导室《关于贯彻落实〈北京市教育督导规定〉和〈关于实施（北京市教育督导规定）的意见〉的实施意见》，进一步明确督导机构设置、工作职责，督导室制度建设，督学队伍建设及工作任务等。

（二）督政工作

1991年，区政府下发文件，依法明确各有关委办局和街道办事处在实施义务教育方面的工作职责。

1993年，接受北京市“两基”检查组及国家教委的“两基”达标验收。

同年，制定《东城区街道教育工作评价方案》，成立以主管区长、区政府文教办主任、区督学室主任为领导的检查组。完成第一轮对街道教育工作的综合督导。

1997年，市教育执法检查组对东城区教师住房问题的落实情况进行检查。

1999 年，市人大、市政府教育执法检查组对东城区巩固义务教育普及程度、提高教育质量和办学效益规划的落实情况、办学条件达标情况、《职业教育法》实施情况等进行检查。

2000 年 12 月，市政府教育督导室对东城区实施素质教育工作进行督导评价。

1995—2005 年，先后对相关委办局、街道办事处和社区教育中心进行综合督导和评价。

2007 年 5 月，全国人大常委会检查组到东城区检查《义务教育法》实施情况。

2009 年 12 月，接受市政府教育督导室全面实施素质教育综合督导评估。

（三）督学工作

自 1991 年开始，对中小幼职及直属单位进行综合督导。

2000 年，修订《东城区中小学素质教育评价方案》《东城区校外教育机构评价方案》，并进行多种形式的督导评价。

2003 年，制定《东城区普通中小学办学水平综合评价指标体系》。2005—2009 年，每年对全区 100 所中学、小学、幼儿园、职业学校、校外单位、直属单位集中进行综合评价，区政府拨专款对学校综合评价等级结果给予奖励。

1995 年之后先后开展过“成人教育培训工程”、小学“小班化教育”实验情况、初中教学质量、初中任课教师配备、全面提高教师的整体素质、提高课堂教学效率以及课堂教学质量的监控反馈、学校的规划制定和执行情况、初中建设工程、学校卫生保健及传染病预防、小学规范化建设工程推进情况、学校文化建设、中小学生每天体育锻炼一小时等专项督导和督导调研。

2009 年 4 月，市初中建设工程督导验收工作组对区初中建设工程工作进行督导验收。

（四）调研与科研

1992—2002 年，先后完成有关教育经费投入、教育费附加征收和使用、职业教育现状和发展趋势及全面实施素质教育评价方案的确定和实施等专题调研。

2003 年，承担并完成国家级“十五”重点课题“学校实施素质教育水平的监督机制与教育督导制度研究”的研究，获“十五”科研课题成果二等奖。

2005—2006 年，完成全国教育科学“十五”规划课题研究工作，《东城区中小学办学水平综合评价方案与评价制度的研究报告》被中国教育科学研究所评为全国教育科学“十五”规划国家课题“建立有利于中小学实施素质教育的监督机制与教育督导制度”子课题结题成果三等奖；完成《东城区中小学开齐开足课程情况的调研报告》《东城区中小学开设重点班实验班情况的调研报告》《东城区中小学体育锻炼一小时落实情况的调研报告》。

二、原崇文区教育督导工作情况

（一）督政工作

1995年起，根据市人大、市政府关于对有关教育法律法规执行情况建立检查制度的通知要求，每年对区属委办局贯彻实施“两法”（《义务教育法》《教师法》）和本市“实施办法”执行情况进行检查，先后对区建委、规划局、财政局、人事局、街道办等多家单位进行教育执法督导检查。同时，每年根据市人大、市政府教育督导室教育执法检查文件精神，依据每年的教育执法检查的重点内容对全区教育执法情况进行严格的自查。

1999年12月，召开崇文区首届教育督导工作会。会议下发区政府教育督导室关于贯彻《北京市教育督导规定》的实施意见的通知及北京市崇文区人民政府批转区政府教育督导室关于《北京市教育督导规定》实施意见的通知等相关文件。

1999年9月和2000年9月，依据区政府教育督导室教育督导通报制度，分别向全区教育系统通报年度教育督导情况。

2000年5月，根据《北京市区县政府巩固“两基”，落实“两全”，全面实施素质教育评价方案（试行）》制定了《关于崇文区2000年巩固“两基”落实“两全”全面实施素质教育自评工作意见的通知》，组织开展自评工作。

2002年11月，区政府召开崇文区第三次教育督导工作会议。市政府教育督导室、区四套班子领导在会上就贯彻北京市第五次教育督导工作会议精神，切实加强和改进教育督导工作分别做了重要讲话和重要指示。

2008年5月，区人大、区政府组成检查组，对义务教育工作进行执法检查。

（二）督学工作

1989年，依据市教育局《北京市中小学教育质量综合评价试行意见》，制订《崇文区普通中学教育工作质量综合评价试行方案》《崇文区职业高中（中专）教育工作质量综合评价试行方案》《崇文区小学教育工作质量综合评价试行方案》《崇文区中学校长评价试行方案》《崇文区小学校长评价试行方案》。

1993年，重点检查普及九年义务教育和扫除青壮年文盲的情况。

1997年底至2000年5月根据市政府教育督导室颁布的《三个评价方案》先后对全区中小学、幼儿园进行了一轮综合评价。

1999—2000学年度，由区教育督导室牵头，依据《北京市普通中学教育质量综合评价指标体系》《北京市崇文区职业高中教育质量综合评价指标体系》《北京市小学教育质量综合评价指标体系》完成对10所中学、15所小学的教育督导评价工作。

2000年9月，启动崇文区中小学和幼儿园两支队伍建设专项督导评价工作。

2001年2—5月，对全区67所中小学、幼儿园两支队伍建设情况进行专项督导评价。督导室主任在区委常委会上作了相关汇报。

2002 年 6 月，北京市确定崇文区为《北京市普通中小学全面实施素质教育评价方案》评价实验区。区教育督导室根据市方案制定了区评价细则。

2003 年 10 月、12 月，分别对崇文区培新小学、北京第十一中学开展了评价试点工作。市政府教育督导室有关领导和专家参加了评价试点工作。

2004 年 8 月，在市政府教育督导室组织召开的“北京市区县政府、教委、普通中小学全面实施素质教育督导评价经验交流大会”上，崇文区政府教育督导室做教育评价工作经验介绍。

2003—2006 年，由区政府教育督导室牵头组成教育评价组，分别对全区所有中小学开展了一轮学校全面实施素质教育综合督导评价工作。

2003 年，为推动崇文区创办示范性高中工作，区教委与区政府教育督导室联合制定了《崇文区创办示范性高中学校的软件建设专项督导评价方案》和《评价细则》（包括电子版软件），先后对北京第五十中学、北京第十一中学、北京第一零九中学、广渠门中学开展了创办示范性高中学校的软件建设专项督导评价工作。

2004 年，为落实《学校党支部（党总支）议事规则》和《学校行政议事规则》，与教工委组织科组成检查组，对 20 个教育单位进行了专项督导检查。

2005—2009 年，为进一步贯彻落实《中华人民共和国民办教育促进法》关于“教育行政部门及有关部门依法对民办学校实行督导，促进提高办学质量”的规定，与区教委组成评价组，对辖区内 12 所民办学校开展督导评价，评价结果由区教委在系统内网上予以通报，评价结果成为实施表彰奖励、评优评先的重要依据。

2007 年，完成对全区全部 17 所幼儿园的督导检查工作。

2007 年 9—10 月，对全区全部 37 所中小学加强学校体育工作确保学生每天一小时体育活动情况开展了逐校检查。11 月，市教育督导检查组到区进行了专项检查。

2007 年 12 月，完成对北京第五十中学分校、北京第一一四中学两所北京市初中建设重点项目校区内初中建设工程评估验收工作。

2007 年 12 月，启动崇文区小学教学工作专项督导评价，至 2008 年 11 月，对全区 19 所小学进行了督导评价。

2009 年 6 月，部署启动新一轮综合督导评价工作。

2009 年 10 月至 2010 年 5 月，对全区 13 所幼儿园进行综合督导评价。

2009 年 12 月，组织完成接受市督导评价组对区全面实施素质教育情况的综合督导评价。

（三）调研与科研

2002 年，承担全国教育科学“十五”规划国家级课题“主体性教学管理应用模式研究”的子课题“主体性教学管理评价方案”的研究工作。同年参加了市政府教育督导室全国教育科学“十五”规划国家级课题的子课题“学校实施素质教育的发展水平监督机制与教育督导制度研究”研究工作。

2006年11月，区教育督导室主持研究的“加强和改进教育评价工作的探索与实践”课题获得教育部督导办“建立有利于中小学实施素质教育的监督机制与教育督导制度”总课题组颁发的全国教育科学“十五”规划国家课题子课题结题成果一等奖。

2007年3月，分别到宣武、东城、西城三区教育督导室和市政府教育督导室走访、交流研讨，在此基础上完成了《关于教育督导工作的内容、要求及四市区工作比较》《北京市教育先进区县评选标准及评选工作动向》《四市区教育发展现状比较》《区政府教育督导室为崇文区争创教育工作先进区开展工作提纲》的调研报告。

2008年12月，为进一步提高现代信息技术与教育督导整合力度，推进管理信息化进程，区教育督导室牵头与宣武和丰台两区教育督导室以课题形式联合研发了教育督导评价管理系统软件，并在崇文区召开了北京市教育督导评价软件研发研讨会。2009年3月，该软件正式印制，市政府教育督导室以文件形式下发《关于推荐使用“北京市普通中小学全面实施素质教育督导评价管理系统”软件的通知》，区教育督导室对全市各区县进行了培训讲座。

三、新东城区教育督导工作情况

2011年4月，区政府召开2011年教育督导工作会，区教育督导室完成了新一届督导队伍的组建工作。

5—6月，区教育督导室牵头组成15个评价工作组，对全区147个教育单位开展综合评价工作。

7月，完成市政府教育督导室对区政府社区教育工作随访督导的组织工作。

9—11月，完成对7个街道办事处及区体育局、区司法局、区妇联十个单位落实教育法律法规和实施素质教育职责情况的督导检查。

10月，对四所学校高中校本课程多样化实施情况进行全面的调研督导。

12月，完成33所小学规范化建设督导验收，至此新东城区全部小学均通过了小学规范化建设督导验收。

2012年5月，完成北京市学前教育工作专项督导。

6月，对具有本区督导特色的综合评价工作方式进行重新调整，按照分学段和三年一轮的原则，对62所小学进行集中下校评价。

9月，完成北京市对东城区义务教育均衡发展工作的督导评估和小学规范化建设工程督导验收。

11月，对区城管大队、区审计局、区交通支队等12个政府职能单位落实教育法律法规和实施素质教育职责情况进行督导检查。

12月，完成北京市对东城区2011—2012年教育法律法规执行情况的实地督导检查。

2013年5月，对41所普通中学（含中职）以及8个校外单位进行集中综合评价。

10—11月，分别对8所小学及8所幼儿园文化建设情况进行专项调研督导。

11月，市政府教育督导室对东城区校外教育工作进行督导检查。

12月，国务院教育督导委员会督导组对东城区开展教育财政投入使用管理情况进行专项督导检查。

2014年3月，召开“2014年挂牌督学工作会”。全区96所中小学每个校址均安装责任督学公示牌，实现区内中小学校责任督学挂牌督导全覆盖。

12月，市、区两级教育督导室对北京现代职业学校师资队伍建设工作情况首次进行联合专项督导。区教育督导室组成四个督导组，对4个街道办事处落实教育法律法规和实施素质教育职责情况进行督导。

同月，市政府教育督导室对东城区全面实施素质教育工作进行综合督导。

2015年2月，市政府教育督导室就区教育督导和责任督学挂牌督导工作情况进行调研。

3月，区教委、区教育督导室与市教科院评价研究中心举行签约仪式，委托市教科院评价研究中心对东城区学区制综合改革进行评估。

4月28日，国务院教育督导委员会办公室义务教育均衡发展国家级评估专家组对东城区义务教育基本均衡发展情况进行督导评估。

4月29日，由部分省（自治区、直辖市）教育厅长组成的义务教育均衡发展观摩团到史家胡同小学、广渠门中学考察交流。

2016年，进一步创新督政工作方式，按年度计划研制对区教委直属单位开展专项督导的方案，进一步调整完善相关委办局街道等区政府职能部门落实教育职责和实施素质教育职责的责任分解。以文件形式对47个委办局、街道布置2015—2016年度自查工作，完成自查报告汇总工作。12月，分别对中小学体质健康管理中心和中小学卫生保健所依法管理及运行情况进行专项督导，对区卫计委、食药监局、文化委及安定门、北新桥两个街道办事处5家单位落实教育法律法规职责情况进行随访督导。

4月，组织完成市政府教育督导室对东城区进行的中小学办学情况的督导调研。

5月，组织完成国家级义务教育质量监测工作。

10月，结合东城区深化教育领域综合改革进行督学队伍的调整和优化，完善督学责任区工作制度，创新开展督学责任区自主主题督导工作。完成北京市责任督学挂牌督导创新区评估认定工作。全年组织区挂牌督学完成中小学减负、学校安全、依法办学、师德和学生行为礼仪教育、课堂教学情况、学校综合实践课推进情况、德育课堂等专项督导和经常性督导。

11月，完成2016年北京市学前教育发展状况监测和区级报表上报工作以及2016年教育执法检查自查工作。完成2016年度北京市公众教育工作满意度调查，是全市第一个完成任务的区。完成市政府教育督导室对东城区深化基础教育综合改革调研工作。

2016年完成“十二五”科研课题结题工作。获奖率100%，一等奖比例在全市名列前茅，为“十三五”课题研究工作打下良好基础。

继续探索管办评分离，开展第三方机构评价。配合第三方教育评价机构积极做好“2015—2016学年度东城区‘盟贯带’改革政策监测评估”工作，评估情况在东城区年度教育大会上进行了汇报和解读。

传承中发展　发展中创新

——西城教育督导（1989—2016年）

第一部分　综　　述

伴随着北京市教育督导机构的建立，1989年宣武区和西城区都成立了教育局督学室。1997年宣武区教育局督学室更名为“宣武区人民政府教育督导室”，2009年设立督学科和综合科。1999年西城区教育局督学室更名为“西城区人民政府教育督导室”，2007年设立督政科和督学科。2010年8月，随着北京市行政区划的调整，原宣武区政府教育督导室和原西城区政府教育督导室合并成立新的西城区人民政府教育督导室，设立综合科、督政科和督学科。现有专职督学16人（行政编制12人，设督导室主任1人、副主任2人、副调研员1人、科长3人、科员5人，挂职借调4人），兼职督学29人。

区教育督导机构自成立以来，在市政府教育督导室的指导和区政府的领导下，在区委教育工委和区教委及各有关委、办、局、街道的支持与配合下，依据有关教育法律法规和相关评价方案，开展了综合督导、专项督导、督导调研等多种形式的督导活动，为本区贯彻执行教育法律法规、全面推进素质教育、全面提高教育质量和办学效益、促进学校发展，提供了有力的保证。

一、构建教育执法监督机制，确保有关教育法律法规落实

（一）开展教育执法检查，保证教育法律法规的落实

为了规范教育执法行为，明确各部门在教育执法和全面实施素质教育工作中的目标责任，曾先后起草了《区属部门实施〈义务教育法〉的职责和任务》《宣武区实施素质教育目标责任制评价方案》《西城区进一步推进全面实施素质教育工作评价方案》等相关文件，经区政府批准后，以区政府名义下发。区属各相关部门每年依据市教育法律法规执行情况督导检查的重点内容和履行教育目标责任工作开展自查自评工作。区还数次接受市人大、市政府教育执法检查组的教育执法检查，区政府教育督导室作为政府行使教育督导职能的专门机构，承担了组织指导自查、审阅各单位自评报告、协调各方面接受督查等日常工作，使自查形成制度并坚持下来。

（二）进行区域督导，保证目标责任落实

区政府教育督导室除了每年组织各单位的教育执法自查外，还积极开展对相关委办局、街道办事处履行教育目标职责情况的督导。例如，对区建委贯彻实施《义务教育法》防止中小学高峰期出现二部制，解决中小学校舍改扩建等情况进行督导

检查。为落实教育综合改革工作，就非京籍入学“五证”的审核问题、教育经费投入和使用情况等对区人力社保局和区财政局进行了督导；从校园周边安全、博物馆与教育对接、科技教育资源整合等方面对交通、城管、科委等部门进行督导，为教育工作营造了良好发展环境。

二、构建教育督导评价机制，开展多种形式的督导评价

（一）坚持对学校进行综合督导评价，促进学校科学管理，提高教育质量

区政府教育督导室自成立起，不断研究起草符合区域教育实际的评价体系，探索全面评价学校的工作模式。到目前为止，依据相关评价方案，完成了三轮对学校全面实施素质教育的综合督导评价，正进行第四轮综合督导评价。实践证明：通过综合督导评价，达到了以督促建、以督促改、以督促发展的目的，规范了学校办学行为，提高了学校的办学水平，对学校科学管理、稳步提高教育质量起到了推动与促进作用。

（二）开展专项督导、调研和科研，为行政决策当好参谋

先后对学校进行了“安全工作”“教学工作”“德育工作”“初中建设工程”“小学规范化建设工程”等专项督导，对“校长负责制”“落实素质教育阶段性目标”“落实课程计划”“中小学生体质与视力”“减负”“高中多样化发展”“学前教育三年行动计划”“适龄儿童入学”等问题进行了专题调研。向区政府和教育行政部门提交了有价值的督导报告、调研报告，提供了大量信息，为区政府和教育行政部门进行宏观管理和决策提供了可靠的依据，在推动区素质教育进程中发挥了积极的作用。

高度重视并积极开展教育督导评价理论与实验研究，努力实现科学督导。“十五”期间，承担国家级课题的两个市级子课题“关于建立健全对区属相关职能部门党政主要领导干部履行素质教育目标责任考核制度”及“建立健全有利于中小学实施素质教育的社区环境教育督导制度”的研究。完成北京市民办教育协会立项的“西城区非学历民办教育培训机构督导评价与评价指标体系的研究”的研究工作，并以此为基础，制定民办教育机构的评价指标体系。鼓励引导基层单位开展教育督导课题研究，提高督导的科学化水平。

（三）坚持自评制度，发挥自评作用，提高学校自我完善与调控能力

结合市、区教育重点工作，每年确定不同的自评内容，使自评更具针对性。逐校审阅自评报告，汇总分析共性的成绩、问题，提出工作建议，并每年进行通报，将先进经验予以推广，达到交流与沟通的目的。自评工作使学校的自我完善与调控能力不断提高，已成为学校依法依规办学、规范办学行为的重要手段，也推动了教育行政部门工作部署的更好落实。

（四）开展经常性督导，落实责任督学挂牌督导制度

为贯彻落实国务院教育督导委员会颁布的《中小学校责任督学挂牌督导办法》

要求，在积极探索的基础上，完善体制机制，选派责任督学，开展经常性督导，稳步推进责任督学挂牌督导工作，将责任督学挂牌督导工作和督学责任区工作相结合，不断促进区教育督导工作常态化、制度化。

（五）开展社区教育、民办教育综合督导，拓展督导工作范围

在对各社区教育学校进行工作调研的基础上，研究制定了《西城区社区教育学校评价指标体系（试行）》，并在2013年下半年启动了对社区教育学校综合督导。为有效促进西城区非学历民办教育培训机构依法办学，规范管理，不断提高办学水平，依据《西城区非学历民办教育培训机构综合管理督导评价方案（试行）》对民办非学历培训学校进行综合督导。社区教育和民办教育督导不但拓展了教育督导工作范围，还促进了区各级各类教育协调发展。

三、强化自身建设，提高督导工作水平

（一）重视制度建设，规范教育督导工作

先后健全和完善了执行教育法律法规、全面实施素质教育工作目标责任制度，普通中小学、幼儿园、中等职业学校每年一次实施素质教育自评制度、综合督导评价制度；建立教育督导结果通报制度以及督学责任区制度；完善会议、学习、信息、档案管理等内部管理制度；明确了督学管理办法、行为规范和责任区督学工作细则；确定了督学和督政等各项工作程序。并将这些制度编辑成册，形成《教育督导手册》。制度的健全和完善推进了区教育督导工作的规范化进程，为提高教育督导的针对性和实效性奠定了基础。

（二）加强督学培训，提高督导专业化水平

教育的发展、改革的深化，对教育督导提出了新任务和新要求。教育督导要进一步提高工作质量和服务水平，提高督学队伍的能力水平是关键，提高督导人员的专业化水平成为我们的一项重要任务。在工作实践中，我们坚持学习、研究制度，通过指导自学、讲座、研讨、“传帮带”等方式，不断加强职业道德、教育法律法规、督导理论、督导技能培训，提高督导人员的理论修养、政策水平和专业素质。

第二部分　传承与发展

一、高度重视督导机构建设是促进教育督导工作发展的重要保证

（一）领导重视教育督导工作

区重视加强对教育督导工作的领导，成立以区人大常委会主管主任和主管区长为组长的教育评价领导小组，统筹引领区域教育督导工作，为加强和改进教育督导工作，提出一系列举措：把教育督导工作列入区政府重要议事议程；区政府每年

至少听取一次区政府教育督导室工作情况汇报，研究教育督导工作的重大问题；区政府主管领导参与研究教育督导工作计划，参加重大教育督导活动，定期听取教育督导工作汇报，每年审阅教育督导报告；区人大主管主任带领区人大教科文卫工作委员每学期听取一次区政府教育督导室工作情况汇报。区领导对教育督导工作关注度高、措施有力、指导到位，推动了教育督导更好地发挥监督、检查、评估和指导职能。

（二）加强督导体制建设

随着北京市教育督导机构的建立，区建立了教育督导机构。尤其是在教育机构改革中，督导部门不仅没有削弱，而且得到了加强，其间主管教育的副区长曾经担任督导室主任，并设一名正处级干部担任督导室常务副主任，负责教育督导日常管理工作。之后又任命了独立的区政府教育督导室主任，并逐步建立内设科室，工作职责进一步清晰，工作分工进一步细化，督导职能进一步强化，促进了教育督导的专业化发展。

二、积极探索督政工作策略是教育法律法规落实的关键所在

（一）研究同级督政机制，形成教育合力

为了督促区属相关职能部门落实好教育相关法律法规，促进教育优先发展，区不断加强对如何开展好同级督政工作的研究。在同级督政中探索了“443”策略：组织形式的“四种模式”。一是由区教育评价领导小组直接领导，区人大常委会主管主任和主管区长亲自参与，区政府教育督导室组织实施，对区属相关部门进行综合督导评价；二是由区人大牵头、区政府教育督导室组织实施，由督学和人大代表共同组成教育督导检查组，对区属相关部门进行专项教育督导检查；三是由区人大牵头、教育督导室组织实施，由人大代表和督学共同组成教育执法检查组，听取区属相关部门教育执法情况的专题汇报；四是由区政府教育督导室牵头、人大代表参与，共同组建随访督导检查小组，对区属相关部门进行随访督导检查。运行过程的“四个结合”。一是人大的法律监督同政府的行政监督相结合，二是各部门的自查、自评与督导部门的督导评价（检查）相结合，三是对区属相关部门及领导干部的表彰奖励与教育执法自查、素质教育自评和领导干部考核及评审工作相结合，四是相关部门的共同配合与各级领导层层把关相结合。结果使用的“三种途径”，即将区属各相关部门执行教育法律法规、全面实施素质教育工作目标责任的考核情况列入区委、区政府全面实施素质教育的表彰奖励范围，列入街道督查考核范围，以及处级领导班子和领导干部综合考核评价的指标体系之中。这种工作机制的建立，形成了各相关部门重视教育、关心教育、支持教育的局面，为教育的健康、科学和可持续发展提供了坚强的保障。

（二）建立督政责任区，开展经常性督导

结合国家和市级颁布的督学责任区制度，建立了督政责任区制度，将区属相关单位划分为街道和委办局两个类别，根据委办局的职能特点和街道的区域特点划分责任区，每年有计划、有针对性地开展经常性督导，推动了督政工作制度化、常态化、经常化，督促相关单位落实好教育目标责任，营造了良好的教育环境。

三、大力开展有效督导活动是推动各类学校内涵发展的有效措施

（一）树立教育督导评价的新理念

在教育督导评价中，探索运用发展性教育评价思想、合作性教育评价模式，树立“双主体”教育督导评价新理念，突出学校参与督导评价的主体地位，通过评价人员和被评价对象的共同合作，共同研究、分析、寻找学校新的发展点或最近发展区域，为促进学校的自主发展和可持续发展提供有效的服务。同时，结合区的教育实际，制定了西城区相关委办局和街道全面实施素质教育的目标责任以及中小学、幼儿园、职业学校、校外教育单位、特教学校、社区教育学校和民办非学历教育机构等各级各类教育的督导评价体系及其实施细则，提高西城区督导工作的针对性。区教育督导室的教育督导评价意见，改变以往依据评价指标逐项进行评价的形式，在全面依据评价指标评估的基础上突出学校的主要成绩、特色和问题，使学校拿到评价意见后，对办学中的成绩与问题一目了然，有利于学校明确方向，改进工作，受到学校的欢迎和好评。评价意见突出了不同学校的针对性，实现“一校一方”，体现了对学校的指导与帮助，提高了督导的实效。

（二）开展多种形式督导

区政府教育督导室与区委教育工委、区教委积极配合建立了党、政、督“三位一体”的督导评价主体，按照“四个统一”，即“统一方案、统一领导、统一组织、统一实施”的原则开展了多种形式的督导评价工作。工作中构建了实施素质教育的评估监督机制：以自评为基础的检查、调控、发展机制，以督评为手段的监督、导向、激励机制，以复查为措施的改进、完善、提高机制。在开展督导评价中，区教委各相关科室人员作为特约督学参与督导过程，更加全面、系统、专业地对学校工作进行科学评价。多年来，我们围绕不同时期的教育重点开展督导，推进了教育中心工作、重点工作的落实，有效发挥了教育督导的职能。区教育督导室加强对教育督导工作的统筹，根据需要与可能，对各种督导检查活动进行必要的整合，尽可能减少检查次数，避免重复检查。这样做有利于教育督导人力资源、物力资源和时间资源的有效利用，也可以减轻学校的负担，受到普遍欢迎。

四、有效加强督导工作融合是推进教育督导模式创新的不竭源泉

（一）督学和督政有机结合机制

积极统筹督学和督政工作，做到相互促进、协调发展、有机统一。督导中做到两个同时：对街道督导与对其辖区内中小学校（幼儿园）随访同时进行，对街道督导与对其辖区社区教育学校督导同时开展。这样有利于了解学校的现状和需求，促进有关委办局和街道进一步落实相关教育法律法规，为教育营造更好的教育环境；有利于了解委办局和街道开展的相关教育活动，结合学校的发展需求，更好地发挥三结合教育网络作用；有利于对督导工作全方位进行思考，拓宽统筹谋划督导工作思路。

（二）沟通合作的督导反馈机制

一是区教育督导部门把督导评价结果反馈给区教委业务科室，并在向被督导单位反馈环节请区教委业务科室和区委教育工委组织部门负责人参加，三部门从各自的职能出发，采取不同的指导方式，共同促进被督导单位发展。二是督导结果正式反馈给被督导单位前，督学就督导回复意见先行与被督导单位领导进行沟通，听取他们的意见。实践证明，这种沟通合作的现场督导评价反馈机制，放大了督导的功能和价值，提高了督导实效。另外，建立学校督导员工作机制，每所学校由一名干部负责责任督学挂牌督导工作，对挂牌督导热线反映的问题，责任督学与学校督导员及时沟通，及时加以解决，提高了督导的针对性和时效性。

总之，区的教育督导工作体制不断健全、机制不断完善、工作不断拓展，推动了区域教育的发展。随着教育事业的改革与发展，站在新的发展起点上，我们要以更加良好的精神状态、更加务实的工作作风、更加高效的工作方法，奋发进取、求真务实、开拓创新，努力开创教育督导工作的新局面，为推进教育现代化作出更大的贡献。

第三部分　大　事　记

原宣武区：

1998 年 12 月 28 日，区教育评价与督导专业委员会成立。

2002 年 8 月，区政府教育督导室被市政府教育督导室评为先进集体，两名督学被评为先进个人。

2003 年 10 月，区政府教育督导室编辑《督导手册》。

2008 年，与丰台区、崇文区政府教育督导室合作完成北京市全面实施素质教育评价系统和问卷系统软件的研发。

2009 年 10 月 30 日，举办宣武区教育督导 20 周年纪念活动。

原西城区：

1991 年 3 月，区督学室制定《督学室岗位责任及规章制度》。

2002 年 8 月，区政府教育督导室被市政府教育督导室评为先进集体，两名督学被评为先进个人。

2004 年，健全和完善特约教育督导员管理制度。

2006 年 4 月，开辟网上交流平台，督学可以通过平台了解督导动态，学习业务知识，交流经验。

2007 年 3 月，启动非学历民办培训机构综合督导评价工作。

新西城区：

2011 年 4 月 27 日，市督导调研组到西城区督导调研学前教育工作。

2011 年 7 月 7 日，市政府教育督导室随访督导区社区教育。

2011 年，编印《西城教育督导手册》。

2012 年 9 月 19—20 日，市督导评估组对西城区义务教育均衡发展情况进行督导评估。

2012 年 10 月 29—30 日，市督导检查组对本区落实教育法律法规执行情况进行督导检查。

2012 年 12 月，启动对集体和其他部门举办幼儿园的调研工作。

2013 年上半年，区人大对西城区教学质量督导情况进行专项检查。

2013 年 9 月 25—26 日，市督导评估组对本区学前教育发展状况进行专项督导评估。

2014 年 12 月 10 日，市督导评价组综合督导西城区全面实施素质教育工作。

2015 年 4 月 28 日，国家评估检查组到西城区开展义务教育均衡发展区县评估检查。

2015 年 11 月 26 日，市督导评价组对西城区校外教育进行督导评价。

2016 年 4 月 25 日，市督导调研组对西城区中小学校办学情况进行督导调研。

2016 年 5 月 25 日，市专项检查组对西城区中小学“减负”工作进行专项检查。

2016 年 10 月 26 日，市评估专家组对西城区“中小学校责任督学挂牌督导创新区”创建评估认定。

2016 年 10 月 26 日，市督导调研组对西城区深化基础教育综合改革情况进行督导调研。

2016 年 12 月 27 日，市专项检查组对西城区中小学校和中小学教师校外有偿补课情况进行专项检查。

2016 年，区教育督导室依据相关评价指标体系共对 7 所中小学校和幼儿园、1 个校外教育机构全面实施素质教育工作进行了综合督导，对 3 所社区教育学校进行了综合督导，对4所非学历民办教育培训机构进行了综合管理督导评价，对4个街道办事处履行素质教育目标责任情况进行了综合督导，对8个政府组成部门进行了督政责任区经常性督导，对10个政府组成部门进行了专项随访督导，对1所中学开展了调研式督导。

在传承中推进　于创新中提升

——朝阳教育督导（1989—2016 年）

第一部分　综　　述

1989—2016 年，朝阳区一方面依法治教、实施素质教育、奋力推进义务教育均衡发展、不断深化教育综合改革，另一方面强化督导职能、完善督导体制机制、加强督学队伍建设、创新工作方法、突破督导模式、拓展督导领域、推动教育督导事业蓬勃发展。

第一，机构建设。1989 年区政府督学室成立，1997 年区政府督学室更名为区政府教育督导室。2006 年，区编办批准督导室内设基础教育督导科和职成教育督导科 2 个科室。2015 年，区编办批复成立朝阳区教育督导与教育质量评价研究中心。至此，朝阳区教育督导机构进一步健全和完善。

第二，队伍建设。1999 年，区首次组建了社区教育督导网络，按地域设立了 24 个中小学督导站，选聘了 138 名兼职督学。目前，学校责任督学已经换届 6 次，设置督学责任区 20 个，累计聘任督学达 712 人次。2007—2012 年增设职成教育、校外教育、特殊教育督导站（2013 年各督导站更名为督学责任区，兼职督学更名为责任督学），2009 年从区人大、政协、相关部门领导及退休教育专家中选聘人员组建督政督学队伍，2015 年组建专职督学队伍。建立督学培训制度，开展多种形式的专业、专项、专题培训，促进督学理论与实践能力提升。目前，区督政督学、学校督学、专职督学三支队伍人员充足，结构合理，专业化水平不断提升，奠定了督导事业发展的基础。

第三，督政工作。主要建立并完善了教育执法自查和检查制度、全面实施素质教育自查制度及年度督导考核评价制度、目标责任单位联席会制度、督导结果使用制度、九年义务教育监测制度等，形成了朝阳特有的督政工作模式。2006 年建立“乡政府落实教育法定职责，推进区域教育工作”自查及督导考核制度。2009 年明确了 42 个委办局、43 个街乡的教育责任，建立完善了全区实施素质教育自查和督导考核评价制度。被纳入督政工作范围的区政府有关单位或部门已由 2001 年的 19 个增加到 2016 年的 91 个。2009—2016 年，街乡、委办局年度督导考核结果，先后分别纳入组织部干部考核体系、区监察局双百考核体系、区政府绩效考核体系，督政结果使用力度不断加大。2011 年以来，聚焦督政方法、手段创新，督政的工作体系、运行机制更加完善并不断实现新突破，成为区教育督导事业发展新的增长点，为促进政府各责任部门依法落实教育责任，推动教育事业健康发展发挥出有效监督保障作用。

第四，督学工作。学校督导评价制度不断完善，督学领域不断拓宽，督学责任区建设不断完善，实现了中小学、职业高中、幼儿园、校外教育机构、特殊教育的全覆盖。1998—2016 年，以促进学校依法办学、保障素质教育全面实施为重点，完成中小学四轮综合督导评价工作。从第三轮综合督导评价开始，将幼儿园和职业高中纳入素质教育评估体系中。围绕教育中心任务及重点问题等开展多项专项督导、随访督导、专项调研等。2007—2010 年，完成初中建设工程、小学规范化建设督导验收工作，2014 年创造性地推进了诊断式督导工作。朝阳区督学工作在理论与实践、制度与机制、方式方法等方面进行了诸多探索与尝试，形成了具有朝阳特色的工作模式，为保证学校全面贯彻教育方针、全面实施素质教育和依法依规办学发挥了重要保障作用。

第二部分　传承与发展

一、高度重视，全面保障，推动督导事业持续发展

一是领导重视，强化管理。朝阳教育督导得到教育部及北京市政府教育督导室的关怀、指导，并在区委、区政府的高度重视下，在区委教育工委、区教委的鼎力支持下取得长足进展。区委、区政府认真落实《北京市教育督导规定》，在机构设置、人员编制、领导职数、职能发挥、工作经费等方面给予保障。将教育督导工作纳入议事日程，建立了区委、区政府管理教育督导工作的领导体系，通过主管领导定期听取专题汇报，召开督导工作专题会、协调会、部署会等形式，研究推进教育督导工作。通过加强对教育督导工作的管理与领导，保障教育督导工作独立开展、有效推进。

二是健全机构，强化职能。在全区公务员总体编制压缩的情况下，区教育督导室人员编制保持不减，并增加了内设科室和督导评价与研究机构。区政府颁发或转发的《朝阳区政府落实北京市教育督导规定的意见》《关于进一步推进全面实施素质教育评价工作的通知》《朝阳区中小学校责任督学挂牌督导工作方案》等多个督导工作文件，不仅保证了督导制度的有效实施，而且明确了教育督导不可替代的地位。

三是加大投入，强化保障。教育督导专项业务经费被列入区年度财政预算科目，督导室主任对经费使用负总责。随着督导范围的扩展，督导工作的专项业务经费逐年持续增长，由 1999 年创建教育督导网络、组建督导站时的 120 万元，提高到每年工作经费近千万元，有力保障了督导工作开展和发展需求。

二、强化队伍，提升水平，夯实督导职能发挥的基础

提高督导的科学性和权威性，队伍建设是关键。从1999年建立教育督导网络至今，区督导队伍建设工作常抓不懈、与时俱进，督学队伍水平持续提升。

一是适应发展需求，组建高水平督学队伍。1999年以来，依据督导的新任务、新要求，多次修改出台兼职督学、责任督学选聘办法，调整选聘标准，优化督学队伍。目前，责任督学的学历及职称水平持续提升，年龄结构、专业分布等更加合理。2016年新聘任的第六届责任督学110余人，均为本科及以上学历、具有副校级以上经历和高级职称的人员。选聘督学从最早以退休人员为主，到目前在职人员比例达到40%以上。督导队伍更加精干，督学年轻化、专业化趋向进一步显现。

二是加大培训力度，提升责任督学综合素养。通过督学培训的制度化、规范化建设，提高培训实效。依据计划，采取全员培训、专题培训、研修培训、细节培训、实操培训等多种措施和形式，引导督学更新观念、提高认识、研究方法、规范行为、提升水平。如：研发《朝阳区责任督学培训读本》，每年组织2次全员集中培训，聘请国家级、市级专家等做报告。创新培训方法，与市督学研修中心合作开设“责任督学专题培训研修班”，实现挂牌督学持证上岗等。

三是抓实科研工作，以科研带队伍。“十一五”以来，区获批市级重点课题16个，其他市、区级课题达110多个。2010年起，每年组织督导科研论文、案例征集评选活动，并建立了科研成果总结表彰机制。督导科研工作的开展，在促进督学深入思考、提升以理论指导实践能力上发挥了积极作用。

三、改革创新，注重实效，不断开创督导工作新局面

多年来，区把改革创新作为推动事业可持续发展的关键来抓，在保持督导活力的同时，扩展了督导工作领域，增强了督导的针对性、实效性。

（一）完善督政体系，形成具有朝阳特色的督政格局

一是创新制度体系，建立有效评价机制。2009年按照巩固基础、完善制度、优化机制、抓好落实的思路，制定了《朝阳区进一步推进全面实施素质教育督导评价工作方案》《朝阳区相关单位全面实施素质教育目标责任》等多个制度文件，建立并完善了全区各委办局、街乡落实教育责任的自查及督导考核机制。2009年起，每年依据考核评价办法及评价指标组织督评队伍对委办局、街乡进行考核评价，并将考评结果纳入区委、区政府的干部年终评价考核体系、绩效考核体系中，不断完善督导评价激励机制。

二是创新管理体系，优化自查运行机制。充分发挥水平高、有权威、懂专业的专家型督政队伍作用，定期进行专题研讨，强化顶层设计。每年召开全区街乡、委办局参加的联席会议，总结经验，部署任务，形成工作推进机制。组建街乡自查骨

干队伍，每年组织专题培训，适时组织督评人员开展随访督导，强化对日常工作过程的监督与指导。研制自查工作手册，规范自查流程及内容方法，形成了高质量运行的自查工作机制。从 2011 年起，向所有街乡书面回复督导意见；利用网络、报刊等媒体宣传街乡亮点工作，物化成果，推广经验，形成有效反馈、改进、引领机制。

三是创新内容方法，形成有效引领机制。不断创新考核内容，2009—2016 年，修订街乡督导考核评价指标体系 3 次、委办局素质教育目标责任 1 次，引领街乡和委办局全面落实教育责任。改革考核办法，变街乡每年接受督导检查为每两年完成一轮综合督导考核评价。研制了街、乡及委办局的年度督导考核评价细则，形成自查、督查、随访、日常评价有机结合，教工委、教委、督导室共同参与评价的新机制。2016 年建立街、乡联系人制度，将 43 个街、乡划分为四个督政责任区，通过让 15 个督学责任区主任参与街乡督政工作，顺畅了督政与督学互通、互促渠道，从而形成了督政、督学有效融通的机制。创新督评手段，建设了街乡督导考核网络平台，利用信息化手段，提高督政工作的现代化水平。

（二）创新学校评价工作，督学工作的实效性持续增强

1. 完善制度体系，夯实工作高效运转基础

这些年来，围绕督学责任区建设、督学队伍管理、督导工作实施等内容，以指挥畅通、分工明确、运转有序为目标，编制了《教育督导工作手册》，形成了督学及督导站（督学责任区）管理的系列制度，构建了督导实施、督学及责任区管理的有效工作机制。特别是 2013 年以来，围绕深化督学责任区建设、实施责任督学挂牌督导等，对多年来形成的各项制度进行系统梳理、修订提升，并研究制定了《督学责任区建设工作方案》等规范文件，编印了责任督学挂牌督导工作制度汇编、工作手册、督导案例集、督学讲故事等 10 余本系列图书，从更高层面上构建了科学、规范的全新制度体系，确保了各项督学工作有序、高效、高质开展。

2. 关注教育中心任务，构建督学工作新模式

一是建立学校综合督导评价制度。从 2002 年起，结合区实际，创新督导内容方法，依据《北京市普通中小学全面实施素质教育评价方案》，研制了朝阳本土化的评价工作手册、自评手册，把评价重点落在学校常规管理过程上，引导学校建立起持续发展的管理体制和改进机制。本土化的综合督导方式多年来一直被应用到中小学、职高、幼儿园等各类教育综合督导工作中，大大提高了综合督评的客观性和效度。建立统筹机制，整合评价内容，减轻学校负担，将初中建设工程、小学规范化建设工程、素质教育示范校验收等与全面实施素质教育综合督导评价有机结合，提升了综合督导的实效。

二是建立专项督导及调研制度。依据综合督导发现的问题，围绕学校改革发展中的重点问题，有针对性地开展专项督导。围绕教育热点、难点问题，开展持续性

督导，督促学校依法办学，提升教育质量、学生动手能力和创新能力。近年来组织开展了减轻中小学生过重负担、学生每天体育锻炼一小时及学生体质健康、学校管理、安全工作、师德建设、德育工作等30余项专项督导与调研。为使专项督导达到促进学校依法办学的目的，采取对一个重点内容连续进行多次专项督导，大大提高了督导的实效。如：连续几年对学生每天一小时体育活动、义务教育课程设置、中小学体育艺术及科技教育工作等进行督导，使所有学校从基本达标到建立机制，进而能总结经验、形成特色。

三是建立督导结果公开及反馈制度。通过公布督导报告、将督导结果纳入对学校的考核评价体系等形式，加大督导结果使用力度；充分发挥督导反馈的作用，指导学校依据督导意见，制定改进措施；通过对改进措施落实情况的督导，促进学校形成自我改进、自我提升的持续改进机制。

四是扩展督导领域，形成各类教育督导制度。适应发展需求，督导工作逐步实现对学前教育、基础教育、职业教育、特殊教育、校外教育等各类教育的全覆盖。积极推进质量监测工作，2012年起与第三方合作，开展教育满意度督导调查，并通过持续加大督导调研结果反馈力度，指导学校针对问题不断改进工作，促进了学校办学质量进一步提升。针对引进校众多的现状，探索诊断性督导工作新模式。制定了诊断性督导工作方案和评价方案，研制了督评工具。2014—2016年，区已在7所引进校和贵阳4所教育输出学校开展了诊断式督导评价工作。2016年，区承办“北京市中小学诊断式督导实践探索研讨会”，展示了朝阳区推进诊断式督导工作的成果。

3. 立足发展再创新，形成督学工作推进新机制

一是督学责任区建设更加完善。适应配合义务教育学区化综合改革，构建“五位一体”治理体系。在15个学区内谋划建设了中小学督学责任区，形成全面覆盖、独立运行、协同支撑的督导新格局，为保障学区化综合改革稳步推进发挥积极作用。

二是统筹联动机制得到加强。2013—2016年，从区政府、区教育系统两个层面积极构建挂牌督导联动机制。针对责任督学挂牌督导工作中发现的重大问题，要求各相关单位和部门，结合职能抓落实、促整改，形成相互协调、有效配合的联动机制。教育系统内党、政、督联合出台《中小学校挂牌督导结果的使用办法》，形成联动的问责机制，确保挂牌督导工作中发现问题及时有效解决，促进督导结果的有效运用。

三是督导常态运行机制更加优化。围绕教育重难点工作，确定教育督导任务，健全和完善督导实施的制度体系。编制《责任督学挂牌督导工作手册》《挂牌督导重大问题督办单》等系列文件，让经常性督导围绕8项职责，向中小学办学质量评估等综合性、诊断式督导延伸，形成挂牌督导常态化良性运行机制。

四是督导信息化水平迅速提升。配合责任督学挂牌督导，开通督导专用热线、设立专用邮箱，实现了“家、校、督”的有效沟通。创建督导网站、督导评估系统和工作平台，建立微信公众平台等，实现督导手段的科学化、现代化，在创新督导模式的同时，进一步提升督导的精准性、实效性。

总之，朝阳教育督导工作立足区情、教情，坚持以国家法律法规和方针政策为依据，以改革创新为动力，不断迈上新台阶。当前，区督政、督学、评估监测工作齐头并进，教育决策、执行、监督相协调的管理体制不断完善，督导的前瞻性、理论性、服务性、实效性不断提高。督导的实施，进一步优化了区域教育发展环境，促进了学校办学水平大幅度提升，有力助推了义务教育均衡、优质发展，为促进朝阳教育腾飞提供了强有力保障作用。朝阳区政府教育督导室2002年被评为“北京市教育督导先进集体”；2012年被评为“全国教育督导先进集体”；2015年3月，区顺利通过了义务教育均衡发展的国家级验收；2016年顺利通过国家级中小学校责任督学挂牌督导创新区国家验收。

第三部分　大　事　记

1989年10月，经北京市朝阳区人民政府机构编制委员会批准建立朝阳区人民政府督学室，并正式命名。当年督学室按照市有关部署，建立“两基”达标自查制度，开展街、乡和学校“两基”达标自查工作。

1993年10月，朝阳区代表北京市通过国家“两基”达标验收。

1996年1月，依据《朝阳区中小学办学条件达标项目标准》(简称“五四一”标准)，建立“五四一达标”督导检查制度。

1996年12月，完成义务教育阶段35所中学基础薄弱校评估验收和64所农村完全小学督评与验收工作，这些学校改造后办学条件都达到一般标准。

1997年8月，朝阳区人民政府督学室更名为朝阳区人民政府教育督导室，为正处级单位，督导室主任由区政府任命。

1998年5月，启动朝阳区普通中小学第一轮实施素质教育综合督导评价工作。

1998年12月，首次对职业高中进行随访督导。

1999年3月，区教育督导室联合区教委对区内5所民办中学办学水平进行调研视导。

1999年8月，首次聘任督学138位，组建督导站24个，并举办兼职督学培训会。

1999年9月4日，经区政府批准，召开朝阳区社区教育督导网络成立大会。教育部总督学柳斌，教育部副总督学、教育部教育督导办主任郭振有分别为朝阳区教育督导网络成立题词致贺。

1999 年 10 月，《朝阳教育督导通讯》（月刊）正式创刊。教育部总督学柳斌同志亲笔题写刊名。

1999 年 10 月，完成北京市全面实施素质教育工作第一轮综合督导评估验收。

2000 年 6 月，《朝阳教育督导通讯》（专辑）正式创刊。

2000 年 12 月，完成城市小学、直属小学综合督导评价工作。

2001 年 3 月，召开朝阳教育督导网络第二届年度工作研讨会。

2001 年 5 月，完成中小学教学设备使用情况，学校体育、卫生、艺术教育工作专项督导检查。

2001 年 8 月，出台《朝阳区人民政府关于贯彻落实〈北京市教育督导规定〉的意见》。

2001 年 9 月，制定《朝阳区学校管理工作发展性评价指导纲要（试行）》，启动发展性评价试点工作，36 校参加试点。

2002 年 5 月，区委、区政府办公室联合发文，保留朝阳区人民政府教育督导室并增加督学、督政等方面职能。

2002 年 7 月，完成全区中小学、职业高中师德、安全工作专项督导。

2002 年 8 月，朝阳区政府教育督导室荣获北京市教育督导先进集体。

2002 年 10 月，聘任第二届兼职督学 108 位，社区教育督导网络督导站调整为 20 个。

2002 年 12 月，在华润饭店召开朝阳区第一届教育督导工作会。

2003 年 3 月，建立朝阳区九年义务教育监测制度，主要监督区政府管理义务教育阶段工作水平，监测类别 18 项。

2003 年 12 月，完成全区 225 所普通中小学全面实施素质教育综合督导评价工作。

2003 年 12 月，督导科研制度建立。同年，完成国家“十五”规划课题“关于建立有利于中小学素质教育实施的监督机制与教育督导制度”中分管子课题研究工作。

2004 年 1 月，完成对六里屯街道办事处、和平街街道办事处、来广营乡政府、潘家园街道办事处 4 个单位社区教育督导评估工作。

2004 年 3 月，启动朝阳区教育评价工作协调小组工作。

2004 年 12 月，完成承担的全国教育科研“十五”规划国家级课题“监督机制理论框架研究”的阶段性任务，完成全国教育科研规划课题“教育督导职能理论与实践研究”子课题的开题工作。

2005 年 5 月，完成对 13 所办学困难初中校教学设施设备使用与管理情况的专项督导。

2005 年 10 月，完成北京市全面实施素质教育第二轮（2003—2005 年）综合督导评价验收工作。

2005年12月，召开朝阳区2003—2005年普通中小学综合督导评价工作总结表彰大会，36所学校获“全面实施素质教育先进单位”称号。

2006年3月，首次开展乡政府落实教育法定职责督导检查工作。

2006年4—5月，完成对区属17所民办普通中小学的办学目标、教育教学管理、财务管理等方面的综合评审。

2006年5月，制定《关于朝阳区“乡政府落实教育法定职责推进区域教育工作”先进乡的评选办法》，建立每3年对乡政府进行一次督导检查工作制度。

2006年5月，聘任第三届兼职督学96位，组建社区教育督导网络督导站16个。

2006年11月，区机构编制委员会批复同意区政府教育督导室设置基础教育科、职业教育与成人教育科。基础教育科行政编制4名（科长1名，副科长1名），职业教育与成人教育科行政编制3名（科长1名）。

2007年3月，区教育督导室申报市级督导科研课题立项课题2个，各中小学督导站和学校申请立项课题10个，均被市里批准立项，同意开题。

2007年4—5月，对全区58所公立初中校课程设置情况进行专项督导。

2007年5月，英国剑桥教育集团督学观摩区初中建设工程督导评估验收工作。

2007年5月，启动朝阳区公办幼儿园全面实施素质教育督导评价工作。

2007年12月，设立职成教育督导站，选聘8位首届职教兼职督学。

2007年12月，完成44所学校初中建设工程督导评估验收工作。

2008年3—4月，对全区60所中学、154所小学学生每天一小时体育活动情况进行专项督导。

2008年10月，启动全区中小学、职业高中全面实施素质教育督导评价工作。

2008年10月，建立义务教育均衡发展状况专项督导制度，统计类别38项。

2008年12月，完成20个乡自评及落实教育责任情况的随访督导，召开表彰会，10个乡受到表彰。

2009年1月，完成“委托有资质的社会中介评价机构对民办学校进行督导评价的可行性”调研工作。

2009年3月，区政府转发区教育督导室《关于进一步推进全面实施素质教育督导考核工作方案》，完善了全区实施素质教育督导考核评价机制。

2009年3月，出台《朝阳区督政兼职督学聘任管理办法（暂行）》，组建由区人大常委会副主任、区政协副主席、区委办主任、区政府办主任、区委组织部副部长、区监察局副局长等17人组成的督政兼职督学队伍，区政府副区长张春秀为第一届督政督学颁发聘书。

2009年5月，首次聘任学前教育兼职督学6位，建立督导站1个。

2009年10月，完成第一批51所小学规范化建设工程验收。

2009 年 12 月，完成北京市全面实施素质教育第三轮（2006—2009 年）综合督导评估验收工作。

2009 年 12 月，完成对区 42 个委办局、43 个街乡落实素质教育目标责任督导考核评价工作，首次将考核评价结果纳入区委、区政府考核系统，建立了区级督导考核评价机制。

2010 年 3 月，完成第四届督学换届工作，选聘兼职督学 119 位，设置 19 个督导站。

2010 年 5—6 月，深入 20 个街乡进行随访调研。

2010 年 9 月，完成区政府校安工程推进情况专项督导调研。

2010 年 11 月，召开“高中教育多样化办学与现代督导制度的建设”课题中期总结会。

2010 年 12 月，完成学校抗震加固工作专项督导。

2011 年 5 月，完成小学规范化建设工程学校复验工作、职业高中专业设置及专业建设督导调研工作。

2011 年 6 月，启动街乡落实素质教育目标责任评价指标修订工作，统一街道、乡政府督导考核评价标准。

2011 年 11 月，完成区幼儿园城乡一体化手拉手活动专项督导调研。

2011 年 12 月，申报“十二五”市级科研课题 61 项，全部获批立项，其中 4 项为市级重点课题。

2012 年 2 月，朝阳区教育督导室荣获“全国教育督导先进集体”称号。

2012 年 3 月，完成全区小学规范化建设工程督导验收工作。

2012 年 3 月，完成《街乡落实素质教育目标责任，推进社区教育督导考核评价指标体系》的修订工作，并开始试行。

2012 年 10 月，成立朝阳区普通中小学自评主管工作队伍。

2012 年 12 月，完成北京市对区教育督导工作的评估验收。

2013 年 3 月，对全区 212 所普通中小学减轻学生过重课业负担情况进行专项督导。

2013 年 5—6 月，对全区 194 所公办中小学、职业高中学校学生体质健康工作进行专项督导检查。

2013 年 5 月，完成第五届督学换届工作，选聘兼职督学 146 名，设置督学责任区 21 个。召开“朝阳区人民政府第五届兼职督学聘任会及培训大会”。

2013 年 5—6 月，对黑庄户教辅中心等 7 家校外教育机构进行随访及专项督导。

2013 年 6 月，完成北京市对区学前教育工作的专项督导检查。

2013 年 9—10 月，对区特殊教育学校和 7 所开设特教班的普通小学进行专项督导。

2013 年 12 月，北京市义务教育均衡发展国家级评估暨中小学校责任督学挂牌督导工作推进会在朝阳实验小学召开。

2014年1月，召开全区中小学校责任督学挂牌督导工作推进会，率先在北京市实现了中小学挂牌督导全覆盖。

2014年9月，召开朝阳区2011—2014年度实施素质教育综合督导自评工作部署会暨目标责任单位联席会。

2014年11月，制定评价方案，启动“诊断式”督导评价研究，并在2所引进校进行试评。

2014年12月，完成北京市对区全面实施素质教育第四轮（2011—2014年）综合督导评估验收工作。

2015年3月，通过国家级义务教育均衡发展达标区县验收工作。

2015年6月，区机构编制委员会批复成立朝阳区教育督导与教育质量评价研究中心，该中心设主任1名，副主任1名，专职督学12名。办公地点设在区教研中心。

2015年7月，召开朝阳区普通中小学校全面实施素质教育综合督导启动大会。

2015年7月，承办北京市普通中小学诊断式督导评价课题研究推进会。

2015年11月，完成北京市对区校外教育工作的专项督导检查。

2015年12月，朝阳区被评为“北京市中小学校责任督学挂牌督导创新区县”。

2016年3月，通过全国中小学校责任督学挂牌督导创新区县实地核查。

2016年3月，启动区职业高中学校诊断式督导评价工作。

2016年5月，完成第六届督学换届工作，选聘责任督学110位，成立督学责任区20个。召开督学聘任大会，区政府副区长孙其军为新聘督学颁发聘书。

2016年6月，启动职业高中责任督学挂牌督导工作。

2016年6月，4个督政责任区建立，确定街乡随访联系人，定期对街乡开展随访。

2016年6月，对4所职业高中学校拓展社会服务功能情况进行专项督导调研。

2016年6—7月，组织市、区两级教育专家及督学，分别对润丰学校等4所引进校进行诊断式督导评价。

2016年6—7月，上海市政府教育督导室、南京市秦淮区教育督导室来区考察、交流督导工作。

2016年9月，召开督政工作总结交流研讨会。区人大常委会原副主任于五一等10余名督政专家及督政责任区成员共40余人参加会议。

2016年10月，召开2016年朝阳区挂牌督导责任督学培训会，专兼职督学90余人参加培训。

2016年10月，组织22人专家团队与贵阳市教委、贵阳市政府教育督导室共同开展对两地合作举办的四所中小学的诊断式督导评价。

2016年10月，江西省教育督导室、大连市西岗区教育督导室来区考察、交流督导工作。

2016 年 11 月，组织督政人员按街乡责任区进行年度考核前的随访指导工作，实现了 43 个街乡全覆盖。

2016 年 11 月，承办北京市中小学诊断式督导实践探索研讨会。区教育督导室主任王世元在大会上做了主旨发言。

2016 年 12 月，完成本年度 43 个街乡落实教育责任督导考核工作。

开拓创新，促进教育健康持续发展

——海淀教育督导（1989—2016 年）

第一部分 综 述

海淀区于 1989 年成立督学室，正式恢复教育督导制度。1989—2016 年，在区委、区政府的高度重视下，海淀区教育督导全面贯彻落实党的教育方针，紧紧围绕海淀教育改革和发展重点工作，开拓进取，改革创新，以全面推进素质教育为中心，不断探索督导工作新途径，提高教育督导工作的权威性、专业性、实效性，促进海淀教育健康持续发展。海淀教育督导的作用和地位日益彰显，制度建设不断规范，工作机制逐步完善，队伍建设不断加强，督导内容日趋丰富。

一、加强机构和队伍建设，为督导工作提供保障

（一）顺势而为，不断调整教育督导机构和职责

1989 年 10 月海淀区成立督学室，1995 年 7 月更名为海淀区人民政府教育督导室，1999 年率先内设督学、督政两科。2010 年 11 月教育督导室成为相对独立的教育行政机构，规格为正处级建制。2012 年，在督学、督政两科建制基础上，增设综合科，拓展了督导工作领域。2014 年 12 月，内设机构再次调整，下设综合科（督政科）、督导一科、督导二科 3 个科室。同时，根据教育督导工作实际需要，利用区域教育科研机构资源，成立北京市海淀区教育质量监测与评价中心，负责教育质量评估与管理工作。

（二）稳故纳新，不断加强教育督导队伍建设

一是加强专职督学队伍建设。1989 年成立督学室时有主任 1 人、专职督学 6 人，1995 年更名为海淀区人民政府教育督导室时有主任 1 人（由主管教育副区长兼任）、副主任 2 人、专职督学 10 人，2006 年有副主任 1 人、专职督学 9 人。2010 年教育督导室成为相对独立的正处级教育行政机构，正式编制 10 人（含领导职数）。目前区政府教育督导室有主任 1 人、副主任 2 人、专职督学 10 人（含领导职数），正式在编人员全部是副科级以上干部。

二是着力建设专家型兼职督学队伍。区政府教育督导室每隔三年选聘一批知名校长、知名教师、教科研人员、专业技术人员、政府行政干部和人大代表作为新一届兼职督学。最近又聘任了一批副校长以上学校干部为责任督学，组建了以特级教师、市级学科带头人和骨干教师为主的学科（总）督学队伍。目前全区共有挂牌责任督

学、学科（总）督学、学前教育督学、督政督学以及体卫、校外教育督学等六类兼职督学376名。此外，还创新工作机制，与区委教育工委联合制定政策，将督学经历作为学校干部选拔的优先条件。

三是建立教育督导评价员队伍。海淀区于1999年在全市首创“见习督导评价员”制度，2000年7月，区教育督导室正式在全区中学（含职业高中）建立“教育评价员”制度，由学校一名干部担任教育评价员，负责与区教育督导室的联络与沟通，并协助校长落实学校自评工作。2016年教育评价员更名为教育督导视导员。另外，作为改革创新的重要举措之一，组建了17人的学区视导员队伍，承担对上对接、对下协调的督导任务。目前每所学校、每个学区都有一名教育督导视导员。教育督导评价员（视导员）队伍发展至今，已经成为海淀教育督导有力的助手，成为海淀教育督导评价工作的鲜明特色。

二、完善督导工作机制，增强教育督导实效

（一）丰富教育督导方式，提升教育督导水平

区政府教育督导室在多年教育督导过程中，逐渐形成联合综合督导、随访督导、专项督导、达标评估督导、小学学区督导组督导（根据海淀区小学数量较多而实行学区化管理的现状，在学区设立督导组，并指导其定期对所辖小学进行的督导）等教育督导方式，并在实践中不断完善，不断提升教育督导水平。

（二）加强教育督导科研，激活教育督导创新源泉

区教育督导室把督导科研作为不断提高教育督导法治化程度、加强教育督导专业化建设和提升教育督导专业化水平的重要渠道。“十二五”时期共申报北京市教育评价与督导研究市级重点课题3个，一般课题20个。2016年11月4个课题荣获市教育学会教育评价与督导研究会一等奖，1个课题获二等奖，2个课题获三等奖。

三、加强督学工作，规范办学行为，促进素质教育深入实施和教育质量提升

（一）扎实开展各级各类学校全面实施素质教育督导工作

1998年、2003年、2009年先后印发了第一、二、三轮中小幼职成学校全面实施素质教育评价方案，开展了三轮中小幼职成学校全面实施素质教育督导工作，并将中小学生每天体育活动一小时、课程设置、校园安全等专项督导内容有机融入综合督导工作之中，并适时组织复查，鼓励不同水平的学校在现有基础上不断提高，促进素质教育深入实施。

（二）积极推进责任督学挂牌督导工作

2013年，下发《海淀区关于加强督学责任区制度建设的意见（试行）》，全面推行督学责任区制度。采取“督导室统筹，工作部落实”策略，在全区设立了南区、

北区、中区三个督学工作部，以团队的形式对学校进行经常性督导。按照市政府教育督导室要求，2014年1月底区完成221所中小学校责任督学挂牌工作，公立中小学挂牌督导覆盖率100%。

（三）开创区域学科督导工作

2015年，借助机构调整契机，设立督导二科专门负责学科总督学制度建设工作。制定了《关于建立海淀区学科总督学制度的实施意见（试行）》，按照义务教育和高中教育学科教学体系，逐步在国家级课程中分类设置学科总督学。截至2016年底，聘请132名学科督学，组建了学科（总）督学团队，围绕学科核心素养和课程标准，加强对国家课程课堂教学的监督、指导与服务。在开展三学段语文、英语、物理（科学）、政治（思品）学科督导试点工作基础上，推进第三期学科督学建设，组建了三学段体、数和初、高学段生、史、地12个学科（总）督学团队，全面实施学科督导工作。

四、加强督政工作，切实履行政府职责

（一）依法治教，努力提升全区依法治教工作水平

1989年10月，海淀区督学室正式建立。为贯彻落实《义务教育法》，1991年5—6月，区督学室印发《1991年海淀区乡政府、街道执行〈义务教育法〉自查提纲》《1991年海淀区小学和初中贯彻〈义务教育法〉自查提纲》《1991年海淀区教育局贯彻〈义务教育法〉自查提纲》以及各种宣传、学习《义务教育法》的工作文件共计13种，全面宣传并推进依法治教工作。

1996年4月，区政府教育督导室起草、区人大区政府审定下发《北京市海淀区人大常委会北京市海淀区人民政府关于健全教育法律法规执行情况监督检查制度的通知》，成立“海淀区教育法律法规检查工作领导小组”，建立了区属单位教育执法年度自查、教育执法年检、督学随访的工作制度，明确了教育执法检查的范围和内容。迄今为止，根据市人大和市政府要求，区教育法律法规执行情况的年度检查制度先后经历了以人大为主导转变为以政府教育督导室执法监督为主导的变化，始终坚持了人大法律监督、政协民主监督和政府行政监督三者的紧密结合，坚持常抓不懈，提升了全区依法治教工作水平。

（二）政府主导，全面推进“两基”达标工作

1993年4月，区督学室起草、区人大区政府下发《关于对普及九年义务教育和扫除青壮年文盲工作进行自查的通知》，设立“两基”自查工作办公室，全面开展“两基”自查工作。6月上旬，区督学室会同区人大、区政协教科文卫办公室及相关部门，对19所中小学和2个乡的“两基”工作进行专项督导。9月中旬，海淀区“两基”工作顺利通过了市检查组的督导检查。

1996年5月，将“两基”达标工作列入执法检查工作范畴，制定《海淀区申报教育执法检查与“两基”先进区工作方案》，筹备迎接“两基”先进教育区评选工作。9月通过北京市“两基”评选检查组检查，11月，国家教委“两基”检查组来海淀区检查，相关工作得到国家、市级检查组的肯定和好评。1996年，海淀区顺利通过全国首次“两基”先进区（县）的评选。

（三）监测义务教育发展现状，为政府决策提供依据

为落实国家和北京市教育改革和发展规划纲要，保障教育优先发展、促进公平、提高质量，自2003年始参加并先后圆满完成教育部义务教育监测工作、北京市义务教育实施与均衡发展状况监测工作、国家基础教育质量监测工作等，通过国家、市级义务教育监测工作，了解区义务教育发展现状，促进政府依法履行义务教育职责，落实“教育优先发展”方针，促进教育公平，为国家、市、区政府教育决策提供依据。

五、拓展教育督导工作领域

（一）开展学前教育督导工作

认真修订幼儿园评价指标体系，按照突出教育教学的主体地位和突出督导评价实践性的要求，完善学前教育督导方案和实施细则，开展学前教育督导试点工作。2016年，完成34所教委办园和大学办园综合督导，探索“支持性督导”模式，尊重被督园所的主体地位，并根据需求对部分幼儿园督导回访。形成年度学前教育督导总报告，推动区域内共性问题的解决。

（二）启动社区教育督导工作

2013年4月，成立社区教育督导办公室，制定了《海淀区街镇社区教育工作评价方案（草案）》。根据方案草案，社区教育督学深入街道、社区开展督导调研，征求相关部门对评估方案的意见，进一步修订《海淀区街镇社区教育工作评价方案（试行）》，为试点工作的开展创造了条件。

（三）开展体育卫生等专项督导工作

2013年5月，成立学校体育卫生专项督导办公室，制定了专项督导评估指标体系，启动学校体育卫生专项督导试点工作，先后对两所中学和两所小学的体育卫生工作进行了专项模拟督导。2016年，根据国务院教育督导委员会办公室的要求，全面开展了公办中小学、职业高中校园欺凌治理专项督导工作。同时开展了第三轮减负专项督导工作、区内11个区级以下校外教育机构督导工作和中小学开放性实践活动督导评估。

六、推进教育“管办评”分离，委托第三方机构开展调查研究工作

为贯彻落实十八届三中全会深化教育领域综合改革的总体要求，深入推进教育

的管办评分离，全面、客观了解教育满意度情况，努力办好人民满意的教育，2012年区政府教育督导室委托第三方机构中关村创新研修学院启动了构建海淀区基础教育学校社会评价指标体系的研究工作。2013年进行了满意度抽样调查试点工作，2014年始全面推开。截至2016年6月，已经连续2年对区域内全部义务教育学校开展社会满意度调查工作。2014年调查时对全区义务教育阶段学校的学生、家长、教师10万余人次进行了问卷调查，参与人数之多在同类调研中尚属首次。调查中采用电脑、手机和纸质问卷等多种调查形式，以利于被调查对象的顺利参与。在对数据进行统计分析的基础上，形成了调查报告，全面反映海淀区义务教育社会满意度整体状况。

七、加强国内外交流与合作，推动教育督导工作水平不断提升

（一）加强国际交流，实施中英海淀督导人员能力建设合作培训项目

2011年10月，与英国剑桥教育集团共同签署了中英海淀督导人员能力建设项目协议书，开启了海淀区教育督导人员能力建设的国际合作项目。2012年4月，与英国剑桥教育集团联合举办合作项目督导评估人员培训活动，由英国教育督导专家对区督学进行面对面的培训，并观摩对项目实验校为期三天的“原汁原味”英式教育督导。2012年、2013年，组织30余名督学分两批先后赴英国学习考察，接受英国剑桥教育集团的督导培训。2013年2月下旬，与英国剑桥教育集团共同签署了中英海淀督导人员能力建设项目第二阶段项目活动协议书，双方通过协商，决定继续开展海淀区教育督导人员能力建设的国际合作项目。

（二）加强国内交流，推进区域教育督导协作

区政府教育督导室作为全国部分地区教育督导研究协作会理事长单位，指导会员单位山东潍坊、新疆乌鲁木齐等地教育督导机构承办理事会和年会，并积极开好在北京海淀的年会，推进区域教育督导工作的交流、研讨与科学发展。2012年9月，海淀教育督导室承办了协作会第十八届年会，此时会员单位已由最初涉及18个省、自治区、直辖市的45个单位发展到涉及20余个省、自治区、直辖市的100多个单位。协作会的运作模式，为全国有关地区教育督导同行提供了一个良好的沟通平台，不仅交流了工作情况和经验，也宣传了海淀教育发展状况，扩大了海淀教育督导影响力。

第二部分　传承与发展

一、完善组织机构和职能

健全完善区政府教育督导机构，成立区教育督导委员会，进一步明确督导分类

职责体系，系统推进落实教育监督、检查、监测、评估职能，完善督导工作机制，切实发挥督导对教育改革与发展的保障监督作用。

二、构建具有海淀特色的督导体系

目前，海淀区初步构建了区政府领导下的教育督导机构负责教育行政监督和行使教育督导职能、与教育行政部门既相互联系又相对独立、具有海淀特色的教育督导体制；基本确立了涵盖中小幼职成学校的素质教育督导评价体系和由政府、社区、家庭、学校等共同参与的开放型督导评价立体网络；建立并不断完善了对政府有关委办局和街乡（镇）教育执法年度检查制度。

“十三五”时期，将进一步完善督政、督学、评估监测于一体的教育督导体系。进一步推进责任督学挂牌督导工作，深化国家级责任督学挂牌督导创新区工作。健全学科总督学制度，扩展全学段学科督导。引进第三方评价机构，深入开展学校满意度调查等教育评估监测。建立教育督导和监测评估报告分类发布制度。

三、提升督导队伍专业化水平

坚持教育督导的科学性和权威性，适应教育综合改革的更高要求，加快优化督导队伍结构，以督导科研为先导，着力构建由区政府教育督导室、区教科所、课题学校三方共同实施推进的督导科研模式，通过科研引领，提升督学专业化水平；加强分类培训，研发责任督学和学科督学培训课程，创新培训模式，打造督导队伍，培育督导专家，提升督导质量。

四、探索“互联网＋”督导模式

探索“互联网＋教育督导”工作新方式，全面推进责任督学对信息化平台的使用，探索即时上报和问题反馈机制。梳理和积累督导历史经验；开通海淀教育督导网站和海淀教育督导微信公众号，不断提升教育督导信息化水平和宣传力度。

2016年完成《海淀区教育督导30年》图文资料编写工作。利用海淀教育督导微信公众号，编辑刊发《海淀教育（督导专刊）》《学科督导调研报告集》《学科督导星火集》《学科发展动态》《2016年督导一科工作成果集》《挂牌督导实践案例集》《校外教育督导工作探索》《新任督学培训探索》《2016年专项督导工作成果》等，加大督导宣传力度。

第三部分　大　事　记

1989年10月13日，海淀区人民政府批准成立海淀区人民政府督学室，设主任1

人、专职督学6人，主任由教育局局长兼任。

1993年11月12—15日，区督学室主办“全国部分地区教育督导研究协作会首届年会”。

1994年7月，海淀区人民政府副区长李凤玲担任区督学室主任。

1995年1月16日，“海淀区人民政府教育督导室”挂牌。

1995年4月14日，国家教育督导团办公室副主任白景龙调研海淀区教育督导制度建设等问题。

1995年7月，海淀区人民政府督学室更名为海淀区人民政府教育督导室，主任由主管教育副区长兼任，区教委副主任担任常务副主任并主持督导室日常工作。督导室设专职督学12人（含常务副主任、副主任）、工作人员2人。在海淀区教育管理体制中，区政府教育督导室与区教委并设，合署办公。

1996年11月，国家教委“两基”检查组检查海淀区“两基”工作。

1998年1月5日，区教委和区政府教育督导室联合下发《关于实施〈北京市普通中学、小学教育质量综合评价方案〉的意见》，启动第一轮综合督导工作。

1998年4月23—24日，国家督学、教育部基础教育司原司长王文湛等领导对海淀区基础薄弱校建设工作进行视导检查。

1999年9月8日，区机构编制委员会同意区政府教育督导室下设督学、督政两个科，其中督学科编制6人，督政科编制4人。

2000年3月3日，教育部副总督学、教育部督导办主任郭振有调研海淀区中小学“减负”问题。

2000年6月15日，教育部总督学柳斌调研育英学校和翠微小学。

2002年8月，海淀区政府教育督导室荣获“北京市教育督导工作先进集体”称号。

2003年3月，教育部授予海淀区人民政府教育督导室“全国教育督导工作先进集体”荣誉称号。

2003年5月7日，区教委和区政府教育督导室联合下发《关于印发〈海淀区普通中小学全面实施素质教育评价方案（试行）〉的通知》，启动第二轮综合督导工作。

2004年5月，区政府教育督导室与海淀教育基金会共同研究决定，正式建立并启动“以全面实施素质教育评价促进学校发展校长成就奖”奖励基金。

2005年4月8日，区政府教育督导室召开首次“以全面实施素质教育评价促进学校发展校长成就奖”颁奖大会。

2006年4月，海淀区政府教育督导室被教育部义务教育监测项目办公室评为“全国义务教育监测工作先进单位”。

2009年5月20日，召开“海淀区第三轮普通中小学校全面实施素质教育督导评价启动大会”。

2010 年 11 月 21 日，尹丽君任海淀区人民政府教育督导室主任，督导室成为相对独立的教育行政机构，规格为正处级建制。

2011 年 4 月 18—19 日，市专项督导检查组一行 30 余人，在市政府教育督导室主任线联平带领下，到海淀区专项督导检查小学规范化建设工程实施情况。

2011 年 7 月 11 日，区政府教育督导室召开新一届兼职督学聘任大会，新聘兼职督学 80 余名。

2011 年 10 月 20 日，区政府教育督导室与英国剑桥教育集团共同签署了中英海淀督导人员能力建设项目协议书，双方通过协商决定开展海淀区督导人员能力建设的国际合作项目。

2012 年 2 月，海淀区人民政府教育督导室第二次荣获“全国教育督导工作先进集体”称号。

2012 年 7 月，区政府教育督导室对主要职能和内设机构进行调整，设 3 个内设机构——综合科、督政科和督学科。综合科负责对校外教育、学前教育的办学情况进行监督、检查、评估、指导；负责文秘、档案、内务、信息、宣传等工作；督政科负责对区属各有关部门、街道、镇（乡）贯彻执行有关教育法律法规情况实施督导、检查，负责教育部义务教育监测工作；督学科负责对本区普通中小学、职业高中及成人学校、民办学校的办学情况进行监督、检查、评估、指导。

2012 年 9 月 19—20 日，由市专兼职督学及有关部门人员近 20 人组成的义务教育均衡发展督导评估组，对海淀区义务教育均衡发展情况进行督导评估。

2012 年 9 月 24 日，全国部分地区教育督导研究协作会第十八届年会在海淀区召开，来自各地近 180 名教育督导同行参加会议。

2013 年 2 月 26 日，海淀区人民政府教育督导室与英国剑桥教育集团共同签署了中英海淀督导人员能力建设项目第二阶段项目活动协议书，双方通过协商，决定继续开展海淀区督导人员能力建设的国际合作项目。

2013 年 4 月 3 日，海淀区人民政府教育督导室社区教育督导办公室在中关村学院揭牌。

2013 年 4 月 25 日，教育部督导办主任何秀超一行 3 人到海淀区调研，了解、指导义务教育均衡发展工作。

2013 年 5 月 3 日，海淀区“中小学体育卫生工作专项督导办公室”和“中小学体育专项督导工作站”“中小学卫生专项督导工作站”揭牌。

2013 年 5 月 22—23 日，市政府教育督导室学前教育专项督导评估组对海淀区学前教育工作进行督导评估。

2014 年 2 月 12 日，市政府教育督导室到海淀区调研，了解、指导教育督导工作。

2014 年 5 月 16 日，教育部督导办副主任林仕梁到海淀区政府教育督导室指导工作。

2014年9月24日，海淀区2014届兼职督学聘任大会召开，聘任兼职督学220余人。

2014年12月，区委教育工委、区教委和区政府教育督导室内设机构设置及职责进行调整，区政府教育督导室内设机构调整为综合科（督政科）、督导一科、督导二科。综合科（督政科）负责文秘、档案、内务、信息、宣传等工作，负责对区属各有关部门、街道、镇贯彻执行有关教育法律法规情况实施督导、检查，负责基础教育监测工作；督导一科负责对本区学前教育、职业教育和基础教育各级各类学校的办学情况进行监督、检查、评估、指导，负责中小学督学责任区工作，负责责任督学制度建设和责任督学聘任、使用、考核等管理工作，负责责任督学工作绩效评估；督导二科负责学科督学制度建设，负责各学科督学聘任、使用、考核等管理工作，负责各学科督学工作绩效评估。

2015年4月28—30日，国务院教育督导委员会对海淀区进行义务教育均衡发展达标区县验收工作。

2015年6月18日，开展2015年国家义务教育阶段学生数学和体育与健康状况监测工作。

2015年9月21日，国务院教育督导委员会对海淀区2015年秋季开学工作暨“护校安园”行动落实情况进行督导检查。

2015年9月22日，召开2014年义务教育学校社会满意度调查项目总结暨2015年工作部署会。

2015年9月30日，完成北京市区县学前教育发展状况监测统计工作。

2015年11月20日，对海淀区校外教育进行督导评价工作。

2016年2月24日，国务院教育督导委员会办公室到海淀区进行2016年春季开学专项督查工作。

2016年3月23—25日，国务院教育督导委员会办公室对海淀区进行国家级责任督学挂牌督导创新区核查，并召开全国推进工作现场会。

2016年4月，海淀区被授予“全国义务教育发展基本均衡县（市、区）”称号。

2016年4月，海淀区被评为“北京市中小学校责任督学挂牌督导创新区”。

2016年5月23日，市政府教育督导室对海淀区中小学校办学情况进行督导调研。

2016年6月初至9月下旬，按照教育部的部署与要求，对全区中小学校开展了校园欺凌专项整治督导工作。101名挂牌督学分别走进区属93所小学、49所中学和1所职业高中，对辖区内中小学校进行校园欺凌专项治理督导。

2016年12月22日，市政府教育督导室、市教委根据《关于集中开展中小学校和中小学教师校外有偿补课专项检查的通知》，在海淀区太平路小学对海淀区中小学校和中小学教师校外有偿补课进行专项检查。

2016 年 12 月 21 日，市政府教育督导室、市教委根据《关于调整全市中小学教师绩效奖励激励机制和乡村教师支持计划落实情况督导调研工作的通知》，市政府教育督导室主任唐立军带队，对海淀区进行中小学教师绩效奖励激励机制和乡村教师支持计划落实情况督导调研。

开拓创新　保驾护航

——丰台教育督导（1989—2016年）

第一部分　综　　述

丰台区教育督导在20世纪80年代末及90年代为初建阶段，建机构、建队伍、建制度；20世纪末参与“两基”验收，进入探索阶段，得到充分锻炼；21世纪初，开展全面实施素质教育综合督导，进入发展阶段，建立督导机制，形成督导模式。随着管办评分离改革推进，丰台教育督导进入改革深化阶段，进一步理顺体制机制，改革督导机构，加强督导体系建设，为丰台区教育发展保驾护航。

第二部分　传承与发展

丰台区于1989年10月建立教育督导机构“丰台区人民政府督学室”，1995年5月，撤销“两局一办”（教育局、成人教育局、区政府文教办），建立“两委一室”，即区委教育工委、区教委、区人民政府教育督导室。2015年深化督导体制改革，成立丰台区教育督导与教育质量评估监测中心，在督导室内部设立督政综合科、督学科。

一、职责定位

根据相关规定，丰台区人民政府教育督导室是丰台区人民政府依法对本区教育工作进行监督的正处级机构，由区教委代管，主要履行下列职责：

1. 组织实施教育督导评估工作；
2. 对贯彻教育法律法规和方针政策的情况实施督导；
3. 对有关行政部门、街道（地区）、乡镇的教育工作情况实施督导；
4. 对中等及中等以下各级各类学校的办学方向、教育质量实施督导；
5. 指导区属有关单位开展教育督导工作，对教育工作重大问题进行调查研究，向区政府及教育行政部门报告和反映情况，提出建议；
6. 履行区人民政府授予的其他职责。

二、主要任务与做法

（一）深入开展督政工作

1. 坚持开展教育法律法规执行情况督导检查工作。1995年建立了区政府教育督导室与区人大联合开展教育执法检查工作机制，根据市、区安排，每年开展教育法律法规执行情况督导检查，督促相关单位有效履行教育职责；2011年研制《丰台区街乡镇履行教育法律法规职责全面实施素质教育工作手册》，进一步提高了督政工作效率，促进了督政工作深入开展。

2. 协调落实上级督导检查，做好各项迎检迎评工作。2012年组织迎接市政府教育督导室对丰台区学前教育工作的专项督导，2013年协调迎接北京市义务教育均衡发展达标区县督导评估，2014年协调落实北京市区县政府全面实施素质教育综合督导和特殊教育专项督导工作，2015年协调迎接国家级义务教育发展基本均衡区县评估验收，组织迎接北京市区县校外教育工作专项督导。

3. 针对教育重点及难点问题开展专项督导。先后组织开展了校园安全及周边环境治理情况、校外教育活动开展情况、校舍加固工程保障师生安全和工程进度情况、保障校园食品安全情况等专项督导，直接服务学校和广大师生。

4. 加强队伍建设，提高督政效力。建立区特约教育督导员队伍，由主管区长亲自颁发聘书，成员涵盖人大代表、政协委员、委办局街乡镇代表以及民主党派人士，并探索设立督政顾问模式，使队伍结构更加合理，大大提高了督政检查的权威性和执行力。

（二）全面开展督学工作

1. 建设督学责任区，落实责任督学挂牌督导工作。2014年，根据学校布局特点，将全区划分为8个督学责任区，每个责任区设置一名专职督学作为责任区工作站站长，负责责任区日常管理，同时，为109所中小学聘任了27名挂牌责任督学，实施经常性督导。出台督学责任区建设意见、责任督学挂牌督导实施办法、责任督学管理办法，编制责任督学经常性督导工作手册，以制度规范、保障督学责任区建设和责任督学挂牌督导工作。

2. 加强专兼职督学队伍建设。成立了督导中心，组建了专职督学队伍，建立了"一区一站、专职站长负责"的责任区管理模式；2016年，以在编、在职、在岗业务骨干和后备干部为基本条件，调整扩充兼职挂牌责任督学队伍到60名，责任督学队伍初具规模。

3. 扎实推进各级各类学校督导评估工作。以1990年制定《丰台区中小学教育质量综合评价方案（试行）》为标志，区督学工作正式开始，随后以3年一个小循环、5年一个大循环的模式对全区各级各类教育实施督导。2007年进行初中建设工程督导验收，2008年开始小学规范化建设工程督导验收，2011年启动幼儿园全面实施素质教育督导，2012年与市政府教育督导室联合开展职业高中德育工作专项督导，并开始全面实施素质教育督导回访，对各级各类学校的督导评估体系逐步建立并不断完善。2016年将加强督导中心建设纳入"丰台区人民政府折子工程"，并按照国务院教育督导委员会、教育部、市教委及市政府教育督导室的总体要求和部署，结合本区实际情况，联合相关科室部门，以重点督导和责任区督导相结合的形式，开展了对学校安全卫生、校园欺凌、基础教育学科教学改进意见贯彻情况、社会主义核心价值观落实情况、学校“减负”情况、春秋季开学情况等6项专项督导工作，促进学校依法办学、规范管理，不断提升办学品质。

（三）不断加强教育质量评估监测工作

1. 发挥督导评估导向作用和监测数据功能，提高督导工作科学化水平，服务教育管理和决策。以市级项目为抓手，组织实施了北京市区县学前教育发展状况监测统计工作、北京市义务教育实施情况和均衡发展状况监测工作、义务教育阶段减轻学生过重课业负担督导监测工作；以全面实施素质教育指标为基础，开展了义务教育学校绩效考核工作；购买服务与实践研究相结合，委托北京市教育督导与评价研究中心，合作开展了中小学校教育工作满意度调查。

2. 创新督导形式，构建新型督导模式。探索开展“研究型督导”，将科研工作和督导工作相结合，以满意度调查数据为基础，开展学校教育质量社会满意度评估实践研究；探索开展“参与式督导”，构建与评价对象的新型关系。

（四）丰台教育督导工作特色初步形成

1. 依法督导，落实职能。严格依据教育法律、法规和规章，在区政府领导下开展教育督导工作。以法律依据作为督导工作准绳，建立教育督导制度，明确教育督导职责，规范教育督导程序，保证教育督导的职能落实。

2. 转变角色，突出服务。树立“以服务为宗旨、以督导为手段、以促进发展为目的”的督导理念，着力改善督导与被督导关系，以督导为主体，与被督导单位、教育科研单位和行政职能部门创建沟通平台，建立交流机制，充分发挥教育督导职能作用。

3. 重视研究，丰富内涵。重视理论学习和实践研究，以科研项目和理论研究提高督导工作专业化水平，丰富督导内涵。开展学校教育质量社会满意度评估研究、督学责任区建设实践研究、引入专业机构提供督导评估服务研究，探索建构以督导科研指导学校建设、服务教育决策、提升督导品质的新型教育发展模式。

4. 机制保障，项目推进。建立由政府办公室牵头、教委主责、督导协调、部门参与的迎检工作机制，建立法律监督与行政监督有机结合、教育督导室与人大有关部门联合检查的督政工作机制，建立督导室领导、督导中心管理、责任区落实的督学工作机制。以迎检为契机，以督促改、以督促建、以督促发展，促进政府职能部门及街乡镇履行优先发展教育职责；以督学责任区建设及中小学校责任督学挂牌督导工作为依托，完善督学工作，推进全面实施素质教育长效机制建设。以中小学校教育工作满意度调查及义务教育阶段减轻学生过重课业负担为抓手，有效开展教育评估监测工作，全面提高督导工作科学化水平。

三、工作展望

“十三五”时期，丰台教育督导将以党的十八大和十八届三中、四中、五中全会精神为指导，以推进管办评分离教育综合改革为中心，以构建具有首都特色、时代特征、丰台特点的督政、督学、评估监测三位一体的现代教育督导体系为目标，以督导组织机构建设和争创责任督学挂牌督导创新区县工作为抓手，坚持督政、督学、评估监测并重，组建和培育数量充足、结构合理的专业化教育督导队伍，建立完善多元参与、合作共赢、协同发展的现代教育督导机制，落实教育督导核心任务，保障丰台教育事业科学健康发展。

1. 健全和完善督政、督学、评估监测三位一体的现代教育督导体系，充分发挥对各级各类教育的监督、检查、评估、指导职能。

2. 建立科学规范、统筹有力的现代教育督导制度，保障现代教育督导体系的有效运行。

3. 推动落实一系列有利于促进教育事业科学发展的教育督导核心任务，提升教育督导工作的实效和水平。

4. 营造人文、开放、阳光的现代教育督导文化，提升教育督导工作的品质和内涵。

第三部分　大　事　记

1989 年 10 月，丰台区人民政府督学室成立。

1991 年，制定颁布了《丰台区中小学教育质量综合评价方案》，开始了中小学教育质量综合评价工作。

1991 年 11 月 6—7 日，召开中小学教育质量综合评价试点工作总结大会。

1993 年，迎接“两基”达标验收。

1994 年，完成 178 所中小学综合评价，占全区中小学总数 83.6%。

1995 年，完成对上年接受检查的 25 所中小学的教育质量综合评价回复意见。

1995 年 6 月 27 日，区委、区政府裁撤区政府文教办公室、区教育局、区成人教育局、区教育局党委、区成人教育局党委的建制，组建区教育委员会、区委教育工作委员会，同时将丰台区人民政府督学室改为丰台区人民政府教育督导室。

2001 年 3 月 27 日，召开首届丰台区教育督导工作会，主题是“努力开创丰台区教育督导工作的新局面”，启动了社区教育督导网络，聘任了兼职督学和特约教育督导员，建立了 13 个督导站。

2002 年 10 月，教育部教育督导检查组对丰台区继续教育工作进行全面督导。

2006 年 6 月 27 日至 7 月 10 日，由区人大、区政府教育督导室以及部分特约教育督导员组成教育执法检查小组，对区教育执法工作进行检查。

2007 年 3 月 20 日至 4 月 27 日，完成对太平桥中学等第一批 15 所中学的初中建设工程督导验收。

2008 年 5 月，区教育督导室主办的《丰台教育督导》创刊。刊物旨在宣传教育法律法规及督导政策，交流有关履行教育执法职责和保障素质教育全面实施的典型经验。

2009 年 4 月 23 日，市初中建设工程督导验收组到丰台区验收初中建设工程。区教育督导室副主任做了题为《充分发挥教育督导作用，促进区初中教育不断发展》的丰台区初中建设工程督导验收工作总结。验收组分别到王佐学校、首医附中进行抽查。

2009 年 6 月 17—18 日，依据《丰台区小学规范化建设督导评价操作手册》，对石榴庄小学（农村校）和西罗园五小（城镇校）小学规范化建设进行验收试点，实地培训队伍，及时总结经验，为全面开展验收工作奠定基础。

2010 年 11 月，完成第四批小学规范化建设督导验收工作。至此全区 78 所小学全部通过规范化建设督导验收。

2011 年 4 月 21—22 日，接受北京市小学规范化建设专项督导。

2011 年，研制《丰台区街乡镇履行教育法律法规职责全面实施素质教育工作手册》。

2011 年，启动幼儿园全面实施素质教育督导工作。

2012 年，接受市政府教育督导室学前教育工作的专项督导。

2012 年，与市政府教育督导室联合开展职业高中德育工作专项督导。

2013 年，接受北京市义务教育均衡发展达标区县督导评估。

2014 年，协调落实北京市区县政府全面实施素质教育综合督导、特殊教育专项督导工作。

2015 年 3 月，成立督导中心，中心下设督学工作室、评估监测室。将全区中小学划分为 8 个督学责任区，每个责任区设置一名专职督学作为工作站站长负责日常管理。

2015 年 4 月，接受国家级义务教育发展基本均衡区县评估验收。

2015 年 10 月，接受北京市区县校外教育工作专项督导。

2015 年 11 月，区政府教育督导室设立督政综合科、督学科，从而形成了两科一中心八个督学责任区的丰台教育督导管理体系。

2016 年 5 月，在原有 8 名专职督学、27 名兼职督学的基础上，聘任 60 名在职书记、主管副校长或主任为兼职挂牌责任督学，继续聘任 8 名专职挂牌责任督学，实现了每所学校双人挂牌，每位责任督学承担 2—3 所学校挂牌督导任务。每所中小学校设置督导联系人，负责组织学校自评自查工作，配合区教育督导室和督学责任区完成学校督导评估监测工作。

促进教育法律法规贯彻落实　护航区域教育科学发展

——石景山教育督导（1989—2016 年）

第一部分　综　　述

作为北京教育督导大家庭成员之一，石景山区人民政府督学室于 1989 年 2 月开始筹建，同年 12 月 2 日正式成立，办公机构设在区教育局，为石景山区教育局代管单位；2000 年 10 月更名为石景山区人民政府教育督导室。1989 年 12 月至 1996 年 8 月督学室设副主任职位，主任由教育局局长兼任；1996 年 9 月至 2000 年 4 月督学室设专职主任；2000 年 5 月至 2004 年 1 月督导室主任由教委主任兼任；2004 年 2 月至今设专职督导室主任。2010 年 7 月，区政府教育督导室内设督学科和督政科，核定行政编制 5 名。2016 年 7 月成立区教育督导与教育质量评估监测中心。同年 10 月，成立石景山区人民政府教育督导委员会；增设综合科，行政编制增至 7 名。目前，教育督导室有主任 1 人，专职督学 7 人、特约督学 16 人、兼职督学 13 人、责任督学 24 人，建立了一支人员充足、结构较为合理的专兼职督学队伍。

20 余年间，在市政府教育督导室的指导下，在区委、区政府的领导支持下，石景山区人民政府教育督导室认真履行“监督、检查、评估、指导、服务”的工作职责，坚持“督政为重、督学为本”的原则，以务本求实、勇于开拓创新的精神，不断探索教育督导体制机制建设，提高教育督导的执行力；加强教育督导制度建设，规范教育督导流程；强化政府责任，开展对相关职能部门履行教育职责情况的督导；坚持依法办学，开展对各级各类学校实施素质教育的综合督导。教育督导发挥了导向、激励、改进、鉴定的功能，成为区政府加强教育宏观管理、加强对教育的行政监督、保障国家教育方针贯彻执行和培养目标实现的有力助手。

第二部分　传承与发展

一、规范学校办学行为，保障教育事业发展

20 余年间，依据市政府教育督导室出台的中小学教育质量评价方案和全面实施素质教育评价方案，结合本区实际不断进行改进和修订，制定了《石景山区政府、教委、学校（教育机构）全面实施素质教育评价方案》《石景山区学校（教育机构）全面实施素质教育综合督导评价实施细则》及各级各类学校全面实施素质教育评价指标体系，对区域内中小幼职学校和校外教育机构等各级各类教育进行了几个轮次

的综合督导评价。开展了学前教育发展状况监测、义务教育实施及均衡发展状况监测统计。针对教育发展中的热点、难点问题，开展了中学德育工作法规文件落实情况、减轻学生过重课业负担、学生每天一小时体育活动、初中建设工程、小学规范化建设工程、初中内涵建设、学前教育发展情况、护校安园等工作的专项督导。开展了来京务工子女入学问题、初中校计算机配备和使用情况、初中学生辍学流失情况、中小幼职教师情况、落实市区学前教育三年行动计划、中小学综合实践活动、石景山区学校人民满意度调查等专题调研，撰写了调研报告，为政府教育决策提供科学依据，献计献策，当好参谋。尝试党委、教育行政部门、督导室三家联合检查全区中小学实施素质教育情况的工作模式，构建实施素质教育督导新机制。不断扩大督导领域，组建民办教育评价组，制定民办学校、幼儿园综合评价方案，对全区所有民办中小学、幼儿园、教育培训机构进行综合督导评价或督导随访。

二、强化政府职责，保障教育法律法规贯彻落实

1990年起开展督政工作，以教育执法检查为主要形式，每年根据不同的专题依法对政府相关部门贯彻落实教育法律法规情况进行督查。先后完成了“两基”检查、“两法”检查、教育执法和全面实施素质教育检查及教育经费投入等专项检查。

根据国家有关教育法律法规精神，区政府制定并下发《石景山区教育执法和全面实施素质教育工作目标责任分解》，将履行教育法律法规和全面实施素质教育的工作职责明确分解到38个政府相关部门、街道办事处，并每年组织自评。制定《关于将履行教育法律法规职责、落实素质教育目标情况纳入有关行政部门领导干部政绩考核的意见》，每年组织责任单位党政一把手及主管教育的副职对履行教育职责的情况进行自查，填报自查鉴定表，并与区委组织部共同完成对领导干部的考核、备案工作。2015年启动“走进委办局”随访督导系列活动，检查督促相关责任单位落实教育法律法规，履行全面实施素质教育职责，至今已完成对27个责任单位的随访督导，拟在3年内完成对38家责任单位的督导。

三、加强督导室建设，不断提高教育督导工作水平

20年余年间，区政府教育督导室（督学室）不断规范督导行为，提高督学素质和工作水平，开拓创新，做到督得客观公正、评得实事求是、导得方向明确，得到被督导单位的认可，逐步树立了督导室的权威和督学的形象。

不断完善制度，加强专兼职督学队伍建设，提高督导队伍的能力和水平，保障教育督导工作有效运行。2006年制发《石景山区人民政府教育督导室关于加强教育督导队伍建设工作的意见》，制定《专职督学任职基本条件》和《兼职督学聘任条件》；2014年编印《石景山区中小学校责任督学挂牌督导工作手册》，明确了责任

督学的职责、督导程序和考核办法等；2015年完善《石景山区兼职督学聘任管理办法》，对兼职督学的权利、义务、考核等进行了规定。建立督学学习培训制度，加强不同层面、不同形式和内容的学习培训，促进督导队伍综合素质和能力的提高。不断完善落实教育督导结果反馈、整改制度和教育督导结果公布制度，自2010年起将督导报告在区教委网站进行公布。2014年制定《石景山区人民政府教育执法和全面实施素质教育督导评价实施方案》，建立问责制度，对相关职责落实不到位的街道办事处、政府相关部门、学校负责人实施问责，增强了教育督导的实效性。2016年重新修订了《石景山区教育督导工作制度汇编》。

四、深化教育督导改革，提高教育督导科学化水平

教育改革发展的新形势，赋予了教育督导工作新的任务和使命，区教育督导工作结合区教育“十三五”规划，紧紧围绕教育中心工作，以五大理念为引领，在继承中发展：坚持以创新发展为引领，着力加强教育督导机制创新，推动督导手段方式创新；坚持以协调发展为引领，推动督政、督学、评估监测工作协调发展；坚持以绿色发展为引领，根据区域绿色教育理念开展绿色督导；坚持以开放发展为引领，拓展督导外延，拓宽督导视野；坚持以共享发展为引领，充分发挥教育督导作用，督促政府推进教育改革发展，促进教育公平，提高教育质量，让更多的人享受到教育改革成果。

一是深化教育督导改革，健全教育督导体制机制。建立督促地方政府依法履行教育职责的督政体制、指导各级各类学校规范办学提高教育质量的督学体制、科学评价教育教学质量的评估测量体系，形成督政、督学、评估监测三位一体的督导体系。二是拓宽督学选拔渠道，强化对督学队伍的培训、管理，努力建设一支数量充足、年龄和知识结构相对合理的专业化、高水平的专兼职督学队伍，提升督学专业化水平。三是开展各级各类学校落实教育法律法规和国家教育方针、政策，规范办学行为的综合督导；依据教育法律法规和有关政策，开展对政府有关部门执行教育法律法规、履行教育职责情况的督导；根据教育发展的形势和任务，对教育改革的重点、难点及热点问题开展专项督导。四是加强教育督导信息化建设，推进教育督导信息化云平台建设，推进教育督导现代化的进程；建立教育督导与教育质量监测评估中心，制定各级各类学校教育质量监测标准，实现对各级各类教育的动态监测，把监测评估结果作为督导的重要依据之一，充分发挥监测评估的诊断、导向、激励和促进功能，提高教育督导的科学化水平。

第三部分　大　事　记

1989年2月，石景山区人民政府督学室筹建，当年12月2日正式成立。2000年

10月更名为石景山区人民政府教育督导室。

1993年2月，召开“石景山区首届教育督导工作会”，督学室作三年工作总结；主管副区长作题为《继往开来，为创建具有石景山区特色的教育督导制度而努力奋斗》的讲话。制发《石景山区人民政府关于加强教育督导工作的决定》（石政发〔1993〕4号）。

2001年3月，召开“石景山区第二届教育督导工作会议”，督导室作《继往开来，锐意进取，开创区教育督导工作新局面》工作报告。制发《石景山区人民政府关于贯彻落实〈北京市教育督导规定〉，加强教育督导工作的意见》（石政发〔2001〕5号）、《石景山区人民政府关于认真履行教育法律法规职责，推进全社会依法治教进程的通知》（石政发〔2001〕20号）、《区委组织部关于将履行教育法律法规职责、落实素质教育目标情况纳入有关行政部门领导干部政绩考核的意见》（石组字〔2001〕49号）及《石景山区街道办事处实施社区教育工作评价方案指标体系》等文件。

2001年组建督政组，具体负责教育执法检查工作。督导室内设中学教育评价组、小学教育评价组、民办教育评价组、督政组四个评价组。2009年调整为小学幼儿园教育评价组、中学职业高中教育评价组、民办教育评价组、督政组。

2004年8月，制发《石景山区政府关于进一步加强教育督导工作，全面推进依法治教进程的意见》（石政发〔2004〕54号）。

2006年12月，制发《石景山区人民政府教育督导室关于加强教育督导队伍建设工作的意见》，制定“专职督学任职基本条件”“兼职督学聘任条件”。

2006年起，会同区教委开展人民满意学校调查工作；2015年开始委托市教育督导与教育质量评价研究中心开展学校教育工作满意度调查。

2007年3月，启动初中建设工程督导验收工作，至2008年4月完成对全区初中校督导验收。2009年4月27日，接受并通过市政府教育督导室、市教委验收组的督导验收检查。

2010年1月，召开“石景山区人民政府教育督导室成立20周年暨教育督导研讨会”。会议总结了教育督导室过去20年在落实“两基”任务、实施素质教育、促进教育优质均衡发展、全面推进教育事业发展等方面的工作。

2010年3月，实行教育督导结果公布制度，督导报告在区教委网站发布。

2010年4月，启动小学规范化建设工程督导验收工作；2012年9月完成对全区小学督导验收。

2010年4—10月，依据《全国中等职业学校德育大纲》《北京市中等职业学校德育专项督导评价工作方案》，与市政府教育督导室联合对北京市黄庄职业高中进行德育专项督导。

2010年7月，依据区编办《关于区政府教育督导室设置内设机构的批复》（石编办〔2010〕37号），设置督学科和督政科。

2014年1月，研制《石景山区中小学校责任督学挂牌督导工作实施方案》，启动中小学校责任督学挂牌督导工作。设置督学责任区，组建责任督学队伍，为全区46所中小学校挂牌。编印《石景山区中小学校责任督学挂牌督导工作手册》，明确责任督学的职责、督导程序和考核办法等。

2014年2月，研制《石景山区人民政府教育督导室关于聘任督学人员劳务费的发放办法》，对聘任责任督学、兼职督学、特约督学的劳务费发放标准及考勤考核管理做出规定。

2014年9月，根据市级素质教育评价方案，研制《石景山区政府、教委、学校（教育机构）全面实施素质教育评价方案》《石景山区学校（教育机构）全面实施素质教育综合督导评价实施细则》及各级各类学校全面实施素质教育评价指标体系，并依此对区域内各级各类教育进行督导评价。

2014年11月26日，接受市政府教育督导室全面实施素质教育综合督导评价。

2015年4月29日，接受国家级义务教育基本均衡发展督导评估验收。督导评估组观看了本区教育宣传片，听取了区委常委、常务副区长的工作汇报，并查阅了档案资料，召开了座谈会，对6所中学、6所小学进行了实地检查。

2015年10月，整理编印《石景山区教育督导工作制度汇编（讨论稿）》。

2015年12月28日，接受市政府教育督导室对本区教育督导工作的督导评价。

2016年7月，成立石景山区教育督导与教育质量评估监测中心。同年10月，区政府制发《北京市石景山区人民政府办公室关于设立石景山区人民政府教育督导委员会的通知》（石政办发〔2016〕43号），成立石景山区人民政府教育督导委员会，区发改委等14个相关部门为成员，主任由主管教育副区长担任；督导室增设综合科，增加编制2名。

创新发展，构建沟域教育督导模式

——门头沟教育督导（1989—2016年）

第一部分　综　　述

1989年8月门头沟区人民政府督学室成立，办公地点设在区教育局。教育局局长兼主任，设副主任1人主持工作。主要对中小学、幼儿园贯彻国家教育法律法规、方针政策，开展教育教学工作和行政管理工作实施督导。

1995年，区级教育机构改革组建门头沟区教育委员会和门头沟区人民政府教育督导室。区政府教育督导室行政编制5人，其中主任1人，副主任2人，对区政府部门和镇、街执行教育法律法规，落实国家教育方针、政策，履行教育职责情况和各级各类学校规范办学行为及全面实施素质教育等情况实施督导，后期增加了教育发展水平及社会满意度督导调查，义务教育、学前教育发展状况监测，中小学校责任督学挂牌督导等工作职能。2016年4月11日，区机构编制委员会办公室批复调整区政府教育督导室内设机构，成立督政科和督学管理与信息化科。督导室编制共6人。2016年10月21日，区机构编制委员会办公室批复成立门头沟区人民政府教育督导委员会，为区政府议事协调机构。

第二部分　传承与发展

1989年至今，区政府教育督导室（督学室）始终坚持督学与督政并重。督政方面率先在全市建立了督政评价体系，形成了“围绕一个中心，建立三项制度，抓住六个环节，实行两个结合”的督政评价模式。督学工作坚持“抓住重点、找准热点、突破难点、全面推进”的工作思路，不断完善评价标准和工作流程，2009年制定、2014年修订了《门头沟区中小学（教育机构）全面实施素质教育督导评价方案》，2014版《评价方案》以减轻学校负担、增强督导实效为出发点，突出引导学校建立现代教育制度，强化学校文化建设，更加体现素质教育宗旨和时代内涵。2014年，全面落实中小学校责任督学挂牌督导。2015年顺利通过国家义务教育均衡发展验收，并成功召开全国义务教育均衡发展推进工作现场会。2016年，形成责任督学挂牌督导沟域特色，摸索出“一站两带三联动”的督导模式，实现教育督导机构改革和教育督导信息化两项工作新突破。与此同时，督导队伍建设不断加强，督学人员素质在学习与实践中不断提高，督导工作水平和质量也有较大程度提升。

今后，门头沟区政府教育督导室将始终以“创新、协调、绿色、开放、共享”五大理念为引领，围绕“督学、督政、评估监测”三大职能，把提高教育质量、推动教育公平作为督导着力点，不断促进督导工作的改革与发展。一是加强督导机制创新，推动督导手段方式变革。针对山区督导工作特点，创新工作机制、方法，充实完善“沟域督导”内涵。充分发挥现代信息技术在督导中的作用，通过“互联网+”教育督导手段落实绿色督导理念。二是打造现代教育督导队伍，全面提高督导水平。完善督学选拔制度，明确标准，拓宽渠道，优化结构。强化队伍管理，加大培训，提高素养。三是加强政府履行教育职责督导，推进督政工作。完善评价机制，探索开展综合督政。四是强化督导结果的运用。以问题为导向，促进整改落实，提高督导实效。五是积极筹划成立“教育督导与教育质量评估监测中心”，认真落实评估监测职能。

第三部分　大　事　记

1989年8月28日，区人民政府督学室成立。教育局局长兼督学室主任，督学室副主任主持日常工作。

1989年10月24日，接受市人大、市教育局督学室、市政府文教办、北京教育行政学院等部门对本区贯彻落实“普教系统作风检查五项规定”的检查。

1990年12月5—7日，市督学室、市政府文教办、市人大检查组来区检查义务教育工作。

1991年，落实义务教育达标工作。7月23—24日、9月19—20日，区督学室组织检查组对13个乡镇逐个检查。9月23—27日，市义务教育达标检查组一行14人到清水乡、黄塔乡、龙泉镇、斋堂乡、齐家庄乡、军庄镇检查《义务教育法》贯彻实施情况。

1992年9月20—24日，市督学室检查军响乡、色树坟乡、北岭乡、潭柘寺乡、上苇店乡、妙峰山乡以及雁翅镇、永定镇义务教育达标及学校德育法规落实情况。

1993年，迎接市“两基”评估验收，于5月25—28日，区人大、政府文教办、教育局领导带队对清水、雁翅等十个乡镇及所辖中小学开展全面评估验收。9月26—30日，市“两基”评估检查组到本区开展评估验收。

1994年2月3日，召开“门头沟区普九工作会”，明确提出高标准“普九”工作要求。

1994年10月，依据《门头沟区实施〈北京市中小学教育质量综合评价方案〉的意见》对全区中小学开展评价，此项工作延续到1996年。

1995年，按照门政办发〔1995〕095号文，“门头沟区人民政府督学室”正式更名为“门头沟区人民政府教育督导室”。

1996年10月21—23日，市人大常委会副主任陶西平带队到本区检查教育执法工作。

1997年，开展“农村教育费附加”征收情况调查。配合区人大教科文卫办公室对全区11个乡镇、地区办事处教育工作进行调研。5月、10月开展学校综合质量督导评价复评工作。

1998年，按照门政办发〔1998〕50号文件，对乡镇政府落实《门头沟区政府巩固“两基”落实“两全”全面实施素质教育评价方案目标责任书》情况开展督导检查。

2000年，市人大、市政府教育执法检查暨素质教育督导评价组来门头沟区检查。11月6—8日，市人大常委会副主任陶西平带队对本区教育执法和落实素质教育情况进行全面检查。

2001年，按照区政府下发的《关于贯彻落实北京市区县政府、教委、普通中小学全面实施素质教育评价方案意见的通知》，对全区中小学全面实施素质教育情况进行督导，同时引入社会评价机制。

2002年，建立对镇政府、街道办事处党政一把手领导教育工作的评价制度。制定对镇政府、街道办事处党政一把手领导教育工作的评价考核意见。12月，对区属22个委办局、9个镇政府、4个办事处进行目标责任书落实工作督导检查，并评出一等奖16个，二等奖19个。

2002年，门头沟区政府教育督导室被评为“北京市教育督导先进单位”。

2003年11月18—20日，市政府教育督导室有关领导和部分专家及远郊区县督导室主任30余人，对门头沟区教育发展情况进行全面督导检查。

2003年，门头沟区政府教育督导室被评为“全国教育督导先进集体”。

2004年，对委办局、乡镇、街道办事处履行教育职责情况开展评价。

2005年11月3日，接受市政府教育督导室对本区职业教育执法情况的督导检查。

2006年6月，对全区中小学开展德育专项督导和学生每天一小时体育活动专项检查。

2007年10月，对全区24所小学进行社会评价。

2007年12月13—14日，市级督学和区级督学联合对本区中等职业学校进行全面实施素质教育综合督导。评定等级为A。

2008年11月10日至12月底，完成对全区12所中学的初中建设工程检查验收。

2008年1月9日，对农村学校落实学生“两免一补”工作开展督导调研。

2009年，修订《门头沟区落实〈北京市区县政府、教委、普通中小学、幼儿园全面实施素质教育评价方案（试行）〉实施细则》。

2009 年，启动小学规范化建设工程督导验收，12 月 10—17 日完成首批 4 所学校落实小学规范化建设工程情况的综合督导评估。

2010 年 6 月 17 日，召开督导工作大会。通过了《全面实施素质教育、深入落实科学发展观、开创门头沟区教育督导工作新局面》的督导工作报告。为首批 8 名兼职督学颁发了证书。

2011 年 5 月 12—13 日，市政府教育督导室对本区小学规范化建设工程 2008—2010 年实施情况进行专项督导。

2011 年 10 月 26 日至 11 月 18 日对王平村中心小学等 6 所学校落实小学规范化建设工程情况进行验收。2012 年 3 月 6—24 日，对琉璃渠等 7 所小学进行验收。此项工作自 2009 年起，每年验收一批，至此全区验收完毕，合格率 100%。

2012 年 5 月 8 日，市政府教育督导室来区指导职高德育督导工作。

2012 年 6 月 28—29 日，对新聘任兼职督学 27 人、特约督学 3 人进行为期 2 天的培训。

2012 年 11 月 14—15 日，市政府教育督导室对本区校外教育工作进行督导评价，给予了充分肯定。

2012 年 12 月 10 日，市政府教育督导室到门头沟区中等职业学校进行督导评估。

2013 年 3 月 18—29 日，对城子小学等 18 所学校“深化课堂教学方式改革，构建高效课堂教学”科研课题实施专项调研。

2013 年 11 月 12—15 日，对 9 所委托办园和民办园开展社会评价和满意度调查。此次调查共下发家长问卷 478 份，占在园幼儿总数的 22%。

2013 年 12 月 2—3 日，市政府教育督导室到本区就青少年体育和职业教育开展执法检查。

2014 年 3 月 13 日，市政府教育督导室对本区落实学前教育三年行动计划情况开展督导检查。

2014 年 1 月 25 日，按照每 5 所学校配 1 名督学的要求，全区 38 所中小学校实现责任督学挂牌督导全覆盖。

2014 年 3 月 21 日，历时 3 个月的全区教育满意度调查结束。共收集针对每所学校和教育行政部门的意见建议 7 548 条。

2014 年 6—9 月，依据北京市全面实施素质教育评价方案，制定了《门头沟区中小学（教育机构）全面实施素质教育督导评价方案》，并于 10 月 8 日下发到全区中小学幼儿园及教育机构。

2014 年 12 月 3 日，北京市区县政府全面实施素质教育督导评估小组来本区开展为期一天的督导检查。

2015 年 4 月 28 日，教育部督导评估专家组一行到本区就义务教育均衡发展情况进行督导评估。4 月 29 日在本区召开全国现场会。30 日，督导检查组宣布，包括本区在内的北京市 16 个区县整体通过国家义务教育均衡发展督导评估。

2015 年 6 月 4 日起，对 22 所幼儿园（3 所公办幼儿园、9 所附属幼儿园、1 所企业幼儿园、9 所民办幼儿园）防止和纠正幼儿园小学化倾向开展专项督导。

2015 年 6 月 18 日，王平中学等 8 所中学、大峪一小等 13 所小学作为样本校参加国家义务教育监测体育、数学学科测试。

2015 年 10 月 22—25 日，对教师进修学校、少年宫、斋堂革命传统教育基地等 17 个非义务教育单位进行专项督导。17 个单位得分全部在 91 分以上，达到了督导目的，取得了良好效果。

2015 年 12 月 1—3 日、15—17 日，依据《门头沟区落实〈北京市普通中小学（幼儿园、职业院校、特殊教育学校、校外教育机构）全面实施素质教育评价指标体系（修订）〉实施细则》及《督导评价实施办法》对初中学校开展综合督导。

2015 年 12 月，对全区中小学开展学生课业负担状况的专项检查。

2016 年 4 月 11 日，区编办下发《关于调整区人民政府教育督导室职责、机构编制等有关事项的批复》。明确督导室编制为 6 人，主任 1 人，副主任 1 人。设立督政科和督学管理与信息化科，每科行政编制 2 人，其中科长 1 人，主任科员 1 人。

2016 年 10 月 17 日，市责任督学挂牌督导创新区评审专家和领导听取了区的陈述并就陈述中的问题进行了质询；10 月 21 日，市专家组到本区对争创工作进行实地检查评估。区“一站两带三联动”以及“移动互联网 + 远程监控”的“沟域督导”模式，得到了与会评委和领导的充分肯定，顺利通过北京市验收。

2016 年 4 月 12 日起，依据区落实《北京市普通中小学（幼儿园、职业院校、特殊教育学校、校外教育机构）全面实施素质教育评价指标体系（修订）》实施细则，对全区小学进行三年一轮的实施素质教育综合督导。

发挥教育督导功能　推进区域教育发展

——房山教育督导（1989—2016 年）

第一部分　综　　述

房山区人民政府督学室于 1989 年 12 月建立。2001 年，房山区进行机构改革，成立房山区教育委员会和房山区人民政府教育督导室，房山教育督导工作进入了一个新的发展时期。

一、职能与运行机制

2001 年 10 月，房山区教育委员会成立，同时成立房山区人民政府教育督导室，由房山区教育委员会代管。

2002 年 4 月，房山区教育委员会、房山区人民政府教育督导室印发了《关于加强督导评价工作的意见》（房教发〔2002〕26 号），进一步健全了教育评价机制，明确了教育评价工作制度，成立了教育评价工作领导小组，建立了专职与兼职相结合的督导评价工作队伍，建立了督导评价工作站、综合督导评价组及相关评价运行制度。

房山区政府教育督导室的主要工作职责包括：督导、检查教育体制改革的落实，贯彻《教育法》《义务教育法》等教育法律法规，对学校教育教学质量进行综合评价。基本工作思路是：依照市、区关于教育督导与评价工作的总体要求，结合实际，坚持行政决策、实施、监督反馈三者目标的同一性，发挥监督、检查、评估、指导的职能作用，坚持督政与督学相结合，加强调研和督导研究工作。在教育督导与评价工作中，不断加强制度机制建设，完善各类评价标准，追求评价工作的公开、公正、公平，促进落实有关教育的方针政策、法律法规，推动素质教育实施，加快区域教育现代化进程，保证全区教育重点工作的落实，从而实现教育发展与质量提高的目标。

二、督学工作

督学工作的主要内容包括：对贯彻执行教育方针政策、法律法规情况实施监督；研究制定综合评价标准和年度评价工作计划；对中等及中等以下各类学校（幼儿园）实施监督与评价；实施专项督导和随访督导；会同区教委组织协调全区教育评估工作，做好接受上级对区政府、教委等部门的综合督导评价工作；按学年度召开综合评价总结表彰大会等工作。

自 2002 年开始，加强了督学工作的制度和机制建设，建立了组织领导机构和组织实施系统，研究制定了涵盖中小学、幼儿园、直属职成学校、其他直属教育单位及民办中小学、幼儿园在内的一整套评价标准体系，聘任了有一定能力水平和一定数量的兼职督学，形成了自评、他评、督评目标一致的评价工作基本体系，实现了教育评价的全面覆盖。同时，加强了专项督导、随访督导的计划性和针对性，突出实效性。实施一年一轮综合督导评价，落实评价结论的广泛运用，保证了教育方针政策、法律法规和市、区教育工作部署的落实。

三、督政工作

督政工作以《教育法》《义务教育法》《职业教育法》等法律法规为依据，围绕落实各年度市、区确定的教育执法检查重点，解决教育法律法规执行中存在的突出问题，坚持以查促建、以查促改、注重实效的原则，切实贯彻教育法律法规，落实教育优先发展的战略地位，推动房山区教育的科学发展、和谐发展。对贯彻执行教育方针政策、法律法规情况实施监督；对有关行政部门、乡镇人民政府领导和管理教育的工作情况实施监督与评价；完成教育执法检查办公室的常规工作。

2002 年以前，按照市、区教育法律法规检查工作的部署，区政府教育督导室与区人大教科文委一起，有重点地检查乡镇落实教育法律法规的情况，同时进行“评乡带校”试点。

自 2002 年开始，督政工作按督导重点内容大体又分为三个阶段：第一阶段（2002—2004 年），结合落实年度教育执法检查重点，督促乡镇落实历史性拖欠教师工资问题。第二阶段（2004—2006 年），根据年度教育法律法规检查重点的要求，督促各乡镇落实辖区内各中小学公用经费。第三阶段（2006 年至今），依照区委办公室、区政府办公室印发的《关于做好评选教育先进乡镇工作的通知》（京房办发〔2006〕15 号）精神，结合年度教育执法督导检查，按年度对乡镇教育工作进行综合督导检查评估。近几年来，教育督政工作的核心主题是推进义务教育均衡发展，推动房山教育现代化发展。

四、督导研究

教育督导研究工作主要包括：承担国家和北京市教育督导与评价子课题的研究工作，参与北京市教育学会教育评价与督导研究会的课题研究工作，就教育发展情况开展调研工作，督学自身的学习研究等内容。2002—2004 年，开展了关于“构建适合素质教育促进学校自主发展的督导与评价制度的研究”。2006 年 4 月，完成了北京市教育学会教育评价与督导研究会“十五”研究课题“教师聘任制研究”。2007 年 4 月，市教育评价与督导研究会批准了房山区 18 个科研课题的立项。2015 年 3 月，房山区推荐的11项研究成果参加“市教育评价与督导研究会‘十二五’时期教育评价与督导科研成果”评选，全部获奖（其中一等奖6项，二等奖2项，三等奖3项）。2016年6月，研究课题“基于学校校本发展的责任督学挂牌督导行动实践研究”立项为北京市教育学会“十三五”规划2016年度研究课题。2016年12月，房山区教育督导室编印文化引领专辑《足印·2016》。

第二部分　传承与发展

一、坚持正确督导理念，坚守基本行动原则

房山教育督导成功的基本经验是以提高质量、促进公平、增强活力为目标，以资源配置方式、人才培养模式和管理体制改革为重点，以中高考改革为主线，扎扎实实推进各项教育改革。继承和发扬房山督学“勤奋敬业、奉献进取、艰苦奋斗、开拓创新”的精神，坚持“用心做督导，做心中有人的教育督导”的督导理念，推进从教育大区向教育强区迈进，推动教育优质均衡发展。

二、健全评估制度，强化评价管理

树立现代教育督导观念，正确定位教育督导。以促进教育公平和提高教育质量为导向，完善评估标准，构建科学督导体系。加强督导队伍建设，实现督导专业化。引入社会机制，注重家长、社区和社会力量参与，实现督导公开化。合理选聘和配备责任督学，开展挂牌督导，推动学校规范、内涵和特色发展。坚持评估主体和形式多元化，构建内外评估相结合、过程评估和结果评估相结合的评估制度。加强规划实施的跟踪和中期进程评估，实行评估进程报告制度。及时把握教育改革发展过程中的新情况、新问题，建立教育重大问题的监测报告制度。强化监督问责制，提升政策执行力。

三、正确把握教育方向，有效落实督导职责

在教育督导工作中，正确引导各校坚持办学理念与实践相统一，构建理念统领下的办学目标、发展思路、管理模式、文化架构、课程体系相统一的办学实践体系，将办学理念贯穿于学校工作的各个层面、各个环节，得到师生的广泛认同，以思想引领学校发展的效果日益彰显。学校发展思路和实践体系日益完整清晰。

四、突出督评重点，紧盯教育质量

紧紧围绕深化房山教育领域综合改革的中心工作，坚持责任督学挂牌督导与督学责任区制度建设相结合，与综合督导、专项督导相结合，实施“一年一轮一体化”

样板化行动，即每学年度连通各部门、各教育单元，实施一轮“横向到边”的督政督学工作。

第三部分　大　事　记

1989年12月，房山区人民政府督学室建立。

2001年10月，房山区人民政府教育督导室成立，由房山区教育委员会代管。

2002年4月12日，区教委召开全面实施素质教育综合评价工作会议，区教委、区政府教育督导室印发《关于加强督导评价工作的意见》，聘任兼职督学17人，建立6个督导评价工作站。

2002年7月23日，印发《房山区教育先进乡镇评选条件的通知》，以此为标志，建立了区综合督导评估乡镇教育工作机制。

2004年4月，印发《关于加强和改进乡镇教育委员会工作的意见》，明确了乡镇教委及其办公室的主要职责。

2005年1月，出台《民办学校综合评价方案》。

2006年3月17日，区教委召开年度教育评价工作会，部署年度评价工作，印发《房山区教委10个直属单位评价规程》。

2006年4月，印发《关于做好评选教育先进乡镇工作的通知》，明确检查评估乡镇的指标体系和具体操作程序。

2006年10月24—26日，市教委和市政府教育督导室督导组来房山督导德育工作。

2007年10月16日，接受市政府教育督导室对落实中小学生每天一小时体育锻炼活动情况的专项督导检查。

2007年11月，市政府教育督导检查组来房山检查职成教育工作。

2008年5月20日，市人大常委会来房山区检查《义务教育法》落实情况。

2008年，出台《关于房山区乡镇教育工作评估奖励办法的通知》等，为督政工作提供必要的操作依据，加强督政工作的制度化建设。

2009年3月，修订印发《房山区全面实施素质教育综合评价方案汇编》，将评价标准、细则作为综合评价统一操作依据。

2009年3月，向区委组织部递交《关于完善评价机制，推动教育发展，服务“三化两区”建设的调研报告》。

2010年4月，确定“高中多样化发展与督导制度建设”调研工作方案，5—6月，完成房山区“普通高中多样化与现代督导制度建设”调研报告，12月，将调研报告提交市政府教育督导室。

2011 年 5 月 9—10 日，接受市“小学规范化建设工程 2008—2010 年实施情况”专项督导检查。

2012 年 11 月 19—20 日，接受市督导组校外教育工作专项督导。

2012 年 11 月 27 日，房山职业学校和区第二职业高中实训基地建设工作接受专项督导。

2013 年 2 月 24 日，召开关于切实减轻中小学生过重课业负担工作会。

2013 年 10 月 16 日，召开迎接市学前教育专项督导评估工作会。

2013 年 11 月 4 日，召开迎接市义务教育均衡发展督导评估工作会。

2014 年 4 月 16 日，印发《北京市房山区人民政府教育督导室关于做好乡镇（街道）学校责任督学挂牌督导工作的管理办法》。

2014 年 4 月 28 日，召开迎接义务教育均衡发展达标区县国家级验收工作会，部署迎检重点工作。

2014 年 12 月 3 日，召开迎接市政府教育督导室全面实施素质教育综合督导汇报会。

2015 年 4 月 29 日，迎接义务教育发展基本均衡国家级评估验收。

2015 年，市政府教育督导室来房山进行学前教育“防止和纠正小学化现象”专项督导检查、教育领域综合改革及教育督导改革情况调研、特殊教育工作督导检查。

2016 年 11 月 9 日，在市政府教育督导室主办的北京市中小学生综合素质督导评价方案研制工作研讨会上，房山区做《做心中有人的教育评价》主题发言。

坚持创新发展　为北京城市副中心教育全面实现现代化保驾护航

——通州教育督导（1988—2016年）

第一部分　综　　述

通州区（1997年前称通县）政府对教育督导工作高度重视，把教育督导工作列入区（县）教育发展规划，将教育督导的重要议题列入区（县）政府议事日程，教育督导活动经费得到保障。

通县人民政府督学室于1988年9月成立，1997年撤县设区后更名为通州区人民政府教育督导室，28年来不断创新发展，建立完善了督政督学监测并重的教育督导制度和专兼职督学结合的教育督导队伍，积极落实《北京市教育督导规定》，认真履行监督职能，努力发挥督导作用，坚持对《教育法》《义务教育法》《教师法》《职业教育法》《民办教育促进法》《国旗法》《爱国主义教育实施纲要》《关于进一步加强和改进学校德育工作的若干意见》和中共中央、北京市关于加强校外教育工作文件等贯彻实施情况进行督导检查，为本区域内各级各类教育依法办学，乡镇政府、街道办事处、相关委办局落实素质教育责任目标，推进教育均衡发展，全面提升青少年素质起到了积极的促进作用。

第二部分　传承与发展

通州区教育督导工作发展可分为四个时期。

第一，教育督导工作发展探索期（1988—1997年）。1988年9月成立通县人民政府督学室并挂牌。督学室主任由县教育局局长兼任，1名常务副主任主持日常督导工作，另有1名副主任，3名督学。督学室分工设中小学督导组、乡镇政府督导组和督导办公室。

组织了教育执法、乡（镇）教育责任落实情况督导检查，开展了中小学综合督导、专项督导，初步建立了相关教育督导工作制度，分解了全县各乡镇政府、街道办事处和相关委办局落实《义务教育法》《教师法》执法责任。编辑了《乡镇管理教育》论文集。

第二，教育督导工作发展改革期（1997—2006年）。区政府教育督导室活动经费在区财政单列。区编办批准了区政府教育督导室7名正式督学编制，由区政府颁发督学证书。区政府教育督导室设专职主任 1 名，副主任 1 名，督学 5 名，内设办公室、督政科、督学科，并正式挂牌，设督导办公室主任、督政科长、督学科长各 1 名，享受正科级待遇。

第三，教育督导工作发展巩固期（2006—2014 年）。随着教育改革与发展，教育督导坚持与时俱进，认真落实教育督导各项工作制度，不断拓宽督导范围，教育督导工作稳步发展。

第四，教育督导工作发展创新期。2014 年至今。坚持以科学发展观为指导，依法督导为宗旨，推动区域教育均衡发展，努力办好人民满意的教育，全面提高教育质量，积极为北京城市副中心教育发展服务的教育督导工作理念。坚持督导工作方式创新、督学队伍建设创新，深化教育督导科研工作，建立了教育质量评估监测制度，修订了各项评价方案，加强了专兼职督学队伍建设，建立了督学责任区，实施中小学责任督学挂牌督导，扩大了国内督导工作的交流。

28 年来，通州区人民政府教育督导室（督学室）始终根据国家政策和《北京市教育督导规定》赋予的教育督导职能，坚持改革创新，保证党的教育方针政策和教育法律法规的贯彻落实，推动素质教育的实施，为通州区教育改革与发展做出了积极贡献。

一、组织开展教育督导活动

（一）坚持教育法律法规、方针政策执行情况监督检查，推动依法治教

建立了《义务教育法》落实情况的教育执法综合督导检查制度。1988—1991 年，经过高规格、大规模、严格的连续执法督导检查，全县 23 个乡（镇）、办事处均达到北京市普及九年义务教育标准。

组织义务教育均衡发展、义务教育阶段学生学习生活状况、农村规模办学、中小学礼仪常规、高中德育工作、学前教育、教师队伍建设等一系列教育发展重点、热点问题的专题调研。通过调研活动，深入了解情况，为区政府和有关部门的科学决策提供了准确可靠的依据。

积极开展教育执法专项督导检查，通过教育执法监督检查，有力地促进了教育法律法规、方针政策的贯彻落实，推进了依法治教，保证了教育发展和教育目标的实现。

（二）开展乡镇政府、街道办事处、相关委办局督导评价，促进教育执法责任落实

区政府明确了乡镇政府、街道办事处和相关委办局落实教育法律法规和全面实施素质教育的职责。区政府教育督导室坚持每年对乡镇政府、街道办事处、相关委办局进行督导评价考核，考核结果作为区政府对乡镇、街道、相关委办局年终综合

考核的重要依据，同时作为乡镇、街道、相关委办局党政主要领导干部评优晋级的重要条件。

（三）加强学校依法办学情况督导检查和科学评价，促进学校规范化管理

坚持对中小学、幼儿园、特殊教育学校、职业学校、成人学校等五年一轮的综合督导评价，坚持经常性的专项督导、专题调研、随访督导，精准地为学校发展把脉诊断，督促学校及时改进工作，提升办学水平。

通过科学的教育督导评价，引领被督导单位明确办学方向，端正教育思想，推动教育改革，加强科学管理，推进依法治教，提高教育质量，发展办学特色。

（四）组织教育质量评估监测，促进教育质量、办学效益提高

坚持对学校进行办学质量评估监测，通过深入学校听教改、评课程、查教案、看资料、测质量等形式广泛收集信息，深入研讨，依据相关测评指标进行准确的打分量化，做出科学、客观、公正的评估监测结果，有力地促进了教育质量和办学效益的提高。

二、加强教育督导队伍、运行机制建设

（一）加强教育督导队伍建设，提高督学人员工作能力和专业水平

建设督导队伍。区委、区政府高度重视教育督导室建设，批准设立了督学科、督政科和办公室，明确了编制。严格遴选专兼职督学，健全督导队伍。区政府教育督导室现有专职督学 8 人，兼职督学 44 人。在兼职督学中有乡镇教委办主任 15 人，幼儿园在职副园长或主任 11 人，退休校长、副校长、名师或研修部门管理人员 18 人。专兼职督导队伍的建立，为顺利开展各项督导工作奠定了基础。

明确督学责任。督导室内设督学科、督政科、办公室，各科室分工明确，各位督学岗位职责清晰。专、兼职督学坚持纵向深入，横向配合，形成督导合力，促进了督导效率不断提高。

加强督学管理。不断加强督学队伍的思想和专业建设，坚持组织督学理论学习、专业培训，督导科研，不断提高督学督导理论和专业水平，使督学内强素质，外树形象。

（二）健全教育督导运行机制，促进督导工作科学规范有序开展

科学构建了教育法律法规、方针政策执行情况监督检查机制，乡镇政府、街道办事处、相关委办局及其领导干部落实素质教育责任目标考核机制，乡镇政府、街道办事处主管教育领导、教委办主任定期培训机制，中小学、幼儿园、特殊教育学校、职业学校、成人学校教育质量综合评价机制，教育质量评估监测机制，督导队伍规范化管理机制，各项督导工作科学顺畅、规范有序。

（三）制定科学的教育督导评价指标体系，保证督导评价客观、规范

根据教育法律法规、方针政策和相关文件，制定并不断完善学前教育、义务教

育、成人教育、职业教育、乡镇政府、街道办事处综合考核评价指标体系，依据各项评价指标体系坚持对各单位进行评价考核，促进了全区教育规范管理和素质教育全面实施。

第三部分　大　事　记

1988 年 9 月，通县人民政府督学室成立并挂牌。督学室主任由县教育局局长兼任，1 名常务副主任主持日常督导工作，另有 1 名副主任，3 名督学。

1997 年，通县更名为通州区，通县人民政府督学室更名为通州区人民政府教育督导室，设办公室、督政科、督学科。

1998 年 10 月 8 日，配合市检查组对台湖乡、甘棠乡等政府和中小学校实地进行教育执法检查。

1999 年，制定并颁发《通州区落实北京市教育督导规定实施意见》。

2002 年，健全、完善本区教育督导与评估工作方案；制定有关教育督导与评估的规章制度；对本区教育法律法规执行情况组织检查；对乡镇政府和教育行政部门及有关委、办、局、公司的教育工作进行督导；对教育工作重大问题进行调查研究，向区政府报告，反映情况，提出建议。

配合区教委推进北苑学校、通州区第二中学、通州区第四中学、通州区潞州中学等 10 所学校规范化建设，于 10 月 28 日至 11 月 7 日接受并通过验收。

2003 年 1 月 17 日，聘任兼职督学 4 人（聘期一年），加强教育督导室督政、督学工作。后根据需要又选聘 4 名退休中小学校长、教研员担任兼职督学。

2003 年 10 月，完成市政府教育督导室交办的调查问卷形式的职业教育经费专项调研。

2005 年，印发《中共北京市通州区委办公室、北京市通州区人民政府办公室关于对乡镇、街道、有关委办局及其领导干部落实素质教育责任目标情况进行考核的意见》。

2006—2008 年，完成初中建设工程督导验收工作。

2007 年 4 月 3—6 日，督导检查第二批初中建设工程学校工作进展情况。

2007 年 9 月 20 日，召开“十一五”北京市教育学会教育评价与督导研究会“通州区立项课题发布会”，25 个科研课题立项。

2008 年 5 月 13 日，市政府教育督导室与市教委联合督导检查组对通州区贯彻落实“学生每天一小时体育活动时间”情况进行专项督导检查。

2008 年 5 月 20 日，会同区人大，组织召开 2008 年教育执法检查工作动员大会。

2008 年 7 月 10 日，市政府教育督导室到通州区就整体教育发展情况和区教育督导室工作情况进行调研。

2008 年 10 月 28 日，召开第三批初中建设工程学校督导验收培训会。10 月 29 日至 11 月 20 日，对第三批实施初中建设工程学校进行检查验收。

2008—2011 年，完成小学规范化建设工程督导验收工作。

2009 年 3 月，制定下发通州区关于落实《北京市区县政府、教委、中小学校、幼儿园全面实施素质教育评价方案（试行）》的实施意见。

2009 年 3 月 23 日，组织召开 2009 年义务教育均衡发展状况专项督导工作培训会。

2009 年 4 月 20 日，市政府教育督导室与市教委督导验收组，对通州区初中建设工程进行督导验收。

2009 年 9 月 16 日，举办北京市普通中小学全面实施素质教育督导评价管理系统培训会。

2009 年 9 月 22 日至 10 月 23 日，对第一批小学规范化建设工程学校进行检查。

2010 年 1 月，完成通州区第一批小学规范化建设工程学校检查验收意见回复工作。

2010 年 1 月 14 日，出台《关于中小学、幼儿园、职业学校、成人学校全面实施素质教育学年度考核工作意见（试行）》。

2010 年 3 月 24 日，召开北京市教育学会教育评价与督导研究会“十一五”立项课题展示交流会。

2010 年 3 月 30 日至 4 月 14 日，对第三批小学规范化建设工程学校进行督导随访。

2010 年 3 月，对《通州区乡镇政府落实素质教育责任目标评价体系》进行修订。

2010 年 9 月 19 日，组织召开区政府新、改建居民区配套设置学校、幼儿园情况督导检查工作会。

2010 年 11 月 5 日，召开 2010 年教育法律法规执行情况督导检查迎检工作会。

2011 年 5 月 4 日，召开通州区“十一五”教育评价与督导课题研究总结表彰会，发布市教育评价与督导研究会“十二五”课题指南。

2011 年 6 月 13 日，召开“十二五”科研课题申请专家指导会。

2011 年 9 月 15 日至 10 月 14 日，对全区第三批小学规范化建设工程学校进行督导验收。

2012 年 3 月 7 日，召开北京市教育评价与督导研究会“十二五”立项课题（通州区）发布会，2 项市级重点课题示范开题。

2012 年 4 月 26 日，召开通州区进一步推进义务教育均衡发展工作会。

2012 年 6 月 20 日，召开通州区义务教育均衡发展督导评估工作培训会。

2012 年 10 月 10—11 日，市义务教育均衡发展督导评估组到通州区进行督导评估。

2012 年 12 月 13—28 日，深入全区 11 个乡镇，对乡镇政府落实素质教育责任目标情况进行考核。

2013 年 5 月 10 日，研究制定《通州区迎接北京市学前教育工作专项督导方案》。

2013 年 9 月 16—27 日，对全区义务教育阶段中小学校减负工作落实情况开展专项督导。

2013 年 10 月 11—25 日，对全区中小学校体育工作开展专项督导。

2013 年 12 月 30 日，召开中小学校责任督学挂牌督导启动大会。

2014 年 4 月，制定《通州区中小学校责任督学挂牌督导工作实施方案》，正式启动中小学校责任督学挂牌督导工作。

2014 年 4 月 29 日，聘任通州区兼职督学，对全体专兼职督学开展培训。

2014 年 5 月 8 日，组织召开义务教育发展基本均衡区县国家级认定工作推进会。

2014 年 9 月，对部分乡镇政府、街道办事处终身学习制度建设情况和中小学建设三年行动计划落实情况进行督导。

2015 年 1 月 14 日，通州区教育评价研究会 2014 年会暨市教育评价与督导研究会立项课题阶段研究成果交流会召开。

2015 年 3 月 10 日，组织召开义务教育均衡发展国家级评估验收工作会。

2015 年 3 月 20 日，教育部教育督导组一行到通州区开展春季开学专项督导。

2015 年 4 月 28 日，义务教育均衡发展国家级督导检查组一行 7 人对通州区义务教育均衡发展工作进行督导检查。

2015 年 7 月 7 日，召开督学责任区责任督学挂牌督导工作总结会。

2015 年 12 月，通州区人民政府教育督导室网站正式上线。

2016 年 3 月 16 日，市政府教育督导室到通州区就特殊教育和学前教育发展情况进行调研。

2016 年 4 月 1 日，召开学前教育综合督导工作会。

2016 年 4 月 5 日，召开 2016 年全面实施素质教育综合督导评价工作培训会。

2016 年 5 月 12 日，市政府教育督导室对通州区中小学校办学情况进行督导调研。

实施“五化”督导　促进教育健康持续发展

——顺义教育督导（1988—2016年）

第一部分　综　　述

顺义县人民政府教育督导工作于1988年恢复，成立“顺义县人民政府督学室”。1998年12月，顺义撤县设区，督学室更名为顺义区人民政府教育督导室。2008年，督导室从教委机关搬到教师之家北楼三层，开始独立办公。2012年，顺义区建立了督学责任区制度，将全区中小学校划分成6个督学责任区。2014年1月，根据《顺义区中小学校责任督学挂牌督导工作实施办法》，确定了“双轮驱动”责任督学挂牌督导模式，每一所中小学两名责任督学挂牌督导，职责有侧重、有融合，相辅相成，优势互补。

2014年12月，经区编办批复，教育督导室进行了机构调整，设立了综合科、督政科、督学科三个科室。目前，共有工作人员13人，其中包括1位主任、2位副主任、3位科长和7位专职督学。一支结构合理、责任心强、业务精湛的责任督学队伍初步形成，在不断深化教育领域综合改革的征途上，发挥着越来越重要的作用。

第二部分　传承与发展

随着教育改革的不断深入，教育督导工作也发生了深刻的变革。顺义区政府教育督导室坚持督政为重、督学为本，充分发挥教育督导的监督、检查、评估、指导职能，多年来逐步形成了“五化”督导模式，有力地促进了顺义教育健康持续发展。

一、督导队伍专业化

区政府教育督导室着力打造以专兼职督学为主体、以学校评价代表和乡镇教育助理为两翼的“一体两翼”督导队伍，为督导工作提供智力支撑。坚持两手抓：一手抓队伍配备，做到“三个结合、三个合理”，即老中青结合、年龄结构合理，学校管理与学科教学结合、专业结构合理，中小幼职成结合、级类结构合理；一手抓队伍培训，建立了“督学月末大讲堂”制度，围绕区域教育发展和教育督导的中心工作，开展理论讲座和实践活动，提升督学素质。

二、督学工作规范化

督导评估的规范化、程序化是实现依法督导，提高督导实效的有效途径。我们探索出了走五步、重五字的督学工作规范程序。

第一步——学校自评，突出一个“助”字。采取“落实自评，助推发展”策略，帮助学校开展自评工作。

第二步——随访督导，突出一个“导”字。采取“理论导航，明确方向”策略，实施“三制三到位”，即“责任督学制、指导到位；过程捆绑制、服务到位；任务包干制、落实到位”。

第三步——督导评估，突出一个“督”字。采取“共同合作，共谋发展”策略，建立一种多元主体共同参与、共同承担实现发展目标职责的新的评价模式。

第四步——督导复查，突出一个“实”字。采取“整改结合，重在落实”策略，责任督学和学校签订整改意见书，一起研讨整改方案，调控各方面资源，对发现的问题进行整改。

第五步——交流、总结，突出一个“飨”字。形成了“总结—展示—交流—借鉴”的督导评估后进一步提升的有效做法。传播学校的闪光点，展示学校的绩效，交流学校的做法，使学校之间相互借鉴、共“飨”。

三、督政工作制度化

督政工作中，为了使自查程序规范化、自查内容法制化、自查要求统一化、自查工作制度化，经过多年的努力，形成了“一二三”工作机制。

健全一个组织：成立由区政府主管教育副区长为组长，教育督导室主任为副组长，区财政局、人事局、教委等有关委办局特邀人员为成员的教育法律法规执行情况督导检查组，确保教育执法自查工作顺利开展。

开好两个会：一是召开教育执法自查动员会，对全区教育执法督导检查进行动员；二是召开教育法律法规自查培训会，对全区教育执法自查工作人员进行培训。

抓住三个环节：一是明确职责，二是部门自查，三是重点抽查，使自查过程成为长期的法制建设过程，做到以查促改、以改促建、以建促发展，有效地提高了镇政府、街道办事处和有关委办局依法行政、依法治教的意识和水平。

四、督导实践科研化

区政府教育督导室一直坚持制度兴督、合作兴督、科研兴督的“三兴”工作思路，用科研引领督导实践，为教育决策服务，为学校内涵发展服务。摸索发展性教育评价的科学策略，努力推进学校自主发展进程，实现校长管理由“经验型”向“研究型”、由行政管理向专业管理的转换，进而推动素质教育的全面实施。

五、督导建设信息化

区政府教育督导室在市政府教育督导室和区信息中心的指导和帮助下，运用现代信息技术，改进学校评价手段，研制和改进了体现现代教育督导理念的教育评价管理系统，提高了工作效率，不仅在实践上实现了对传统评价形式的创新，而且体现了教育理念和方法的更新，适应了信息时代的要求。

经过近30年的积淀，我们构建了顺义区教育督导的“三四五”工作机制。强化“三个规范”，即工作制度规范、工作程序规范、语言行为规范，保证工作高效运转，推进工作上水平。坚持“四个有声”，即群众来访有迎声、群众询问有答声、群众走时有送声、处理结果有回声，做到心里装着群众，凡事想着群众，一切为了群众，真正让群众满意。推进“五个转变”，即从单纯督导向督导与服务并举转变、从单一服务向全方位服务转变、从一般服务向特色服务转变、从被动服务向主动服务转变、从硬件服务向软件服务转变，做到督导与服务的有效结合，努力提高办事效率。顺义区先后获得了“全国教育督导先进区”“全国责任督学挂牌督导创新区”“北京市教育督导先进集体”等荣誉称号。

第三部分　大事记

1988年8月19日，北京市教育局局长陶西平、顺义县教育局局长赵自瑞共同为顺义县人民政府督学室揭牌。

1988年11月1—4日，市教育局督学室、市人大教科文办公室等单位联合检查组，对顺义县人民政府贯彻执行《义务教育法》情况进行检查。

1992年2月11—12日，北京市第二届教育督导工作会召开，会上，顺义县督学室主任赵自瑞作《增强督导意识　领导好督学室工作》典型发言。

1992年10月4—8日，市教育局督学室督评组一行12人对顺义县德育工作进行督导，督评组充分肯定了顺义县的德育工作。

1994年10月24—28日，市《义务教育法》《教师法》执行情况检查团来到顺义县，听取了顺义县“两法”检查自查工作汇报。

1995年6月21日，顺义县人民政府督学室正式挂牌。

1996年11月15—16日，国家教育督导团办公室主任郭振有及市政府教育督导室领导来顺义县检查，副县长冯可梁做工作汇报，县长赵义答辩。

1997年4月23日，接待英国皇家督学委员会代表团，县督学室主任、教育局局长线长久作《坚持依法治校，推进义务教育发展》的发言。

2002年8月30日，市政府召开教育督导工作表彰大会，顺义区人民政府教育督导室荣获“北京市教育督导先进集体”称号，桂凤霞同志被评为北京市教育督导工作先进个人。

2004 年 3 月 10 日，召开“顺义区推进素质教育工作会”，表彰全面实施素质教育先进集体和先进个人。

2005 年 11 月 4 日，市督导检查组对顺义区贯彻执行《职业教育法》，大力发展职业教育情况进行督导检查。

2005 年 11 月 29 日，国家教育督导团到顺义区督导检查学校体卫艺工作，对顺义区学校体育卫生艺术工作给予充分肯定。

2006 年 10 月 10—12 日，市政府教育督导室、市教委督导组对区德育工作进行专项督导。

2006 年 12 月 27 日，市政府教育督导室召开“十五”科研成果总结表彰暨“十一五”科研课题发布会，顺义区政府教育督导室“运用发展性评价策略，推进中小学自主发展项目的研究”等两项课题成果分获北京市教育学会教育评价与督导研究会“十五”科研成果一、二等奖。

2007 年 1 月 30 日，市政府教育督导室召开教育督导工作会，顺义区政府教育督导室被评为北京市教育督导信息工作先进集体。

2008 年 1 月 29 日，召开 2007 年素质教育督导评价总结会。

2008 年 3 月 5 日，在“2007 年北京市教育督导信息工作总结表彰会”上，顺义区政府教育督导室被评为北京市教育督导信息工作先进集体。

2008 年 5 月 9 日，北京市第六次教育督导大会暨 2008 年教育督导检查动员会召开，顺义区线长久、桂凤霞 2 人获得“教育督导先进工作者”称号，区政府教育督导室主任冯义国作题为《提高教育督导实效　促进教育健康持续发展》的典型经验介绍。

2008 年 7 月 6 日，顺义区人民政府教育督导网全新上线，设有督导动态、公文公告、督政督学、法规文件等板块，为各界人士了解教育督导、关注教育督导开辟了一条新渠道。

2008 年 11 月 4—5 日，市政府教育督导室来顺义检查 2007—2008 年教育法律法规执行情况。

2008 年 11 月 4 日，教育部督导团办公室主任高洪等一行 6 人来顺义区视察基础教育情况，听取了顺义区《依法履行教育职责　推进教育优质均衡发展》教育执法情况汇报，视察了顺义九中、马坡中心小学和马坡幼儿园，肯定了区政府教育督导室在大力发展教育事业过程中发挥的巨大作用。

2009 年 4 月 22 日，市教委、市政府教育督导室督导验收评估组，对顺义区初中建设工程进行督导验收。

2009 年 5 月 22 日，召开初中建设工程总结暨小学规范化建设推进会，对初中建设工程验收情况进行了通报，授予北石槽中学等5所学校“初中建设示范校”称号。

2009年9月29日，市政府教育督导室召开北京市教育督导宣传信息工作总结会，顺义区政府教育督导室被评为北京市教育督导宣传工作先进单位，王跃文督学被评为教育督导宣传工作优秀信息员。

2010年1月12日，由北京市人民政府教育督导室承办的“全国教育督导宣传会议”在北京召开，顺义区作《加大宣传力度、提高督导实效》典型发言。

2010年8月20—21日，“环渤海地区教育督导联盟第四届年会暨教育督导论坛”在顺义区召开。

2010年10月23日，召开兼职督学换届暨《北京市中长期教育改革与发展规划纲要（2010—2020年）》培训大会。

2010年12月3日，全国人大教科文卫委员会副主任唐天标到顺义区进行学前教育立法调研。

2011年3月11日，北京市教育评价与督导研究会“‘十一五’课题研究总结暨‘十二五’课题指南发布会”召开，顺义区政府教育督导室获得优秀组织奖，《发挥教育督导助推功能，促进义务教育均衡发展的研究》《运用发展性评价策略，推进初中建设内涵发展的研究》分获一、二等奖。

2011年4月8日，原国家教委副主任、国家总督学顾问柳斌等领导、专家到天竺中心小学指导工作。

2012年3月6日，全国教育督导工作研讨会落下帷幕，顺义区人民政府教育督导室荣获“全国教育督导先进集体”称号。实施“走五步、重五字”典型经验在2012年2月29日《现代教育报》上发表。

2012年9月26—27日，市人民政府教育督导室对顺义区义务教育均衡发展情况进行督导评估。

2012年11月14—23日，对港馨、怡馨、天竺三所幼儿园进行开放式效能性督导，开创学前教育督导新模式。

2013年3月22日，对特殊教育学校进行调研式督导，主要内容是学校硬件建设与使用、经费投入与使用、干部教师队伍、学校管理、档案资料、工作绩效与特色等。

2013年4月22—23日，对顺义九中进行了借力式诊断性督导，为学校多样化、特色发展规划的制定和实施提出了建设性意见。

2013年7月20日，对顺义区少年宫校外教育工作进行调研式督导。

2013年12月4—5日，市政府教育督导室副主任刘莉带队来检查教育督导工作，副区长燕瑛以《努力实现教育督导现代化，为办人民满意教育保驾护航》为题，汇报了区教育督导工作开展情况。

2013 年 12 月 13 日，国务院教育督导委员会一行三人，来顺义区进行财政教育投入使用管理情况专项督导。

2014 年 3 月 27 日，市政府教育督导室对顺义区学前教育发展情况和《北京市学前教育三年行动计划（2011—2013 年）》落实情况进行专项督导。

2014 年 9 月 11 日，北京市中小学校责任督学挂牌督导现场会在顺义召开。

2014 年 12 月 17 日，市政府教育督导室到顺义区进行全面实施素质教育情况综合督导。区委副书记、政法委书记周颖博作《依法履职办教育，提升品质惠民生》工作汇报。

2015 年 4 月 28 日，国家义务教育均衡发展督导组一行六人到顺义区进行义务教育均衡发展情况国家级验收。

2015 年 9 月 22 日，国务院教育督导委员会 2015 年秋季开学暨“护校安园”行动督导检查组来顺义区进行督导检查，对顺义区高标准、高质量、高水平完成 2015 年秋季开学暨“护校安园”行动给予充分肯定。

2015 年 10 月 22 日，市责任督学挂牌督导创新区评估专家组来顺义区，对区责任督学挂牌督导创新区工作进行督导验收。

2015 年 11 月 10 日，区教委、区政府教育督导室联合召开“义务教育均衡发展督导验收总结表彰大会”。

2015 年 11 月 12 日，市政府教育督导室到顺义区进行校外教育工作督导检查。

2015 年 9 月，市教委和市政府教育督导室组织专家对区责任督学挂牌督导工作进行评估检查。经市教委 2015 年第 21 次主任办公会议审定，认定顺义区为“北京市中小学校责任督学挂牌督导创新区县”。

2016 年 3 月，顺义区通过全国中小学校责任督学挂牌督导创新区县实地核查。

2016 年 4 月，顺义区被认定为“全国义务教育发展基本均衡县（市、区）”。

2016 年 9 月，开展 2016 年秋季开学暨年度重点工作落实情况专项督导。

2016 年 9 月，启动幼儿园全面实施素质教育综合督导试点工作。

2016 年 12 月，开展 2016 年度镇政府、街道办事处教育服务和教育环境治理专项督导工作。

扎实推进教育督导工作　为昌平教育改革发展保驾护航

——昌平教育督导（1990—2016年）

第一部分　综　　述

1990年初昌平县人民政府督学室成立，此后，教育督导的组织机构逐步健全，制度和机制不断完善，督学队伍不断壮大，紧紧围绕督政、督学两个方面，与时俱进，开拓创新，全面开展工作，为教育改革发展保驾护航做了大量的工作，并取得了一些可喜成绩。

督导制度逐步健全。先后出台了《昌平区兼职督学聘任管理办法》《昌平区督学责任区管理办法》《昌平区经常性督导工作方案》《昌平区责任督学挂牌督导工作实施办法》等制度文件，详细规范了经常性督导和挂牌督导工作的内容和程序。

督学队伍不断壮大。兼职督学从15人逐步增加到75人，具有高级职称比例为93.3%，市、区级学科带头人和骨干教师比例为74.7%。特约教育督导员从12人增加到20人。为实现教育督导工作整体推进、强力提升学校过程管理水平，促进各类教育稳步、和谐、均衡发展提供了坚强的组织保障。

开展教育执法检查。以《义务教育法》执行情况检查为重点，全面开展教育执法检查，检查相关委办局、镇街和学校贯彻落实《北京市实施〈中华人民共和国义务教育法〉办法》《北京市实施〈中华人民共和国职业教育法〉办法》的情况。

开展经常性督导。将全区中小学划分成督学责任区，先后以“减负督导监测”“校园欺凌”“防近视控肥胖”“社会主义核心价值观”“课外活动计划实施”“三级课程体系建设”等为主题，开展经常性督导活动。各督学责任区结合本地区实际，还相对独立地组织实施了有关教师队伍建设、课堂教学、校园周边环境整治等为主题的经常性督导活动。

开展多种专项督导。从2006年开始，开展了初中建设工程专项督导，历时三年，督导检查验收学校30所，各学校软、硬件建设全部达到验收标准，达到《北京市中小学校办学条件标准》。从2009年开始开展了小学规范化建设专项督导，历时三年，对全区46所小学规范化建设进行专项督导检查验收。

开展责任督学挂牌督导工作。2014年3月，昌平区启动了责任督学挂牌督导工作，细化了工作程序和工作要求，完善了责任督学接待来信、来电、来访的工作流程和问题解决机制。

第二部分 传承与发展

继往开来，昌平区教育督导坚持思想理念、管理方式、工作方式的改革创新。2016年10月18日，顺利通过了全国中小学校责任督学挂牌督导创新区“集中陈述与专家质询”评估环节；10月28日，北京市专家组一行在市政府教育督导室冯义国副主任的带领下，对昌平区申报中小学校责任督学挂牌督导市级创新区进行了实地核查，最终顺利通过了北京市的评估。10月10日，昌平教育督导官方网站开通。建立了昌平区网络调查平台，并使用平台，开展了第四轮第二批素质教育综合督导对教师、学生、家长的问卷调查工作。此外，督学们还能熟练通过“蓝信”平台开展工作。10月24日，成立昌平区教育督导与教育质量评价监测中心，建立起督政、督学、评估监测三位一体的现代教育督导体系，为全面实现教育现代化保驾护航。

第三部分 大 事 记

一、组织沿革和重要干部任免事项

1990年1月6日，昌平县人民政府根据国家教育委员会、人事部《关于建立教育督导机构问题的通知》等文件精神，决定成立昌平县人民政府督学室。

1990年1月15日，昌平县人大常委会任命教育局局长陈彦康兼任昌平县人民政府督学室主任。

1990年2月1日，昌平县人民政府督学室在县教育局内正式挂牌成立。

2001年12月15日，昌平撤县设区，昌平县人民政府督学室更名为昌平区人民政府教育督导室，由区教育委员会代管。

2008年12月，区委研究决定、区政府任命副区长方炎兼任区政府教育督导室主任。

2009年6月，根据《北京市教育督导规定》，区政府教育督导室内设督学科、督政科。

2009年12月31日，区政府教育督导室设督导一科、督导二科，分管督政和督学工作。

2016年9月，区编办批准区政府教育督导室增设督导综合科，负责督导室内部事务及分管的督导评价工作。

二、督学队伍建设

2007年6月13日，召开第一届兼职督学聘任会，聘任兼职督学15人。

2010年12月14日，召开第二届兼职督学聘任会和培训会，聘任28名兼职督学和4名特约教育督导员。

2013年3月20日，召开第三届兼职督学聘任大会和培训会，聘任28名兼职督学。

2014年5月16日，召开第三届特约教育督导员聘任工作会。聘任12名特约教育督导员。

2016年4月6日，召开第四届兼职督学聘任会议，聘任75名兼职督学和20名特约教育督导员。

三、督政工作

（一）市级素质教育综合督导

2004年6月29—30日，市政府教育督导室对区政府、教委全面实施素质教育工作进行督导评价。

2009年11月3—4日，市政府教育督导室综合督评组对区政府全面实施素质教育、教育法律法规执行情况和语言文字工作进行综合督导检查。

2014年11月19日，市教委、市政府教育督导室督评组对区政府全面实施素质教育工作情况进行综合督导检查。

（二）市级专项督导

2009年4月22日，市政府教育督导室、市教委初中建设工程专项督导检查组对本区进行专项督导检查。

2010年12月3日，市政府教育督导室督导检查组对昌平职业学校实训基地建设、管理、使用、效益等情况开展专项督导。

2011年12月7—8日，市政府教育督导室到区督导检查校外教育工作。

2012年10月31日至11月1日，市政府教育督导室对本区进行学前教育专项督导，重点检查区政府落实学前教育三年行动计划情况。

2013年10月28—29日，市教委、市政府教育督导室联合检查组对本区义务教育均衡发展工作进行评估。

2014年5月28日，市政府教育督导室对本区社区教育工作进行随访督导。

2015年4月29日，义务教育均衡发展国家认定专家组对本区义务教育发展基本均衡工作进行督导检查评估。

2016年5月26日，接受市中小学办学情况督导调研。

（三）市区教育执法检查

1991年9月16—22日，市教育执法检查组到昌平检查《义务教育法》执行情况。

1991年10月16日，市教育执法检查组到昌平检查《义务教育法》执行情况。

1994年10月初，县督学室会同教育局，对14个乡镇的教育执法情况进行检查。

1994 年 11 月，市“两法”（《义务教育法》《教师法》）检查组到昌平进行检查。

2000 年 10 月 17—18 日，市教育执法检查组对本区进行教育执法检查。

2001 年 9 月 24—25 日，市教育执法检查组检查本区教育执法情况。

2002 年 10 月 9—10 日，市教育执法检查组对本区教育经费执行情况、山区中小学建设及农村中小学寄宿制学校生活设施改善情况进行检查。

2005 年 11 月 9—10 日，市教育执法检查组对本区加快农村基础教育发展三年规划完成情况进行检查。

2006 年 7 月 21 日，区人大、区政府教育督导室成立教育执法检查组，对北七家和小汤山镇进行教育执法检查。

2007 年 4 月 13 日，区人大、区政府教育督导室联合召开教育执法自查汇报会，听取了区教委、区财政局的相关汇报。19 日对兴寿镇和崔村镇进行教育执法检查。

（四）镇街教育工作评价

1992 年 7 月 3 日，县政府办公室印发《昌平县乡（镇）教育工作评价标准（试行意见）》。

2007 年 12 月，制定了《昌平区镇人民政府街道办事处教育工作管理职责评价督评量表》和《昌平区人民政府教育督导室关于对镇人民政府街道办事处和主要领导管教育工作的督导评价考核制度（试行稿）》。

2008 年初，制定了 17 个镇政府、街道办事处和 23 个相关委办局履行教育管理职责的督评工作方案（指标体系），由区政府正式印发执行。

2009 年 5 月，区政府下发《昌平区人民政府相关组成部门和镇街人民政府全面实施素质教育督导评价工作方案》。年底，区政府教育督导室使用新的督评体系，对“镇街政府年度教育工作”进行了评价。

2011 年 1 月 18 日，召开 2010 年度督政工作会，对各镇街一年来“关心支持教育工作”的总体情况进行了评价。5 月 19 日，召开督政工作表彰会，回龙观镇等五个镇街被评为“昌平区 2010 年度关心支持教育工作先进单位”，23 名干部被评为“先进个人”。

2014 年 2 月 27 日，召开第二次镇街教育工作评价会议。回龙观镇等七个镇街被评为“2013 年度昌平区关心支持教育工作先进单位”，27 名干部被评为“先进个人”。

四、督学工作

（一）区级素质教育综合督导

2002 年下半年，区教委、区政府教育督导室研究决定，确定 6 所中小学为全面实施素质教育评价试点校，依据评价工作程序开展了评价。

2003 年 10 月 21—24 日，区教委、区政府教育督导室、教师进修学校组成四个督导评价组，对第一批 23 所中小学全面实施素质教育工作进行督导评价。2004 年 10 月 27 日至 11 月 2 日，对第二批 23 所中小学全面实施素质教育工作进行督导评价。2005 年 10 月 25—28 日，完成第三批 22 所学校全面实施素质教育督导评价。

2006 年 4 月 15 日，召开“昌平区中小学全面实施素质教育督评工作总结表彰大会”，对督评成绩优异的 19 所学校予以表彰，颁发“全面实施素质教育先进学校”奖牌，并给每校 10 万元的奖励。

2008 年 7 月，召开第三轮“昌平区全面实施素质教育评价工作启动会”。2008—2011 年四年间，共对全区 70 所中小学、15 所幼儿园进行了全面实施素质教育综合督导评价。

2012 年 1 月，在回龙观中心小学召开“全面实施素质教育暨小学规范化建设工程总结表彰大会”。

2014 年 3 月，召开第四轮全面实施素质教育综合督导启动大会。计划在 2014—2018 年，完成对 105 所学校（教育机构）的综合督导评价。

（二）初中建设工程专项督导

2006 年，会同区教委研究制定了《关于对昌平区初中建设工程督导评估工作的意见》《昌平区初中建设工程督导评估基本要求》，启动初中建设工程专项督导。

2007 年 3 月 27—29 日，对昌平实验中学、沙河中学等 8 所学校 2006 年度实施初中建设工程情况进行督导检查验收。

2007 年 4 月 29 日，在回龙观中学召开初中建设工程现场会，通报初中建设工程督导检查情况。

2007 年 10 月底，市政府教育督导室、市教委专项督导检查组对昌平区实施初中建设工程工作进行专项督导检查。

2007 年 12 月 18 日，召开 10 所初中建设工程学校督评工作总结会。

2008 年 4 月 10 日，在亭自庄学校召开初中建设工程督导检查阶段总结会，通报初中建设工程建设和督导检查情况。

2008 年 12 月 9—18 日，对昌平五中等 12 所初中建设工程学校督导检查验收。

2009 年 4 月 22 日，市政府教育督导室、市教委初中建设工程专项督导检查组对昌平区进行专项督导检查。

（三）小学规范化建设工程专项督导

2009 年 3 月 11 日，区教委与区政府教育督导室联合召开“昌平区小学规范化建设工程启动大会”，全面启动小学规范化建设工作。

2009 年 12 月 25 日，召开首批小学规范化建设工程督导总结现场会，市、区领导出席会议。

（四）经常性督导

2013 年 11 月，制定下发《昌平区督学责任区管理办法（试行）》《昌平区督学责任区经常性督导工作方案》《责任督学经常性督导工作记录单》等制度性文件，认真开展经常性督导工作。

（五）挂牌督导

2014 年 3 月，昌平区五部门联合制定下发《昌平区普通中小学校责任督学挂牌督导工作实施办法》，制定下发《中小学校责任督学挂牌督导工作规程》，全面推进责任督学挂牌督导工作。

五、科研工作

1996 年 11 月，在国家级“八五”重点课题“深化基础教育管理体制改革研究”子课题“农村基础教育管理体制改革研究”成果评选中，县督学室耿慕陶撰写的《浅议建立和实施乡（镇）教育自我评价制度》论文获三等奖。

2010 年 12 月 22 日，区政府教育督导室撰写的《关于探索建立区域教育督政评价制度的研究》荣获北京市教育学会教育评价与督导研究会“十一五”课题研究二等奖。

2011 年，组织学校、幼儿园开展“十二五”教育督导评价研究课题的申报工作，申报的 11 个课题全部获准市级立项，研究成果 8 个获市级一等奖，3 个获二等奖。

六、评估监测

2015 年 6 月 18 日，教育部质量监测中心抽取昌平区 13 所小学的四年级、8 所初中的八年级，每校各 30 名学生参加数学学习质量状况、体育与体质健康状况及相关影响因素的监测。

锐意进取、砥砺前行，为区域教育改革发展保驾护航

——大兴教育督导（1989—2016 年）

第一部分　综　　述

大兴县人民政府督学室成立于 1990 年，2000 年更名为“大兴县人民政府教育督导室”。2003 年，定名为“大兴区人民政府教育督导室”。在市、区政府及上级主管部门的领导下，大兴教育督导工作不断探索创新，锐意进取、砥砺前行，为区域教育的改革发展做出了重要贡献。

一、逐步建立健全政府履行教育职责督导工作机制，保证教育法律法规的全面落实

1989 年，依据市教育局《关于保证适龄儿童、少年入学和严格控制中、小学生辍学意见》的要求，大兴县教育局下发通知，要求各乡镇教委办汇总学校报表，每年分四次向督学室报告，形成了督政工作的雏形。

1993 年，县政府文教办印发《关于实施〈大兴县乡镇教育工作评价标准〉的通知》。2000 年 10 月，制定《大兴县镇级人民政府教育工作评价方案》，并经县政府常务会议讨论通过。2003 年，修订了镇级人民政府教育工作评价方案，明确提出要把评价结果纳入对各镇党委、政府正职考核内容。2004 年，区委、区政府依据督导评价结果表彰奖励了六个教育先进镇。由此，对各镇政府履行教育职责的督导工作逐步进入常规化。

2005 年 1 月，对 12 个相关委办局进行考核评价。2009 年，对 13 个委办局、街道办事处履行教育工作职责情况进行督导检查。2011 年开始，依据区委区政府《关于对镇街道办事处科学发展绩效的考核办法》，每年定期对各镇政府、街道办事处履行教育职责情况进行督导评价，评价结果作为区委、区政府年度科学发展绩效考核的依据。

二、系统开展学校督导工作，保障全区教育事业的健康发展

1989 年 4 月，县教育局印发大兴县中小学教育质量综合评价试行意见。1991 年，县政府督学室制定《大兴县中、小学办学效益评价试行方案》，在全县中小学中开展试评价。1998 年 1 月，县政府教育督导室、县教育局印发《大兴县中小学办学水平、办学效益评价方案（试行）》《关于完善中小学教育督导评价制度的通知》，并于 3—

11 月进行了综合督导评价。同时从本次督导评价开始，安排学生多种能力的监测，设有“计算能力”“思想品德的认知能力”“朗读能力”“音乐的认知欣赏能力”“自然的实验操作能力”以及劳动课的“动手能力”等项目。由此，对中小学校进行定期综合督导的工作机制逐步形成。

2006 年，对全区镇中心幼儿园和镇成人学校进行督导评价，依据评价结果对先进校（园）进行了表彰；2007 年，市、区督学联合对大兴一职、二职进行综合督导评价；2009—2011 年，对全区中心（直属）小学及完小进行小学规范化建设工程督导验收；2011 年，完成对 14 所镇成人学校的综合督导评价，学校督导工作的范围逐步拓展。

2013 年底，区政府下发了《关于中小学校责任督学挂牌督导工作实施意见》，正式启动责任督学挂牌督导工作。按照属地管理原则，设置了 18 个督学责任区，按照标准配备了专兼职责任督学，实现了区内中小学校挂牌督导全覆盖，初步形成了符合区教育实际的挂牌督导工作模式。2015 年和 2016 年，顺利通过中小学校责任督学挂牌督导创新区市级、国家级核查，成为首批国家级中小学校责任督学挂牌督导创新区。

2015 年 4 月，顺利通过国家义务教育发展基本均衡县（市、区）评估验收。

2015 年，作为深入推进素质教育的全面实施、有序推进管办评分离、创新教育督导体制和机制的重要举措，制定了《大兴区全面实施素质教育综合评价方案》。评价方案针对不同学段、不同单位的情况制定了具体的评价框架和指标体系，并规定督导周期为每学年一次。2016 年，依据方案对全区教育系统各单位学年工作进行了综合督导评价，评价结果作为考核单位主要干部、单位绩效考核及各学段总结会表彰先进的直接依据。

三、坚持多种工作模式相结合，服务教育发展中心工作

坚持开展专项工作调研，为区域教育改革、决策提供依据。20 世纪 90 年代，主要针对落实教育法律法规、学校办学规范等问题开展调研活动，内容包括乱收费问题、领导班子制度建设问题、代课教师情况、教师队伍建设情况、在校生流失情况等。2000 年以后逐步转向学校的内涵发展，内容主要包括开设重点班实验班情况、城镇教师支援农村教育工作情况、教学资源管理和使用情况、教育工作满意度等。

有针对性地开展专项督导，促进教育重点工作的推进。1992 年，对学籍管理及学生辍学情况进行专项督导。此后，陆续开展学籍管理、减负、课程计划落实等专项督导活动。2013 年，对初中学校实验教学、学科德育、体育达标进行专项督导。2014 年，对中小学体育工作、中小幼安全工作进行专项督导。2015—2016 年，开展了幼儿园防止、纠正“小学化”现象以及中小学培育和践行社会主义核心价值观工

作、课外活动计划落实情况专项督导。

积极开展评估监测工作，为教育决策和教育教学改进提供依据。近几年，按照市里统一安排，定期开展教育工作满意度年度调查、学前教育发展状况监测、“减负”专项督导监测等工作。2016年，组织完成国家义务教育质量监测工作，涉及样本学校20所，完成了包括数据上报、测试工具接收流转、现场测试组织以及各级工作人员培训等工作。

第二部分　传承与发展

在市、区政府领导下，大兴区依法建立健全督政与督学运行机制，坚持突出重点、注重实效的原则，充分发挥“监督、检查、评估、指导”督导职能，努力为教育改革与发展服务，为推进全面实施素质教育服务，为落实依法治教服务，在大兴教育事业的发展过程中发挥了重要的、不可替代的作用。

一、不断强化内部机构建设，努力构建现代教育督导体系

2007年前，区（县）教育督导机构负责人由教育行政部门负责人兼任，同时设主管副主任。2007年后，区教育督导室主任开始单独设置。2016年，按照推进管办评分离、强化政府教育督导的原则，启动新一轮教育督导内部机构改革：一是将区教委承担的教育评估监测职责划入区政府教育督导室，建立了督政、督学、评估监测“三位一体”的现代教育督导职能体系；二是在整合原有科室的基础上，督导室内部设立综合科、督政科和督学科，科室结构更加符合教育改革发展的需要；三是成立区教育督导与教育质量评估监测中心，壮大了专业队伍，为教育督导工作的科学化、专业化提供了保证。教育督导机构的调整、充实，为教育督导工作的发展打下了坚实的基础。

二、强化结果运用，“督”“导”并重，引领学校发展

多年来，大兴区一直重视通过督导引领学校发展。区政府和教育行政机关依据督导结果，表彰重视教育先进镇、全面实施素质教育先进校（园）和实施初中建设工程、小学规范化建设工程软件建设先进校等。围绕区域教育发展重点工作、热点问题开展专项督导形成的专题报告提交“两委一室”办公会，作为工作改进和决策的依据；每年度对镇政府、街道办事处落实教育法律法规、履行教育职责的督导结果直接纳入区政府年度绩效考核指标，作为正职领导考核的依据；每学年对全区教育系统各单位综合督导评价的结果直接作为领导干部考核、单位绩效考核及各学段总结会表彰先进的依据。督导结果通报与运用制度的建立和实施，进一步增强了教育督

导的实效性和权威性，激励了被督导单位不断发扬成绩和改进不足，不断进行自我调控，引领了学校的办学方向。

三、不断拓展工作职能，为区域教育的改革发展护航

结合区教委中心工作、重点工作，以服务教育发展为原则，逐步构建以经常性督导规范常规工作、以专项督导推进重点工作、以综合督导评价引领素质教育全面实施，多种模式相结合的工作体系。各督学责任区以相关文件规定的八项督导内容为基础，结合区教委年度工作要点制定学期经常性督导工作要点，将规范常规工作和突出重点工作相结合，落脚于学校日常工作的监督。专项督导以区教委重点工作推进为导向，结合社会关注的热点、难点问题设计督导内容，促进工作发展，发现和解决问题。综合督导关注学校发展绩效，以全面评价为基础，以全面实施素质教育为导向，客观评估学校发展情况，弥补发展中的短板，引领学校提高教育教学质量。

实行责任督学挂牌督导，是转变政府管理职能、完善督导方式、加强对学校监督指导的重要举措。在工作实践中，大兴区逐步探索形成了“一校双牌、单元管理、分工合作、责任联动”的管理模式，建立了“五三”工作机制和督导工作联系人制度。研究制定了《责任督学管理办法》，印制了责任督学工作手册，出台了《责任督学挂牌督导考核细则》和《督学责任区管理细则》等文件，初步形成了符合大兴区教育实际的工作模式。

第三部分　大　事　记

1990 年 8 月，县人民政府印发《大兴县人民政府关于成立大兴县人民政府督学室的通知》，标志着大兴教育督导机构正式建立。

1992 年，依据《大兴县中小学办学效益评价方案》对全县中小学工作质量及办学效益进行综合督导评价，并对乡镇中小学、中心校及完小达标现状进行调查。

1993 年，县政府文教办下发关于实施《大兴县乡（镇）教育工作评价标准》的通知。文件规定对各乡（镇）教育工作进行督导评价，两年一次。

1994 年，对全县 42 所中学教育质量进行综合督导评价。

1996 年，依据《大兴县中学办学效益评价方案》对全县 42 所中学进行综合督导评价。

1998 年，县政府督学室、县教育局联合下发《关于印发大兴县中小学办学水平、办学效益评价方案的通知》，把对中小学督导评价制度化。同时，开始探索建立具有大兴特色的“自评为主、分类推进”督导评价制度。根据办学效益评价值和教育管

理过程评价值将学校分为“优类校”“良好校”“合格校”“待合格校”。对优类校进行奖励，对待合格校限期达到合格标准。

1999年，县政府下发《关于落实〈北京市教育督导规定〉工作意见的通知》，明确县政府督学室是县政府行使教育督导职能的专门机构，受县人民政府领导，代表县政府依法对全县的教育工作进行监督、检查、评估、指导。同年，完成对各有关委办局及乡镇教育工作的执法检查和本县31所完小的检查验收。

2000年，县机构编制委员会印发了《关于大兴县人民政府督学室更名的请示的批复》，县政府督学室正式更名为大兴县人民政府教育督导室，编制6人。职能由原来的督教调整为既督教又督政。同年，制定了《大兴县镇级人民政府教育工作评价方案》，并下发到各镇政府。

2002年，对全县14个镇进行教育工作督导评价，表彰奖励了黄村镇等教育先进镇。同年，制定了《大兴县有关委办局、街道办事处履行教育工作责任考核办法》。

2003年3月，区委、区政府召开大兴区第一届教育督导工作会。下发《大兴区人民政府关于加强教育督导工作的意见》《大兴区履行教育工作责任考核办法的通知》，公布关于实施“三个评价方案”的意见。会议进一步确立了教育督导工作的地位、作用，由过去以督学为主转向强化督政，实现督学与督政并重，并明确提出要把评价结果纳入对各镇党委、政府正职考核内容。

2004年，对镇管教育工作进行综合督导评价。区委、区政府依据督导评价结果表彰奖励了6个教育先进镇。

2005年，对全区73所中小学开展新一轮的综合督导评价，区教委依据督导评价结果表彰奖励了28所实施素质教育先进校。同年，对委办局、街道办事处等12家单位履行教育工作责任情况进行了考核评价。

2006年，制定《大兴区镇中心幼儿园评价方案》《大兴区镇成人学校评价方案》，对17所镇中心幼儿园和14所镇成人学校进行综合督导评价，对6所成人学校和6所中心幼儿园进行了表彰。

2007年，首次开展对职业学校全面实施素质教育情况督导评价。同年，对14所初中校初中建设工程进行检查验收。2008年完成另外16所初中学校督导验收。

2009年，对13个委办局、街道办事处履行教育职责情况进行督导检查。同年，完成对27所小学实施规范化建设情况的督导验收。

2010年，完成对22所小学实施规范化建设情况的督导验收，依据督导结果表彰了10所实施规范化建设工程软件建设先进校。同年，完成对18所镇中心幼儿园实施素质教育情况督导评价工作，依据督导评价结果表彰了9所实施素质教育先进园。

2013年，印发《中小学校责任督学挂牌督导办法》，启动责任督学挂牌督导工作，中小学校挂牌督导实现全覆盖。

2015 年，顺利通过国家义务教育均衡发展评估验收。同年，开展了幼儿园防止和纠正“小学化”现象、中小学培育和践行社会主义核心价值观、中小学课外活动计划落实情况等专项督导。

2015 年，制定《全面实施素质教育综合评价方案》。方案规定评价结果作为区教委研究教育工作、考核单位主要干部、单位绩效考核及各学段总结会表彰先进的重要依据。同年，顺利通过市政府教育督导室评估认定，成为北京市首批中小学校责任督学挂牌督导创新区县。

2016 年 3 月，顺利通过国务院教育督导局专家组实地核查，成为全国首批中小学校责任督学挂牌督导创新区。同年，组织完成国家义务教育质量监测工作，涉及样本学校 20 所，这是大兴区第一次参加国家级义务教育质量监测。

2016 年 9 月，区编办下发《关于加强区政府教育督导机构建设的批复》，一是调整内部机构，设置综合科、督政科和督学科，二是成立区教育督导与评估监测中心。这标志着区新一轮教育督导机构改革初步完成。

栉风沐雨　砥砺前行

——平谷教育督导（1988—2016年）

第一部分　综　　述

1988年平谷县人民政府督学室成立，设在县教育局内，主任由教育局局长兼任，督学由科级干部担任。随着教育机构改革和督学功能的拓展，1997年，“平谷县人民政府督学室”更名为“平谷县人民政府教育督导室”。2002年，平谷撤县设区后，改为“平谷区人民政府教育督导室”。

区教育督导机构自成立以来，在市政府教育督导室（督学室）指导下，在区（县）委、区（县）政府领导下，坚持以邓小平理论和“三个代表”重要思想为指导，认真贯彻落实科学发展观，教育督导工作实现了飞跃式的发展，体制和机制不断完善，督导队伍日益壮大，人员素质显著提高。坚持“依法督导、实事求是、客观公正”的原则，努力提高督导水平，为保障素质教育全面实施、推动教育现代化做出了应有的贡献。为加快区域教育发展步伐，率先建立区域“义务教育基金”机制，大力改善办学条件，群众赞誉“平谷最好的房子是学校”。1991年，率先在郊区县通过北京市九年义务教育达标验收。1994年，县职业教育学校被评为“全国教育先进单位”。2001年，市山区教育建设工程现场会在平谷县召开，推广了平谷县的经验。2006年，平谷第一职业学校晋级为国家级职业高中……这些不仅提高了平谷教育的声誉，也展示了教育督导工作不可或缺的重要作用。

第二部分　传承与发展

近30年来，平谷区教育督导工作稳步健康发展，在区教育改革发展中，发挥着越来越重要的作用。为更好地服务平谷区教育改革与发展，必须根据实际需要，进一步加强督导制度和队伍建设，不断提高督导工作水平。

一、指导思想

适应教育督导新形势、新要求，进一步深化教育督导改革；加强机构和队伍建设，创新督导工作机制，加强和改进教育督导工作；充分发挥教育督导职能，为区教育改革与发展科学决策、顺畅执行提供科学合理的督导建议和意见，提升教育行政管理整体水平和效能。

二、具体措施

（一）深化机构改革，加强队伍建设

按照市政府教育督导室机构改革要求，研讨加强区政府教育督导室的机构建设，完善科室工作职能；以全区教育系统领导干部体制改革为契机，调整、壮大督学队伍；以制度建设和教育培训为重点，强化队伍建设。

（二）重视理念更新，健全督评体系

按照“管办评分离”教育管理体制和办学体制改革的要求，树立教育督导评价新观念，开展发展性督导评价，积极探索评价标准的多元化，尊重学校基础和差异，重视纵向比较和定性分析，激励学校自主发展和进步提高。

结合区域集团化、学区化办学实际，探索建立行政监督、科学评价、民主管理相结合的教育督导评估体制；全面构建以提高教育质量为中心、以政府督导评价为主导、以学校自评为基础、以信息化建设为途径、以社会广泛参与为保障的教育督导工作机制；探索与同级政府部门联动督导、开展社情民意调查、跨地区督导合作等教育督导工作模式；建立区域督导网站，推进区教育督导工作信息化进程。

（三）完善督导制度，拓展督导领域

遵照“硬件从实，软件从严”的原则，重点督导评估学校内涵发展和教育质量的提高，促进学校优化管理，提升办学品位。关注薄弱环节，落实教育督导限期整改、回访制度。完善督导检查结果的公报、公示制度，建立健全教育督导表彰制度。

基本构建“法之所到、督之所到”的大督导体系。依据实际拓展教育督导领域，开展高中教育、特殊教育、校外教育、社区教育、教师继续教育、减负工作、师德教育等专项督导工作。

（四）实施质量监测，服务教育决策

依托国家、市、区三级质量监测体系，进一步加强组织领导，明确职责分工，严格操作程序，强化纪律意识，高质量实施质量检测。坚持不加重学生学业负担，监测结果不进行排名和公布，不作为评价各校教育质量的依据，定期开展反思与研讨活动，为区域教育决策提供参考依据。

（五）加强调研科研，推动创新发展

结合区域教育改革发展的实际，围绕教育重点、热点和难点问题，研究确定调研专题，深入实际收集信息、撰写调研报告，为领导决策和研究工作提供参考。坚持科研先导，理论联系实际，寻求教育创新的思路和途径。明确目标，把握全局，抓住关键，推动创新发展，努力开创区教育工作新局面。

（六）整合评价主体，完善评价体系

依据北京市学校全面实施素质教育评价方案的通知精神，把教工委的行政性评

价、教委相关科室的业务评价、督导室的督导评价、社会各阶层代表的社区评价，整合为一体，制定《平谷区幼儿园中小学校职业学校特殊教育学校全面实施素质教育综合评价方案》，减轻学校负担，提高督导评价的科学性、有效性。

（七）坚持挂牌督导，提高办学水平

为了更好地发挥教育督导的监督、检查、评估和指导功能，进一步规范学校办学行为，促进学校改革发展，合理划分督导区域，优质配备责任区督学，明确督导任务，对辖区的公办中小学、职高、幼儿园实现挂牌督导全覆盖；帮助学校（职高、幼儿园）明确办学思想，挖掘办学优势，提高管理水平，提升教育质量。

回顾过去，我们满怀欣慰；展望未来，我们壮志于心。我们坚信，在北京市人民政府教育督导室的正确领导下，平谷区的教育督导事业将会创造更加灿烂的明天！

第三部分　大　事　记

一、机构设置及重要会议

1988年3月31日，平谷县人民政府在县教育局设立“平谷县人民政府督学室”，主任由教育局局长兼任，副主任由副局长兼任，督学由科级干部担任。随着教育机构改革和督学功能的拓展，1997年，督学室更名为“平谷县人民政府教育督导室”。

2002年，平谷撤县设区后，机构名称改为“平谷区人民政府教育督导室”，主任由区教委主任兼任。

2008年，区政府制定了《关于贯彻落实〈北京市教育督导规定〉加强教育督导工作的意见》，区政府教育督导室在设置上相对独立。教育督导室配备专职主任，改写了教育行政一把手兼任教育督导室主任的历史。

2009年4月，区政府召开教育督导室相对独立以来的第一次教育督导工作会议。会议聘任了区首批16名兼职督学。这次会议是区政府进一步加强教育督导工作、提高督导地位、规范督导工作的一次重要会议，在区教育督导史上具有重大意义。

2011年，召开平谷区第二届教育督导大会，研究部署新时期教育督导工作，努力推进区教育督导的创新与发展。

2013年5月，制定《平谷区兼职督学聘任管理办法（试行）》。在原有兼职督学基础上，补充聘任了36名兼职督学。其中教育行政机关科级及以上现职干部和现已离职的中小学校级干部19名，相关委直单位有较高的教育教学管理水平和业务能力的在职干部17名。

2014年1月，研究制定《平谷区责任督学挂牌督导实施办法（试行）》。在科学划分督学责任区的基础上，为全区67所学校配备责任督学20名。按统一规格制作标牌，上面有责任督学的姓名、照片、联系方式和督导事项，挂在校门口显著位置。春节前，全区学校全部完成此项工作，挂牌率100%。

2014年3月，建立责任督学培训、考核制度，完善责任督学工作流程，印发《责任督学工作手册》。搭建挂牌督导工作平台，研究总结责任督学工作；认真开展学校挂牌督导，力求实效。

2016年9月，召开挂牌督导启动大会，制定责任督学管理办法，结合集团化、学区化办学，重新划分了督学责任区，聘任配备了24名责任督学。明确了督导任务，提出了具体要求，实现了职业学校、幼儿园、特殊教育学校挂牌督导全覆盖。

二、督政、督学工作

1990年，制定《乡管教育评价标准》，促进各乡镇达到九年义务教育的要求。成立以主管县长和人大常委会副主任为组长的自查领导小组，对各乡镇实施九年义务教育工作进行督导检查。

1991年，在全县实行义务教育达标挂牌办法，全县出现了争优创先的热烈场面，经过市教育局督学室督导评价，被认定为基本实现九年义务教育县。

1992年，制定《学校教育质量综合评价标准》，各学校依据标准进行自评，教育局各科室依据此标准对学校进行评价，督学室参考两项评价最后打分确定先进校。

1993年，为确保《义务教育法》的深入实施，强化政府行为，在各乡镇实行义务教育管理责任制，将义务教育完成情况作为政绩考核的重要内容。

1994年6月，召开实施《义务教育法》和《教师法》自查领导小组会议，部署自查工作。对达标校又进行了全面普查，促使各校又向高层次迈了一步，在改善办学条件方面，解决了房屋和桌椅的问题。通过《教师法》的宣传、落实和检查，提高了教师待遇。

1995年，制定并实施《全面提高教师素质的几点措施》《加强非正编教师队伍管理的几点意见》《中小学教师职业道德规范》，进一步修改完善了《全民教育基金的征集办法》。

1995年，建立了教育执法监督检查联合工作制度。教育督导机构配合区人大进行教育执法检查。

1990年、1997年、2002年、2008年先后四次制定、修订《平谷区全面实施素质教育评价方案的意见》。在督导评价过程中，坚持政府、教委和学校"三位一体"工作思路，较好地发挥学校的主体作用，规范学校办学行为，保证素质教育的全面实施。

2002年，按照"教育督导部门与教育行政部门相结合"和"统一方案、统一领导、统一组织、统一实施"的基本原则，建立督导室牵头，教委业务科室、有关单位参加的联合督导机制。

2006 年，制定并实施初中建设工程督导评价方案，利用三年时间对初中校进行督导检查，圆满完成此项工作。

2007 年，制定《在基础教育领域推进“四位一体”教育督导评价工作的实施意见》。由区教委相关科室进行的行政性“综合督导评价”、专兼职督学进行的“专项督导评价”、社区各阶层代表进行的“社区评价”、学校关于办有特色自主发展性“申请协商式评价”，从不同层面构成了“四位一体”的教育督导评价工作体系。

2008 年，制定《关于对镇乡政府、街道办事处和主要领导抓教育工作的督导评价考核制度》和《关于对相关委办局履行教育职责情况进行督导检查的意见》，由区政府发文颁行。将实施教育工作情况纳入有关委办局、乡镇政府、街道办事处年度考核。开展对相关单位落实教育职责情况的督导检查工作。

2008 年，制定并实施《小学规范化建设督导评估方案》，组成小学规范化建设工程督导验收小组，利用五年时间，对小学规范化建设工程进行全面督导验收。

2009 年 10 月，市政府教育督导室对区政府全面实施素质教育情况进行综合督导评价。市督导检查组听取主管区长的工作汇报，召开四个不同类型的座谈会，查阅档案资料，深入黄松峪中学、平谷中学、教育培训中心、王辛庄镇政府等 8 个单位调查了解情况。核实印证区政府、区教委的教育决策和教育管理行为。检查组对平谷区实施素质教育工作给予较高评价。

2010 年 12 月，市政府教育督导室会同区政府教育督导室组成联合督导评价组，对区第一职业学校德育工作进行专项督导评价。

2011 年 12 月，市政府教育督导室市教委校外教育督导评价组，在本区开展校外教育督导评价试点工作。督导评价组听取主管副区长工作汇报，召开相关委办局、乡镇、街道、教委相关科室、校外教育机构及中小学校长座谈会，并实地考察了区青少年活动中心、文化馆、黄松峪中学等 6 个单位。

2012 年，开始委托社会第三方机构，开展对区学校及校长满意度评价调查工作，同年，对全区中小学、幼儿园实施教育质量综合评价。第三方评价结果和综合评价结果，作为干部任免的重要依据，与学校绩效工资挂钩。

2014 年 11 月，市政府教育督导室对区全面实施素质教育情况进行综合督导评价，对区实施素质教育工作给予充分肯定。

2015 年 4 月，区顺利通过国家级义务教育均衡发展达标区县验收。12 月，获得“全国义务教育发展基本均衡县（市、区）”称号。

2015 年，研究制定《普通中小学校实施素质教育综合督导评价实施细则》，把工作着重点放在促进学生发展、提高教育质量等方面。改变以查阅资料为主的评价方法，采用多角度、多样化的收集信息方式，进行诊断性和发展性评估。对各级各类学校开展了素质教育综合督评。

2016 年 5 月，市政府教育督导室主任唐立军、副主任刘莉带领由督政处、市教委人事处等相关处室组成的督导调研组，对区中小学办学情况进行督导调研。

2016 年 9—12 月，重新修订《平谷区全面实施素质教育综合评价方案》，整合多方评价，构建了“四位一体”评价方案，将于 2017 年上半年实施综合督导评价。

砥砺前行　创新发展

——怀柔教育督导（1989—2016年）

第一部分　综　　述

怀柔县人民政府督学室于1989年11月建立，2001年12月改称“怀柔县人民政府教育督导室”。2002年4月，怀柔撤县设区，“怀柔县人民政府教育督导室”更名为“怀柔区人民政府教育督导室”。27年来，怀柔教育督导在怀柔教育的改革和发展、实现基本普及九年义务教育和基本扫除青壮年文盲的目标、高水平高质量普及九年义务教育、全面实施素质教育、初中建设工程和小学规范化建设工程实施、义务教育均衡发展、区域教育重点难点问题的解决等各项工作中都发挥了重要作用。

一、主要历程

回顾怀柔教育督导的发展，主要经历了三个阶段。

（一）第一阶段，初步发展阶段（1989—1993年）

这一阶段，怀柔教育督导的主要任务是监督指导《义务教育法》等教育法律法规的贯彻落实。具体任务有两个：一是监督指导乡镇政府及县政府各相关委办局履行教育职责，落实《义务教育法》，增加教育投入，改善办学条件，提高教师待遇，防止学生辍学。通过督导，学校办学条件得到较大改善，全县基础薄弱学校全部摘掉了薄弱校的帽子。二是监督指导学校依法依规办学，确保儿童少年接受九年义务教育。通过督导，学生巩固率提高了，办学水平提升了，教育质量提高了。

（二）第二阶段，稳步发展阶段（1993—2013年）

这一阶段，怀柔教育督导的主要任务是监督指导乡镇政府及区（县）政府各相关委办局和各中小学全面贯彻《教育法》《义务教育法》等教育法律法规和《国家中长期教育改革和发展规划纲要（2010—2020年）》，全面实施素质教育，办人民满意的教育。

1. 推动素质教育全面实施，提升人民群众对教育的满意度

1993年，中共中央、国务院印发了《中国教育改革和发展纲要》，提出了基础教育要由“应试教育”转向全面提高国民素质的轨道。区（县）教育督导室（督学室）与时俱进，结合怀柔实际，定期开展综合督导和专项督导，促进了中小学素质教育的全面实施和教育质量的提升，人民群众对教育的满意度处于全市前列。

2. 促进学校布局调整，提升学校办学条件

按照北京市中小学办学条件标准，区教育督导室先后开展了初中建设工程和小学规范化建设工程验收专项督导，加速了全区学校科学合理布局，进一步提升了中小学办学条件。

（三）第三阶段，步入科学发展的快车道（2013—2016 年）

从 2013 年开始，怀柔教育督导又登上了新台阶。教育督导的重点是全力促进义务教育优质均衡发展。通过奋力拼搏，怀柔区于 2015 年 4 月 29 日通过了全国义务教育基本均衡县（市、区）达标验收，跨入了义务教育公平、优质、创新、开放发展的新阶段。

按照国务院教育督导委员会和市政府教育督导室的要求，2014 年初，全区中小学全部实行了责任督学挂牌督导。挂牌责任督学深入到每所中小学校，针对学校校务管理、课堂教学、学生健康成长、教师专业发展、校风学风建设等内容进行经常性督导。责任督学挂牌督导已经成为帮助学校解决实际问题的“催化剂”、和谐家校关系的“润滑剂”、学校有效沟通家长和各种社会力量的“连心桥”。

三年来，责任督学先后开展了“减负”督导监测、义务教育均衡发展督导验收、初中开放性科学实践活动专项检查、“应对空气重污染工作应急督导”等多项专项督导，完成了全区全面实施素质教育综合督导评估，促进了学校规范办学和学生全面健康发展。创造了督学责任区与学区制管理相结合，促进素质教育公平、优质、创新、开放的新经验。

在区委、区政府的正确领导下，2016 年 3 月，怀柔区顺利通过国务院教育督导委员会办公室对“中小学校责任督学挂牌督导创新区县（市、区）”的核查认定，成为北京市首批全国中小学校责任督学挂牌督导创新区，走在了全国的前列，实现了弯道超车，步入了科学发展的快车道。

二、基本经验

（一）市指导精准，区领导有力

市政府教育督导室指导和区政府强有力的领导，是教育督导健康发展的保障。多年来，每到攻坚克难之时，市政府教育督导室均给予科学有效的精准指导，区政府给予强有力的领导，区教育督导室和教委抓好组织实施，各项保障到位，从而保证了各项任务的圆满完成。

（二）顶层设计科学，各方协调统一

市政府教育督导室顶层设计科学，区政府教育督导室结合本区实际细化落实，并和区教工委、区教委协调统一，统筹安排，形成合力，是怀柔教育督导持续健康稳定发展的重要经验之一。

（三）健全制度，创新机制

多年来，区教育督导室与时俱进，健全督导制度，不断创新教育督导新机制，探索并建立了“四统一、三并重、四结合、三通报”的工作机制；2013年，实施责任督学挂牌督导以来，把督学责任区与学区制管理相结合，在实践中不断摸索，逐渐形成了挂牌督导问题解决的“三三”机制。区义务教育基本均衡达标验收和挂牌督导创新区县国家验收等工作的圆满完成，都得益于这些机制的建立。

（四）强化督导结果使用，提高督导工作权威性

区政府不断深化管理体制改革，改变了过去区教委“既当运动员，又当裁判员”的管理模式，充分发挥督导职能，把督导结果作为行政决策、教育管理的重要依据，提高了督导工作的权威性。

（五）狠抓队伍建设，提高专业素养

区教育督导室始终重视督学队伍建设，严把督学遴选关，打造了一支学历、专业、职称、年龄等结构合理、水平较高的督学队伍。高度重视督学培训，制定可行的培训方案，通过聘请专家、座谈研讨、交流参观等多种形式，开展了各类各层级系列培训，有效提升了督学的专业化水平，保证了督导工作的专业性和权威性，推进了督导工作的可持续发展。

第二部分　传承与发展

2012年国务院教育督导委员会成立，国家《教育督导条例》颁布，标志着我国教育督导事业已经进入快速发展时期。党的十八届五中全会提出“完善教育督导，加强社会监督”，为教育督导改革发展指明了方向，怀柔区教育督导也呈现出全新的发展态势。

一、健全教育督导机构，督导室独立行使职权

2016年2月，区教育督导室不再作为教委的一个科室由教委代管。督导室主任单独设立，教育行政工作与督导工作分离，督导室独立行使督导职权，进一步增强了教育督导的权威性。

二、创新教育督导方法，完善信息化督导平台建设

区教育督导室不断加大教育督导信息化建设力度，实现了“互联网+”教育督导新模式。创建了教育督导网站、教育督导办公平台、校级督导网页，实现学校网站与督导室网站对接、学校与督学之间的全方位互联互通。“互联网+”教育督导模式，成为区教育督导发展的新趋势。

三、以五大理念为引领，再攀新高峰

区教育督导室把创新作为事业发展的灵魂，以“创新、协调、绿色、开放、共享”五大发展理念为引领，以“提高教育质量”为主线，进一步完善督政、督学、评估监测“三位一体”的教育督导体系，充分发挥社会组织在教育评估监测中的作用，推动教育督导事业再攀新高峰。

第三部分　大　事　记

1989 年 11 月，正式建立怀柔县人民政府督学室。

1989 年，制定了《乡（镇）教育工作考核评价标准》。

1990 年，对 4 所中学、4 所小学进行综合督导评价。同年，对山区中小学校管理工作、德育工作、办学条件、校舍状况进行随访督导，并对 4 所中学教学工作进行专项督导。

1991 年 6 月，根据市人大教育科技委员会、市政府文教办、市教育局联合通知，在县、乡镇、学校全面开展《义务教育法》执行情况自查工作。

1991 年 9 月，怀柔镇、琉璃庙、汤河口、黄坎 4 所中心小学通过市教育局基本办学标准达标验收。至此，全县 21 所中心小学提前两年通过办学标准市级达标验收，成为北京市第一个中心小学全部达标县。

1992 年 3 月，颁布《怀柔县中小学教育质量综合评价方案》《怀柔县村级小学办学水平综合评价方案》。重新制定怀柔县《中小学办学水平评价标准》《完小、初中检查验收标准》《乡（镇）教育工作考核评价标准》。

1992 年 6 月，对全县中小学落实德育法规情况进行督导检查。

1993 年，对全县中小学进行“两基”评估验收。

1994 年 3 月，召开督导评价工作会，颁布《怀柔县中小学教育质量综合评价方案》《怀柔县村级小学办学水平综合评价方案》。

1994 年 6—8 月，在全县中小学中心校以上学校开展 1993—1994 学年度教育质量总结性自我评价工作。

1995 年 10 月，配合市教育局、市教育局督学室对怀柔县贯彻执行《义务教育法》《教师法》情况进行检查。

1996 年 11 月，市政府教育督导室、市教委教育执法检查组对怀柔县贯彻落实教育法律法规情况进行检查。

1997 年，依据《怀柔县中小学教育质量综合评价方案》，对九渡河中学、三渡河小学、杨宋镇中学、怀柔镇中心小学等 4 所中小学进行教育质量综合督导评价。

1997 年 9 月，国家教育督导团、市政府教育督导室到怀柔县调研《普通中小学

督导评价工作指导纲要》及《北京市普通中小学教育质量综合评价方案》落实情况。

1998年3—4月，县政府督学室与县教育局组成督导评价小组，对50所中小学全面实施素质教育情况进行督导评价。

1999年，对37所中小学全面实施素质教育情况进行督导评价。

2000年3月，市政府教育督导室、市教委督评组督导评价怀柔县1998—1999学年度实施素质教育工作情况。

2000年9月，15所完全小学通过市教委、市政府教育督导室验收复查。至此，怀柔县全面完成“九五”期间完小验收任务。

2000年10月，配合市人大教科文卫委员会及市政府教育督导室教育执法检查组对怀柔教育执法工作进行检查。

2001年12月，怀柔县成立教委，“怀柔县人民政府督学室”改称“怀柔县人民政府教育督导室”，教委主任兼任教育督导室主任。

2002年4月16日，怀柔撤县设区，“怀柔县人民政府教育督导室”更名为“怀柔区人民政府教育督导室”。

2002年5—6月，对37所中小学全面实施素质教育情况进行督导评价。

2004年4月20日，下发《怀柔区人民政府教育督导室关于落实〈怀柔区人民政府关于加强教育督导工作的意见〉的实施细则》《怀柔区托幼园所评价标准及细则》。

2005年5—11月，对全区44所中小学、职业学校、区直属幼儿园及14所镇乡中心幼儿园共58个单位全面实施素质教育情况进行综合督导评价。

2007年10月，对10所初中校进行初中建设工程专项督导。

2008年10月，对全区幼儿园、中小学、职业学校进行全面实施素质教育综合督导评价。

2009年6月，对9所幼儿园全面实施素质教育工作进行综合督导评价。

2009年10—11月，对10所小学进行小学规范化建设工程督导验收。

2010年9—11月，对全区所有中小学、职业学校全面实施素质教育情况进行综合督导评价。同时，对11所小学进行小学规范化建设工程验收。

2012年2月，建立督学责任区及督学随访制度。

2012年10月10—11日，市政府教育督导室对区学生活动管理中心、实验小学活动中心、杨宋小学活动中心、渤海小学活动站等校外教育机构、活动站点开展督导评价。

2012年10—11月，区政府教育督导室与区教委共同完成9所乡镇幼儿园全面实施素质教育综合督导评价工作。

2013年4月，启动14个镇乡政府教育工作督导检查。

2013年7月5日，召开怀柔区教育评价与督导科研课题中期推进会。

2013 年 11 月，顺利完成全区各类学校（教育机构）全面实施素质教育综合督导评价试评工作。

2013 年底，全部中小学校实现责任督学挂牌督导，18 名责任督学成为 40 所学校首批挂牌责任督学。

2014 年 12 月至 2015 年 3 月，对义务教育均衡发展达标工作进行督导检查。

2015 年 3 月 13 日，在庙城学校召开推进义务教育基本均衡达标验收工作现场会。

2015 年 4 月 29 日，国务院教育督导委员会专家组到区评估义务教育均衡发展工作。怀柔区圆满通过了国家义务教育基本均衡县（市、区）达标验收。

2015 年 9 月，结合区教委实施的学区制，调整原有督学责任区，重新划分了 8 个督学责任区。

2015 年 11 月 19 日，怀柔区被市教委、市政府教育督导室认定为首批“北京市中小学校责任督学挂牌督导创新区县”。

2016 年 3 月 24 日，国务院教育督导委员会核查专家组深入怀柔五中、实验小学等 4 所学校核查责任督学挂牌督导创新区县工作。

2016 年 3 月 25 日，国务院教育督导委员会责任督学挂牌督导创新区县推进会上，宣布怀柔区成为北京市首批国家级中小学校责任督学挂牌督导创新区。

2016 年 5 月，完成义务教育阶段中小学校课外活动情况专项督导。

2016 年 10—11 月，顺利完成全区各类学校、幼儿园、校外教育机构全面实施素质教育综合督导评价工作。

坚持督政和督学并重原则　推进区域义务教育优质均衡发展

——密云教育督导（1989—2016 年）

第一部分　综　　述

自 1989 年密云县人民政府督学室成立以来，在邓小平理论、“三个代表”重要思想、科学发展观的指导下，密云教育督导工作实现了飞跃式的发展：教育督导体制和机制不断完善，督导队伍日益壮大；认真贯彻落实《教育督导条例》和《北京市教育督导规定》，紧密围绕教育中心工作，根据教育改革发展和教育督导工作的新任务、新要求，坚持督政和督学并重的原则，强化督导的服务职能，在推动教育优先发展、义务教育均衡发展，促进教育改革、提高教育质量，解决人民群众普遍关心的教育热点、难点问题等方面，发挥了不可替代的重要作用，已成为加快教育改革与发展的重要推动力量和有效保障，为全区教育工作的健康发展做出了积极贡献。

第二部分　传承与发展

一、配备人员，充实力量

建立健全教育督导机构，加强督导队伍建设，是搞好教育督导工作的根本保证。在教育督导机构建设过程中，区（县）政府及教育行政部门重视和加强教育督导队伍建设，依照《北京市教育督导规定》，选任了一批政治思想觉悟高、教育管理经验丰富、熟悉教育教学的专职督学。1999 年 4 月经县长办公会议通过，聘请王自光、王国良、郑大鹏等长期从事教育教学工作，在基层有较高声誉和影响的专家型教学、管理骨干担任第一届兼职督学，从此，逐步形成了一支基本能够适应教育督导工作需要、素质较高、结构合理、专兼结合的督学队伍。截至 2016 年，有专职督学 5 人，兼职督学 21 人。

二、健全制度，规范工作

在市教育部门的指导下，着重从六个方面逐步完善了教育督导制度，健全了工作机制。建立了督导检查和评估验收制度、对下级政府教育行政管理工作进行督导检查评估制度、专兼职督学联系督学责任区制度、定期开展教育执法督查工作制度、责任督学挂牌督导制度、专项督导检查制度，并定期召开全区（县）教育督导工作会议，总结工作经验，安排督导工作任务。2014 年制定了《密云县中小学校责任督学挂牌督导工作实施方案》和《密云县中小学校责任督学挂牌督导工作规程》等挂牌督导工作制度，编印了《密云县责任督学挂牌督导工作文件汇编》。根据行政区划设置和学校分布，划分教育督导责任区，配备专兼职督学，责任督学挂牌督导覆盖全县64所中小学校。督学责任区制度的建立，强化了督导职能，明确了督学责任，规范了工作程序，落实了工作任务，是一项行之有效的工作制度，为教育督导工作的科学化，规范化和系统化提供了强有力的保障。

三、科学评价，以评促教

建立健全督导评价制度，是开展督导评价工作的基础。1995年，县督学室与教育局依据《北京市中小学教育质量综合评价方案》，结合密云县实际，通过调查研究、修改完善、试评试点等环节，制定了《密云县中小学教育质量综合评价方案》，并据此全面开展了评价工作。2003年11月，县教委、教育督导室联合下发《关于贯彻实施〈北京市普通中小学全面实施素质教育评价方案（修订·试行）〉的意见》，并依据此方案对中小学全面实施素质教育情况进行自我评价和督导评价，完成53所中小学（包括2所职校）的教育评价工作。2004年，县教育督导室研究制定《学校自主发展评价指导意见》，以此指导学校制定本校的自主发展评价方案。2005年，在原有评价方案的基础上，完善各级各类教育评价方案，制定成人教育、幼儿教育、民办教育评价指标体系，并归纳整理各类教育评价方案和各委办局、乡镇教育职责等相关文件，编辑下发《密云县实施素质教育评价工作文件汇编》。组织完成对中小学全面实施素质教育综合督导评价的自评工作，配合县教委进行了中小学教学工作专项评价。2005年底，对两所职业学校专门进行素质教育综合督导评价。2009年，以县政府办公室名义下发了《关于密云县乡镇政府街道办事处相关委办局教育执法全面实施素质教育责任的通知》《关于密云县政府教委中小学幼儿园全面实施素质教育评价方案意见的通知》《关于密云县表彰奖励实施素质教育先进单位先进个人制度的通知》《关于密云县2009年全面实施素质教育情况综合督导评价自评工作安排的通知》等文件，进一步推动密云县素质教育的实施。2014年，县教育督导室牵头修订印发了《密云县学校、幼儿园全面实施素质教育评价方案》，完善了素质教育综合评价指标体系，并牵头组织对全县学校、幼儿园、教育机构全面实施素质教育工作进行新一轮综合评价，最后根据实地评价和学校自评，对素质教育评价成绩优秀的学校给予公开表彰奖励，取得了较好效果。科学的教育评价工作对全面推进素质教育实施和规范办学行为起到了积极作用。

四、强化检查，督促执法

开展教育执法督导检查是教育督导的重要职责，密云区（县）对此高度重视。

1995 年就建立了对县政府职能部门和乡镇政府执行教育法律法规履行教育职责的督导检查制度。1997—2010 年，在全市统一安排下，每年对上一年度教育经费支出占财政支出比例情况、教育经费“三个增长”情况及当年教育经费预算制定情况进行执法检查。同时，根据不同时期教育工作的重点开展有针对性的执法检查。1999—2001 年，对山区中小学建设年度目标完成情况进行重点检查，2002 年，对农村中小学教师工资由区县政府统一发放情况、落实北京市普通教育事业公用经费新定额标准情况、巩固提高山区中小学建设及改善农村寄宿制中小学生活设施情况等进行重点检查，2004 年，对教育费附加的拨付管理及使用情况进行重点检查，2005 年，对加快农村基础教育发展三年规划目标完成情况，实施职业教育规划、促进职业教育发展情况进行重点检查，2006—2008 年，对实施初中建设工程情况，落实“十一五”职业教育发展规划、开展农民培训、建设实训基地和落实教育附加 30% 用于职业教育情况进行重点检查，2010 年，对贯彻《义务教育法》和《北京市实施〈中华人民共和国义务教育法〉办法》中关于新建、改建居民区教育配套建设情况进行督导检查。通过教育执法督导检查，提高了领导干部的执法意识，使教育工作真正成为“一把手”工程。保障了教育经费投入，实现了“三个增长”，促进了教育事业的发展和教育质量的不断提高。

五、调研科研，服务发展

一是开展督导调研。1995 年，在撰写密云县教育“九五”规划前期，县督学室开展相关情况的调查和数据统计，为县政府制定“九五”教育规划提供依据。并到八所初中校针对初中生辍学情况进行调查，撰写调查报告，为县教育局有效控制初中生辍学提供依据。1999 年，为实现全县中小学办学条件在 2000 年达到北京市颁布的基本标准，县督学室深入 10 个山区乡镇的 21 所中学和 87 所小学进行普查，逐校核实财产登记数字，对照“北京市山区中小学办学条件基本要求”，绘制出各项设备补缺项细目和所需资金表，为县政府决策提供依据。二是积极开展科研课题研究。2006 年 3 月县教育督导室承担的“十五”教育督导与评价三个市级科研课题全部结题。密云县第二小学“小学生质量综合评价的途径与方法的研究”、密云镇中心小学“小学语数教学中培养学生的创新精神和实践能力的方法研究”、密云县第五中学“中学语文课堂教学评价研究”等科研课题经过三年的实践研究，取得阶段性成果，对学校的教育教学起到了指导和促进作用。三是开展教育工作社会满意度调查。自 2014 年 5 月至今，县教育督导室通过委托第三方专业机构的方式，与市教科院合作开展了密云教育满意度调查工作，系统了解了我县教育工作的成绩和存在不足，为各级领导决策和各学校发展提供了科学参考依据。

第三部分　大　事　记

1991—1993 年，开展实施《义务教育法》督导检查，推动乡（镇）政府落实教育责任，修建校舍、增添设备，改善办学条件，全县实施九年义务教育取得显著进展。8 个乡（镇）达到实施九年义务教育的基本标准，通过“两基”评估验收工作，全县实现“基本普及九年义务教育，基本扫除青壮年文盲”目标。

1993 年，开展农村完小“北京市办学条件标准”达标验收工作。县督学室、县教育局共同制定对密云县农村完全小学进行检查验收的意见，提出具体的检查验收标准和奖励办法。每年下半年县督学室与教育局小教科、教研中心联合组成验收组，对申报验收的完全小学进行检查验收。至 2000 年 9 月，全县 88 所农村完小全部通过市级验收。

1998 年，县督学室与县教育局研究制定了《密云县山区中小学建设三年总体规划（1998—2000 年）》，就三年总体建设目标、中小学布局调整、三年分步实施计划及实施措施等做出具体安排，并通过“乡乡进、校校看”加强督导检查，完成了密云县山区中小学三年建设任务。制定了初中建设工程发展规划和分年度实施计划，并根据市教委和市政府教育督导室的工作部署，制定了《密云县初中建设工程工作评价指标体系》，将初中建设工程列为专项督导内容，每年对初中建设工程的组织领导、资金使用、设备配备、干部教师队伍建设、工作进度等方面进行督导检查，到 2008 年，19 所初中学校初中建设工程全部完成，并通过终结性评估验收。

2008 年，正式启动小学规范化建设工程。制定了《密云县关于实施小学规范化建设工程的督导验收方案》《密云县小学规范化建设工程三年规划》《小学规范化建设验收实施方案》《密云县小学规范化建设工程专项督导评价指标体系》等文件，并根据年度验收工作方案分批次对小学进行督导评价验收，到 2010 年，29 所小学规范化建设工程任务全部完成。

2015 年 4 月 29 日，全国义务教育均衡发展推进工作考察团赴北交大附中密云分校、东邵渠中心小学观摩义务教育均衡发展情况，县长王海臣作了题为《全面落实‘以县为主’教育管理体制，统筹推进区域义务教育优质均衡发展》工作汇报。

2016 年，认真做好国家义务教育质量监测组织工作，圆满完成国家义务教育质量监测任务。

近 30 年间，在市、区（县）政府的正确领导下，区（县）教育督导室（督学室）逐步完善体制机制，健全规章制度，依法履行教育督导工作各项职能，为促进地区教育改革与发展做了积极的努力。在今后的工作中，将进一步深化教育督导改革，强化教育督导职能，建立完整的、相对独立的教育督导机构，完善督政、督学、评估监测“三位一体”的教育督导体系，健全各类教育督导评估制度，规范教育管理和学校办学行为；建设一支数量充足、结构合理、责任心强、业务精湛、专兼职相结合的专业化督导队伍；以师德建设，义务教育阶段学生“减负”等专项督导为抓手，不断完善教育督导体制机制；探索建立完善教育督导结果公布制度和限期整改制度，继续为区教育工作持续健康快速发展保驾护航。

督导护航　全力保障教育事业发展

——延庆教育督导（1989—2016 年）

第一部分　综　　述

1989 年延庆恢复教育督导制度，成立了“延庆县人民政府督学室”，2001 年更名为“延庆县人民政府教育督导室”。截至 2016 年，延庆教育督导事业已经走过 27 个春秋。27 年间，延庆区（县）人民政府教育督导室（督学室）按照国家对市县的工作要求，积极推进教育督导管理体制改革，健全完善教育督导体系，优化方式，提升水平，全面推进各项教育督导工作顺利开展，全力保障延庆教育事业科学、健康发展。

一、统筹全区教育督导工作，积极推进教育督导改革

多年来，延庆积极探索教育督导改革。1989 年 9 月，成立了“延庆县人民政府督学室”，定为处级单位，机构设在教育局（普教），定编 6 人，专门负责对中小学和学龄前教育工作进行监督、检查、评价和指导，受县政府领导和上级督学机构的指导。2001 年 12 月，“延庆县人民政府督学室”更名为“延庆县人民政府教育督导室”。2009 年，《中共延庆县委教育工作委员会延庆县教育委员会主要职责内设机构和人员编制规定》中明确了延庆县人民政府教育督导室的主要职责。2011 年，县教育督导室制定印发《延庆县督学聘任管理办法（暂行）》。随着改革的推进，2016 年，区政府教育督导室启动北京市中小学校责任督学挂牌督导创新区评估认定筹备工作，健全完善教育督导制度，推进教育督导机构建设，加强督学队伍建设，逐步健全教育督导机制。

二、把握重点，全面加强教育督导工作，保障延庆教育科学健康发展

坚持依法治教，开展教育法律法规执行情况自查。自 1992 年开始，坚持每年按时完成教育法律法规执行情况自查，撰写自查报告。先后十四次迎接市教育执法督导检查。有效促进县政府及其相关职能部门依法履行教育职责，推动县域内各类教育均衡协调发展。

完成五轮全面实施素质教育工作综合督导评价，保障素质教育全面实施。先后四次接受市级综合督导评价。县政府办公室转发县政府教育督导室《关于落实北京市区县政府、教委、中小学校、幼儿园全面实施素质教育评价方案意见》，修改完善

《延庆县普通中小学校、幼儿园、职业学校、校外教育机构、特殊教育学校全面实施素质教育评价指标体系（修订·试行）》，并据此开展了多轮综合督导。

完成多项专项督导自查，迎接市专项督导评估，助力专项教育工作健康发展。先后完成了初中建设工程、小学规范化建设工程、义务教育基本均衡、社区教育、校外教育、学前教育、开学工作、培育和践行社会主义核心价值观教育、落实基础教育学科教学改进意见、学校“减负”工作、开放性实践活动、中小学校和中小学教师校外有偿补课、空气重污染天气应急督导等专项督导自查，接受市级督导验收和督导评估。县第一职业学校成功组织召开了北京市中等职业学校德育工作专项督导现场会。

开展经常性督导和调研，解决实际问题，提升教育督导实效性。完善督学责任区制度，全面推进中小学校责任督学挂牌督导，责任督学围绕学校的校务管理和制度执行情况等八项主要督导事项开展经常性督导；针对中小学校的设施设备、学生“减负”、体质状况及相关乡镇、委办局执行教育法律法规等情况及热点难点问题开展随访调研，撰写督导和调研报告，切实解决实际问题，为市、县教育方针政策的制定提供了可靠的科学依据。

积极开展教育发展状况评估监测，了解各类教育发展状况。连续几年完成学前教育发展状况监测、义务教育实施情况监测、中小学生课业负担监测、国家义务教育质量监测。

第二部分　传承与发展

27年间，延庆教育督导工作紧紧围绕全面推进素质教育这个中心，抓住教育工作的重点与难点，关注教育发展改革热点，创新教育督导工作亮点，在实践中创新，在创新中发展，在发展中提高，在教育发展中更加有地位，在教育管理中更加有威信，在社会上更加有影响。

一、借助契机，突出四个强化，推进教育督导改革

区政府教育督导室借助北京市中小学校责任督学挂牌督导创新区评估认定契机，积极推进教育督导改革，不断探索和思考在新形势下做好督导工作的途径和办法。一是强化制度建设，健全完善20余项教育督导相关制度，如重新修订《延庆区中小学校责任督学挂牌督导实施方案》，制定《延庆区督学管理暂行办法》《延庆区督学考核办法》等，对督学资格、聘任、职责、管理、培训、考核等做出明确的规定和要求，规范教育督导工作。二是强化机构建设，统筹谋划教育督导改革，积极推进区教育督导委员会以及督学科和督政科两个科室机构建设。三是强化督学队伍建设，

制定专兼职督学聘任工作方案，规范督学队伍管理。四是强化机制建设，逐步形成有效的教育督导机制。督导队伍正在向年轻化、专业化和规范化迈进，督学的整体素质和督导工作质量明显提升。

二、抓住重点，强化督导工作机制，推进教育发展

履行素质教育职责，落实教育法律法规，全面实施素质教育是教育督导工作的重点。多年来，延庆教育督导室抓住这个重点，建立了督政随访机制，学校（教育机构）素质教育自评、综合督导、专项督导、经常性督导调研等工作机制，监督并指导各单位积极依法履行教育职责，全面实施素质教育。尤其是创新督导工作亮点，围绕热点、难点问题的经常性督导调研，为全区教育改革和发展提供了重要决策依据。同时，圆满完成了国家和市义务教育发展基本均衡、教育法律法规执行情况、全面实施素质教育等各项督导检查。

经过多年努力，延庆教育督导为区教育改革与发展做出了重要贡献，教育督导各项工作取得突破性发展。

第三部分　大　事　记

1989 年 9 月，延庆县人民政府成立了“延庆县人民政府督学室”。定为处级单位，设在县教育局（普教），定编 6 人。2001 年 12 月，“延庆县人民政府督学室”更名为“延庆县人民政府教育督导室”。2015 年 11 月 17 日延庆撤县设区，12 月 28 日“延庆县人民政府教育督导室”更名为“延庆区人民政府教育督导室”。

1992—2016 年，每年按照全市部署对教育法律法规执行情况进行自查，随访部分乡镇、委办局，撰写自查报告和自查工作总结。1992—2000 年、2004 年、2007 年、2008 年、2013 年、2016 年先后 14 次接受市级教育执法督导检查。

1997—2015 年，完成五轮全面实施素质教育综合督导评价。2008 年 9 月，县政府教育督导室、县教委制定《关于对普通中小学校、职业学校、幼儿园全面实施素质教育工作进行督导评估方案》，10 月，县政府办公室转发县政府教育督导室《关于落实北京市区县政府、教委、中小学校、幼儿园全面实施素质教育评价方案意见》。2013 年 4 月，县政府教育督导室制定《关于对普通中小学校、职业学校、幼儿园全面实施素质教育工作进行督导评估三年规划》。2015 年印发《延庆县普通中小学校、幼儿园、职业学校、校外教育机构、特殊教育学校全面实施素质教育评价指标体系（修订 · 试行）》，完成第五轮素质教育综合督导评价。2000 年、2005 年、2009 年、2014 年 4 次接受市级全面实施素质教育综合督导评价。

2006 年 4 月，全面启动对初中建设工程学校的督导验收，到 2008 年 12 月，由

县政府教育督导室牵头组成的督导评估验收组对全县所有19所初中校进行了督导验收。2009年4月，顺利通过市级初中建设工程督导验收。全县初中建设工程目标圆满完成。

2007—2015年，县政府教育督导室每年会同县教委统筹完成义务教育实施与均衡发展状况监测统计工作。

2008年3月，本县小学规范化建设工程正式启动，到2012年9月，县政府教育督导室牵头，共分五批对县内4所直属小学、25所农村中心小学、8所完全小学进行县级验收，37所小学被命名为“延庆县小学规范化建设工程达标学校”。10月，顺利通过市级专项督导评估验收。全县小学规范化建设目标全面完成。

2009年，《中共延庆县委教育工作委员会延庆县教育委员会主要职责内设机构和人员编制规定》印发，明确了延庆县人民政府教育督导室的主要职责，定编政府教育督导室主任1名、基础教育督学1名、职业成人教育督学1名，延庆县人民政府教育督导室由延庆县委教育工作委员会、延庆县教育委员会代管。

2009年10月23日，市政府教育督导室对本县第一职业学校进行了德育督导评估。2010年6月11日，由北京市人民政府教育督导室主办、延庆县承办，在县第一职业学校成功组织召开了北京市中等职业学校德育工作专项督导现场会。

2010年，开展中小学校新办学条件达标后硬件管理、使用和专室师资配备情况调研，形成《延庆县中小学校新办学条件达标后硬件管理、使用和专室师资配备情况调研报告》。同年，历时一年，完成《延庆县“十二五”时期教育事业发展规划》拟定稿。2011年，开展中小学生体质状况调研，形成《延庆县中小学生体质状况调研报告》。2012年，开展学前教育发展现状调研，形成《延庆县学前教育发展现状调查报告》。2013年，开展义务教育均衡发展情况调研，形成《延庆县推进义务教育均衡发展情况的调研报告》。2014年，开展中小学生“减负”工作情况调研，形成《延庆县中小学生“减负”工作开展情况的调研报告》。2015年，开展职成系统经费保障机制情况调研，形成《关于延庆县职成系统经费保障机制的调研报告》。

2010年4—5月，县“十一五”教育评价与督导15个市级课题结题，课题成果获得市级二等奖1个，三等奖4个，县人民政府教育督导室获优秀组织奖。2014年12月，县“十二五”教育督导与评价27个市级课题全部结题。2016年12月，获得北京市教育评价与督导研究会课题成果一等奖1个，二等奖6个，三等奖3个。

2011年4月2日，制定《延庆县督学聘任管理办法（暂行）》，明确兼职督学应当履行的职责。

2011年7月，县人民政府与市政府签订《延庆县人民政府推进义务教育均衡发展责任书》。2012年，通过北京市第一批义务教育发展基本均衡区县评估验收。2015年4月29日，教育部教育督导评估专家组到本县进行义务教育发展基本均衡督导评估。本县通过了本次国家级义务教育发展基本均衡评估验收。

2012—2016 年，每年统筹、协调、完成学前教育监测统计工作。

2012 年 4 月，制定《延庆县社区教育自查工作方案》并开展自查。6 月 27 日，市政府教育督导室副主任刘莉带领督评组对本县社区教育开展情况进行督导检查。副县长魏怡出席有关会议。

2013 年 3 月，制定《延庆县校外教育自查迎检工作方案》并开展自查。5 月 29—30 日，市政府教育督导室对本县校外教育工作开展情况进行督导检查。

2014 年 1 月，全面推进中小学校责任督学挂牌督导工作。制定《延庆县中小学校责任督学挂牌督导实施方案》，聘任 20 名挂牌责任督学，全县中小学校挂牌率达到 100%，责任督学挂牌督导工作全覆盖。

2014 年 2—3 月，制定《延庆县关于迎接北京市学前教育工作专项督导的迎检工作方案》并开展自查。4 月 2 日，市政府教育督导室督评组对本县学前教育三年行动计划落实情况进行专项督导检查。

2015 年 1 月、6 月，2016 年 1 月、12 月，全体挂牌责任督学通过实地考察、进班听课、教师学生网上问卷调查、查阅相关档案资料等形式，对 45 所挂牌中小学校进行“减负”督导监测。

2016 年 2 月、3 月、9 月，组织全体督学深入全区中小学校，通过察看校园、走访干部师生、查阅资料等方式开展开学情况专项督导检查。

2016 年 5 月 26 日，完成四年级和八年级语文、艺术学科国家义务教育质量监测。全区 14 所小学，8 所中学，587 名学生接受测试，162 名教师参加了问卷调查。

2016 年 7 月 7 日，组织召开北京市教育督导信息化建设区级平台试点培训会，启动试点工作。本区成为北京市教育督导信息化建设区级平台试点区县之一。

2016 年 9—11 月，组织所有挂牌责任督学走进全区中小学校，通过听取校长汇报，与学校干部、教师、学生、家长访谈，查阅相关档案资料，听课，实地观察等方式，开展社会主义核心价值观教育的落实、基础教育学科教学改进意见的贯彻、学校“减负”工作的落实三项重点工作专项督导检查。

2016 年 10 月 17 日，区政府教育督导室、区教委制定印发《延庆区争创中小学校责任督学挂牌督导创新区工作方案》，启动北京市中小学校责任督学挂牌督导创新区评估认定筹备工作。

2016 年 10—12 月，组织开展空气重污染天气中小学校应急预案落实情况、初中开放性科学实践活动、中小学校和中小学教师校外有偿补课专项督导检查。

2016 年 11 月 8 日，制定下发《关于印发〈北京市延庆区督学管理暂行办法〉的通知》。《北京市延庆区督学管理暂行办法》共五章 31 条，明确提出督学的资格与聘任、职责与权力、培养与培训以及管理与考核等内容及要求。

2016年11月，区教育两委会审议通过《2017年拟聘专兼职督学工作方案》，明确专兼职督学实际需求、来源、建议名单等。

2016年10—12月，健全完善14项教育督导相关制度，对督学资格、职责、管理、培训、考核，督导规程、流程、结果公示公告等做出规定和要求。12月2日，区教工委、教委、政府教育督导室制定下发《关于印发延庆区中小学校责任督学挂牌督导实施方案的通知》。12月26日，区教育两委会审议通过《延庆区督学考核办法》。

充分发挥督导职能 助推教育健康发展

——燕山教育督导（1989—2016 年）

第一部分 综 述

一、机构设置与沿革

1989 年 4 月，燕山办事处成立燕山办事处教育分局督学室。1999 年 9 月，燕山办事处教育分局督学室更名为燕山办事处教育督导室，属副处级单位，隶属于燕山办事处，成为燕山办事处地区教育督导评估的重要职能部门。2011 年，北京市房山区委燕山工委办事处下发文件《北京市房山区燕山教育委员会主要职责内设机构和人员编制规定》，其中规定设教育督导室主任一名。

二、工作职责

燕山办事处教育督导室负责对燕山地区贯彻执行教育法律法规、方针政策的情况实施监督；负责对有关行政部门领导和管理教育工作情况实施监督与评价；会同教育行政部门组织协调教育评价、评估工作；负责对教育中的重大问题进行调查研究，向燕山办事处、燕山教委报告和反映情况，提出意见和建议；承办市政府教育督导室、燕山办事处交办的其他事项等。

第二部分 传承与发展

燕山办事处教育督导室准确把握发展定位，牢固树立“以服务为宗旨，以督导为手段，以促进教育发展为目的”的督导原则，紧紧围绕市、区两级教育改革与发展的中心任务，推进督导工作专业化、科学化、规范化，促进地区教育工作健康发展。

一、提高认识，加强基础保障

燕山办事处教育督导室自成立以来，在市人民政府教育督导室指导和燕山办事处的正确领导下，认真贯彻落实党的教育方针，履行教育法律、法规、规章、方针、政策落实情况的监督检查职责，对学校、家长、社会关心的教育热点问题开展调查研究，监督指导各级各类教育依法办学和规范办学，有效推动各级各类学校贯彻党的教育方针，坚持立德树人，全面实施素质教育，保证了燕山教育事业的科学发展。

（一）确立联动机制

燕山办事处教育督导室（督学室）自1989年成立，办事处领导一直高度重视督导工作，将教育督导纳入政府议事日程，保障教育督导的全局性地位。办事处教育督导室（督学室）充分发挥区域小，合署办公，沟通畅通的优势，建立局际工作联席会议制度，将督导工作与相关委办局落实教育职责挂钩，将落实教育职责纳入对相关委办局的年度考核中，促进办事处相关职能部门落实教育职责，解决教育难题，优化教育发展环境。

（二）扩大督学队伍

燕山办事处督导室（督学室）自设立以来，有行政编制1名，督学由退居二线的学校领导担任，曾经存在年龄偏大、人员不足的问题。教育督导改革的发展对督学的素质、数量也提出了更高的要求，为适应新形势的需要，办事处教育督导室（督学室）从干部队伍中选聘具有管理经验、教学经验的领导为专职督学，并将行政管理部门、教学业务部门、科研部门的管理人员和优秀人才聘为兼职督学，提升评价指导的专业化和科学化水平。督导室现有人员7人（行政编制1人，事业编制6人），兼职督学11人，形成了一支数量充足、结构优化、素质优良、德才兼备的专兼职督学队伍，为做好教育督导工作打下了坚实的人力基础。

二、加强督政工作，提升教育保障水平

燕山办事处教育督导室（督导室）始终重视督政工作，每年对教育法律法规执行情况进行督导检查，并先后开展了“初中建设工程”“小学规范化建设工程”“中小学办学条件情况”等专项督导检查，监督政府落实教育职责，加大教育投入，解决教育难题，达到了以评促建、以评促改、以评促发展的目的。

多年来，燕山办事处认真履行政府教育职责，学校布局得到优化，地区四个街道均建有中学、小学、幼儿园，所有中小学均已达到市级办学标准，7所幼儿园100%达到一级办园条件，满足了社区适龄学生就近入学的需求；办学基础得到夯实，义务教育资源实现了均衡配置；教育渠道得到拓宽，各资源单位联动，齐抓共管，实现校内外、课内外的有效衔接，形成了良好的校内外教育协作网络，全面推动了素质教育的落实。

三、强化督学工作，提升教育教学质量

一是建立学校综合督导评价制度。燕山办事处教育督导室制定了《燕山地区全面实施素质教育评价实施方案》及《燕山地区全面实施素质教育评价指标体系》，明确了教委、学校的职责任务。结合地区区域小、学校数量少、校际差距小等特点，

将实施《燕山地区全面实施素质教育评价实施方案》与体育工作、德育工作、教学工作等专项工作有机结合，采用“分块推进、整体促进”的督导思路，统筹安排、突出重点、有序推进，每两年对学校进行一次素质教育综合督导。

落实《燕山地区全面实施素质教育评价实施方案》以来，燕山地区以全面实施素质教育、提高教育质量、努力办好人民满意的教育为目标，督导工作扎实推进，学校办学条件得到进一步改善，教师队伍建设呈现新发展，教育教学质量实现新突破。

市人民政府教育督导室多次走进燕山，对素质教育实施情况进行综合督导。督导组认为燕山地区立足地区实际，规划整体发展，形成了政府办园、布局合理、机会均等的学前教育新格局，“五四”学制下的九年一贯、对口直升、绿色衔接的义务教育发展新模式。积极稳妥的教育综合改革实践，促进了教育的内涵发展。

二是建立专项督导及调研制度。为规范学校办学行为、提高办学质量，实现内涵发展，多年来，办事处教育督导室先后开展了学前教育、校外教育、特殊教育、体育工作、德育工作、科技教育、艺术教育等多项专项督导与调研，围绕教育热点、难点问题，开展了校园欺凌专项治理、中小学校及中小学校教师有偿补课、减轻中小学生过重课业负担等专项督导。督导工作中，从实际情况出发，将常规督导、专项督导与教育行政部门业务科室工作相整合，注重服务与指导，以“导”带督，以“导”促督，形成“督导+”的督导模式，整合督学、教研员、科室干部三支力量，构建了行政领导、教研指导、督导评价“三驾马车”，助力教育常规管理工作真正取得实效。通过督导，帮助协调解决了教师特殊教育津贴补助、学前教师待遇提高等问题。

三是建立责任督学挂牌督导制度。为落实《北京市教育委员会、北京市人民政府教育督导室关于做好中小学校责任督学挂牌督导工作实施意见》，办事处教育督导室2012年底在全市率先完成了责任督学挂牌督导工作，实现区域内全覆盖。自挂牌督导工作开展以来，采取“三项举措”，着力推进责任督学挂牌督导工作。一是建立专兼结合的督学队伍。从二线干部队伍中挑选具有多年管理、教学经验的校长、教研员为专职责任督学，从教育行政部门和教研部门聘任兼职责任督学，实行“一岗双责”。二是完善督导工作制度。制定和完善了《燕山责任督学管理办法》《燕山中小学校责任督学挂牌督导规程》，加强对责任督学的管理，完善责任督学聘任、培训、考核等工作制度，规范责任督学工作规程。三是建立部门联动的工作模式。在挂牌督导中，教委信访部门将收集到的群众意见反馈给责任督学，责任督学协助进行相关调查、核实，再将情况反馈给相关行政管理部门，督促管理部门进行问题整改。部门联动的工作模式，使督导室单个部门的职责，成为教育行政、业务部门的共同责任，形成了督学、行政、学校“三位一体”的管理格局。

总之，燕山办事处教育督导室始终坚持以国家法律法规和方针政策为依据，以改革发展为动力，立足地区区情、教情，不断创新督导工作，促进了学校办学水平大幅度提升，有力助推了义务教育均衡、优质发展。

今后，燕山办事处教育督导室将进一步深化教育督导改革，加强督导机构和队伍建设，提高督导专业化水平，保障教育法律法规、方针政策的贯彻执行，推动地区教育事业科学发展。

第三部分　大　事　记

1989年8月，办事处督学室对地区教育经费增长政策和教师经济待遇落实情况、校舍中危房改造情况、中小学生流失控制情况、乱收费现象的纠正情况等五方面情况开展自查。10月12日迎接了市政府文教办，房山区人大、政府文教办、政府督学室对前进中学、向阳小学的检查。

1990年3月4日至5月18日，联合教委各相关科室组成督导组，依据《燕山中小学综合评价指标体系》对各中小学进行综合督导，促进学校由“应试教育”向素质教育转变。

1990年4月，组织小学校长11人到西城区西直门第二小学观摩，学习学校先进的管理经验。

1994年11月10日，市教育局督学室对燕山地区《义务教育法》《教师法》落实情况进行督导检查，抽查了东风小学、前进中学、教研中心贯彻“两法”的情况。

1999年9月13—15日，市政府教育督导室依据《北京市区县政府巩固“两基”落实“两全”全面实施素质教育评价方案》对燕山地区“两基”及素质教育落实情况进行督导评价。

2000年6月，对17所中小学“减负”情况进行专项督导检查，全面了解学生课业负担情况，促使学校将“减负”要求落到实处。

2005年4月12日至5月26日，会同燕山教研中心继续教育办公室对燕山教委所属16个单位进行“教师队伍建设”专项督导。

2005年9月21日，市政府教育督导室对燕山办事处、教委实施素质教育工作情况进行综合督导评价。

2006年3月21日至4月30日，对中小学及幼儿园“安全工作”进行专项督导，督促学校重视安全工作，加强管理，消除安全隐患。

2006年10月31日至11月2日，市政府教育督导室到燕山进行德育工作督导检查，并到前进中学实地检查德育工作落实情况。

2007年5月，会同教委相关科室，依据《北京市中小学校办学条件标准》对地区所属中小学校进行全面督导检查，为燕山办事处及教委决策提供依据。

2008 年 4 月 8—18 日，组织教委相关科室分别对教委所属七所小学、燕山高中和职业学校进行体育卫生工作专项督导。

2009 年 3 月 24 日至 5 月 20 日，对地区各中小学、高中、幼儿园等单位进行“校园文化建设”专项督导，推进学校文化建设。

2010 年 11 月 22 日至 12 月 17 日，对各小学规范化建设进行督导验收，推进全地区小学教育优质均衡发展。

2012 年 6 月 12—19 日，联合教委相关科室就园所发展规划、队伍建设、规范管理、发展绩效四个方面对各幼儿园进行专项督导检查。

2012 年 11 月 1—2 日，市政府教育督导室对燕山地区教育法律法规执行情况进行督导检查。

2013 年 6 月 28 日，开展特殊教育工作专项督导，走进羊耳峪小学实地考察，检查特殊教育各项政策、要求在特教学校的落实情况。

2013 年 10 月 30—31 日，市政府教育督导室对燕山地区校外教育工作开展情况进行督导评价。

2013 年 12 月 31 日，在向阳小学举行燕山地区“北京市中小学督学公示牌”揭牌仪式。

2014 年 3 月 12 日，市政府教育督导室对燕山地区学前教育工作进行督导评价。

2014 年 5 月 30 日至 6 月 5 日，联合教委相关科室对中学体育工作进行专项督导检查。

2014 年 12 月 10 日，市素质教育综合督导评价组对燕山地区进行素质教育综合督导评价。

2015 年 5 月 25—27 日，对地区 7 所幼儿园进行防止和纠正“小学化”现象排查工作。

2015 年 6—11 月，联合教委相关科室开展中小学德育工作专项督导。

2016 年 5 月 26 日，开展 2016 年国家义务教育质量监测，燕山地区 3 所样本校严格按照“组织严密、程序规范、操作标准”的要求组织实施，圆满完成了测试工作。

2016 年 5 月 27 日，市政府教育督导室对燕山地区中小学办学情况进行督导调研。

2016 年 11 月 30 日，会同教委小教科、校外办，对燕山教委校外教育机构教育活动管理情况进行督导检查。

2016 年 12 月 23 日，市政府教育督导室联合市教委对燕山地区中小学校和中小学教师校外有偿补课情况进行检查。

第五编

法规文件

北京市人民政府关于试行中小学和学龄前教育督学制度的决定

京政发〔1986〕129 号

为全面贯彻落实《中共中央关于教育体制改革的决定》，努力发展基础教育，不断提高教育质量，加强政府对教育工作的监督、评价和指导，提高教育管理工作的水平，使教育事业更好地为社会主义现代化建设服务，特决定：

一、自 1986 年 9 月起，在本市试行中小学和学龄前教育督学制度。市、区（县）教育局设立督学机构，对下级教育行政部门和中小学、幼儿园的工作行使督导权。督学机构受同级教育局和上级督学机构的领导。督学机构设置督学，由市、区（县）教育局提名，同级人民政府任命，颁发证书。

二、督学的主要任务：

（一）对下级教育行政部门和中小学校、幼儿园贯彻执行教育工作方针、政策、法律、法规、规章情况，教育、教学工作质量，人事、经费、校舍、设备等行政管理工作和同级教育行政部门、上级督学机构交办事项进行视察、监督和指导；

（二）对下级教育行政部门和中小学校、幼儿园的工作进行评价；

（三）对教育工作中的重大问题进行调查研究，提出加强或改进教育工作的意见和建议；

（四）对教师、干部的聘任、任免、表彰、奖励、批评、处分提出意见；

（五）市和区（县）教育局督学可分别对区（县）政府和乡政府领导教育工作的情况提出批评与建议。

督学执行任务中可以向教育行政部门、督学机构提出督导报告，也可以就教育工作中存在的问题向被视察、监督和指导的单位发出“督学通知书”，提出批评、意见和建议。

三、督学根据督导工作的需要，有权要求被视察、监督和指导单位的有关人员就有关事项作如实汇报或协助工作；有权参加各种教学活动（包括课外活动）和有关会议；有权召集座谈会或调阅有关文件、档案、资料、簿册等；有权对教师和干部的工作进行考核。

各级政府、教育行政部门和学校、幼儿园都要积极支持督学的工作，为他们提供必要的工作条件，如实反映情况；对督学提出的批评、意见和建议要认真研究解决或答复。任何人不得阻碍督学正常行使督导职权，不得对督学打击报复。

四、督学应当具备下列条件：

（一）忠诚社会主义教育事业，有一定的理论和政策水平，熟悉有关政策、法律、法规和规章；

（二）受过高等教育或具有同等学力，从事教育工作 10 年以上，有较丰富的教育工作经验和较强的独立工作能力；

（三）实事求是，坚持原则，遵纪守法，作风正派，有一定的威望；

（四）身体健康，能够胜任督导工作。

五、市教育局建立督学室，编制 10 人，主任由市教育局局长兼任，副主任由副局级干部担任，督学由处或副处级干部担任。督学每人负责 2 至 3 个区（县）的督导工作。区（县）督学工作由市教育局先在部分区（县）组织试点，摸索经验，逐步推开。区（县）督学机构的设置和人员配备，待试点后，再由市教育局提出具体意见。

六、建立督学制度是一项新的工作，各级人民政府和教育行政部门要十分重视，切实加强对这项工作的领导，注意掌握试行情况，对工作中的问题及时加以研究，认真解决，并不断总结经验。待经过试点，取得经验后，再制定正式施行办法。

1986 年 9 月 17 日

北京市教育局关于印发《北京市教育局关于建立区、县督学机构的几点意见》的函

京教督字〔1988〕6号

各区、县人民政府：

为了加强政府对教育工作的监督、评价和指导，提高教育工作管理水平，使教育事业更好地为社会主义现代化建设服务，市人民政府于1986年作出了《关于试行中小学和学龄前教育督学制度的决定》，要求市、区（县）教育局设立督学机构。我局遵照市政府指示，提出了建立区、县督学机构的几点意见，业经市政府批复同意。现将《北京市教育局关于建立区、县督学机构的几点意见》发给你们，请参照执行。

附件1：北京市人民政府办公厅公文批复通知

附件2：北京市教育局关于建立区、县督学机构的几点意见

北京市教育局

1988年10月8日

附件1：

北京市人民政府办公厅公文批复通知

〔1988〕厅秘字61号

市教育局：

《北京市教育局关于建立区、县督学机构几点意见的请示》（京教督字〔1988〕4号）收悉。

市政府领导同志同意你们的意见。

特此批复。

北京市人民政府办公厅

1988年9月14日

附件 2:

北京市教育局关于建立区、县督学机构的几点意见

京教督字〔1988〕4 号

北京市人民政府:

1986 年 4 月，全国人大六届四次会议明确指出要加强教育事业的管理，逐步建立系统的教育评价和监督制度。国家教委对全国教育系统建立督导制度也提出了要求。北京市政府对我市建立督学制度十分重视。1986 年 9 月作出了《北京市人民政府关于试行中小学和学龄前教育督学制度的决定》(京政发〔1986〕129 号文件，以下简称《决定》)；在市教育局设立了督学室；经市教育局提名，由市政府任命了督学人员；在规定督学的任务中，明确地赋予市、区(县)教育局督学可分别对区(县)政府和乡政府领导教育工作提出批评与建议的职责。一年多来，市教育局督学室组建过程中，积极开展了督导工作，在检查监督《中华人民共和国义务教育法》(以下简称《义务教育法》)的贯彻实施、建立中小幼教育质量综合评价制度、调查研究教育的重要问题以及为领导决策提出建议等方面，发挥了积极作用。

《决定》指出:“区、县督学工作由市教育局先在部分区、县组织试点，摸索经验，逐步推开。区、县督学机构的设置和人员配备，待试点后，再由市教育局提出具体意见。”遵照上述精神，我局自 1987 年底开始在崇文、平谷等区、县进行了试点和研讨。现根据试点的初步经验和兄弟省市督学工作的经验，提出我局关于建立区、县督学机构的几点意见:

一、建立区、县督学机构的必要性

一是深化教育体制改革的客观需要。根据《中共中央关于教育体制改革的决定》，基础教育实行了地方负责分级管理的体制。农村由县、乡、村三级办学，县、乡两级管理。在学校内部，正在推行校长负责制，破除“三块铁”、打破“大锅饭”等管理体制的改革。为了适应深化改革的新形势，保证改革的健康发展，不断提高教育质量和社会效益，区、县教育领导部门必须简政放权，转变职能，必须加强对乡管教育和学校工作的监督、检查、评价、指导。

二是实施普及九年制义务教育的需要。贯彻、落实《义务教育法》，在我市全面实施九年制义务教育是长期、艰巨的任务，必须严格执法，加强监督、检查。我市崇文、平谷等区、县督学室受区、县政府的委托，承担了经常监督、检查《义务教育法》实施情况的职责，加强了对所属乡(镇)、街道和有关部门实施九年制义务教

育工作的督导，取得了明显的效果。实践证明，建立区、县督学室是实施九年制义务教育的有力措施。

三是健全教育事业管理的需要。教育督导是教育事业管理的重要环节。督学机构不担负决策、执行、组织实施等行政职能，专门负责督导工作，具有专门性；它面对整个普教事业，既负责督导下级教育行政部门和中小学、幼儿园的各方面工作，又负有对下级政府部门领导教育工作提出批评、建议的职责，具有广泛性和综合性；随着督导机构的建立、健全，可以使督导工作经常化、制度化，具有系统性；督学人员超脱于具体行政事务之外，集中精力于督导工作的实践和研究，使督导更具有客观性。督学机构具有这些特点，是其他行政职能部门所不能代替的。

四是建立系统的教育评价和督导制度的需要。我市有 18 个区、县,291 个乡（镇），840 所中学，3 875 所小学，3 732 所幼儿园。市督学室的主要职能只能是对区、县领导教育工作的宏观督导，只有各区、县普遍建立督学机构，形成督导工作的网络，才能把教育督导落实到基层，才能在全市建立起系统的教育评价和监督制度。

为了适应教育形势的发展，在经过试点取得初步经验的基础上，应抓紧在一年内逐步将各区、县教育局的督学室建立起来。

《决定》指出:“建立督学制度是一项新的工作，各级人民政府和教育行政部门应十分重视，切实加强对这项工作的领导，注意掌握试行情况，对工作中的问题及时加以研究，认真解决并不断总结经验。”试点的经验证明，这是建立、健全督学机构的关键。

二、区、县督学室的性质和主要任务

区、县督学室是区、县政府根据国家的有关方针、政策、法规，专门负责对本区、县中小学和学龄前教育工作进行监督、检查、评价和指导的行政职能机构，受区、县政府的领导和上级督学机构的指导，可设在区、县教育局。

区、县督学的主要任务是:

（一）对中小学校、幼儿园贯彻执行国家的教育方针、政策、法规的情况，教育、教学工作质量，人事、经费、校舍、设备等行政管理工作进行视察、监督和指导。完成区、县政府和教育局及上级督学机构交办的督导任务。

（二）对中小学校、幼儿园的办学方向、管理水平和教育质量进行评价。

（三）对教育工作中的重大问题进行调查研究，提出加强或改进教育工作的意见和建议。

（四）对区、县有关部门、乡（镇）政府及各街道办事处，在实施《义务教育法》和其他有关普教工作方面的问题提出批评意见和建议。

（五）对校长、园长的任免、表彰、奖励、批评、处分提出意见。

督学执行任务中，可以向上级督学部门和同级教育行政部门报送“督导报告”，也可以就教育工作中存在的问题向被视察、监督和指导的单位发出“督学通知书”，提出批评、意见和建议。

督学根据督导工作的需要，有权要求被视察、监督和指导单位的有关人员就有关事项作如实汇报或协助工作；有权参加各种教学活动（包括课外活动）和有关会议；有权召集座谈会或调阅有关文件、档案、资料、簿册等；有权对教师和干部的工作进行考核。

区、县有关部门、乡（镇）政府和街道办事处以及中小学、幼儿园都要积极支持督学的工作，为他们提供必要的工作条件，如实反映情况；对督学提出的批评意见和建议要认真研究解决或答复。任何人不得阻碍督学正常行使督导职权，不得对督学打击报复。

为了便于督导工作的开展，区、县教育部门召开的重要会议，应吸收区、县督学室的有关人员参加，并要采取多种形式培训督学人员，不断提高他们的政策、理论水平和业务能力。

三、区、县督学应当具备下列条件

（一）坚持社会主义初级阶段的基本路线，忠诚社会主义教育事业，有一定的政策和理论水平，熟悉有关政策、法律、法规和规章；

（二）受过高等教育或具有同等学力，从事教育工作10年以上，有较丰富的教育工作经验和较强的独立工作能力；

（三）实事求是，坚持原则，遵纪守法，作风正派，有一定的威望；

（四）身体健康，能够坚持督学工作。

四、区、县督学室的编制和人员配备

区、县教育局督学室一般设6—10名督学和1—2名工作人员，由各区、县政府根据督导工作的实际需要确定编制。主任可由区、县教育局局长兼任或由相当于区、县教育局局长的干部担任，副主任由副处级干部（远郊县可由正科级干部）担任。督学由副科级以上的干部担任。督学由区、县教育局提名，区、县人民政府任命，颁发证书。

要严格按督学条件认真选配督学，逐步配齐，宁缺毋滥，注意合理的年龄结构和专业结构。要保证督学人员必要的工作条件，从学校或教研部门选调的督学人员，原来由国家、市、区（县）统一规定的工资、福利待遇应予保留。

1988年8月9日

北京市机构编制委员会办公室关于区、县督学机构编制的通知

京编办〔1989〕33 号

各区、县机构编制委员会：

根据市政府京政发〔1986〕129 号和市政府〔1988〕厅秘字 061 号批复同意《北京市教育局关于建立区、县督学机构的几点意见的请示》的文件精神，有的区、县已经组建了督学机构，有的正在组建中，由于两个文件在机构设置上提法不太统一，使得区、县在组建督学室过程中出现了一些问题。为了保证组建工作顺利进行，经市机构编制委员会领导同志批准，现将组建中有关问题通知如下：

一、机构设置

各区、县教育局设立督学室，为了便于工作，对外称区、县人民政府督学室，主任由区、县教育局局长兼任，并配备 1 名区、县属副局级干部担任专职副主任。

二、人员编制

根据工作需要，同意各区、县教育局督学室增加事业编制 110 名（详见表）。人员从教育系统中调剂，经费由区、县财政解决。

北京市机构编制委员会办公室

1989 年 9 月 18 日

附件：

区、县教育局督学室编制分配情况

区、县名	名额	区、县名	名额
东城区	7 人	西城区	7 人
崇文区	7 人	宣武区	7 人
朝阳区	8 人	海淀区	8 人
丰台区	7 人	石景山区	4 人
门头沟区	5 人	房山区	6 人

续表

区、县名	名额	区、县名	名额
通县	6人	顺义县	6人
大兴县	6人	昌平县	6人
密云县	5人	平谷县	5人
怀柔县	5人	延庆县	5人

北京市教育局关于颁发《北京市普通中学教育质量综合评价方案（试行）》和《北京市小学教育质量综合评价方案（试行）》的通知

京教督字〔1993〕2号

各区、县教育局：

我局于1988年6月颁发《北京市普通中学教育质量综合评价试行意见》和《北京市小学教育质量综合评价试行意见》（以下简称《试行意见》）以来，全市绝大多数区、县认真组织实施，中小学校教育质量综合评价工作取得了显著成效。

为了认真贯彻党的十四大精神，实施《中国教育改革和发展纲要》的有关要求，适应深化教育改革的新形势，进一步加强对中小学校的宏观管理和教育监督，促进中小学校全面贯彻教育方针，加强科学管理，全面提高教育质量，我局在各区、县实施《试行意见》的基础上，组织人员对《试行意见》中的《中学学校工作质量评价方案》和《小学学校工作质量评价方案》进行了修订。修订后的《北京市普通中学教育质量综合评价方案（试行）》和《北京市小学教育质量综合评价方案（试行）》（以下简称两个评价方案），是教育行政部门、教育督导部门和各中小学统一使用的评价方案，其内容贯彻了国家教委颁发的《中小学督导评估工作指导纲要》精神，突出了对学校教育质量的评价，把学校管理过程评价和学生群体质量评价紧密结合起来，增加了评价等级标准、评价方法和权重量表，增强了两个评价方案的科学性、可行性。现将两个评价方案作为指导性意见予以颁发，并作如下通知：

一、提高认识，统一思想。开展中小学校教育质量评价，建立系统的中小学校评价制度是加强教育管理科学化的一项基础工作，是当前深化教育改革的重要内容，也是提高中小学校办学水平和干部领导水平的有力措施。各区、县教育行政部门、督导部门和中小学校的领导干部要进一步提高认识，统一思想，把贯彻实施两个评价方案作为1993年和“八五”期间提高中小学校教育质量的一项重要任务。

二、认真组织贯彻和实施两个评价方案，各区、县教育局要从本区、县的实际出发，依据两个评价方案制定具体实施办法或制定修订本区、县的评价方案（与督导部门使用的评价方案统一起来）；要研究确定贯彻实施两个评价方案的步骤和措施，组织中小学校干部和评价人员学习学校评价工作的基本理论，掌握两个评价方案的指导思想、基本内容、评价程序和操作方法，搞好评价前的培训；要建立专、兼职结合的具有较高水平的督导评价队伍；贯彻实施两个评价方案要由点到面，按科学的程序和方法，精心组织；要逐步完善教育行政部门对中小学校教育质量科学管理的配套措施。

三、逐步建立中小学校自我评价和督导评价相结合的评价制度。各中小学校要根据两个评价方案中实施办法的要求，每学年结合总结工作进行一次自我评价。自评要在校长领导下，成立学校自评领导小组，做到评价过程和工作过程相结合，领导骨干和群众相结合，定性分析和定量测评相结合。使自我评价成为中小学校加强科学管理和民主管理，进行自我调控、自我完善、启动内部活力的重要手段。对中小学校进行综合督导评价，要在区、县教育局局长（督学室主任）领导下，由区、县督学室牵头，会同区、县教育局有关科（室）、教研和教科研部门，根据本区、县中小学校的实际情况，采取适当形式，每3—5年对所属中小学校进行一轮总结性评价，分类指导和促进中小学校提高办学水平和教育质量。

通过建立中小学校评价制度，充分发挥教育评价的导向、激励、改进、鉴定等功能，可以促进中小学校全面贯彻教育方针，减轻学生过重的课业负担，全面提高教育质量，并为教育领导机关的科学决策提供重要依据；进一步完善教育督导制度，可以促进教育行政部门的职能转换，严格控制对中小学校的各种评比检查，使中小学校的校长能把主要精力用于教育教学。各区、县教育局要解放思想，实事求是，因地制宜、因校制宜，建立本区、县的中小学校评价制度，从1993年起实施，逐步形成科学、有力的管理机制。

四、加强领导。实施中小学校教育质量综合评价和建立学校评价制度是一项新的工作，各区、县要切实加强领导，注意总结经验，研究解决存在的问题。并将两个评价方案试行情况及意见、建议及时向市督学室报告。

1993年2月24日

附件1：

北京市普通中学教育质量综合评价方案（试行）

前　言

一、普通中学教育质量综合评价是普通教育评价的一个重要组成部分，是建立系统的教育评价制度的一项基础工程。科学地评价学校教育质量，直接关系到教育事业的发展方向和人才培养的质量，是实行校长负责制、加强宏观管理和实施教育监督的客观需要。

普通中学教育质量综合评价的目的，在于对学校教育质量进行价值判断，引导广大教育工作者树立正确的教育观和质量观，端正办学方向，加强科学管理，深化教育改革，全面提高学生素质，实现培养目标；使学校和市、区（县）政府及其教育行政部门及时了解情况，为教育决策提供依据。

普通中学教育质量综合评价的指导思想是：坚持党的基本路线和国家的教育方针，以马克思主义教育价值观、全面发展学说、系统论思想和教育管理原理为理论依据，运用现代教育评价的理论和方法，坚持方向性、整体性、动态性、主体性和科学性与可行性相结合的原则。在评价过程，强调形成性评价和评价的教育功能，重视被评价者的主体地位和自我评价的作用，力求全面地、科学地进行价值判断，促进学校提高教育质量，推动教育改革深入发展。

二、普通中学教育质量综合评价方案，以学校教育质量为评价对象，包括学校管理工作质量和学生群体质量。学生群体质量是学校一切工作的出发点和归宿，是检验学校管理工作质量的重要标志；提高学校管理工作质量，是全面提高学生群体质量的保证。把学校管理工作质量和学生群体质量有机结合，组成学校教育质量评价的整体。

普通中学教育质量综合评价方案，是学校经常性自我评价和领导部门进行督导评价的依据。它的作用在于树立衡量一所学校的标准，推动学校坚持正确的办学方向，实行目标管理。通过评价及时反馈，及时调整，发挥优势，克服缺点，不断提高教育质量和办学效益，从而全面实现教育目标。

三、普通中学教育质量综合评价指标体系，是对学校管理工作和学生群体质量的一般要求。鉴于全市教育工作的发展不平衡，学校的层次不同，实施时，必须从实际出发，因地制宜，因校制宜。鼓励不同地区、不同学校，在不同的办学条件基础上，发挥创造性，办出自己的特色。

四、普通中学教育质量综合评价采用定性和定量相结合的方法，以评价指标和评价等级标准为依据，运用多种评价手段进行价值判断，并对评价结果分析、解释，提出改进意见，以利学校管理工作和教育质量的提高。

五、本方案是根据 1988 年 6 月北京市教育局颁发的《北京市普通中学教育质量综合评价试行意见》中的《学校工作质量综合评价方案》，在总结实践经验的基础上修订的。

普通中学教育质量综合评价指标体系

本方案的指标体系是在中共十四大精神指引下，依据《中华人民共和国义务教育法》《中共中央关于教育体制改革的决定》《中共中央关于社会主义精神文明建设指导方针的决议》和“教育必须为社会主义现代化建设服务，必须与生产劳动相结合，培养德、智、体全面发展的建设者和接班人”的教育方针，以及国家教委颁发的《普通中小学校督导评估工作指导纲要》，结合北京市普通中学培养目标的要求和办学的基本经验制定的。

从学校工作的整体出发，评价指标共分解为一级指标 6 项，二级指标 19 项，评价要素 36 项，附加指标 2 项。

北京市普通中学教育质量综合评价指标体系

一级指标	二级指标	评价要素	评价等级标准		评价方法
一、办学方向和目标	（一）坚持为社会主义现代化建设服务的办学方向	（1）全面贯彻教育方针，全面提高学生素质，为培养人才打好基础。结合实际确定办学目标。	优	切实达到要素要求。办学目标明确、可行。	听取汇报，查阅学校规划、计划总结，年级组、教研组计划、总结等资料，座谈，个别访谈。
			及格	基本达到要素要求。办学目标比较明确，基本可行。	
		（2）制定办学规划和计划，实行目标管理。	优	切实达到要素要求。规划、计划落实，措施得力，目标管理成效显著。	
			及格	基本达到要素要求。规划、计划落实措施。	
	（二）落实全面发展的培养目标	（3）坚持全面育人，把坚定正确的政治方向摆在首位；做到德育、智育、体育、美育及劳动技术教育全面实施；以教学为主，课内外、校内外教育相结合，促进学生生动活泼地发展。	优	切实达到要素要求。全面安排具体、落实。	
			及格	基本达到要素要求。	
		（4）面向全体学生，对各年级统筹兼顾，对各类学生因材施教。	优	切实达到要素要求。措施得力，效果良好。	
			及格	基本达到要素要求。	
	（三）深化教育改革	（5）学习教育理论，增强改革意识，解放思想，实事求是，推进学校内部管理体制和教育思想、内容、方法的改革。	优	切实达到要素要求。改革意识强，学校内部管理体制改革、贯彻中学教改要求，开展教育科研，成果显著。	
			及格	基本达到要素要求。	

续表

一级指标	二级指标	评价要素	评价等级标准		评价方法
二、领导班子、制度建设	（四）领导自身建设	（6）校长对学校工作全面负责，统一管理，党组织发挥政治核心作用，教代会发挥民主管理作用。领导机构健全，团结协作，指挥畅通，能调动各方面的积极性。	优	切实达到要素要求。绝大多数教职工满意。	听取汇报，查阅学校规章制度、教代会记录等资料，问卷调查，个别访谈，座谈。
			及格	基本达到要素要求。绝大多数教职工基本满意。	
		（7）校长和副校长能按照《全国中小学校长任职条件和岗位要求》，认真提高思想政治水平和业务能力。	优	切实达到要素要求。领导素质符合要求；提高措施具体，落实好。	
			及格	基本达到要素要求。	
	（五）制度建设	（8）各项规章制度健全、合理；形成信息反馈机制，档案管理规范。	优	切实达到要素要求。规章制度贯彻执行好，信息反馈及时，档案资料齐全。	
			及格	基本达到要素要求。	
三、教师和职工队伍建设	（六）任用与管理	（9）加强教职工思想政治工作，贯彻落实《中小学教师职业道德规范》。	优	切实达到要素要求。措施得力，取得明显效果，教职工集体风气正，凝聚力强。	查阅资料，听取汇报，问卷调查，个别访谈，座谈。
			及格	基本达到要素要求。有措施，有成效。	
		（10）对教职工知人善任，发挥所长。实行聘任制，建立岗位责任制，有考核办法和奖惩制度。努力创造工作条件，关心教职工生活。	优	切实达到要素要求。绝大多数教职工积极性得到充分发挥。	
			及格	基本达到要素要求。绝大多数教职工积极性基本得到发挥。	

续表

一级指标	二级指标	评价要素	评价等级标准		评价方法
三、教师和职工队伍建设	（七）培养与提高	（11）有培养和提高教职工思想政治水平和业务能力的计划和措施。重视骨干教师、青年教师的培养和班主任、团队干部、后勤队伍的建设。教职工队伍具有胜任本职工作的政治思想、文化业务、理论水平和工作能力。	优	切实达到要素要求。教职工总体水平提高明显，培养骨干队伍和青年教师成效显著。	
			及格	基本达到要素要求。教职工总体水平有所提高。	
四、各项工作管理	（八）教育工作	（12）各项工作渗透德育，做到教书育人，管理育人，服务育人。	优	切实达到要素要求。工作落实，有典型经验，效果显著。	听取汇报，查阅资料，问卷调查，个别访谈，座谈，观察，听课，参加教育活动。
			及格	基本达到要素要求。	
		（13）贯彻国家和本市有关德育的法规文件，结合学校和各年级的实际，改革和加强德育工作；落实《中学生守则》《中学生日常行为规范》《中小学生礼仪常规》；加强掌握基本路线教育，爱国主义、集体主义和社会主义思想教育，近代史、现代史和国情教育，注意培养学生的改革开放意识、进取精神和良好的心理品质。	优	切实达到要素要求，教育效果显著。	
			及格	基本达到要素要求，有一定教育效果。	
		（14）建立健全德育工作指挥系统和管理体制。加强班主任、团队工作和政治课教学。开展适合中学生特点的教育活动。组织学生参加社会实践。建设德育基地，举办高中学生业余党校。建立学校、家庭和社会三结合的教育网络。	优	切实达到要素要求。德育工作明显加强。	
			及格	基本达到要素要求。德育工作有所加强。	

续表

一级指标	二级指标	评价要素	评价等级标准		评价方法
四、各项工作管理	（八）教育工作	（15）重视美育和劳动技术教育，有具体计划和安排。积极开展文体、科技、学科等课外活动。	优	切实达到要素要求。美育、劳动技术教育明显加强，各项活动落实好。	
			及格	基本达到要素要求。美育、劳动技术教育有所加强。	
		（16）加强校园建设与管理，有整体规划，做到绿化、美化，有良好的教育环境。	优	切实达到要素要求。校园环境优美，教育性强。	
			及格	基本达到要素要求。	
	（九）教学工作	（17）认真执行国家教委颁发的课程计划和教学大纲。采取措施减轻学生过量的课业负担。	优	切实达到要素要求。课程按规定开齐开足，学生课业负担无过重现象。	查阅课表、校长听课记录、教师备课本、学籍管理等资料，听课，参加教学活动，观察，座谈，个别访谈。
			及格	基本达到要素要求。	
		（18）校长以主要精力抓教学工作；建立教学工作系统；加强教学管理；发挥教研组的作用；提高课堂教学质量。	优	切实达到要素要求。校长每学期听课不少于 40 节，主管副校长不少于 60 节。教学管理得力，课堂教学效果普遍较好。	
			及格	基本达到要素要求。校长每学期听课不少于 30 节，主管副校长不少于 50 节。注意提高课堂教学效果。	
		（19）严格学籍管理，初中退学、流失率符合要求。	优	切实达到要素要求。初中退学、流失率城区 0.5%、近郊 1%、远郊 1.5% 以下。	
			及格	基本达到要素要求。初中退学、流失率城区 1%、近郊 2%、远郊 3% 以下。	

续表

一级指标	二级指标	评价要素	评价等级标准		评价方法
四、各项工作管理	（九）教学工作	（20）贯彻《北京市加强与改进中学学科教学的意见》，开展教学改革和教研活动。加强教学手段现代化建设。形成良好的教风。	优	切实达到要素要求。措施得力，教学改革取得经验，成果显著。现代化教学手段利用效益高。	
			及格	基本达到要素要求。	
		（21）加强对教学设施、仪器设备、文体器材、图书资料的管理，做到充分利用，提高效益。	优	切实达到要素要求。管理有序，利用效益高。	
			及格	基本达到要素要求。有管理制度。	
	（十）体育卫生工作	（22）贯彻《学校体育工作条例》《国家体育锻炼标准》《中学生体育合格标准》和对体育课、课间操、眼保健操以及课外体育锻炼的基本要求，培养学生科学锻炼身体的方法和习惯，增强学生体质。	优	切实达到要素要求。每天体育活动达到一小时或平均一小时，体育课、课间操、课外体育锻炼活动质量高。	听取汇报，查阅学生体检、体育达标等资料，听课，参加体育卫生活动，座谈，个别访谈。
			及格	基本达到要素要求。每天体育活动达到一小时或平均一小时。	
		（23）贯彻《学校卫生工作条例》和卫生保健的有关规定，进行健康教育，培养学生良好的卫生习惯，有防治近视的有效措施。	优	切实达到要素要求。措施得力，效果好。	
			及格	基本达到要素要求。	
	（十一）总务工作	（24）为教育、教学和师生生活服务，提高服务质量和工作效率。	优	切实达到要素要求。服务思想明确，绝大多数教职工满意。	听取汇报，查阅资料，座谈，个别访谈，问卷调查。
			及格	基本达到要素要求。绝大多数教职工基本满意。	

续表

一级指标	二级指标	评价要素	评价等级标准		评价方法
五、学生质量	（十一）总务工作	（25）勤俭办学，执行财务制度，合理使用国拨经费和预算外收入；多渠道筹集教育经费；不断改善办学条件；加强校产的管理，提高利用效益。	优	切实达到要素要求。经费、校产管理好，利用效益高。无违纪现象。办学条件明显改善。	
			及格	基本达到要素要求。经费、校产管理有所加强。办学条件有所改善。	
	（十二）勤工俭学	（26）积极开展勤工俭学，发展校办产业。	优	切实达到要素要求。有发展规划和目标，不断加强管理、提高效益、努力支持办学。	听取汇报，查阅资料，座谈，个别访谈。
			及格	基本达到要素要求。	
	（十三）政治思想品德	（27）具有爱祖国、爱社会主义、爱中国共产党的思想感情；初步掌握政治课教学大纲要求的基本观点。	优	绝大多数学生较好达到要素要求；能关心国内外大事，有一定的改革开放意识和分辨是非、抵制不良影响的能力，政治课合格率95%。	听取汇报，查阅资料，抽样测试，观察、听课，参加教育活动，座谈，个别访谈，问卷调查。
			及格	绝大多数学生基本达到要素要求；政治课合格率80%。	
		（28）行为表现达到《中学生守则》《中学生日常行为规范》《中小学生礼仪常规》的要求；形成良好校风、学风；思想品德优秀学生达到一定比例，后进学生转变明显，减少犯罪现象。	优	绝大多数学生较好达到《中学生守则》《中学生日常行为规范》《中小学生礼仪常规》的要求；校风学风好；有突出的先进集体和优秀学生典型；思想品德优秀学生比例达30%；后进学生人数少；无犯罪现象。	
			及格	绝大多数学生基本达到《中学生守则》《中学生日常行为规范》的要求；思想品德优秀学生比例达20%；后进学生人数有所减少，犯罪率低于0.2%。	

续表

一级指标	二级指标	评价要素	评价等级标准		评价方法
五、学生质量	（十四）知识能力	（29）文化课基础知识、基本技能达到各科教学大纲要求，学习成绩不断提高。初中毕业升学考试、高中会考合格人数，达到一定比例。	优	绝大多数学生文化基础知识、基本技能较好，达到各科教学大纲要求，学习成绩在原有基础上明显提高。中考及格率、高中会考及格率达到同类学校优秀水平。	听取汇报，查阅资料，听课，检查作业，抽样命题测试，观察，座谈，个别访谈。
			及格	绝大多数学生文化课基础知识、基本技能基本达到各科教学大纲要求，学习成绩在原有基础上有所提高。中考及格率达到70%（农村）、80%（城市）。高中会考及格率达到同类学校一般水平。	
		（30）养成良好的学习习惯，掌握正确的学习方法，具有一定的自学能力、观察、思维能力，分析问题、解决问题的能力，动手操作的能力。	优	绝大多数学生较好达到要素要求。	
			及格	绝大多数学生基本达到基本要求。	
	（十五）体质健康	（31）身体形态发育正常，身体素质、机能良好；体育基础知识和体育运动能力达到体育课教学大纲要求；具有良好的体育锻炼习惯，体育合格率、达标率达到一定比例。	优	绝大多数学生较好达到要素要求。身高、体重、胸围、肺活量指数达同年龄组市优秀水平；体育合格率达95%以上，达标率达90%以上。	听取汇报，查阅资料，听课，参加体育活动，座谈，个别访谈，抽样测试。
			及格	绝大多数学生基本达到要素要求。身高、体重、胸围、肺活量指数达同年龄组市合格水平；体育合格率达85%以上，达标率达80%以上。	

续表

一级指标	二级指标	评价要素	评价等级标准		评价方法
五、学生质量	（十五）体质健康	（32）掌握一定的卫生常识，具有良好的卫生习惯，近视发病率低。	优	绝大多数学生较好达到要素要求。近视发病率低于 3%。	
			及格	绝大多数学生基本达到要素要求。近视发病率低于 5%。	
	（十六）审美能力	（33）掌握音乐、美术课教学大纲要求的基础知识、基本技能；具有一定的感受美、欣赏美和表现美的能力，分辨社会生活中美与丑的能力。	优	绝大多数学生较好达到要素要求。做到语言美、行为美、仪表美。音乐、美术课合格率达 95%。	听取汇报，查阅资料，听课，参加课外活动，座谈，个别访谈，问卷调查。
			及格	绝大多数学生基本达到要素要求。音乐、美术课合格率达 85%。	
	（十七）劳动技能	（34）热爱劳动，树立劳动观念；具有家务劳动、社会公益劳动的技能和习惯；有一定的生活自理能力，掌握一些生产劳动的基础知识和基本技能。	优	绝大多数学生较好达到要素要求。	听取汇报，查阅资料，听课，座谈，个别访谈，问卷调查，检查劳动手册。
			及格	绝大多数学生基本达到要素要求。	
	（十八）兴趣、爱好与特长	（35）具有一定的兴趣和爱好，才能和特长得到发展。	优	绝大多数学生较好达到要素要求。坚持参加课外、校外小组活动的人数达 50% 以上，参加各种竞赛获奖率高。	听取汇报，查阅资料，参加课外活动，座谈，个别访谈，问卷调查。
			及格	绝大多数学生基本达到要素要求。坚持参加课外、校外小组活动的人数达 30% 以上。	
	（十九）社会反映	（36）高一级学校及用人单位对毕业生升学、就业后适应情况的反映和社会对在校生的反映良好。	优	对大多数毕业生和在校生反映较好。	问卷调查，统计分析，开调查会、座谈会、个别访谈。
			及格	对绝大多数毕业生和在校生反映较好。	

续表

一级指标	二级指标	评价要素	评价等级标准		评价方法
六、办学效益（此项供在实践中进行探索、研究参考）		将学校教育质量（即上述五项一级指标的评价结果）与学校校舍、设备、经费等办学条件和领导班子、师资队伍配备情况、生源情况进行综合分析。			认真填写办学条件情况统计表，作为背景材料。
附加指标	办学特色：学校某项工作取得突出成绩；教育改革取得重大成果；发挥优势，形成自己的办学特点，为同行或社会公认；在办学条件较差情况下，学校管理工作和教育质量取得显著成绩；培养出在国际上或在全国学科、文体、科技竞赛中取得优异成绩的学生等酌情加 3—10 分。 重大失误：学校出现重大事故或管理工作中有重大失误等酌情减 3—10 分。				

注：对评价等级标准的说明：

1. 评价等级分为“优”“良”“及格”“不及格”四级。低于“优”的标准，高于“及格”的标准，为“良”。未达到“及格”的标准，为“不及格”。

2. 绝大多数：总数的 90% 以上。大多数：总数的 75%—89%。

实 施 办 法

一、学校自我评价

实施本方案的过程是以学校领导为主体，紧密结合学校日常工作进行自我评价的动态过程。要综合运用诊断性评价、形成性评价和总结性评价的功能，对学校教育质量作出综合判断。

每学年，学校制定工作计划时，要把本方案作为重要依据之一，先进行诊断性评价，了解和分析学校情况，作为评价的基础。然后，在工作过程中，经常对照评价指标和评价要素、评价等级标准，实施形成性评价。学校管理工作质量应围绕本学年工作重点，从工作计划、组织实施、检查落实和总结效果等方面进行自我评价；学生群体质量应与日常的教育、教学工作密切结合，采取多种方法检查分析学生质量实际状况，进行自我评价。通过形成性评价及时反馈和调控，使学校管理工作及时得到改进，使学生质量不断得到提高。每学年末，结合总结工作，在平时自我评价基础上，以本方案为尺度，采取领导骨干与群众相结合的方法，实施全面的总结性评价，对学校教育质量作出定性和定量相结合的价值判断，肯定成绩，总结经验，找准薄弱环节，研究改进意见。自我评价结果要上报区（县）督学室和教育局。区（县）督学室和教育局要建立学校自我评价档案。

二、督导评价

教育督导部门和教育行政部门对学校进行督导评价，是加强宏观管理，实施教育监督的重要手段。要发挥教育评价的导向、激励、改进、鉴定的功能，定期对学校教育质量作出综合判断。

实施综合督导评价应在两个月前通知被评价学校。被评价学校根据本方案和有关要求在每学年自我评价的基础上，进行总结性自我评价，并提交书面自评报告。评价人员进校前，认真分析学校自我评价情况。进校后通过听取汇报、查阅资料、巡视观察、随堂听课、抽样测试、问卷调查、座谈、访谈、个案研究、社会调查等多种评价方法，进行复评，经过调查研究，综合分析，作出定性与定量相结合的价值判断，形成综合评价意见，在与学校领导口头交换意见后，书面回复被评价学校。被评价学校在接到书面综合评价意见一个月内向教育督导部门和教育行政部门提交书面改进工作报告。必要时，在半年或一年后，对被评价学校回访或进行复查。

教育督导部门和教育行政部门也可根据工作需要，按本方案的部分指标，对学校进行专项评价，实施方法可参照综合评价，要简便易行。

三、建立评价制度

为适应深化教育改革的新形势，加速教育管理科学化进程，更多更好地为社会主义建设培养人才，根据“建立系统的教育评价制度和监督制度”的要求，在实施本方案过程中，要研究建立切实可行的学校每学年进行自我评价、教育督导部门和教育行政部门定期对学校进行督导评价的常规制度，使学校教育质量评价逐步做到制度化、系统化、规范化。

北京市普通中学教育质量综合评价办学条件情况统计表（一）

	建校时间	班级			学生数									教职工数	
基本情况		合计	初中	高中	合计	初中				高中				合计	其中：专职教师
						计	初一	初二	初三	计	高一	高二	高三		

	普通教室数	实验室数	其他专用教室数（注明教室名称）	操场面积（注明环形跑道长度）	生均活动场地面积	危房面积（注明是否教学用房）
校舍情况						

	达标情况	项目							
设备情况		课桌椅	理化生教学设备	电教器材	图书	体育器材	卫生室医疗设备	音乐教学设备	美术教学设备
	未达标								
	达到基本标准								
	达到一般标准								
	达到较高标准								

经费情况	每月生均教学行政费执行标准		每年校预算外收入（主要项目及款数）		学校前三年获荣誉称号情况	

北京市普通中学教育质量综合评价办学条件情况统计表（二）

	姓名	性别	年龄	文化程度	职务（注明职称）	任现职时间	身体情况	主管工作	备注（注明按编制是否配齐）
校级领导干部情况									
中层干部（包括团委书记）情况									

北京市普通中学教育质量综合评价办学条件情况统计表（三）

<table>
<tr><td rowspan="8">专任教师队伍配备情况</td><td colspan="3">人数</td><td colspan="6">年龄结构</td><td colspan="10">职称情况</td><td colspan="4">学历达标情况</td><td colspan="4">代课教师情况</td></tr>
<tr><td>计</td><td>男</td><td>女</td><td colspan="2">35岁以下</td><td colspan="2">35—50岁
（女）
35—55岁
（男）</td><td colspan="2">50岁以上
（女）
55岁以上
（男）</td><td colspan="2">中学高级</td><td colspan="2">中学一级</td><td colspan="2">中学二级</td><td colspan="2">中学三级</td><td colspan="2">未评</td><td colspan="2">初中</td><td colspan="2">高中</td><td colspan="2">初中</td><td colspan="2">高中</td></tr>
<tr><td rowspan="2"></td><td rowspan="2"></td><td rowspan="2"></td><td>人数</td><td>%</td><td>人数</td><td>%</td><td>人数</td><td>%</td><td>人数</td><td>%</td><td>人数</td><td>%</td><td>人数</td><td>%</td><td>人数</td><td>%</td><td>人数</td><td>%</td><td>人数</td><td>%</td><td>人数</td><td>%</td><td>人数</td><td>学历达标率</td><td>人数</td><td>学历达标率</td></tr>
<tr><td></td><td></td><td></td><td></td><td></td><td></td><td></td><td></td><td></td><td></td><td></td><td></td><td></td><td></td><td></td><td></td><td></td><td colspan="7" rowspan="2">开课情况（注明：1. 能否满足开齐开足课程；2. 未开课程年级、科目、缺额教师数）</td></tr>
<tr><td colspan="6">业务胜任情况</td><td colspan="14">骨干教师情况</td></tr>
<tr><td colspan="3">初中</td><td colspan="3">高中</td><td rowspan="2">人数</td><td rowspan="2">%</td><td colspan="6">其中：初中</td><td colspan="6">其中：高中</td><td colspan="7" rowspan="3"></td></tr>
<tr><td colspan="2">胜任人数</td><td>%</td><td colspan="2">胜任人数</td><td>%</td><td colspan="2">校级骨干人数</td><td>%</td><td colspan="2">区县级以上骨干人数</td><td>%</td><td colspan="2">校极骨干人数</td><td>%</td><td colspan="2">区县级以上骨干人数</td><td>%</td></tr>
<tr><td colspan="2"></td><td></td><td colspan="2"></td><td></td><td></td><td></td><td colspan="2"></td><td></td><td colspan="2"></td><td></td><td colspan="2"></td><td></td><td colspan="2"></td><td></td></tr>
<tr><td rowspan="4">生源情况</td><td rowspan="4">初中</td><td colspan="6">新生入学录取情况</td><td colspan="7">新生情况</td><td rowspan="4">高中</td><td colspan="5">新生录取分数线</td><td colspan="7">新生情况</td></tr>
<tr><td colspan="4">全部推荐保送</td><td colspan="2"></td><td colspan="2">班以上干部数</td><td colspan="2">三好学生数</td><td colspan="3">获校以上奖励人数</td><td colspan="5" rowspan="3"></td><td>团员数</td><td colspan="2">班以上干部数</td><td colspan="2">三好学生数</td><td colspan="2">获校以上奖励人数</td></tr>
<tr><td colspan="4">部分推荐保送</td><td colspan="2"></td><td colspan="2" rowspan="2"></td><td colspan="2" rowspan="2"></td><td colspan="3" rowspan="2"></td><td rowspan="2"></td><td colspan="2" rowspan="2"></td><td colspan="2" rowspan="2"></td><td colspan="2" rowspan="2"></td></tr>
<tr><td colspan="4">全部分配</td><td colspan="2"></td></tr>
</table>

北京市普通中学教育质量综合评价量表

一级指标	权重及分数	二级指标	权重及分数	评价要素	权重及分数	等级分数 优（0.90—1.00）	良（0.75—0.89）	及格（0.60—0.74）	不及格（0.59以下）
一、办学方向和目标	11（0.11）	（一）坚持为社会主义现代化建设服务的方向	4（0.36）	（1）	2.4（0.60）	2.2—2.4	1.8—2.1	1.5—1.7	1.4以下
				（2）	1.6（0.40）	1.4—1.6	1.2—1.3	1.0—1.1	0.9以下
		（二）落实全面发展的培养目标	4（0.36）	（3）	2.4（0.60）	2.2—2.4	1.8—2.1	1.5—1.7	1.4以下
				（4）	1.6（0.40）	1.4—1.6	1.2—1.3	1.0—1.1	0.9以下
		（三）深化教育改革	3（0.28）	（5）	3（1.0）	2.7—3.0	2.3—2.6	1.8—2.2	1.7以下
二、领导班子、制度建设	12（0.12）	（四）领导自身建设	9（0.75）	（6）	5（0.60）	4.5—5.0	3.8—4.4	3.0—3.7	2.9以下
				（7）	4（0.40）	3.6—4.0	3.0—3.5	2.4—2.9	2.3以下
		（五）制度建设	3（0.25）	（8）	3（1.0）	2.7—3.0	2.3—2.6	1.8—2.2	1.7以下
三、教师和职工队伍建设	12（0.12）	（六）任用与管理	7（0.60）	（9）	4（0.60）	3.6—4.0	3.0—3.5	2.4—2.9	2.3以下
				（10）	3（0.40）	2.7—3.0	2.3—2.6	1.8—2.2	1.7以下
		（七）培养与提高	5（0.40）	（11）	5（1.0）	4.5—5.0	3.8—4.4	3.0—3.7	2.9以下
四、各项工作管理	30（0.30）	（八）教育工作	9.5（0.32）	（12）	2（0.21）	1.8—2.0	1.5—1.7	1.2—1.4	1.1以下
				（13）	3（0.31）	2.7—3.0	2.3—2.6	1.8—2.2	1.7以下
				（14）	2（0.21）	1.8—2.0	1.5—1.7	1.2—1.4	1.1以下
				（15）	1.5（0.16）	1.4—1.5	1.1—1.3	0.9—1.0	0.8以下
				（16）	1（0.11）	0.9—1.0	0.7—0.8	0.6	0.5以下
		（九）教学工作	11（0.37）	（17）	2.5（0.22）	2.3—2.5	1.9—2.2	1.5—1.8	1.4以下
				（18）	3（0.27）	2.7—3.0	2.3—2.6	1.8—2.2	1.7以下

续表

一级指标	权重及分数	二级指标	权重及分数	评价要素	权重及分数	等级分数			
						优（0.90—1.00）	良（0.75—0.89）	及格（0.60—0.74）	不及格（0.59以下）
四、各项工作管理	30（0.30）	（九）教学工作	11（0.37）	（19）	1.5（0.14）	1.4—1.5	1.1—1.3	0.9—1.0	0.8 以下
				（20）	3（0.27）	2.7—3.0	2.3—2.6	1.8—2.2	1.7 以下
				（21）	1（0.10）	0.9—1.0	0.7—0.8	0.6	0.5 以下
		（十）体育卫生工作	5.5（0.18）	（22）	3.5（0.64）	3.2—3.5	2.6—3.1	2.1—2.5	2.0 以下
				（23）	2（0.36）	1.8—2.0	1.5—1.7	1.2—1.4	1.1 以下
		（十一）总务工作	2.5（0.08）	（24）	1（0.40）	0.9—1.0	0.7—0.8	0.6	0.5 以下
				（25）	1.5（0.60）	1.4—1.5	1.1—1.3	0.9—1.0	0.8 以下
		（十二）勤工俭学	1.5（0.05）	（26）	1.5（1.0）	1.4—1.5	1.1—1.3	0.9—1.0	0.8 以下
五、学生质量	35（0.35）	（十三）政治思想品德	9（0.25）	（27）	4（0.44）	3.6—4.0	3.0—3.5	2.4—2.9	2.3 以下
				（28）	5（0.56）	4.5—5.0	3.8—4.4	3.0—3.7	2.9 以下
		（十四）知识能力	11（0.31）	（29）	6.5（0.60）	5.9—6.5	4.9—5.8	3.9—4.8	3.8 以下
				（30）	4.5（0.40）	4.0—4.5	3.4—3.9	2.7—3.3	2.6 以下
		（十五）体质健康	7（0.20）	（31）	4.2（0.60）	3.8—4.2	3.2—3.7	2.5—3.1	2.4 以下
				（32）	2.8（0.40）	2.5—2.8	2.1—2.4	1.7—2.0	1.6 以下
		（十六）审美能力	2（0.06）	（33）	2（1.0）	1.8—2.0	1.5—1.7	1.2—1.4	1.1 以下
		（十七）劳动技能	2（0.06）	（34）	2（1.0）	1.8—2.0	1.5—1.7	1.2—1.4	1.1 以下
		（十八）兴趣、爱好与特长	2（0.06）	（35）	2（1.0）	1.8—2.0	1.5—1.7	1.2—1.4	1.1 以下
		（十九）社会反映	2（0.06）	（36）	2（1.0）	1.8—2.0	1.5—1.7	1.2—1.4	1.1 以下

附件 2：

北京市小学教育质量综合评价方案（试行）

前　言

一、小学教育质量综合评价是普通教育评价的一个重要组成部分，是建立系统的教育评价制度的一项基础工程。科学地评价学校教育质量，直接关系到教育事业的发展方向和人才培养的质量，是实行校长负责制、加强宏观管理和实施教育监督的客观需要。

小学教育质量综合评价的目的，在于对学校教育质量进行价值判断，引导广大教育工作者树立正确的教育观和质量观，端正办学方向，加强科学管理，深化教育改革，全面提高学生素质，实现培养目标；使学校和市、区（县）政府及其教育行政部门及时了解情况，为教育决策提供依据。

小学教育质量综合评价的指导思想是：坚持党的基本路线和国家的教育方针，以马克思主义教育价值观、全面发展学说、系统论思想和教育管理原理为理论依据，运用现代教育评价的理论和方法，坚持方向性、整体性、动态性、主体性和科学性与可行性相结合的原则。在评价过程中，强调形成性评价和评价的教育功能，重视被评价者的主体地位和自我评价的作用，力求全面地、科学地进行价值判断，促进学校提高教育质量，推动教育改革深入发展。

二、小学教育质量综合评价方案，以学校教育质量为评价对象，包括学校管理工作质量和学生群体质量。学生群体质量是学校一切工作的出发点和归宿，是检验学校管理工作质量的重要标志；提高学校管理工作质量，是全面提高学生群体质量的保证。把学校管理工作质量和学生群体质量有机结合，组成学校教育质量评价的整体。

小学教育质量综合评价方案，是学校经常性自我评价和领导部门进行督导评价的依据。它的作用在于树立衡量一所学校的标准，推动学校坚持正确的办学方向，实行目标管理。通过评价及时反馈，及时调整，发挥优势，克服缺点，不断提高教育质量和办学效益，从而全面实现教育目标。

三、小学教育质量综合评价指标体系，是对学校管理工作和学生群体质量的一般要求。鉴于全市教育工作的发展状况不平衡，实施时，必须从实际出发，因地制宜，因校制宜。鼓励不同地区、不同学校，在不同的办学条件基础上，发挥创造性，办出自己的特色。

四、小学教育质量综合评价采用定性和定量相结合的方法，以评价指标和评价等级标准为依据，运用多种手段，进行价值判断，并对评价结果分析、解释，提出改进意见，以利学校管理工作和教育质量的提高。

五、本方案是根据 1988 年 6 月北京市教育局颁发的《北京市小学教育质量综合评价试行意见》中的《学校工作质量综合评价方案》，在总结实践经验的基础上修订的。

小学教育质量综合评价指标体系

本方案的指标体系是在中共十四大精神指引下，依据《中华人民共和国义务教育法》《中共中央关于教育体制改革的决定》《中共中央关于社会主义精神文明建设指导方针的决议》和“教育必须为社会主义现代化建设服务，必须与生产劳动相结合，培养德、智、体全面发展的建设者和接班人”的教育方针，以及国家教委颁发的《普通中小学校督导评价工作指导纲要》，结合北京市对小学培养目标的要求和办学的基本经验制定的。

从学校工作的整体出发，评价指标共分解为一级指标 6 项，二级指标 19 项，评价要素 36 项，附加指标 2 项。

北京市小学教育质量综合评价指标体系

一级指标	二级指标	评价要素	评价等级标准		评价方法
一、办学方向和目标	（一）坚持为社会主义现代化建设服务的办学方向	（1）全面贯彻教育方针，全面提高学生素质，为培养人才打好基础。结合实际确定办学目标。	优	切实达到要素要求。办学目标明确、可行。	听取汇报，查阅学校规划、计划总结，年级组、教研组计划、总结等资料，座谈，个别访谈。
			及格	基本达到要素要求。办学目标比较明确，基本可行。	
		（2）制定办学规划和计划，实行目标管理。	优	切实达到要素要求。规划、计划落实，措施得力，目标管理成效显著。	
			及格	基本达到要素要求。规划、计划有落实措施。	
	（二）落实全面发展的培养目标	（3）坚持全面育人，把坚定正确的政治方向摆在首位；做到德育、智育、体育、美育及劳动教育全面实施；以教学为主，课内外、校内外教育相结合，促进学生生动活泼地发展。	优	切实达到要素要求。全面安排具体、落实。	
			及格	基本达到要素要求。	

续表

一级指标	二级指标	评价要素	评价等级标准		评价方法
一、办学方向和目标	（三）深化教育改革	（4）面向全体学生，对各年级统筹兼顾，对各类学生因材施教。	优	切实达到要素要求。措施得力，效果良好。	
			及格	基本达到要素要求。	
		（5）学习教育理论，增强改革意识，解放思想，实事求是，推进学校内部管理体制和教育思想、内容、方法的改革。	优	切实达到要素要求。改革意识强，学校内部管理体制改革、贯彻小学教改要求，开展教育科研，成果显著。	
			及格	基本达到要素要求。	
二、领导班子、制度建设	（四）领导自身建设	（6）校长对学校工作全面负责，统一管理，党组织发挥政治核心作用，教代会发挥民主管理作用。领导机构健全，团结协作，指挥畅通，能调动各方面的积极性。	优	切实达到要素要求。绝大多数教职工满意。	听取汇报，查阅学校规章制度、教代会记录等资料，问卷调查，个别访谈，座谈。
			及格	基本达到要素要求。绝大多数教职工基本满意。	
		（7）校长和副校长能按照《全国中小学校长任职条件和岗位要求》，认真提高思想政治水平和业务能力。	优	切实达到要素要求。领导素质符合要求；提高措施具体，落实好。	
			及格	基本达到要素要求。	
	（五）制度建设	（8）各项规章制度健全、合理；形成信息反馈机制，档案管理规范。	优	切实达到要素要求。规章制度贯彻执行好，信息反馈及时，档案资料齐全。	
			及格	基本达到要素要求。	
三、教师和职工队伍建设	（六）任用与管理	（9）加强教职工思想政治工作，贯彻落实《中小学教师职业道德规范》。	优	切实达到要素要求。措施得力，取得明显效果，教职工集体风气正，凝聚力强。	查阅资料，听取汇报，问卷调查，个别访谈，座谈。
			及格	基本达到要素要求。有措施，有成效。	
		（10）对教职工知人善任，发挥所长。实行聘任制，建立岗位责任制，有考核办法和奖惩制度。努力创造工作条件，关心教职工生活。	优	切实达到要素要求。绝大多数教职工积极性得到充分发挥。	
			及格	基本达到要素要求。绝大多数教职工积极性基本得到发挥。	

续表

<table>
<tr><th>一级指标</th><th>二级指标</th><th>评价要素</th><th colspan="2">评价等级标准</th><th>评价方法</th></tr>
<tr><td rowspan="2">三、教师和职工队伍建设</td><td rowspan="2">（七）培养与提高</td><td rowspan="2">（11）有培养和提高教职工思想政治水平和业务能力的计划和措施。重视骨干教师、青年教师的培养和班主任、团队干部、后勤队伍的建设。教职工队伍具有胜任本职工作的政治思想、文化业务、理论水平和工作能力。</td><td>优</td><td>切实达到要素要求。教职工总体水平提高明显，培养骨干队伍和青年教师成效显著。</td><td rowspan="2"></td></tr>
<tr><td>及格</td><td>基本达到要素要求。教职工总体水平有所提高。</td></tr>
<tr><td rowspan="6">四、各项工作管理</td><td rowspan="6">（八）教育工作</td><td rowspan="2">（12）各项工作渗透德育，做到教书育人，管理育人，服务育人。</td><td>优</td><td>切实达到要素要求。工作落实，有典型经验，效果显著。</td><td rowspan="6">听取汇报，查阅资料，问卷调查，个别访谈，座谈，观察，听课，参加教育活动。</td></tr>
<tr><td>及格</td><td>基本达到要素要求。</td></tr>
<tr><td rowspan="2">（13）贯彻国家和本市有关德育的法规文件，结合学校和各年级的实际，改革和加强德育工作；落实《小学生守则》《小学生日常行为规范》《中小学生礼仪常规》；加强党的基本路线教育，爱国主义、集体主义和社会主义思想教育，近代史、现代史和国情教育；注意培养学生良好的心理品质。</td><td>优</td><td>切实达到要素要求。教育效果显著。</td></tr>
<tr><td>及格</td><td>基本达到要素要求，有一定教育效果。</td></tr>
<tr><td rowspan="2">（14）建立健全德育工作指挥系统和管理体制。加强班主任、团队工作和政治课教学。开展适合小学生特点的教育活动。适当组织学生参加社会实践。建设德育基地。建立学校、家庭和社会三结合的教育网络。</td><td>优</td><td>切实达到要素要求。德育工作明显加强。</td></tr>
<tr><td>及格</td><td>基本达到要素要求。德育工作有所加强。</td></tr>
</table>

续表

一级指标	二级指标	评价要素	评价等级标准		评价方法
四、各项工作管理	（八）教育工作	（15）重视美育和劳动技术教育，有具体计划和安排。积极开展文体、科技、学科等课外活动。	优	切实达到要素要求。美育、劳动技术教育明显加强，各项活动落实好。	
			及格	基本达到要素要求。美育、劳动技术教育有所加强。	
		（16）加强校园建设与管理，有整体规划，做到绿化、美化，有良好的教育环境。	优	切实达到要素要求。校园环境优美，教育性强。	
			及格	基本达到要素要求。	
	（九）教学工作	（17）认真执行国家教委颁发的课程计划和教学大纲。采取措施减轻学生过重的课业负担。	优	切实达到要素要求。课程按规定开齐开足，学生课业负担无过重现象。	查阅课表、校长听课记录、教师备课本、学籍管理等资料，听课，参加教学活动，观察，座谈，个别访谈。
			及格	基本达到要素要求。	
		（18）校长以主要精力抓教学工作；建立教学工作系统；加强教学管理；发挥教研组的作用；提高课堂教学质量。	优	切实达到要素要求。校长每学期听课不少于40节，主管副校长不少于60节。教学管理得力，课堂教学效果普遍较好。	
			及格	基本达到要素要求。校长每学期听课不少于30节，主管副校长不少于50节。注意提高课堂教学效果。	
		（19）严格学籍管理，入学率、退学率、流失率符合要求。	优	切实达到要素要求。小学入学率100%，退学、流失率城区0.1%、近郊0.2%、远郊0.3%以下。	
			及格	基本达到要素要求。小学入学率100%，退学、流失率城区0.2%、近郊0.4%、远郊0.6%以下。	
		（20）贯彻《北京市加强与改进小学学科教学的意见》，开展教学改革和教研活动。加强教学手段现代化建设。形成良好的教风。	优	切实达到要素要求。措施得力，教学改革取得经验，成果显著。现代化教学手段利用效益高。	
			及格	基本达到要素要求。	

续表

一级指标	二级指标	评价要素	评价等级标准		评价方法
四、各项工作管理	（九）教学工作	（21）加强对教学设施、仪器设备、文体器材、图书资料的管理，做到充分利用，提高效益。	优	切实达到要素要求。管理有序，利用效益高。	
			及格	基本达到要素要求。有管理制度。	
	（十）体育卫生工作	（22）贯彻《学校体育工作条例》《国家体育锻炼标准》《小学生体育合格标准》和对体育课、课间操、眼保健操以及课外体育锻炼的基本要求，培养学生科学锻炼身体的方法和习惯，增强学生体质。	优	切实达到要素要求。每天体育活动达到一小时或平均一小时。体育课、课间操、课外体育锻炼活动质量高。	听取汇报，查阅学生体检、体育达标等资料，听课，参加体育卫生活动，座谈，个别访谈。
			及格	基本达到要素要求。每天体育活动达到一小时或平均一小时。	
		（23）贯彻《学校卫生工作条例》和卫生保健的有关规定，进行健康教育，培养学生良好的卫生习惯，有防治近视的有效措施。	优	切实达到要素要求。措施得力，效果好。	
			及格	基本达到要素要求。	
	（十一）总务工作	（24）为教育、教学和师生生活服务，提高服务质量和工作效率。	优	切实达到要素要求。服务思想明确，绝大多数教职工满意。	听取汇报，查阅资料，座谈，个别访谈，问卷调查。
			及格	基本达到要素要求。绝大多数教职工基本满意。	
		（25）勤俭办学，执行财务制度，合理使用国拨经费和预算外收入；多渠道筹集教育经费，不断改善办学条件；加强校产的管理，提高利用效益。	优	切实达到要素要求。经费、校产管理好，利用效益高。无违纪现象。办学条件明显改善。	
			及格	基本达到要素要求。经费、校产管理有所加强。办学条件有所改善。	
	（十二）勤工俭学	（26）积极开展勤工俭学，发展校办产业。	优	切实达到要素要求。有发展规划和目标，不断加强管理、提高效益，努力支持办学。	听取汇报，查阅资料，座谈，个别访谈。
			及格	基本达到要素要求。	

续表

一级指标	二级指标	评价要素	评价等级标准		评价方法
五、学生质量	（十三）政治思想品德	（27）初步具有爱祖国、爱人民、爱劳动、爱科学、爱社会主义、爱中国共产党的思想感情；初步明确思想品德课教学大纲要求的道德观点。	优	绝大多数学生较好达到要素要求；能关心国内外大事，有初步分辨是非的能力；思想品德课合格率95%，优秀率60%。	听取汇报，查阅资料，抽样测试，观察，听课，参加教育活动，座谈，个别访谈，问卷调查。
			及格	绝大多数学生基本达到要素要求；思想品德课合格率80%。	
		（28）行为表现达到《小学生守则》《小学生日常行为规范》《中小学生礼仪常规》的要求；形成良好校风、学风；思想品德优秀学生达到一定比例；后进学生转变明显。	优	绝大多数学生较好达到《小学生守则》《小学生日常行为规范》《中小学生礼仪常规》的要求；校风、学风好；有突出的先进集体和优秀学生典型；思想品德优秀学生比例达30%；后进学生人数少。	
			及格	绝大多数学生基本达到《小学生守则》《小学生日常行为规范》《中小学生礼仪常规》的要求；思想品德优秀学生比例达20%；后进学生人数有所减少。	
	（十四）知识能力	（29）文化课基础知识、基本技能达到各科教学大纲要求，学习成绩不断提高。毕业考试合格人数、优秀学生人数达到一定比例。	优	绝大多数学生文化基础知识、基本技能较好达到各科教学大纲要求，学习成绩在原有基础上明显提高。毕业考试及格率、优秀率达到优秀水平。	听取汇报，查阅资料，听课，检查作业，抽样命题测试，观察，座谈，个别访谈。
			及格	绝大多数学生文化课基础知识、基本技能基本达到各科教学大纲要求，学习成绩在原有基础上有所提高。毕业考试及格率达80%（农村）、90%（城市）。	

续表

一级指标	二级指标	评价要素	评价等级标准		评价方法
五、学生质量	（十四）知识能力	（30）养成良好的学习习惯，具有初步的自学能力，观察、思维能力和动手能力。	优	绝大多数学生较好达到要素要求。	
			及格	绝大多数学生基本达到要素要求。	
	（十五）体质健康	（31）身体发育正常，身体素质、机能良好；体育基础知识和体育运动能力达到体育课教学大纲要求；具有良好的体育锻炼习惯，体育合格率、达标率达到一定比例。	优	绝大多数学生较好达到要素要求。身高、体重、胸围、肺活量指数达同年龄组市优秀水平；体育合格率达95%以上，达标率达90%以上。	听取汇报，查阅资料，听课，参加体育活动，座谈，个别访谈，抽样测试。
			及格	绝大多数学生基本达到要素要求。身高、体重、胸围、肺活量指数达同年龄组市合格水平；体育合格率85%以上，达标率达80%以上。	
		（32）掌握初步的卫生常识，具有良好的卫生习惯，近视发病率低。	优	绝大多数学生较好达到要素要求。近视发病率低于3%。	
			及格	绝大多数学生基本达到要素要求。近视发病率低于4%。	
	（十六）审美能力	（33）掌握音乐、美术课教学大纲要求的基础知识、基本技能；具有爱美的情趣和初步的欣赏美、表现美的能力。	优	绝大多数学生较好达到要素要求。做到语言美、行为美、仪表美，音乐、美术课合格率95%。	听取汇报，查阅资料，听课，参加课外活动，座谈，个别访谈，问卷调查。
			及格	绝大多数学生基本达到要素要求。音乐、美术课合格率85%。	
	（十七）劳动技能	（34）初步树立劳动观念，爱护劳动成果，主动参加力所能及的自我服务劳动、家务劳动和公益劳动。	优	绝大多数学生较好达到要素要求。	听取汇报，查阅资料，参加劳动教育活动，检查劳动手册，问卷调查，座谈，个别访谈。
			及格	绝大多数学生基本达到要素要求。	

续表

<table>
<tr><th>一级指标</th><th>二级指标</th><th>评价要素</th><th colspan="2">评价等级标准</th><th>评价方法</th></tr>
<tr><td rowspan="4">五、学生质量</td><td rowspan="2">（十八）兴趣、爱好与特长</td><td rowspan="2">（35）具有初步的兴趣和爱好，才能和特长得到发展。</td><td>优</td><td>绝大多数学生较好达到要素要求。坚持参加课外、校外小组活动的人数达 70% 以上，参加各种竞赛获奖率高。</td><td rowspan="2">听取汇报，查阅资料，参加课外活动，座谈，个别访谈，问卷调查。</td></tr>
<tr><td>及格</td><td>绝大多数学生基本达到要素要求。坚持参加课外、校外小组活动的人数达 50% 以上。</td></tr>
<tr><td rowspan="2">（十九）社会反映</td><td rowspan="2">（36）高一级学校对毕业生升学后适应情况的反映和社会对在校生的反映良好。</td><td>优</td><td>对绝大多数毕业生和在校生反映较好。</td><td rowspan="2">问卷调查，统计分析，调查会，个别访谈。</td></tr>
<tr><td>及格</td><td>对大多数毕业生和在校生反映较好。</td></tr>
<tr><td>六、办学效益（此项供在实践中进行探索、研究参考）</td><td></td><td>将学校教育质量（即上述五项一级指标的评价结果）与学校校舍、设备、经费等办学条件和领导班子、师资队伍配备情况、生源情况进行综合分析。</td><td></td><td></td><td>认真填写办学条件情况统计表，作为背景材料。</td></tr>
<tr><td rowspan="2">附加指标</td><td colspan="5">办学特色：学校某项工作取得突出成绩；教育改革取得重大成果；发挥优势，形成自己的办学特色，为同行或社会公认；在办学条件较差情况下，学校管理工作和教育质量取得显著成绩；培养出在国际上或在全国学科、文体、科技竞赛中取得优异成绩的学生等酌情加 3—10 分。</td></tr>
<tr><td colspan="5">重大失误：学校出现重大事故或管理工作中有重大失误等酌情减 3—10 分。</td></tr>
</table>

注：对评价等级标准的说明：

1. 评价等级分为“优”“良”“及格”“不及格”四级。低于“优”的标准，高于“及格”的标准，为“良”。未达到“及格”标准为“不及格”。

2. 绝大多数：总数的 90% 以上。大多数：总数的 75%—89%。

实 施 办 法

一、学校自我评价

实施本方案的过程是以学校领导为主体，紧密结合学校日常工作进行自我评价的动态过程。要综合运用诊断性评价、形成性评价和总结性评价的功能，对学校教育质量作出综合判断。

每学年，学校制订工作计划时，要把本方案作为重要依据之一，先进行诊断性评价，了解和分析学校情况，作为评价的基础。然后，在工作进程中，经常对照评价指标和评价要素、评价等级标准，实施形成性评价。学校管理工作质量应围绕本学年工作重点，从工作计划、组织实施、检查落实和总结效果等方面进行自我评价；学生群体质量应与日常的教育、教学工作结合，采用多种方法，检查分析学生质量实际状况，进行自我评价。通过形成性评价及时反馈和调控，使学校管理工作及时得到改进，使学生质量不断得到提高。每学年末，结合总结工作，在平时自我评价基础上以本方案为尺度，采取领导骨干与群众相结合的方法，实施全面的总结性评价，对学校教育质量作出定性和定量相结合的价值判断，肯定成绩，总结经验，找准薄弱环节，研究改进意见。自我评价结果要上报区（县）督学室和教育局。区（县）督学室和教育局要建立学校自我评价档案。

二、督导评价

教育督导部门和教育行政部门对学校进行督导评价，是加强宏观管理，实施教育监督的重要手段。要发挥教育评价的导向、激励、改进、鉴定的功能，定期对学校教育质量作出综合判断。

实施综合督导评价应在两个月前通知被评价学校。被评价学校根据本方案和有关要求在每学年自我评价的基础上进行总结性自我评价，并提交书面自评报告。评价人员进校前，认真分析学校自我评价情况，进校后通过听取汇报、查阅资料、巡视观察、随堂听课、抽样测试、问卷调查、座谈、访谈、个案研究、社会调查等多种评价方法进行复评，经过调查研究，综合分析，作出定性和定量相结合的价值判断，形成综合评价意见，在与学校领导口头交换意见后，书面回复被评价学校。被评价学校在接到书面综合评价意见一个月内，向教育督导部门和教育行政部门提交书面改进工作报告。必要时，在半年或一年后，对被评价学校回访或进行复查。

教育督导部门和教育行政部门也可根据工作需要按本方案的部分指标，对学校进行专项评价，实施方法可参照综合评价，要简便易行。

三、建立评价制度

为适应深化教育改革的新形势，加速教育管理科学化进程，更多更好地为社会主义建设培养人才，根据“建立系统的教育评价制度和监督制度”的要求，在实施本方案的过程中，要研究建立切实可行的学校每学年进行自我评价、教育督导部门和教育行政部门定期对学校进行督导评价的常规制度，使学校教育质量评价逐步做到制度化、系统化、规范化。

北京市小学教育质量综合评价办学条件情况统计表（一）

基本情况	建校时间	班级	学生数								教职工数	
			合计	一年级	二年级	三年级	四年级	五年级	六年级	智力残疾班	合计	其中：专职教师

校舍情况	普通教室数	专用教室数（注明教室名称）	操场面积（注明环形跑道长度）	生均活动场地面积	危房面积（注明是否教学用房）

设备情况	达标情况	项目							
		课桌椅	自然教学仪器	电教器材	图书	体育器材	卫生室医疗设备	音乐教学设备	美术教学设备
	未达标								
	达到基本标准								
	达到一般标准								
	达到较高标准								

经费情况	每月生均教学行政费执行标准		每年学校预算外收入	

北京市小学教育质量综合评价办学条件情况统计表（二）

	姓名	性别	年龄	文化程度	职务（注明职称）	任现职时间	身体情况	主管工作	备注（注明按编制是否配齐）
校级领导干部情况									
中层干部（包括少先队总辅导员）情况									

北京市小学教育质量综合评价办学条件情况统计表（三）

<table>
<tr><td rowspan="8">专任教师队伍配备情况</td><td colspan="3">人数</td><td colspan="6">年龄结构</td><td colspan="10">职称情况</td><td colspan="2">学历达标情况</td><td colspan="2">代课教师情况</td></tr>
<tr><td rowspan="3">计</td><td rowspan="3">男</td><td rowspan="3">女</td><td colspan="2">35 岁以下</td><td colspan="2">35—50 岁（女）
35—55 岁（男）</td><td colspan="2">50 岁以上（女）
55 岁以上（男）</td><td colspan="2">中学高级</td><td colspan="2">小学高级</td><td colspan="2">小学一级</td><td colspan="2">小学二级</td><td colspan="2">未评</td><td>达标人数</td><td>%</td><td>人数</td><td>学历达标率</td></tr>
<tr><td>人数</td><td>%</td><td>人数</td><td>%</td><td>人数</td><td>%</td><td>人数</td><td>%</td><td>人数</td><td>%</td><td>人数</td><td>%</td><td>人数</td><td>%</td><td>人数</td><td>%</td><td rowspan="2"></td><td rowspan="2"></td><td rowspan="2"></td><td rowspan="2"></td></tr>
<tr><td></td><td></td><td></td><td></td><td></td><td></td><td></td><td></td><td></td><td></td><td></td><td></td><td></td><td></td><td></td><td></td></tr>
<tr><td colspan="5">业务能力
胜任情况</td><td colspan="8">骨干教师情况</td><td colspan="10">开课情况（注明：1. 能否满足开齐开足课程；2. 未开课程年级、科目、缺额教师数）</td></tr>
<tr><td colspan="2">胜任人数</td><td colspan="3">%</td><td>人数</td><td>%</td><td colspan="2">其中校级骨干人数</td><td>%</td><td colspan="2">其中区县级以上骨干人数</td><td>%</td><td colspan="10" rowspan="2"></td></tr>
<tr><td colspan="2"></td><td colspan="3"></td><td></td><td></td><td colspan="2"></td><td></td><td colspan="2"></td><td></td></tr>
</table>

<table>
<tr><td rowspan="4">生源情况</td><td rowspan="4">招生地区分布（注明乡、镇、街道、居委会）</td><td rowspan="4"></td><td colspan="8">一年级学生家长文化结构</td></tr>
<tr><td></td><td>合计</td><td>研究生以上</td><td>大学</td><td>高中</td><td>初中</td><td>小学</td><td>文盲</td></tr>
<tr><td>人数（父母均包括）</td><td></td><td></td><td></td><td></td><td></td><td></td><td></td></tr>
<tr><td>%</td><td></td><td></td><td></td><td></td><td></td><td></td><td></td></tr>
</table>

北京市小学教育质量综合评价量表

一级指标	权重及分数	二级指标	权重及分数	评价要素	权重及分数	等级分数			
						优（0.90—1.00）	良（0.75—0.89）	及格（0.60—0.74）	不及格（0.59以下）
一、办学方向和目标	11（0.11）	（一）坚持为社会主义现代化建设服务的方向	4（0.36）	（1）	2.4（0.60）	2.2—2.4	1.8—2.1	1.5—1.7	1.4以下
				（2）	1.6（0.40）	1.4—1.6	1.2—1.3	1.0—1.1	0.9以下
		（二）落实全面发展的培养目标	4（0.36）	（3）	2.4（0.60）	2.2—2.4	1.8—2.1	1.5—1.7	1.4以下
				（4）	1.6（0.40）	1.4—1.6	1.2—1.3	1.0—1.1	0.9以下
		（三）深化教育改革	3（0.28）	（5）	3（1.0）	2.7—3.0	2.3—2.6	1.8—2.2	1.7以下
二、领导班子、制度建设	12（0.12）	（四）领导自身建设	9（0.75）	（6）	5（0.60）	4.5—5.0	3.8—4.4	3.0—3.7	2.9以下
				（7）	4（0.40）	3.6—4.0	3.0—3.5	2.4—2.9	2.3以下
		（五）制度建设	3（0.25）	（8）	3（1.0）	2.7—3.0	2.3—2.6	1.8—2.2	1.7以下
三、教师和职工队伍建设	12（0.12）	（六）任用与管理	7（0.60）	（9）	4（0.60）	3.6—4.0	3.0—3.5	2.4—2.9	2.3以下
				（10）	3（0.40）	2.7—3.0	2.3—2.6	1.8—2.2	1.7以下
		（七）培养与提高	5（0.40）	（11）	5（1.0）	4.5—5.0	3.8—4.4	3.0—3.7	2.9以下
四、各项工作管理	30（0.30）	（八）教育工作	9.5（0.32）	（12）	2（0.21）	1.8—2.0	1.5—1.7	1.2—1.4	1.1以下
				（13）	3（0.31）	2.7—3.0	2.3—2.6	1.8—2.2	1.7以下
				（14）	2（0.21）	1.8—2.0	1.5—1.7	1.2—1.4	1.1以下
				（15）	1.5（0.16）	1.4—1.5	1.1—1.3	0.9—1.0	0.8以下
				（16）	1（0.11）	0.9—1.0	0.7—0.8	0.6	0.5以下
		（九）教学工作	11（0.37）	（17）	2.5（0.22）	2.3—2.5	1.9—2.2	1.5—1.8	1.4以下
				（18）	3（0.27）	2.7—3.0	2.3—2.6	1.8—2.2	1.7以下

续表

一级指标	权重及分数	二级指标	权重及分数	评价要素	权重及分数	等级分数			
						优（0.90—1.00）	良（0.75—0.89）	及格（0.60—0.74）	不及格（0.59 以下）
四、各项工作管理		（九）教学工作	11（0.37）	（19）	1.5（0.14）	1.4—1.5	1.1—1.3	0.9—1.0	0.8 以下
				（20）	3（0.27）	2.7—3.0	2.3—2.6	1.8—2.2	1.7 以下
				（21）	1（0.10）	0.9—1.0	0.7—0.8	0.6	0.5 以下
		（十）体育卫生工作	5.5（0.18）	（22）	3.5（0.64）	3.2—3.5	2.6—3.1	2.1—2.5	2.0 以下
				（23）	2（0.36）	1.8—2.0	1.5—1.7	1.2—1.4	1.1 以下
		（十一）总务工作	2.5（0.08）	（24）	1（0.40）	0.9—1.0	0.7—0.8	0.6	0.5 以下
				（25）	1.5（0.60）	1.4—1.5	1.1—1.3	0.9—1.0	0.8 以下
		（十二）勤工俭学	1.5（0.05）	（26）	1.5（1.0）	1.4—1.5	1.1—1.3	0.9—1.0	0.8 以下
五、学生质量	35（0.35）	（十三）政治思想品德	9（0.25）	（27）	4（0.44）	3.6—4.0	3.0—3.5	2.4—2.9	2.3 以下
				（28）	5（0.56）	4.5—5.0	3.8—4.4	3.0—3.7	2.9 以下
		（十四）知识能力	11（0.31）	（29）	6.5（0.60）	5.9—6.5	4.9—5.8	3.9—4.8	3.8 以下
				（30）	4.5（0.40）	4.0—4.5	3.4—3.9	2.7—3.3	2.6 以下
		（十五）体质健康	7（0.20）	（31）	4.2（0.60）	3.8—4.2	3.2—3.7	2.5—3.1	2.4 以下
				（32）	2.8（0.40）	2.5—2.8	2.1—2.4	1.7—2.0	1.6 以下
		（十六）审美能力	2（0.06）	（33）	2（1.0）	1.8—2.0	1.5—1.7	1.2—1.4	1.1 以下
		（十七）劳动技能	2（0.06）	（34）	2（1.0）	1.8—2.0	1.5—1.7	1.2—1.4	1.1 以下
		（十八）兴趣、爱好与特长	2（0.06）	（35）	2（1.0）	1.8—2.0	1.5—1.7	1.2—1.4	1.1 以下
		（十九）社会反映	2（0.06）	（36）	2（1.0）	1.8—2.0	1.5—1.7	1.2—1.4	1.1 以下

北京市教育局关于印发《北京市中小学校教育质量自我评价工作程序（试行）》的通知

京教督字〔1994〕3号

各区、县教育局：

为贯彻实施《北京市普通中学教育质量综合评价方案（试行）》和《北京市小学教育质量综合评价方案（试行）》（以下简称两个评价方案），切实加强中小学校教育质量的自我评价工作，特制定《北京市中小学校教育质量自我评价工作程序（试行）》（附后，以下简称《工作程序》）。现印发给你们，并作如下通知：

一、做好学校自我评价工作，是健全教育督导制度的重要内容，也是加强学校科学管理，深化教育改革，全面贯彻教育方针，全面提高教育质量的重要手段。因此，实施《工作程序》，规范自我评价工作，十分必要。要做到实事求是，讲求实效，保证质量。评价内容在坚持按指标体系全面衡量的基础上，可结合不同时期工作重点有所侧重，以增强自我评价的针对性。

二、学校自我评价工作要根据区、县实际情况，逐步开展。凡已建立学校自我评价制度的区、县，要在1994年下半年，组织所属中小学校（远郊区、县小学指中心校以上），结合学年工作总结，对1993—1994学年度的学校教育质量，依据两个评价方案（或本区、县相应的评价方案）和《工作程序》进行一次终结性自我评价。其他区、县要继续抓好试点，做出规划，力争在1994—1995学年度全面推开，建立起学校自我评价制度。

三、切实加强对中小学校自我评价工作的领导。各区、县要认真抓好骨干培训、检查指导、总结经验、研究问题、推进工作，并于1994年底前，将本区、县中小学校自我评价工作进展情况，写出总结报告，报市教育局督学室。

北京市教育局

1994年6月28日

附件：

北京市中小学校教育质量自我评价工作程序（试行）

学校教育质量的自我评价是中小学校加强科学管理和民主管理，进行自我调控、自我改进、自我完善的重要环节和手段；是实施中小学教育质量综合评价，建立学校评价制度的重要组成部分；是对学校教育质量进行行政评价或督导评价的重要基础。为进一步推进中小学校教育质量自我评价工作，并使其规范化，特制定本程序。

一、自我评价的准备

1. 建立学校自我评价领导小组，由学校主要负责人和教师代表组成。校长担任组长，负责主持学校自我评价工作。

依据两个评价方案指标体系，结合学校各部门分工和管理目标的分解，组织若干专项自我评价小组，负责对所分工的指标，按要求开展自我评价活动。

指定专人负责编制自我评价所需的问卷、提纲、测试题、统计表、量表等；统计、汇集评价资料，管理评价档案。

2. 自我评价领导小组结合制订学校工作计划，制订自我评价计划和日程安排。

3. 分层次动员全校教职工，明确自我评价的目的、意义，宣讲两个评价方案内容、方法、实施步骤，公布学校自评计划。

重点组织好领导小组和专项自评小组成员的培训，制定各专项自评小组活动安排。

4. 准备好自我评价需要的评价工具。

二、自我评价的实施

1. 新学年开学前，对照两个评价方案进行诊断性自我评价，分析判断各项指标基础情况，为制订本学年工作计划提供依据。

2. 把评价过程和工作过程紧密结合，对照两个评价方案进行形成性自我评价。

（1）各专项自评小组结合本部门职责和日常工作，开展经常的形成性评价。对所负责的指标及时收集信息，及时反馈调整，促进各项工作的改进和教育质量的提高。同时，采取适当形式，记录评价结果，积累评价资料。

（2）第一学期末，结合学期工作总结，集中进行形成性评价。各专项自评小组以经常的形成性评价为基础，有重点地收集信息，分析判断，提出定性与定量相结合的专项形成性评价意见，填写专项自评小组形成性评价赋值表。经自评领导小组讨论、分析、归纳、综合，撰写学校形成性自我评价报告，填写学校形成性自我评价赋值表。并针对存在问题，采取调控、矫正措施，补充、修订第二学期工作计划。

3. 学年末，结合学年工作总结，对照两个评价方案进行终结性评价。

（1）各专项自评小组，在形成性评价基础上，按照评价指标、要素和等级标准，采取多种评价手段，全面收集、整理信息，进行定性分析和定量测评，提出专项终结性评价意见，撰写终结性评价分报告，填写专项自评小组终结性自我评价赋值表。

（2）召开中层以上干部会，听取各专项自评小组终结性评价分报告，对本年度学校教育质量进行全面评价，对办学效益进行综合分析，肯定成绩，总结经验，找准问题，提出改进的目标和措施。并进行定量测评，填写干部终结性自我评价赋值表。

（3）自评领导小组在分析综合各专项自评小组，中层以上干部终结性自评结果的基础上，撰写学校终结性自评报告和今后改进意见。召开教代会或教职工大会，讨论审定，并进行定量测评，填写教职工终结性自我评价赋值表。

（4）自评领导小组修订终结性自评报告，综合定量测评结果，填写学校终结性自我评价赋值表。

三、自我评价的总结

1. 在校长主持下，运用终结性自我评价结果（也是对下一学年学校提高教育质量的诊断性评价），发挥其导向、激励、改进、鉴定等功能，发扬成绩，推广经验，针对存在问题和薄弱环节，提出进一步加强学校管理，提高教育质量的措施，作为制订下一学年学校工作计划的重要依据。

2. 自评领导小组召开干部、教师、学生代表参加的座谈会，听取对本学年度学校自我评价工作的意见，并在此基础上，召开学校自我评价工作总结会，表彰先进，激励后进，提出今后加强和改进自我评价工作的意见，进一步调动广大教职工运用评价手段、参与学校管理的积极性。

3. 将学校终结性自我评价报告、自评赋值表、办学条件情况统计表各一式两份，上报区、县政府督学室和区、县教育局，作为行政评价或督导评价的基础。

4. 做好学校评价资料归档工作。

1994年6月24日

北京市教育局督学室关于印发《北京市中小学校教育质量综合督导评价工作程序（试行）》的通知

市督学字〔1994〕5号

各区、县人民政府督学室：

为贯彻实施《北京市普通中学教育质量综合评价方案（试行）》和《北京市小学教育质量综合评价方案（试行）》，进一步加强中小学校教育质量综合督导评价工作，特制定《北京市中小学校教育质量综合督导评价工作程序（试行）》（附后，以下简称《工作程序》）。现印发给你们，并作如下通知：

一、学校教育质量综合督导评价工作是落实《中国教育改革和发展纲要》的重要措施，是健全教育督导制度的重要内容，也是区、县教育督导部门实施"督教"任务的常规性、基础性工作。因此，制定《工作程序》，规范学校综合督导评价工作，很有必要，各区、县要结合实际，认真贯彻实施，促进我市学校综合督导评价工作深入开展。

二、根据我市建立自我评价和督导评价相结合的评价学校制度的要求，各区、县要在推进学校自我评价的同时，因地制宜，有计划、有步骤地对所属中小学校教育质量进行综合督导评价。注意总结和推广经过督导评价促进学校工作有明显变化的典型经验，充分发挥督导评价在教育改革中的导向、激励、调控、改进功能，更好地为全面贯彻教育方针，全面提高教育质量服务。

尚未开展学校教育质量综合督导评价工作的区、县，要从1995年起，抓好试点，作出规划，逐步实施。

三、在开展学校教育质量综合督导评价工作中，要加强对督导评价理论、方法和技术的学习、研讨，针对存在问题，坚持在实践中探索，在理论上提高和突破，不断增强督导评价的实效。

四、各区、县督学室在1995年底前，将本区、县贯彻《工作程序》，开展中小学校教育质量综合督导评价工作进展情况，写出总结报告，报市教育局督学室。

北京市教育局督学室

1994年12月28日

附件：

北京市中小学校教育质量综合督导评价工作程序（试行）

学校教育质量综合督导评价是教育督导部门和教育行政部门加强对中小学校宏观管理，实施教育监督和指导的重要手段；是促进中小学校坚持社会主义办学方向，提高科学管理水平，全面贯彻教育方针，全面提高教育质量的有力措施；是建立学校评价制度的重要组成部分。为进一步加强中小学校教育质量综合督导评价工作，并使其规范化，特制定本程序。

一、计划准备

1. 制订综合督导评价学校的实施计划。包括督导评价的目的、内容、重点、方法步骤、日程安排、人员组织。经区、县督学室领导审定后，及时向被督导评价学校下发综合督导评价通知书，要求学校在督导评价前一周将自评报告及有关报表上报区、县督学室。

2. 组织综合督导评价队伍。一般由专、兼职督学和教育行政部门、教研、科研部门的有关人员组成。确定责任督学，分工负责对每所学校督导评价活动的组织实施，并依据评价指标体系的内容和督导评价活动的安排，组织若干专项督导评价小组，使每项指标的评价责任落实到人。

3. 培训督导评价人员。组织综合督导评价组全体人员，学习有关的方针、政策、法规和评价方案，明确督导评价的目的和指导思想，熟悉督导评价指标体系的内容和评价标准，掌握督导评价的原则和方法，明确各自的职责和具体的工作要求。并了解被督导评价学校办学条件、管理水平、教育质量的基本情况，审阅和分析学校历年开展自我评价情况、自评报告、报表和有关资料，有针对性地精心设计各项督导评价活动。

4. 印制综合督导评价使用的有关资料、测试工具，包括专项汇报提纲、各类人员座谈会提纲、查阅资料细目、调查问卷、学生群体质量测试题、督导评价人员赋值表、学校教育质量自我评价赋值表等。

5. 责任督学加强随访，指导被督导评价学校做好自我评价工作和接受督导评价的各项准备工作。

二、调查分析

1. 召开被督导评价学校领导干部或教职工代表会，督导评价组说明来意，宣布综合督导评价的计划和日程安排。

2. 依据指标体系，运用多种方式采集、核实信息。听取被督导评价学校校长的自评报告、有关部门的专项汇报；查阅有关档案资料；组织教职工对学校管理工作和教育质量进行测评；召开干部、教师、学生、家长参加的不同类型座谈会；个别访谈；巡视观察校容校貌、校风校纪、办学设施、师生活动；随堂听课和参加教育教学活动；检查学生作业和教师教案；随机抽样测试学生质量状况；调查各项管理工作现状；了解社会有关方面对学校工作的反映等。

3. 对获取的信息进行筛选、整理。在取得核实、确认的信息资料和统计数据基础上，各专项督导评价小组充分交流情况，进行综合分析和评议，依次对评价要素、二级指标、一级指标作出定量和定性相结合的价值判断。

4. 督导评价组进行综合分析判断，经集体评议、认定，形成对被督导评价学校教育质量的综合督导评价意见。督导评价意见一般应包括督导评价活动的简况，被督导评价学校的成绩、经验，存在问题及原因分析，对今后改进工作的意见和建议。

三、结果处理

1. 督导评价后20天内，督导评价组与被督导评价学校校长就督导评价结果交换意见，并召开学校领导干部会，口头回复督导评价意见，听取反映，对学校工作进行具体指导、帮助。两个月内正式向被督导评价学校发出书面督导评价意见。

2. 被督导评价学校在接到书面督导评价意见后，应及时向全体教职工宣布，并认真研究改进措施，在一个月内向区、县督学室提交书面改进工作报告。半年或一年后，区、县督学室对被督导评价学校进行复查，检查督导评价后改进工作的效果。

3. 在完成对部分学校综合督导评价后，区、县督学室进行综合分析，撰写督导评价报告，及时向区、县政府和教育行政部门反馈信息，报告情况，提出建议，为领导决策提供依据。

对被督导评价学校工作中具有普遍指导意义的经验，建议有关部门总结、推广，推动面上工作；对被督导评价学校提出的困难和问题，认真反映并尽力督促有关部门给予解决。

4. 适时对综合督导评价学校工作进行认真总结，积累经验，探索规律，研究问题，改进提高。

5. 做好督导评价学校的资料建档、归档工作。

以上程序，专项督导评价可参照执行。

北京市人大常委会办公厅关于贯彻《教育法》建立《义务教育法》《教师法》及本市《实施办法》执行情况的监督检查制度和1995年检查工作安排的通知

京常办字〔1995〕3号

各区县人大常委会:

八届全国人大三次会议审议通过了《中华人民共和国教育法》(以下简称《教育法》),并将于今年9月1日起施行。《教育法》是我国教育工作的根本大法,为教育法制建设提供了全面的法律依据。《义务教育法》《教师法》(以下简称"两法")和本市的《实施办法》是重要的法律、法规。它们的颁布与实施,标志着我国的基础教育和教师队伍建设进入了依法治教的新阶段。认真学习、宣传、贯彻《教育法》、"两法"和本市的《实施办法》,对落实教育优先发展的战略地位,深化教育改革,提高教师队伍的政治和业务素质,加强教师队伍建设,提高九年制义务教育乃至各级各类教育的质量和水平,推动全社会进一步形成尊师重教的良好风尚具有十分重大的意义。

为了做好《教育法》的学习、宣传和贯彻工作,特别是为了推动"两法"和本市《实施办法》的贯彻落实,市人大、市政府决定,对"两法"和本市《实施办法》的贯彻落实情况,建立和完善监督检查制度。

一、在今后几年内,坚持每年进行一次"两法"执行情况的检查。检查工作要在认真总结过去"两法"检查经验的基础上,加大监督力度,不断改进检查的方式,注意把集中检查与平时督导检查结合起来,把解决执行法中的重点、难点问题与调查研究结合起来,把检查工作同广泛学习、宣传"两法"及《实施办法》,提高各级领导干部和群众的法制观念,落实政府及各有关部门的执法责任结合起来,在实字上下功夫,增强检查工作的针对性、实效性,切实做到:有法必依,执法必严,违法必究。

二、切实加强对"两法"检查工作的领导。为加强对"两法"监督检查工作的领导,市成立由市人大常委会主管副主任、市政府主管副市长分别任正、副组长,市人大常委会教科委员会、市政府文教办、法制办、市教育督导机构主要领导为成员的领导小组。市"两法"检查工作领导小组办公室设在市督学室,负责日常工作。各区县、市属各有关委、办、局、总公司,也设立领导机构。每年上半年根据市检查领导小组的部署,依照"两法"和本市《实施办法》对本地区、本部门执法责任履行情况进行自查,向领导小组提交总结报告。下半年市检查组对各区县各部门自查情况进行检查。

三、加强对执法和检查工作的监督。落实"两法"及本市《实施办法》,主要责任在各级人民政府。各级人大要履行宪法和法律赋予的职权，充分发挥人大代表的作用，采取多种形式，加强对执法和检查工作的监督，切实保证“两法”及《实施办法》在本行政区域内的遵守和执行。

四、关于 1995 年“两法”检查工作的安排意见。

1. 指导思想。今年的“两法”检查，要继续贯彻《中国教育改革和发展纲要》及 1994 年召开的全国、全市教育工作会议的精神，把深入学习、广泛宣传《教育法》、“两法”和本市的《实施办法》与落实本地区、本部门、本单位的法定职责紧密结合起来，增强执法意识，履行执法责任，从严求实，边查边改，突出重点，注重实效。

2. 加强学习宣传。各区县要采取多种形式，精心组织好《教育法》、“两法”和本市《实施办法》的学习宣传工作。各部门、各单位要对照法律、法规的要求，明确执法责任，制定或完善执法配套规章，做到依法行政、依法治教；广大教师通过学习，要进一步增强责任感、使命感，明确自己享有的权利和应履行的义务，学会依法维护自己的合法权益，为人师表，教书育人。社会各方面要为教育的发展和改革创造良好的社会环境。各新闻单位也要加强“两法”和本市的《实施办法》的宣传工作。

3. 检查重点。在全面检查“两法”和本市《实施办法》执行情况的基础上，着重检查以下几个方面：

（1）教育经费实现“两个增长”的情况；

（2）在规划城市建设和旧城改造中，优先考虑学校布局，安排学校用地，保证中小学校按标准建设的情况；

（3）提高教师工资水平、改善住房与医疗条件的情况；

（4）落实教师申诉机构，依法办理教师申诉的情况；

（5）制止小学初中在校生流失、严格管理，提高义务教育毕业率的情况；

（6）因贫困不能入学接受义务教育的学生情况以及政府采取的措施；

（7）关于中小学全面贯彻教育方针，严格执行教学计划，减轻学生过重课业负担，加强德育等方面的问题，作为教育行政部门、教育督导部门日常督导检查的重点内容。

4. 时间安排。5 月，市人大、市政府召开会议，总结 1994 年“两法”检查情况，部署 1995 年“两法”检查工作的要求与安排。各区县政府、市属各委、办、局、总公司，各单位根据年度执法要求，结合实际，开展学习宣传与自查工作。

9 月，各区县、各部门完成自查报告，按计划完成“两法”及《实施办法》的配套规章。各区县人大对自查工作要进行监督。

10 月，市人大、市政府组织市人大代表和检查组对区县以及市有关部门进行检查。

1995 年 4 月 12 日

北京市人民政府办公厅
关于对有关教育法律法规执行情况建立检查制度的通知

京政办发〔1995〕30 号

各区、县人民政府，市政府各委、办、局，各市属机构：

《中华人民共和国义务教育法》(以下简称《义务教育法》)、《中华人民共和国教师法》(以下简称《教师法》)以及《北京市实施〈中华人民共和国义务教育法〉办法》《北京市实施〈中华人民共和国教师法〉办法》(后两者以下统称《实施办法》)的颁布和实施，对落实教育优先发展的战略地位，深化教育改革，加强教师队伍建设，提高教育质量，具有十分重要的意义。为进一步推动《义务教育法》《教师法》及《实施办法》等教育法律、法规的贯彻落实，市政府决定建立对有关教育法律、法规执行情况进行检查的制度。现将有关事项通知如下：

一、从今年开始，每年在全市范围内进行一次执行教育法律、法规情况的检查。检查中，要注意把集中检查与平时检查结合起来；把解决执法中的重点、难点问题与经常性的调查研究结合起来；把广泛学习、宣传有关教育法律、法规，提高干部群众的法制观念与各有关部门认真执法结合起来，加大执法力度，不断增强检查工作的针对性和实效性。

二、为加强对执行国家有关教育的法律以及本市教育法规情况的检查，市政府成立由主管市长任组长，市政府文教办、法制办、市教育督导机构等部门主要领导人为成员的北京市教育法律法规检查工作领导小组。领导小组办公室设在市督学室。其主要任务是：制定全市贯彻落实教育法律、法规的有关计划并布置工作；组织对各区、县及各有关部门执行教育法律、法规情况进行检查；总结全市执行教育法律、法规工作情况，并向市人大提交工作报告。各区、县人民政府及各有关部门也要结合本地区、本部门的实际，加强对检查工作的领导，根据市领导小组的工作部署，依照有关教育的法律、法规，制定具体落实方案，对本地区、本部门依法履行职责的情况进行自查，并向市领导小组提交总结报告。

三、各级政府及其各有关部门要自觉接受人民代表大会的监督，主动报告执行有关教育法律、法规的情况，并认真做好人大代表参与检查的组织工作。

1995 年 4 月 27 日

北京市机构编制委员会
关于成立北京市人民政府教育督导室的批复

京编委〔1996〕4号

北京市教育委员会：

你委《关于成立北京市人民政府教育督导室的请示》收悉。根据七届市委常委会123次会议决定，同意成立北京市人民政府教育督导室。北京市人民政府教育督导室为市教委代管机构，负责中等和中等以下各类教育的督导工作。其主要职责是：负责统筹规划、组织领导全市的教育督导工作，指导区县开展教育督导工作，起草有关教育督导的法规、规章，制定有关教育督导的指导性文件；对区县政府及其教育行政部门和有关部门贯彻执行教育法律、法规和方针、政策，履行职责的情况，进行监督、检查、评估、指导；对学校及其他教育机构的办学方向、教育教学质量进行督导评估；对教育工作重大问题进行调查研究，向市政府报告工作、反映情况，提出建议。

北京市人民政府教育督导室行政编制为17名，其中：主任1名，由市教委主任兼任（不占督导室编制）；副主任4名，为副局级，其中1名常务副主任；另设正副处级督学及工作人员，并可根据工作需要聘请兼职督学。

北京市机构编制委员会

1996年5月27日

北京市人民政府办公厅
关于设立北京市人民政府教育督导室的通知

京政办发〔1997〕39号

各区、县人民政府，市政府各委、办、局，各市属机构：

为适应教育改革和发展的需要，经市政府批准，设立北京市人民政府教育督导室，为市教委代管机构。其主要职责是：统筹规划并组织协调全市教育督导工作；负责组织全市教育评估工作；对全市教育工作重大问题进行调查研究，向市政府报告情况。

教育督导工作是政府加强对教育工作的行政监督，依法治教的重要环节，各地区、各部门都要给予重视和支持。

北京市人民政府办公厅

1997年7月3日

北京市教育委员会　北京市人民政府教育督导室关于颁发《北京市区县政府巩固“两基”落实“两全”全面实施素质教育评价方案（试行）》等三个评价方案的通知

京教督字〔1997〕2号

各区县人民政府、各区县教委（教育局）、各区县政府教育督导室（督学室）：

根据《北京市人民政府办公厅转发市教委关于进一步推进中小学素质教育实施意见的通知》（京政办发〔1997〕38号）中提出的“完善对区县政府和教育行政部门、中小学校实施素质教育的分级督导评价制度；市教委、市政府教育督导室负责《北京市区县政府巩固‘两基’落实‘两全’全面实施素质教育评价方案（试行）》等三个评价方案的实施工作，并对各区县实施素质教育工作定期进行督导评价；各区县政府负责对所属中小学实施素质教育工作进行督导评价”的要求，现将《北京市区县政府巩固“两基”落实“两全”全面实施素质教育评价方案（试行）》《北京市区县教委（教育局）全面贯彻教育方针，全面实施素质教育评价方案（试行）》和《北京市普通中学教育质量综合评价方案（试行）》（修订）、《北京市小学教育质量综合评价方案（试行）》（修订）（以下简称三个评价方案）予以颁发（另印单行本），并作如下通知：

一、提高认识，加强领导。三个评价方案是我市贯彻《关于进一步推进中小学素质教育的实施意见》的一项重要措施，是构建实施素质教育运行机制的核心内容，是加强宏观管理，实施教育监督的有效手段。三个评价方案既明确了区县政府、区县教委（教育局）、中小学校三个层次实施素质教育的各自职责，又体现了相互的联系，构成了区域性素质教育督导评价体系，通过分层次实施，形成合力，以有效地推动中小学教育向素质教育转变。

实施三个评价方案的目的是引导区县政府、区县教委（教育局）和中小学校的领导干部转变教育观念，加强对实施素质教育的领导和管理，全面贯彻教育方针，努力办好每一所学校，教育好每一名学生，加快区域性素质教育的实施步伐，全面提高教育质量。

各区县政府、区县教委（教育局）和中小学校的领导干部要统一认识，把贯彻实施三个评价方案作为1997年和“九五”期间加强中小学教育工作的一项重要任务，列入工作议程，采取得力措施，切实加强领导。

二、认真组织实施，完善评价制度。三个评价方案的内容贯彻了国家和本市关于实施素质教育的要求；突出了导向性，加强了针对性，具有较强的可操作性；依据本市素质教育阶段性目标要求，设置附加指标，增强了评价力度。

各区县要在全面领会三个评价方案内容的基础上，制订计划，组建队伍，搞好培训，认真实施。

实施三个评价方案要以自我评价为基础，建立健全我市自我评价和督导评价相结合的评价制度。区县政府、区县教委（教育局）和中小学校要根据三个评价方案中实施办法的要求，每年进行一次自我评价，作为自我调控、自我完善、启动内部活力的管理手段。每2—3年由市政府教育督导室会同市教委有关部门对区县政府、区县教委（教育局），由区县政府教育督导室（督学室）会同区县教委（教育局）有关部门对所辖中小学校，分别进行一轮终结性督导评价，作为加强宏观调控，实施教育监督和分类指导的必要措施。

要充分运用督导评价结果，规范办学行为，为领导决策提供依据，推进实施素质教育；并作为考核、奖励区县政府、区县教委（教育局）和中小学校教育工作的重要依据，以形成激励机制。全市建立在一定范围内公布督导评价结果的通报制度，市对区县实施素质教育工作的奖惩制度。各区县建立公布督导评价结果的通报制度和适合本区县实际的奖惩中小学校的制度。

三、认真总结经验。在贯彻实施三个评价方案，构建督导评价机制，推动实施素质教育过程中，各区县要注意总结新鲜经验，研究解决存在的问题，并将意见、建议及时向市教委、市政府教育督导室报告。

1997年7月8日

附件1：

北京市区县政府巩固“两基”落实“两全”
全面实施素质教育评价方案
北京市区县教委（教育局）全面贯彻教育方针
全面实施素质教育评价方案
北京市普通中学、小学教育质量综合评价方案（试行）

前　言

基础教育是提高国民素质和培养社会主义现代化建设人才的奠基工程，实现由“应试教育”向全面素质教育转变是基础教育领域的深刻变革。为了加快推进我市基础教育实施素质教育的步伐，构建素质教育的督导评价机制，特制定《北京市区县政府巩固“两基”落实“两全”全面实施素质教育评价方案（试行）》《北京市区县教委（教育局）全面贯彻教育方针全面实施素质教育评价方案（试行）》，修订1993年2月原市教育局颁发的《北京市普通中学教育质量综合评价方案（试行）》和《北京市小学教育质量综合评价方案（试行）》（以下简称三个评价方案）。

一、三个评价方案是基础教育评价的重要组成部分；是落实《教育法》关于“中等及中等以下教育在国务院领导下，由地方人民政府管理”“县以上地方各级人民政府教育行政部门主管本行政区域内的教育工作”的职责要求和“国家实行教育督导制度和学校及其他教育机构教育评估制度”的规定的重要措施；是推动我市中小学教育巩固“两基”，落实“两全”，实现由“应试教育”向素质教育转变的客观需要；是加强对中小学教育宏观管理，实施教育监督，构建素质教育运行机制的有效手段。

通过实施三个评价方案，引导区县政府和教委（教育局）领导干部率先转变教育观念，加强对实施素质教育工作的领导和管理，为实施素质教育创设良好的环境和条件，构建区域性素质教育运行机制，加强科学管理，全面贯彻教育方针，全面提高教育质量，努力办好每一所学校；引导普通中学和小学的干部、教师端正教育思想，树立正确的人才观、教育观、质量观，全面提高学生素质，使全体学生在思想道德、文化科学、劳动技能、身体心理等方面得到生动活泼、主动的发展。

通过实施三个评价方案，使市、区县政府及教育行政部门及时了解实施素质教育的进展情况，为教育决策提供依据，并引导社会、家长用正确的标准评价学校的教育质量，形成实施素质教育的社会舆论。

二、三个评价方案的指导思想是：坚持党的基本路线和“科教兴国”战略，落实国家的教育方针和有关教育的法律、法规；以马克思主义教育价值观及全面发展学说、系统论思想和教育管理原理为理论依据；运用现代教育评价的理论和方法，坚持方向性、整体性、动态性和科学性与可行性相结合的原则；在评价过程中，强调形成性评价和评价的导向、激励、调控、鉴定功能，重视被评价者的主体地位和自我评价作用，注重评价结果的处理。

三、三个评价方案的指标体系是依据《教育法》《教师法》《职业教育法》《义务教育法》及其实施细则，北京市实施《义务教育法》和《教师法》办法，《中共中央关于加强社会主义精神文明建设若干重要问题的决议》《中华人民共和国国民经济和社会发展“九五”计划和2010年远景目标纲要》《中国教育改革和发展纲要》，国家教委颁发的《普通中小学督导评估工作指导纲要（修订稿）》等教育规章，市教委《关于进一步推进中小学素质教育的实施意见》，并结合我市实际情况制定或修订的。

四、三个评价方案分别以区县政府、区县教委（教育局）实施素质教育工作和中小学校教育质量为评价对象。三个评价方案三位一体，形成体系，既明确了区县政府、区县教委（教育局）、中小学校三个层次实施素质教育的各自职责，又体现了相互的联系，通过分层次实施，形成合力，构成了区域性素质教育督导评价体系。

三个评价方案的指标内容，贯彻了国家和我市实施素质教育整体推进的要求，区县政府、区县教委（教育局）实施素质教育评价方案突出了在巩固“两基”，落实

“两全”，推进区域性素质教育中区县政府和教委（教育局）应承担的加强领导和管理的主要责任，修订后的普通中学、小学教育质量综合评价方案，吸收了近几年我市学校自我评价和督导评价的经验，突出了以实施素质教育为目标，构建衡量学校教育质量的标准，强化了导向性；紧密结合实际，突出依法治教、令行禁止的执法要求，突出实施素质教育的关键环节、工作重点、难点，加强了针对性；依据我市素质教育阶段性目标要求，设置了附加指标，并把三个评价方案的评价结果互相联系，增强了评价力度。评价要素力求简明、具体，体现常规要求和实施素质教育要求相结合，弹性指标和刚性指标相结合。评价方法力求简便易行，体现定性和定量相结合，具有较强的可操作性。

五、三个评价方案是我市实施素质教育自我评价和督导评价统一使用的评价方案。鉴于全市基础教育工作发展不平衡，各区县实施普通中学、小学教育质量综合评价方案时，要坚持统一性和灵活性相结合，指标体系中的评价要素和量化要求，可以因地制宜，因校制宜，进行适当的调整和补充。

北京市区（县）政府巩固“两基”落实“两全”
全面实施素质教育评价指标体系

一级指标（分值）	二级指标（分值）	评价要素	分值	评分标准	信息收集方法
一、领导和管理（47）	（一）转变教育观念（7）	（1）政府领导带头学习、宣讲素质教育理论，各有关委办局认真贯彻实施素质教育的要求，推动基础教育改革，办好每一所中小学。	7	达到要素要求4分 基本达到要素要求2分 未达到要素要求0分	听取汇报 查阅会议记录 查阅资料 问卷调查 座谈
		不以任何方式向教育部门提出升学率指标要求，不以考试分数或升学率为唯一标准评价教育工作。		达到要素要求3分 未达到要素要求0分	
	（二）正确决策加强领导（20）	（2）制定区域性全面推进实施素质教育的意见，措施具体可行。	6	达到要素要求6分 基本达到要素要求3分 未达到要素要求0分	
		（3）每年政府常务会议研究推进实施素质教育工作不少于两次。	8	达到要素要求4分 未达到要素要求0分	

续表

一级指标（分值）	二级指标（分值）	评价要素	分值	评分标准	信息收集方法
一、领导和管理（47）	（二）正确决策加强领导（20）	主管领导亲自抓素质教育，及时解决实施素质教育中的问题。		达到要素要求4分 基本达到要素要求2分 未达到要素要求0分	
		（4）建立区县政府、教委（教育局）及有关行政部门、街道办事处、乡（镇）政府实施素质教育的目标责任制。	6	达到要素要求4分 未达到要素要求0分	
		把实施素质教育的情况作为对有关负责人员政绩考核的重要内容。		达到要素要求2分 未达到要素要求0分	
	（三）保证教育投入（8）	（5）依法增加义务教育经费，实现教育经费“三个增长”。	8	达到要素要求8分 未达到要素要求0分	
	（四）加强两支队伍建设（12）	（6）按编制提供各学科合格教师。	6	达到要素要求3分 基本达到要素要求1.5分 未达到要素要求0分	
		为提高学校干部、教师的政治、思想、道德、业务等素质和科研水平提供条件。		达到要素要求3分 基本达到要素要求1.5分 未达到要素要求0分	
		（7）采取有力措施稳定骨干教师队伍和促进学校干部、教师的合理流动。	6	达到要素要求6分 基本达到要素要求3分 未达到要素要求0分	
二、运行机制（19）	（五）改革初中入学办法（4）	（8）落实市关于改革初中入学办法的意见，做到小学毕业生升初中免试就近入学。	4	达到要素要求4分 未达到要素要求0分	听取汇报 查阅资料 座谈
	（六）完善督导评价制度（11）	（9）健全政府教育督导机构，严格按督学条件遴选、充实督导队伍，为督导室有效地开展工作创造条件。	5	达到要素要求5分 基本达到要素要求2.5分 未达到要素要求0分	

续表

一级指标（分值）	二级指标（分值）	评价要素	分值	评分标准	信息收集方法
二、运行机制（19）	（六）完善督导评价制度（11）	（10）贯彻落实市颁发的区（县）政府、教委（教育局）实施素质教育评价方案和中小学教育质量综合评价方案，完善实施素质教育的督导评价制度。	6	达到要素要求6分 基本达到要素要求3分 未达到要素要求0分	
	（七）建立表彰奖励制度（4）	（11）制定实施素质教育的表彰、奖励办法，定期对实施素质教育有显著成效的单位、个人给予表彰、奖励。	4	达到要素要求4分 未达到要素要求0分	
三、环境和条件（34）	（八）调整教育结构和学校布局（6）	（12）制订基础教育结构调整方案，分步落实。	6	达到要素要求1分 基本达到要素要求0.5分 未达到要素要求0分	听取汇报 查阅资料 座谈 个别访谈
		普高、职教招生比例趋于合理。		达到要素要求2分 基本达到要素要求1分 未达到要素要求0分	
		合理调整中小学校布局，优化区域教育资源配置。		达到要素要求3分 基本达到要素要求1.5分 未达到要素要求0分	
	（九）改善办学条件（16）	（13）贯彻落实市有关意见，按计划完成基础薄弱校、农村完小、山区寄宿制小学和山区初中的建设任务。 城区完成基础薄弱校建设任务，近郊区完成基础薄弱校、农村完小建设任务，远郊区县完成农村完小、寄宿制小学、山区初中建设任务。	8	达到要素要求8分 基本达到要素要求4分 未达到要素要求0分	
		（14）按区（县）规划，达到市颁行的中小学办学条件标准。	8	达到要素要求8分 基本达到要素要求4分 未达到要素要求0分	

续表

一级指标（分值）	二级指标（分值）	评价要素	分值	评分标准	信息收集方法
三、环境和条件（34）	（十）发挥社区教育作用（12）	（15）建立健全社区教育机构，发挥其统筹、协调、宣传、管理的功能，与教育部门密切配合，共同实施素质教育。	4	达到要素要求 4 分 基本达到要素要求 2 分 未达到要素要求 0 分	
		（16）广泛、深入地宣传素质教育，动员社会、家庭积极支持实施素质教育。	4	达到要素要求 4 分 基本达到要素要求 2 分 未达到要素要求 0 分	
		（17）落实法律、法规中有关保护儿童少年身心健康的规定，为实施素质教育创造良好的环境。	4	达到要素要求 4 分 基本达到要素要求 2 分 未达到要素要求 0 分	
附加指标	年度阶段性目标	落实市提出的实施素质教育各项年度阶段性目标。		达到要素要求不给分 未达到要素要求酌情减 5—20 分	听取汇报 查阅资料 座谈 随机抽查
	“两基”巩固情况	落实市巩固“两基”的各项要求。		达到要素要求不给分 未达到要素要求酌情减 5—20 分	
	区县教委（教育局）督评结果	市对区县教委（教育局）实施素质教育督评结果。		总分在 90 分以上加 10 分 总分在 59 分以下减 10 分	

实施办法

一、区县政府依据本方案的要求，每年进行一次自我评价，使工作得到及时改进，并按期将自评报告及评价量表，报送市政府教育督导室。

二、受市政府委托，市政府教育督导室会同市教委，依据本方案每 2—3 年集中对区县政府实施素质教育工作情况进行一次督导评价。

三、自我评价和督导评价坚持定性与定量相结合的方法。定性采用语言描述法，定量采用直接赋值法。三项一级指标得分加减附加指标得分为评价总分。通过对定性和定量评价结果的分析，写出自评报告或督导评价意见。

四、充分运用自评和督评结果。一方面，作为深化教育改革，改进工作的依据，推进实施素质教育；另一方面，作为考核、奖励区县政府实施素质教育工作的重要依据，表彰奖励与评选教育先进区县结合进行，以形成激励机制。对未达到市实施素质教育年度阶段性目标的区县，不予表彰和奖励。

区县政府巩固“两基”落实“两全”全面实施素质教育评价量表

__________政府（盖章）

一级指标（分值）		二级指标（分值）	评价要素	分值	自（督）评得分			
					评价要素	二级指标	一级指标	总分
一、领导和管理（47）		（一）转变教育观念（7）	（1）	7				
		（二）正确决策加强领导（20）	（2）	6				
			（3）	8				
			（4）	6				
		（三）保证教育投入（8）	（5）	8				
		（四）加强两支队伍建设（12）	（6）	6				
			（7）	6				
二、运行机制（19）		（五）改革初中入学办法（4）	（8）	4				
		（六）完善督导评价制度（11）	（9）	5				
			（10）	6				
		（七）建立表彰奖励制度（4）	（11）	4				
三、环境和条件（34）		（八）调整教育结构和学校布局（6）	（12）	6				
		（九）改善办学条件（16）	（13）	8				
			（14）	8				
		（十）发挥社区教育作用（12）	（15）	4				
			（16）	4				
			（17）	4				
附加指标	年度阶段性目标			减分：				
	“两基”巩固情况			减分：				
	区县教委（教育局）督评结果			加分：　　减分：				

主管区（县）长__________　　填表人__________　　填表日期__________

北京市区县教委（教育局）
全面贯彻教育方针全面实施素质教育评价指标体系

一级指标（分值）	二级指标（分值）	评价要素	分值	评分标准	信息收集方法
一、目标与方案（10）	（一）目标（4）	（1）明确素质教育总体目标，确定切合本地实际的素质教育各项工作目标。	2	达到要素要求 2 分 基本达到要素要求 1 分 未达到要素要求 0 分	查阅资料 听取汇报 个别访谈
		（2）建立、健全素质教育目标管理责任制。	2	达到要素要求 2 分 基本达到要素要求 1 分 未达到要素要求 0 分	
	（二）方案（6）	（3）制定推进中小学实施素质教育工作方案与年度计划。方案与计划具体、规范、可行性强。	3	达到要素要求 3 分 基本达到要素要求 1.5 分 未达到要素要求 0 分	
		（4）制定本区县实施素质教育的科研计划与课题方案，其导向性强。认真组织实施，取得较好成果。	3	达到要素要求 3 分 基本达到要素要求 1.5 分 未达到要素要求 0 分	
二、环境与条件（21）	（三）转变教育观念（7）	（5）在本系统内广泛深入开展素质教育理论的学习与讨论，有重点，有时间保证，各级领导率先转变教育观念、带头宣讲，效果明显。	5	达到要素要求 5 分 基本达到要素要求 2.5 分 未达到要素要求 0 分	查阅资料 听取汇报 座谈访谈 问卷调查
		（6）采取措施向社会、家庭大力宣传素质教育思想和实施素质教育的典型经验，效果明显。	2	达到要素要求 2 分 基本达到要素要求 1 分 未达到要素要求 0 分	
	（四）调整教育结构和学校布局（6）	（7）按区县规划调整中等教育结构，使普通高中与中等职业学校协调发展，基本满足初中毕业生合理分流的需要。	3	达到要素要求 3 分 基本达到要素要求 1.5 分 未达到要素要求 0 分	查阅资料 听取汇报 实地考察
		（8）按区县规划调整中小学布局，在义务教育阶段取消重点学校，加强初中教育与小学教育的衔接；优化区域教育资源配置。	3	达到要素要求 3 分 基本达到要素要求 1.5 分 未达到要素要求 0 分	

续表

一级指标（分值）	二级指标（分值）	评价要素	分值	评分标准	信息收集方法
二、环境与条件（21）	（五）改善办学条件加强校园环境建设（8）	（9）按市教委颁行的中小学办学条件标准和区县规划，加强基础薄弱初中、农村完小、远郊区县农村中学的建设，达到义务教育办学条件标准。	4	达到要素要求4分 基本达到要素要求2分 未达到要素要求0分	查阅资料 听取汇报 实地考察
		（10）加强校内外德育基地、劳动基地、劳技教室、科技、体音美设施与设备等方面建设。落实《北京市中小学校园管理实施意见》。设施完备，数量满足需要；校园环境建设达到年度目标；管理规范，效益良好。	4	达到要素要求4分 基本达到要素要求2分 未达到要素要求0分	
三、队伍建设（16）	（六）提高干部管理水平（7）	（11）通过多种途径提高机关、学校干部的政治、思想、道德、业务素质和管理水平，成效显著。	5	达到要素要求5分 基本达到要素要求2.5分 未达到要素要求0分	查阅资料 听取汇报 座谈访谈 问卷调查
		（12）采取切实措施促进干部合理流动，效果良好。	2	达到要素要求2分 基本达到要素要求1分 未达到要素要求0分	
	（七）提高教师素质（9）	（13）通过多种途径提高教师的政治、思想、道德、业务素质和教书育人的实际工作能力，使教师依法履行义务；培养一批学科教学带头人和青年骨干教师，成效显著。	6	达到要素要求6分 基本达到要素要求3分 未达到要素要求0分	
		（14）采取切实措施促进教师合理流动，解决音、体、美、劳等课程教师短缺问题，效果良好。	3	达到要素要求3分 基本达到要素要求1.5分 未达到要素要求0分	

续表

一级指标（分值）	二级指标（分值）	评价要素	分值	评分标准	信息收集方法
四、改革与管理（53）	（八）改革初中入学办法（7）	（15）坚持小学升初中免试就近入学，落实市改革初中入学办法的意见。	4	达到要素要求 4 分 基本达到要素要求 2 分 未达到要素要求 0 分	查阅资料 听取汇报 听课评议 座谈访谈 问卷调查 实地考察
		（16）依法保证适龄儿童、少年接受义务教育，严格控制辍学，入学率、辍学率达到市高标准实施九年制义务教育的指标要求。	3	达到要素要求 3 分 基本达到要素要求 1.5 分 未达到要素要求 0 分	
	（九）加强教育教学管理提高教育教学质量（36）	（17）认真落实国家和市课程（教学）计划，监督、保证学校开齐课程，开足课时。	6	达到要素要求 6 分 未达到要素要求 0 分	
		（18）认真贯彻落实中央和市德育文件精神，加强和改进德育工作，全面实施《北京市中小学德育整体化工作纲要》。德育工作实效性强，社会主义精神文明建设明显加强，中小学生遵守《小学生守则》《中学生守则》《中小学生日常行为规范》，初中在校生违法犯罪率在 0.1% 以下。	5	达到要素要求 5 分 基本达到要素要求 2.5 分 未达到要素要求 0 分	
		（19）认真落实市三个教学文件，加强教研工作，积极推进教学内容、手段和方法的改革，积极采用现代教学手段，改革学校考试评估制度，效果良好。初中毕业考试总分及格率达到市高标准实施九年制义务教育的指标要求，高中会考各科及格率均在 95% 以上。	4	达到要素要求 4 分 基本达到要素要求 2 分 未达到要素要求 0 分	

续表

一级指标（分值）	二级指标（分值）	评价要素	分值	评分标准	信息收集方法
四、改革与管理（53）	（九）加强教育教学管理提高教育教学质量（36）	（20）认真贯彻落实《学校体育工作条例》和《学校卫生工作条例》及市实施细则，加强和改进体育、卫生工作，努力提高学生身体素质，增强体质，不断提高学生的健康水平。小学、初中学生体育课及格率、体育锻炼标准达标率、近视眼新发病率达到市高标准实施九年制义务教育的指标要求。	4	达到要素要求4分 基本达到要素要求2分 未达到要素要求0分	
		（21）认真贯彻落实国家和市美育文件精神，加强和改进美育工作，努力提高艺术课教学质量，完善传统性艺术活动制度，推动艺术教育整体水平的提高。	4	达到要素要求4分 基本达到要素要求2分 未达到要素要求0分	
		（22）认真贯彻落实国家和市劳动、劳动技术教育文件精神，加强和改进劳动、劳动技术教育工作，健全规章，加强督促、指导环节。不断提高劳动、劳动技术教育的质量。	4	达到要素要求4分 基本达到要素要求2分 未达到要素要求0分	
		（23）按规定切实减轻学生过重课业负担和严格管理学生用书，制止课余时间、节假日全班性补课或上新课。	5	达到要素要求5分 未达到要素要求0分	

续表

一级指标（分值）	二级指标（分值）	评价要素	分值	评分标准	信息收集方法
四、改革与管理（53）	（九）加强教育教学管理提高教育教学质量（36）	（24）积极推进实施素质教育示范校建设，认真总结、推广实施素质教育的先进经验。	2	达到要素要求 2 分 基本达到要素要求 1 分 未达到要素要求 0 分	
		（25）办好每所学校。教育质量综合评价合格校、优类校逐年增加，到 20 世纪末有 30% 以上的中小学达到优类校标准。	2	达到要素要求 2 分 基本达到要素要求 1 分 未达到要素要求 0 分	
	（十）完善评价制度（10）	（26）依据市评价方案，开展中小学教育质量综合评价工作，完善学校自我评价和督导评价相结合的学校评价制度。	5	达到要素要求 5 分 未达到要素要求 0 分	
		（27）加大中小学教育质量综合评价结果的应用力度，将其作为考核、奖惩学校和个人的重要依据。杜绝单纯以学生考试分数考核、奖惩学校和个人的错误做法。	5	达到要素要求 5 分 未达到要素要求 0 分	
附加指标	年度阶段性目标	达到市教委提出的实施素质教育各项年度阶段性目标。		达到要素要求的不给分；未达到要素要求的，酌情减 5—30 分	查阅资料 听取汇报 个别访谈 随机抽查
	违纪与失误	区县教委（教育局）、学校有严重违法违纪问题，造成不良影响；出现重大事故或重大失误，后果严重。		出现要素中的问题，酌情减 5—10 分	

实 施 办 法

一、区县教委（教育局）依据本方案的要求，每学年进行一次自我评价，及时反馈信息，及时调控、改进工作，按期将自评报告和评价量表上报市政府教育督导室。

二、市政府教育督导室会同市教委，依据本方案的要求，每 2—3 学年集中对区县教委（教育局）实施素质教育的工作进行一次督导评价。

三、自我评价和督导评价均坚持定性与定量相结合的方法。定性采用语言描述法，定量采用直接赋值法，所有一级指标得分之和与附加指标减分之差即为评价总分。通过对定性和定量评价结果的分析，写出自评报告或督导评价意见。

四、充分运用自评和督评结果。一方面，规范区县教委（教育局）实施素质教育的工作，为市、区县领导决策提供依据；另一方面，作为考核有关干部、评选先进的重要依据，形成激励机制。未达到市实施素质教育年度阶段性目标的区县教委（教育局），不能评为先进单位，其督评结果列入本区县政府实施素质教育评价的附加指标之中。

区县教委（教育局）全面贯彻教育方针全面实施素质教育评价量表

__________教委（教育局）（盖章）

一级指标（分值）	二级指标（分值）	评价要素	分值	自（督）评得分			
				评价要素	二级指标	一级指标	总分
一、目标与方案（10）	（一）目标（4）	（1）	2				
		（2）	2				
	（二）方案（6）	（3）	3				
		（4）	3				
二、环境与条件（21）	（三）转变教育观念（7）	（5）	5				
		（6）	2				
	（四）调整教育结构和学校布局（6）	（7）	3				
		（8）	3				
	（五）改善办学条件加强校园环境建设（8）	（9）	4				
		（10）	4				
三、队伍建设（16）	（六）提高干部管理水平（7）	（11）	5				
		（12）	2				
	（七）提高教师素质（9）	（13）	6				
		（14）	3				

续表

<table>
<tr><th rowspan="2">一级指标（分值）</th><th rowspan="2">二级指标（分值）</th><th rowspan="2">评价要素</th><th rowspan="2">分值</th><th colspan="4">自（督）评得分</th></tr>
<tr><th>评价要素</th><th>二级指标</th><th>一级指标</th><th>总分</th></tr>
<tr><td rowspan="13">四、改革与管理（53）</td><td>（八）改革初中入学办法（4）</td><td>（15）</td><td>4</td><td></td><td></td><td rowspan="13"></td><td></td></tr>
<tr><td rowspan="10">（九）加强教育教学管理提高教育教学质量（39）</td><td>（16）</td><td>3</td><td></td><td rowspan="10"></td><td></td></tr>
<tr><td>（17）</td><td>6</td><td></td><td></td></tr>
<tr><td>（18）</td><td>5</td><td></td><td></td></tr>
<tr><td>（19）</td><td>4</td><td></td><td></td></tr>
<tr><td>（20）</td><td>4</td><td></td><td></td></tr>
<tr><td>（21）</td><td>4</td><td></td><td></td></tr>
<tr><td>（22）</td><td>4</td><td></td><td></td></tr>
<tr><td>（23）</td><td>5</td><td></td><td></td></tr>
<tr><td>（24）</td><td>2</td><td></td><td></td></tr>
<tr><td>（25）</td><td>2</td><td></td><td></td></tr>
<tr><td rowspan="2">（十）完善评价制度（10）</td><td>（26）</td><td>5</td><td></td><td rowspan="2"></td><td></td></tr>
<tr><td>（27）</td><td>5</td><td></td><td></td></tr>
<tr><td rowspan="2">附加指标</td><td colspan="3">年度阶段性目标</td><td colspan="2">减分：</td><td rowspan="2"></td><td></td></tr>
<tr><td colspan="3">违纪与失误</td><td colspan="2">减分：</td><td></td></tr>
</table>

教委主任（教育局长）__________　　填表人__________　　填表日期__________

北京市普通中学教育质量综合评价指标体系

<table>
<tr><th>一级指标（分值）</th><th>二级指标（分值）</th><th>评价要素</th><th>分值</th><th>评分标准</th><th>信息收集方法</th></tr>
<tr><td rowspan="3">一、目标与规划（10）</td><td rowspan="2">（一）目标（4）</td><td>（1）按照全面贯彻教育方针，全面提高学生素质的要求，结合学校实际，确定办学目标和素质教育工作目标。</td><td rowspan="2">4</td><td>达到要素要求 2 分
基本达到要素要求 1 分
未达到要素要求 0 分</td><td rowspan="3">听取汇报
查阅资料
座谈
访谈</td></tr>
<tr><td>实行目标管理，责任落实。</td><td>达到要素要求 2 分
基本达到要素要求 1 分
未达到要素要求 0 分</td></tr>
<tr><td>（二）规划（2）</td><td>（2）制订素质教育的规划和年度计划，措施具体可行。</td><td>2</td><td>达到要素要求 2 分
基本达到要素要求 1 分
未达到要素要求 0 分</td></tr>
</table>

续表

一级指标（分值）	二级指标（分值）	评价要素	分值	评分标准	信息收集方法
一、目标与规划（10）	（三）转变教育观念（4）	（3）认真组织干部、教师联系实际学习素质教育理论和有关文件。	4	达到要素要求2分 未达到要素要求0分	听取汇报 查阅资料 座谈 访谈 问卷调查
		不按考试分数给学生排队或公布考试分数。		达到要素要求1分 未达到要素要求0分	
		不以学生的考试分数作为对教师晋级、奖励的唯一依据。		达到要素要求1分 未达到要素要求0分	
二、队伍建设（20）	（四）领导班子建设（9）	（4）认真贯彻执行《北京市中小学党组织工作意见》《北京市中小学校长工作意见》《北京市中小学教职工代表大会工作意见》。	4	达到要素要求2分 基本达到要素要求1分 未达到要素要求0分	
		领导机构健全，团结协作，指挥畅通。		达到要素要求1分 基本达到要素要求0.5分 未达到要素要求0分	
		各项规章制度健全，执行有效。		达到要素要求1分 基本达到要素要求0.5分 未达到要素要求0分	
		（5）有提高领导班子素质的计划、措施、制度，能认真落实，取得实效。	2	达到要素要求2分 基本达到要素要求1分 未达到要素要求0分	
		（6）校长严格履行执法职责，依法治校，做到令行禁止。	3	达到要素要求2分 未达到要素要求0分	
		深入实际，抓点带面，认真组织和指导教师实施素质教育。		达到要素要求1分 基本达到要素要求0.5分 未达到要素要求0分	
	（五）教职工队伍建设（11）	（7）认真贯彻《教师法》有关教师应履行义务的规定和《中小学教师职业道德规范》。	4	达到要素要求1分 基本达到要素要求0.5分 未达到要素要求0分	
		教职工无侮辱、体罚、变相体罚学生现象。		达到要素要求2分 未达到要素要求0分	
		无品行不良和违法、违纪问题。		达到要素要求1分 未达到要素要求0分	

续表

一级指标（分值）	二级指标（分值）	评价要素	分值	评分标准	信息收集方法
二、队伍建设（20）	（五）教职工队伍建设（11）	（8）认真执行北京市中小学教职工聘任制有关文件。	3	达到要素要求 1 分 基本达到要素要求 0.5 分 未达到要素要求 0 分	
		加强思想政治工作，教职工积极性得到发挥。		达到要素要求 2 分 基本达到要素要求 1 分 未达到要素要求 0 分	
		（9）有提高教师素质的计划、措施、制度，能认真落实，取得实效。	4	达到要素要求 2 分 基本达到要素要求 1 分 未达到要素要求 0 分	
		加强对骨干教师和青年教师的培养，成效明显。		达到要素要求 2 分 基本达到要素要求 1 分 未达到要素要求 0 分	
三、各项工作管理（45）	（六）面向全体学生（7）	（10）对初、高中毕业班与非毕业班统筹兼顾。	4	达到要素要求 1 分 基本达到要素要求 0.5 分 未达到要素要求 0 分	听取汇报 查阅资料 座谈 访谈
		对各类学生因材施教，后进学生转化工作取得成效。		达到要素要求 2 分 基本达到要素要求 1 分 未达到要素要求 0 分	
		初中年留级率在 3% 以下。		达到要素要求 1 分 未达到要素要求 0 分	
		（11）加强学籍管理，与乡（镇）、街道和家长密切配合，严格依法控制初中学生辍学。	3	达到要素要求 1 分 未达到要素要求 0 分	
		初中年辍学率、其中流失率，届辍学率、其中流失率均等于或低于本区县平均值。		达到要素要求 2 分 未达到要素要求 0 分	
	（七）培养学生全面发展（28）	（12）把提高学生思想道德素质摆在重要位置，坚持寓德育于各科教学及各项工作之中，做到教书育人、管理育人、服务育人。	2	达到要素要求 2 分 基本达到要素要求 1 分 未达到要素要求 0 分	听取汇报 查阅资料 座谈 访谈 问卷调查 听课 实地考察
		（13）贯彻国家和本市有关德育工作的法规、文件，落实《北京市中小学德育整体化纲要》。	3	达到要素要求 1 分 基本达到要素要求 0.5 分 未达到要素要求 0 分	

续表

一级指标（分值）	二级指标（分值）	评价要素	分值	评分标准	信息收集方法
三、各项工作管理（45）	（七）培养学生全面发展（28）	结合各年级实际，加强爱祖国、爱人民、爱劳动、爱科学、爱社会主义的教育，增强实效性。	3	达到要素要求2分 基本达到要素要求1分 未达到要素要求0分	听取汇报 查阅听课 备课笔记等资料 随机听课 实地考察 座谈 访谈 问卷调查
		（14）健全德育工作管理系统，注重常规管理。		达到要素要求1分 基本达到要素要求0.5分 未达到要素要求0分	
		加强和改进班主任、团队工作和政治课教学。		达到要素要求1分 基本达到要素要求0.5分 未达到要素要求0分	
		建立、健全学校、家庭、社会三结合教育网络。		达到要素要求1分 基本达到要素要求0.5分 未达到要素要求0分	
		（15）严格按国家和本市的课程（教学）计划开齐课程、开足课时；选修课、活动课、劳技课安排落实；不增、减、停、改课程和课时。	1	达到要素要求1分 未达到要素要求0分	
		（16）认真执行国家颁布的教学大纲，落实本市中学学科教学的三个文件。	4	达到要素要求1分 基本达到要素要求0.5分 未达到要素要求0分	
		有计划地开展教研活动，加强教学方法和教学手段的改革。		达到要素要求1分 基本达到要素要求0.5分 未达到要素要求0分	
		课堂教学质量不断提高，优秀课达到20%以上。		达到要素要求2分 未达到要素要求0分	
		（17）采取有效措施，减轻学生过重课业负担，家庭作业量和考试次数不超规定。	3	达到要素要求1分 未达到要素要求0分	
		不利用课余时间、节日、双休日、寒暑假进行全班性补课或上新课。		达到要素要求1分 未达到要素要求0分	
		不擅自给学生征订复习资料、书刊。		达到要素要求1分 未达到要素要求0分	

续表

一级指标（分值）	二级指标（分值）	评价要素	分值	评分标准	信息收集方法
三、各项工作管理（45）	（七）培养学生全面发展（28）	（18）加强对教学工作的领导和管理，健全教学工作管理系统。	3	达到要素要求1分 基本达到要素要求0.5分 未达到要素要求0分	听取汇报 查阅资料 听课 座谈 访谈 实地考察
		校长以主要精力抓教学工作，深入课堂和教研组，指导教师改进教学。		达到要素要求1分 基本达到要素要求0.5分 未达到要素要求0分	
		校长每学期听课不少于40节，主管副校长不少于60节。		达到要素要求1分 未达到要素要求0分	
		（19）认真落实国家和本市有关体育、卫生工作的规定。	4	达到要素要求1分 基本达到要素要求0.5分 未达到要素要求0分	
		提高体育课、课间操、眼保健操和课外体育活动的质量，保证每天1小时体育活动时间。		达到要素要求2分 基本达到要素要求1分 未达到要素要求0分	
		加强卫生保健工作，保证健康教育时间，有防治近视眼的有效措施。		达到要素要求1分 基本达到要素要求0.5分 未达到要素要求0分	
		（20）重视心理健康教育，有专职或兼职人员负责，开展心理咨询或心理辅导活动。	1	达到要素要求1分 基本达到要素要求0.5分 未达到要素要求0分	
		（21）重视美育，加强艺术课教学，并通过各科教学和各种活动渗透美育。	2	达到要素要求1分 基本达到要素要求0.5分 未达到要素要求0分	
		建立学校艺术教育活动制度。		达到要素要求1分 未达到要素要求0分	
		（22）加强劳动技术教育，上好劳技课，做到教师、教材、基地（场所）落实。	2	达到要素要求1分 基本达到要素要求0.5分 未达到要素要求0分	
		有计划地组织学生参加社会公益劳动和社会实践活动。		达到要素要求1分 未达到要素要求0分	

续表

一级指标（分值）	二级指标（分值）	评价要素	分值	评分标准	信息收集方法
三、各项工作管理（45）	（八）发展学生特长（4）	（23）重视发展学生特长，有具体计划和安排，做到课内外、校内外相结合。	4	达到要素要求 2 分 基本达到要素要求 1 分 未达到要素要求 0 分	听取汇报 查阅资料
		广泛开展学科、科技、文体课外小组活动，做到辅导教师、内容、时间、地点落实，各年级学生参与率在 30% 以上，有一定数量的特长生。		达到要素要求 2 分 基本达到要素要求 1 分 未达到要素要求 0 分	
	（九）加强教育科研（3）	（24）有组织有领导地围绕素质教育开展教育科研活动，有课题，有成果。	3	达到要素要求 3 分 基本达到要素要求 1.5 分 未达到要素要求 0 分	
	（十）创设良好环境（3）	（25）认真贯彻《北京市中小学校园环境管理实施意见》，有良好的教育环境。	1	达到要素要求 1 分 基本达到要素要求 0.5 分 未达到要素要求 0 分	听取汇报 查阅资料 座谈 访谈 实地考察
		（26）提高学校校舍、场地、教学设施、仪器设备、文体器材、图书资料的利用率和效益。	2	达到要素要求 1 分 基本达到要素要求 0.5 分 未达到要素要求 0 分	
		合理使用国拨经费和预算外收入，不断改善办学条件。		达到要素要求 1 分 基本达到要素要求 0.5 分 未达到要素要求 0 分	
四、学生质量（25）	（十一）思想道德素质（6）	（27）绝大多数学生遵守《中学生守则》《中学生日常行为规范》，做到爱党爱国、关心集体、尊敬师长、勤奋好学、团结互助、遵纪守法；具有分辨是非的能力；校风良好。	6	达到要素要求 4 分 基本达到要素要求 2 分 未达到要素要求 0 分	听取汇报 查阅资料 听课 实地考察 座谈 访谈 随机整群抽样测试
		违法犯罪率低于 0.1%。		达到要素要求 2 分 未达到要素要求 0 分	

续表

一级指标（分值）	二级指标（分值）	评价要素	分值	评分标准	信息收集方法
四、学生质量（25）	（十二）文化科学素质（8）	（28）绝大多数学生文化科学基础知识和基本技能达到教学大纲要求，掌握正确的学习方法，养成良好的学习习惯，具有一定的自学能力，观察、思维能力，表达能力和动手操作能力，以及运用所学知识分析问题和解决问题的能力。	8	达到要素要求 4 分 基本达到要素要求 2 分 未达到要素要求 0 分	
		初中毕业考试总分及格率城近郊区、远郊区县分别达到 90%、85% 以上。		达到要素要求 2 分 未达到要素要求 0 分	
		高中会考各科及格率达到 95% 以上。		达到要素要求 2 分 未达到要素要求 0 分	
	（十三）劳动技能素质（2）	（29）绝大多数学生热爱劳动，珍惜劳动成果，积极参加社会公益劳动和家务劳动，学会生活自理，养成良好的劳动习惯。	2	达到要素要求 1 分 基本达到要素要求 0.5 分 未达到要素要求 0 分	
		初步掌握一定的生产劳动基础知识和基本技能，了解一些择业常识。		达到要素要求 1 分 基本达到要素要求 0.5 分 未达到要素要求 0 分	
	（十四）身体心理素质（7）	（30）绝大多数学生初步掌握锻炼身体的基础知识和正确方法，养成良好的体育锻炼习惯；体育课及格率 95% 以上，体育达标率 90% 以上，初中毕业体育考试及格率 95% 以上。	4	达到要素要求 2 分 基本达到要素要求 1 分 “一率”未达到要素要求 0 分	
		绝大多数学生身体形态、机能指标达到市同年龄组平均水平（1995 年标准），具有良好的卫生习惯，近视眼新发病率城近郊区和远郊区县分别低于 5% 和 3%。		达到要素要求 2 分 基本达到要素要求 1 分 “新发病率”未达到要素要求 0 分	

续表

<table>
<tr><th>一级指标（分值）</th><th>二级指标（分值）</th><th>评价要素</th><th>分值</th><th>评分标准</th><th>信息收集方法</th></tr>
<tr><td rowspan="4">四、学生质量（25）</td><td rowspan="2">（十四）身体心理素质（7）</td><td>（31）绝大多数学生具有自尊、自信、合作、勇于克服困难和不怕挫折等个性品质，具有一定的创造精神、适应社会能力、自我教育能力。</td><td rowspan="2">3</td><td>达到要素要求 1 分
基本达到要素要求 0.5 分
未达到要素要求 0 分</td><td rowspan="2"></td></tr>
<tr><td>绝大多数学生具有初步的审美能力，音乐、美术课及格率 95% 以上，有一项兴趣爱好或特长。</td><td>达到要素要求 2 分
基本达到要素要求 1 分
“一科及格率”未达到要素要求 0 分</td></tr>
<tr><td rowspan="2">（十五）社会反映（2）</td><td>（32）高一级学校及用人单位对绝大多数毕业生素质反映良好。</td><td rowspan="2">2</td><td>达到要素要求 1 分
基本达到要素要求 0.5 分
未达到要素要求 0 分</td><td rowspan="2">抽样调查</td></tr>
<tr><td>社会对绝大多数在校生素质反映良好。</td><td>达到要素要求 1 分
基本达到要素要求 0.5 分
未达到要素要求 0 分</td></tr>
<tr><td rowspan="3">附加指标</td><td>年度阶段性目标</td><td>落实市实施素质教育各项年度阶段性目标。</td><td></td><td>达到要素要求不给分
未达到要素要求减 8—40 分</td><td>随机抽查和调查</td></tr>
<tr><td>办学特色</td><td>学校开展教育改革，全面实施素质教育取得突出成绩，总结出经验，形成办学风格，受到区县以上教育行政部门表彰或同行、社会公认。</td><td></td><td>酌情加 5—10 分</td><td>听取汇报
查阅资料
征询有关部门意见</td></tr>
<tr><td>违纪与失误</td><td>学校有严重违法违纪问题，造成不良影响；
出现重大事故或失误，后果严重。</td><td></td><td>酌情减 5—10 分</td><td>随机抽查和调查</td></tr>
</table>

注：绝大多数指总数的 90% 以上。

实 施 办 法

一、学校自我评价

实施普通中学教育质量综合评价要认真开展学校自我评价。自我评价是学校实施科学管理，进行自我完善的重要环节和手段，也是市、区县政府教育督导室（督学室），市、区县教委（教育局）对学校教育质量进行督导评价的重要基础。

实施自我评价是以学校领导为主体，紧密结合学校日常工作，进行自我调控的动态过程。通过综合运用诊断性、形成性和终结性评价，对教育质量作出价值判断。

实施自我评价要在校长领导下，成立学校自评领导小组，按照一定评价程序，做到评价过程和工作过程相结合。

每学年初，学校把本方案的指标和要素作为确定实施素质教育工作目标，制订工作计划的重要依据之一，将指标分解、落实到有关部门和个人，先进行诊断性评价，分析现状，以此作为评价的基础。然后，在工作过程中经常对照评价指标和要素，进行形成性评价，及时调控、改进工作。

每学年末，结合学校工作总结，在平时形成性评价基础上，采取领导、骨干和群众相结合，定性分析和定量测评相结合的方法，进行终结性评价，对学校教育质量作出综合判断，填写评价量表，写出自评报告，肯定成绩，找出问题，提出改进意见，并作为下一学年确定工作目标和制订工作计划的重要依据。

自评报告和评价量表，通过教代会或教职工大会讨论审定后，上报区县政府教育督导室（督学室）、区县教委（教育局）。区县政府教育督导室（督学室）、区县教委（教育局）要建立学校教育质量自我评价档案。

二、督导评价

市、区县政府教育督导室（督学室）和市、区县教委（教育局）对学校进行督导评价是加强宏观管理，推动全面贯彻教育方针，全面实施素质教育，全面提高教育质量的重要手段。通过发挥教育评价的功能，对学校进行监督和指导。

为了避免重复评价，减轻学校负担，对学校教育质量进行督导评价，要坚持教育督导部门和教育行政部门相结合，做到统一方案，统一领导，统一组织，统一实施。

实施督导评价要在学校自我评价基础上，依据评价指标体系，按照一定的评价程序，采取多种收集信息的方法，对学校自我评价结果进行复评，形成定性和定量相结合的评价意见，通过口头和书面回复学校，进行分类指导，并将评价结果作为奖评学校、考核校长的重要依据。同时，对本区县学校评价结果综合分析，向区县政府和市教委、市政府教育督导室提交评价报告，为领导决策提供依据。

三、加强领导，建立制度

1. 实施本方案的关键是加强领导。各区县要从实际出发，建立由区县教委（教育局）和区县政府教育督导室（督学室）主要负责同志组成的督导评价领导小组。由区县政府教育督导室（督学室）会同区县教委（教育局）有关科室、教研、科研部门组成工作班子和评价队伍，负责对学校自我评价工作进行督促、检查和指导，组织实施督导评价。

2. 建立健全自我评价和督导评价相结合的学校评价制度。学校每学年依据本方案进行一次自我评价。区县政府教育督导室（督学室）会同区县教委（教育局）每学年对所辖学校完成实施素质教育年度阶段性目标情况进行一次评价；每 2—3 学年，依据本方案对所辖学校教育质量进行一次综合督导评价；市政府教育督导室会同市教委依据本方案不定期随机抽样对部分学校进行综合督导评价。

通过学校评价制度的建立、健全，逐步做到学校评价规范化、系统化、制度化，形成以实施素质教育为目标的科学评价学校教育质量的运行机制。

3. 运用评价结果，建立激励机制。实施本方案的评价结果要坚持定性和定量相结合。定性采用语言描述法，定量采用直接赋值法，按量表（附后）计算，评价总分 = 四项一级指标得分 ± 附加指标得分，90 分以上为优，89—75 分为良，74—60 分为合格，59 分以下为不合格。通过定性和定量评价结果的分析，学校写出自评报告，督评小组写出督导评价意见。要充分运用自我评价和督导评价结果。一方面，规范学校办学行为，为领导决策提供依据，推进实施素质教育；另一方面，各区县要建立适合本区县实际的奖评学校和校长的制度和公布评价结果的通报制度。依据评价结果，实施表彰奖励，形成激励机制。未达到市实施素质教育年度阶段性目标或有违法、违纪问题及重大失误的学校和校长一律不予表彰和奖励。

北京市普通中学教育质量综合评价量表

__________中学（盖章）

一级指标（分值）	二级指标（分值）	评价要素	分值	自（督）评得分			
				评价要素	二级指标	一级指标	总分
一、目标与规划（6）	（一）目标（4）	（1）	4				
	（二）规划（2）	（2）	2				
二、队伍建设（24）	（三）转变教育观念（4）	（3）	4				
	（四）领导班子建设（9）	（4）	4				
		（5）	2				
		（6）	3				
	（五）教职工队伍建设（11）	（7）	4				
		（8）	3				
		（9）	4				

续表

一级指标（分值）	二级指标（分值）	评价要素	分值	自（督）评得分			
				评价要素	二级指标	一级指标	总分
三、各项工作管理（45）	（六）面向全体学生（7）	（10）	4				
		（11）	3				
	（七）培养学生全面发展（28）	（12）	2				
		（13）	3				
		（14）	3				
		（15）	1				
		（16）	4				
		（17）	3				
		（18）	3				
		（19）	4				
		（20）	1				
		（21）	2				
		（22）	2				
	（八）发展学生特长（4）	（23）	4				
	（九）加强教育科研（3）	（24）	3				
	（十）创设良好环境（3）	（25）	1				
		（26）	2				
四、学生质量（25）	（十一）思想道德素质（6）	（27）	6				
	（十二）文化科学素质（8）	（28）	8				
	（十三）劳动技能素质（2）	（29）	2				
	（十四）身体心理素质（7）	（30）	4				
		（31）	3				
	（十五）社会反映（2）	（32）	2				
附加指标	年度阶段性目标			实减分：			
	办学特色			实加分：			
	违纪与失误			实减分：			

校长__________　　填表人__________　　填表日期__________

北京市小学教育质量综合评价指标体系

一级指标（分值）	二级指标（分值）	评价要素	分值	评分标准	信息收集方法
一、目标与规划（6）	（一）目标（4）	（1）按照全面贯彻教育方针、全面提高学生素质的要求，结合学校实际，确定办学目标和素质教育工作目标。	4	达到要素要求2分 基本达到要素要求1分 未达到要素要求0分	听取汇报 查阅资料 座谈 访谈
		实行目标管理，责任落实。		达到要素要求2分 基本达到要素要求1分 未达到要素要求0分	
	（二）规划（2）	（2）制订素质教育的规划和年度计划，措施具体可行。	2	达到要素要求2分 基本达到要素要求1分 未达到要素要求0分	
二、队伍建设（24）	（三）转变观念（4）	（3）认真组织干部、教师联系实际学习素质教育理论和有关文件。	4	达到要素要求2分 未达到要素要求0分	听取汇报 查阅资料 座谈 访谈 问卷调查
		不按考试分数给学生排队或公布考试分数。		达到要素要求1分 未达到要素要求0分	
		不以学生的考试分数作为对教师晋级、奖励的唯一依据。		达到要素要求1分 未达到要素要求0分	
	（四）领导班子建设（9）	（4）认真贯彻执行《北京市中小学党组织工作意见》《北京市中小学校长工作意见》《北京市中小学教职工代表大会工作意见》。	4	达到要素要求2分 基本达到要素要求1分 未达到要素要求0分	
		领导机构健全，团结协作，指挥畅通。		达到要素要求1分 基本达到要素要求0.5分 未达到要素要求0分	
		各项规章制度健全，执行有效。		达到要素要求1分 基本达到要素要求0.5分 未达到要素要求0分	
		（5）有提高领导班子素质的计划、措施、制度，能认真落实，取得实效。	2	达到要素要求2分 基本达到要素要求1分 未达到要素要求0分	

续表

<table>
<tr><th>一级指标（分值）</th><th>二级指标（分值）</th><th>评价要素</th><th>分值</th><th>评分标准</th><th>信息收集方法</th></tr>
<tr><td rowspan="9">二、队伍建设（24）</td><td rowspan="2">（四）领导班子建设（9）</td><td>（6）校长严格履行执法职责，依法治校，做到令行禁止。</td><td rowspan="2">3</td><td>达到要素要求 2 分
未达到要素要求 0 分</td><td rowspan="12">听取汇报
查阅资料
座谈
访谈</td></tr>
<tr><td>深入实际，抓点带面，认真组织和指导教师实施素质教育。</td><td>达到要素要求 1 分
基本达到要素要求 0.5 分
未达到要素要求 0 分</td></tr>
<tr><td rowspan="7">（五）教职工队伍建设（11）</td><td>（7）认真贯彻《教师法》有关教师应履行义务的规定和《中小学教师职业道德规范》。</td><td rowspan="3">4</td><td>达到要素要求 1 分
基本达到要素要求 0.5 分
未达到要素要求 0 分</td></tr>
<tr><td>教职工无侮辱、体罚、变相体罚学生现象。</td><td>达到要素要求 2 分
未达到要素要求 0 分</td></tr>
<tr><td>无品行不良和违法违纪问题。</td><td>达到要素要求 1 分
未达到要素要求 0 分</td></tr>
<tr><td>（8）认真执行北京市中小学教职工聘任制有关文件。</td><td rowspan="2">3</td><td>达到要素要求 1 分
基本达到要素要求 0.5 分
未达到要素要求 0 分</td></tr>
<tr><td>加强思想政治工作，教职工积极性得到发挥。</td><td>达到要素要求 2 分
基本达到要素要求 1 分
未达到要素要求 0 分</td></tr>
<tr><td>（9）有提高教师素质的计划、措施、制度，能认真落实，取得实效。</td><td rowspan="2">4</td><td>达到要素要求 2 分
基本达到要素要求 1 分
未达到要素要求 0 分</td></tr>
<tr><td>加强对骨干教师和青年教师的培养，成效明显。</td><td>达到要素要求 2 分
基本达到要素要求 1 分
未达到要素要求 0 分</td></tr>
<tr><td rowspan="3">三、各项工作管理（45）</td><td rowspan="3">（六）面向全体学生（7）</td><td>（10）对毕业班与非毕业班统筹兼顾。</td><td rowspan="3">4</td><td>达到要素要求 1 分
基本达到要素要求 0.5 分
未达到要素要求 0 分</td></tr>
<tr><td>对各类学生因材施教，后进学生转化工作取得成效。</td><td>达到要素要求 2 分
基本达到要素要求 1 分
未达到要素要求 0 分</td></tr>
<tr><td>低年级无留级生，中高年级逐步做到无留级生。</td><td>达到要素要求 1 分
未达到要素要求 0 分</td></tr>
</table>

续表

一级指标（分值）	二级指标（分值）	评价要素	分值	评分标准	信息收集方法
三、各项工作管理（45）	（六）面向全体学生（7）	（11）加强学籍管理，与乡（镇）、街道和家长密切配合，严格依法保证学生入学，控制学生辍学。	3	达到要素要求1分 未达到要素要求0分	
		辖区内适龄儿童除依法被批准免、缓入学者外，都能按时免试入学。		达到要素要求1分 未达到要素要求0分	
		年辍学率、届辍学率等于或低于本区县平均值，无流失生。		达到要素要求1分 未达到要素要求0分	
	（七）培养学生全面发展（28）	（12）把提高学生思想道德素质摆在重要位置，坚持寓德育于各科教学及各项工作之中，做到教书育人、管理育人、服务育人。	2	达到要素要求2分 基本达到要素要求1分 未达到要素要求0分	听取汇报 查阅资料 座谈 访谈 问卷调查 听课 实地考察
		（13）贯彻国家和本市有关德育工作的法规、文件，落实《北京市中小学德育整体化纲要》，有一定效果。	3	达到要素要求1分 基本达到要素要求0.5分 未达到要素要求0分	
		结合各年级实际，加强爱祖国、爱人民、爱劳动、爱科学、爱社会主义的教育，增强实效性。		达到要素要求2分 基本达到要素要求1分 未达到要素要求0分	
		（14）健全德育工作管理系统，注重常规管理。	3	达到要素要求1分 基本达到要素要求0.5分 未达到要素要求0分	
		加强和改进班主任、少先队工作和思想品德课教学。		达到要素要求1分 基本达到要素要求0.5分 未达到要素要求0分	
		建立、健全学校、家庭、社会三结合教育网络。		达到要素要求1分 基本达到要素要求0.5分 未达到要素要求0分	

续表

一级指标（分值）	二级指标（分值）	评价要素	分值	评分标准	信息收集方法
三、各项工作管理（45）	（七）培养学生全面发展（28）	（15）严格按国家和本市的课程计划开齐课程、开足课时，活动课、劳动课安排落实；不增、减、停、改课程和课时。	1	达到要素要求 1 分 未达到要素要求 0 分	听取汇报 查阅资料 随机听课 实地考察 座谈 访谈 问卷调查
		（16）认真执行国家颁布的教学大纲，落实本市小学学科教学的三个文件。	4	达到要素要求 1 分 基本达到要素要求 0.5 分 未达到要素要求 0 分	
		有计划地开展教研活动，加强教学方法和教学手段的改革。		达到要素要求 1 分 基本达到要素要求 0.5 分 未达到要素要求 0 分	
		课堂教学质量不断提高，优秀课比例达到 20% 以上。		达到要素要求 2 分 未达到要素要求 0 分	
		（17）采取有效措施，认真执行国家和本市有关规定，减轻学生过重课业负担。	3	达到要素要求 1 分 未达到要素要求 0 分	
		不利用课余时间、节日、双休日、寒暑假进行全班性补课或上新课。		达到要素要求 1 分 未达到要素要求 0 分	
		不擅自给学生征订复习资料、书刊。		达到要素要求 1 分 未达到要素要求 0 分	
		（18）加强对教学工作的领导和管理，健全教学工作管理系统。	3	达到要素要求 1 分 基本达到要素要求 0.5 分 未达到要素要求 0 分	
		校长以主要精力抓教学工作，深入课堂和教研组，指导教师改进教学。		达到要素要求 1 分 基本达到要素要求 0.5 分 未达到要素要求 0 分	
		校长每学期听课不少于 40 节，主管副校长不少于 60 节。		达到要素要求 1 分 未达到要素要求 0 分	

续表

一级指标（分值）	二级指标（分值）	评价要素	分值	评分标准	信息收集方法
三、各项工作管理（45）	（七）培养学生全面发展（28）	（19）认真落实国家和本市有关体育、卫生工作的规定。	4	达到要素要求 1 分 基本达到要素要求 0.5 分 未达到要素要求 0 分	听取汇报 查阅资料 听课 座谈 访谈 实地考察
		提高体育课、课间操、眼保健操和课外体育活动的质量，保证每天 1 小时体育活动时间。		达到要素要求 2 分 基本达到要素要求 1 分 未达到要素要求 0 分	
		加强卫生保健工作，保证健康教育时间，有防治近视眼的有效措施。		达到要素要求 1 分 基本达到要素要求 0.5 分 未达到要素要求 0 分	
		（20）重视心理健康教育，有专职或兼职人员负责，开展心理咨询或心理辅导活动。	1	达到要素要求 1 分 基本达到要素要求 0.5 分 未达到要素要求 0 分	
		（21）重视美育，加强艺术课教学，并通过各科教学和各种活动渗透美育。	2	达到要素要求 1 分 基本达到要素要求 0.5 分 未达到要素要求 0 分	
		建立学校艺术教育活动制度。		达到要素要求 1 分 未达到要素要求 0 分	
		（22）加强劳动教育，上好劳动课，做到教师、教材、基地（场所）落实。	2	达到要素要求 1 分 基本达到要素要求 0.5 分 未达到要素要求 0 分	
		有计划地组织学生参加公益劳动或简单的生产劳动。		达到要素要求 1 分 未达到要素要求 0 分	
	（八）发展学生特长（4）	（23）重视发展学生特长，有具体计划和安排，做到课内外、校内外相结合。	4	达到要素要求 2 分 基本达到要素要求 1 分 未达到要素要求 0 分	听取汇报 查阅资料
		广泛开展学科、科技、文体课外小组活动，做到辅导教师、内容、时间、地点落实，各年级学生参与率在 30% 以上，有一定数量的特长生。		达到要素要求 2 分 基本达到要素要求 1 分 未达到要素要求 0 分	

续表

<table>
<tr><th>一级指标（分值）</th><th>二级指标（分值）</th><th>评价要素</th><th>分值</th><th>评分标准</th><th>信息收集方法</th></tr>
<tr><td rowspan="4">三、各项工作管理（45）</td><td>（九）加强教育科研（3）</td><td>（24）有组织有领导地围绕素质教育开展教育科研活动，有课题，有成果。</td><td>3</td><td>达到要素要求 3 分
基本达到要素要求 1.5 分
未达到要素要求 0 分</td><td>听取汇报
查阅资料</td></tr>
<tr><td rowspan="3">（十）创设良好环境（3）</td><td>（25）认真贯彻《北京市中小学校园环境管理实施意见》，有良好的教育环境。</td><td>1</td><td>达到要素要求 1 分
基本达到要素要求 0.5 分
未达到要素要求 0 分</td><td rowspan="3">听取汇报
查阅资料
座谈
访谈
实地考察</td></tr>
<tr><td>（26）提高学校校舍、场地、教学设施、仪器设备、文体器材、图书资料的利用率和效益。</td><td rowspan="2">2</td><td>达到要素要求 1 分
基本达到要素要求 0.5 分
未达到要素要求 0 分</td></tr>
<tr><td>合理使用国拨经费和预算外收入，不断改善办学条件。</td><td>达到要素要求 1 分
基本达到要素要求 0.5 分
未达到要素要求 0 分</td></tr>
<tr><td rowspan="4">四、学生质量（25）</td><td rowspan="2">（十一）思想道德素质（6）</td><td>（27）绝大多数学生遵守《小学生守则》《小学生日常行为规范》，做到热爱祖国、关心集体、尊敬师长、勤奋好学、团结互助、遵纪守法；具有初步的分辨是非能力；校风良好。</td><td rowspan="2">6</td><td>达到要素要求 4 分
基本达到要素要求 2 分
未达到要素要求 0 分</td><td rowspan="4">听取汇报
查阅资料
听课
观察
座谈
访谈
随机整群抽样测试</td></tr>
<tr><td>无违法犯罪现象。</td><td>达到要素要求 2 分
未达到要素要求 0 分</td></tr>
<tr><td rowspan="2">（十二）文化科学素质（8）</td><td>（28）绝大多数学生阅读、书写、表达、计算的基本知识和基本技能达到教学大纲要求，了解一些生活、自然和社会常识，养成良好的学习习惯；初步具有基本的观察、思维能力，表达能力，动手操作能力和自学能力。</td><td rowspan="2">8</td><td>达到要素要求 5 分
基本达到要素要求 2 分
未达到要素要求 0 分</td></tr>
<tr><td>小学毕业考试语文、数学双科及格率均达到 99% 以上。</td><td>达到要素要求 3 分
未达到要素要求 0 分</td></tr>
</table>

续表

一级指标（分值）	二级指标（分值）	评价要素	分值	评分标准	信息收集方法
四、学生质量（25）	（十三）劳动技能素质（2）	（29）绝大多数学生热爱劳动，珍惜劳动成果，积极参加力所能及的社会公益劳动和家务劳动，学会自我服务，养成良好的劳动习惯。	2	达到要素要求 1 分 基本达到要素要求 0.5 分 未达到要素要求 0 分	
		掌握劳动课规定的基本劳动知识和技能。		达到要素要求 1 分 基本达到要素要求 0.5 分 未达到要素要求 0 分	
	（十四）身体心理素质（7）	（30）绝大多数学生初步掌握锻炼身体的基础知识，养成良好的体育锻炼习惯；体育课及格率 95% 以上，三年级以上学生体育达标率 95% 以上。	4	达到要素要求 2 分 基本达到要素要求 1 分 “一率”未达到要素要求 0 分	
		绝大多数学生身体形态、机能指标达到市同年龄组平均水平（1995 年标准），具有良好的卫生习惯，近视眼新发病率城近郊区和远郊区县分别低于 5% 和 3%。		达到要素要求 2 分 基本达到要素要求 1 分 “新发病率”未达到要素要求 0 分	
		（31）绝大多数学生具有自尊、自信、合群、勇于克服困难和不怕挫折等个性品质，具有初步的自我管理能力。	3	达到要素要求 1 分 基本达到要素要求 0.5 分 未达到要素要求 0 分	
		绝大多数学生具有健康的爱美情趣，音乐、美术课及格率 95% 以上，有一项兴趣爱好或特长。		达到要素要求 2 分 基本达到要素要求 1 分 “一科”及格率未达到要素要求 0 分	
	（十五）社会反映（2）	（32）高一级学校对绝大多数毕业生素质反映良好。	2	达到要素要求 1 分 基本达到要素要求 0.5 分 未达到要素要求 0 分	抽样调查
		社会对绝大多数在校生素质反映良好。		达到要素要求 1 分 基本达到要素要求 0.5 分 未达到要素要求 0 分	

续表

一级指标（分值）	二级指标（分值）	评价要素	分值	评分标准	信息收集方法
附加指标	年度阶段性目标	落实市实施素质教育各项年度阶段性目标。		达到要素要求不给分 未达到要素要求减8—40分	随机抽查和调查
	办学特色	学校开展教育改革，全面实施素质教育取得突出成绩，总结出经验，形成办学风格，受到区县以上教育行政部门表彰或同行、社会公认。		酌情加5—10分	听取汇报 查阅资料 征询意见
	违纪与失误	学校有严重违法违纪问题，造成不良影响； 出现重大事故或失误，后果严重。		酌情减5—10分	随机抽查和调查

注：绝大多数指总数的90%以上。

实施办法

一、学校自我评价

实施小学教育质量综合评价要认真开展学校自我评价。自我评价是学校实施科学管理，进行自我完善的重要环节和手段，也是市、区（县）政府教育督导室（督学室），市、区（县）教委（教育局）对学校教育质量进行督导评价的重要基础。

实施自我评价是以学校领导为主体，紧密结合学校日常工作，进行自我调控的动态过程。通过综合运用诊断性、形成性和终结性评价，对教育质量作出价值判断。

实施自我评价要在校长领导下，成立学校自评领导小组，按照一定评价程序，做到评价过程和工作过程相结合。

每学年初，学校把本方案的指标和要素作为确定实施素质教育工作目标，制订工作计划的重要依据之一，将指标分解、落实到有关部门和个人，先进行诊断性评价，分析现状，以此作为评价的基础。然后，在工作过程中经常对照评价指标和要素，进行形成性评价，及时调控、改进工作。

每学年末，结合学校工作总结，在平时形成性评价基础上，采取领导、骨干和群众相结合，定性分析和定量测评相结合的方法，进行终结性评价，对学校教育质量作出综合判断，填写评价量表，写出自评报告，肯定成绩，找出问题，提出改进意见，并作为下一学年确定工作目标和制订工作计划的重要依据。

自评报告和评价量表，通过教代会或教职工大会讨论审定后，上报区县政府教育督导室（督学室）、区县教委（教育局）。区县政府教育督导室（督学室）、区县教委（教育局）要建立学校教育质量自我评价档案。

二、督导评价

市、区县政府教育督导室（督学室）和市、区（县）教委（教育局）对学校进行督导评价是加强宏观管理，推动全面贯彻教育方针，全面实施素质教育，全面提高教育质量的重要手段。通过发挥教育评价的功能，对学校进行监督和指导。

为了避免重复评价，减轻学校负担，对学校教育质量进行督导评价，要坚持教育督导部门和教育行政部门相结合，做到统一方案，统一领导，统一组织，统一实施。

实施督导评价要在学校自我评价基础上，依据评价指标体系，按照一定的评价程序，采取多种收集信息的方法，对学校自我评价结果进行复评，形成定性和定量相结合的评价意见，通过口头和书面回复学校，进行分类指导，并将评价结果作为奖评学校、考核校长的重要依据。同时，对本区县学校评价结果综合分析，向区县政府和市教委、市政府教育督导室提交评价报告，为领导决策提供依据。

三、加强领导，建立制度

1. 实施本方案的关键是加强领导。各区县要从实际出发，建立由区县教委（教育局）和区县政府教育督导室（督学室）主要负责同志组成督导评价领导小组。由区县政府教育督导室（督学室）会同区县教委（教育局）有关科室、教研、科研部门组成工作班子和评价队伍，负责对学校自我评价工作进行督促、检查和指导，组织实施督导评价。

2. 建立健全自我评价和督导评价相结合的学校评价制度。学校每学年依据本方案进行一次自我评价。区县政府教育督导室（督学室）会同区县教委（教育局）每学年对所辖学校完成实施素质教育年度阶段性目标情况进行一次评价；每2—3学年，依据本方案对所辖学校教育质量进行一次综合督导评价；市政府教育督导室会同市教委依据本方案不定期随机抽样对部分学校进行综合督导评价。

通过学校评价制度的建立、健全，逐步做到学校评价规范化、系统化、制度化，形成以实施素质教育为目标的科学评价学校教育质量的运行机制。

3. 运用评价结果，建立激励机制。实施本方案的评价结果要坚持定性和定量相结合。定性采用语言描述法，定量采用直接赋值法，按量表（附后）计算，评价总分＝四项一级指标得分 ± 附加指标得分，90分以上为优，75—89分为良，60—74分为合格，59分以下为不合格。通过定性和定量评价结果的分析，学校写出自评报告，督评小组写出督导评价意见。要充分运用自我评价和督导评价结果。一方面，规范学校办学行为，为领导决策提供依据，推进实施素质教育；另一方面，各区县要建立适合本区县实际的奖评学校和校长的制度和公布评价结果的通报制度。依据评价结果，实施表彰奖励，形成激励机制。未达到市实施素质教育年度阶段性目标或有违法、违纪问题及重大失误的学校和校长一律不予表彰和奖励。

北京市小学教育质量综合评价量表

__________小学（盖章）

一级指标（分值）	二级指标（分值）	评价要素	分值	自（督）评得分			
				评价要素	二级指标	一级指标	总分
一、目标与规划（6）	（一）目标（4）	（1）	4				
	（二）规划（2）	（2）	2				
二、队伍建设（24）	（三）转变教育观念（4）	（3）	4				
	（四）领导班子建设（9）	（4）	4				
		（5）	2				
		（6）	3				
	（五）教职工队伍建设（11）	（7）	4				
		（8）	3				
		（9）	4				
三、各项工作管理（45）	（六）面向全体学生（7）	（10）	4				
		（11）	3				
	（七）培养学生全面发展（28）	（12）	2				
		（13）	3				
		（14）	3				
		（15）	1				
		（16）	4				
		（17）	3				
		（18）	3				
		（19）	4				
		（20）	1				
		（21）	2				
		（22）	2				

续表

一级指标（分值）	二级指标（分值）	评价要素	分值	自（督）评得分			
				评价要素	二级指标	一级指标	总分
三、各项工作管理（45）	（八）发展学生特长（4）	（23）	4				
	（九）加强教育科研（3）	（24）	3				
	（十）创设良好环境（3）	（25）	1				
		（26）	2				
四、学生质量（25）	（十一）思想道德素质（6）	（27）	6				
	（十二）文化科学素质（8）	（28）	8				
	（十三）劳动技能素质（2）	（29）	2				
	（十四）身体心理素质（7）	（30）	4				
		（31）	3				
	（十五）社会反映（2）	（32）	2				
附加指标	年度阶段性目标			实减分：			
	办学特色			实加分：			
	违纪与失误			实减分：			

校长__________　　填表人__________　　填表日期__________

北京市教育委员会　北京市人民政府教育督导室关于印发《北京市区县政府巩固“两基”落实“两全”全面实施素质教育评价方案（试行）》等三个评价方案评价工作程序和评价细则的通知

京教督〔1998〕1号

各区县人民政府、教委（教育局）、教育督导室（督学室）：

我市1997年7月8日颁发了《北京市区县政府巩固“两基”，落实“两全”，全面实施素质教育评价方案（试行）》等三个评价方案（京教督字〔1997〕2号，以下简称三个评价方案），并于1998年全面启动评价工作。为了增强三个评价方案组织实施工作中的科学性和可操作性，现将与三个评价方案配套的评价工作程序（试行）和评价细则（试行）印发给你们（另印单行本）。请结合本区县实际贯彻执行，并将意见和建议及时向市教委，市政府教育督导室报告。

1998年3月6日

附件1：

北京市区县政府、教委（教育局）普通中学、小学全面实施素质教育评价工作程序（试行）
北京市区县政府巩固“两基”落实“两全”全面实施素质教育自我评价和督导评价工作程序（试行）

自我评价工作程序

区县政府巩固“两基”，落实“两全”，全面实施素质教育自我评价是区县政府加强对实施素质教育的领导和管理，进行自我调控、自我改进、自我完善的重要环节和手段；是构建区域性素质教育运行机制的重要组成部分；是建立实施素质教育督导评价制度的重要基础。为推进区县政府实施素质教育自我评价工作，并使其规范化，特制定本程序。

1. 自我评价的准备

（1）建立区县政府实施素质教育自我评价领导小组（以下简称自评领导小组），由主管教育的区县长任组长，区县有关部门负责人为成员，负责领导区县政府实施素质教育自我评价（以下简称自评）工作。下设自评工作办公室，设在区县政府办公室或文教办公室，负责制订计划、组织实施、统筹协调，撰写自评报告、管理自评资料、档案等日常工作。依据《北京市区县政府巩固“两基”落实“两全”全面实施素质教育评价方案（试行）》（以下简称《评价方案》）的指标体系，结合区县政府有关部门分工和管理目标的分解，组织若干专项自评小组，负责对所分工的指标和要素，按要求开展自评工作。

（2）自评领导小组结合本区县实施素质教育年度计划，制订自评工作计划。各专项自评小组，结合本部门职责，制订专项自评工作安排。

（3）自评领导小组动员有关委、办、局，街道办事处、乡（镇）政府负责人，明确自评的目的、意义，宣讲《评价方案》内容、方法、实施步骤，公布区县政府自评计划。重点组织好自评领导小组和专项自评小组成员的培训。

（4）编制自评所需的调查提纲、问卷、统计表、量表等。

2. 自我评价的实施

（1）每年初，自评领导小组对照《评价方案》进行诊断性自评，分析判断各项指标和要素的基础情况，为制订本年度区县实施素质教育工作计划提供依据。

（2）把自评过程和工作过程紧密结合，对照《评价方案》进行形成性自评。各专项自评小组结合本部门职责，对所负责的指标和要素及时收集信息，及时反馈调节，及时改进工作。根据部门工作特点和工作进程，定期进行小结，记录自评结果，积累自评资料。

（3）每年末，结合工作总结，对照《评价方案》进行终结性自评。各专项自评小组在形成性自评基础上，对所负责的指标和要素，采取多种方法，全面收集、整理信息，进行定性分析和定量测评，撰写终结性自评分报告，填写专项自评量表。自评领导小组归纳、综合各专项自评小组终结性自评分报告和量表，依据《评价方案》的指标和要素，对本年度区县政府实施素质教育工作进行全面分析，肯定成绩，总结经验，找准问题，提出改进的目标和措施。在此基础上，撰写区县政府实施素质教育自评报告，填写自评量表，并经区县政府办公会议审定。

3. 自我评价的总结

（1）运用自评结果，发挥其导向、激励、调控、鉴定等功能。将本年度自评报告、自评量表，报送区县政府及其有关部门，作为制订下一年度实施素质教育工作计划的重要依据，并提出推广经验、表彰先进的建议。

（2）自评领导小组召开自评工作总结会，肯定成绩，总结和交流经验，找出差距，提出加强和改进自评工作的意见。

（3）将本年度自评报告和自评量表报送市实施素质教育督导评价领导小组（以下简称市督评领导小组），作为督导评价的基础。

督导评价工作程序

区县政府实施素质教育督导评价，是推动基础教育巩固“两基”，落实“两全”，实现由“应试教育”向全面素质教育转变的客观需要；是加强宏观管理，实施教育监督，构建区域性素质教育运行机制的有效手段。为加强区县政府实施素质教育督导评价工作，规范督导评价行为，特制定本程序。

1. 计划准备

（1）制订督导评价区县政府实施素质教育工作的实施计划。每年采取随机抽样办法，确定当年被督导评价区县，并下发督导评价通知书。被督导评价区县政府在督导评价前一周，根据要求将自评报告及自评量表上报市督评领导小组。

（2）由市政府教育督导室牵头，组织由市专、兼职督学和特约教育督导员，市政府有关部门负责人，市教委有关处室负责人，教研、科研人员等组成的市督导评价组。依据《评价方案》的指标体系内容和督导评价活动安排，划分若干专项督导评价小组，使每项指标和要素的评价责任落实到人。

（3）组织督导评价人员学习有关素质教育理论，教育法律、法规、方针、政策和《评价方案》，明确督导评价的原则、方法和工作程序，明确各自的职责和具体的工作要求。了解被督导评价区县政府领导和管理中小学教育的基础情况，认真研究区县政府的自评报告和有关资料，有针对性地精心设计督导评价活动。

（4）印制督导评价使用的专项汇报提纲、各类人员座谈会提纲、查阅资料细目、调查问卷、评价量表等。

（5）责任督学加强随访，了解被督导评价区县政府自评工作情况和接受督导评价的各项准备工作。

2. 调查分析

（1）召开被督导评价区县政府及其有关部门领导干部会，说明来意，宣布督导评价的计划和日程安排。

（2）依据评价指标和要素，运用多种方法采集、核实信息。听取被督导评价区县主管领导的自评报告和有关部门的专项自评汇报；查阅有关资料；召开不同类型座谈会；进行问卷调查和个别访谈；了解社会有关方面对区县实施素质教育工作的反映等。

（3）对获取的信息进行筛选、整理。在取得核实、确认的信息资料和统计数据基础上，各专项督导评价小组进行分析和评议，依次对评价要素、二级指标、一级指标作出定量和定性相结合的价值判断。

（4）市督导评价组进行综合分析判断，经集体评议、认定，形成对被督导评价区县政府实施素质教育工作的督导评价意见。

3. 结果处理

（1）市督导评价组调查分析结束后10天内，向被督导评价区县政府自评工作领导小组口头回复督导评价意见。20天内发出书面督导评价意见。被督导评价区县政府在接到书面督导评价意见后，应及时研究改进措施，在30天内向市督评领导小组提交改进工作报告。

（2）每年，市督评领导小组综合当年督导评价区县政府实施素质教育工作情况，撰写督导评价报告，报送市政府，为全市推进实施素质教育工作提供决策依据。

（3）每年，市督评领导小组对当年督导评价区县政府的结果，以公报形式在全市教育系统内部通报。每2—3年，市督评领导小组在完成对区县政府督导评价一轮后，依据督导评价结果和工作进展情况，对区县政府实施素质教育工作向市政府提出奖惩建议。

附件2：

北京市区县教委（教育局）全面贯彻教育方针全面实施素质教育自我评价和督导评价工作程序（试行）

自我评价工作程序

区县教委（教育局）全面贯彻教育方针、全面实施素质教育自我评价是区县教委（教育局）加强对实施素质教育的领导和管理，进行自我调控、自我改进、自我完善的重要环节和手段；是构建区域性素质教育运行机制的重要组成部分；是建立实施素质教育督导评价制度的重要基础。为推进区县教委（教育局）实施素质教育自我评价工作，并使其规范化，特制订本程序。

1. 自我评价的准备

（1）建立区县教委（教育局）实施素质教育自我评价领导小组（以下简称自评领导小组），由区县教委主任（教育局局长）任组长，教委各位副主任（教育局各位副局长）、区县政府教育督导室（督学室）专职主任（或常务副主任）、教委（教育局）办公室主任为成员，负责领导区县教委（教育局）实施素质教育自我评价（以下简称自评）工作。教委（教育局）办公室负责制订计划、组织实施、统筹协调、撰写自评报告、管理自评资料、档案等日常工作。依据《北京市区县教委（教育局）全面贯彻教育方针全面实施素质教育评价方案（试行）》（以下简称《评价方案》）的指标体系，结合科、室、部门分工，组织若干专项自评小组，由教委（教育局）主管副主任（副局长）任组长，负责对所分工的指标和要素，按要求开展自评工作。

（2）自评领导小组结合区县教委（教育局）制订学年工作计划，制订自评工作计划。各专项自评小组结合本部门职责制订专项自评工作安排。

（3）自评领导小组动员全体干部，明确自评的目的、意义，宣讲《评价方案》内容、方法、实施步骤，公布区县教委（教育局）自评计划。重点组织好自评领导小组和专项自评小组成员的培训。

（4）编制自评所需的调查提纲、问卷、统计表、量表等。

2. 自我评价的实施

（1）每学年开学前，自评领导小组对照《评价方案》进行诊断性自评，联系实际，分析、判断各项指标和要素的基础情况，为制订本学年区县教委（教育局）工作计划提供依据。

（2）把自评过程和工作过程紧密结合，对照《评价方案》进行形成性自评。各专项自评小组，结合本部门职责，对所负责的指标和要素，及时收集信息，及时反馈调节，及时改进工作，并记录自评结果，积累自评资料。第一学期末，在经常的形成性自评基础上，各专项自评小组进行小结，经自评领导小组归纳、综合、分析、判断，提出形成性自评意见。针对存在问题，采取调控、矫正措施，并为区县教委（教育局）修订第二学期工作计划提供依据。

（3）每学年末，结合工作总结，对照《评价方案》，进行终结性自评。各专项自评小组在形成性自评基础上，对所负责的指标和要素，采取多种方法，全面收集、整理信息和资料，进行定性分析和定量测评，撰写终结性自评分报告，填写专项自评量表。自评领导小组归纳综合各专项自评小组终结性自评分报告和专项自评量表，依据《评价方案》的指标和要素，对本学年区县教委（教育局）实施素质教育工作进行全面分析，实事求是地肯定成绩，总结经验，找准问题，提出改进的目标和措施，召开科室干部、校长座谈会听取意见。在此基础上，撰写终结性自评报告，填写自评量表，并经教委（教育局）办公会议审定。

3. 自我评价的总结

（1）运用自评结果，发挥其导向、激励、调控、鉴定等功能。将本学年自评结果作为区县教委（教育局）总结实施素质教育工作、推广经验、表彰先进和制订下一学年工作计划的重要依据。

（2）自评领导小组召开自评工作总结会，肯定成绩，总结和交流经验，找出差距，提出加强和改进自评工作的意见。

（3）将本学年自评报告和自评量表，报送区县政府和市督评领导小组，作为督导评价的基础。

督导评价工作程序

区县教委（教育局）实施素质教育督导评价是推动基础教育全面贯彻教育方针、实现由“应试教育”向全面素质教育转变的客观需要，是加强宏观管理，实施教育监督，构建区域性素质教育运行机制的有效手段。为加强区县教委（教育局）实施素质教育督导评价工作，规范督导评价行为，特制定本程序。

1. 计划准备

（1）制订督导评价区县教委（教育局）实施素质教育工作的实施计划。每年采取随机抽样办法确定当年被督导评价区县，并下发督导评价通知书。被督导评价区县教委（教育局）在督导评价前一周，根据要求将自评报告及自评量表上报市督评领导小组。

（2）由市政府教育督导室牵头，组织由市专、兼职督学，特约教育督导员，市教委有关处室负责人，教研、科研人员等组成的市督导评价组。依据《评价方案》的指标体系内容和督导评价活动安排，划分若干专项督导评价小组，使每项指标和要素的评价责任落实到人。

（3）组织督导评价人员学习有关素质教育理论，教育法律、法规、方针、政策和《评价方案》，明确督导评价的目的和指导思想，熟悉评价指标体系内容和评分标准，掌握督导评价的原则、方法和程序，明确各自的职责和具体的工作要求。了解被督导评价区县教委（教育局）领导和管理中小学教育的基础情况，认真研究区县教委（教育局）的自评报告和有关资料，有针对性地精心设计督导评价活动。

（4）印制督导评价使用的专项汇报提纲、各类人员座谈会提纲、查阅资料细目、调查问卷、评价量表等。

（5）责任督学加强随访，了解被督导评价区县教委（教育局）自评工作情况和接受督导评价的各项准备工作。

2. 调查分析

（1）召开被督导评价区县教委（教育局）有关领导干部会，说明来意，宣布督导评价的计划和日程安排。

（2）依据评价指标和要素，运用各种方法采集、核实信息。听取被督导评价区县教委（教育局）主任（局长）的自评报告和有关人员的专项自评汇报；查阅有关资料；召开不同类型座谈会；进行问卷调查和个别访谈；深入部分中小学了解情况；听取社会有关方面反映等。

（3）对获取的信息进行筛选、整理，在取得核实、确认的信息资料和统计数据基础上，各专项督导评价小组进行分析和评议，对评价指标做出定量和定性相结合的价值判断。

（4）市督导评价组进行综合分析判断，经集体评议、认定，形成对被督导评价区县教委（教育局）实施素质教育工作的督导评价意见。

3. 结果处理

（1）市督导评价组调查分析结束后10天内，向被督导评价区县教委（教育局）自评工作领导小组口头回复督导评价意见；20天内发出书面督导评价意见。被督导评价区县教委（教育局）在接到书面评价意见后，应及时研究改进措施，在30天内向市督评领导小组提交改进工作报告。

（2）每年市督评领导小组综合当年督导评价区县教委（教育局）实施素质教育工作情况，撰写督导评价报告，报送市教委，为全市推进实施素质教育工作提供决策依据。

（3）每年市督评领导小组对当年督导评价区县教委（教育局）的结果，以公报形式在全市教育系统内部通报。每2—3年，市督导评价领导小组在完成对区县教委（教育局）督导评价一轮后，依据督导评价结果和工作进展情况对区县教委（教育局）实施素质教育工作向市教委提出奖惩建议。

附件3：

北京市普通中学、小学教育质量自我评价和督导评价工作程序（试行）

自我评价工作程序

普通中学、小学教育质量自我评价是学校全面实施素质教育，全面提高教育质量，加强科学管理，进行自我调控、自我改进、自我完善的重要环节和手段；是建立以实施素质教育为目标的科学评价学校教育质量运行机制的重要组成部分；是对学校教育质量进行督导评价的重要基础。为进一步推进普通中学、小学教育质量自我评价工作，并使其规范化，特制定本程序。

1. 自我评价的准备

（1）建立学校自我评价领导小组，（以下简称自评领导小组），由学校校长和教师代表组成。校长任组长，负责主持学校自我评价（以下简称自评）工作。依据《北京市普通中学教育质量综合评价方案（试行）》（修订）和《北京市小学教育质量综合评价方案（试行）》（修订）（以下简称两个评价方案）的指标体系，结合学校各部门分工和管理目标的分解，组织若干专项自评小组，负责对所分工的指标和要素，按要求开展自评工作。指定专人负责统计、汇集自评资料，管理自评档案。

（2）自评领导小组结合制订学校工作计划，制订自评工作计划。各专项自评小组，结合本部门职责制订专项自评工作安排。

（3）自评领导小组动员全校教职工，明确自评的目的、意义，宣讲两个评价方案的内容、方法、实施步骤，公布学校自评计划。重点组织好自评领导小组和专项自评小组成员的培训。

（4）编制自评所需的调查提纲、问卷、测试题、统计表、量表等。

2. 自我评价的实施

（1）每学年开学前，自评领导小组对照两个评价方案进行诊断性自评，分析判断各项指标和要素的基础情况，为制订本学年学校工作计划提供依据。

（2）把自评过程和工作过程紧密结合，对照两个评价方案进行形成性自评。各专项自评小组，结合本部门职责和日常工作，对所负责的指标和要素，及时收集信息，及时反馈调节，及时改进工作，并记录自评结果，积累自评资料。第一学期末，结合学期工作总结，在经常的形成性自评基础上，各专项自评小组进行小结，经自评领导小组归纳、综合、分析、判断，提出形成性自评意见。针对存在问题，采取调控、矫正措施，并为修订学校第二学期工作计划提供依据。

（3）每学年末，结合学年工作总结，对照两个评价方案进行终结性自评。各专项自评小组，在形成性自评基础上，对所负责的指标和要素，采取多种方法，全面收集整理信息和资料，进行定性分析和定量测评，撰写终结性自评分报告，填写专项自评量表。自评领导小组分析综合各专项自评小组终结性自评分报告和专项自评量表，实事求是地肯定成绩，总结经验，找准问题，提出改进措施。采取一定形式，广泛听取教职工意见，并进行定量测评。在此基础上，撰写学校终结性自评报告，填写自评量表，并经教代会或教职工大会审定。

3. 自我评价的总结

（1）在校长主持下运用自评结果，发挥其导向、激励、调控、鉴定功能。将本学年自评结果作为学校表彰先进、推广经验和制订下一学年学校工作计划的重要依据。

（2）自评领导小组认真总结本学年自评工作，并召开干部、教师、学生代表参加的座谈会，听取意见。在此基础上，召开学校自评工作总结会，肯定成绩，总结和交流经验，表彰先进，提出今后加强和改进自评工作的意见。

（3）将学校本学年自评报告和自评量表，报送区县学校实施素质教育督导评价领导小组（以下简称区县督评领导小组）作为督导评价的基础。

督导评价工作程序

普通中学、小学教育质量综合督导评价是教育督导部门和教育行政部门加强对学校宏观管理，实施教育监督和指导的重要手段；是促进学校全面实施素质教育，全面提高教育质量，提高科学管理水平的有力措施；是建立以实施素质教育为目标的科学评价学校教育质量运行机制的重要组成部分。为进一步加强普通中学、小学教育质量综合督导评价工作，规范督导评价行为，特制定本程序。

1. 计划准备

（1）区县督评领导小组制订综合督导评价学校的实施计划。包括督导评价的目的、内容、重点、方法、步骤、日程安排、人员组织。并根据计划安排及时向被督导评价学校下发综合督导评价通知书。被督导评价学校在督导评价前一周将自评报告及自评量表上报区县督评领导小组。

（2）组织综合督导评价队伍。由区、县政府督导室（督学室）牵头，组织专、兼职督学，区县教委（教育局）有关科室负责人，教研、科研人员等组成区县督导评价组。确定责任督学分工负责每所学校督导评价活动的组织实施。依据两个评价方案的评价指标体系内容和督导评价活动安排，组织若干专项督导评价小组，使每项指标的评价责任落实到人。

（3）培训督导评价人员。组织区县督导评价组全体人员，学习有关素质教育理论，教育法律、法规、方针、政策和两个评价方案，明确督导评价的目的和指导思想，熟悉督导评价指标体系内容和评分标准，掌握督导评价的原则和程序，明确各自的职责和具体的工作要求。了解被督导评价学校办学条件、管理水平、教育质量的基础情况，审阅和分析学校自评报告、自评量表和有关资料，有针对性地精心设计各项督导评价活动。

（4）印制综合督导评价使用的专项汇报提纲、各类人员座谈会提纲、查阅资料细目、调查问卷、学生群体质量测试题、评价量表等。

（5）责任督学加强随访，指导被督导评价学校做好自我评价工作和接受督导评价的各项准备工作。

2. 调查分析

（1）召开被督导评价学校领导干部或教职工代表会，说明来意，宣布综合督导评价的计划和日程安排。

（2）依据评价指标和要素，运用多种方法采集、核实信息。听取被督导评价学校校长的自评报告和有关人员的专项汇报；查阅有关资料；进行问卷调查和个别访谈；召开干部、教师、学生、家长参加的不同类型座谈会；巡视校园环境；观察校风、校纪；查看办学条件；随堂听课和察看教育教学活动；检查学生作业和教师教案；随机抽样测试学生质量状况；调查各项管理工作现状；了解社会有关方面对学校工作的反映；等等。

（3）对获取的信息进行筛选、整理。在取得核实、确认的信息资料和统计数据基础上，各专项督导评价小组，进行分析综合和评议，依次对评价要素、二级指标、一级指标作出定量和定性相结合的价值判断。

（4）区县督导评价组进行综合分析判断，经集体评议、认定，形成对被督导评价学校教育质量和综合督导评价意见。督导评价意见一般应包括督导评价活动的简况，被督导评价学校的成绩、经验、存在问题及原因分析，对今后改进工作的意见和建议。

3. 结果处理

（1）区县督导评价组调查分析结束后20天内，与被督导评价学校校长就督导评价结果交换意见，并召开学校领导干部会，口头回复督导评价意见，对学校工作进行具体指导，帮助。两个月内向被督导评价学校发出书面督导评价意见。被督导评价学校在接到书面督导评价意见后，应及时向全体教职工公布，并针对存在问题，研究改进措施，在一个月内向区县督评领导小组提交书面改进工作报告。半年或一年后，区县督评领导小组对被督导评价学校进行抽样复查，检查督导评价后改进工作的效果。

（2）每学年，区县督评领导小组综合当年督导评价学校实施素质教育，提高教育质量的情况，撰写督导评价报告，报送市督评领导小组和区县政府，为领导决策提供依据。

（3）区县督评领导小组建立适合本区县实际的公布督导评价结果的通报制度和以督导评价结果为依据奖惩普通中学、小学的制度。

附件4：

北京市区县政府、教委（教育局）普通中学、小学全面实施素质教育评价细则（试行）

为认真实施《北京市区县政府巩固“两基”落实“两全”全面实施素质教育评价方案（试行）》等三个评价方案（以下简称三个评价方案），特制定《北京市区县政府、教委（教育局）普通中学、小学全面实施素质教育评价细则（试行）》（以下简称《评价细则》）。

《评价细则》是与三个评价方案配套的操作性文件，是实施自我评价和督导评价过程中进行价值判断的依据。

《评价细则》以增强三个评价方案可操作性为目的，对评价要素内容进行分解，确定“要素要求”；对评分标准进一步细化，确定“计分办法”；对信息收集方法根据“要素要求”的测评需要进行了必要的补充。

北京市区县政府巩固“两基”落实“两全”全面实施素质教育评价细则（试行）

一级指标（分值）	二级指标（分值）	评价要素	分值	要素要求	评分标准	计分办法	信息收集方法
一、领导和管理（47）	（一）转变教育观念（7）	（1）政府领导带头学习、宣讲素质教育理论，各有关委办局认真贯彻实施素质教育的要求，推动基础教育改革，办好每一所中小学。	7	① 主要领导、主管领导带头学习，树立了素质教育的基本观念； ② 在有关会议上宣传讲解； ③ 有关委办局认真学习，提高认识，明确职责，积极落实； ④ 确定了办好每一所中小学的办学思路。	达到要素要求4分	达到要素要求①②③④计4分	听取主管领导汇报 查阅会议记录、有关资料 与有关委、办、局主管领导座谈、个别访谈 与教委（教育局）主要领导座谈、个别访谈
					基本达到要素要求2分	达到要素要求①③④计2分	
					未达到要素要求0分	未达到要素要求①③④计0分	
		不以任何方式向教育部门提出升学率指标要求，不以考试分数或升学率为唯一标准评价教育工作。		① 不以任何方式向教育部门提出升学率指标要求； ② 不以考试分数或升学率为主要标准评价教育工作。	达到要素要求3分	达到要素要求①②计3分	
					未达到要素要求0分	有一项要素要求未达到计0分	
	（二）正确决策加强领导（20）	（2）制订区域性全面推进实施素质教育的意见，措施具体可行。	6	① 有区域性实施素质教育的意见，并下发文件； ② 实施素质教育工作目标明确，措施具体可行。	达到要素要求6分	达到要素要求①②计6分	听取主管领导汇报 查阅下发文件、会议记录、有关资料
					基本达到要素要求3分	达到要素要求①计3分	
					未达到要素要求0分	未达到要素要求①计0分	

续表

一级指标（分值）	二级指标（分值）	评价要素	分值	要素要求	评分标准	计分办法	信息收集方法
一、领导和管理（47）	（二）正确决策加强领导（20）	（3）每年政府常务会议研究推进实施素质教育工作不少于两次。	8	① 每年政府常务会议研究素质教育工作不少于2次。	达到要素要求4分	达到要素要求①计4分	与有关委、办、局、乡、街主管领导座谈、个别访谈 与教委（教育局）主要领导座谈、个别访谈
					未达到要素要求0分	未达到要素要求①计0分	
		主管领导亲自抓素质教育，及时解决实施素质教育中的问题。		① 深入实际，调查研究，掌握情况； ② 采取召开工作会议等多种方式，推进素质教育； ③ 对存在问题解决及时。	达到要素要求4分	达到要素要求①②③计4分	
					基本达到要素要求2分	达到要素要求①②计2分	
					未达到要素要求0分	未达到要素要求①②计0分	
		（4）建立区县政府、教委（教育局）及有关行政部门、街道办事处、乡（镇）政府实施素质教育的目标责任制。	6	① 建立了实施素质教育目标责任制； ② 检查考核制度健全。	达到要素要求4分	达到要素要求①②计4分	
					未达到要素要求0分	有一项要素要求未达到计0分	
		把实施素质教育的情况作为对有关负责人员政绩考核的重要内容。		① 有关负责人员实施素质教育工作情况列入政绩考核内容。	达到要素要求2分	达到要素要求①计2分	
					未达到要素要求0	未达到要素要求①计0分	

续表

一级指标（分值）	二级指标（分值）	评价要素	分值	要素要求	评分标准	计分办法	信息收集方法
一、领导和管理（47）	（三）保证教育投入（8）	（5）依法增加义务教育经费，实现教育经费“三个增长”。	8	① 政府教育财政拨款的增长高于财政经常性收入的增长； ② 按在校学生人数平均的教育费用逐步增长； ③ 学生人均公用经费逐步增长。	达到要素要求 8 分	达到要素要求①②③计 8 分	听取主管领导和主管部门汇报 查阅有关资料 与财政、教育主管部门干部座谈、个别访谈
					未达到要素要求 0 分	有一项要素要求未达到计 0 分	
	（四）加强两支队伍建设（12）	（6）按编制提供各学科合格教师。	6	① 教师配备符合编制要求； ② 采取措施提供合格教师； ③ 满足各学科要求。	达到要素要求 3 分	达到要素要求①②③计 3 分	听取主管领导和主管部门汇报 查阅有关资料 与人事、教育主管部门座谈、个别访谈 到干部、教师培训机构实地考察 与学校干部、骨干教师座谈、个别访谈
					基本达到要素要求 1.5 分	达到要素要求①②计 1.5 分	
					未达到要素要求 0 分	未达到要素要求①②计 0 分	
		为提高学校干部、教师的政治、思想、道德、业务等素质和科研水平提供条件。		① 有满足干部、教师培训需要的场所； ② 有满足干部、教师培训需要的设备； ③ 有满足干部、教师培训需要的经费。	达到要素要求 3 分	达到要素要求①②③计 3 分	
					基本达到要素要求 1.5 分	达到要素要求①②计 1.5 分	
					未达到要素要求 0 分	未达到要素要求①②计 0 分	

续表

一级指标（分值）	二级指标（分值）	评价要素	分值	要素要求	评分标准	计分办法	信息收集方法
一、领导和管理（47）	（四）加强两支队伍建设（12）	（7）采取有力措施稳定骨干教师队伍和促进学校干部、教师的合理流动。	6	① 措施得力； ② 做到干部教师合理流动，骨干教师队伍稳定。	达到要素要求6分	达到要素要求①②计6分	
					基本达到要素要求3分	做到有措施、有一定效果计3分	
					未达到要素要求0分	无措施、无效果计0分	
二、运行机制（19）	（五）改革初中入学办法（4）	（8）落实市关于改革初中入学办法的意见，做到小学毕业生升初中免试就近入学。	4	① 认真落实市教委《关于1998年小学毕业生升入初中工作意见》； ② 做到小学毕业生升初中免试就近入学。	达到要素要求4分	达到要素要求①②计4分	听取主管领导和主管部门汇报 查阅有关文件和资料 与主管部门干部、学校干部、教师、家长座谈、个别访谈
					未达到要素要求0分	有一项要素要求未达到计0分	
	（六）完善督导评价制度（11）	（9）健全政府教育督导机构，严格按督学条件遴选、充实督导队伍，为督导室有效地开展工作创造条件。	5	① 政府主管领导重视，定期听取汇报； ② 有符合要求的机构建制； ③ 按编制和条件配齐督学； ④ 提供必要的工作条件和活动经费。	达到要素要求5分	达到要素要求①②③④计5分	听取主管领导和主管部门汇报 查阅有关文件、资料 与教委（教育局）有关部门干部、督导室督学座谈、个别访谈
					基本达到要素要求2.5分	达到要素要求①②③计2.5分	
					未达到要素要求0分	未达到要素要求①②③计0分	

续表

一级指标（分值）	二级指标（分值）	评价要素	分值	要素要求	评分标准	计分办法	信息收集方法
二、运行机制（19）	（六）完善督导评价制度（11）	（10）贯彻落实市颁发的区（县）政府、教委（教育局）实施素质教育评价方案和中小学教育质量综合评价方案，完善实施素质教育的督导评价制度。	6	① 有按“四统一”要求实施三个评价方案的措施； ② 认真开展了自评，对学校进行了督评； ③ 形成制度，取得实效。	达到要素要求6分	达到要素要求①②③计6分	
					基本达到要素要求3分	达到要素要求①②计3分	
					未达到要素要求0分	未达到要素要求①②计0分	
	（七）建立表彰奖励制度（4）	（11）制订实施素质教育的表彰、奖励办法，定期对实施素质教育有显著成效的单位、个人给予表彰、奖励。	4	① 建立了符合本地区实际的表彰、奖励制度。	达到要素要求4分	达到要素要求①计4分	听取主管领导和主管部门汇报 查阅有关文件和资料 与教育、人事主管部门干部座谈、个别访谈
					未达到要素要求0分	未达到要素要求①计0分	
三、环境和条件（34）	（八）调整教育结构和学校布局（6）	（12）制订基础教育结构调整方案，分步落实。	6	① 有方案和年度计划； ② 能按阶段落实。	达到要素要求1分	达到要素要求①②计1分	听取主管领导和主管部门汇报 查阅文件和有关资料
					基本达到要素要求0.5分	达到要素要求①计0.5分	
					未达到要素要求0分	未达到要素要求①计0分	

续表

一级指标（分值）	二级指标（分值）	评价要素	分值	要素要求	评分标准	计分办法	信息收集方法
三、环境和条件（34）	（八）调整教育结构和学校布局（6）	普高、职教招生比例趋于合理。		① 根据区（县）情确定招生比例； ② 比例趋于合理。	达到要素要求2分	达到要素要求①②计2分	与教委、建委、计委有关部门座谈、个别访谈 去部分中学、职高实地考察
					基本达到要素要求1分	达到要素要求①计1分	
					未达到要素要求0分	未达到要素要求①计0分	
		合理调整中小学校布局，优化区域教育资源配置。		① 有方案和年度计划； ② 措施具体，逐步实施； ③ 取得成效。	达到要素要求3分	达到要素要求①②③计3分	
					基本达到要素要求1.5分	达到要素要求①②计1.5分	
					未达到要素要求0分	未达到要素要求①②计0分	
	（九）改善办学条件（16）	（13）贯彻落实市有关意见，按计划完成基础薄弱校、农村完小、山区寄宿制小学和山区初中的建设任务。 城区完成基础薄弱校建设任务，近郊区完成基础薄弱校、农村完小建设任务，远郊区县完成农村完小、寄宿制小学、山区初中建设任务。	8	① 有计划； ② 能按计划实施； ③ 达到规定标准。	达到要素要求8分	达到要素要求①②③计8分	听取主管领导和主管部门汇报 查阅文件和有关资料 与教委、财政有关部门座谈、个别访谈 去部分学校实地考察
					基本达到要素要求4分	达到要素要求①②计4分	
					未达到要素要求0分	未达到要素要求①②计0分	

续表

一级指标（分值）	二级指标（分值）	评价要素	分值	要素要求	评分标准	计分办法	信息收集方法
三、环境和条件（34）	（九）改善办学条件（16）	（14）按区（县）规划，达到市颁行的中小学办学条件标准。	8	① 有经政府批准的规划和年度计划； ② 能按计划实施； ③ 按期达标。	达到要素要求8分	达到要素要求①②③计8分	
					基本达到要素要求4分	达到要素要求①②计4分	
					未达到要素要求0分	未达到要素要求①②计0分	
	（十）发挥社区教育作用（12）	（15）建立健全社区教育机构，发挥其统筹、协调、宣传、管理的功能，与教育部门密切配合，共同实施素质教育。	4	① 有社区教育机构； ② 能发挥功能和作用； ③ 在实施素质教育中同教育部门配合取得成效。	达到要素要求4分	达到要素要求①②③计4分	听取主管领导和主管部门汇报 查阅有关资料 与部分乡、街主管干部座谈、个别访谈，去部分乡、街实地考察 与社区有关单位人员和家长座谈、个别访谈
					基本达到要素要求2分	达到要素要求①②计2分	
					未达到要素要求0分	未达到要素要求①②计0分	
		（16）广泛、深入地宣传素质教育，动员社会、家庭积极支持实施素质教育。	4	① 广泛、深入宣传； ② 社区有关单位和家长积极支持实施素质教育。	达到要素要求4分	达到要素要求①②计4分	
					基本达到要素要求2分	达到要素要求①计2分	
					未达到要素要求0分	未达到要素要求①计0分	
		（17）落实法律、法规中有关保护儿童少年身心健康的规定，为实施素质教育创造良好的环境。	4	① 落实有关规定较好。	达到要素要求4分	达到要素要求①计4分	
					基本达到要素要求2分	落实有关规定一般计2分	
					未达到要素要求0分	未落实有关规定计0分	

续表

一级指标（分值）	二级指标（分值）	评价要素	分值	要素要求	评分标准	计分办法	信息收集方法
附加指标	年度阶段性目标	落实市提出的实施素质教育各项年度阶段性目标。		按市各项年度阶段性目标确定要求。	达到要素要求不给分	达到各项阶段性目标不计分，未达到阶段性目标按项减分	听取主管领导和主管部门汇报 查阅有关文件和资料 与教委（教育局）主管部门座谈、个别访谈 去部分乡、学校实地考察
					未达到要素要求酌情减5—20分		
	“两基”巩固情况	落实市巩固“两基”的各项要求。		按市巩固“两基”各项要求确定要求。	达到要素要求不给分	达到各项要求不计分，未达到要求按项减分	
					未达到要素要求酌情减5—20分		
	区县教委教育局（督评）结果	市对区县教委（教育局）实施素质教育督评结果。			总分在90分以上加10分		
					总分在59分以下减10分		

北京市区县教委（教育局）全面贯彻教育方针全面实施素质教育评价细则（试行）

一级指标（分值）	二级指标（分值）	评价要素	分值	要素要求	评分标准	计分办法	信息收集方法
一、目标与方案（10）	（一）目标（4）	（1）明确素质教育总体目标，确定切合本地实际的素质教育各项工作目标。	2	① 对总体目标认识明确； ② 有素质教育工作目标； ③ 工作目标符合本地实际。	达到要素要求 2 分	达到要素要求 ①②③ 计 2 分	听取委主任（局长）和主管领导汇报 与部分科级以上干部、有关科室干部座谈、个别访谈 查阅文件、会议记录、工作报告等有关资料
					基本达到要素要求 1 分	达到要素要求 ①② 计 1 分	
					未达到要素要求 0 分	未达到要素要求 ①② 计 0 分	
		（2）建立、健全素质教育目标管理责任制。	2	① 建立了目标管理责任制； ② 责任分工落实到主管主任（局长）、有关科室和人员； ③ 检查、考核、奖惩等制度健全。	达到要素要求 2 分	达到要素要求 ①②③ 计 2 分	
					基本达到要素要求 1 分	达到要素要求 ①② 计 1 分	
					未达到要素要求 0 分	未达到要素要求 ①② 计 0 分	
	（二）方案（6）	（3）制订推进中小学实施素质教育工作方案与年度计划。方案与计划具体、规范、可行性强。	3	① 有工作方案（规划、意见，纲要）与年度计划； ② 采取措施符合实际，具体、可行。	达到要素要求 3 分	达到要素要求 ①② 计 3 分	听取委主任（局长）和主管领导汇报 与部分科室、科研部门座谈、个别访谈 查阅文件、会议记录、工作报告等有关资料
					基本达到要素要求 1.5 分	达到要素要求 ① 计 1.5 分	
					未达到要素要求 0 分	未达到要素要求 ① 计 0 分	

续表

一级指标（分值）	二级指标（分值）	评价要素	分值	要素要求	评分标准	计分办法	信息收集方法
一、目标与方案（10）	（二）方案（6）	（4）制订本区县实施素质教育的科研计划与课题方案，其导向性强。认真组织实施，取得较好成果。	3	① 有科研计划与课题方案，对实施素质教育导向性强； ② 组织实施工作落实； ③ 取得较好成果。	达到要素要求 3 分	达到要素要求 ①②③ 计 3 分	
					基本达到要素要求 1.5 分	达到要素要求 ①② 计 1.5 分	
					未达到要素要求 0 分	未达到要素要求 ①② 计 0 分	
二、环境与条件（21）	（三）转变教育观念（7）	（5）在本系统内广泛深入开展素质教育理论的学习与讨论，有重点，有时间保证，各级领导率先转变教育观念，带头宣讲，效果明显。	5	① 认真组织机关干部、学校干部、教师学习，做到重点突出、时间有保证，认识有提高； ② 委（局）、校主要领导带头学习，树立了素质教育基本观念； ③ 委（局）领导在有关会议上宣传讲解。	达到要素要求 5 分	达到要素要求 ①②③ 计 5 分	听取委主任（局长）和主管领导汇报 与机关干部、学校干部、教师、家长座谈或个别访谈 在学校干部、教师中抽样进行问卷调查 查阅工作计划、会议记录等有关资料
					基本达到要素要求 2.5 分	达到要素要求 ①② 计 2.5 分	
					未达到要素要求 0 分	未达到要素要求 ①② 计 0 分	
		（6）采取措施向社会、家庭大力宣传素质教育思想和实施素质教育的典型经验，效果明显。	2	① 广泛、深入开展宣传，措施具体，落实好； ② 社会、家庭关心、支持实施素质教育。	达到要素要求 2 分	达到要素要求 ①② 计 2 分	
					基本达到要素要求 1 分	达到要素要求 ① 计 1 分	
					未达到要素要求 0 分	未达到要素要求 ① 计 0 分	

续表

一级指标（分值）	二级指标（分值）	评价要素	分值	要素要求	评分标准	计分办法	信息收集方法
二、环境与条件（21）	（四）调整教育结构和学校布局（6）	（7）按区县规划调整中等教育结构，使普通高中与中等职业学校协调发展，基本满足初中毕业生合理分流的需要。	3	① 有调整计划，符合政府规划要求； ② 做到分步实施； ③ 普高与职教协调发展，数量基本满足需要。	达到要素要求 3 分	达到要素要求①②③计 3 分	听取委主任（局长）和主管领导汇报 实地考察有关学校 查阅文件、工作计划等有关资料
					基本达到要素要求 1.5 分	达到要素要求①②计 1.5 分	
					未达到要素要求 0 分	未达到要素要求①②计 0 分	
		（8）按区县规划调整中小学布局，在义务教育阶段取消重点学校，加强初中教育与小学教育的衔接；优化区域教育资源配置。	3	① 有调整计划，符合政府规划要求； ② 取消了小学、初中重点校； ③ 中小衔接工作和优化教育资源配置有具体措施，取得一定效果。	达到要素要求 3 分	达到要素要求①②③计 3 分	
					基本达到要素要求 1.5 分	达到要素要求①②计 1.5 分	
					未达到要素要求 0 分	未达到要素要求①②计 0 分	
	（五）改善办学条件加强校园环境建设（8）	（9）按市教委颁行的中小学办学条件标准和区县规划，加强基础薄弱初中、农村完小、远郊区县农村中学的建设，达到义务教育办学条件标准。	4	① 有规划和年度计划，符合市颁标准和政府规划； ② 做到按计划实施； ③ 如期达到标准。	达到要素要求 4 分	达到要素要求①②③计 4 分	听取委主任（局长）和主管领导汇报 实地考察基地和部分学校设施配备、校园环境管理情况 查阅文件及有关资料
					基本达到要素要求 2 分	达到要素要求①②计 2 分	
					未达到要素要求 0 分	未达到要素要求①②计 0 分	

续表

一级指标（分值）	二级指标（分值）	评价要素	分值	要素要求	评分标准	计分办法	信息收集方法
二、环境与条件（21）	（五）改善办学条件加强校园环境建设（8）	（10）加强校内外德育基地、劳动基地、劳技教室、科技、体音美设施与设备等方面建设。落实《北京市中小学校园管理实施意见》（以下简称《意见》）。设施完备，数量满足需要；校园环境建设达到年度目标；管理规范，效益良好。	4	① 有加强基地建设，配备有关设施的计划和措施； ② 基地、设施满足教育教学需要，利用率高，效果好； ③ 有落实《意见》的计划和具体措施； ④ 校园环境管理能按市规定达标。	达到要素要求4分	达到要素要求①②③④计4分	
					基本达到要素要求2分	达到要素要求①③④计2分	
					未达到要素要求0分	未达到要素要求①③④计0分	
三、队伍建设（16）	（六）提高干部管理水平（7）	（11）通过多种途径提高机关、学校干部的政治、思想、道德、业务素质和管理水平，成效显著。	5	① 有提高机关干部和学校领导干部的计划和措施； ② 取得显著成效，有一定数量的先进典型。	达到要素要求5分	达到要素要求①②计5分	听取委主任（局长）和主管领导汇报 与机关干部、学校干部座谈、个别访谈 在学校干部和学校领导干部中抽样进行问卷调查 查阅文件及有关资料
					基本达到要素要求2.5分	有计划和措施取得一定成效计2.5分	
					未达到要素要求0分	无计划、无成效计0分	
		（12）采取切实措施促进干部合理流动，效果良好。	2	① 有措施； ② 干部能合理流动，反映良好。	达到要素要求2分	达到要素要求①②计2分	
					基本达到要素要求1分	达到要素要求①计1分	
					未达到要素要求0分	未达到要素要求①计0分	

续表

一级指标（分值）	二级指标（分值）	评价要素	分值	要素要求	评分标准	计分办法	信息收集方法
三、队伍建设（16）	（七）提高教师素质（9）	（13）通过多种途径提高教师的政治、思想、道德、业务素质和教书育人的实际工作能力，使教师依法履行义务；培养一批学科教学带头人和青年骨干教师，成效显著。	6	① 有提高教师素质的计划，采取措施具体、得力； ② 师德教育、继续教育、岗位培训取得实效； ③ 形成区县级骨干教师队伍，培养工作成效显著。	达到要素要求 6 分	达到要素要求①②③计 6 分	听取委主任（局长）和主管领导汇报 与主管部门和部分学校干部、教师座谈、个别访谈 在教师中抽样进行问卷调查 查阅文件和有关资料
					基本达到要素要求 3 分	有计划和措施，取得一定成效，形成骨干队伍计 3 分	
					未达到要素要求 0 分	无计划、无成效计 0 分	
		（14）采取切实措施促进教师合理流动，解决音、体、美、劳等课程教师短缺问题，效果良好。	3	① 措施切实可行，教师能合理流动，反映良好； ② 采取措施，按课程计划配齐教师。	达到要素要求 3 分	达到要素要求①②计 3 分	
					基本达到要素要求 1.5 分	达到要素要求②计 1.5 分	
					未达到要素要求 0 分	未达到要素要求②计 0 分	
四、改革与管理（53）	（八）改革初中入学办法（4）	（15）坚持小学升初中免试就近入学，落实市改革初中入学办法的意见。	4	① 做到免试就近入学； ② 落实了市《意见》各项要求。	达到要素要求 4 分	达到要素要求①②计 4 分	听取委主任（局长）和主管领导汇报 与主管部门和中小学部分校长座谈、访谈 走访部分家长 查阅文件和有关资料
					基本达到要素要求 2 分		
					未达到要素要求 0 分	有一项要素要求未达到计 0 分	

续表

一级指标（分值）	二级指标（分值）	评价要素	分值	要素要求	评分标准	计分办法	信息收集方法
四、改革与管理（53）	（九）加强教育教学管理提高教育教学质量（39）	（16）依法保证适龄儿童、少年接受义务教育，严格控制辍学，入学率、辍学率达到市高标准实施九年制义务教育的指标要求。	3	① 依法采取得力措施； ② 年、届入学率、辍学率达到市指标要求。	达到要素要求3分	达到要素要求①②计3分	听取委主任（局长）和主管领导汇报 与主管科室、教研部门座谈 深入部分学校听课或实地考察 与学校干部、教师、学生座谈和个别访谈 对不同类型学校学生抽样进行问卷调查
					基本达到要素要求1.5分		
					未达到要素要求0分	有一项要素要求未达到计0分	
		（17）认真落实国家和市课程（教学）计划，监督、保证学校开齐课程，开足课时。	6	① 采取措施，认真落实，加强监督； ② 学校做到开齐课程，开足课时。	达到要素要求6分	达到要素要求①②计6分	
					未达到要素要求0分	有一项要素要求未达到计0分	
		（18）认真贯彻落实中央和市德育文件精神，加强和改进德育工作，全面实施《北京市中小学德育整体化工作纲要》。德育工作实效性强，社会主义精神文明建设明显加强，中小学生遵守《学生守则》《日常行为规范》，初中在校生违法犯罪率在0.1%以下。	5	① 有符合文件要求和区县实际的德育工作计划和措施； ② 德育工作针对性、实效性明显加强，学生政治思想、道德、心理等教育效果良好； ③ 初中在校生年违法犯罪率在0.1%以下。	达到要素要求5分	达到要素要求①②③计5分	
					基本达到要素要求2.5分	达到要素要求①③计2.5分	
					未达到要素要求0分	未达到要素要求①③计0分	

续表

一级指标（分值）	二级指标（分值）	评价要素	分值	要素要求	评分标准	计分办法	信息收集方法
四、改革与管理（53）	（九）加强教育教学管理提高教育教学质量（39）	（19）认真落实市三个教学文件，加强教研工作，积极推进教学内容、手段和方法的改革，积极采用现代教学手段，改革学校考试评估制度，效果良好。初中毕业考试总分及格率达到市高标准实施九年制义务教育的指标要求，高中会考各科及格率均在95%以上。	4	① 有落实三个教学文件，推进教学改革的计划和措施； ② 教学改革取得良好效果； ③ 初中毕业考试及格率达到市颁高标准指标要求，高中会考各科及格率均在95%以上。	达到要素要求4分	达到要素要求①②③计4分	
					基本达到要素要求2分	达到要素要求①③计2分	
					未达到要素要求0分	未达到要素要求①③计0分	
		（20）认真贯彻落实《学校体育工作条例》和《学校卫生工作条例》及市实施细则，加强和改进体育、卫生工作，努力提高学生身体素质，增强体质，不断提高学生的健康水平。小学、初中学生体育课及格率、体育锻炼标准达标率、近视眼新发病率达到市高标准实施九年制义务教育的指标要求。	4	① 有落实两个《工作条例》，加强和改进体卫工作的计划和措施； ② 提高“两操”“两课”质量，保证每天一小时体育活动时间，提高学生身体形态、机能指标、预防近视眼工作取得良好效果； ③“三率”达到市指标要求。	达到要素要求4分	达到要素要求①②③计4分	
					基本达到要素要求2分	达到要素要求①③计2分	
					未达到要素要求0分	未达到要素要求①③计0分	

续表

一级指标（分值）	二级指标（分值）	评价要素	分值	要素要求	评分标准	计分办法	信息收集方法
四、改革与管理（53）	（九）加强教育教学管理提高教育教学质量（39）	（21）认真贯彻落实国家和市美育文件精神，加强和改进美育工作，努力提高艺术课教学质量，完善传统性艺术活动制度，推动艺术教育整体水平的提高。	4	① 有加强美育工作计划和措施； ② 提高艺术课教学质量措施得力，取得较好效果； ③ 艺术活动制度完善，有特色。	达到要素要求4分	达到要素要求①②③计4分	
					基本达到要素要求2分	达到要素要求①②计2分	
					未达到要素要求0分	未达到要素要求①②计0分	
		（22）认真贯彻落实国家和市劳动、劳动技术教育文件精神，加强和改进劳动、劳动技术教育工作，健全规章，加强督促、指导环节。不断提高劳动、劳动技术教育的质量。	4	① 有加强劳动和劳动技术教育的计划和措施； ② 健全规章，加强检查指导，有成效； ③ 劳动和劳动技术课教学质量达到大纲要求。	达到要素要求4分	达到要素要求①②③计4分	
					基本达到要素要求2分	达到要素要求①②计2分	
					未达到要素要求0分	未达到要素要求①②计0分	
		（23）按规定切实减轻学生过重课业负担和严格管理学生用书，制止课余时间、节假日全班性补课或上新课。	5	① 减轻学生过重课业负担措施得力，符合有关规定； ② 学生用书管理严格，无擅自征订现象； ③ 课余时间、节假日无全班性补课或上新课。	达到要素要求5分	达到要素要求①②③计5分	
					未达到要素要求0分	有一项要素要求未达到计0分	

续表

一级指标（分值）	二级指标（分值）	评价要素	分值	要素要求	评分标准	计分办法	信息收集方法
四、改革与管理（53）	（九）加强教育教学管理提高教育教学质量（39）	（24）积极推进实施素质教育示范校建设，认真总结、推广实施素质教育的先进经验。	2	① 示范校建设取得成效； ② 总结推广经验，以点带面，整体推进。	达到要素要求 2 分	达到要素要求①②计 2 分	
					基本达到要素要求 1 分	达到要素要求②计 1 分	
					未达到要素要求 0 分	未达到要素要求②计 0 分	
		（25）办好每所学校。教育质量综合评价合格校、优类校逐年增加，到本世纪末有 30% 以上的中小学达到优类校标准。	2	① 有办好每所学校的工作思路和措施； ② 经过综合督导评价，合格校、优类校逐年增加，到 2000 年有 30% 以上学校达到优类校标准。	达到要素要求 2 分	达到要素要求①②计 2 分	
					基本达到要素要求 1 分		
					未达到要素要求 0 分	有一项要素要求未达到计 0 分	
	（十）完善评价制度（10）	（26）依据市评价方案，开展中小学教育质量综合评价工作，完善学校自我评价和督导评价相结合的学校评价制度。	5	① 依据市方案（或经市批准的区县方案）按“四统一”要求开展学校评价工作； ② 采取措施，建立、健全自评和督评制度。	达到要素要求 5 分	达到要素要求①②计 5 分	听取委主任（局长）和主管领导汇报 与主管部门座谈 与学校干部、教师、学生座谈、个别座谈查阅文件、学校评价档案和有关资料
					未达到要素要求 0 分	有一项要素要求未达到计 0 分	
		（27）加大中小学教育质量综合评价结果应用力度，将其作为考核、奖惩学校和个人的重要依据。杜绝单纯以学生考试分数考核、奖惩学校和个人的错误做法。	5	① 以市方案（或市批准的区县方案）综合评价结果作为考核、奖惩学校和个人的主要依据； ② 无以学生考分为主要依据，实施考核、奖惩学校和个人的错误做法。	达到要素要求 5 分	达到要素要求①②计 5 分	
					未达到要素要求 0 分	有一项要素要求未达到计 0 分	

续表

一级指标（分值）	二级指标（分值）	评价要素	分值	要素要求	评分标准	计分办法	信息收集方法
附加指标	年度阶段性目标	达到市教委提出的实施素质教育各项年度阶段性目标。		按市各项年度阶段性目标确定要求。	达到要素要求的不给分 未达到要素要求的，酌情减5—30分	达到各项阶段性目标不计分 未达到阶段性目标按项减分	听取委主任（局长）和主管领导汇报 与主管部门座谈 随机抽查学校，与学校干部、教师、学生座谈、个别访谈 查阅文件和有关资料
	违纪与失误	区县教委（教育局）、学校有严重违法违纪问题，造成不良影响；出现重大事故或重大失误，后果严重。		①区县教委（教育局）或学校有严重违法违纪问题，造成不良影响； ②区县教委（教育局）或学校出现重大事故或重大失误，后果严重。	出现要素中的问题，酌情减5—10分	按项酌情减分	

北京市普通中学、小学教育质量综合评价细则（试行）

一级指标（分值）	二级指标（分值）	评价要素	分值	要素要求	评分标准	计分办法	信息收集方法
一、目标与规划（6）	（一）目标（4）	（1）按照全面贯彻教育方针，全面提高学生素质的要求，结合学校实际，确定办学目标和素质教育工作目标。	4	①有明确的办学目标和素质教育工作目标； ②符合“两全”要求； ③结合学校实际。	达到要素要求2分	达到要素要求①②③计2分	听取校长汇报 查阅学校规划、计划、目标管理制度等有关资料 与部分干部、教师座谈、个别访谈
					基本达到要素要求1分	达到要素要求①②计1分	
					未达到要素要求0分	未达到要素要求①②计0分	

续表

一级指标（分值）	二级指标（分值）	评价要素	分值	要素要求	评分标准	计分办法	信息收集方法
一、目标与规划（6）	（一）目标（4）	实行目标管理，责任落实		① 建立了目标管理责任制； ② 分工具体、责任到人； ③ 检查、考核、奖惩等制度健全。	达到要素要求2分	达到要素要求①②③计2分	
					基本达到要素要求1分	达到要素要求①②计1分	
					未达到要素要求0分	未达到要素要求①②计0分	
	（二）规划（2）	（2）制订素质教育的规划和年度计划，措施具体可行。	2	① 有实施素质教育的规划和年度计划； ② 措施得力，认真实施。	达到要素要求2分	达到要素要求①②计2分	听取校长汇报 查阅学校规划、年度计划等有关资料 与部分干部、教师座谈、个别访谈
					基本达到要素要求1分	达到要素要求①计1分	
					未达到要素要求0分	未达到要素要求①计0分	
二、队伍建设（24）	（三）转变教育观念（4）	（3）认真组织干部、教师联系实际学习素质教育理论和有关文件。	4	① 学校领导干部能联系实际学习，效果明显； ② 组织教师联系实际学习，有收获。	达到要素要求2分	达到要素要求①②计2分	听取校长汇报 查阅干部、教师学习计划、记录，教师评先、晋级资料 与部分干部、教师、学生座谈、个别访谈
					未达到要素要求0分	有一项要素要求未达到计0分	
		不按考试分数给学生排队或公布考试分数。		① 无按考试分数给学生排队或公布考试分数的做法。	达到要素要求1分	达到要素要求①计1分	
					未达到要素要求0分	未达到要素要求①计0	

续表

一级指标（分值）	二级指标（分值）	评价要素	分值	要素要求	评分标准	计分办法	信息收集方法
二、队伍建设（24）	（三）转变教育观念（4）	不以学生的考试分数作为对教师晋级、奖励的唯一依据。		① 不以学生的考试分数作为对教师晋级、奖励的主要依据。	达到要素要求1分	达到要素要求①计1分	
					未达到要素要求0分	未达到要素要求①计0分	
	（四）领导班子建设（9）	（4）认真贯彻执行《北京市中小学党组织工作意见》《北京市中小学校长工作意见》《北京市中小学教职工代表大会工作意见》。	4	① 按三个“意见”的要求，采取措施加强领导班子建设，取得成效； ② 绝大多数教职工对党政领导班子满意。	达到要素要求2分	达到要素要求①②计2分	听取校长汇报 查阅党、政、工有关材料，学校领导机构及各项工作制度，领导班子学习、计划、记录等有关资料 在全校教职工或教职工代表中抽样进行问卷调查 与部分干部、教师座谈、个别访谈
					基本达到要素要求1分	有措施取得成效，绝大多数教职工对党政领导基本满意计1分	
					未达到要素要求0分	无措施、绝大多数教职工对党政领导意见较大计0分	
		领导机构健全，团结协作，指挥畅通。		① 机构设置合理，人员配齐，职责明确； ② 工作协调配合好，指挥有力。	达到要素要求1分	达到要素要求①②计1分	
					基本达到要素要求0.5分	机构设置合理，人员基本配齐；能协调配合工作，发挥作用一般计0.5分。	
					未达到要素要求0分	机构不健全，发挥作用较差计0分	

续表

一级指标（分值）	二级指标（分值）	评价要素	分值	要素要求	评分标准	计分办法	信息收集方法
二、队伍建设（24）	（四）领导班子建设（9）	各项规章制度健全，执行有效。		① 各项规章制度健全； ② 执行效果好。	达到要素要求1分	达到要素要求①②计1分	
					基本达到要素要求0.5分	有规章制度，执行效果一般计0.5分	
					未达到要素要求0分	规章制度不健全，执行效果较差计0分	
		（5）有提高领导班子素质的计划、措施、制度，能认真落实，取得实效。	2	① 有计划、措施、制度； ② 认真落实，取得明显效果。	达到要素要求计2分	达到要素要求①②计2分	
					基本达到要素要求1分	有计划、措施、制度，能落实，有一定效果计1分	
					未达到要素要求0分	无计划、措施、制度计0分	
		（6）校长严格履行执法职责，依法治校，做到令行禁止。	3	① 校长有较强的执法意识； ② 认真执行教育法律、法规、方针、政策和有关素质教育的规定，做到令行禁止。	达到要素要求2分	达到要素要求①②计2分	
					未达到要素要求0分	有一项要素要求未达到计0分	

续表

一级指标（分值）	二级指标（分值）	评价要素	分值	要素要求	评分标准	计分办法	信息收集方法
二、队伍建设（24）	（四）领导班子建设（9）	深入实际，抓点带面，认真组织和指导教师实施素质教育。		① 深入年级、教研组实际，发挥组织、指导作用； ② 总结经验，以点带面，推进工作。	达到要素要求1分	达到要素要求①②计1分	
					基本达到要素要求0.5分	达到要素要求①计0.5分	
					未达到要素要求0分	未达到要素要求①计0分	
	（五）教职工队伍建设（11）	（7）认真贯彻执行《教师法》有关教师应履行义务的规定和《中小学教师职业道德规范》。	4	① 有贯彻《教师法》，加强师德教育的措施和具体要求； ② 有检查、考核、奖惩制度。	达到要素要求1分	达到要素要求①②计1分	听取校长汇报 查阅有关工作的计划、措施、制度及反映工作成果的资料 与部分干部、教师、学生座谈、个别访谈 在部分教师和学生中抽样进行问卷调查
					基本达到要素要求0.5分	达到要素要求①计0.5分	
					未达到要素要求0分	未达到要素要求①计0分	
		教职工无侮辱、体罚、变相体罚学生现象。		① 教职工无任何形式的侮辱、体罚、变相体罚学生现象。	达到要素要求2分	达到要素要求①2分	
					未达到要素要求0分	未达到要素要求①计0分	
		无品行不良和违法、违纪问题。		① 教职工无违法和违反职业道德规范问题。	达到要素要求1分	达到要素要求①计1分	
					未达到要素要求0分	未达到要素要求①计0分	

续表

一级指标（分值）	二级指标（分值）	评价要素	分值	要素要求	评分标准	计分办法	信息收集方法
二、队伍建设（24）	（五）教职工队伍建设（11）	（8）认真执行北京市中小学教职工聘任制有关文件。	3	① 认真执行有关文件，制定了符合学校实际的具体措施； ② 取得实效。	达到要素要求1分	达到要素要求①②计1分	听取校长汇报 查阅有关工作的计划、措施、制度及反映工作成果的资料 与部分干部、教师、学生座谈、个别访谈 在部分教师和学生中抽样进行问卷调查
					基本达到要素要求0.5分	达到要素要求①计0.5分	
					未达到要素要求0分	未达到要素要求①计0分	
		加强思想政治工作，教职工积极性得到发挥。		① 有计划和措施； ② 认真实施，取得较好效果。	达到要素要求2分	达到要素要求①②计2分	
					基本达到要素要求1分	有计划、措施，效果一般计1分	
					未达到要素要求0分	无计划措施计0分	
		（9）有提高教师素质的计划、措施、制度，能认真落实，取得实效。	4	① 有计划、措施、制度，落实较好； ② 有经验和典型。	达到要素要求2分	达到要素要求①②计2分	
					基本达到要素要求1分	有计划、措施、制度、取得一定效果计1分	
					未达到要素要求0.5分	无计划、措施、制度计0分	

续表

一级指标（分值）	二级指标（分值）	评价要素	分值	要素要求	评分标准	计分办法	信息收集方法
二、队伍建设（24）	（五）教职工队伍建设（11）	加强对骨干教师和青年教师的培养，成效明显。		① 列入学校工作重点，采取措施得力； ② 形成骨干队伍，青年教师占一定比例，骨干作用发挥较好。	达到要素要求2分	达到要素要求①②计2分	
					基本达到要素要求1分	有措施，取得一定成效，基本形成骨干队伍计1分	
					未达到要素要求0分	无措施，未形成骨干队伍计0分	
三、各项工作管理（45）	（六）面向全体学生（7）	（10）对初、高中毕业班与非毕业班统筹兼顾（中学）；对毕业班与非毕业班统筹兼顾（小学）。	4	① 领导力量、师资配备、安排合理； ② 工作、活动安排得当。	达到要素要求1分	达到要素要求①②计1分	听取校长和主管校长汇报 查阅有关工作计划、措施及学籍管理等有关资料 与部分教师、学生座谈、个别访谈
					基本达到要素要求0.5分	安排基本合理、得当计0.5分	
					未达到要素要求0分	安排不合理、不得当计0分	
		对各类学生因材施教，后进学生转化工作取得成效。		① 对提高各类学生素质有明确要求和措施； ② 后进生转化工作措施有力，效果好。	达到要素要求2分	达到要素要求①②计2分	
					基本达到要素要求1分	有要求和措施，后进生转化工作取得一定效果，计1分	
					未达到要素要求0分	无要求和措施，后进生转化工作效果较差计0分	

续表

一级指标（分值）	二级指标（分值）	评价要素	分值	要素要求	评分标准	计分办法	信息收集方法
三、各项工作管理（45）	（六）面向全体学生（7）	初中年留级率在3%以下；小学低年级无留级生，中高年级逐步做到无留级生。		① 初中年留级率在3%以下；小学低年级无留级生且有具体措施使小学中高年级逐步做到无留级生。	达到要素要求1分	达到要素要求计1分	听取校长和主管校长汇报 查阅有关工作计划、措施及学籍管理等有关资料 与部分教师、学生座谈、个别访谈
					未达到要素要求0分	有一项要素要求未达到计0分	
		（11）加强学籍管理，与乡（镇）、街道和家长密切配合，严格依法保证小学学生入学，控制小学、初中学生辍学。	3	① 学籍管理规范； ② 有具体措施，与乡（镇）、街道和家长密切配合，严格依法保证小学学生入学，控制小学、初中学生辍学。	达到要素要求1分	达到要素要求①②计1分	
					未达到要素要求0分	有一项要素要求未达到计0分	
		初中年辍学率、其中流失率，届辍学率、其中流失率均等于或低于本区县平均值（中学）；辖区内适龄儿童除依法被批准免、缓入学者外，都能按时免试入学（小学）；年辍学率、届辍学率等于或低于本区县平均值，无流失生（小学）。		① 初中年辍学率、其中流入率等于或低于本区县平均值，初中届辍学率、其中流入率等于或低于本区县平均值（中学）。 或： ① 辖区内适龄儿童除依法被批准免、缓入学者外，都能按时免试入学（小学）； ② 年辍学率、届辍学率均等于或低于本区县平均值，且无流失生（小学）。	达到要素要求2分	达到要素要求计2分	
					（小学）达到一项要素要求1分	（小学）达到一项要素要求计1分	
					未达到要素要求0分	有一项要素要求未达到计0分	

续表

一级指标（分值）	二级指标（分值）	评价要素	分值	要素要求	评分标准	计分办法	信息收集方法
三、各项工作管理（45）	（七）培养学生全面发展（28）	（12）把提高学生思想道德素质摆在重要位置，坚持寓德育于各科教学及各项工作之中，做到教书育人、管理育人、服务育人。	2	① 摆位正确； ② 重视主渠道； ③“三育人”工作措施得力，有实效。	达到要素要求2分	达到要素要求①②③计2分	听取校长和主管校长汇报 查阅德育工作计划、措施制度等有关资料 与部分干部、教师、学生座谈、个别访谈 在学生中抽样进行问卷调查
					基本达到要素要求1分	摆位正确、主渠道、三育人工作一般计1分	
					未达到要素要求0分	对德育工作不够重视计0分	
		（13）贯彻国家和本市有关德育工作的法规、文件，落实《北京市中小学德育整体化纲要》，有一定效果。	3	① 制定符合法规、《纲要》的计划和措施； ② 认真实施，取得较好效果。	达到要素要求1分	达到要素要求①②计1分	
					基本达到要素要求0.5分	有计划、措施，取得一定效果计0.5分	
					未达到要素要求0分	无计划、措施、要求计0分	
		结合各年级实际，加强爱祖国、爱人民、爱劳动、爱科学、爱社会主义的教育，增强实效性。		① 有加强五爱教育的措施，能结合实际，针对性强； ② 教育效果明显。	达到要素要求2分	达到要素要求①②计2分	
					基本达到要素要求1分	有措施，有针对性，取得一定效果计1分	
					未达到要素要求0分	无措施计0分	

续表

一级指标（分值）	二级指标（分值）	评价要素	分值	要素要求	评分标准	计分办法	信息收集方法
三、各项工作管理（45）	（七）培养学生全面发展（28）	（14）健全德育工作管理系统，注重常规管理。		① 管理系统健全； ② 常规管理规范。	达到要素要求 1 分	达到要素要求①②计 1 分	听取校长和主管校长汇报 查阅教学工作计划、措施、制度，教学处、教研组、计划和活动记录，教学总结、经验，教师教学档案等有关资料 查看课表、校长听课记录、教师教案等 听课评课
					基本达到要素要求 0.5 分	有管理系统，常规管理有序计 0.5 分	
					未达到要素要求 0 分	无管理系统，常规管理较差计 0 分	
		加强和改进班主任、团队工作和政治课教学（中学），或加强和改进班主任、少先队工作和思想品德课教学（小学）。	3	① 有加强和改进班主任、团队工作（中学），或有加强和改进班主任、少先队工作的措施且开展活动针对性、时效性强（小学）； ② 结合学生实际，认真开展政治课（中学）或思想品德课（小学）教学改革； ③ 有工作经验和先进典型。	达到要素要求 1 分	达到要素要求①②③计 1 分	
					基本达到要素要求 0.5 分	达到要素要求①②计 0.5 分	
					未达到要素要求 0 分	未达到要素要求①②计 0 分	
		建立、健全学校、家庭、社会三结合教育网络。		① 建立网络，有计划开展工作； ② 学校、社会、家庭紧密配合，育人效果好。	达到要素要求 1 分	达到要素要求①②计 1 分	
					基本达到要素要求 0.5 分	建立网络，有一定效果计 0.5 分	
					未达到要素要求 0 分	无计划、无网络计 0 分	

续表

一级指标（分值）	二级指标（分值）	评价要素	分值	要素要求	评分标准	计分办法	信息收集方法
三、各项工作管理（45）	（七）培养学生全面发展（28）	（15）严格按国家和本市的课程（教学）计划开齐课程、开足课时；选修课（中学）、活动课、劳技课安排落实；不增、减、停、改课程和课时。	1	① 开齐课程、开足课时； ② 选修课（中学）、活动课、劳技课安排落实； ③ 不增、减、停、改课程和课时。	达到要素要求 1 分	达到要素要求①②③计 1 分	
					未达到要素要求 0 分	有一项要素要求未达到计 0 分	
		（16）认真执行国家颁布的教学大纲，落实本市中小学学科教学的三个文件。	4	① 组织干部、教师学习； ② 制定落实措施，并认真实施，取得实效。	达到要素要求 2 分	达到要素要求①②计 2 分	
					基本达到要素要求 1 分	达到要素要求②计 1 分	
					未达到要素要求 0 分	未达到要素要求②计 0 分	
		有计划地开展教研活动，加强教学方法和教学手段的改革。		① 教研活动有计划，教研组作用发挥好； ② 教学改革有课题，落实好； ③ 有成果，有经验和先进典型。	达到要素要求 1 分	达到要素要求①②③计 1 分	与部分干部、教师、学生座谈个别访谈 在学生中抽样进行问卷调查
					基本达到要素要求 0.5 分	达到要素要求①②计 0.5 分	
					未达到要素要求 0 分	未达到要素要求①②计 0 分	
		课堂教学质量不断提高，优秀课达到 20% 以上。		① 优秀课达到 20% 以上。	达到要素要求 1 分	达到要素要求①计 1 分	
					未达到要素要求 0 分	未达到要素要求①计 0 分	

续表

一级指标（分值）	二级指标（分值）	评价要素	分值	要素要求	评分标准	计分办法	信息收集方法
三、各项工作管理（45）	（七）培养学生全面发展（28）	（17）采取有效措施，减轻学生过重课业负担，认真执行国家和本市有关规定（小学）。家庭作业量和考试次数不超规定（中学）。	3	① 减轻学生过重课业负担，措施得力； ② 家庭作业和考试次数不超过规定（中学），无违反国家和本市有关规定的错误做法（小学）。	达到要素要求 1 分	达到要素要求①②计 1 分	与部分干部、教师、学生座谈个别访谈 在学生中抽样进行问卷调查
					未达到要素要求 0 分	有一项要素要求未达到计 0 分	
		不利用课余时间、节日、双休日、寒暑假进行全班性补课或上新课。		① 无利用课余时间、节日、双休日、寒暑假进行全班性补课或上新课的错误做法。	达到要素要求 1 分	达到要素要求①计 1 分	
					未达到要素要求 0 分	未达到要素要求①计 0 分	
		不擅自给学生征订复习资料、书刊。		① 无擅自给学生征订复习资料、书刊的错误做法。	达到要素要求 1 分	达到要素要求①计 1 分	
					未达到要素要求 0 分	未达到要素要求①计 0 分	
		（18）加强对教学工作的领导和管理，健全教学工作管理系统。	3	① 有计划、措施和制度； ② 管理系统健全，常规管理规范。	达到要素要求 1 分	达到要素要求①②计 1 分	
					基本达到要素要求 0.5 分	有计划、措施，建立管理系统，常规管理有序计 0.5 分	
					未达到要素要求 0 分	无计划、无管理系统、常规管理较差计 0 分	

续表

一级指标（分值）	二级指标（分值）	评价要素	分值	要素要求	评分标准	计分办法	信息收集方法
三、各项工作管理（45）	（七）培养学生全面发展（28）	校长以主要精力抓教学工作，深入课堂和教研组，指导教师改进教学。		① 了解、掌握学校教学情况，不断提出改进措施； ② 经常深入课堂、教研室，指导作用发挥好。	达到要素要求1分	达到要素要求①②计1分	
					基本达到要素要求0.5分	了解教学情况，深入指导一般计0.5分	
					未达到要素要求0分	对教学工作了解情况较少，深入指导较差计0分	
		校长每学期听课不少于40节，主管副校长不少于60节。		① 校长每学期听课不少于40节； ② 主管副校长每学期听课不少于60节。	达到要素要求1分	达到要素要求①②计1分	
					未达到要素要求0分	有一项要素要求未达到计0分	
		（19）认真落实国家和本市有关体育、卫生工作的规定。	4	① 有计划、措施和制度； ② 落实好。	达到要素要求1分	达到要素要求①②计1分	听取校长和主管校长汇报 查阅有关工作计划、措施制度等资料 听课评课 查看教师教学、巡视、观察 与干部教师、学生座谈、个别访谈
					基本达到要素要求0.5分	有计划、措施、制度，基本落实计0.5分	
					未达到要素要求0分	无计划、措施、制度计0分	

续表

一级指标（分值）	二级指标（分值）	评价要素	分值	要素要求	评分标准	计分办法	信息收集方法
三、各项工作管理（45）	（七）培养学生全面发展（28）	提高体育课、课间操、眼保健操和课外体育活动的质量，保证每天1小时体育活动时间。		① 按大纲要求上好体育课； ②“两操”安排符合要求，保证质量； ③ 课外活动列入课表，做到“四定”； ④ 保证每天1小时体育活动时间。	达到要素要求2分	达到要素要求①②③④计2分	听取校长和主管校长汇报 查阅有关工作计划、措施制度等资料 听课评课 查看教师教学、巡视、观察 与干部教师、学生座谈、个别访谈
					基本达到要素要求1分	达到①②，有课外活动，每天平均1小时体育活动时间计1分	
					未达到要素要求0分	未做到每天平均1小时体育活动时间计0分	
		加强卫生保健工作，保证健康教育时间，有防治近视眼的有效措施。		① 卫生保健、防治近视工作措施具体、有效，制度健全； ② 保证健康教育时间，并取得较好效果。	达到要素要求1分	达到要素要求①②计1分	
					基本达到要素要求0.5分	达到要素要求①计1分	
					未达到要素要求0分	未达到要素要求①计0分	
		（20）重视心理健康教育，有专职或兼职人员负责，开展心理咨询或心理辅导活动。	1	① 列入学校计划，有专人负责； ② 开展活动，有成效。	达到要素要求1分	达到要素要求①②计1分	
					基本达到要素要求0.5分	达到要素要求①计0.5分	
					未达到要素要求0分	未达到要素要求①计0分	

续表

一级指标（分值）	二级指标（分值）	评价要素	分值	要素要求	评分标准	计分办法	信息收集方法
三、各项工作管理（45）	（七）培养学生全面发展（28）	（21）重视美育，加强艺术课教学，并通过各科教学和各种活动渗透美育。	2	① 加强美育措施得力； ② 认真开展艺术课教学改革； ③ 各科教学和活动渗透美育。	达到要素要求1分	达到要素要求①②③计1分	听取校长和主管校长汇报 查阅有关工作计划、措施制度等资料 听课评课 查看教师教学、巡视、观察 与干部教师、学生座谈、个别访谈
					基本达到要素要求0.5分	达到要素要求①②计0.5分	
					未达到要素要求0分	未达到要素要求①②计0分	
		建立学校艺术教育活动制度。		① 每年至少举办一次全校性的课外艺术教育活动，并形成制度。	达到要素要求1分	达到要素要求①计1分	
					未达到要素要求0分	未达到要素要求①计0分	
		（22）加强劳动教育（小学）和劳动技术教育（中学），上好劳动课（小学）和劳技课（中学），做到教师、教材、基地（场所）落实。	2	① 采取措施切实加强劳动和劳动技术教育； ② 按教学大纲和规定教材上好劳动课（小学）和劳动技术课（中学）； ③ 有专职教师和固定场所。	达到要素要求1分	达到要素要求①②③计1分	
					基本达到要素要求0.5分	达到要素要求①②计0.5分	
					未达到要素要求0分	未达到要素要求①②计0分	
		有计划地组织中学学生参加社会公益劳动和社会实践活动，或有计划地组织小学学生参加公益劳动或简单的生产劳动。		① 按要求定期组织中学学生参加社会生产劳动和社会实践活动，或按要求定期组织小学学生参加公益劳动或简单的生产劳动。	达到要素要求1分	达到要素要求①计1分	
					未达到要素要求0分	未达到要素要求①计0分	

续表

一级指标（分值）	二级指标（分值）	评价要素	分值	要素要求	评分标准	计分办法	信息收集方法
三、各项工作管理（45）	（八）发展学生特长（4）	（23）重视发展学生特长，有具体计划和安排，做到课内外、校内外相结合。	4	① 计划、安排具体可行，措施得力； ②“两结合”落实好。	达到要素要求 2 分	达到要素要求①②计 2 分	听取校长和主管校长汇报 查阅计划、活动安排、活动成果等有关资料 查看课外活动 与部分干部、教师、学生座谈、个别访谈
					基本达到要素要求 1 分	有安排，有措施，基本落实计 1 分	
					未达到要素要求 0 分	无具体计划按排计 0 分	
		广泛开展学科、科技、文体课外小组活动，做到辅导教师、内容、时间、地点落实，各年级学生参与率在 30% 以上，有一定数量的特长生。		① 课外活动内容广泛、做到“四落实”； ② 各年级参与率达 30% 以上； ③ 有一定数量特长生。	达到要素要求 2 分	达到要素要求①②③计 2 分	
					基本达到要素要求 1 分	达到要素要求①②计 1 分	
					未达到要素要求 0 分	未达到要素要求①②计 0 分	
	（九）加强教育科研（3）	（24）有组织、有领导地围绕素质教育开展教育科研活动，有课题，有成果。	3	① 有科研课题和实施计划； ② 组织、活动落实，取得一定成果。	达到要素要求 3 分	达到要素要求①②计 3 分	听取校长和主管校长汇报 查阅工作计划、课题内容、研究成果等资料 与干部、教师座谈、个别访谈
					基本达到要素要求 1.5 分	有课题、有活动计 1.5 分	
					未达到要素要求 0 分	无科研课题和活动计 0 分	

续表

一级指标（分值）	二级指标（分值）	评价要素	分值	要素要求	评分标准	计分办法	信息收集方法
三、各项工作管理（45）	（十）创设良好环境（3）	（25）认真贯彻《北京市中小学校园环境管理实施意见》，有良好的教育环境。	1	① 贯彻《意见》措施得力； ② 成效显著。	达到要素要求1分	达到要素要求①②计1分	听取校长和主管校长汇报 查阅有关工作计划、制度、账目等资料 实地考察 与部分干部、职员、教师座谈、个别访谈
					基本达到要素要求0.5分	有措施，有成效计0.5分	
					未达到要素要求0分	无贯彻措施，教育环境较差计0分	
		（26）提高学校校舍、场地、教学设施、仪器设备、文体器材、图书资料的利用率和效益。	2	① 管理规范； ② 采取措施，提高使用效益，利用率高。	达到要素要求1分	达到要素要求①②计1分	
					基本达到要素要求0.5分	管理有序，利用率一般计0.5分	
					未达到要素要求0分	管理较差，利用率不高计0分	
		合理使用国拨经费和预算外收入，不断改善办学条件。		① 严格执行制度，管理规范、使用合理； ② 办学条件得到改善。	达到要素要求1分	达到要素要求①②计1分	
					基本达到要素要求0.5分	达到要素要求①0.5分	
					未达到要素要求0分	未达到要素要求①计0分	

续表

一级指标（分值）	二级指标（分值）	评价要素	分值	要素要求	评分标准	计分办法	信息收集方法
四、学生质量（25）	（十一）思想道德素质（6）	（27）绝大多数中学学生遵守《中学生守则》《中学生日常行为规范》，做到爱党爱国、关心集体、尊敬师长、勤奋好学、团结互助、遵纪守法，具有分辨是非的能力，校风良好，或绝大多数小学学生遵守《小学生守则》《小学生日常行为规范》，做到热爱祖国、关心集体、尊敬师长、勤奋好学、团结互助、遵纪守法，具有初步的分辨是非能力，校风良好。	6	① 90% 以上学生达到要素的要求； ② 校风良好。	达到要素要求 4 分	达到要素要求①②计 4 分	听取校长和主管校长汇报 查阅学生思想道德素质分析等有关资料 在学生中随机抽样进行问卷调查 与部分干部、教师、学生座谈、个别访谈
					基本达到要素要求 2 分	多数学生达到要素的要求，校风较好计 2 分	
					未达到要素要求 0 分	达到要素的要求的学生不足 60%，校风较差计 0 分	
		中学违法犯罪率低于 0.1%；小学无违法犯罪现象。		① 中学违法犯罪率低于 0.1%；小学无违法犯罪现象。	达到要素要求 2 分	达到要素要求①计 2 分	
					未达到要素要求 0 分	未达到要素要求①计 0 分	

续表

一级指标（分值）	二级指标（分值）	评价要素	分值	要素要求	评分标准	计分办法	信息收集方法
四、学生质量（25）	（十二）文化科学素质（8）	（28）绝大多数学生文化科学基础知识和基本技能（中学）或阅读、书写、表达、计算的基本知识和基本技能（小学）达到教学大纲要求，掌握正确的学习方法（中学），养成良好的学习习惯，具有一定的自学能力，观察、思维能力，表达能力和动手操作能力，以及运用所学知识分析、解决问题的能力（中学）或自学能力（小学）。	8	① 90%以上学生“双基”达到大纳要求，学习习惯良好，其中中学生掌握一定学习方法； ② 90%以上学生具有要素要求的能力。	中学达到要素要求4分；小学达到要素要求5分	中学达到要素要求①②计4分；小学达到要素要求①②计5分	听取校长和主管校长汇报 查阅教学质量分析等有关资料 听课评析 随机抽样测试 与教师、学生座谈、个别访谈
					中学基本达到要素要求2分；小学基本达到要素要求2.5分	中学多数学生“双基”达到大纲要求、具有要素要求的能力计2分；小学多数学生“双基”达到大纲要求、具有要素要求的初步能力计2.5分	
					未达到要素要求0分	“双基”达到大纲要求，具有要素要求的能力的学生不足60%计0分	

续表

一级指标（分值）	二级指标（分值）	评价要素	分值	要素要求	评分标准	计分办法	信息收集方法
四、学生质量（25）	（十二）文化科学素质（8）	中学城近郊区、远郊区县初中毕业考试总分及格率分别达到90%、85%以上，高中会考各科及格率达到95%以上；小学毕业考试语文、数学双科及格率均达到99%以下。		① 初中毕业考试总分及及格率达到要素的要求； ② 高中会考各科及格率达到要素的要求； 或： ① 小学毕业考试语文、数学双科及格率达到要素的要求。	中学达到一项要素要求2分，全部达到4分；小学达到要素要求3分	中学达到要素要求①②计4分，达到一项要素要求计2分；小学达到要素要求计3分	
					未达到要素要求0分	未达到要素要求计0分	
	（十三）劳动技能素质（2）	（29）绝大多数学生热爱劳动，珍惜劳动成果，积极参加力所能及的社会公益劳动和家务劳动，学会生活自理（中学）或自我服务（小学），养成良好的劳动习惯。	2	① 90%以上学生达到要素的各项要求。	达到要素要求1分	达到要素要求①计1分	听取校长和主管校长汇报 查阅有关资料 听课评析 与部分教师、学生座谈、个别访谈
					基本达到要素要求0.5分	多数学生达到要素的各项要求计0.5分	
					未达到要素要求0分	达到要素的各项要求的学生不足60%计0分	
		初步掌握一定的生产劳动基础知识和基本技能，了解一些择业常识（中学）；掌握劳动课规定的基本劳动知识和技能（小学）。		① 90%以上学生达到要素的要求。	达到要素要求1分	达到要素要求①计1分	
					基本达到要素要求0.5分	多数学生达到要素的要求计0.5分	
					未达到要素要求0分	达到要素的要求的学生不足60%计0分	

续表

一级指标（分值）	二级指标（分值）	评价要素	分值	要素要求	评分标准	计分办法	信息收集方法
四、学生质量（25）	（十四）身体心理素质（7）	（30）绝大多数学生初步掌握锻炼身体的基础知识和正确方法，养成良好的体育锻炼习惯；中学体育课及格率95%以上，体育达标率90%以上，初中毕业体育考试及格率95%以上；小学体育课及格率95%以上，三年级以上学生体育达标率95%以上。	4	① 90%以上学生达到要素的要求； ② 中学“三率”、小学“两率”达到指标要求。	达到要素要求2分	达到要素要求①②计2分	
					基本达到要素要求1分	达到要素要求②计1分	
					未达到要素要求0分	“一率”未达到计0分	
		绝大多数学生身体形态、机能指标达到市同年龄组平均水平（1995年标准），具有良好的卫生习惯，近视眼新发病率城近郊区和远郊区县分别低于5%和3%。		① 90%以上学生身体形态、机能指标达到要求，具有良好卫生习惯； ② 近视新发病率达到指标要求。	达到要素要求2分	达到要素要求①②计2分	
					基本达到要素要求1分	多数学生身体形态、机能和近视新发病率达到指标要求计1分	
					未达到要素要求0分	身体形态、机能达到指标要求的学生不足60%或近视新发病率未达到指标要求计0分	

续表

一级指标（分值）	二级指标（分值）	评价要素	分值	要素要求	评分标准	计分办法	信息收集方法
四、学生质量（25）	（十四）身体心理素质（7）	（31）绝大多数学生具有自尊、自信、合作、勇于克服困难和不怕挫折等个性品质，具有一定的创造精神、适应社会能力、自我教育能力（中学）或具有初步的自我管理能力（小学）。	3	① 90% 以上学生达到要素的要求。	达到要素要求 1 分	达到要素要求①计 1 分	听取校长和主管校长汇报 查阅有关资料 听课评析 巡视、观察 与教师、学生座谈、个别访谈 在部分学生中随机抽样进行问卷调查
					基本达到要素要求 0.5 分	多数学生达到要素的要求计 0.5 分	
					未达到要素要求 0 分	达到要素的要求的学生不足 60% 计 0 分	
		绝大多数中学学生具有初步的审美能力，绝大多数小学学生具有健康的爱美情趣音乐、美术课及格率 95% 以上，有一项兴趣爱好或特长。		① 90% 以上中学学生具有初步审美能力、小学学生具有健康的爱美情趣，有一项兴趣爱好或特长； ② 音乐、美术课及格率 95% 以上。	达到要素要求 2 分	达到要素要求①②计 2 分	
					基本达到要素要求 1 分	达到要素要求②计 1 分	
					未达到要素要求 0 分	一科及格率未达到计 0 分	
	（十五）社会反映（2）	（32）高一级学校及中学毕业生的用人单位对绝大多数毕业生素质反映良好。	2	① 高一级学校中学毕业生的对 90% 以上毕业生素质反映良好。	达到要素要求 1 分	达到要素要求①计 1 分	随机抽样调查
					基本达到要素要求 0.5 分	高一级学校和中学毕业生的用人单位对多数毕业生素质反映良好计 0.5 分	
					未达到要素要求 0 分	高一级学校和中学毕业生的用人单位对多数毕业生素质反映较差计 0 分	

续表

一级指标（分值）	二级指标（分值）	评价要素	分值	要素要求	评分标准	计分办法	信息收集方法
四、学生质量（25）	（十五）社会反映（2）	社会对绝大多数在校生素质反映良好。		① 街道、乡（镇）及家长对90%以上在校生素质反映良好。	达到要素要求1分	达到要素要求①计1分	
					基本达到要素要求0.5分	街道、乡（镇）及家长对多数在校生素质反映良好计0.5分	
					未达到要素要求0分	街道、乡（镇）及家长对多数在校生素质反映较差计0分	
附加指标	年度阶段性目标	落实市实施素质教育各项年度阶段性目标。		按市各项年度阶段性目标确定。	达到要素要求不给分	达到各项阶段性目标不计分	随机抽查和调查
					未达到要素要求减8—40分	未达到阶段性目标按项减分	
	办学特色	学校开展教育改革、全面实施素质教育取得突出成绩，总结出经验，形成办学风格，受到区县以上教育行政部门表彰或同行、社会公认。		① 教育改革、实施素质教育成绩突出，总结出经验； ② 形成办学风格； ③ 受到区县以上教育行政部门表彰或同行、社会公认。	酌情加5—10分	按项酌情加分	听取校长汇报 查阅有关资料 听取有关部门意见
	违纪与失误	学校有严重违法违纪问题，造成不良影响；出现重大事故或失误，后果严重。		① 学校干部或教职工有严重违法违纪问题，造成不良影响； ② 学校出现重大事故或失误，后果严重。	酌情减5—10分	按项酌情减分	随机抽查和调查

北京市教育委员会　北京市人民政府教育督导室关于印发《北京中等专业学校督导工作暂行规定》的通知

京教督〔1998〕014 号

市属各委，办，局（总公司、企业集团），各中等专业学校：

根据《中华人民共和国职业教育法》关于“县级以上各级人民政府应当加强对本行政区域内职业教育工作的领导，统筹协调和督导评估”的规定和《北京市实施〈中华人民共和国职业教育法〉办法》关于“市和区县人民政府教育督导机构应当按照有关规定，对职业教育工作进行督导评估”的规定，结合北京地区中等专业学校实际，制定了《北京中等专业学校督导工作暂行规定》（以下简称《规定》），现予以印发，并作如下通知。

一、提高认识，加强领导

《规定》是我市贯彻落实《中华人民共和国职业教育法》《北京市实施〈中华人民共和国职业教育法〉办法》的一项重要措施，是构建职业教育督导制度的重要内容，是政府加强对职业教育的监督、依法治教的重要环节。教育行政部门、教育督导部门、办学主管部门和学校领导，要提高认识，认真组织学习《规定》，加强对中等专业学校督导工作的领导和管理。教育行政部门、教育督导部门和办学主管部门要加强合作，把贯彻《规定》、实施中等专业学校督导工作作为加强职业教育管理、提高中等专业学校教育质量和办学效益的一项重要工作，采取有力措施，切实加强领导。

二、认真组织实施，完善督导制度

《规定》贯彻了国家和本市关于中等专业学校教育工作和督导工作的要求，各有关部门要在认真学习《规定》的基础上，从实际出发，制订中等专业学校督导工作方案和年度工作计划，组建队伍，紧密配合，搞好培训，认真组织实施，建立健全符合首都特点的职业教育督导制度。

实施《规定》要以学校自评为基础。学校每年结合年度工作总结进行一次自评，把它作为学校自我完善、自我调控、自我约束、启动内部活力的管理手段。市政府教育督导室和教育行政部门一般每 4—5 年对北京地区各中等专业学校进行一轮综合督导，同时要加强对学校的随访督导和专项督导。

三、认真总结经验

中等专业学校督导工作处在起步阶段。各有关部门在实施《规定》、构建职业教育督导制度的过程中，要不断提高督导工作的实效性，注意总结经验，及时提出改进意见和建议并向市教委、市政府教育督导室报告。

1998年8月18日

北京中等专业学校督导工作暂行规定

第一条　为加强北京地区中等专业学校督导工作（以下简称中专学校督导），建立、健全北京市职业教育督导制度，根据《中华人民共和国教育法》、《中华人民共和国职业教育法》、国家教育委员会第15号令及《北京市实施〈中华人民共和国职业教育法〉办法》、北京市政府京政办发〔1997〕39号文的规定，结合北京地区中专学校的实际情况，制定本规定。

第二条　中专学校督导是北京市人民政府通过北京市人民政府教育督导室（以下简称市教育督导室）对中专学校进行监督、检查、评估、指导而实施的行政监督。目的是保证中专学校坚持党的基本路线，贯彻实施党和国家有关教育的方针、政策、法律、法规及北京市地方性政策、法规，深化改革，优化结构，提高教育教学质量和办学效益，培养与21世纪首都经济建设和社会发展要求相适应、具备综合职业能力和全面素质的中等专门人才。

第三条　中专学校督导的范围是北京市各委、办、局、总公司，各区县、企业事业单位、社会团体及个人举办的中专学校。对中央各部委、各企业事业单位在北京地区举办的中专学校，按国家教育行政部门有关规定进行督导。

第四条　中专学校督导的主要内容是：

1. 贯彻执行党和国家教育方针、政策、法律、法规及北京市地方性政策、法规的情况；

2. 执行国家和北京市有关部门关于中专学校工作条例、管理制度的情况；

3. 学校领导班子建设；

4. 学校办学条件；

5. 学校管理、教育教学质量及办学效益；

6. 教育教学改革；

7. 师资队伍建设；

8. 产教结合情况；

9. 学生培养规格及全面素质的情况；

10. 生源开发、毕业生就业及用人单位反馈情况；

11. 需要督导的其他问题。

第五条　中专学校督导以国家教育行政部门颁发的中专学校合格评估标准和北京市教育委员会、市教育督导室联合颁发的《北京市普通中等专业学校综合评估指标体系》为基本依据，根据学校的不同状况与督导的不同要求，参照其他有关指标体系，由市教育督导室负责确定适当的具体指标。

第六条　中专学校督导工作由市教育督导室具体负责，请有关部门参加。

第七条　中专学校督导分综合督导、专项督导、随访督导三种形式：

综合督导是对学校定期进行全面督导，一般每4—5年一轮，由市教育督导室确定计划和指标体系，下发督导通知书，被督导学校认真自评并写出报告后，市教育督导室组织人员进行督导评估、分析研究、写出评估结论，并指导学校改进工作。

专项督导主要针对中等专业学校某一方面或某个专题进行，由市教育督导室提出要求和计划，被督导学校提交自查报告，市教育督导室组织进行督导，并提出改进工作的指导性意见或结论。专项督导也可与其他部门联合进行。

随访督导由市教育督导室根据需要随时进行，即时指导，一般不作定性、定量评价。

第八条　中等专业学校要建立自评制度，有相应负责的工作机构或专人。除应开展经常性的自查自评、边评边改外，每年应结合总结工作进行自评，并将自评情况、存在的问题和整改意见于年初上报市教育督导室。

第九条　中等专业学校办学主管部门应积极参加对所属中等专业学校的督导工作。要督促学校搞好自评，认真审查学校的自评报告。要为学校创造良好的外部环境，改善办学条件，帮助学校按照评估标准建设和发展。

第十条　市教育督导室要把监督、检查、评估、指导有机地结合起来，把集中督导检查与平时督导检查相结合，以改进工作为目的，重在指导。具体任务是：

1. 统筹安排年度督导工作，编制年度计划；

2. 制订、修订督导评估指标体系，制订督导评估方案；

3. 组织专家小组，实施督导评估；

4. 指导学校自评工作；

5. 督导评估结束时，实事求是地做出评估结论，向学校书面反馈；

6. 参加有关部门的评估工作；

7. 根据督导评估结论，向有关部门通报并提出奖惩建议，必要时将评估结论向政府报告，或向社会公布；

8. 反映学校合理意见，保护学校合法权益。

第十一条　在中专学校督导工作中，如发现学校或有关人员妨碍督导人员依法行使职权，或弄虚作假、不报实情的，市教育督导室应建议办学主管部门责令其改正，做出检查并对情节严重的直接责任人员给予行政处分。督导工作应接受群众监督，如发现督导人员欺上瞒下、滥用职权、谋取私利的，取消督导资格。

第十二条　本规定自1999年9月1日起施行。

附件 1：

北京市普通中等专业学校综合评估指标体系（试行）说明

中等专业学校是我国培养中等技术人才和管理人才的重要基地。为了贯彻落实《中华人民共和国职业教育法》，稳定中等专业教育，发挥中等专业学校在北京市中等职业技术教育中的骨干作用，促使中等专业学校在由计划经济向市场经济转变、由粗放型经济向集约型经济转变过程中，主动适应 21 世纪首都的经济建设和社会发展的需要，促进中专学校深化教育、教学改革，全面提高办学质量和效益，特制定本指标体系（试行）。

一、本指标体系面向通过办学条件合格评估的中等专业学校，对学校建设和改革具有导向作用，鼓励学校在科学、规范管理的前提下，改革创新，办出特色。

二、本指标体系共设 8 个一级指标，下设 37 个二级指标，同时设有奖励条件，是完整的综合评估指标体系。二级指标为基本评估条目，有指标名称、内涵、标准、评等标准、测评方法、统计口径、计算方法等内容要求。指标体系的权重亦为二级权重体系，每个指标的权重和权重分值标明在评估指标体系表中。

三、本指标体系采用定量、定性相结合的评价方法。定量指标采用百分制，分值取整数。定性指标采用 4 等（A——优、B——良、C——合格、D——不合格）评价，二者的对照关系如下：

定等制	A	B	C	D
百分制	90—100	75—89	60—74	＜60

评价定性指标时可用各等中值分（95、83、68、30）计分，也允许直接评成百分制分值。

四、本指标体系中二级指标评分计算方法有定量、定性、定量定性结合、群测等 4 类。

1. 定量指标。有各自的定量计分评等标准。首先计算出指标的客观量，用其客观量与评等标准对照定等，再按经性插入法计算指标百分值。

$$X=X_{上}-\frac{X_{上}-X_{下}}{K_{上}-K_{下}}(K_{上}-K_{客观量})$$

2. 定性指标。按各自性状描述要求定等，再以该等的中值分代入计指标分值。

3. 定性定量相结合指标。条目中既有定性标准内涵，又有定量标准内涵，计算时先按上述两种方法得出分值，再用算术平均或加权计出指标分值，对应定等。

4. 群测法。群众定性测评方法为：按每个测定内涵的分值统计各等的数量。

$$每个内涵的分值=\frac{\Sigma 各等个数\times 各等的中值分}{所有测评等的数量}$$

然后，以各内涵的分值进行算术平均，或用加权平均计算各自分值。

五、鉴于中等专业学校专业门类多且行业差异大，学校在实施本指标体系时应坚持统一性与灵活性相结合的原则，可参照有关法规和规定对某些内涵进行调整和补充。

北京市教育委员会

北京市人民政府教育督导室

1997 年 11 月

附件 2：

北京市普通中等专业学校综合评估指标体系（试行）

一级指标	二级指标
Z1 学校领导 0.08（8）	Z1—1 0.30 领导结构 （2.4）
	Z1—2 0.70 领导素质 （5.6）
Z2 教师队伍 0.12（12）	Z2—1 0.15 师资队伍结构 （1.8）
	Z2—2 0.15 专业实践状况 （1.8）
	Z2—3 0.10 骨干教师状况 （1.2）
	Z2—4 0.15 师资培养计划与效果 （1.8）
	Z2—5 0.45 教学水平 （5.4）
Z3 教学设施 0.10（10）	Z3—1 0.60 设备齐全率 （6.0）
	Z3—2 0.20 设备先进性 （2.0）
	Z3—3 0.20 设备利用率 （2.0）

续表

一级指标	二级指标
Z4 思想素质教育 0.12（12）	Z4—1　0.30 课程建设及教学　（3.6）
	Z4—2　0.30 行为规范　（3.6）
	Z4—3　0.30 职业理想和道德教育　（3.6）
	Z4—4　0.10 心理健康教育　（1.2）
Z5 管理水平 0.14（14）	Z5—1　0.15 教学常规管理　（2.1）
	Z5—2　0.10 教研组工作　（1.4）
	Z5—3　0.08 班主任工作　（1.12）
	Z5—4　0.08 规章制度　（1.12）
	Z5—5　0.20 现代化管理手段　（2.8）
	Z5—6　0.08 实验管理　（1.12）
	Z5—7　0.08 实习管理　（1.12）
	Z5—8　0.08 校外实习基地建设　（1.12）
	Z5—9　0.08 课程设计及综合实践管理　（1.12）
	Z5—10　0.07 《学校体育工作条例》执行情况　（0.98）
Z6 专业、课程 建设与改革 0.20（20）	Z6—1　0.20 专业建设　（4.0）
	Z6—2　0.30 课程结构优化　（6.0）
	Z6—3　0.20 课程大纲、教材建设　（4.0）
	Z6—4　0.30 教学方法、手段改革　（6.0）

续表

一级指标	二级指标
Z7 办学质量、效益 0.20（20）	Z7—1 0.15 学校规模 （3.0）
	Z7—2 0.1 人员效率 （2.0）
	Z7—3 0.15 毕业环节质量 （3.0）
	Z7—4 0.15 各项水平测试成绩 （3.0）
	Z7—5 0.15 多种证书取得 （3.0）
	Z7—6 0.10 毕业生质量评价 （2.0）
	Z7—7 0.10 教学成果与技术成果 （2.0）
	Z7—8 0.10 体质与健康 （2.0）
Z8 教育、教学研究 与督导工作 0.04（4）	Z8—1 0.20 机构 （0.8）
	Z8—2 0.80 效果 （3.2）

奖 励 条 件

项目	加分范围
名校长、名教师、名学生三名建设	≤ 3 分
办学模式	≤ 5 分

指标条目编号及名称	Z1—1 领导结构
内涵及标准	1. 领导人数：以现有在校学生数（普通中专）和学校规划规模学生数为依据。640 人以下为 3 人；641—1 280 人为 4 人；1 281 人以上为 5 人。 2. 学校工作年限：以校领导参加各级各类学校工作的平均年数评等计分。 3. 学历、专业、职称：校长、教务副校长需大本及以上学历或讲师以上职称（Y_1），其他领导为大专以上（Y_2），校长、教务副校长应有本专业人才或师范人才。

续表

测量评等标准	内涵 1：A. 达到或低于在校学生数所规定领导人数，且年龄成梯队结构。 B. 大于在校生数所规定的领导人数，低于规划规模学生数所规定人数。 C. 大于在校学生数所规定的领导人数，达到规划规模学生数所规定人数。 D. 大于在校学生数所规定的领导人数，也大于规划规模学生数所规定人数。 内涵 2：A. 15 年 $\leqslant K \leqslant$ 20 年　B. 12 年 $\leqslant K <$ 15 年 C. 8 年 $\leqslant K <$ 12 年　D. $0 \leqslant K <$ 8 年 内涵 3：K_1 校长、教务副校长组： 大本和高讲—A，大本和讲师—B，大专—C，中专—D K_2 其他领导成员组： 大本或讲师—A，大专—B，中专—C，高中—D
评价计分标准	内涵 1：定等取中值分 X_1 内涵 2：插入法计算 X_2 内涵 3：定等取中值分 X_3 最后三内涵综合平均计条目分。 $X=(X_1+X_2+X_3)\div 3$
说明	内涵 1：定等取中值分。领导班子指普通中专的专职党委正副书记、正副校长。在校学生数，以评估当年度在校生为准。领导年龄不符合梯队结构，以 A 等下限计条目分。 35 岁以下校领导不占职数。 内涵 2：$K=\dfrac{\text{领导成员学校工作年数总和}}{\text{领导成员数}}$，以 K 值定等用插入法计算 内涵 3：K_1、K_2 两组个体测评，取中值分，再以两组分值加权计算为 $X_3=0.6y_1+0.4y_2$，如校长、教务副校长无一人为学校所设专业的专业人才或师范人才，则以 X_3 所属等级的下限计内涵分。

指标条目编号及名称	Z1—2　领导素质
内涵及标准	内涵八项及标准列于表 4。
测量评等标准	A. 好　　全面符合要求 B. 较好　　较全面符合要求 C. 一般　　一般符合要求 D. 较差　　有明显不团结现象，影响工作 具体操作，按表 4 评定。
评价计分标准	对每个内涵逐项评等取中值分，再综合平均计条目分。
说明	1. 测评表中，1、2、3、4、5、8 内涵对领导班子集体评价，6、7 内涵评价每个个体后，再综合成内涵分。 2. 由上级主管部门进行测评，参评人员包括中层干部、教师和其他教职工人数的各 1/3，总数不少于全体教职工的 1/3，党员不超过 1/3，人数不少于 30 人。 3. 可参考上年度主管部门对领导班子的考评结果。

指标条目编号及名称	Z2—1 师资队伍结构
内涵及标准	（1）教龄：教师平均具有 6 年以上教龄为合格； （2）学历：本科及以上学历教师数占专任教师总数的比例 $K \geqslant 85\%$ 为合格； （3）职称：中、高级职称教师占专任教师总数比例 $K_1 \geqslant 10\%$，$K_2 \geqslant 35\%$ 为合格。
测量评等标准	内涵 1： A. 15 年 $\leqslant K <$ 20 年，B. 10 年 $\leqslant K <$ 15 年，C. 6 年 $\leqslant K <$ 10 年，D. 0 年 $\leqslant K <$ 6 年 内涵 2： A. $98\% \leqslant K < 100\%$，B. $90\% \leqslant K < 98\%$，C. $85\% \leqslant K < 90\%$，D. $0 \leqslant K < 85\%$ 内涵 3： A. 高职率 $25\% \geqslant K_1 \geqslant 20\%$；中职率 $50\% \geqslant K_2 \geqslant 45\%$ B. $15\% \leqslant K_1 < 20\%$；$40\% \leqslant K_2 < 45\%$ C. $10\% \leqslant K_1 < 15\%$；$35\% \leqslant K_2 < 40\%$ D. $0 \leqslant K_1 < 10\%$；$0 \leqslant K_2 < 35\%$
评价计分标准	每个内涵的分值分别用插入法计算，再综合平均计条目分。
说明	内涵 1：教龄包括各级各类学校的教龄，$K=\frac{\text{教师从事教学工作教龄总和}}{\text{专任教师总数}}$，以 K 定等用插入法计算 X_1 分值。 内涵 2：$K=\frac{\text{本科及以上学历教师数}}{\text{专任教师总数}} \times 100\%$ 教师中有 5% 以上硕士以上学位、双学士学位，则以 X_2 所属等级上限计分。艺术体育类学校教师可以大专起点计算。 内涵 3：以 K_1、K_2 计算 y_1、y_2 分值，综合平均计算 x_3 分值。

指标条目编号及名称	Z2—2 专业实践状况
内涵及标准	（1）专业及专基课有一年专业实践的教师率 $K_1 \geqslant 30\%$ 为合格，有三年以上专业实践教师占一定比例（K_2）； （2）专业及专基课教师有教师职称之外的专业技术证书所占百分率 $K \geqslant 30\%$ 为合格； （3）兼职教师具有中级及以上职称的比例 $K \geqslant 60\%$ 为合格。
测量评等标准	内涵 1： 一年实践教师率 A. $60\% \geqslant K_1 > 50\%$　B. $40\% \leqslant K_1 < 50\%$　C. $30\% \leqslant K_1 < 40\%$　D. $0 \leqslant K_1 < 30\%$ 三年以上实践教师率 A. $15\% \geqslant K_2 > 10\%$　B. $5\% \leqslant K_2 < 10\%$　C. $0\% \leqslant K_2 < 5\%$　D. $K_2 = 0$ 内涵 2： A. $50\% \leqslant K \leqslant 60\%$　B. $40\% \leqslant K < 50\%$　C. $30\% \leqslant K < 40\%$　D. $0 \leqslant K < 30\%$ 内涵 3： A. $80\% \leqslant K \leqslant 100\%$　B. $70\% \leqslant K < 80\%$　C. $60\% \leqslant K < 70\%$　D. $0 \leqslant K < 60\%$
评价计分标准	每个内涵的分值分别用插入法计算，再综合平均计条目分。
说明	内涵 1：专业实践年限，指除带学生实验实习以外，在校内外从事一切科研生产实践的时间。时间小于一个月忽略不计，一个月以上可累计计算。 内涵 3：兼职教师指专任教师编制外，经学校聘任承担授课任务的教师。兼职教师的职称确定，以资格证书为准。

指标条目编号及名称	Z2—3　骨干教师状况
内涵及标准	（1）中、青年教师参加市级教育行政部门组织的评优课参选、当选状况； （2）专业（学科）带头人、骨干教师占全体教师的比例。
测量评等标准	内涵 1： A. 中青年教师评优课当选 2 人　B. 当选 1 人　C. 无当选，但参选占中青年教师比例≥3%　D. 没参加评优课 内涵 2： A. $25\% \leqslant K < 30\%$　B. $20\% \leqslant K < 25\%$　C. $15\% \leqslant K < 20\%$　D. $0 \leqslant K < 15\%$
评价计分标准	内涵 1：定等取中值分。 内涵 2：定等用插入法计算，再综合平均计条目分。
说明	内涵 2： （1）学校参照京教师〔1997〕014 号文规定的标准要求制定校内标准，评定专业带头人、骨干教师。有科学严格的评选程序，有符合要求的说明材料； （2）考核学校所设连续招生三年以上的专业，其中任一专业无骨干教师，降等计上限分。

指标条目编号及名称	Z2—4　师资培养计划与效果
内涵及标准	（1）学校有师资培养计划，有措施，有检查，有实效； （2）建立激励机制，有评优活动。
测量评等标准	内涵 1： A. 有培养计划，符合要求（含实践能力），目标明确，措施落实，有检查，有实效。 B. 有计划，措施较落实，检查不够及时，有一定成效。 C. 有计划，措施不够有力，检查不够，成效一般。 D. 无计划，工作不落实，效果差。 内涵 2： A. 评优选优经常化、规范化，形成骨干教师队伍，有激励机制。 B. 评优活动基本能坚持，但不够规范。 C. 评优活动经常化不够，也不够规范，有随意性。 D. 评优基本没开展，领导对骨干教师状况心中无数，处于自流状态。
评价计分标准	分别定等取中值分，再综合平均计条目分。
说明	本条目查两年。

指标条目编号及名称	Z2—5　教学水平
内涵及标准	（1）理论课教学水平指对课堂教学内容和教学方法的九项测评，列于表 9、表 10 中； （2）专基和专业课教师实践教学水平指对教师自己动手能力和指导实验实习等能力的测评，列于表 11 中。
测量评等标准	A. 完全符合内涵要求 B. 比较符合内涵要求 C. 一般符合内涵要求 D. 较差
评价计分标准	内涵 1：个体评定后按群体综合计分，分三组测评，分值依权重、综合计算。 内涵 2：按两个测评点，定等取中值分，先个体后群体综合计算。 最后两内涵综合计条目分。
说明	（1）内涵 1：随机抽样 1/3 教师，不少于 30 名教师，其中高级职称教师占 15%，讲师 50%，助讲 35%。 同行教师、教研组长为甲组，听课用表 9 测评计算 y_1 分值。 教务科长、督导室主任、教学副校长为乙组，听课用表 9 测评计算 y_2 分值。 学生为丙组（每位教师由授课班 5 名学生），用表 10 测评计算 y_3 分值。 加权计算 x_1 分值。$x_1 = 0.4y_1 + 0.4y_2 + 0.2y_3$ （2）内涵 2：由教研组长、专业科主任、教务科长、督导室主任、教学副校长共同对全体专基和专业课教师用表 11 测评。

指标条目编号及名称	Z3—1　设备齐全率
内涵及标准	实验、实习设备齐全率（K_1、K_2）均以大于 70% 为合格标准，计算机设备齐全率以小于 20 生 / 台为合格标准。
测量评等标准	实验设备齐全率 K_1　实习设备齐全率 K_2　计算机设备齐全率 K_3 A. $100\% > K_1 \geqslant 95\%$　$100\% > K_2 \geqslant 95\%$　$10 \leqslant K_3 < 12$ B. $95\% > K_1 \geqslant 85\%$　$95\% > K_2 \geqslant 85\%$　$12 \leqslant K_3 < 15$ C. $85\% > K_1 \geqslant 70\%$　$85\% > K_2 \geqslant 70\%$　$15 \leqslant K_3 < 20$ D. $70\% > K_1 \geqslant 60\%$　$70\% > K_2 \geqslant 60\%$　$20 \leqslant K_3 < 25$
评价计分标准	插入法分别计算 X_1、X_2 和 X_3，加权计条目分 X $X = 0.6X_1 + 0.2_2 + 0.2X_3$
说明	（1）教学设施指各类实验、实习、训练场地的教学仪器设备； （2）实验、实习设备齐全率按大纲要求，实验按自开项目计算，一般以每次满足半个班以上为标准。实习按工种计算，不能满足动手的降等； （3）K_1、K_2 按专业分别计算综合平均； （4）计算机齐全率 $K_3 = \dfrac{全校在校生数}{全校教学计算机台数}$； （5）已损坏、不能使用的设备不计入。

指标条目编号及名称	Z3—2　设备先进性
内涵及标准	以具有先进性的设备为合格标准。
测量评等标准	A. 一定数量 B. 少量 C. 有 D. 没有
评价计分标准	定性评等取中值分。
说明	（1）按各校所开主干专业分别定性定等、综合平均； （2）先进性的界定：非指和不一定指高新技术装备；能适应行业中间层次人才使用需求，达到或超过行业中实际使用的设备水平； （3）非学生使用的设备不计入。

指标条目编号及名称	Z3—3　设备利用率
内涵及标准	实验设备利用率达到 30%，实习设备利用率达到 40% 为合格标准。
测量评等标准	实验设备利用率　　实习设备利用率 A.　＞50%　　＞80% B.　＞40%　　＞60% C.　＞30%　　＞40% D.　＜30%　　＜40%
评价计分标准	以实验室（含机房）和实习场所为单位进行定等取中值计分，综合平均计内涵（1）（2）分值，再综合平均计条目分。
说明	1. 实验室（含机房）以四节实验课相当于一天进行计算： $\text{实验设备利用率}=\dfrac{\text{学年内开放实验室总学时数}}{4\times5\times\text{学年教学周数}}\times100\%$ 2. 实习场所以实习周数 ×1.2 计利用时间： $\text{实习设备利用率}=\dfrac{\text{学年实习总周数}\times1.2}{\text{学年教学周数}}\times100\%$ 实习场所以工种统计； 3. 学年教学周数按 32 周计。

指标条目编号及名称	Z4—1 课程建设及教学
内涵及标准	（1）思想政治课、心理健康课、美育类课程设置齐全、落实，有教学大纲、教材； （2）教学方法有改革，效果好； （3）教学能与社会实践相结合。
测量评等标准	A.（1）列入教学计划的思想政治、心理健康教育、美育类课程有教学大纲和教材； （2）教学方法有较大改革，效果显著； （3）教学与社会实践结合得好。 B.（1）有大纲、有教材； （2）有较大改革，有一定效果； （3）教学与社会实践结合较好。 C.（1）有大纲、有教材； （2）有改革，效果一般； （3）教学与社会实践没有结合。 D. 达不到C等标准。
评价计分标准	内涵（1）、（2）、（3）分别定性定等取中值分x_1、x_2、x_3，综合平均计条目分$x=(x_1+x_2+x_3)\div 3$。
说明	按内涵要求准备有关资料。

指标条目编号及名称	Z4—2 行为规范
内涵及标准	（1）对学生行为规范有明确要求，有检查制度； （2）教师为人师表，职工文明上岗，“三育人”有实效； （3）校风、校纪、校园环境建设好。
测量评等标准	A.（1）对学生行为规范有明确、宽严适度的要求。有检查制度，执行严格； （2）全校教师能为人师表，职工文明上岗、礼貌待人。“三育人”有要求，有措施，有实效； （3）校风、校纪、校园环境优良、有特色。 B.（1）有明确要求，宽严适度，检查稍欠严格； （2）全校教师为人师表，职工能文明上岗，礼貌待人。“三育人”有要求，有措施，效果一般； （3）校风、校纪、校园环境良好。 C.（1）有要求，检查稍欠严格； （2）教师能为人师表，职工文明上岗； （3）校风、校纪、校园环境一般。 D.（1）无行为规范要求，无经常性检查； （2）“三育人”不落实，职工文明行为较差； （3）校风、校纪存在问题较多。
评价计分标准	按内涵分别定性定等取中值分，再综合平均计条目分。 计算方法同Z4—1。
说明	同Z4—1。

指标条目编号及名称	Z4—3　职业理想和道德教育
内涵及标准	（1）对学生进行热爱专业和职业教育，职业理想、道德教育经常化，效果好； （2）对学生进行创业教育，有实效； （3）思想品德考核制度齐全、落实。
测量评等标准	A.（1）有计划地对学生进行热爱专业和职业教育，职业理想和道德教育纳入学校和班级活动，收到良好效果； （2）有创业教育，效果良好； （3）思想品德考核制度齐全、落实，有特色。 B.（1）有活动，有效果； （2）有创业教育，有效果； （3）制度齐全，落实尚可。 C.（1）有活动，有一定效果； （2）有创业教育，效果一般； （3）制度齐全，执行不够严格。 D.（1）有活动，效果不显著； （2）无创业教育； （3）制度齐全，执行不严格。
评价计分标准	按内涵分别定性定等取中值分。综合平均计条目分。 计算方法同 Z4—1。
说明	同 Z4—1。

指标条目编号及名称	Z4—4　心理健康教育
内涵及标准	由有心理咨询业务知识的人员负责开展心理健康宣传、教育和咨询工作，效果好。
测量评等标准	A. 由有心理咨询业务知识的人员负责开展心理健康宣传、教育和咨询工作，有明显效果，有特色； B. 由有心理咨询业务知识的人员负责开展心理健康宣传、教育和咨询工作，但效果一般； C. 学校开展了心理健康教育和咨询工作，效果不明显； D. 达不到 C 等标准。
评价计分标准	定性定等取中值分。 计算方法同 Z4—1。
说明	同 Z4—1。

指标条目编号及名称	Z5—1 教学常规管理
内涵及标准	（1）学籍、考试、考查、排课、调课等管理、检查制度齐全、落实； （2）各类教学管理严格，课时安排合理，教学秩序稳定； （3）定期进行教学质量分析，有听课制度，执行严肃，及时反馈情况，不断提高教学质量； （4）各种教学资料齐全、规范、管理好，能发挥作用； （5）学期或学年的教材与讲义齐全（K_5）；供应及时，管理情况好；文印工作打印及时，质量好，服务态度好。
测量评等标准	A. 好；B. 较好；C. 一般；D. 较差 （K_5）A. $K_5=100\%$ B. $97\% \leqslant K_5 < 100\%$ C. $93\% \leqslant K_5 < 97\%$ D. $90\% \leqslant K_5 < 93\%$
评价计分标准	内涵 1—5 按要求逐一定性评等，取中值。内涵 5 中齐全度按 K_5 定等取中值，最后综合平均计条目分。
说明	四年制的学校查两个学年，二年制的学校查一个学年。

指标条目编号及名称	Z5—2 教研组工作
内涵及标准	（1）保证隔周 2—4 小时教研活动； （2）有计划、有总结、有记录； （3）教学研究内容丰富、充实，有利于提高教学质量； （4）教学文件、资料、教具完整，有专人负责保管。
测量评等标准	A. 好；B. 较好；C. 一般；D. 较差
评价计分标准	评等取中值，综合平均计分。
说明	（1）以每个教研组为个体，分别由校领导、教务科长、各专业科长、教师按以上四项内涵评等。取中值分，再以群体组合计算方法综合评价，平均计条目分； （2）教研组活动内容包括定期开展教材研讨、教学方法探讨、集体备课、互相听课、检查教学进程、学习教育理论、研究教书育人以及教学的调查与分析、实验室建设、实践教学研讨和培养新教师等； （3）计划、总结及记录，四年制的查二个学年，二年制的查一个学年。

指标条目编号及名称	Z5—3　班主任工作
内涵及标准	（1）能主动关心学生的德、智、体、美、劳全面发展； （2）能及时做好思想教育工作，方法得当，后进转化工作做得好； （3）能充分发挥班级干部和学生的积极性，注意培养学生的工作能力； （4）注意培养良好的班风； （5）能与任课教师、学生家长经常联系； （6）师生关系好，工作有成效。
测量评等标准	A. 好；B. 较好；C. 一般；D. 较差
评价计分标准	评等取中值，综合平均计分。
说明	以每个班主任为个体，按内涵及标准六项内容分别由校领导、任课教师、学生科、学生测评结果综合平均计条目分。 学生测评不少于 10 人（其中学生干部不超过 30%）。

指标条目编号及名称	Z5—4　规章制度
内涵及标准	（1）职工岗位责任制、教师工作规范齐全、合理，执行严格，工作质量有考核； （2）教职工考勤有制度、有记录； （3）各种馆、室、场、堂管理制度齐全、落实； （4）人事、消防、保卫、财务、总务、档案等管理制度齐全、落实。
测量评等标准	A. 好；B. 较好；C. 一般；D. 较差
评价计分标准	评等取中值，综合平均计条目分。
说明	以现行制度为准，考勤记录查一学年。

指标条目编号及名称	Z5—5　现代化管理手段
内涵及标准	学校在教学、学生、财务、图书馆、行政档案等方面全面推行计算机网络化管理，管理效果好。
测量评等标准	A. 学校在教学、学生、财务、图书馆、行政档案等方面全面推行计算机管理，实现网络化，效果好，局部网络化为 A 等中值，全部网络化为 A 等上限； B. 学校在教学管理等四个以上方面推行了计算机管理，效果较好； C. 学校在教学管理等三个方面推行了计算机管理，效果一般； D. 学校只在非教学管理项目上推行了计算机管理。
评价计分标准	综合定等取中值计条目分。
说明	

<table>
<tr><td>指标条目编号及名称</td><td>Z5—6　实验管理（工、卫、农）</td></tr>
<tr><td>内涵及标准</td><td>1.（X_1）通过各种途径开出大纲所规定的实验项目占应开出实验项目的百分率（K_1）以90%为合格标准；
2.（X_2）有完整的实验指导书，质量好；
3.（X_3）有严格的考核，能单独计算成绩，四年制四学年内要有4门实验课单独考核，成绩列入学生成绩册（二年制参照执行）；
4.（X_4）实验室管理制度齐全，落实。</td></tr>
<tr><td>测量评等标准</td><td>内涵1：A. 100%；B. $95\% \leqslant K_1 < 100\%$；C. $90\% \leqslant K_1 < 95\%$；D. $85\% \leqslant K_1 < 90\%$
内涵2：A. 指导书完整，质量好；B. 指导书完整，质量较好；C. 指导书完整，质量一般；D. 指导书不完整，质量较差。
内涵3：A. 3—4门；B. 2门；C. 1门；D. 有考核，不记入学生成绩册。
内涵4：A. 齐全落实；B. 较齐全落实；C. 情况一般；D. 较差</td></tr>
<tr><td>评价计分标准</td><td>测评方法同Z5—1。</td></tr>
<tr><td>说明</td><td>财经政法类学校参照执行。
有严格考核，能单独计算成绩，含（1）单独设课或（2）实验单独考核计成绩，按比例列入课程成绩册。</td></tr>
</table>

<table>
<tr><td>指标条目编号及名称</td><td>Z5—7　实习管理</td></tr>
<tr><td>内涵及标准</td><td>（1）通过各种途径开出的实习项目占教学计划规定的实习项目的百分比（K_1）以90%为合格；
（2）各种实习大纲齐全，编写合理，认真执行；
（3）校内实习能按规定时间充分动手，独立操作（K_2）；
（4）校外实习（卫生类的临床实习）组织安排、指导落实；
（5）考核严格，单独记成绩；
（6）实习管理制度齐全，执行严肃。</td></tr>
<tr><td>测量评等标准</td><td>　　K_1　　K_3
A.　$K_1 = 100\%$　$90\% \leqslant K_3 < 100\%$
B.　$95\% \leqslant K_1 < 100\%$　$80\% \leqslant K_3 < 90\%$
C.　$90\% \leqslant K_1 < 95\%$　$70\% \leqslant K_3 < 80\%$
D.　$85\% \leqslant K_1 < 90\%$　$50\% \leqslant K_3 < 70\%$</td></tr>
<tr><td>评价计分标准</td><td>内涵（1）、（3）以定量标准插入法计分；
内涵（2）、（4）、（5）、（6）按定性评价法定等计分，最后综合平均计条目分。</td></tr>
<tr><td>说明</td><td>动手时间比（K_2）中：
1. 动手时间比 $K_2 = \frac{\text{实习动手时间总和}}{\text{大纲规定的实习动手时间}} \times 100\%$
$\left(\frac{\text{实际实习天数} \times \text{每天实际操作的时间}}{\text{大纲规定的实习周数} \times 5\text{（天）} \times 6\text{（小时）}} \times 100\% \right)$
2. 按每个实习工种统计计算，然后综合平均。
3. 考核主干专业。</td></tr>
</table>

指标条目编号及名称	Z5—8　校外实习基地建设
内涵及标准	（1）利用联合、合作等各种方式，建成了结合生产的校外实习基地，能完成校内不能完成的实习任务； （2）在基地能实现教学与生产实践相结合的特点，形成了教学、实习、社会服务相结合的机制； （3）校、企双方有合同，双方责任明确； （4）在完成实习任务和技术服务方面有实效。
测量评等标准	A. 优；B. 良；C. 合格；D. 不合格
评价计分标准	按内涵分别定等计分，综合平均计条目分。
说明	学校准备必要的说明，证明材料。 考核主干专业。

指标条目编号及名称	Z5—9　课程设计及综合实践管理
内涵及标准	（1）课程设计、综合实践等有明确的任务书、指导书，编写合理，执行严格； （2）考核严格，单独记成绩； （3）内容密切联系实际，符合大纲要求； （4）管理制度齐全，执行严肃。
测量评等标准	A. 优；B. 良；C. 合格；D. 不合格
评价计分标准	按内涵（1）、（2）、（3）、（4）分别评等计分，综合平均计条目分。
说明	按主干专业进行统计评价。

指标条目编号及名称	Z5—10《学校体育工作条例》执行情况
内涵及标准	根据 1990 年国家教委令（第 8 号）、国家体委令（第 11 号）发布的《学校体育工作条例》的执行情况进行评价。 （1）按教学计划设体育课，且均为考试课； （2）学生做课间操，除体育课、劳动课当天外，其余时间每天应有 1 小时活动； （3）每学年组织一次田径运动会，每学年参加全市中专田径运动会及 2 次校际以上体育竞赛； （4）体育教师待遇、女体育教师比例、体育经费符合《学校体育工作条例》的要求； （5）有组织领导机构及年度工作计划。
测量评等标准	A. 优秀；B. 良好；C. 合格；D. 较差
评价计分标准	五项内涵分别定等取中值，再综合平均计条目分。
说明	查四年。

指标条目编号及名称	Z6—1　专业建设
内涵及标准	（1）适应社会发展和经济建设需求进行专业设置和改造，有创新； （2）专业覆盖面宽，社会需求广，学生就业率高； （3）具有新设和改造老专业的办学条件。
测量评等标准	A.（1）适应社会发展和经济建设需求，在充分调查论证基础上进行新专业设置和老专业改造，有创新； （2）专业面宽窄适度，社会需求广，学生就业率 $K \geqslant 95\%$； （3）办学条件齐备。 B.（1）适应社会发展和经济建设需求，在充分调查论证的基础上进行专业设置和改造； （2）专业面宽窄适度，有一定的社会需求，学生就业率达到 $95\% > K \geqslant 85\%$； （3）办学条件较齐备。 C.（1）对新专业设置和老专业改造缺乏调查； （2）专业面窄，不灵活，学生就业率 $85\% > K \geqslant 75\%$； （3）办学条件不够齐备。 D.（1）老专业在五年之内无变化； （2）学生就业率 $K < 75\%$； （3）缺乏应有的办学条件。
评价计分标准	（1）按内涵定性定等取中值； （2）两项内涵综合平均计条目分。
说明	（1）按学校所设全部专业评价，主干专业平均计分，权重占 70%，非主干专业平均计分，权重占 30%； （2）专业设置和改造，指对专业培养目标、教学内容、方法、手段进行改革、提高； （3）调查论证时应有用人部门参与，且有相应的组织机构和形式。

指标条目编号及名称	Z6—2　课程结构优化
内涵及标准	（1）主干专业课程设置完整、有特色，能适应时代要求，有较多新知识、技能体现； （2）专业课程结构组合合理，保证培养规格，教学模式适应市场需求。
测量评等标准	A.（1）主干专业知识、能力体系设置完整，有特色，能适应时代要求，有较多新知识、新技能体现； （2）专业课程结构组合合理，保证培养规格，教学模式能适应市场多变需求，两个主干专业有阶段成果； B.（1）主干专业有知识、能力体系设置，但特色不突出，有新知识、新技能体现； （2）专业课程结构组合基本合理，但适应性较差。一个主干专业有阶段成果； C.（1）主干专业课程结构对知识能力有要求，无新知识、新技能体现； （2）专业课程结构组合基本合理，但无优化和改革之处。成果总结不完善； D.（1）主干专业无知识、能力方面的要求体现，内容传统、陈旧、一般化； （2）专业课程结构组合不够合理，影响培养规格和目标实现。无成果。

续表

评价计分标准	（1）按内涵分别定性定等取中值； （2）两项内涵综合平均计条目分。
说明	（1）主要考察各校的主干专业； （2）应有课程结构优化的有关资料，要有阶段成果。

指标条目编号及名称	Z6—3　课程大纲、教材建设
内涵及标准	（1）适应专业教学计划要求的教学大纲、教材配套完整，有改革； （2）主干专业教材建设有特色。
测量评等标准	A.（1）有适应专业教学计划要求的全部课程大纲，科学完整，教材配套完整，有改革内容； （2）主干专业教材建设有特色。 B.（1）全部课程大纲科学完整，教材配套，但缺乏改革； （2）主干专业选用教材适应需求。 C.（1）课程大纲建设不够完整，有20%左右不够科学，质量不高； （2）主干专业选用的教材尚可满足需要。 D.（1）课程内容、大纲建设落后，不适应专业教学计划要求； （2）主干专业选用教材欠妥。
评价计分标准	按内涵要求分别定等取中值再综合平均计条目分。
说明	（1）按学校所设全部专业评价，重点检查主干专业； （2）主干专业平均分值占全部评价的70%，其他专业占30%。

指标条目编号及名称	Z6—4　教学方法、手段改革
内涵及标准	（1）专业教室建设好，有特色； （2）多数课程开展以学生为主体进行教学，能培养创新精神。教学方法、手段改革有成效，能使用新教育技术。
测量评等标准	A.（1）专业教室建设有特色，有经验推广，在主干专业中有40%以上专业课能在专业教室中上课； （2）多数课程开展以学生为主体的教学或训练，培养创新精神较突出。教学方法、手段改革效果好，能充分使用新教育技术。 B.（1）有专业教室，尚未取得经验。在主干专业中有30%以上专业课在专业教室中上课；

续表

测量评等标准	（2）以学生为主体的教学或训练不够普遍，只在少数课程中体现，培养创新精神有一定效果。教学方法、手段改革不够普遍，只限少数课程。 C.（1）专业教室数量少，在主干专业中只有 20% 左右专业课在专业教室上课，效果一般； （2）对学生的动脑、动手的教学或训练缺乏，只停留于验证式，创新精神培养效果不大。教学方法、手段基本无改革。 D.（1）无专业教室； （2）基本无以学生为主体的训练，无创新精神的培养。教学方法、手段无改革。
评价计分标准	按内涵分别定等取中值，再综合平均计条目分。
说明	（1）学校自查全部课程，评估组按主干与非主干专业抽查部分课程，再综合平均； （2）主干专业平均计分，权重占 70%，非主干专业平均占 30%； （3）对学生动脑、动手的要求视不同课程各有特色，主要以培养能力为主； （4）内涵 1 考核主干专业，内涵 2 考核全部课程。

指标条目编号及名称	Z7—1　学校规模
内涵及标准	1. 规模（X_1）以评估当年在校生总数 K_1、本校生人数 K_2 及全日制普通中专生人数 K_3 多少进行评定。在校生总数 > 1 500，本校生人数 > 1 200，全日制本校普通中专生人数 > 960 为合格标准。 2. 质量控制（X_2）主要考核校本部师生比（K_4），以 $K_4 \leqslant 1:27$ 为合格标准。
测量评等标准	（1）在校生总数（Y_1）本校生人数（Y_2）全日制本校普通中专生人数（Y_3） A.　$K_1 \geqslant 2\ 500$　$K \geqslant 2\ 000$　$K_3 \geqslant 1\ 500$ B.　$K_1 \geqslant 2\ 000$　$K_2 \geqslant 1\ 500$　$K_3 \geqslant 1\ 200$ C.　$K_1 \geqslant 1\ 500$　$K_2 \geqslant 1\ 200$　$K_3 \geqslant 960$ D.　$K_1 < 1\ 500$　$K_2 < 1\ 200$　$K_3 < 960$ （2）专任教师：本校生　A. $1:16 \geqslant K_4 \geqslant 1:22$ $1:13 > K_4 \geqslant 1:16$　B. $1:22 > K_4 \geqslant 1:22$ $1:10 > K_4 \geqslant 1:13$　C. $1:26 > K_4 \geqslant 1:29$ $K_4 > 1:10$　D. $K_4 < 1:29$
评价计分标准	定等取中值计内涵分 $X_1 = (Y_1 + Y_2 + Y_3) \div 3$ $X = (X_1 + X_2) \div 2$
说明	1. 在校生总数 = 在校全日制普通中专生人数 + 在校非全日制普通中专生折算人数。 2. 全日制普通中专生含国家指令招生、委托代培生、定向招生及自费生。 3. 非全日制普通中专生人数折算办法：凡全日制不足一年的短训班以 $X/10$ 折算（X 为学习月份）；凡非全日制以 $X/5$ 折算（X 为每周来校学习天数）；高中毕业二年制及大专类班（含高职）学生以 3/2 折算；技工类班学生以 3/4 折算。 4. 以评估当时一学年统计。 5. 艺术、体育类在校生统计按国家有关标准执行。

指标条目编号及名称	Z7—2 人员效率
内涵及标准	按国家教委、劳动人事部〔1985〕教职字008号文件规定的指标为依据，主要考核教师、行政和后勤人员的比例。其中，专任教师（X_1）占全体教职工比例以 $45\% > K_1 \geqslant 40\%$ 为合格标准，行政、后勤人员（X_2）占全体教职工比例以 $40\% < K_2 \leqslant 45\%$ 为合格标准。
测量评等标准	专任教师占全体教职工比例 K_1 / 行政后勤人员占全体教职工比例 K_2 A. $K_1 \geqslant 50\%$ / $K_2 \leqslant 35\%$ B. $50\% > K_1 \geqslant 45\%$ / $35\% < K_2 \leqslant 40\%$ C. $45\% > K_1 \geqslant 40\%$ / $40\% < K_2 \leqslant 45\%$ D. $K_1 < 40\%$ / $K_2 > 45\%$
评价计分标准	B、C等用插入法，A、D定等取中值分计 X_1 和 X_2 分值，综合平均计条目分。
说明	1. 学校提供评估当年度全校各类人员统计情况表。 2. 教师指专任教师。行政、后勤人员中应除去不占校内编制、自负盈亏的校办企业人员。

指标条目编号及名称	Z7—3 毕业环节质量
内涵及标准	1. 毕业环节组织工作：学校教学领导重视，组织完善，计划落实，安排合理。 2. 课题符合中专生培养目标及专业要求，体现对毕业生能力的综合训练，密切联系生产实际，有新技术、新工艺及新手段的应用。 3. 对学生要求和考核严格，标准明确，工作量饱满。 4. 教师指导：编写针对性强的指导书，有利于学生独立思考；因材施教进行指导。
测量评等标准	A. 好；B. 较好；C. 一般；D. 较差
评价计分标准	详见附件1《北京市中专学校毕业环节（设计、论文、报告等）评估指标体系（试行）》测评计分方法。
说明	1. 各内涵的具体要求和标准详见附件1《北京市中专学校毕业环节（设计、论文、报告等）评估指标体系（试行）》； 2. 评估时必须选一个以上校外毕业班参评，校内班权重为0.8，校外班权重为0.2； 3. 学校对评估当年或前一年毕业班进行自评，评估组在学校自评的基础上认定或复查。

Z7—3 附件 1

北京市中专学校毕业环节（设计、论文、报告等）评估指标体系（试行）

项目		内容				
		等级A（90—95）	等级B（76—89）	等级C（60—75）	等级D（59以下）	计算方法
毕业环节组织工作情况 $X1$	组织领导（Z1）	（1）组织完善，计划落实，课题审批手续完整 （2）指导力量强，安排组织合理	（1）组织完善，计划落实，课题审批手续完整 （2）指导力量较强，但分配不均	（1）组织完善，计划欠落实，课题审批手续欠完整 （2）指导力量较弱	（1）组织不完善，无课题审批手续 （2）指导力量弱	（1）Z1、Z2、Z3分别按内容综合评分 （2）权重分配：$X_1 = 0.3Z1 + 0.4Z2 + 0.3Z3$
	过程控制（Z2）	教学领导部门对毕业环节工作有检查和指导，能及时解决问题	对过程进行一般性检查，解决问题不够及时	对过程检查走形式，未解决问题	对过程无检查	
	考核工作（Z3）	（1）有考核标准，科学，可操作 （2）掌握标准严格，评价准确	（1）有考核标准，不够科学，可操作 （2）掌握标准欠严格，评价有过高或过低现象	（1）考核标准制定不严，可操作性差 （2）执行标准走过场，评价笼统	（1）无考核标准 （2）执行标准松，对出现的错误不纠正	
成果质量水平 $X2$	课题（K）	全面符合培养目标及专业要求；较全面体现能力要求；能应用较多新技术或手段	基本符合培养目标及专业要求；体现能力要求有欠缺；能有少量新技术或手段的运用	体现培养目标及要求不够明确；只体现少部分能力；无新技术或手段运用的要求	达不到培养目标要求；无能力要求；无新技术或手段运用要求，属简单操作或工艺过程训练	（1）K、L、M、N1、N2分别按内容综合评分 （2）权重分配：$X2 = 0.2K + 0.3M + 0.1L + 0.25N1 + 0.15N2$
	质量（M）	综合性、实用性强；有新技术或新手段的运用，有价值体现	有综合训练效果，未达到实用，有少量新技术或新手段的运用	对学生训练效果一般，无新技术或新手段体现	属简单操作或工艺过程训练，无新技术或新手段体现	
	工作量（L）	工作量饱满	工作量基本饱满	工作量不够饱满，或组内分工不够合理	工作量不饱满且组内分工不合理	

续表

项目		内容				
		等级A（90—95）	等级B（76—89）	等级C（60—75）	等级D（59以下）	计算方法
成果质量水平 $X2$	学生业务能力（N1）	能运用所学知识和能力来完成课题；具有解决实际问题的能力；能掌握所学新技术或新手段	能运用所学知识和能力来完成课题，但解决实际问题能力差；基本掌握所学新技术或新手段	在教师指导下还不能独立完成课题，在知识能力的运用上有欠缺；不掌握所学新技术或新手段	完成课题中有错误；在知识和能力运用上有错误	
	学生表达能力（N2）	（1）文字、资料规整，逻辑性强，重点突出 （2）自述清晰，重点突出，回答正确并有分析	（1）文字、资料规整，在教师指导下独立完成 （2）自述清晰，回答正确但欠分析	（1）文字、资料基本齐全，欠规整 （2）自述不够清楚，但无错误	（1）文字、资料不全，过简、有错误； （2）自述思路混乱，答非所问或有错误	
教师指导水平 $X3$	指导书编写（J）	课题针对性强，能指导学生独立思考，各项指标要求明确具体，便于考核	课题针对性一般，尚能指导学生独立思考；各项指标要求模糊，有一定的随意性	课题针对性差；对学生只起一般指导作用，无明确指标要求，无从考核	无课题针对性，起不到指导作用，无指标要求	（1）J、G、B分别按内容综合评分 （2）权重分配： $X3 = 0.4J + 0.4G + 0.2B$ 总权重： $X = 0.1X1 + 0.6X2 + 0.3X3$
	过程指导（G）	对学生能因材施教，指导具体；对学生成果、资料批改认真	对大部分学生指导有力；对学生成果、资料批改不够全面	对学生指导一般化，不能个别指导；对学生成果、资料批改不认真	指导学生有欠缺，或有错误未指出；对成果、资料未批改，有遗漏	
	答辩提问小结（B）	提问能抓住重点，对学生有提高；小结针对性强，评价中肯、适度	提问抓不住重点，对学生起不到提高作用；小结评价不全面、不够中肯	提问抓不住重点，一般化；小结抽象，评价不当	提问走过场，未纠正学生错误概念；小结过于简单，未指出学生错误之处	

对中专校毕业环节评估指标体系的说明：

1. 培养目标与能力要求以各校专业教学计划内容为考核标准。
2. 专业教学实施计划及毕业实践大纲对毕业环节应有明确要求，如不够恰当将降分。
3. 对课题的评价以专业为单位，以课题为个体评分再综合评定。
4. 教师指导水平：以专业课题为单位，以教师为个体评分再综合评定。
5. 对 N1 和 N2 的评定以学生为个体进行评分再综合评定。

北京市中专学校毕业环节评估指标体系（卫生类试行）

<table>
<tr><th colspan="3" rowspan="2">项目</th><th colspan="5">内容</th></tr>
<tr><th>等级 A（90—95）</th><th>等级 B（76—89）</th><th>等级 C（60—75）</th><th>等级 D（<59）</th><th>计算方法说明</th></tr>
<tr><td rowspan="3">毕业环节组织工作 X_1</td><td colspan="2">组织领导 E_1</td><td>组织完善，计划落实，手续完整，指导力量强，安排合理</td><td>组织完善，计划落实，手续完整，指导力量较强，但分配不匀</td><td>组织完善，计划欠落实，手续欠完整，指导力量较弱</td><td>组织欠完善，计划欠落实，手续不完整，指导力量弱</td><td>E_1、E_2、E_3 分别按内容综合评分</td></tr>
<tr><td colspan="2">过程控制 E_2</td><td>教学领导部门对毕业环节工作有指导、有检查，能及时解决问题</td><td>对过程有一般性检查，解决问题不够及时</td><td>对过程检查走形式，未解决问题</td><td>对过程未检查</td><td></td></tr>
<tr><td colspan="2">考核掌握 E_3</td><td>有考核标准，科学、便于操作，评价准确掌握严格</td><td>有考核标准，不够科学，可操作；掌握欠严格，评价有失度现象</td><td>考核标准制定不严，不便操作；掌握不严，评价粗略</td><td>无考核标准，执行松，出现错误未纠正</td><td>$X_1 = 0.3E_1 + 0.4E_2 + 0.3E_3$</td></tr>
<tr><td rowspan="4">考核成绩 X_2</td><td colspan="2">理论考核 L</td><td colspan="4">按全班毕业考核成绩总评（如命题不合理，不符合毕业考核大纲要求，评分不严扣 1—15 分）</td><td></td></tr>
<tr><td colspan="2">操作考核 C</td><td colspan="4">按学生抽样考核综合记分　对每生：优按 90；良 80；中按 70；及格按 60；不及格按 45 分；按原考核成绩比例抽样综合计分</td><td></td></tr>
<tr><td rowspan="2">答辩考核 D</td><td>课题水平 K</td><td>符合专业培养目标要求，较全面体现能力要求，能应用新技术手段</td><td>基本符合专业培养目标要求，体现能力要求有欠缺，有少量新技术新手段</td><td>对学生训练效果一般，无新技术体现</td><td>属简单操作论述，无新技术手段体现</td><td rowspan="2">$X_2 = 0.2L + 0.4C + 0.4D$
$= 0.2L + 0.4C + 0.2K + 0.2S$</td></tr>
<tr><td>答辩水平 S</td><td>资料规整，自述清晰，回答正确，重点突出，能运用所学解决实际问题</td><td>资料规整，回答基本正确但欠分析；运用所学解决实际问题能力较差</td><td>资料欠规整，回答不够清楚，但无错误，未能独立完成课题</td><td>资料不全或有错误，自述混乱或有错误</td></tr>
</table>

续表

项目		内容				
		等级A（90—95）	等级B（76—89）	等级C（60—75）	等级D（＜59）	计算方法说明
教师（含医院）指导X_3	毕业实践指导B	指导及时具体，圆满完成毕业实践大纲要求	指导一般化，较好地完成毕业实践大纲要求	疏于业务指导，一般性完成毕业实践大纲要求	简单交给实习单位，未达到毕业实践大纲要求	$X_3=0.6B+0.4T$
	课题答辩指导T	对学生能因材施教，资料批改认真，答辩提问能抓住重点，小结评价中肯	对多数学生指导有力，资料批改不全；答辩提问重点不突出，小结不够中肯	对学生指导一般化，资料批改不认真；答辩提问抓不住重点，小结评价不当	指导不力，错误未纠正，资料批改有遗漏，答辩提问走过场，小结未指出学生主要错误	

说明：

1. 专业培养目标与业务能力要求以学校专业教学计划为评估依据。

2. 专业教学实施计划及毕业实践大纲对毕业环节应有明确要求，如不够恰当将予以扣分。

总权重：$X=0.1X_1+0.6X_2+0.3X_3$

指标条目编号及名称	Z7—4　各项水平测试成绩
内涵及标准	以在校生各项水平测试参试率及合格率进行评估。
测量评等标准	合格率　　　　　　相当合格率 A.　　＞80%　　　相当合格率 = 合格率 × 指定年级学生参试率 B.　　＞70% C.　　＞60% D.　　＜60%
评价计分标准	按合格率或相当合格率定等取中值加权（校内班权重为 0.8，校外班权重为 0.2），计每项分，各项综合平均计条目分。
说明	（1）在校生含校外班学生； （2）指定考试年级学生参试率应为 100%，若不是 100% 时，按相当合格率计算； （3）查两学年，学校自制统计表； （4）如全市水平测试平均合格率低于 60%，则以平均合格率定为 C 等，B 等、A 等，合格率依次提高 10 个百分点； （5）复评时进校抽测修正。

指标条目编号及名称	Z7—5　多种证书取得
内涵及标准	以各类专业中专毕业生取得必备的证书为主要内容进行评价。
测量评等标准	A. 取得证书学生占毕业生总数的 60% 以上； B. 取得证书学生占毕业生总数的 50%—60%； C. 取得证书的学生占毕业生总数的 30%—50%； D. 取得证书的学生占毕业生总数的 10%—30%； ＜10% 时计零分。
评价计分标准	按以上标准评定，取中值计条目分。
说明	1. 证书指与学校专业有关，与社会接轨的各种专业技术证书、等级证书； 2. 统计测评评估前两届毕业生的情况。

指标条目编号及名称	Z7—6　毕业生质量评价
内涵及标准	（1）以对主干专业毕业生跟踪调查情况及用人单位对毕业生评价情况综合评定； （2）以毕业生无违法行为，能胜任本职工作为合格标准。
测量评等标准	按以下标准对毕业生个体定等： A. 曾经受奖或晋升、无违法违纪行为、能胜任工作者。 B. 无违法违纪行为、能胜任工作者。 C. 无违法行为、能胜任工作者。 D. 有违法行为或不能胜任工作者。

续表

评价计分标准	毕业生按个体定等取中值分，综合平均计条目分。
说明	1. 由学校选择一至二个主干专业进行调查，每年一次，专业可更换； 2. 采样方法：由学校选择3—10个用人单位，对近5年内该单位的全部毕业生进行调查，被调查总人数不少于100人，人数达不到要求时，可另选单位补充，但仍应调查该单位近5年内全部毕业生； 3. 用人单位未提供受奖晋升证明的，A等统计无效； 4. 学校平时的跟踪调查，行业、社会的相关调查，可作为复评的重要参考材料； 5. 评估组在学校调查统计的基础上，选择其中部分用人单位抽查核实。

指标条目编号及名称	Z7—7　教学成果与技术成果
内涵及标准	以近10年中获得各级评选奖励的教学成果与技术成果的项数进行评估。
测量评等标准	A. 10项及10项以上； B. 7—9项； C. 4—6项； D. 4项以下。
评价计分标准	评等取中值计条目分。 如成果中无技术成果项目，则取该等下限计条目分。
说明	1. 教学成果与技术成果包括现在校及离退休教职工完成的获奖教研科研项目，通过教研科研解决教学、生产实际问题的项目，被采用的专利项目，经专家评议鉴定的技术服务项目，省（部）级统编或获奖教材，获奖的专著与译著等。 2. 以获得局级三等奖为基准1项，局级二等奖为1.5项，局级一等奖为2项；省（部）级乘以1.5系数，全国级乘以2系数，校级乘以0.1系数。 3. 教学成果与技术成果凡参与者，均可计入项目，但每项多人参与不重复计入。教材、专著与译著以副主编以上者计入，其余参与者按0.2系数计入。

指标条目及名称	Z7—8　体质与健康			
内涵及标准	1. 体质以体锻达标率衡量，体锻达标率（X_1）以及格率、良好率和优秀率之和 $K_1 \geqslant 80\%$ 为合格标准。 2. 健康以发病率、因病休退学和死亡率衡量。发病率（X_2）以 $K_2 \leqslant 5\%$ 为合格标准；因病休学、退学和死亡率（X_3）以 $K_3 \leqslant 2\%$ 为合格标准。			
测量评等标准	A. $K_1 \geqslant 95\%$ $K_2 \leqslant 1\%$ $K_3 \leqslant 0.5\%$	B. $K_1 \geqslant 85\%$ $K_2 \leqslant 3\%$ $K_3 \leqslant 1\%$	C. $K_1 \geqslant 80\%$ $K_2 \leqslant 5\%$ $K_3 \leqslant 2\%$	D. $K_1 < 80\%$ $K_2 > 5\%$ $K_3 > 2\%$

续表

评价计分标准	1. 以 X_1、X_2、X_3 和 K_1、K_2、K_3 定等取中值分。 2. $X=0.6X_1+0.2X_2+0.2X_3$。
说明	（1）体锻达标率以评估的上一学年成绩评定，须经上级体委检测，出具证明作依据。 （2）由学校提供评估的上一学年学生健康状况统计，休学、退学和死亡学生名单及病因。 （3）疾病范围界定为：a. 肝炎　b. 肺结核　c. 心脏病　d. 肾炎　e. 痢疾　f. 食物中毒。 （4）复评时对体锻达标率作必要的抽测。

指标条目编号及名称	Z8—1　机构
内涵及标准	（1）教育研究、督导机构健全。 （2）工作计划和总结齐全，定期检查，工作落实，有成效。
测量评等标准	A.（1）教育研究、督导机构健全； （2）工作计划和总结齐全，定期检查，工作落实，成效显著。 B.（1）教育研究、督导机构健全； （2）工作计划和总结齐全，不定期检查，工作有成效。 C.（1）有机构，但不够健全； （2）工作计划和总结不齐全，研究工作不经常，工作基本落实，成效一般。 D.（1）无机构； （2）工作计划和总结不齐全，工作不够落实，成效较差。
评价计分标准	内涵（1）和内涵（2）分别定性定等取中值分，再综合计条目分。
说明	1. 机构健全，指有专兼职人员3人以上（至少有专职2人），专兼职成员中有高级职称2人以上； 2. 机构不够健全，指只有一名专职人员或兼职人员，且不是高级职称，只组织教研信息交流工作； 3. 无机构，指无专人负责。

指标条目编号及名称	Z8—2　效果
内涵及标准	（1）在教学人员中组织学习教育理论，普及率高，有成效； （2）在全国及省级报纸杂志发表学术性论文人数多，以5%为合格； （3）组织教研活动和信息交流有效果； （4）教研督导工作有特色，有推广的经验。

续表

测量评等标准	内涵 1：A. 在教学人员中组织学习各种教育理论不间断，普及率 100%，成效显著； B. 组织学习各种教育理论有间断，普及率 90%，有收获但不显著； C. 一般性组织学习，不够经常，收获不大； D. 未组织学习。 内涵 2：A. 在全国及省级报纸杂志发表各种学术性论文人数分别占教师总数的 5% 和 10%； B. 分别占 3% 和 8%； C. 无论文在全国刊物上发表，在省级报纸杂志上发表学术性论文人数占教师总数 5%； D. 在省级有发表的占总数比例＜5%。 内涵 3：A. 组织教研活动和信息交流效果显著； B. 有一定效果； C. 效果一般； D. 效果较差。 内涵 4：A. 教研督导工作有特色，有可推广的经验； B. 有成效，有经验； C. 成效不明显； D. 工作开展得不好。
评价计分标准	内涵（1）、（2）、（3）、（4）分别定性定等取中值分，再综合计条目分。
说明	1. 论文含各类研究成果，调研报告等； 2. 论文统计年限为近五年； 3. 教师限专任教师。

奖 励 条 件

项目	内容	加分范围	说明
三名建设	1. 名校长：工作成绩显著，有新思路，不断有新经验总结推广，在地区、行业中知名度高，有一定影响。 2. 名教师：教师中有教学水平、专业技术水平高，在地区、行业中知名度高，成为学科、专业带头人。 3. 名学生：学生中有在国家、地区、行业各种竞赛或工作中获得优异成绩，有一定知名度。	≤ 3 分	根据情况在规定范围内酌情奖励。奖励分计入总成绩。
办学模式	1. 和社会、企事业单位等联合办学，辐射面广，能为社区服务。 2. 积极开展各种培训工作，为社会服务，培训人次多。 3. 市场调查工作有成效，对设置专业和指导就业作用大。 4. 能举办技术含量高、结合专业的校办企业，有良好的社会效益，同时利润稳步上升。 5. 积极探索办学体制的改革，有成效。	≤ 5 分	

北京市教育委员会　北京市人民政府教育督导室关于印发《北京市职业高级中学督导评估工作指导纲要（试行）》的通知

京教督〔1998〕015 号

各区县人民政府，各区县教委（教育局、成教局），各区县政府教育督导室（督学室）：

根据《中华人民共和国职业教育法》关于“县级以上地方各级人民政府应当加强对本行政区域内职业教育工作的领导、统筹协调和督导评估”的规定和根据《北京市实施〈中华人民共和国职业教育法〉办法》关于“市和区县人民政府教育督导机构应当按照有关规定，对职业教育工作进行督导评估”的规定，结合北京市职业高中的实际，制定了《北京市职业高级中学督导评估工作指导纲要（试行）》（以下简称《纲要》），现予以印发，并作如下通知。

一、提高认识，加强领导

《纲要》是我市贯彻落实《中华人民共和国职业教育法》《北京市实施〈中华人民共和国职业教育法〉办法》的一项重要措施，是构建职业教育督导制度的重要内容，是政府加强对职业教育监督、依法治教的重要环节。《纲要》明确了对职业高中实施督导评估以区县负责为主。各区县政府、教育行政部门、教育督导部门和职业高中的领导干部，要努力提高认识，认真组织学习《纲要》，加强对职业高中督导评估工作的领导和管理。区县教育行政部门和教育督导部门要加强合作，把贯彻《纲要》和实施职业高中督导评估工作作为加强职业教育工作、提高职业高中教育质量和办学效益的一项重要工作，采取有力措施，切实加强领导。

二、认真组织实施，完善督导评估制度

《纲要》贯彻了国家和本市关于职业教育工作和督导工作的要求，各区县要在认真学习研究《纲要》的基础上，从实际出发，制订本区县职业高中督导评估方案和指标体系，制订工作计划，组建队伍，充实职教督导力量，搞好培训，认真组织实施，建立适合本区域特点的职业教育督导评估制度。

实施《纲要》要以学校自我评估为基础，建立健全自我评估与督导评估相结合的职业教育督导评估制度。学校每年结合年度工作总结进行一次自我评估，作为学校自我完善、自我调控、自我约束、启动内部活力的管理手段。区县教育督导部门

会同教育行政部门每三年左右对所辖职业高中分别进行一轮综合督导评估。同时要加强对学校进行随访督导和专项督导。

三、认真总结经验

职业高中督导评估工作处于起步阶段，各区县在实施《纲要》和构建职业高中督导评估制度的过程中，要注意总结经验，研究解决存在的问题，反复实践，不断提出改进意见和建议，以求不断提高督导评估的实效性，并及时向市教委、市政府教育督导室报告。

1998 年 8 月 18 日

北京市职业高级中学督导评估工作指导纲要（试行）

《北京市职业高级中学督导评估工作指导纲要（试行）》（以下简称《纲要》），以《中华人民共和国教育法》《中华人民共和国教师法》《中华人民共和国职业教育法》《北京市实施〈中华人民共和国职业教育法〉办法》等教育法律法规为依据，强化依法治教，构建北京市职业高级中学（以下简称职业高中）督导评估制度，提高学校管理水平，提高教育质量和办学效益，推进职业高中改革与发展，进一步适应首都经济和社会发展的需要。

本《纲要》适用于本市各类职业高中（含区县办的招收初中毕业生的成人中专）。

一、督导评估的内容

（一）办学方向

1. 坚持职业教育为当地社会经济发展和劳动就业服务的办学方向，根据市区县经济、社会发展规划和劳动力市场需要办学，开设与之相适应的专业。

2. 有依据市区县经济、社会发展规划制定的近期和五年规划，有较长远的办学目标。

3. 制定有明确的专业培养目标和符合专业要求的学生素质标准。培养目标和素质标准对培养人才层次或所属职业岗位群的要求明确具体。

4. 所设专业中有 1—2 个相对稳定的骨干专业，并建立有专业设置调整和转换的机制。

5. 有明确的办学思路和主张，办学有特色、有活力，突出职教特点，办学形式灵活多样，坚持产教结合、校企结合，与社会行业结合。

6. 学校依法治教，贯彻落实国家政策和法律法规。

（二）办学条件

1. 领导班子

（1）学校实行校长负责制，党支部充分发挥政治核心作用。

（2）领导班子坚持学习邓小平理论，政治思想素质好，具有现代的教育思想和教育观念，业务能力强，有社会活动能力和政策水平，决策科学，不断改革进取。运用现代化管理手段对学校实施管理。

（3）领导班子年龄结构、学科结构合理。

（4）干部团结合作，工作协调，公正廉洁，职责分明，办事效率高。

（5）领导班子能充分发挥教代会、工会的作用。

2. 师资队伍

（1）学校实行教师聘任制和岗位责任制。

（2）教师队伍学历达标，年龄结构、职称结构、学科结构合理。

（3）教师坚持学习邓小平理论，热爱职教事业，有先进的教育思想和良好的师德，教书育人，刻苦钻研业务，熟悉学校所办专业教育教学要求，胜任所教课程，努力进行教育教学改革，积极应用现代化教育手段，提高教学实效。

（4）教师培训计划和措施具体明确，坚持按《北京市专业技术人员继续教育规定》要求对教师进行继续教育。

（5）建立健全教职工政治和业务学习、质量业绩考核奖惩及管理制度。

3. 实习场地、专业教室及实验设备

（1）学校有与专业相匹配的专业教室、实习场地，有适应专业教学和技能训练的设备和工位，且数量、质量满足要求。

（2）学校实验室在数量和质量上能满足教学要求，利用率较高，仪器和设备完好。有专用的电化教室、语音室和计算机房，学校教学手段的现代化程度不断提高。

（3）对学校实验设备及实习场地建立严格的管理制度，不断提高设备使用率。

4. 学校有必要的体育设施、器材和场地，开展有专业特点的体育工作。有医务室、专职医务人员、必要的医疗卫生设备及药品。

5. 学校有图书馆、师生阅览室、资料室，所收藏图书和报刊的数量达到标准，其专业的藏书和报刊的种类所占比例不断扩大。

6. 教育经费

（1）学校教育经费来源稳定，学生年均经费不断提高。

（2）经费管理制度健全，经费使用科学合理，注重效益。

（3）校办产业稳定，生产经营正常运转，固定资产总值不断增加，经济效益逐步提高。

（三）教育教学

1. 学校德育工作

（1）学校要制订具有职业教育特点的德育工作大纲和计划，突出职业道德教育，有严格的学生管理制度。

（2）学校德育工作形成网络，分工负责，教育成效显著。

（3）教职工坚持教书育人、管理育人、服务育人，把德育渗透在课堂教学和各项活动之中。

（4）培养学生有良好的思想品德和行为规范，有健康的心理素质和审美能力。

（5）学生犯罪率不超过规定标准。

2. 学校教学工作

（1）学校各专业均有经行业专家论证或认可并经市、区县教育行政部门批准的教学计划和教学大纲，并能不断完善相应的课程标准和设备配备标准。

（2）严格实施教学计划，学校政治课、文化课、专业课、技能课及实习课的比例按有关规定开齐、开足、开好。

（3）按照课程计划和教学大纲精心选编教材，具有科学性和一定的稳定性。专业课内容要随市场经济和科技发展不断补充与更新。

（4）建立学校教学常规管理和听课制度。

（5）严格学生成绩考核制度与学籍管理制度。

3. 教学实习

严格按教学实习大纲组织学生实习，实习目标明确，计划具体，实习管理和考核严格。

4. 教育科研

（1）学校有教育科研规划，有课题立项，组织落实，充分发挥教研组（专业组等）的教科研功能。

（2）每学年学校有论文报告会和教改经验交流，有教育科研成果的总结，并在不同范围内交流发表或推广。

5. 校园文化

（1）校园整洁、绿化、美化，有良好的育人环境和职业氛围。

（2）学校有良好的学风、教风和校风。

（四）办学质量与效益

1. 学校规模（人数、专业）及师生比符合学校所属类别要求。

2. 学生体育达标率、毕业学生的专业取证率，毕业生合格率及就业率符合规定标准。

3. 用人单位对毕业生反馈评价及学校在社会上的形象与声誉良好。

4. 办学有特色，学校辐射功能大，办学综合实力强，对区域经济发展有贡献。

二、督导评估工作的原则和重点

对职业高中实施督导评估应着眼于导，立足于调动学校的积极性，促进学校自我完善、自我约束、自我激励，不断提高。坚持自我评估与督导评估相结合、以自我评估为主的原则；坚持横向比较与纵向比较相结合、以纵向比较为主的原则；坚持定性分析与定量分析相结合、以定性分析为主的原则；坚持过程评估与结果评估相结合，注重评估结果的处理，坚持统一性与灵活性相结合的原则。

督导评估工作应以学校办学方向、两支队伍建设、学校管理、教育质量和效益为重点。

三、督导评估工作要求

（一）加强领导，建立健全督导机构

根据《中华人民共和国职业教育法》关于“县级以上地方各级人民政府应当加强对本行政区域内职业教育工作的领导，统筹协调和督导评估”和《北京市实施〈中华人民共和国职业教育法〉办法》第七条“市和区、县人民政府教育督导机构应当按照有关规定，对职业教育工作进行督导评估”的有关规定及要求，各区县人民政府、教育行政部门、教育督导部门应加强对职业高中督导评估工作的领导和管理。建立健全职业高中督导评估机构，充实督导力量，建立适合本区域职业高中特点的督导评估制度，构建全面科学督导评估学校的运行机制。同时，在实施《纲要》的过程中，要为职业高中创设良好的环境和条件，加强科学管理，全面贯彻教育方针，全面提高职业高中质量、办学效益，全面提高职业高中学生素质，努力办好每所学校。

（二）制定切合本区县实际的督导评估方案、指标体系并组织实施

对职业高中实施督导评估以区县督导室负责为主，并根据《纲要》结合本地区职业高中实际制定评估方案和指标体系。骨干、示范职业高中督导评估指标体系，按《北京市职业高级中学骨干校评选标准》《北京市职业高级中学示范校评选标准》执行，示范成人中专按《北京市成人中等专业学校示范校评估指标体系》执行。

在对职业高中实施督导评估的工作中，区县督导室应帮助学校建立健全自我评估制度，提高自我评估质量。在对学校进行督导评估的过程中，立足于导，立足于总结经验、研究问题、改进工作，推进职业高中的改革与发展。

为避免重复评估，减轻学校负担，对学校进行综合督导评估，要坚持教育督导部门与教育行政部门相结合，做到统一认识、统一方案、统一领导、统一组织和实施。对骨干、示范校进行综合督导评估，要坚持市和区县统筹协调。

对职业高中综合督导评估的周期，一般三年左右为一轮。区县教育督导室应根据本区县职业高中的实际情况，制定年度职业高中综合督导工作计划并报送市政府教育督导室。

（三）建立健全自我评估和督导评估相结合的学校评估制度

学校依据区县制定的实施方案每学年进行一次自我评估。区县政府教育督导室（督学室）会同区县教委（教育局），依据评估指标体系或重点工作，对学校有计划地进行督导评估。区县督导室还应加强对学校随访督导、专项督导。

（四）对学校督导评估应有利于学校改革发展，办出特色

对学校进行督导评估，应突出对学校制定的办学方向、办学目标和规划，计划的方向性、科学性、可行性及在实施过程中的调控、反馈及目标达到的程度进行评估，对学校管理过程不宜提出划一要求，以促使学校教育教学改革和办出特色。

鉴于职业高中各校办学基础、政府投入差异较大，对学校的办学条件的评估结果除向政府、教育行政部门提出建议外，要着重对学校自身积极创造条件、改善办学条件的评估，肯定学校的主观努力程度，调动各级各类学校办学的积极性。

（五）运用评估结果，建立激励机制

市、区县教育督导室应将督导评估结果及时提供给政府或教育行政部门。市、区县有关部门要充分运用督导评估结果，把它们作为表彰奖励学校、考评校长政绩的依据，作为评审骨干示范校的依据，作为教育行政部门考查审批（年审）学校的依据，作为领导决策的依据。

（六）认真总结经验

职业高中督导评估工作是一项新的工作，各区县在实施《纲要》和构建职业高中督导评估机制的过程中，要注意总结经验，研究和解决存在的问题，反复实践，不断提出改进意见和建议并及时向市教委、市政府教育督导室报告。

附件：

北京市职业高级中学督导评估工作程序

一、职业高中学校自评工作程序

职业高中学校自我评估是学校实施科学管理、进行自我完善的重要环节和手段，也是市、区县政府教育督导室（督学室），市、区县教委（教育局）对学校进行督导评估的重要基础。

实施自我评估是以学校领导为主体，紧密结合学校日常工作，进行自我调控的动态过程，要在校长领导下，成立学校自评领导小组，按照一定评价程序，做到评估过程与工作过程相结合。具体工作的程序为：

（一）每学年初，学校根据区县制定的实施方案、指标体系，结合学校工作，将指标分解、落实到有关部门及个人，先进行诊断性评估，分析现状，以此作为评估的基础。工作过程中对照评估指标和要素，进行形成性评估，及时调整，改进工作。

（二）每学年末，结合学校工作总结，在平时形成性评估基础上，采取领导、骨干和群众相结合，进行终结性评估，作出综合判断。填写各种有关表格，写出自评报告，肯定成绩，找出问题，提出改进意见，并作为下一学年确定工作目标和工作计划的重要依据。

（三）召开教代会或教职工大会讨论审定自评报告和评估量表。

（四）向区县政府教育督导室（督学室）、区县教委（教育局）上报自评报告及评估表格。

二、综合督导评估工作程序

（一）准备阶段

1. 制定督导工作计划，确定督导评估指标。

督导室要根据督导工作的目的要求与被督导学校的类型，按照本区县评估方案和指标体系确定工作计划，准备配套操作材料（如问卷、测评卷、评估表格等），安排督导工作日程。构划具体步骤及督导队伍构成，确定责任督学。

2. 提前两个月给被督导学校下达督导通知，附送督导评估指标及需要学校提供的资料清单。

3. 被督导学校接到督导通知书后，按要求认真做好自评报告，如实准备资料。

4. 责任督学要指导被督导学校搞好自评工作。在督导的前一周，学校完成自评报告并报送督导室。

5. 组织督导队伍、培训督导人员。

督导队伍主要由专、兼职督学和有关专家组成。其中必须有与被督导学校的专业设置和学校特点相应的特约督导员、行业专家或联合办学单位、用人单位代表。

督导队伍组成后应组织培训，统一思想，学习有关法规，熟悉学校自评报告及有关资料，确定操作步骤，进行人员分工，要求每位督导人员事前对被督导学校有较全面了解，明确各自的分工职责。

6. 责任督学与被督导学校共同制定督导过程的具体安排，明确落实督导人员每天的工作内容、时间、地点、住宿、交通等问题。

（二）实施阶段

自进入被督导学校之日至督导组撤离之日为实施阶段。

1. 广泛接触师生，深入调查，搜集各方信息

督导人员按分工，通过听取汇报、查阅资料、召开座谈会、个别访谈、听课、问卷、测试、观察、参加学校活动等方法进行调查，搜集信息并通过区县教育行政部门、社区及毕业生用人单位、家长、学生了解对学校的评价。

2. 汇总信息，全面分析，综合评估

根据人员分工，按指标要求归纳信息统计数据，分析情况，肯定成绩，总结经验及学校办学特色，提出问题及建议，写成书面专题报告。

责任督学听取各专题小组报告、组织督导人员进行综合分析，对学校整体办学水平进行评估。

（三）结果处理阶段

1. 形成督导报告。责任督学根据督导组意见，拟写报告初稿，口头征求有关方面及被督导学校领导意见，再经督导组讨论修改定稿，分送有关领导、教育行政部门及被督导学校。

2. 被督导学校及时研究督导报告，根据督导报告对学校提出的问题与建议，在一个月内写出整改报告并报送督导室。督导室半年或一年后进行复查，检查改进情况，作出补充评估。

3. 督导组对督导中发现的典型经验及带有倾向性的问题，发现违反法规的事件及时用“专题报告”等形式向有关领导及部门进行汇报，并提出建议。

4. 教育督导室内部总结督导工作，整理督导资料，做好归档工作。

5. 根据督导情况可适时地组织经验交流、现场会等。

三、专项督导与随访督导

对于涉及职业高中教育改革与发展的重大问题、教育难点与热点问题，一个时期带有倾向性的教育课题或工作重点，开展专项督导和随访督导。可参照综合督导程序，组织开展工作。

北京市教育督导规定

北京市人民政府令第 21 号

《北京市教育督导规定》已经 1998 年 12 月 24 日市人民政府第 12 次常务会议通过，现予发布，自 1999 年 3 月 1 日起施行。

市长　贾庆林

1999 年 1 月 14 日

北京市教育督导规定

第一章　总　　则

第一条　为加强对教育的行政监督，促进和保障教育法律、法规、方针、政策的贯彻执行和教育目标的实现，根据《中华人民共和国教育法》第二十四条的规定，结合本市实际情况，制定本规定。

第二条　教育督导是政府依法对本辖区内的教育工作进行监督、检查、评估、督导。

教育督导的范围是本市行政区域内的中等及中等以下各级各类教育及其有关工作。

教育督导的对象包括：下级人民政府及其教育行政部门；本级人民政府的有关部门；中等及中等以下各级各类学校。

第三条　教育督导必须以有关教育的法律、法规、规章和方针、政策为依据，坚持实事求是、客观公正，实行督导、评估与指导工作相结合。

第二章　教育督导机构、督学及职责

第四条　教育督导室是政府行使教育督导职能的专门机构。市和区、县人民政府应当设立教育督导室，代表本级人民政府主管本行政区域内的教育督导工作，并接受上级教育督导机构的指导。

教育督导室主任、副主任由本级人民政府任免。

第五条　市人民政府教育督导室履行下列职责：

（一）统筹规划、组织实施全市的教育督导工作，指导区、县开展教育督导工作；

（二）对本市贯彻执行有关教育的法律、法规、规章和方针、政策的情况实施

督导；

（三）对有关的市级行政部门和区、县人民政府及其教育行政部门领导、管理教育工作的情况实施督导；

（四）依据分工对中等及中等以下各级各类学校的办学方向、教育质量实施督导；

（五）对区、县教育督导室的工作进行指导；

（六）会同教育行政部门组织协调全市教育评估工作；

（七）对教育工作中的重大问题进行调查研究，向市人民政府及其教育行政部门报告和反映情况，提出建议；

（八）培训市和区、县督学；

（九）组织信息交流，开展教育督导的科学研究；

（十）履行市人民政府授予的其他职责。

第六条　区、县人民政府教育督导室履行下列职责：

（一）组织实施本区、县的教育督导工作；

（二）对本区、县贯彻执行有关教育的法律、法规、规章和方针、政策的情况实施督导；

（三）对本区、县有关行政部门、乡镇人民政府领导、管理教育工作的情况实施督导；

（四）依据分工对中等及中等以下各级各类学校的办学方向、教育质量实施督导；

（五）会同教育行政部门组织协调本区、县教育评估工作；

（六）对本区、县教育工作中的重大问题进行调查研究，向区、县人民政府及其教育行政部门报告和反映情况，提出建议；

（七）组织督学进修，开展教育督导的科学研究；

（八）履行区、县人民政府授予的其他职责。

第七条　督学是执行教育督导公务的人员，必须具备下列基本条件：

（一）坚持党的基本路线，热爱社会主义教育事业；

（二）熟悉国家有关教育的法律、法规、方针、政策，有较高的政策水平；

（三）具有大学本科学历或者同等学力，有 7 年以上从事中等或者中等以下教育工作的经历，有教育、教学和管理经验，有相应的工作能力；

（四）遵纪守法，品行端正，实事求是，坚持原则，作风正派，办事公道；

（五）身体健康。

第八条　教育督导室设专职督学，并可根据工作需要，聘任兼职督学。

市和区、县人民政府聘任的特约教育督导员，参加市和区、县的教育督导工作。

兼职督学和特约教育督导员具有与专职督学同等的职权。

第九条　专职督学的任免按照有关行政机关人事管理权限和程序办理。

督学由本级人民政府颁发督学证书。

第十条　督学应当认真履行职责。本级人民政府及其教育行政部门应当为督学开展工作提供条件。

第十一条　督学应当接受政治理论、教育法律法规和教育管理、教育督导、教育评估等方面的培训。

第三章　教育督导的实施

第十二条　教育督导的基本形式为综合督导、专项督导和经常性检查。

第十三条　综合督导和专项督导应当按照下列程序实施：

（一）向被督导单位下达督导方案或者督导提纲，并发出《督导通知书》；

（二）指导被督导单位进行自查自评；

（三）对被督导单位进行督导检查或者督导评估；

（四）向被督导单位通报督导结果，提出督导意见，并下达《督导结果通知书》。

第十四条　教育督导室和督学，有权采取下列方式对被督导单位进行督导：

（一）听取情况汇报；

（二）查阅有关文件、档案、资料；

（三）参加有关会议和教育、教学活动；

（四）召开有关人员参加的座谈会，进行个别访问、调查问卷、测试；

（五）现场调查。

第十五条　教育督导室和督学在督导活动中依法行使下列职权：

（一）对被督导单位及其主要领导干部的工作提出奖惩建议；

（二）对被督导单位违反国家有关教育法律、法规、方针、政策的行为提出处理建议；

（三）发现危及师生人身安全，侵犯师生合法权益，扰乱正常教学秩序等紧急情况，责成主管单位予以制止，并提出处理建议；

（四）直接向本级人民政府和上级人民政府及其教育行政部门、教育督导机构反映情况。

第十六条　被督导单位应当按照督导要求，进行自查自评，应当配合教育督导室和督学开展督导工作，对督导意见应当采取相应的改进措施，并按照规定将改进工作的情况书面报告教育督导室。

被督导单位对督导意见有异议的，可以在收到《督导结果通知书》15 日内向发出《督导结果通知书》的教育督导室申请复查。教育督导室应当在 30 日内作出复查结论，并下达《督导复查结果通知书》。

第十七条　教育督导室应当定期向本级人民政府及其教育行政部门和上级教育督导机构报告督导情况，提出改进教育工作的意见和建议。

第十八条　教育督导室应当建立督导结果的通报制度。经本级人民政府同意，督导结果可以向社会公布。

第十九条　督学与被督导单位有利害关系或者其他关系，可能影响教育督导工作正常进行的，应当回避。

第四章　法 律 责 任

第二十条　被督导单位及有关人员有下列情形之一的，由其主管部门对该单位给予通报批评，并可对直接责任人和单位负责人给予相应的行政处分；构成犯罪的，依法追究刑事责任：

（一）拒绝向教育督导室和督学提供有关情况和文件、资料的；

（二）阻挠有关人员向教育督导室和督学反映情况的；

（三）对教育督导室提出的督导意见，拒不采取改进措施的；

（四）弄虚作假、蒙骗教育督导室和督学的；

（五）打击、报复督学或者向教育督导室和督学反映情况的人员的；

（六）其他影响督导工作的情形。

第二十一条　督学有下列情况之一的，由其所在单位给予批评教育或者行政处分；情节严重的，由本级人民政府撤销其督学职务；

（一）因渎职贻误工作的；

（二）利用职权谋取私利的；

（三）利用职权包庇或者打击报复他人，侵害他人合法权益的；

（四）其他滥用职权的。

第五章　附　　则

第二十二条　本规定所称中等及中等以下各级各类学校，是指幼儿园、普通中小学、职业高级中学、中等专业学校、技工学校、中等及中等以下成人学校和社会力量举办的学校及其他教育机构。

第二十三条　本规定执行中的具体问题，由市教育行政部门负责解释。

第二十四条　本规定自 1999 年 3 月 1 日起施行。

北京市教育督导结果通报制度

京督导〔2002〕13 号

为加强市、区县政府对教育工作的行政监督、社会监督和舆论监督，促进和保障教育法律、法规、方针、政策的贯彻执行和素质教育的全面实施，推进教育的改革与发展，市、区县人民政府教育督导室分别建立教育督导结果通报制度。

一、通报的主要内容

1. 本级人民政府的有关部门和下级人民政府贯彻有关教育法律、法规、方针、政策执行情况的督导结果；

2. 本级人民政府的有关部门和下级人民政府及其教育行政部门领导管理教育工作，全面实施素质教育情况的综合督导或专项督导结果；

3. 本市高标准、高质量九年义务教育实施情况的监测结果；

4. 中等及中等以下各级各类学校全面实施素质教育，提高教育质量和办学效益情况的综合督导或专项督导结果；

5. 市、区县教育工作重大问题的督导调研结果。

二、通报的方式

1. 在市、区县教育工作会议上通报。

2. 在本级人民政府及其教育行政部门召开的办公会议上通报。

3. 市、区县教育督导室编制印发《教育督导通报》，向本级人民政府及其有关部门、下级人民政府及其有关部门和教育系统通报。

4. 根据需要，经本级人民政府同意，通过新闻媒体和网络向社会通报。

三、本制度从 2002 年起实施。

2002 年 7 月 11 日

北京市人民政府办公厅转发市政府教育督导室《关于加强和改进教育督导工作的意见》的通知

京政办发〔2002〕39 号

各区、县人民政府，市政府各委、办、局，各市属机构：

市政府教育督导室《关于加强和改进教育督导工作的意见》已经市政府同意，现转发给你们，请认真贯彻执行。

2002 年 8 月 15 日

关于加强和改进教育督导工作的意见

（市政府教育督导室　2002 年 8 月 1 日）

教育督导是《中华人民共和国教育法》规定的教育基本制度之一，是现代教育行政管理中不可缺少、不可替代的行政监督系统，是实行依法治教、落实科教兴国战略、全面实施素质教育、实现首都教育现代化的保障机制。为进一步加强和改进本市教育督导工作，健全教育督导机构，完善教育督导制度，保障首都教育事业改革与发展，全面实施素质教育，提出以下意见。

一、指导思想和工作思路

今后一个时期本市教育督导工作的指导思想和工作思路是：以邓小平理论和“三个代表”重要思想为指针，认真贯彻《中共中央国务院关于深化教育改革全面推进素质教育的决定》和《国务院关于基础教育改革与发展的决定》，按照《北京市教育督导规定》，进一步完善教育督导体制，加强教育督导队伍建设，健全对政府、教育行政部门和中等及中等以下各类学校全面实施素质教育的督导与评价制度，督促政府及有关部门认真执行教育法律法规和履行教育工作的职责，以九年义务教育均衡发展为重点，推动基础教育高标准高质量适度超前发展、职业教育和成人教育持续健康发展，保障和促进素质教育全面实施，进一步完善具有中国特色和首都特点的教育督导制度，不断开创教育督导工作的新局面。

二、进一步完善教育督导管理体制

教育督导室是政府行使教育督导职能的专门机构，在本级政府领导下开展教育督导工作。其人事、财务、装备等工作由本级教育行政部门代管。有关督导工作事项由督导室主任办公会议或全体会议决定，并向教育行政部门通报。

本级政府研究教育工作的重要会议和教育行政部门召开的有关教育工作的会议应有教育督导室主要负责人参加。督学应参加有关教育工作的会议。

教育督导室人员编制、领导职数在市、区县教育行政部门内单列。根据工作需要，可内设处（科）室机构。

三、坚持督政与督学相结合的教育督导制度

（一）坚持督政为重。建立健全下级政府及其教育行政部门和本级政府有关部门执行教育法律法规、履行教育工作职责的目标责任制度。坚持教育执法检查制度，切实解决教育执法中存在的问题。市政府教育督导室要依据全面实施素质教育的评价方案，分别对区县政府和区县教育行政部门开展综合督导评价，建立全市义务教育实施情况监测制度，定期发布监测结果报告。

（二）坚持督学为本。进一步完善自我评价和督导评价相结合的学校评价制度。按市、区县督导工作分工，依据对中等及中等以下各类学校实施素质教育的评价方案进行综合督导评价，积极研究和开展发展性评价，努力构建促进学校发展的新型评价模式。

（三）加强调查研究、专项督导和随访检查。针对教育改革和发展中的热点、难点问题开展调研，为政府及教育行政部门的决策提供依据；围绕教育工作的重大问题和薄弱环节，加强专项督导，提高教育督导工作的针对性和实效性。同时，加强经常性随访检查，总结、推广先进经验，及时发现、纠正各种不良倾向。

（四）加强对教育评价工作的统筹协调。由市、区县教育督导室牵头，会同教育行政部门及有关部门，建立教育评价工作协调小组，定期研究和统筹协调安排市、区县教育评价工作。

四、构建教育督导的激励和制约机制

（一）建立市、区县两级教育督导结果通报制度。教育督导室应当依据教育督导结果编制督导通报，经本级政府同意，督导结果可以向社会公布。对九年义务教育和中等职业教育情况实施计算机网上监测。

（二）建立表彰奖励制度。对执行教育法律法规、履行教育工作职责卓有成效的市政府有关部门和实施素质教育工作成绩突出的地区、单位和个人，分别由市教育法律法规检查工作领导小组和各级教育行政部门、教育督导部门予以表彰奖励。

（三）建立问题处理与反馈制度。教育督导部门对在督导与评价中发现的危及师生人身安全、侵犯师生合法权益、扰乱正常教学秩序等紧急情况，应立即责成主管

单位予以制止，并提出处理建议。对发现的其他违规违章问题，应责成被督导单位限期改正，对经复查仍未改正的，向其主管部门提出处理建议，主管部门应认真研究教育督导部门的处理建议并及时反馈处理结果。

五、加强督导队伍建设

（一）建设一支数量和结构合理、素质较高、管理型与专家型相结合的专兼职督学队伍。督学要坚持党的基本路线，努力实践“三个代表”重要思想，具有较高的政策理论水平和较强的创新意识，具有与履行教育督导职责相适应的工作能力和业务能力，能遵纪守法、坚持原则、实事求是、作风正派。

（二）进一步完善督学聘任制度。专职督学由市、区县政府教育督导室依据督学任职条件遴选、推荐，按照人事管理权限和程序任免，由本级政府颁发督学证书。逐步推行督学招聘制度，通过公平竞争、择优选聘，吸收有志于教育督导工作的优秀人才充实专职督学队伍。

充分发挥兼职督学的督导作用。可聘请在职或退休的有关行政领导、资深教育科研工作者、有一定名望的校长和教师及行业专家担任兼职督学。

进一步发挥特约教育督导员对教育工作的监督、指导作用。

（三）不断提高督学的素质。坚持督学学习制度，结合督导实践组织开展理论研究及业务研讨活动。加强督学培训工作，未参加岗位培训的专职督学要分期分批接受培训，有关部门要为督学参加考察和培训提供条件。

六、加强领导，保障教育督导经费投入

各区县政府要将教育督导工作列入政府议事日程，采取有力措施，进一步加强和改进教育督导工作。政府主管领导要定期听取教育督导工作汇报，指导教育督导室开展工作。要保证教育督导工作经费需要，市、区县教育行政部门在每年经费预算中要单列教育督导专项经费。

北京市人民政府办公厅

北京市人民政府教育督导室关于对流动儿童少年实施义务教育工作进行专项督导检查的通知

京督导〔2003〕9号

各区县人民政府：

为落实“三个代表”重要思想，推动我市对流动儿童少年实施义务教育工作的健康发展，我室定于9月份依据市政府办公厅转发市教委《北京市对流动人口中适龄儿童少年实施义务教育的暂行办法》（京政办发〔2002〕19号）和市教委、市民政局、市公安局、市政府教育督导室《关于贯彻落实〈北京市对流动人口中适龄儿童少年实施义务教育暂行办法〉的通知》（京教基〔2002〕31号）的有关要求，对各区县实施流动儿童少年接受义务教育工作进行一次专项督导检查。现将有关事项通知如下：

一、督导检查内容

（一）区县教委将流动儿童少年就学纳入教育工作计划、为流动儿童少年就学创造条件、努力保证本行政区域内符合规定的流动儿童少年就近进入中小学接受义务教育的情况；

（二）区县教委根据本市规定对社会力量举办的专门招收流动儿童少年就学的学校加强管理的情况（含整顿情况）；

（三）街道办事处和乡镇人民政府按照规定做好本辖区内流动儿童少年接受义务教育有关工作的情况（包括责成携有流动儿童少年的流动人口将户籍所在地有监护条件的流动儿童少年送回去接受义务教育和对户籍所在地确无监护条件的流动儿童少年办理在本市借读手续的情况）；

（四）区县公安分局配合教育行政部门做好对社会力量举办的专门招收流动儿童少年就学的学校进行整顿的工作情况及加强对接收流动儿童少年就学的中小学校治安管理的情况；

（五）公办中小学校对所接收的流动儿童少年借读生按规定进行管理的情况。

二、督导检查方式及要求

（一）各区县依据督导检查内容撰写一份汇报材料（也可由相关部门分别撰写成若干份材料），说明对流动儿童少年实施义务教育有关工作的做法、经验、存在问题、今后设想及对市里的建议，同时填写有关报表，报送市政府教育督导室。

（二）市政府教育督导室抽查朝阳、海淀、丰台、石景山、大兴、昌平等6个区。

（三）对被抽查的区，在抽查当天，市检查组首先听取区教委、区街道工作办公室、区民政局、区公安局的简要汇报，然后到流动人口较多的一个街道或乡镇及一所接收流动儿童少年借读生较多的小学进行检查（被检查的街道、乡镇、小学由区里确定）。

在街道或乡镇检查，首先听取有关负责同志的汇报，然后查看辖区内1—2所社会力量举办的专门接收流动儿童少年就学的学校。

在学校检查，先听取校长的汇报，然后查看《借读生登记表》等。

（四）被抽查区的汇报材料和有关报表在汇报结束后交给市督导检查组，其他区县的汇报材料和有关报表于9月25日前寄（送）至市政府教育督导室。

（五）为便于工作，请各区政府办公室将本区负责本次专项督导检查组织工作的部门（单位）于9月19日前告知市政府教育督导室。

三、抽查工作的日程安排

9月23日	朝阳区、石景山区
9月24日	海淀区、昌平区
9月25日	丰台区、大兴区

抽查当天的安排

9：00—10：00	听取区政府相关部门的汇报
10：00—15：30	到街道、乡镇、学校检查

北京市人民政府教育督导室

2003年9月1日

北京市人民政府教育督导室关于对加强中小学体育工作确保学生每天一小时体育活动情况进行专项督导检查的通知

京督导〔2006〕16号

各区县教委：

为了全面贯彻国家的教育方针，全面推进素质教育，促进学生全面发展，市政府教育督导室与市教育委员会将组成联合专项督导组对区县落实《北京市教育委员会关于加强中小学体育工作确保学生每天一小时体育活动的通知》（京教体美〔2006〕9号）情况进行专项督导检查。现将有关事项通知如下：

一、检查的主要内容

（一）加强学校管理，采取有效措施保证学校开齐开足体育课时情况；

（二）严格执行北京市义务教育课程设置周课时安排，控制周课时总量，不随便增减课时情况；

（三）采取有效措施，确保学生每天有一小时以上的体育活动时间（每天一小时体育活动包括体育课、早操或课间操、课外体育活动）。

二、检查时间及检查方式

（一）检查时间为2006年10月中旬；

（二）检查方式

1. 各区县围绕市检查的主要内容进行自查，10月8日以前将自查报告（一式10份，A4纸、仿宋体3号字）送市政府教育督导室；

2. 市检查组重点抽查部分区县，听取区县工作汇报并抽查区县内部分学校（抽查区县及时间另行通知）。

三、工作要求

（一）请各区县以市督导检查为契机，进一步推进有关工作的落实；

（二）认真做好自查和市督导检查的组织安排工作，按要求报送区县自查报告，并将在加强中小学体育工作确保学生每天一小时体育活动工作中遇到的主要困难和问题写入自查报告，反映给我们。

2006年6月25日

北京市人民政府办公厅转发市教委等部门《关于进一步加强和改进教育督导和教育评价工作的若干意见》的通知

京政办发〔2007〕37号

各区、县人民政府，市政府各委、办、局，各市属机构：

市教委、市政府教育督导室《关于进一步加强和改进教育督导和教育评价工作的若干意见》已经市政府同意，现转发给你们，请结合实际认真贯彻执行。

北京市人民政府办公厅

2007年5月25日

关于进一步加强和改进教育督导和教育评价工作的若干意见

为进一步加强和改进教育督导和教育评价工作，保障首都教育事业改革与发展，全面实施素质教育，现提出以下意见。

一、指导思想与工作目标

教育督导和教育评价工作要以邓小平理论和“三个代表”重要思想为指导，全面落实科学发展观，充分发挥教育督导的监督、指导作用和教育评价的导向、调控作用，完善体制机制，加强队伍建设，健全工作制度，创新工作模式，基本建立起能适应首都现代化需要，具有时代特征、首都特色，与教育决策、执行相协调的现代教育督导体系和教育评价体系，保障素质教育全面实施，促进教育水平和教育质量提高，推动首都教育改革与发展，不断开创教育督导和教育评价工作的新局面。

二、切实加强和改进教育督导工作

（一）教育督导工作要坚持督政与督学并重、监督与指导并重、督导与服务并重的原则。督促各级政府及有关部门认真执行教育法律法规，履行承担的教育工作责任，推进义务教育均衡发展，促进其他各类教育协调健康发展；督促和指导各级各类学校全面贯彻教育方针，全面实施素质教育，依法治校，提高教育教学质量和办学水平。

（二）健全教育督导检查制度。每年组织一次对本级政府有关部门、下级政府及其有关部门执行教育法律法规情况和贯彻市委、市政府教育决策情况督导检查；各级政府每届组织一次对下级政府教育工作综合督导评价。各区县政府要做好每年一次自评工作，有关部门要配合教育督导部门的执法检查和专项督导。每年自评报告应

于次年4月底前报市政府教育督导室。

（三）积极开展对基础教育的督导工作。每3—4年对基础教育学校进行一次全面实施素质教育、提高教育教学质量情况的综合督导评价工作；定期开展学校德育、体育、教师队伍建设等专项督导。市及区县教育行政、教育督导部门要联合建立全市基础教育（含学前教育）实施水平、义务教育均衡发展和教育教学质量监测系统，定期进行监测，提出督导报告。

（四）进一步做好对职业教育的督导评价工作。制定各类职业学校和培训机构评价指标体系，把学生的职业道德和职业能力作为评价职业学校教育教学质量的重要指标，每4年对职业学校实施一次综合督导评价工作。市属市管中等职业学校评价工作由市教育督导部门牵头会同市有关部门负责；区（县）属区（县）管职业学校评价工作由市和区县教育督导部门负责。市教育督导部门要会同有关部门，积极探索高等职业学校培养质量和办学水平督导评价工作方式。

（五）认真研究制定并组织实施对各类学习型组织、学习型社区和校外教育机构的督导方案。建立和完善社会教育管理体制和运行机制，营造全民、全方位、终身学习的条件和氛围，持续提高各类劳动者的综合素质和职业能力，提高全体市民科学素质和文化素质，推进学习型社会建设。

（六）切实加强对各类民办学校的督导工作。要制定相应的监督检查标准和工作程序，引导民办学校依法办学，注重办学质量，规范办学行为，提高办学水平。对民办高等学校要委派督导专员，对其他民办教育机构要加强检查和指导。

（七）加强调查研究和教育督导理论建设。要针对教育改革和发展中的重大问题和社会关注的热点、难点问题，开展调查研究工作。要准确及时调查了解人民群众对教育工作的反映和评价，向本级政府和有关部门报告或通报情况，为政府及教育行政部门的决策提供依据。认真学习和借鉴国内外教育督导的理论研究成果和实践经验，推进理论创新，指导实践工作。积极推进教育督导和教育评价的地方立法调研工作，抓紧起草《北京市教育督导条例》。

三、认真做好教育评价的改革创新工作

（一）坚持用科学发展观指导教育评价改革创新全过程。要树立以人为本、全面发展的观念，把社会主义荣辱观引入教育评价体系，确立科学的人才观、质量观和评价观；建立健全科学可行的教育评价管理制度，统筹各级各类教育评价活动，全面提高教育评价工作水平。

（二）积极推进招生考试制度和义务教育入学制度改革。市教育行政部门要研究制定义务教育阶段的教育目标和评价标准，探索既能保证教育质量和促进学校健康发展，又能方便学生入学、保证公平公正评价入学办法。高中招生工作要综合考虑学

生的整体素质和个体差异，改变以升学考试分数作为唯一录取标准的做法，逐步试行参考学生各方面活动记录等因素、综合评价进行录取的方式。高等学校招生考试制度改革要更加注重对学生素质和能力的考查，进一步探索在文化课考试的基础上进行综合评价、择优录取的办法。扩大高等职业教育学校自主考试招生的改革试验。

（三）健全完善各类教育评价体系。市和区县教育行政部门要加强对各类学校教育教学业务评价工作的指导，健全和完善教育教学业务评价体系，强化教育质量管理，建立具有首都特色的教育质量评价指标体系、以促进学生发展为目标的学生评价体系、促进教师职业道德和专业水平提高的教师评价体系。

（四）鼓励发展专业化教育评价服务机构。鼓励其开展专业性的独立评价，为各级各类学校提高管理水平和教育教学质量服务，为行政部门了解情况、分析问题、制定政策提供服务。教育行政、教育督导部门可委托有资质的社会中介评价机构，按有关评价标准和程序开展评价工作。

（五）加强对教育评价工作的统筹协调。对各级政府及其有关部门、各类学校的综合性评价由市、区县教育督导部门归口管理和组织实施。不能纳入综合性评价的各项评价工作，由市、区县教育督导部门牵头，会同教育行政部门及有关部门统筹安排。

四、进一步加强对教育督导和教育评价工作的领导

（一）加强对教育督导和教育评价工作的领导。市及区县政府要高度重视和支持教育督导和教育评价工作，建立完善有关制度，根据本行政区域内的教育规模和教育督导工作任务需要，加强教育督导工作力量。教育督导工作所需经费列入本级财政预算并予以保证。教育督导机构负责人由本级政府根据专业要求任免，一般应为专职人员，也可由政府主管教育工作的负责人兼任。

（二）加强专业化督导队伍建设。要努力建设一支数量充足、素质较高、服务意识强、以专职督学为主、专兼职相结合的专业化督导队伍。市教育督导部门要建立教育督导和教育评价专家人才库。加强对督导人员的培训工作。实行督学责任区和责任学校制度，充分发挥督学对学校工作的指导和服务作用。

（三）大力推进教育督导和教育评价工作的制度建设。实行教育督导机构向本级政府报告工作制度，教育督导机构应每年至少两次向本级政府报告教育督导工作情况。建立教育督导结果公布制度，教育督导结果应向本级政府和上级教育督导机构报告，并向本级和上级其他相关部门通报，经政府授权，可向社会发布《教育督导报告》和《教育督导调查报告》。建立健全教育督导意见反馈改进制度，被督导单位应按教育督导部门提出的整改意见及时整改，并向督导机构报告整改情况。建立教育督导问题处理制度，对在督导与评价中发现的重大问题，教育督导机构应向主管部门提出处理建议，主管部门应向教育督导机构及时反馈处理结果。

（四）加强宣传和舆论引导，营造正确评价学校和学生的良好氛围。充分发挥新闻媒体的舆论导向作用，大力宣传国家的教育方针，宣传素质教育的各项要求，宣传德智体全面发展的先进典型，积极引导学校、家庭和社会树立科学的人才观，形成积极向上的舆论氛围。

北京市机构编制委员会办公室
关于同意为市政府教育督导室增加机构编制的函

京编办行〔2007〕214 号

市教委：

你委《关于申请增加北京市人民政府教育督导室人员编制的函》（京教函〔2007〕190 号）收悉。为进一步加强我市教育督导工作，切实落实和强化各级政府及其有关部门的教育责任，经研究并报请市编委领导批准，现函复如下：

一、同意北京市人民政府教育督导室（以下简称市政府教育督导室）内设督导一处、督导二处 2 个正处级机构。

二、同意为市政府教育督导室增加行政编制 2 名。调整后，其机关行政编制从 9 名增至 11 名（含处级领导职数 4 名）。

2007 年 12 月 18 日

北京市人民政府教育督导室关于印发《北京市兼职督学聘任管理办法（暂行）》的通知

京督导〔2008〕5号

各区县教委、政府教育督导室、燕山地区教委、教育督导室：

为进一步加强兼职督学队伍建设，建立一支数量充足、结构合理、素质较高的专家型和管理型相结合的兼职督学队伍，提升兼职督学工作水平和教育督导工作绩效，市政府教育督导室对1998年制订的《关于聘请兼职督学的规定》进行了修订，对兼职督学的聘任管理工作做出了新的规定。

现将修订后的《北京市兼职督学聘任管理办法（暂行）》印发给你们，请在有关工作中参照执行。

2008年4月2日

北京市兼职督学聘任管理办法（暂行）

第一条　为适应新时期教育督导工作的新形势，加强兼职督学队伍建设，提高教育督导工作水平，依据《北京市教育督导规定》及有关规定，制定本办法。

第二条　北京市兼职督学是由市政府教育督导室根据工作需要聘任的依法执行教育督导公务的兼职人员。市政府教育督导室向受聘兼职督学颁发督学证。

第三条　兼职督学应当符合下列基本条件：

（一）遵守宪法和法律，坚持党的基本路线，热爱社会主义教育事业；

（二）熟悉国家教育法律、法规、方针、政策，有较高的理论和政策水平，具有较强的业务能力；

（三）具有较强的组织协调能力、文字写作能力、综合分析能力及沟通表达能力；

（四）具有大学本科（含同等学力）以上学历，且从事教育管理或者教育教学研究工作10年以上；

（五）行政机关担任副处级及以上职务，具有较丰富的行政管理经验，或具有学校和科研机构等高级专业技术职务，或担任中小学校长，有较高的教育教学管理水平和业务能力；

（六）遵纪守法，品行端正，实事求是，坚持原则，作风正派，办事公道，廉洁自律；

（七）初聘兼职督学人选年龄不得超过61周岁，续聘兼职督学人选年龄不得超过63周岁；

（八）身体健康，能够保证履行督学职责。

第四条　兼职督学每届任期2年，续聘一般不得超过两届。

兼职督学任期届满，自动解聘。

第五条　兼职督学的聘任程序：

市政府教育督导室根据聘任兼职督学人数和专业分类要求，确定推荐兼职督学的单位和人数。遴选兼职督学采取单位推荐和市政府教育督导室提名相结合的办法，在征得本人同意后填写《北京市兼职督学申请表》。各单位对推荐对象的基本条件进行审核和综合评价，提出推荐意见，按要求将兼职督学推荐人选名单和《北京市兼职督学申请表》加盖公章后报送市政府教育督导室。

市政府教育督导室主任办公会确定兼职督学的拟聘人选，拟聘人选名单在北京教育信息网站上予以公示，公示期为10天。公示期满无异议的拟聘人选，由市政府教育督导室颁发北京市兼职督学聘任证书。

第六条　首次被聘任的兼职督学，应当接受由市政府教育督导室统一组织的任职培训。培训后经专业考核合格者方能上岗。

第七条　兼职督学在开展督导工作时与专职督学享有同等的职权。

兼职督学应当履行以下职责：

（一）检查国家教育法律、法规和规章的贯彻落实情况；

（二）指导学校按照教育方针和教育教学规律办学；

（三）撰写教育督导报告；

（四）参与研究制定教育督导文件；

（五）对教育决策提出咨询建议；

（六）完成市政府教育督导室交办的其他任务。

第八条　兼职督学在教育督导活动中享有以下权利：

（一）听取被督导单位报告情况，查阅相关文件、资料，对有关情况进行调查；

（二）参加被督导单位的教育教学活动，列席有关会议；

（三）遇到危及师生人身安全、侵犯师生合法权益、扰乱正常教学秩序等紧急事态立即予以制止，及时向有关部门提出处置的意见；

（四）依照规定获得兼职督学工作补贴。

第九条　兼职督学应当履行以下义务：

（一）参加市政府教育督导室统一组织的督政、督学、调研和其他活动，依法履行督学职责，撰写督导报告和调研报告；

（二）认真学习教育法律、法规和教育政策，参与制定文件，开展教育督导科学研究；

（三）参加市政府教育督导室组织的督学任职培训。

第十条　未经市政府教育督导室批准，兼职督学不得独自开展督导工作，不得擅自发布督导结果及其有关内容。

第十一条　实施督导工作时，兼职督学与被督导单位有利害关系或者其他关系而可能影响公正执行教育督导公务的，应予回避。

第十二条　兼职督学实行年度考核和任期考核制度。市政府教育督导室对兼职督学进行年度考核和任期考核，并将考核结果通报本人。

第十三条　兼职督学不履行义务或不能完成督导任务的，由市政府教育督导室予以解聘。

第十四条　兼职督学因身体或其他原因不能坚持工作的，可向市政府教育督导室提出书面申请辞去兼职督学职务，市政府教育督导室批准后以书面形式通知本人或所在单位。

第十五条　本办法自下发之日起执行，北京市人民政府教育督导室负责对本办法的解释。1998 年 12 月制定的《北京市人民政府教育督导室关于聘请兼职督学的规定》同时废止。

北京市人民政府办公厅转发市教委市政府教育督导室《关于进一步完善对区县人民政府实施素质教育工作进行督导评估制度的意见》的通知

京政办发〔2008〕22号

各区县人民政府，市政府各委、办、局，各市属机构：

市教委、市政府教育督导室《关于进一步完善对区县人民政府实施素质教育工作进行督导评估制度的意见》已经市政府同意，现转发给你们。请认真贯彻执行。

北京市人民政府办公厅

2008年4月7日

关于进一步完善对区县人民政府实施素质教育工作进行督导评估制度的意见

2008年4月

为贯彻落实《国务院办公厅转发教育部关于建立对县级人民政府教育工作进行督导评估制度意见的通知》(国办发〔2004〕8号)，进一步促进区县人民政府落实教育优先发展战略地位，依法履行教育管理职责，全面实施素质教育，推进首都教育现代化进程，现就进一步完善对区县人民政府实施素质教育工作进行督导评估制度提出如下意见。

一、对区县人民政府实施素质教育工作进行督导评估的原则

(一)坚持依法督导。以《中华人民共和国教育法》《中华人民共和国义务教育法》等法律法规为依据，督促区县人民政府依法履行教育领导与管理职责，领导和保障本区县全面实施素质教育，提高教育发展质量，促进教育科学发展。

(二)坚持客观公正。坚持教育督导评估的严肃性和客观性，遵循教育管理和教育督导的基本规律，督导评估工作做到公开、公平、公正。坚持从区县和学校实际出发，尊重客观事实，不搞形式主义，不走过场。

(三)坚持促进发展。树立发展性评估理念，以督促和指导区县人民政府全面实施素质教育、提高教育发展质量为目标，坚持鉴定性评估和发展性评估相结合，重在发现问题，改进工作，促进发展，形成各区县人民政府教育工作自我改进、自我

完善、自我发展的工作机制。

（四）坚持督政与督学相结合。进一步完善区县人民政府、教育主管部门、学校和幼儿园“三位一体”的督导评估工作模式，全面推进素质教育在各级各类学校的实施。

二、对区县人民政府实施素质教育工作进行督导评估的主要内容

（一）履行领导职责。全面贯彻党的教育方针，全面推进素质教育，把教育工作列入区县人民政府重要议事日程，在研究和制定经济社会发展规划和年度计划时，把教育摆在优先发展的战略地位并作为基础设施建设的重点领域。建立教育工作的科学决策机制，对教育改革与发展中的重大问题及时决策。在安排财政预算、规划城市建设及空间布局、配备干部和改善职工待遇方面，实行教育优先，为教育办实事。立足实际，科学规划本区县各级各类教育科学发展，进一步促进义务教育均衡发展，大力发展职业教育，鼓励和规范民办教育健康发展，努力建设学习型区县。区县人民政府及其有关部门、街道办事处和乡镇人民政府，实施素质教育的职责明确、到位，把实施素质教育职责情况纳入主要领导的年度考核内容。建立和完善职业教育局际联席会议制度，统筹协调本地区职业教育发展，指导专业建设及技术培训等工作。建立和完善对实施素质教育先进集体和个人表彰奖励制度。不以任何方式下达升学指标，不以升学率作为评估教育部门与学校工作的唯一标准。建立和完善区县主要领导联系学校制度，帮助学校解决发展中的实际问题。建立和完善治理教育乱收费局际联席会议制度，执行有关规范教育收费的各项要求。

（二）保障经费投入。依法保障教育投入，应当做到财政性教育经费支出占国民生产总值的比例随着国民经济的发展和财政收入的增长逐步提高，财政支出总额中教育经费所占比例随着国民经济的发展逐步提高。教育财政拨款的增长应当高于财政经常性收入的增长，并使按在校学生人数平均的教育费用逐步增长，保证教师工资和学生人均公用经费逐步增长。依法足额征收教育费附加，并由教育行政部门统筹安排，提出分配方案，商同级财政部门同意后，用于改善中小学教学设施和办学条件，不得用于职工福利和发放奖金。教育费附加主要用于实施义务教育，合理用于学前教育和普通高中教育，并按照国家及本市规定的比例安排用于支持市属重点职业学校、区县职业学校、成人文化技术学校、社区教育中心的发展建设及农村劳动者培训。依法保障和妥善解决教职工的工资、医疗和保险等福利待遇。建立教育经费保障机制，教育事业费和义务教育经费在财政预算中单列，义务教育全面纳入财政保障范围，均衡安排义务教育经费。按照本市分项目、按比例的义务教育经费保障机制规定，明确市及区县人民政府教育投入职责，落实各项义务教育发展保障经费。建立健全义务教育经费审计监督和统计公告制度。按时拨

付专项资金，无截留、挤占和挪用现象，保证使用效益。依法鼓励社会各界人士捐资助学。建立贫困家庭子女和弱势群体教育资助制度。落实本市有关“两免一补”的政策。

（三）改善办学条件。按国家及本市有关规定，制定学校（幼儿园）设置规划，合理调整教育结构和学校规模及布局。新建居住区教育配套设施应当与居住区的建设同步进行。加强校外教育基地和职业教育实训实习基地建设。按国家及本市规定的办学条件标准和居住公共服务设施规划设计指标设置和建设学校（幼儿园），推进各类学校（幼儿园）办学条件达标。依法落实学校和教育机构人员编制标准，研究和制定相关政策，指导教育系统深化干部和教师人事制度改革，促进干部队伍和教师队伍建设。协调相关部门，推进学校、家庭、社会“三结合”教育，发挥社区在实施素质教育中的作用，为学生健康成长创造良好的社会环境。

（四）加强教育管理。严格落实教育收费、招生和师德规范等要求，及时纠正、处理各种违法、违规行为。义务教育阶段不设重点校、重点班，不得改变或变相改变公办学校性质。加强师德建设，制定培养选拔和考核管理制度，重视青年干部和后备干部的培养，重视青年教师和骨干教师的培养，促进干部、教师队伍专业素质的提高。科学编制教育经费预算，保证转移支付资金专款专用，严格执行各项财经纪律，努力提高教育经费的使用效益。合理配置区域内教育资源，推进和落实学校达标工程，加强德育、综合实践、劳动技术、国防教育、职业教育实训实习、校外教育等各类基地建设。坚持育人为本、德育为先，全面加强和改进学生德育工作。坚持健康第一的指导思想，切实加强青少年体育工作，确保学生每天体育活动一小时，增强学生体质。开展资源和能源节约教育。深化课程教材和教学改革，严格执行课程计划，开齐课程，开足课时，不随意增减课时，减轻学生课业负担。严格执行有关安全工作的各项规定，加强预案管理，维护校园安全稳定。根据教育规模和学生人数配置教育督导人员，健全教育督导评估制度，按计划推进督政和督学工作，督促学校实施素质教育，将督导评估结果作为表彰奖励部门、学校、校长的重要依据。

（五）促进科学发展。在区县人民政府每届任期内，如期实现本区县教育发展的规划目标和任务，学前教育、义务教育、高中教育、职业教育、社区教育、成人教育等各级各类教育协调、可持续发展，受教育者接受优质教育机会不断增加，市民综合素质不断提高。本区县义务教育阶段学校办学条件、干部师资队伍水平和均衡发展水平等方面明显提高。义务教育阶段适龄儿童入学率、合格率、巩固率等达到市颁标准，妥善解决残疾儿童少年和外来进城务工人员子女接受义务教育等热点、难点问题，不断制定和完善政策，工作有成效。结合本区县特点，积极开展工作，积累先进经验。

三、对区县人民政府实施素质教育工作进行督导评估的组织实施和工作程序

对区县人民政府实施素质教育督导评估工作在市政府领导下，由市政府教育督导室具体组织实施，各有关职能部门参加。督导评估的对象是各区县人民政府及其有关职能部门。

市政府教育督导室要根据形势发展和工作需要，不断完善有关实施素质教育的督导评估指标体系，制订评估工作方案，组织落实督导评估各项工作。

督导评估的程序如下：

（一）区县人民政府自评。各区县人民政府根据任期内教育工作目标责任制和教育发展规划实施情况，按照本市制定的实施素质教育工作的督导评估标准，每年进行自我评估。评估结果于当年年底前报市政府及市政府教育督导室。

（二）市级督导评估。根据区县人民政府自评结果和不同时期确定的重点工作，市政府教育督导室每年组织市督学和市政府有关部门，视工作需要开展专项督导检查。在区县人民政府每届任期内，对其实施素质教育工作开展一次综合性督导评估工作，对其实施素质教育工作状况及办学水平、教育发展质量进行综合性评估，提出有针对性的指导意见。

（三）督导结果反馈。市政府教育督导室对区县人民政府实施素质教育工作的督导评估结果应及时向被督导评估的区县人民政府反馈，客观肯定成绩和经验，并针对突出问题，提出限期整改意见。

（四）落实督导整改意见。被督导评估的区县人民政府应当在接到反馈意见起30个工作日内将落实整改意见的情况书面报送市政府教育督导室。

四、对区县人民政府实施素质教育工作进行督导评估结果的应用

（一）建立督导评估结果报告制度。市政府教育督导室要及时将对区县人民政府实施素质教育工作的督导评估工作报告报市政府，并抄送国家教育督导团。

（二）建立督导评估结果公报制度。经市政府同意，对区县人民政府实施素质教育工作的督导评估结果和督导工作报告，可向社会公布，接受社会监督。

（三）完善有关奖惩制度。对区县人民政府实施素质教育工作的督导评估结果应作为区县人民政府及其主要领导政绩考核的重要内容，并作为有关教育项目、专项拨款、表彰奖励和责任追究等方面的重要依据。进一步完善教育工作先进区县的评选表彰制度，将综合性督导评估结果作为教育工作先进区县评选的重要依据。

（四）建立督导问题处理制度。在对区县人民政府实施素质教育工作督导评估中发现的重大问题，市政府教育督导室应向有关主管部门提出处理建议，主管部门应向市政府教育督导室及时反馈处理结果。

各区县人民政府和市、区两级有关职能部门要高度重视对区县人民政府实施素

质教育工作的督导评估工作，把对区县人民政府实施素质教育工作督导评估作为优先发展教育、全面推进首都教育现代化的重要任务，与推进依法行政、依法治教和转变政府职能结合起来，切实提高教育管理水平和行政效能，认真组织，精心实施，确保督导评估工作的顺利开展。

市教委　市政府教育督导室

北京市人民政府办公厅关于转发市教委市政府教育督导室《北京市义务教育均衡发展状况督导评价方案（试行）》的通知

京政办函〔2008〕31 号

市发展改革委、市财政局、市人事局，各区、县人民政府：

经市政府同意，现将市教委、市政府教育督导室制定的《北京市义务教育均衡发展状况督导评价方案（试行）》转发给你们，请认真组织实施。

北京市人民政府办公厅

2008 年 5 月 24 日

市教委　市政府教育督导室
北京市义务教育均衡发展状况督导评价方案（试行）

2008 年 5 月

根据《中华人民共和国义务教育法》关于对义务教育均衡发展状况进行督导的规定，为落实教育部《关于进一步推进义务教育均衡发展的意见》（教基〔2005〕9 号）和市委、市政府《关于进一步推进义务教育均衡发展的意见》（京发〔2007〕17 号）的要求，以及为促进本市义务教育优质均衡发展和满足人民群众公平享受优质义务教育的需求，特制定《北京市义务教育均衡发展状况督导评价方案（试行）》。

一、实施义务教育均衡发展状况督导评价的重要意义

党的十七大提出教育公平是社会公平的基础，把办好人民满意的教育作为改善民生、促进社会主义和谐社会建设的重要内容。实施义务教育均衡发展状况督导评价是认真贯彻落实党的十七大精神，促进北京市义务教育优质均衡发展，维护教育公平、改善民生的具体体现。

《中华人民共和国义务教育法》规定，义务教育是国家统一实施的所有适龄儿童、少年必须接受的教育，是国家必须予以保障的公益性事业。建立本市义务教育均衡发展状况督导评价体系，发挥教育督导部门监督、检查、评价、指导的功能，督促各级政府及相关职能部门依法推进义务教育优质均衡发展，是贯彻执行《中华人民共和国义务教育法》的重要举措。

二、实施义务教育均衡发展状况督导评价的基本原则

（一）发展性原则

义务教育均衡发展状况督导评价坚持以科学发展观为指导，按照以人为本，全面、协调、可持续发展的基本要求，把发展作为第一要义。义务教育均衡发展是一个长期动态的发展过程，通过督导评价促进区域间、城乡间和学校间义务教育的均衡发展，逐步提高全市义务教育优质均衡发展水平。

（二）科学性原则

在实施义务教育均衡发展状况督导评价的过程中，做到实事求是、客观公正，在广泛收集相关信息的基础上，运用科学方法进行测量，以测量数据为基础，并经过充分的讨论、分析、论证，对区域义务教育均衡发展程度做出基本判断。

（三）主体性原则

区县政府及区县教育部门、学校既是推进义务教育均衡发展的主体，也是义务教育均衡发展状况督导评价的对象。在督导评价的过程中，尊重区县政府及区县教育部门、学校的主体地位，发挥其依法推进义务教育均衡发展的积极作用，切实促进义务教育优质均衡发展。

（四）指导性原则

义务教育均衡发展状况督导评价不仅是督促检查，而且对推动各项工作和实现发展目标具有指导作用。既要找准薄弱环节，提出改进建议，又要总结推广典型经验，由点及面，整体推进义务教育优质均衡发展。

（五）社会性原则

社会各方面对义务教育均衡发展和教育公平的满意程度及建议，对促进义务教育优质均衡发展、办好人民满意教育具有重要意义。因此，义务教育均衡发展状况督导评价既重视教育系统内部的信息数据采集，又密切关注来自学生家长、社区居民和社会各界的信息反馈。

实施义务教育均衡发展状况督导评价是一项具有基础性和创新性的工作，需要各级政府和相关部门在实施过程中不断总结经验，完善指标体系，建立科学的督导评价机制，为促进本市义务教育优质均衡发展做出新贡献。

附件：北京市义务教育均衡发展状况督导评价指标体系

附件：

北京市义务教育均衡发展状况督导评价指标体系

一级指标	二级指标	三级指标	资料来源	基本水平判断
A1. 经费保障	B1. 经费投入	C1. 用于实施义务教育财政拨款的增长比例高于财政经常性收入增长比例的数据	区县	
		C2. 小学生均教育事业费数额和增长率、初中生均教育事业费数额和增长率	区县	
		C3. 小学生均公用经费数额及增长率和达标率、初中生均公用经费数额及增长率和达标率	区县	
		C4. 义务教育阶段特殊教育学校（班）生均公用经费达标率	区县	
	B2. 经费使用	C5. 教育费附加用于义务教育比例	区县	
		C6. 新增教育经费用于农村校和办学相对困难学校改造所占比例	区县	
		C7. 用于义务教育阶段师资培训经费数额及教职工教育培训人均经费增长率	区县	
A2. 办学条件	B3. 学校规模	C8. 按标准义务教育办学规模超大和过小学校的数量和所占比例	区县	
		C9. 义务教育阶段学校班额超标班级数和所占比例	学校	
	B4. 学校用地与校舍情况	C10. 生均占地面积和生均校舍建筑面积	学校	
		C11. 学校危房面积	学校	
		C12. 专用教室数量和达标率	学校	
	B5. 教学设备仪器配置	C13. 生均教学仪器设备值	学校	
		C14. 音乐、体育、美术三科教学器材生均值	学校	
		C15. 按学校规模图书册数达标率	学校	
		C16. 义务教育阶段计算机专任教师和学生各自平均使用人数	学校	
		C17. 校园网达标学校占学校总数的比例	区县	

续表

一级指标	二级指标	三级指标	资料来源	基本水平判断
A3. 干部师资配备	B6. 校级干部基本情况	C18. 义务教育阶段校级干部具有高级专业技术职务人数占校级干部总数的比例	学校	
	B7. 专任教师基本情况	C19. 义务教育阶段学校专任教师与学生人数比例	学校	
		C20. 专任教师学历合格率	学校	
		C21. 高于规定学历教师人数占专任教师数比例	学校	
		C22. 专业对口教师人数占专任教师数比例	学校	
		C23. 高级专业技术职务教师人数占专任教师数比例	学校	
		C24. 市、区县级骨干教师（含学科带头人）人数占专任教师数比例	学校	
A4. 普及水平	B8. 基本情况	C25. 适龄儿童少年按时入学率	区县	
		C26. 义务教育分段按时完成率	学校	
	B9. 普及效果	C27. 初中届辍学率	学校	
		C28. 适龄残疾儿童少年入学率	区县	
		C29. 初中学生毕业率	学校	
		C30. 体质健康合格率	学校	
		C31. 义务教育阶段在校生违法犯罪率	学校	
		C32. 家长对子女综合素质发展现状的满意度	学校	
A5. 政策措施	B10. 政策制定	C33. 制定促进区县义务教育均衡发展的实施意见	区县	
		C34. 学校布局调整、基础教育设施专项规划和办学条件改善的落实情况	区县	
		C35. 实行义务教育经费单列制度	区县	
	B11. 政策落实	C36. 促进师资均衡配备的措施及落实情况	区县	
		C37. 有关“两免一补”政策落实情况	区县	
		C38. 妥善解决进城务工就业农民子女入学接受义务教育情况	区县	

北京市人民政府教育督导室 关于开展 2009 年北京市独立学院办学状况督导检查的通知

京督导〔2009〕38 号

各独立学院：

依据《中华人民共和国教育法》《中华人民共和国高等教育法》《中华人民共和国民办教育促进法》《中华人民共和国民办教育促进法实施条例》《北京市实施〈中华人民共和国民办教育促进法〉办法》及《独立学院设置与管理办法》等法律法规、规章和规范性文件的规定，北京市人民政府教育督导室会同北京市教育委员会，将于 2009 年 11 月至 12 月，对北京市独立学院办学状况开展督导和检查工作。现将有关事项通知如下。

一、指导思想

以中国特色社会主义理论体系为指导，深入落实科学发展观，依据有关教育法律法规、规章和规范性文件的规定，督导检查独立学院的办学行为和办学状况，督促独立学院贯彻落实法律法规的要求，探讨独立学院的办学特点和规律，引导独立学院在稳定规模的前提下，切实将工作重点转移到规范管理、提高质量上来，保障学校举办者和受教育者的合法权益，引导和促进学校健康持续发展，提高人才培养水平，为创办具有首都特色的高质量高水平的独立学院提供指导作用和监督保障。

二、主要内容

依据相关法律法规等文件规定，北京市人民政府教育督导室会同北京市教育委员会，制定了《2009 年北京市独立学院办学状况督导检查指标》（以下简称《督导检查指标》，见附件 1）和《2009 年北京市独立学院办学状况督导检查自评表》（以下简称《自评表》，见附件 2），督导检查内容按照《督导检查指标》和《自评表》实施。

三、组织实施

（一）成立督导检查组

北京市人民政府教育督导室会同北京市教育委员会联合成立 2009 年北京市独立学院办学状况督导检查组，组长由市委教育工委副书记、市政府教育督导室主任线联平担任。检查组其他成员为：市政府教育督导室专、兼职督学，市教委发展规划处、高等教育处、学生处、基建处、政策法规处、财务处、审计处、后勤处等有关处的负责人，学校管理及财务管理方面的专家等。

（二）督导检查时间安排

第一阶段：学校自查（11 月至 12 月上旬）。各独立学院对照《督导检查指标》逐项开展自查，总结工作，查找问题，以查促改，以查促落实。在认真自查的基础上，撰写不少于 5 000 字的自评报告（自评报告格式见附件 3），填写《自评表》，准备相关材料。

第二阶段：入校检查（12 月中下旬）。督导检查组赴各独立学院开展督导检查，每校督导检查 1—2 天，听取学校法人代表自查汇报（50 分钟左右），分别召开干部座谈会、教师座谈会和学生座谈会，随堂听课，查阅相关材料，实地查看设施设备和校容校貌等。

第三阶段：回复意见（2010 年 1 月）。督导检查组将根据对各独立学院的督导检查情况形成书面督导回复意见，反馈至各学院。

第四阶段：整改复查（2010 年上半年）。各独立学院根据督导检查组反馈的督导回复意见，针对存在的问题，制定整改方案，组织落实整改要求。市政府教育督导室将会同市教委，组织督学、行政管理人员和专家对学校整改情况进行复查。

（三）督导检查结果的应用

1. 对各独立学院的督导回复意见将提供给市教委，作为 2009 年独立学院年检的重要依据。

2. 各独立学院要把对本院的督导回复意见作为下一步学院规范办学、规范管理的重要内容予以落实，切实解决所存在的突出问题，推动学校健康可持续发展。

3. 依据《北京市教育督导规定》，本次督导检查将形成督导工作报告，报送市政府和国家教育督导办，并向社会公布。

四、工作要求

（一）各独立学院要高度重视此次督导检查，认真学习领会相关法律文件精神，依据《督导检查指标》和《自评表》认真开展自查。在自查过程中，要求真务实，不走过场，不搞形式主义，杜绝各种虚假现象，并以此为契机以查促改，进一步提升学校办学水平，优化学校内部结构，不断增强学校竞争力。

（二）对参加汇报会的学院领导的要求：学院董事长、院长、学院党组织负责人均应参加汇报会，并由学院法人代表向检查组做汇报。

（三）对参加座谈会的人员的要求：学院参加每个座谈会的人数在 10 人左右；参加干部座谈会的人员应当包括人事、教务、学生事务、安全保卫等方面的主管人员；参加教师和学生座谈会的人员由检查组根据教师名单和学生名单随机抽取。

（四）材料准备的要求：请各独立学院根据《督导检查指标》和《自评表》的基本要求和监测要素，认真准备好有关材料，保证检查组工作的顺利进行。

（五）材料报送的要求：请各独立学院于 12 月 18 日（星期五）前将自评报告和自评表一式 15 份报送市政府督导室综合督导处，同时发送电子版至 wangjb@bjedu.gov.cn。

（六）在督导检查的过程中，各独立学院不得向检查组成员和工作人员赠送礼品和礼金。

（七）本次督导检查具体到校检查时间和具体工作日程另行通知。请各独立学院安排专人负责此项工作，并于 2009 年 11 月 17 日（星期二）前将本学院的联系人和联系方式报市政府教育督导室综合督导处。

附件：1. 2009 年北京市独立学院办学状况督导检查指标

2. 2009 年北京市独立学院办学状况督导检查自评表

3. 2009 年北京市独立学院办学状况自评报告（格式）

北京市人民政府教育督导室

2009 年 11 月 9 日

附件 1：

2009 年北京市独立学院办学状况督导检查指标

一级指标	二级指标	监测要素
1　办学思想	1.1　办学宗旨	1.1.1　办学方向
		1.1.2　教育思想
	1.2　学院定位	1.2.1　学院章程
		1.2.2　学院规划
2　办学条件	2.1　基础条件	2.1.1　校舍
		2.1.2　教学仪器设备
		2.1.3　图书
		2.1.4　实习、实训场所
		2.1.5　校园网
		2.1.6　四项教学经费
	2.2　专业设置	2.2.1　专业结构
		2.2.2　培养方案

续表

一级指标	二级指标	监测要素
3　组织与运行	3.1　理（董）事会	3.1.1　理（董）事会
	3.2　院长及领导班子	3.2.1　院长及领导班子
	3.3　党团组织	3.3.1　党团组织
	3.4　教代会	3.4.1　教代会
4　队伍建设	4.1　师资队伍	4.1.1　生师比
		4.1.2　师资聘用
		4.1.3　师资结构
		4.1.4　主讲教师
	4.2　学生管理队伍	4.2.1　学生管理队伍
5　办学秩序与管理	5.1　办学许可证与使用	5.1.1　办学许可证与使用
	5.2　招生与就业工作	5.2.1　招生工作
		5.2.2　就业工作
	5.3　学生管理	5.3.1　学籍与证书管理
		5.3.2　奖惩与资助措施
	5.4　教学管理	5.4.1　组织机构与人员
		5.4.2　制度建设与执行
		5.4.3　质量标准与质量监控
6　资产与财务	6.1　出资与资产登记建账	6.1.1　出资
		6.1.2　资产登记建账
	6.2　资产过户	6.2.1　资产过户
	6.3　财务、会计和资产管理	6.3.1　财务、会计和资产管理
	6.4　收费与使用	6.4.1　收费与使用
	6.5　财务审计	6.5.1　财务审计
7　安全与稳定	7.1　安全工作机制	7.1.1　安全工作机制
	7.2　安全教育	7.2.1　安全教育
	7.3　安全基础建设	7.3.1　安全基础建设
	7.4　生活卫生安全	7.4.1　生活卫生安全
	7.5　突发事件处置	7.5.1　突发事件处置

2009 年北京市独立学院办学状况督导检查指标及要求

一级指标	二级指标	监测要素	基本要求	查阅材料	备注
1　办学思想	1.1　办学宗旨	1.1.1　办学方向	遵守法律、法规、规章和国家有关规定，贯彻国家的教育方针，坚持社会主义办学方向和教育公益性原则。	1. 双方合作办学协议书； 2. 体现学院办学方向、办学定位、教育思想和办学公益性的材料； 3. 学院近三年的年度工作计划（要点）和工作总结。	
		1.1.2　教育思想	注重学习先进教育思想观念，能处理好规模与质量、发展与投入的关系，以社会需求为导向，办学思路明确，质量意识强。		
	1.2　学院定位	1.2.1　学院章程	学院的章程应当规定下列主要事项：学院的名称、地址、办学宗旨、规模等；学院资产的数额、来源、性质以及财务制度；出资人是否要求取得合理回报；理事会或者董事会的产生方法、人员构成、权限、任期、议事规则等；法定代表人的产生和罢免程序；学院自行终止的事由；章程修改程序。 学院应按照国家有关规定办理法人登记。	1. 经备案的学院章程； 2. 审批机关核发的办学许可证； 3. 学院法人登记的材料。	
		1.2.2　学院规划	学院规划体现学院的定位，四项建设规划基本合理，付诸实施。	学院理（董）事会批准的学院规划（包括四项：学院教育事业发展规划、学科专业建设规划、师资队伍建设规划和校园建设规划）。	
2　办学条件	2.1　基础条件	2.1.1　校舍	有独立的校园和办学基础设施，生均占地面积、生均校舍建筑面积、生均教学科研行政用房面积[1]达到《普通本科学校设置暂行规定》[2]的设置标准，实习、实训场所及其内部设施能较好地满足人才培养的需要。		

续表

一级指标	二级指标	监测要素	基本要求	查阅材料	备注
2 办学条件	2.1 基础条件	2.1.2 教学仪器设备	生均教学科研仪器设备[3]值达到附录[2]中的规定；百名学生配备教学用计算机台数、百名学生配多媒体教室和语音实验室座位数（个）均达到《普通高等学校基本办学条件指标合格标准》[4]。	1. 独立校园的国有土地使用证或国有土地建设用地规划许可证； 2. 各类校舍的房屋产权证； 3. 校舍资产台账； 4. 教学仪器设备清单； 5. 查看学院图书馆，查阅馆藏图书资料的清单及近三年的年进书量，了解学生借阅情况； 6. 查看实验室、实习、实训场所及其设施和设备，向学生了解使用情况和教学效果； 7. 校园网建设及学生应用情况； 8. 近三年生均四项教学经费及使用情况的财务账簿。	[1][2][3][4][5][6] 见附录“相关标准和说明”。
		2.1.3 图书	生均适用图书[5]（册）达到附录[2]中的规定；生均年进书量（册）达到附录[4]中的规定；建有现代电子图书系统。		
		2.1.4 实习实训场所	有必需的教学实习工厂和固定的生产实习基地；设施基本齐全，满足实践教学需要。		
		2.1.5 校园网	有建设规划，运行状况良好，并在教育教学中发挥了良好作用。		
		2.1.6 四项教学经费	生均四项教学经费[6]逐年增长，基本满足教学需要。		
	2.2 专业设置	2.2.1 专业结构	专业设置适应首都经济社会发展的需要和人才市场的需求，专业结构符合学院的定位。	1. 本科专业设置一览表； 2. 专业申报表及教育部、北京市教委有关学校专业设置的批复文件； 3. 专业设置时的调研论证材料； 4. 培养方案制定指导文件及各专业培养计划； 5. 学科专业建设规划。	[7] 见附录“相关标准和说明”。
		2.2.2 培养方案	培养方案[7]能体现应用型人才培养目标，课程体系和教学过程有利于学生的知识、能力和素质的培养；培养方案执行有制度保证，且执行情况较好。		
3 组织与运行	3.1 理（董）事会	3.1.1 理（董）事会	理（董）事会组成人员的结构、比例、分工以及其议事规则和决策程序等均应遵照教育部令第26号[8]中的第25、26、27、28条[9]要求。	1. 理（董）事会人员名单、结构、分工及备案核准文件； 2. 理（董）事会议事规则； 3. 近三年理（董）事会会议记录。	[8][9] 见附录“相关标准和说明”。

续表

一级指标	二级指标	监测要素	基本要求	查阅材料	备注
3 组织与运行	3.2 院长及领导班子	3.2.1 院长及领导班子	院长具备国家规定的任职条件，年龄≤70岁，由理（董）事会聘任，经审核机关核准。专职领导班子具有较高政治素质和管理能力，品德高尚，熟悉高等教育，有高等教育副高级以上专业技术职务。	1. 院长的聘用及核准文件； 2. 体现院长的权责和履职业绩的材料； 3. 领导班子成员的基本情况、分工及履职材料。	[8][9]见附录“相关标准和说明”。
	3.3 党团组织	3.3.1 党团组织	建立健全了党团基层组织，党组织起到政治核心作用，团组织起到团结教育学生的作用。	1. 党团组织机构设置及人员情况； 2. 党团组织发挥作用的实证材料。	
	3.4 教代会	3.4.1 教代会	落实《高等学校教职工代表大会暂行条例》和《北京高等学校教职工代表大会工作规程（试行）》，教职工代表大会制度健全，程序规范，每年至少召开一次大会；学校依法保证教代会正确行使民主管理、民主监督的职权，学校重大问题能提交教代会讨论；重视提案落实工作，提案处理落实率较高。	1. 学校有关教代会工作的会议记录和文件； 2. 学校教代会建设的有关文件及工作档案材料等； 3. 近三年学校发挥教代会作用的主要措施等； 4. 教代会提案及落实情况； 5. 学校校务公开工作情况及效果。	
4 队伍建设	4.1 师资队伍	4.1.1 生师比	达到附录[2]表中规定的标准。	1. 近三年生师比统计资料； 2. 教师聘用管理制度，近三年劳动合同及聘用协议； 3. 教师培养、培训和考核的制度及实施情况的材料； 4. 依法落实和保障教师的相关待遇和合法权益的情况；	[10][11][12]见附录“相关标准和说明”。
		4.1.2 师资聘用	按照国家有关规定完善教师聘用和管理制度，依法落实和保障教师的相关待遇和合法权益。		
		4.1.3 师资结构	师资队伍[10]结构比较合理，专任教师[11]中具有高级职称和具有研究生学历的比例均占30%以上；兼任教师人数不超过本校专任教师总数的1/4。		

续表

一级指标	二级指标	监测要素	基本要求	查阅材料	备注
4　队伍建设	4.1　师资队伍	4.1.4　主讲教师	符合岗位资格[12]的教师≥85%，具有正高、副高职务的教师比例占主讲教师的30%以上；教师从严执教，教书育人，教风优良，教学过程规范，教学水平较高，学生满意。	5. 教师任职资格，专任与兼任教师的数量、比例、年龄、学历、职务结构及任课情况； 6. 主讲教师资格与风范的材料。	
	4.2　学生管理队伍	4.2.1　学生管理队伍	按照国家有关规定建立学生管理队伍。按不低于1∶200的师生比配备辅导员，每个班级配备1名班主任。	1. 学生管理队伍建设的规章制度； 2. 辅导员与班主任配备情况的材料； 3. 学生管理队伍培养和落实《普通高等学校辅导员队伍建设规定》的情况。	
5　办学秩序与管理	5.1　办学许可证与使用	5.1.1　办学许可证与使用	按照办学许可证核定的名称、办学地址和办学范围组织开展教育教学活动。不得设立分支机构。不得出租、出借办学许可证。 变更举办者或地址，应当报审批机关核准。教育部令第26号施行前设立的独立学院，应在5年内申请考察验收，核发办学许可证。	1. 办学许可证审批及变更批文； 2. 教育教学活动符合办学许可证核定的学校名称、办学地点、办学类型、办学层次的情况； 3. 学院按教育部令第26号的规定，在5年过渡期内申请考察验收的工作规划。	
	5.2　招生与就业工作	5.2.1　招生工作	按市教委核定的招生规模和有关规定招生。招生简章和广告应当真实、准确，符合法律法规的规定，并报审批机关备案。在筹备设立期内不得招生。	1. 近三年的招生简章及发布情况，招生简章和广告样本报备案或审批的证明； 2. 近三年执行招生计划的情况； 3. 招生管理规章制度及招生人员管理。	
		5.2.2　就业工作	组织领导：把就业工作列入“一把手”工程，成立院级就业工作领导小组，制定了就业工作文件。	学院相关文件。	
			工作机构：建立健全毕业生就业指导服务机构。	1. 学院关于毕业生就业指导机构设置的文件； 2. 就业工作部门印章。	

续表

一级指标	二级指标	监测要素	基本要求	查阅材料	备注
5　办学秩序与管理	5.2　招生与就业工作	5.2.2　就业工作	工作场地：生均就业工作专用场所面积不小于 0.15 平方米 / 人。	实地查看就业工作专用场地。	
			工作经费：经费占毕业生在校期间学费的一定比例，能保证毕业生就业工作正常开展。	财务部门提供的就业工作经费支出情况。	
			工作人员：专职就业指导教师和专职就业工作人员与应届毕业生的比例要求不低于 1∶500。	就业工作人员编制，专职就业指导教师和专职就业工作人员名单。	
			指导课程：设立就业指导必修课，课时不低于 38 学时。	查阅就业指导教材（讲义）及课程表。	
			就业信息网：建立了毕业生就业信息网，具有政策发布、指导咨询、信息共享、网上招聘等功能。	查看就业信息网功能。	
			就业服务：积极为毕业生提供就业岗位信息，举办校园“双选会”或专场招聘会。	查看学校举办“双选会”或专场招聘会的材料（包括照片、参展单位名录等）。	
			工作效果：较高的毕业生初次就业率；较高的毕业生满意度和用人单位满意度。开展文明离校教育活动，未发生任何事故。	1. 近两届毕业生就业率； 2. 毕业生、用人单位满意度调查问卷及分析报告； 3. 文明离校教育活动材料。	
	5.3　学生管理	5.3.1　学籍与证书管理	根据教育部《普通高等学校学生管理规定》要求制定本校学生学籍管理办法并报市教委备案。对计划内统一录取的新生进行复查，按时、按要求完成新生电子注册、学年电子注册及毕业生学历证书电子注册工作。	1. 本院学生学籍管理办法； 2. 查看学院学籍学历管理平台，学生可随时登录平台查询学生学籍状态；	

续表

一级指标	二级指标	监测要素	基本要求	查阅材料	备注
5 办学秩序与管理	5.3 学生管理	5.3.1 学籍与证书管理	对学习期满且成绩合格的学生，颁发毕业证书，并以独立学院名称具印。按照国家有关规定申请取得学士学位授予资格，对符合条件的学生颁发独立学院的学士学位证书。	3. 查看学生学籍变异相关材料； 4. 检查学历证书发放是否符合教育部规范要求； 5. 近两届毕业生的学位证书获取情况。	
		5.3.2 奖惩与资助措施	建立完善的奖励机制，制定违纪处分办法；按要求成立学生申诉处理委员会，完备学生处分程序。 采取有效措施，做好家庭经济困难学生的资助工作。 遵照《国家助学奖学金管理办法》，向学生足额发放国家助学奖学金。	1. 查看学校有关学生奖励办法、学生处分决定及有关处理程序记录； 2. 查看学生申诉处理的相关制度和办理情况的材料； 3. 查看对家庭经济困难学生的资助措施与落实情况的材料； 4. 查看国家助学奖学金发放账簿及有关材料。	
	5.4 教学管理	5.4.1 组织机构与人员	有相对独立和比较健全的教学管理组织机构；管理队伍稳定，结构基本合理，人员素质较高，工作有成效。	1. 教学管理机构设置及职责； 2. 教学管理队伍建设及其人员结构，履行职责的情况。	[13][14][15]见附录“相关标准和说明”。
		5.4.2 制度建设与执行	教学文件[13]齐备，教学档案[14]完整，规章制度基本健全，执行较为严格，效果明显。	1. 查阅教学文件、教学档案、规章制度； 2. 本学期期中教学检查情况及分析材料。	
		5.4.3 质量标准与质量监控	各主要教学环节[15]质量标准比较完善、合理；教学运行过程的动态监控活动正常，并注意发挥内部教学质量保障机制的反馈与改进作用，效果较好。对毕业设计（论文）的质量有监控措施。	1. 各主要教学环节质量标准建设情况； 2. 内部教学质量保障的措施及执行效果； 3. 随机抽查2009届毕业生的毕业设计（论文）。	

续表

一级指标	二级指标	监测要素	基本要求	查阅材料	备注
6　资产与财务	6.1　出资与资产登记建账	6.1.1　出资	举办者应当依法按时、足额履行出资义务。独立学院存续期间，举办者不得抽逃办学资金，不得挪用办学经费。 国家的资助、向学生收取的学费和独立学院的借款、接受的捐赠财产，不属于举办者的出资。 普通高等学校投入办学的无形资产，应当依法作价。	1. 查阅合作办学协议书； 2. 查阅学院会计账簿相关记录，检查举办者履行出资义务、办学资金流向和办学经费使用的情况； 3. 普通高等学校所投无形资产的合法评估材料，约定的投入比例及依法办理手续的材料。	
		6.1.2　资产登记建账	独立学院对举办者投入资产、国有资产、受赠财产、办学积累依法享有法人财产权，并分类登记建账。在学院存续期间，任何组织和个人不得截留、挪用或侵占学院的资产。	1. 查阅举办者投入资产、国有资产、受赠财产、办学积累分类登记建账的账簿； 2. 查阅学校固定资产台账。	
	6.2　资产过户	6.2.1　资产过户	举办者的出资须经依法验资，于筹设期内过户到独立学院名下。第26号令施行前资产未过户到独立学院名下的，自本办法施行之日起1年内完成过户工作。	1. 举办者出资的验资和资产过户证明材料； 2. 未过户资产的过户计划和过户工作安排。	
	6.3　财务会计和资产管理	6.3.1　财务会计和资产管理	应当依法建立财务、会计制度和资产管理制度，设置会计机构，配备取得会计业务资格证书的会计人员，并按照国家有关规定设置会计账簿，依照会计法和国家统一的会计制度进行会计核算，编制财务会计报告。	1. 财务、会计制度和资产管理制度建立及执行情况； 2. 会计机构设置及职责，会计人员情况及会计人员业务资格证书； 3. 2008年度财务会计报告。	

续表

一级指标	二级指标	监测要素	基本要求	查阅材料	备注
6 资产与财务	6.4 收费与使用	6.4.1 收费与使用	严格执行价格主管部门批准的收费项目和标准，并在招生简章和广告中载明。收取的费用主要用于教育教学活动和改善办学条件。独立学院在扣除办学成本、预留发展基金及按照国家有关规定提取其他必需的费用后，出资人可以从办学结余中取得合理回报。出资人取得合理回报的标准和程序，按照民办教育促进法实施条例和国家有关规定执行。	1. 收费许可证准许的收费项目和标准及公示和执行情况； 2. 近三年的收费账目； 3. 收取费用的使用情况； 4. 了解出资人有无依法从办学结余中取得回报的情况。	
	6.5 财务审计	6.5.1 财务审计	独立学院资产的使用和财务管理受审批机关和其他有关部门的监督。 应当在每个会计年度结束时制作财务会计报告，委托会计师事务所依法进行审计，并公布审计结果。	1. 近三年的年度财务会计报告； 2. 近三年会计师事务所出具的“审计报告”和“办学情况专项审核报告”。	
7 安全与稳定	7.1 安全工作机制	7.1.1 安全工作机制	理（董）事会重视安全稳定工作，安全稳定工作列入学校工作重要议事日程；学校安全稳定工作组织机构健全；按规定要求配备安全稳定工作人员。 学校安全稳定工作责任体系健全；规章制度完善；责任追究制落实。形成了理（董）事会领导、法定代表人为安全稳定工作第一责任人、齐抓共管、职能部门统一管理、各部门分工负责的安全稳定工作责任体系。	1. 理（董）事会、院长办公会讨论安全稳定工作的会议记录； 2.《高校安全稳定任务书》任务分解方案及工作总结； 3. 保卫机构负责人名单； 4. 学校领导安全稳定工作责任分解任务书； 5. 各系、各部门的岗位安全稳定责任书； 6. 重点要害部位岗位责任书； 7. 安全检查记录及隐患排查制度、隐患整改情况台账。	

续表

一级指标	二级指标	监测要素	基本要求	查阅材料	备注
7　安全与稳定	7.2　安全教育	7.2.1　安全教育	建立开展师生员工安全教育活动的长效工作机制，日常安全教育活动不断线。	1. 学院师生安全教育活动制度； 2. 学生安全员名单和培训资料； 3. 安全教育课开设情况及课程表。	
	7.3　安全基础建设	7.3.1　安全基础建设	安全防范基础设施齐全、有效；有明确标准要求的要达到要求，没有明确标准要求的要做到有效、发挥作用；安全稳定工作经费得到保障。	1. 学生宿舍、网络中心、财务室、实验室、图书馆、档案室、大型活动场所、气水电保障部门、信息监控管理中心等学校重点要害部位的安全设备设施； 2. 一般部位消防安全设备设施； 3. 校园交通安全管理设备设施； 4. 校园的安全技术防范系统； 5. 安全稳定工作经费投入和支出账目。	
	7.4　生活卫生安全	7.4.1　生活卫生安全	按照《食品安全法》等法律法规要求，学生食宿卫生和疾病防控措施可靠、有效，确保学生生活卫生安全及身体健康。	1. 学生食堂卫生与安全保障措施，餐饮服务许可证、从业人员健康证、原材料采购凭证等； 2. 学生宿舍卫生与安全保障措施； 3. 学生传染病防控措施与效果。	
	7.5　突发事件处置	7.5.1　突发事件处置	学校突发事件处置机构健全、运转有效，处置预案完善；信息报送及时准确。	1. 突发事件处置机构建设情况； 2. 突发事件处置预案制定情况； 3. 突发事件处置及信息报送情况。	

附录：

相关标准和说明

［1］教学科研行政用房

教学用房包括普通教室、语音室、计算机教室、多功能教室、多媒体教室、绘图绘画教室、实验室、图书馆、体育馆、体操房等教学和教学辅助用房，行政用房包括学院行政办公用房、教师工作室、会堂等。

［2］普通本科学校设置标准及指标测算方法

普通本科学校设置标准

指标		学校类别					
		综合、师范、民族院校	工科、农、林院校	文史、财经、政法院校	医学院校	体育院校	艺术院校
师资队伍	生师比	≤ 18	≤18	≤18	≤18	≤18	≤18
	兼任教师占本校专任教师的比例（%）	≤25	≤25	≤25	≤25	≤25	≤25
	建校初期专任教师总数（人）	≥280	≥280	≥280	≥280	≥280	≥280
	专任教师中具有研究生学历的教师的比例（%）	≥30	≥30	≥30	≥30	≥30	≥30
	专任教师中具有副高级职务以上的教师的比例（%），其中正教授数（人）	≥30	≥30	≥30	≥30	≥30	≥30
		≥10	≥10	≥10	≥10	≥10	≥10
	各门公共必修课和专业基础必修课分别配备的副高级职务以上的专任教师数（人）	≥2	≥2	≥2	≥2	≥2	≥2
	各门专业必修课分别配备的副高级职务以上的专任教师数（人）	≥1	≥1	≥1	≥1	≥1	≥1
	每个专业配备正高级职务的专任教师数（人）	≥1	≥1	≥1	≥1	≥1	≥1
基础设施	生均占地面积（平方米）	≥60	≥60	≥60	≥60	≥60	≥60
	建校初期校园占地面积（亩）	500	500	500	500	500	500
	生均校舍建筑面积（平方米）	≥30	≥30	≥30	≥30	≥30	≥30

续表

指标		学校类别					
		综合、师范、民族院校	工科、农、林院校	文史、财经、政法院校	医学院校	体育院校	艺术院校
基础设施	生均教学科研行政用房面积（平方米）	≥20	≥20	≥15	≥20	≥30	≥30
	生均教学科研仪器设备值（元）	5 000	5 000	3 000	5 000	4 000	4 000
	生均适用图书数（册）	≥100	≥80	≥100	≥80	≥80	≥80

注：本设置标准根据教育部教发〔2006〕18 号文整理。

设置标准指标测算方法：

（1）全日制在校生数 = 本科生数 + 专科生数。

（2）生师比 = 全日制在校生数 / 教师总数（教师总数 = 专任教师数 + 不足一年的外聘教师数 ×0.5）。

（3）专任教师中具有研究生学历的教师的比例 =（具有研究生学历专任教师数 / 专任教师数）× 100%。

（4）专任教师中具有副高级职务以上的教师的比例 = 具有副高级以上职务的专任教师数 / 专任教师数。

（5）生均教学科研行政用房 =（教学及辅助用房面积 + 行政办公用房面积）/ 全日制在校生数。

（6）生均教学科研仪器设备值 = 教学科研仪器设备资产总值 / 全日制在校生数。

［3］教学科研仪器设备

指单价 800 元以上的仪器设备（不含实验台、桌、空调等）。

［4］普通高等学校基本办学条件指标合格标准及指标测算方法

普通高等学校基本办学条件指标合格标准（节录）

指标	学校类别					
	综合、师范、民族院校	工科、农、林院校	文史、财经、政法院校	医学院校	体育院校	艺术院校
百名学生配教学用计算机台数（台）	10	10	10	10	10	10
百名学生配多媒体教室和语音实验室座位数（个）	7	7	7	7	7	7
生均年进书量（册）	4	3	4	3	3	4

注：本标准摘自教育部教发〔2004〕2 号文。

办学条件指标测算方法：

（1）百名学生配教学用计算机台数 =（教学用计算机台数 / 全日制在校生数）×100

（2）百名学生配多媒体教室和语音实验室座位数 =（多媒体教室和语音实验室座位数 / 全日制在校生数）×100

（3）生均年进书量 = 当年新增图书量 / 全日制在校生数

※　电子类图书已在相关指标的定量中予以考虑，测算时均不包括在内。

［5］适用图书

指纸质图书，电子图书不包括在内；业务类期刊，按种类和年度装订成合订本，1 本算 1 册。

［6］四项教学经费

包括本专科生业务费、教学差旅费、体育维持费、教学仪器设备修理费四项。其内涵分别是：

本专科生业务费，包括专业建设、课程建设、教材建设等费用，进行实验、实习、毕业设计（论文）所需的各种原材料，低值易耗品及加工、运杂费，生产实习费，答辩费，资料讲义印刷费及学生讲义差价支出等。

教学差旅费，指教师进行教学调查、资料搜集、教材编审调研等业务活动的市内交通费、误餐费、外地差旅费。

体育维持费，指各种低值体育器械和运动服装的购置费、修理费，体育运动会费用，支付场地租金和参加校际以上运动会的教职工运动员的伙食补助费，以及公共体育教研室的业务性报纸、杂志、资料等零星费用。

教学仪器设备修理费，指教学仪器设备的经常维护修理费。

［7］培养方案

指学校关于教育教学质量、人才培养规格、教学过程组织、教学任务安排等总体设计和实施的基础性文件。主要内容一般包括指导思想、培养目标、规格要求、修业年限、课程设置、教学进程安排及必要的说明等。

［8］教育部令第 26 号

即《独立学院设置与管理办法》，由教育部制定并发布，自 2008 年 4 月 1 日起施行。这是制定本督导检查指标及要求的主要依据之一。

［9］教育部令第 26 号对理（董）事会的规定

第 25 条　独立学院设立理事会或者董事会作为独立学院的决策机构。理事会或者董事会由参与举办独立学院的普通高等学校代表、社会组织或者个人代表、独立学院院长、教职工代表等人员组成。理事会或者董事会中，普通高等学校的代表不得少于五分之二。理事会或者董事会由 5 人以上组成，设理事长或者董事长 1 人。理事长、理事或者董事长、董事名单报审批机关备案。

第 26 条　独立学院的理事会或者董事会每年至少召开两次会议。经三分之一以上组成人员提议，可以召开理事会或者董事会临时会议。理事会或者董事会会议应由二分之一以上的理事或者董事出席方可举行。

第 27 条　独立学院理事会或者董事会应当对所议事项形成记录，出席会议的理事或者董事和记录员应当在记录上签名。

第 28 条　独立学院理事会或者董事会会议作出决议，须经全体理事或者董事的过半数通过。但是讨论下列重大事项，须经理事会或者董事会三分之二以上组成人员同意方可通过：聘任、解聘独立学院院长；修改独立学院章程；制定发展规划；审核预算、决算；决定独立学院的合并、终止；独立学院章程规定的其他重大事项。

［10］师资队伍

指具有教师专业技术职务的人员，一般由独立学院专职专任教师、母体学校委派教师、独立学院聘请的兼职教师构成。

［11］专任教师

指具有高等教育教师资格证书、编制在独立学院或聘期两年（含）以上、承担教学工作的人员。其中专职专任教师是指编制在独立学院的人员。

［12］岗位资格

指具有讲师及以上职务（或同等专业技术职务）或具有硕士及以上学位的人员。新参加教学工作的人员须通过岗前培训并取得合格证书。

［13］教学文件

包括学院转发的教育部或市教委的教学文件、学院自行制定的教学文件（含人才培养方案、课程教学大纲、学期教学进程计划、课程表、学期教学工作计划和工作总结等）。

［14］教学档案

指在本科教学实践和管理活动中形成的具有保存价值的文字、数字、声像等信息资料。其内容一般包括教学文件档案、教务工作档案、教师业务档案、学生学习档案等。

［15］主要教学环节

指理论教学（如课堂教学）和实践教学（如实验、实习、社会实践、毕业设计、毕业论文等）两个方面，具体包括课程教学大纲（含实验大纲）编制、学期课程教学进度计划制定、备课（含教研室集体备课）教案编写、作业布置与阅改、课后辅导答疑、考试命题、阅卷评分与试卷分析、实习和实验指导、毕业设计（论文）选题、指导、答辩等环节。

附件 2：

2009 年北京市独立学院办学状况督导检查自评表

按照 2009 年北京市独立学院办学状况督导检查工作要求，为深入了解我市独立学院的办学情况，加强对独立学院的监督与管理，促进独立学院规范、健康发展，根据《2009 年北京市独立学院办学状况督导检查指标及要求》制定如下自评表，请学校根据自身实际情况，在自查过程中如实填写该表，填写前请仔细阅读相关的说明和备注。

1. 办学思想

1.1　学院设立时，学院章程是否报北京市教育委员会备案？请选择______（A. 是　B. 否）。学院正式成立以来，学院章程是否修改过？请选择______（A. 是　B. 否），若修改过，修改后的章程是否也已报北京市教育委员会备案？请选择______（A. 是　B. 否）。

1.2　学院是否有审批机关核发的办学许可证？请选择______（A. 是　B. 否）。

1.3　学院是否已按照国家有关规定办理了法人登记？请选择______（A. 是　B. 否），学院的法人代表是______（请填写姓名）。

1.4　学院是否有经理（董）事会批准的下述规划：

（1）学院教育事业发展规划　请选择______（A. 是　B. 否）。

（2）学科专业建设规划　请选择______（A. 是　B. 否）。

（3）师资队伍建设规划　请选择______（A. 是　B. 否）。

（4）校园建设规划　请选择______（A. 是　B. 否）。

2. 办学条件

2.1　基本办学条件

基本办学条件情况表

学年	校舍			仪器设备	图书		体育场地	四项教学经费			
	占地面积（万平方米）	校舍建筑面积（万平方米）	教学科研行政用房面积（万平方米）[1]	教学科研仪器设备值（万元）[2]	适用图书总数（册）[3]	年进书量（册）	运动场面积（平方米）	生均本科生业务费（元）[4]	生均教学差旅费（元）[5]	生均体育维持费（元）[6]	生均教学仪器设备修理费（元）[7]
2004—2005											
2005—2006											
2006—2007											
2007—2008											
2008—2009											
2009—2010											

说明：1. 该表从学校实际招生年份开始填写，其余年份留空即可。
2. 凡标有数字上标（如[1]）的指标，填写前请先参看下面备注中的具体界定。

备注：

[1] 教学行政用房，包括教学用房和行政用房两类。教学用房包括普通教室、语音室、计算机教室、多功能教室、多媒体教室、绘图绘画教室、实验室、图书馆、体育馆、体操房等教学用房和教学辅助用房，行政用房包括学院行政办公用房、教师工作室、会堂等。运动场、游泳池不含在内，另行。

[2] 教学科研仪器设备是指单价 800 元以上的仪器设备（不含实验台、桌、空调等）。

[3] 图书指纸质图书，电子图书不包括在内；业务类期刊，按种类和年度装订成合订本，1 本算 1 册。

[4] 本科生业务费，包括专业建设费、课程建设费、教材建设费等费用，进行实验、实习、毕业设计（论文）所需的各种原材料费，低值易耗品及加工、运杂费，生产实习费，答辩费，资料讲义印刷费及学生讲义差价支出等。

[5] 教学差旅费，指教师进行教学调查、资料搜集、教材编审调研等业务活动的市内交通费、误餐费、外地差旅费。

[6] 体育维持费，指各种低值体育器械和运动服装的购置费、修理费，体育运动会费用，支付场地租金和参加校际以上运动会的教职工运动员的伙食补助费，以及公共体育教研室的业务性报刊、资料等零星费用。

[7] 教学仪器设备修理费，指教学仪器设备的经常维护修理费。

2.2 学院各类校舍是否都有房屋产权证？请选择______（A. 是 B. 否）。

2.3 图书馆是否建有现代电子图书系统？请选择______（A. 是 B. 否）；图书馆是否建立了计算机网络服务体系？请选择______（A. 是 B. 否）。

2.4 学院是否有教学实习工厂和固定的生产实习基地？请选择______（A. 是 B. 否，选择B则直接跳至下一题）；教学实习工厂和生产实习基地是否能满足实践教学需要？请选择______（A. 是 B. 否）。

2.5 学院是否已建有校园网？请选择______（A. 是 B. 否）。

2.6 专业设置情况

专业设置情况表

专业名称	所属学科门类[1]	是否母体高校已有专业	开设起始年	在读学生数	生源类别[2]

说明：该表格可根据实际专业开设情况增（减）行。

备注：

[1] 根据教育部1998年颁布的《普通高等学校本科专业目录》，共有11个学科门类：哲学、经济学、法学、教育学、文学、历史学、理学、工学、农学、医学、管理学。

[2] 生源类别包括：理工类、文史类、艺术类。

2.7 学院的培养方案是否体现应用型人才培养目标？请选择______（A. 是 B. 否）。

学院的专业设置是否经过专门的调研论证？请选择______（A. 是 B. 否）。

3. 组织与运行

3.1 学院设立理（董）事会作为决策机构，实行理（董）事会领导下的院长负责制，理（董）事会共有______人组成，其中理（董）事长为______（请填写姓名），举办独立学院的普通高等学校代表有______人，社会组织或者个人代表有______人，教职工代表有______人。理（董）事会每年召开______次会议。

3.2　院级领导班子情况

院级领导班子情况表

职务	姓名	性别	年龄	学历	职称	曾任职务
院长						
党组织负责人						
副院长						
副院长						
副院长						

说明：该表中的“职务”可根据自身院级领导班子情况增改。

3.3　学院设有______个党支部，______个团支部。

3.4　学校是否建立了教职工代表大会制度？请选择______（A. 是　B. 否，选择B则直接跳至自评表下一部分）。

本届教职工代表中，专任教师代表所占比例为______%，具有高级职务教师代表所占比例为______%，青年教职工代表所占比例为______%，女教职工代表所占比例为______%。

教职工代表大会制度建立于______年，自建立以来，教代会共提交提案______件，提案处理落实率为______%。

4. 队伍建设

4.1　学院是否已建立了教师聘用和管理制度？请选择______（A. 是　B. 否）。

学院是否依法落实和保障教师的相关待遇和合法权益？请选择______（A. 是　B. 否）。

4.2　学院是否已建立了学生管理队伍建设的规章制度？请选择______（A. 是　B. 否）。

4.3　教师与学生管理队伍情况

教师与学生管理队伍情况表

学年	教师总数（人）[1]	其中来自母体高校的教师数（人）	专任教师				主讲教师		辅导员数（人）
			专任教师总数（人）[2]	其中专职专任教师数（人）[3]	具有研究生学位者数（人）	具有高级职务者数（人）[4]	主讲教师总数（人）	符合岗位资格者数（人）[5]	
2004—2005									
2005—2006									
2006—2007									
2007—2008									
2008—2009									
2009—2010									

说明：

1. 该表从学校实际招生年份开始填写，其余年份留空即可。
2. 凡标有数字上标（如［1］）的指标，填写前请先参看下面备注中的具体界定。

备注：

［1］教师总数＝专任教师数＋不足一年的外聘教师数 × 0.5

［2］专任教师，指具有高等教育教师资格证书、编制在独立学院或聘期两年（含）以上、承担教学工作的人员。

［3］专职专任教师，指编制在独立学院的专任教师。

［4］具有高级职务者，指具有副高级以上职务的专任教师。

［5］符合岗位资格者，指具有讲师及以上职务（或同等专业技术职务）或具有硕士及以上学位的人员。新参加教学工作的人员须通过岗前培训并取得合格证书。

5. 办学秩序与管理

5.1　学院是否研究制定了按《独立学院设置与管理办法》的要求重新申请考察验收的五年期工作规划？请选择______（A. 是　B. 否）

5.2　学院每年的招生简章和广告样本是否都及时报北京市教育委员会备案？请选择______（A. 是　B. 否）

学院是否建立了专门的招生管理规章制度？请选择______（A. 是　B. 否）

5.3　学院是否设有专门的毕业生就业指导服务机构？请选择______（A. 是　B. 否）

学院是否开通了学生就业信息网？请选择______（A. 是　B. 否）

学院是否开设就业指导必修课？请选择______（A. 是　B. 否）

学院是否每年举办校园“双选会”？请选择______（A. 是　B. 否）

2008学年，学院有______位专职就业指导教师，有______位专职就业工作人员，学院的生均就业工作专用场所面积达到______平方米。

5.4　学院是否按《普通高等学校学生管理规定》制定了学校的学籍管理制度？请选择______（A. 是　B. 否）

该制度是否已在北京市教育委员会备案？请选择______（A. 是　B. 否）

学院是否建立了学生学籍学历管理平台？请选择______（A. 是　B. 否）。

5.5　学院是否制定了完善的学生奖励机制？请选择______（A. 是　B. 否）

学院是否制定了家庭经济困难学生资助制度？请选择______（A. 是　B. 否）

学院为家庭经济困难学生提供的资助方案包括________________________（请根据学校实际情况填写，如助学金、奖学金、勤工俭学等）。

5.6　学院是否成立了学生申诉处理委员会？请选择______（A. 是　B. 否）

学院是否建立了完备的学生违纪处分程序？请选择______（A. 是　B. 否）。

5.7　学院是否已按照国家有关规定提出学士学位授予资格的申请？请选择______（A. 是　B. 否）

学院是否已取得学士学位授予资格？请选择______（A. 是　B. 否）。学院已毕业学生的毕业证书以________________________名称具印（尚无毕业生的学校，该问留空）。

5.8　办学以来，学院是否受到过违纪行政处罚？请选择______（A. 是　B. 否，选择B则直接跳至表5.6），学院是于______年受的________________________（请填写行政处罚类型）。

5.9 招生情况

招生情况表

学年	招生数（人）					招生省份数（个）	招生专业数（个）	学生实际报到率（%）
	总招生数				其中北京招生数			
	总计	理工类	文史类	艺术类				
2004—2005								
2005—2006								
2006—2007								
2007—2008								
2008—2009								
2009—2010								

说明：请结合学校实际情况填写，没有招生的年份留空即可。

5.10 学生情况

学生情况表

学年	在校生数（人）				在校生中家庭经济困难学生数（人）	困难学生平均资助金额（元/学年）	班级数（个）	毕业生情况				
	总数	理工类	文史类	艺术类				学位授予人数（人）	毕业生数（人）	结业生数（人）	肄业生数（人）	延期毕业学生数（人）
2004—2005								/	/	/	/	/
2005—2006								/	/	/	/	/
2006—2007								/	/	/	/	/
2007—2008												
2008—2009												
2009—2010								/	/	/	/	/

说明：请结合学校实际情况填写，没有在校生的年份留空，尚无毕业生的学校“毕业生情况”留空。

5.11　毕业生就业情况

毕业生就业情况表

学年	毕业生数（人）	毕业生就业率（%）	各种就业类型的人数（人）			
			就业	自主创业	考取研究生	出国留学或工作
2007—2008						
2008—2009						

说明：尚无毕业生的学校不填写该表。

6. 资产与财务

6.1　学院由____________________（普通高等学校）与____________________合作举办。参与举办学校的普通高校投入资金__________万元，占举办学校总资金的______%（注：普通高等学校投入办学的无形资产，应当依法作价）；举办者投入资金__________万元，占举办学校总资金的__________%。

6.2　母体高校投入办学的无形资产是否委托具有资产评估资质的评估机构进行了评估？请选择______（A. 是　B. 否）

无形资产占办学总投入的比例，是否由合作办学双方按照国家法律、行政法规的有关规定予以约定？请选择______（A. 是　B. 否）

是否依法办理了有关手续？请选择______（A. 是　B. 否）。

6.3　学院举办者的出资是否已过户到独立学院名下？请选择______（A. 是　B. 否）。

6.4　学院是否单独设置会计机构？请选择______（A. 是　B. 否）

学院有______位专职财会人员，其中有______位具有会计业务资格证书。

6.5　学院收费情况

学院收费情况表

年度	学费（元/学年/人）[1]			住宿费（元/学年/人）[1]	年[2]教学经费支出占该年学费总额的比例（%）[3]	年[2]教学经费支出占该年总支出的比例（%）
	理工类	文史类	艺术类			
2004						
2005						
2006						

续表

年度	学费（元/学年/人）[1]			住宿费（元/学年/人）[1]	年[2]教学经费支出占该年学费总额的比例（%）[3]	年[2]教学经费支出占该年总支出的比例（%）
	理工类	文史类	艺术类			
2007						
2008						
2009						

说明：请结合学校实际情况填写，没有招生的年份留空即可。

备注：

[1] 表格第2—5列的数据按学年统计填写，例如“2004”指的是“2004—2005学年”。

[2] 表格这两列中的“年”都是指会计年度。

[3] 教学经费支出包括：1. 教学业务费（实验费、实习费、毕业设计或毕业论文费、讲义资料费等教学业务活动费用，不包括教师课酬及房屋租金）；2. 教学差旅费；3. 体育维持费；4. 教学仪器设备购置费；5. 教学仪器设备修理费；6. 图书资料购置费。

7. 安全与稳定

7.1　学院是否建立了安全稳定规章制度？请选择______（A. 是　B. 否）

是否形成了理（董）事会领导、法定代表人为安全稳定工作第一责任人、齐抓共管、职能部门统一管理、各部门分工负责的安全稳定工作责任体系？请选择______（A. 是　B. 否）。

学院是否单独设置安全保卫工作机构？请选择______（A. 是　B. 否）

学院有______名专职保卫干部，有______位公安机关所属保安公司的正规保安人员。

7.2　学院是否开设安全教育课？请选择______（A. 是　B. 否）

学院每年开展______次安全教育活动。

7.3　学院的安全防范基础设施是否齐全、有效？请选择______（A. 是　B. 否）

学院每年的安全稳定工作经费是否得到保障？请选择______（A. 是　B. 否）。

7.4　学院办学以来，发生过______起重大安全事故，______起重大刑事、治安案件，______起影响社会稳定的不安定事件。

7.5　学院是否制定了卫生制度？请选择______（A. 是　B. 否）

学院有______名专职的后勤卫生管理人员

学院是否制定了学生食堂卫生与安全保障措施？请选择______（A. 是　B. 否）

学院是否制定了学生宿舍卫生与安全保障措施？请选择______（A. 是　B. 否）。

7.6　学院是否有健全、运转有效的突发事件处置机构？请选择______（A. 是

B. 否）

学院的突发事件是否都及时准确地报送北京市教育委员会？请选择__________（A. 是　B. 否）。

学院公章：

填表日期：

附件 3：

2009 年北京市独立学院办学状况自评报告（格式）

一、标题

某某学院 2009 年办学状况自评报告。

字体要求：二号标宋。

二、正文内容

前言：简述自评工作组织情况。

第一部分：对照督导检查指标体系，梳理和总结学校成立以来的各项工作进展情况。

第二部分：对照督导检查指标体系，深入总结学院在办学及发展中存在哪些突出问题和差距。

第三部分：依据有关教育法律法规的规定和教育部、市委市政府的有关文件精神，对应存在的问题和差距，提出学院下一步工作思路和工作举措。

字体要求：正文部分用三号字，其中标题可用黑体，第二层标题可用楷体，其他用仿宋。

三、落款和成文日期要求

落款需注明成文日期，并加盖独立学院公章。

四、用纸和排印要求

采用国际标准 A4 型纸，每页 22 行，每行 28 字，左侧装订。

北京市机构编制委员会办公室
关于同意设立北京市教育督导与教育质量评价研究中心的函

京编办事〔2010〕13号

市教委：

你委《关于设立北京市教育督导与教育质量评价研究中心的函》(京教函〔2009〕519号)收悉。经研究，现函复如下：

一、同意成立北京市教育督导与教育质量评价研究中心，为北京教育科学研究院内设机构，业务接受市教委和市政府教育督导室的领导，编制12名，所需编制由北京教育科学研究院内部调剂，同时核增处级领导职数1正1副。调整后，北京教育科学研究院内设机构由原有18个增至19个，处级领导职数由原有52名增至54名。

二、北京市教育督导与教育质量评价研究中心的主要职责是：受市教委和市政府教育督导室委托，开展教育督导与教育质量监测评价的研究工作；研究开发教育质量监控工具；管理和维护北京教育督导与教育评价数据库；承担本市教育督导与教育质量评价的事务性工作；为相关部门提供理论和信息咨询服务。

北京市机构编制委员会办公室

2010年2月9日

北京市机构编制委员会办公室
关于同意为市政府教育督导室增加机构编制的函

京编办行〔2010〕77号

市教委：

你委《关于市政府教育督导室增加行政编制和内设机构的函》(京教函〔2010〕349号)收悉。为进一步加强我市教育督导工作，经研究，现函复如下：

一、同意为市政府教育督导室增设综合处，为市政府教育督导室正处级内设机构，核增行政编制4名，核定处级领导职数1正1副。

综合处的主要职责是：综合负责协调市政府教育督导室政务工作；组织协调对本市教育工作贯彻执行教育法律法规情况的督导检查工作；依照教育法律法规规定，组织实施对民办教育等其他教育的督导检查工作；组织协调对本市教育工作中的重大问题进行调查研究，开展教育督导工作的科学研究工作。

二、同意为市政府教育督导室督导二处核增行政编制1名。

三、明确市政府教育督导室督导一处的主要职责是：负责全市基础教育督导检查与评价工作；起草有关基础教育督导与评价方案和其他相关文件；组织对义务教育均衡发展状况和教育教学质量情况的督导检查；负责义务教育实施情况监测工作；依照教育法律法规规定，组织实施对基础教育的督导检查工作；指导区县开展基础教育督导工作。

督导二处的主要职责是：负责本市中等职业教育与成人教育督导检查与评价工作；起草有关中等职业教育与成人教育督导评价方案和其他相关文件；依照教育法律法规规定，组织实施对中等职业教育与成人教育的督导检查工作，会同有关部门对技工学校工作进行督导检查；指导区县及市属有关部门开展中等职业教育与成人教育督导工作。

调整后，市委教工委和市教委机关行政编制从228名增至233名，处级领导职数从30正51副增至31正52副(其中，市政府教育督导室行政编制从11名增至16名，处级领导职数从2正2副增至3正3副)。

北京市机构编制委员会办公室

2010年6月30日

北京市人民政府教育督导室
关于北京市义务教育实施与均衡发展情况
监测统计工作的通知

京督导〔2010〕50 号

各区县人民政府、燕山地区办事处：

为做好 2010 年北京市九年义务教育实施及均衡发展情况监测统计工作，依据《中华人民共和国义务教育法》和市委、市政府《关于进一步推进义务教育均衡发展的意见》的精神，经北京市统计局批准，市政府教育督导室将对各区县 2009—2010 年度九年义务教育实施情况及均衡发展情况进行监测。通知如下：

一、监测对象

根据《中华人民共和国义务教育法》和《北京市实施〈中华人民共和国义务教育法〉办法》第七章的规定，本监测统计对象为本市各区县人民政府及其相关部门，本市实施义务教育阶段学校。

二、监测内容

2010 年各区县九年义务教育实施情况及均衡发展情况监测工作，按照北京市统计局批准的《北京市义务教育实施情况及均衡发展状况监测统计表》进行填报。

报表格式分为区县报表和学校报表。区县报表由区县政府组织相关部门进行统计填报，学校报表由区县教委组织学校进行统计填报。

三、监测工作程序

（一）区县报表。请于 2010 年 11 月 30 日前，由各区县政府组织本区县教委及有关部门，依据监测指标统计、测算本学年度（2009—2010 学年度，财政年度 2009 年度）全区县情况并填写监测统计表，经区县政府有关负责人审核签字并盖章后，将文本报表（2 份）上报市政府教育督导室督导一处。同时通过北京市教育督导网站进行电子填报。

（二）学校报表。请于 2010 年 11 月 30 日前，由各区县教委组织所属义务教育阶段学校，依据监测指标统计、测算本学年度（2009—2010 学年度，财政年度 2009 年度）学校情况，通过北京市教育督导网站进行电子填报。

（三）2010 年 12 月 15 日前，市政府教育督导室将对各区县上报的监测统计表进行抽查、核实并进行分析，编制、撰写本市九年义务教育实施情况及均衡发展状况监测统计表和监测报告。

四、监测工作要求

（一）本工作是对我市实施九年义务教育和推进义务教育均衡发展工作的全面监测，是保障教育优先发展、促进公平、提高质量的重要措施，各区县要高度重视，安排专人负责，提供必要的经费及设备，保证此项工作顺利实施。

（二）坚持实事求是和严谨务实的工作作风，严格按监测指标要求，确保统计、测算及上报数据真实准确。凡与其他教育统计报表相关的项目和数据，要认真核实，避免同一项目出现多口径数据。

（三）各区县政府及教委要严格按照报表时间，认真组织和培训相关部门及学校的填报人员，按时上报数据。

附件：北京市义务教育实施情况及均衡发展状况监测统计报表制度

北京市人民政府教育督导室

2010 年 8 月 26 日

附件：

北京市义务教育实施情况及均衡发展状况监测统计报表制度

一、总说明

为了进一步促进全市义务教育健康持续发展，依据《中华人民共和国义务教育法》和市委市政府《关于进一步推进义务教育均衡发展的意见》的精神，市政府教育督导室开展对区县九年义务教育实施情况及均衡发展状况进行监测工作。

各区县及学校所填报的数据，将直接关系到能否准确反映北京市及各区县义务教育实施情况及均衡发展状况，为保证数据的真实准确，请各区县及学校严格按照本监测报表制度规定的各项指标内涵，认真填报相应数据，按时完成统计任务。

（一）统计内容

本监测报表分为区县报表和学校报表。

区县报表主要内容包括：义务教育普及程度、干部教师情况、教育质量、教育经费、残疾儿童少年入学情况、流动儿童少年接受义务教育情况、义务教育阶段民办学校教师情况等。

学校报表主要内容包括：学校概况、学校义务教育经费保证情况、办学条件、校级干部、教师情况、学生体质健康情况、义务教育完成情况等进度描述情况。

（二）统计范围

本监测报表统计范围为全市各区县政府（教育行政部门）和义务教育阶段所有中小学校。

（三）数据来源

本监测报表数据来源于全市各区县政府（教育行政部门）和全市义务教育阶段所有中小学校。

（四）具体要求

1. 各区县及学校应加强和规范统计基础工作，按照本监测报表制度规定的统计范围、统计口径填报统计数据，做到数出有据，计算准确，指标填报完整。

2. 报表其他内容也要填写完整，不得遗漏项目，包括单位负责人、填表人、联系电话、填表日期等。

3. 各单位要确保统计资料按时上报，要严格遵守本监测报表制度规定的报送时间。

4. 本监测报表制度采用全市统一格式，各单位必须严格执行，不得自行更改。

5. 报送方式。执行本监测报表制度的各单位，登录北京市教育督导网（http://bjjydd.gov.cn）直接填报，并按规定留存填报内容和填报依据。各区县政府同时将经区县政府有关负责人审核签字并盖章后的纸介质报表上报北京市政府教育督导室。

二、报表目录

表号	报表名称	报告期别	统计范围	报送单位	报送时间及方式
京教督统 1 表	北京市义务教育实施情况及均衡发展状况监测统计表（区县报表）	年报	全市各区县政府（教育行政部门）	全市各区县政府（教育行政部门）	每年 11 月 30 日前网上（http://bjjydd.gov.cn）填报，同时将纸介质报表报送给北京市人民政府教育督导室
京教督统 2 表	北京市义务教育实施情况及均衡发展状况监测统计表（学校报表）	年报	全市义务教育阶段所有中小学校	全市义务教育阶段所有中小学校	每年 11 月 30 日前网上（http://bjjydd.gov.cn）填报

北京市义务教育实施情况及均衡发展状况监测统计表（区县报表）

表　　号：京教督统 1 表
制定机关：北京市人民政府教育督导室
批准文号：京统函〔2010〕136 号
有效期限：至 2011 年 12 月 31 日

区县名称（盖章）：　　　　（　　/　　学年度）

1	入学情况	学年初小学适龄儿童人口数（人）		小学适龄儿童入学人数（人）		小学适龄人口入学率（%）	
		学年初适龄女童人口数（人）		适龄女童入学人数（人）		女童入学率（%）	
		学年初初中适龄人口数（人）		初中适龄人口入学人数（人）		初中阶段入学率（%）	
		学年初残疾儿童少年适龄人口数（人）		残疾儿童少年适龄人口入学人数（人）		残疾儿童少年入学率（%）	
2	辍学情况	学年初小学在校生数（人）		本学年辍学生数（人）		小学年辍学率（%）	
		学年初初中在校生数（人）		本学年辍学生数（人）		初中年辍学率（%）	
		本届初一在校生人数（人）		本届初中生三年辍学生数（人）		初中届辍学率（%）	
3	学籍教育完成情况	13 周岁人口数（人）		学满小学六年人数（人）		13 周岁人口初等教育完成率（%）	
		16 周岁人口数（人）		学满小学初中九年人数（人）		16 周岁人口初中教育完成率（%）	
4	小学校级干部、教师基本情况	小学校级干部人数（人）		大专学历人数（人）		占校级干部人数比率（%）	
				大本（含以上）学历人数（人）			
				中级职称人数（人）			
				高级职称人数（人）			
				取得校长《岗位培训证书》人数（人）			
				参加过校长提高培训人数（人）			

续表

4	小学校级干部、教师基本情况	小学专任教师人数（人）		中师高中学历人数（人）		占专任教师人数比率（%）	
				大专学历人数（人）			
				大本（含以上）学历人数（人）			
				中级职称人数（人）			
				高级职称人数（人）			
				区级骨干人数（含学科带头人）（人）			
				市级骨干人数（含学科带头人）（人）			
				按规定要求完成继续教育人数（人）			
				有市、区级骨干教师（含学科带头人）的校数（个）		占小学校数（不含村小）比率（%）	
				达到区中级职称人数平均比率的校数（个）		占小学校数（不含村小）比率（%）	
				达到区高级职称人数平均比率的校数（个）		占小学校数（不含村小）比率（%）	
				达到市、区级骨干人数平均比率的校数（个）		占小学校数（不含村小）比率（%）	
5	初中校级干部、教师基本情况	初中校级干部人数（人）		大专学历人数（人）		占校级干部人数比率（%）	
				大本学历人数（人）			
				研究生学历人数（人）			
				高级职称人数（人）		占校级干部人数比率（%）	
				取得校长《岗位培训证书》人数（人）			
				参加过校长提高培训人数（人）			

续表

5	初中校级干部、教师基本情况	初中专任教师人数（人）		大专学历人数（人）		占专任教师人数比率（%）	
				大本学历人数（人）			
				研究生学历人数（人）			
				中级职称人数（人）			
				高级职称人数（人）			
				区级骨干人数（含学科带头人）（人）			
				市级骨干人数（含学科带头人）（人）			
				按规定要求完成继续教育人数（人）			
				有市、区级骨干教师（含学科带头人）的校数（个）		占初中学校校数比率（%）	
				达到区高级职称人数平均比率的校数（个）		占初中学校校数比率（%）	
				达到市、区级骨干人数平均比率的校数（个）		占初中学校校数比率（%）	
6	毕业情况	小学毕业年级学生数（人）		领取毕业证书学生数（人）		小学毕业率（%）	
		初中毕业年级学生数（人）		领取毕业证书学生数（人）		中学毕业率（%）	
7	体育及体质健康基本情况	小学在校生人数（人）		在校生近视人数（人）		近视率（%）	
				达到《学生体质健康标准》及格标准学生数（人）		小学《学生体质健康标准》达标率（%）	
		初中在校生人数（人）		在校生近视人数（人）		近视率（%）	
				达到《学生体质健康标准》及格标准学生数（人）		初中《学生体质健康标准》达标率（%）	

续表

7	体育及体质健康基本情况	小学校数（不含村小）（个）		达到《北京市健康促进学校标准》的校数（个）		达到“市健康促进校”比率（%）	
				保证学生每天一小时体育活动时间的校数（个）		占小学校的比率（%）	
				各年级开足体育课的校数（个）		占小学校的比率（%）	
		初中学校校数（个）		达到《北京市健康促进学校标准》的校数（个）		达到“北京市健康促进校”比率（%）	
				保证学生每天一小时体育活动时间的校数（个）		占初中校的比率（%）	
				各年级开足体育课的校数（个）		占初中校的比率（%）	
8	违法犯罪情况	初中在校生人数（人）		有违法犯罪行为的学生数（人）		初中生违法犯罪率（%）	
9	区县财政经常性收入（万元）			比上一年增长比例（%）			
	预算内教育经费拨款（万元）	比上一年增长比例（%）		其中：教育事业费拨款（万元）		比上一年增长比例（%）	
	教育费附加款（万元）			比上一年增长比例（%）			
	区县财政支出总额（万元）	预算内教育经费拨款（含城市附加）（万元）		占财政支出比例（%）		比上一年提高百分点	
10	预算内普通教育事业费支出	总额（万元）		公用经费占总额的比例（%）		比上一年提高百分点	
		其中：公用经费（万元）					
	预算内小学生年均教育事业费	小学生年均教育事业费（元）				比上一年增加额（元）	
		其中：生年均公用经费（元）				比上一年增加额（元）	
	预算内初中生年均教育事业费	初中生年均教育事业费（元）				比上一年增加额（元）	
		其中：生年均公用经费（元）				比上一年增加额（元）	

续表

<table>
<tr><td rowspan="2">11</td><td rowspan="2">用于义务教育阶段校长和教师培训、继续教育经费</td><td>义务教育校长培训人均经费（元）</td><td colspan="6"></td><td>上一年数额（元）</td><td></td></tr>
<tr><td>义务教育教师继续教育人均经费（元）</td><td colspan="6"></td><td>上一年数额（元）</td><td></td></tr>
<tr><td rowspan="2">12</td><td rowspan="2">新增教育经费用于农村校和办学相对困难学校改造经费</td><td>用于办学相对困难学校改造经费数额（元）</td><td colspan="6"></td><td>上一年数额（元）</td><td></td></tr>
<tr><td>用于农村校改造经费数额（元）</td><td colspan="6"></td><td>上一年数额（元）</td><td></td></tr>
<tr><td rowspan="2">13</td><td rowspan="2">义务教育阶段特殊教育学校、班及随班就读生均公用经费</td><td>特殊教育学校或班生均预算内公用经费数额（元）</td><td colspan="6"></td><td>上一年数额（元）</td><td></td></tr>
<tr><td>特殊教育学校随班就读生均预算内公用经费数额（元）</td><td colspan="6"></td><td>上一年数额（元）</td><td></td></tr>
<tr><td>14</td><td>区县财政教育基建拨款（万元）</td><td colspan="9"></td></tr>
<tr><td>15</td><td>区县有办学许可证民办校数</td><td colspan="4">（个）</td><td colspan="3">无办学许可证民办校数</td><td colspan="2">（个）</td></tr>
<tr><td rowspan="3">16</td><td rowspan="3">流动儿童少年入学情况（人）</td><td rowspan="3">流动儿童少年适龄人口数（人）</td><td rowspan="3"></td><td rowspan="3">入学人数</td><td rowspan="3"></td><td>在公办校人数（人）</td><td></td><td>占入学人数比率（%）</td><td></td><td rowspan="3">流动儿童少年接受义务教育比率（%）</td><td rowspan="3"></td></tr>
<tr><td>在有办学许可证民办校人数（人）</td><td></td><td>占入学人数比率（%）</td><td></td></tr>
<tr><td>在无办学许可证民办校人数（人）</td><td></td><td>占入学人数比率（%）</td><td></td></tr>
</table>

续表

17	在有办学许可证民办校流动儿童少年的流动情况	本学年初小学在校生数（人）		本学年末小学在校生数（人）		本学年小学生流动人数（人）		本学年小学学生流动比率（%）	
		本学年初初中在校生数（人）		本学年末初中在校生数（人）		本学年初中学生流动人数（人）		本学年初中学生流动比率（%）	
18	在有办学许可证民办校中有本市户籍儿童少年情况	本学年初（本市户籍）小学在校生数（人）				本学年末（本市户籍）小学在校生数（人）			
		本学年初（本市户籍）初中在校生数（人）				本学年末（本市户籍）初中在校生数（人）			
19	接受流动儿童少年的有办学许可证民办校初中、小学教师持证上岗情况	小学专任教师人数（人）		取得教师资格证书人数（人）				占小学专任教师人数比率（%）	
		初中专任教师人数（人）		取得教师资格证书人数（人）				占初中专任教师人数比率（%）	

单位负责人：　　填表人：　　联系电话：　　填表日期：　　年　　月　　日

说明：

1. 统计范围：全市各区县政府（教育行政部门）。
2. 报送时间及方式：每年 11 月 30 日前网上（http://bjjydd.gov.cn）填报，同时将纸介质报表报送给北京市人民政府教育督导室。
3. 本表财务、比率、百分点指标保留两位小数，其余指标一律取整数。

北京市义务教育实施情况及均衡发展状况监测统计表（学校报表）

表　　号：京教督统 2 表
制定机关：北京市人民政府教育督导室
批准文号：京统函〔2010〕136 号
有效期至：2011 年 12 月 31 日

学校名称（盖章）：
学校类型：
区域类别：　　　　（　　/　　学年度）

指标名称	计量单位	代码	本学年度	指标名称	计量单位	代码	本学年度
甲	乙	丙	1	甲	乙	丙	1
教学班数	个	01		现有图书数	万册	20	
在校学生人数	人	02		学生用于计算机台数	台	21	
其中：义务教育阶段在校学生人数	人	03		专任教师用计算机台数	台	22	
义务教育专任教师人数	人	04		校级干部总人数	人	23	
教育经费总支出	万元	05		其中：具有高级职务人数	人	24	
其中：预算内教育经费支出	万元	06		其中：具有合格学历专任教师人数	人	25	
学校公用经费支出	万元	07		其中：具有高于规定学历教师人数	人	26	
其中：预算内学校公用经费支出	万元	08		专业对口教师人数	人	27	
教师年人均工资数额	万元	09		具有高级职务教师人数	人	28	
班额超标班数	个	10		市级骨干教师人数	人	29	
学校占地面积	平方米	11		区级骨干教师人数	人	30	
学校建筑面积	平方米	12		应届小学、初中入学人数	人	31	

续表

指标名称	计量单位	代码	本学年度	指标名称	计量单位	代码	本学年度
甲	乙	丙	1	甲	乙	丙	1
学生运动场地面积	平方米	13		小学、初中按时完成义务教育人数	人	32	
危房面积	平方米	14		达到体质健康合格以上学生数	人	33	
实有专用教室数	个	15		初中毕业年级学生人数	人	34	
教学仪器设备总值	万元	16		取得初中毕业证书人数	人	35	
其中：音乐教学器材值	万元	17		应届初中辍学人数	人	36	
体育教学器材值	万元	18		违法犯罪学生人数	人	37	
美术教学器材值	万元	19					

单位负责人：　　填表人：　　联系电话：　　填表日期：　　年　　月　　日

说明：

1. 统计范围：全市义务教育阶段所有中小学校。
2. 报送时间及方式：每年 11 月 30 日前网上（http://bjjydd.gov.cn）填报。
3. 本表财务、面积指标保留两位小数，其余指标一律取整数。

三、填报说明及主要指标解释

（一）《北京市义务教育实施情况及均衡发展状况监测统计表（区县报表）》（京教督统 1 表）

1. 入学情况

学年初小学、初中适龄人口数，残疾儿童少年人口数，流动儿童少年人口数，在校生数，入学率，接受义务教育比率填写本学年初的数字。

小学适龄人口：指有本市户籍在本区县常住人口的 6 至 12 周岁儿童少年。

初中适龄人口：指有本市户籍在本区县常住人口的 12 至 15 周岁儿童少年。

残疾儿童少年适龄人口：指有本市户籍在本区县常住人口的 7 至 16 周岁儿童少年。

小学、初中入学人数：指有本市户籍的常住人口，在本区县、外区县或外地上学的学生人数。

入学率 = 入学人数 ÷ 适龄人口数 ×100%

2. 辍学情况

小学、初中在校生数：指有本市户籍的且有本区县学籍的学生。

学年初小学、初中在校生数填写本学年初的数字。本学年辍学生数填写本学年初至本学年末总计全学年的辍学生数。本届初一在校生数填写本学年度应届初中毕业生在初一入学时的人数。本届初中生三年辍学生数填写本届学生从入学到毕业期间辍学生总数。辍学学生指正常的毕业（结业）、升级、留级、转学、死亡和办理休学手续以外，其他所有中途不再上学而离开学校的学生。

年辍学率 = 本学年辍学生数 ÷ 本学年初在校生数 ×100%

届辍学率 = 本届三年辍学生数 ÷ 本届初一在校生数 ×100%

3. 完成情况

13 周岁、16 周岁人口数：指本学年末在校生满 13 周岁、16 周岁的人口数。

13（16）周岁人口初等（初中）教育完成率 = 学满小学 6 年（小学初中九年）人数 ÷ 13（16）周岁人口数 ×100%

4.（含第 5 条）小学、初中校级干部、教师基本情况

小学、初中校级干部教师人数、达到某项指标的人数（校数）填写本学年末人数（校数）。按规定完成继续教育人数指 2006 年 9 月 5 日—2010 年 9 月 5 日完成的人数。

校级干部：指学校正、副校级干部。中级职称指小学高级和中学一级，高级职称指小学中高和中学高级。

干部（专任教师）学历人数比率＝达到学历人数÷干部（专任教师）人数×100%

区专任教师中（高）级职称人数比率＝教师具有中（高）级职称人数÷教师总数×100%

区级骨干教师人数比率＝具有区级骨干教师人数÷教师总数×100%

其他人数比率的计算方法与上述公式类同。

达到区中（高）级职称人数平均比率的校数比率＝达到区中（高）级人数平均比率的校数÷学校总数×100%（小学以完小为统计单位）

达到市区级骨干教师人数平均比率的校数比率＝达到市区级骨干教师人数平均比率的校数÷学校总数×100%（小学以完小为统计单位）

5. 毕业情况

填写本学年末的数字。

毕业率＝领取毕业证书学生数÷毕业年级学生数×100%

6. 体育及体质健康基本情况

填写本学年末的数字。

《学生体质健康标准》达标率＝达到《学生体质健康标准》及格标准的学生数÷在校生数（不含免体学生人数）×100%

达到某项指标的校数比率＝达到某项指标的校数÷学校校数×100%

7. 违法犯罪情况

有违法犯罪行为的学生指受到公安部门拘留（含）以上处理的学生。初中在校生数填写本学年初的人数。有违法犯罪行为的学生数填写本学年度的总数。

初中生违法犯罪率＝有违法犯罪行为学生人数÷初中在校生数×100%

8. 教育经费基本情况

教育经费的有关数字均填写上一年度末的数字。普通教育指中小学、幼儿园、特殊教育，不含职业教育。

比上一年增长比例＝（去年的数字－前年相应的数字）÷前年相应的数字×100%

比上一年增长数＝去年的数字－前年的数字

预算内教育经费拨款占财政支出比例＝预算内教育经费拨款数÷区县财政支出总额×100%

公用经费占总额的比例＝预算内普通教育事业费中的公用经费÷预算内普通教育事业费支出总额×100%

预算内小学（初中）生年均教育事业费＝预算内普通教育事业费中用于小学（初中）的部分÷去年小学（初中）在校学生数

预算内小学（初中）生年均公用经费 = 预算内普通教育事业费中用于小学（初中）的公用部分 ÷ 去年的小学（初中）在校学生数

新增教育经费用于农村校和办学相对困难学校改造经费：专指用于两类学校的校舍改造、专项设备投入、干部教师培训的单独经费拨付，不含学校的正常教育经费。

9. 区县有（无）办学许可证民办校

填写本学年末的数字。

有（无）办学许可证民办校数指学历教育的中小学。

10. 流动儿童少年入学情况

填写本学年初的数字。

流动儿童少年适龄人口：指 6 至 16 周岁在本区县内暂住但没有本市常住户口的中国儿童少年。

流动儿童少年入学人数：指暂住在本区县而上学在本区县、外区县或外地的学生。

占入学人数比率（三个）= 分别在公办校、有办学许可证民办校、无办学许可证民办校的人数 ÷ 流动儿童少年入学人数 × 100%

流动儿童少年接受义务教育比率 = 流动儿童少年入学人数 ÷ 流动儿童少年适龄人口数 × 100%

11. 流动儿童少年的流动情况

流动儿童少年小学、初中在校生数指在本区县就读的学生。

本学年度学生流动比率 = 本学年度学生流动人数 ÷ 本学年初在校生数 × 100%

12. 初中、小学教师持证上岗情况

填写学年初的数字。

取得教师资格证书人数比率 = 取得教师资格证书人数 ÷ 专任教师人数 × 100%

（二）《北京市义务教育实施情况及均衡发展状况监测统计表（学校报表）》（京教督统 2 表）

填写学校报表的单位原则上指财务管理独立核算的普通中小学校。

隶属高校管理的高校附属中小学计入在内，民办校和体制改革试点校已正式转为民办校的不计入在内。

属于农村中心小学的“农村完小”作为义务教育的办学实体，视为财务管理独立核算单位，列为统计学校。

学校填报的数据一般以 2010 年 9 月为限（2010 年上报市教委规划统计的数据可用）。

学校填报的有关财务的数据以 2009 年财政年度决算为依据。

学校名称：要与学校公章一致，分校要注明。

学校类型：指小学、初中、九年一贯制、十二年一贯制、完全中学等五类学校。

区域类别：指城市、县镇和农村等三类区域，填写类别要与区县教委规划统计部门上报市教委规划处的学校区域类别一致。

教学班数：指学校所有教学班的总数，完全中学、十二年一贯制学校含高中教学班数。

在校学生人数：指在校就读并具有本校学籍的学生总数。

义务教育阶段在校学生人数：指完全中学、十二年一贯制学校中初中部、小学部在校就读，并具有本校学籍的学生总数。

义务教育专任教师人数：指在义务教育阶段教学一线岗位任教，包括跨学段的兼职教师，并且人事关系在本校的教师人数。

教育经费总支出：指学校本年度所有教育经费支出数额。

预算内教育经费支出：指学校预算内教育经费支出数额（预算内教育经费支出 = 区县财政投入 + 本校支出该项经费的数额）。

学校公用经费支出：指学校本年度所有公用经费支出数额。

预算内学校公用经费支出：指学校本年度预算内公用经费支出数额（预算内学校公用经费支出 = 区县财政投入 + 本校支出该项经费的数额）。

教师年人均工资数额：包括列入教师工资系列的全体人员；"年工资"包括学校发给、由教师本人自主支配的基本工资、结构工资、津贴、补助、劳务费、加班费、奖金等。

班额超标：指学校教学班人数超过《北京市中小学办学条件标准》规定的 40 人，即为超班额。

学校占地面积：学校实际占有土地的面积。

学校建筑面积：学校所有建筑物的实际面积。

学生运动场地面积：包括学校的田径场、独立设置的球类场地、体育馆等运动场地面积的总和。

危房面积：危房指对学校生命财产具有明显威胁的房屋，"危房"界定以中华人民共和国行业标注《危险房屋鉴定标准》（JGJ 125—99）为准。

实有专用教室个数：专用教室指《北京市中小学办学条件标准》规定的教育教学专用教室，目前暂不考虑专用教室的面积，只统计个数。数字化实验室按其主要用途归类，不再另记一种。小学专用教室包括：科学教室、音乐教室、美术教室、书法教室、劳技教室、计算机教室、形体教室、心理咨询室。初中专用教室包括：理、化、生实验室，音乐教室，美术教室，书法教室，史地教室，劳技教室，形体教室，计算机教室，心理咨询室。

教学仪器设备总值：指教委装备部门统一购置、调拨和学校自行购置、社会力量捐助的教育教学仪器设备等，是指办学条件标准细则中不含图书、教学家具、各类用房的其余设备。包括初中理科领域专用教学设备（理、化、生、数），文科领域教学设备（语、英、史、地、思品），艺术科，体育与健康，综合实践活动学习领域，现代教育技术设备；小学理科领域专用教学设备（科学、数学），文科领域教学设备（语、英、品德与生活、品德与社会），艺术科，体育与健康，综合实践活动学习领域，现代教育技术设备。填写的数值要以2009年财政年度决算为依据，并与教委装备部门的计算机管理系统的数据一致。

音乐教学器材值：是指办学条件标准细则中音乐教学器材的总值，不含办学条件标准细则以外的设备。填写的数值要以2009年财政年度决算为依据，并与教委装备部门的计算机管理系统的数据一致。

体育教学器材值：是指办学条件标准细则中体育教学器材的总值，不含办学条件标准细则以外的设备。填写的数值要以2009年财政年度决算为依据，并与教委装备部门的计算机管理系统的数据一致。

美术教学器材值：是指办学条件标准细则中美术教学器材的总值，不含办学条件标准细则以外的设备。填写的数值要以2009年财政年度决算为依据，并与教委装备部门的计算机管理系统的数据一致。

现有图书数：指凡是在账、未批准下架的图书全部计入。

学生用计算机台数：包括计算机教室、多媒体教室、学生电子阅览室、普通教室内学生用计算机。

专任教师用计算机台数：包括学校提供专任教师个人使用的计算机和电子备课室的计算机。

校级干部总人数：义务教育阶段校级干部一般指学校的书记、校长、副书记、副校长，完全中学、十二年一贯制学校分管高中工作的副校级干部不计在内。“农村完小”作为义务教育的办学实体，按中心校领导班子分工、主持“农村完小”工作的领导，可视为该校的校级干部。

校级干部具有高级职务人数：是指义务教育阶段校级干部具有高级职务的，指小学具有小学高级教师职务及其以上职务、中学具有中学高级教师职务的人数。

具有合格学历专任教师人数：指符合国家规定学历的教师数。根据《中华人民共和国教师法》规定，小学教师合格学历为中等师范学校毕业及其以上学历；初级中学教师合格学历为高等师范专科学校或其他大学专科毕业及其以上学历。

具有高于规定学历的教师人数：是指教师的学历已经超过规定学历的教师人数。

专业对口教师人数：专业对口指师范院校毕业的教师所学专业与所教学科对口；非师范院校毕业的教师所教学科按文、理分科基本对口，均视为专业对口；对于外语、计算机技术、劳技和心理健康学科，任课教师专业对口可放宽。暂不任课教师原则上不计入专业对口教师的人数。

具有高级职务教师人数：小学指具有小学高级职务及其以上职务的教师数，初中指具有中学高级职务的教师数。

市级骨干教师人数：指经市级有关部门正式认定且人事工资关系在本校的骨干教师（含学科带头人），受学校委派到其他学校支教的骨干教师（含学科带头人）计入在内，已经退休、在规定时限内人事工资关系已经正式转出和考核后不再认定的骨干教师（含学科带头人）不计入。

区级骨干教师人数：指经区县级有关部门正式认定且人事工资关系在本校的骨干教师（含学科带头人），受学校委派到其他学校支教的骨干教师（含学科带头人）计入在内，已经退休、在规定时限内人事工资关系已经正式转出和考核后不再认定的骨干教师（含学科带头人）不计入。

应届小学、初中入学人数：是对应2010年9月新学期开学前具有本市户籍、按时完成义务教育的学生在小学六年前、初中三年前分别对应的入学人数。

应届小学、初中按时完成义务教育人数：指截止到2010年9月新学期前具有本市户籍、按规定年限接受并完成小学、初中阶段教育的人数。正常转学的，作相应加减。

学生体质健康合格人数：指义务教育阶段在校学生按体质健康规定项目参加测试达到合格及以上人数。

初中毕业年级学生人数：指具有本市户籍、按规定时限内（2009年9月1日—2010年9月15日）在初三年级就读的学生数。

取得初中毕业证书人数：指具有本市户籍、按规定时限内（2009年9月1日—2010年9月15日）参加毕业考试或毕业补考达到及格标准、正式核发初中毕业证的学生数。

北京市教育委员会　北京市人民政府教育督导室
关于对区县学前教育工作进行专项督导的通知

京教督〔2012〕1号

各区县人民政府、燕山办事处：

为贯彻落实《国家中长期教育改革和发展规划纲要（2010—2020年）》、《国务院关于当前发展学前教育的若干意见》（国发〔2010〕41号）和《北京市中长期教育改革和发展规划纲要（2010—2020年）》及《北京市学前教育三年行动计划（2011—2013）》（京政发〔2011〕26号），进一步加强对区县学前教育工作的督导，促进学前教育事业科学发展，北京市教育委员会、北京市人民政府教育督导室决定从2012年到2014年，对区县落实学前教育三年行动计划的情况进行专项督导，现将有关事宜通知如下。

一、指导思想

认真落实国家和北京市教育规划纲要的精神，依据《国务院关于当前发展学前教育的若干意见》和《北京市学前教育三年行动计划（2011—2013）》的要求，以引导区县政府充分发挥主导作用、加快发展学前教育为出发点；以督促、指导区县政府全面落实学前教育三年行动计划的职责和任务为重点；着力关注学前教育布局规划的有效实施，着力关注学前教育“入园难”问题的有效缓解，着力关注学前教育发展体制、机制的建立与落实；建立健全学前教育督导制度，促进学前教育事业的科学发展。

二、工作原则

（一）发展性原则。运用发展性教育评价的思想，对学前教育发展状况实施动态督导监测和评价，重在原有基础上看发展幅度、增值大小。

（二）主体性原则。充分尊重区县政府的主体地位，以评促建，充分调动区县政府落实学前教育三年行动计划的积极性、主动性。

（三）客观性原则。坚持教育督导评价的科学性和客观性，求真务实，做到公开、公正、公平，突出教育督导评价的针对性。

（四）实效性原则。坚持从实际出发，重在督导评价区县政府努力程度，职责到位、工作落实、学前教育发展的实际效果。

三、专项督导内容

（一）落实政府责任和部门职责，完善管理体制，健全工作机制，建立督促检查、考核奖惩和问责机制的情况。

（二）加大学前教育经费投入，落实发展学前教育财政投入的相关政策，做到“预算有科目、增量有倾斜、投入有比例、拨款有标准、资助有制度”的情况。

（三）多种形式扩大学前教育资源，提供“广覆盖、保基本、多形式”的学前教育公共服务的情况。

（四）加强干部和教师队伍建设、加大培养和培训力度、确保满足师资需求的情况。

（五）建立健全各类园所的监管制度和机制、规范学前教育管理、提高学前教育质量等方面的情况。

（六）学前教育实际发展效果，“入园难”问题有效缓解程度，社会对有效缓解“入园难”问题的满意度情况。

四、专项督导形式和工作安排

（一）专项督导监测

从2012年开始，每年组织区县政府填报《北京市区县学前教育发展状况监测统计表》，对区县学前教育发展状况监测数据资料进行综合分析，结合北京市教育满意度入户调查所采集的关于社会对学前教育发展状况满意度信息，研究撰写督导监测报告，对区县学前教育发展状况进行动态督导监测。

（二）专项督导检查

从2012年开始，区县政府每年要对三年行动计划年度目标和任务的完成情况进行自查、自评；市政府教育督导室每年选择部分区县进行专项督导检查，选择不同专题开展专项督导调研，督导检查区县学前教育三年行动计划年度目标和任务的完成情况，指导区县开展学前教育的自我评价和督导评价工作。

（三）专项督导评价

2014年上半年，指导区县依据《北京市区县学前教育工作督导评价指标体系（试行）》，对本区县完成学前教育三年行动计划发展目标和任务的情况进行自我评价，完成自评报告。

2014年下半年，市政府教育督导室将组建专项督导评价组，依据《北京市区县学前教育工作督导评价指标体系（试行）》，全面深入到各区县进行专项督导评价，通过听取汇报、召开不同类型座谈会、个别访谈、实地考察、问卷调查、查看文档资料等方法采集信息，全面总结督导区县完成学前教育三年行动计划发展目标和任务的情况。

五、结果应用

市政府教育督导室将建立区县学前教育督导结果应用制度，每年发布督导报告，及时向市政府报送督导结果，向各区县政府、市政府有关部门通报督导结果。将对区县学前教育专项督导结果列入考核区县学前教育工作的重要内容，并作为表彰奖励学前教育工作先进区县的重要依据。

六、工作要求

（一）区县政府要组织相关部门认真学习相关文件，研究制定落实《北京市区县学前教育工作督导评价指标体系（试行）》和《北京市区县学前教育发展状况监测统计表》的责任分解，明确政府领导及相关委办局落实学前教育三年行动计划的职责和任务。建立自查、自评领导小组和工作机制，督促、指导、协调相关部门有效落实各自的职责，完成各自的任务，扎实推进学前教育发展。

（二）区县政府要组织相关部门认真填报《北京市区县学前教育发展状况监测统计表》，建立区县学前教育发展状况的督导监测台账，对本区县学前教育的发展状况（三年行动计划的实施情况）实施动态监测。

（三）各区县政府要依据《北京市区县学前教育工作督导评价指标体系（试行）》，每年开展自查、自评工作，撰写自查自评报告，报送市政府教育督导室。

（四）区县政府教育督导室要从实际出发，加强学前教育督导队伍建设，坚持督政和督学相结合，依据落实《北京市区县学前教育工作督导评价指标体系（试行）》和《北京市区县学前教育发展状况监测统计表》的责任分解，组织对本区县相关部门落实学前教育三年行动计划的职责和任务等情况进行专项督导；依据《北京市幼儿园全面实施素质教育评价指标体系（试行）》对幼儿园进行督导，并及时上报有关材料。

附件 1：北京市区县学前教育工作督导评价指标体系（试行）

附件 2：北京市区县学前教育发展状况监测统计表

北京市教育委员会　北京市人民政府教育督导室

2012 年 1 月 6 日

附件 1：

北京市区县学前教育工作督导评价指标体系（试行）

一级指标	二级指标	权重
一、组织领导 20	1. 重视并切实加强对大力发展学前教育的领导，将学前教育工作纳入政府工作重要议事日程，及时掌握情况，研究解决重要问题。	4
	2. 成立学前教育工作领导小组或建立联席会议制度，加强对学前教育的统筹协调，健全教育部门主管、有关部门分工负责的管理体制和工作机制，健全学前教育管理机构，分工明确，责任落实。	5

续表

一级指标	二级指标	权重
一、组织领导 20	3. 制订切实可行的学前教育三年行动计划，目标明确，有明确的年度任务分解，措施具体，针对性和可操作性强。	3
	4. 建立健全学前教育督导制度，定期对学前教育工作进行督导检查，加大督导结果的使用力度。	4
	5. 建立考核奖惩和问责机制，将学前教育发展纳入各级政府领导目标责任制，纳入教育工作年度考核范围。	4
二、园所建设 15	6. 统筹资源、优化结构、合理布局，调动各方面力量的积极性、主动性，加强园所建设，多种形式扩大学前教育资源和农村学前教育资源。	6
	7. 认真贯彻小区配套幼儿园的规划、建设、接收、使用和管理的相关规定和具体要求，并有效落实。	6
	8. 切实落实幼儿园办园条件达标工程，不断改善幼儿园办园条件。	3
三、经费投入 15	9. 将学前教育经费列入财政预算范围，加大学前教育经费投入力度，新增教育经费要向学前教育倾斜，建立和完善保障学前教育持续发展的财政投入的体制、机制。	6
	10. 落实公办幼儿园生均财政拨款标准，及时拨付到位。	4
	11. 制定支持学前教育的优惠政策，鼓励社会力量办园和捐资助园。建立学前教育资助制度，发展残疾儿童学前康复教育。	5
四、队伍建设 14	12. 按照幼儿园编制标准要求，核定教育部门办园教职工编制，多种渠道加强教师配备，生师比、教师结构合理，满足学前教育发展需求。	4
	13. 执行幼儿教师准入制度，园长、教师、保育员、保健员等持证上岗。	3
	14. 重视学前教育师资培养培训工作，加大各类幼儿园教师的培训力度，加大骨干教师的培养力度，普遍提升幼儿教师专业能力和水平。	4
	15. 依法落实幼儿教师地位和待遇，切实维护幼儿教师权益。	3
五、规范概况 16	16. 严格执行幼儿园准入制度，依据北京市幼儿园的办园标准，实行幼儿园审批注册和登记备案制度。对非教育系统注册登记的幼儿园和未注册登记的幼儿园进行全面排查登记，切实加强监管，规范办园行为。	4
	17. 落实《北京市托幼园所分级分类验收标准》，实行考核年检制度，对学前教育机构进行分类管理、分类指导。	2

续表

一级指标	二级指标	权重
五、规范概况 16	18. 落实《幼儿园教育指导纲要（试行）》，加强对幼儿园保教工作的指导，遵循幼儿身心发展规律，保教结合，面向全体幼儿，关注个体差异，促进幼儿健康成长，防止和纠正幼儿园“小学化”倾向。	4
	19. 加强幼儿园收费管理，依据幼儿园收费管理办法，规范幼儿园收费工作。	2
	20. 重视幼儿园安全保障和卫生健康工作，健全各项安全管理、卫生保健、饮食与健康工作制度和安全责任制。	4
六、发展水平 20	21. 建立符合实际、有利于促进区县学前教育科学发展的体制、机制。	4
	22. 完成新增学位目标任务，户籍适龄儿童学前三年入园率达到 95% 以上，常住适龄儿童学前三年学位供给率和入园率均达到 90% 以上，公办性质幼儿园占幼儿园总数的比例达到 65% 以上，“入园难”问题得到有效缓解。	5
	23. 财政性学前教育经费在同级财政性教育经费中所占比例逐年提高。	3
	24. 幼儿教师数量不足情况得到有效补充，专业能力和水平不断提高，满足学前教育发展需求。	3
	25. 形成比较完善的幼儿园保教质量评价监管体系、学前教育教研指导网络体系，提高学前教育保教质量。	3
	26. 有效缓解“入园难、入园贵”问题，社会满意度明显提高。	2

附件 2：

北京市区县学前教育发展状况监测统计表（填表说明）

此表由各区县政府组织相关部门，依据《国务院关于当前发展学前教育的若干意见》和《北京市学前教育三年行动计划（2011—2013）》，坚持实事求是的原则，按监测指标要求，填写统计表，区县政府教育督导室要充分发挥督促和指导的职能。为确保统计上报数据真实、可靠，凡与教育统计报表相关的项目，有关部门要在核实的基础上取得一致。

每年 10 月 31 日前，由各区县政府组织相关部门，依据监测指标统计、测算全区县情况并填写监测统计表，表内数据采集截止日期为 9 月 5 日，教育经费的有关数据均填写上一年度末的数据。经区县政府有关负责人审核签字并盖章后，将文本报表上报市政府教育督导室。

北京市区县学前教育发展状况监测统计表

区县（盖章）____________

（　　/　　学年度）

表 1　北京市区县适龄儿童入园情况统计表

单位：人

0—3岁儿童人数			3—6岁儿童人数			本学年度入园人数			在园人数			无证幼儿园在园人数
本市户籍人数	非本市户籍常住人数	小计	本市户籍人数	非本市户籍常住人数	小计	本市户籍人数	非本市户籍常住人数	小计	本市户籍人数	非本市户籍常住人数	小计	

表 2　北京市区县学前教育机构结构情况统计表

单位：人

教育部门办幼儿园			其他部门办幼儿园			地方企业办幼儿园			事业单位办幼儿园			部队办幼儿园			集体办幼儿园			民办幼儿园			无证幼儿园总数
园所总数	班级总数	在园人数	园所总数	班级总数	在园人数	园所总数	班级总数	在园人数	园所总数	班级总数	在园人数	园所总数	班级总数	在园人数	园所总数	班级总数	在园人数	园所总数	班级总数	在园人数	

表 3　北京市区县学前教育机构建设情况统计表

单位：所

教育部门办幼儿园			其他部门办幼儿园			地方企业办幼儿园			事业单位办幼儿园			部队办幼儿园			集体办幼儿园			民办幼儿园		
新建	改扩建	新增学位数	新建	改扩建	新增学位数	新建	改扩建	新增学位数	新建	改扩建	新增学位数	新建	改扩建	新增学位数	新建	改扩建	新增学位数	新建	改扩建	新增学位数

表 4 北京市区县幼儿园分级分类情况统计表

单位：所

类别	市级示范园	一级				二级				三级				无级无类
		一类	二类	三类	小计	一类	二类	三类	小计	一类	二类	三类	小计	
教育部门办幼儿园														
其他部门办幼儿园														
地方企业办幼儿园														
事业单位办幼儿园														
部队办幼儿园														
集体办幼儿园														
民办幼儿园														
合计														

表 5 北京市区县学前教育经费投入情况统计表

单位：万元

财政性教育经费投入		专项经费投入						生均经费投入总数	生均公用经费投入总数	用于支持其他部门、地方企业、事业单位、部队和集体办园投入经费总数	用于奖励民办园投入经费总数
全区教育财政性经费投入总数	学前教育财政性经费投入总数	专项经费总数		专项经费用于学前教育总数		其中教育费附加投入总数					
		市级	区级	市级	区级	全区教育费附加总数	教育费附加用于学前教育总数				

表6　北京市区县学前教育教师队伍结构情况统计表

单位：人

类别		职称结构							学历结构					专业对口情况		未取得教师资格人数
		中学高级	小学高级	小学一级	小学二级	小学三级	未评职称	总数	研究生	本科	大专	中专及高中	高中以下	学前专业人数	非学前专业人数	
园长	教育部门办幼儿园															
	其他部门办幼儿园															
	地方企业办幼儿园															
	事业单位办幼儿园															
	部队办幼儿园															
	集体办幼儿园															
	民办幼儿园															
	合计															
专任教师	教育部门办幼儿园															
	其他部门办幼儿园															
	地方企业办幼儿园															
	事业单位办幼儿园															
	部队办幼儿园															
	集体办幼儿园															
	民办幼儿园															
	合计															

北京市教育委员会　北京市人民政府教育督导室关于做好北京市区县学前教育发展状况监测统计工作的通知

京教督〔2012〕3号

各区县人民政府、燕山办事处：

为了贯彻落实《教育部关于印发〈学前教育督导评估暂行办法〉的通知》（教督〔2012〕5号）等文件精神和要求，经市教委、市政府教育督导室研究，决定依据《关于对区县学前教育工作进行专项督导的通知》（京教督〔2012〕1号）对各区县学前教育发展状况进行督导监测。现将有关事项通知如下。

一、监测对象

本监测统计的对象为各区县人民政府和燕山办事处。

二、监测内容

主要内容包括学前教育三年行动计划基本情况，幼儿园结构、分布、建设、分级分类情况，适龄儿童入园情况，学前教育经费投入、教师队伍结构情况等。

三、监测工作程序

2012年5月31日前，各区县政府组织本区县教委及政府有关部门，根据监测统计指标填报本区县监测统计表，表内学年数据采集的报告期为2010年9月1日至2011年8月31日，教育经费和幼儿园建设的有关数据报告期为2011年1月1日至12月31日。学前教育三年行动计划基本情况汇总表只填报2009—2010学年度数据（其中教育经费填报2010年度数据），以后不再报送此表。纸介质报表经区县政府有关负责人审核签字并盖章后，上报市政府教育督导室，同时将电子报表发送至ye@0-3-6.com。

每年6月30日前，市政府教育督导室将对各区县上报的监测统计表进行抽查、核实并录入监测统计数据库，整理监测统计数据，填写教育部《学前教育发展状况监测统计表》，于7月31日之前上报国家教育督导团办公室。

市政府教育督导室建立北京市区县学前教育发展状况督导监测台账。综合分析各区县学前教育发展状况监测统计数据，结合北京市区县教育工作满意度入户调查的学前教育阶段满意度信息，撰写北京市区县学前教育发展状况监测报告，跟踪监测各区县学前教育发展状况。

四、监测要求

（一）各区县政府要高度重视，建立主要领导责任制，由各区县政府办牵头，组织区县教委、统计局、公安分局、人口计生委、财政局、流管办、各街道（乡镇）、教育督导室等相关部门做好监测统计工作，明确责任，落实到人，提供必要的经费及设备，保证此项工作顺利实施。

（二）坚持实事求是和严谨务实的工作作风，严格按照监测报表规定的各项指标内涵，认真填报相应数据，确保统计、测算及上报数据真实、准确、可靠，凡教育统计报表相关数据要与上年全市教育事业发展统计报表及全市教育经费统计报表一致。

（三）本监测报表全市采用统一格式，各区县必须严格执行，不得自行更改。报表其他内容也要填写完整，不得遗漏项目，包括单位负责人、填表人、报出时间等。

（四）各区县要确保统计资料按时上报，要严格遵守本监测报表规定的报出时间。

北京市教育委员会　北京市人民政府教育督导室

2012年5月3日

北京市区县学前教育三年行动计划基本情况汇总表（2010—2011 学年度）

表　　号：京教督统 1 表
制表机关：北京市人民政府教育督导室
批准文号：京统函〔2012〕73 号
有效期至：2012 年 7 月 31 日

填报单位名称（盖章）：

区县名称	街道、乡镇个数（个）	行政村数（个）	其中：无实体行政村数（个）	3—5 岁幼儿数（人）	幼儿园数（个）											另有：	
					合计	其中：无实体幼儿园数	公办园					民办园				附设幼儿班个数（个）	无证幼儿园个数（个）
							小计	其中：乡镇中心幼儿园	城市	县镇	农村	小计	城市	县镇	农村		
甲	1	2	3	4	5	6	7	8	9	10	11	12	13	14	15	16	17

在园幼儿数（人）						另有：无证园在园幼儿人数（人）	毛入园率（%）			学前教育财政投入		幼儿教师（人）	
小计	其中：附设幼儿班	公办园	其中：附设幼儿班	民办园	其中：附设幼儿班		学前一年	学前二年	学前三年	总额（万元）	所占比例（%）	在编教师	取得资格
18	19	20	21	22	23	24	25	26	27	28	29	30	31

单位负责人：　　　　填表人：　　　　报出时间：　　年　　月　　日

说明：
1. 统计范围：十六个区县和燕山地区。
2. 报送单位：各区县政府和燕山办事处。
3. 报送时间及方式：2012 年 5 月 31 日前上报纸介质和电子报表。
4. 审核关系：5 = 7 + 12；7 = 9 + 10 + 11；12 = 13 + 14 + 15；18 = 20 + 22；19 = 21 + 23。

北京市区县幼儿园结构情况统计表（2011—2012学年度）

表　　号：京教督统2-1表
制表机关：北京市人民政府教育督导室
批准文号：京统函〔2012〕73号
有效期至：2012年7月31日

填报单位名称（盖章）：

幼儿园结构		代码	计	城区	镇区	乡村	无实体幼儿园数
甲		乙	1	2	3	4	5
公办幼儿园	园所总数（个）	01					
	在园人数（人）	02				—	
其中：乡镇中心园	园所总数（个）	03					
	在园人数（人）	04				—	
教育部门办幼儿园	园所总数（个）	05					
	在园人数（人）	06				—	
其他部门办幼儿园	园所总数（个）	07					
	在园人数（人）	08				—	
地方企业办幼儿园	园所总数（个）	09					
	在园人数（人）	10				—	
事业单位办幼儿园	园所总数（个）	11					
	在园人数（人）	12				—	
部队办幼儿园	园所总数（个）	13					
	在园人数（人）	14				—	

续表

幼儿园结构			代码	计	城区	镇区	乡村	无实体幼儿园数
甲			乙	1	2	3	4	5
集体办幼儿园		园所总数（个）	15					
		在园人数（人）	16				—	
民办幼儿园		园所总数（个）	17					
		在园人数（人）	18				—	
另有：	附设幼儿班	总数（个）	19		—	—	—	—
		幼儿总人数（人）	20		—	—	—	—
	无证幼儿园	园所总数（个）	21		—	—	—	—
		在园人数（人）	22		—	—	—	—
行政村数（23）______个　无实体行政村数（24）______个								

单位负责人：　　填表人：　　报出时间：　年　月　日

说明：
1. 统计范围：十六个区县和燕山地区。
2. 报送单位：各区县政府和燕山办事处。
3. 报送时间及方式：2012 年 5 月 31 日前上报纸介质和电子报表。
4. 审核关系：行 01 = 05 + 07 + 09 + 11 + 13 + 15；02 = 06 + 08 + 10 + 12 + 14 + 16。

北京市区县幼儿园分布情况统计表（2011—2012 学年度）

表　　号：京教督统 2-2 表
制表机关：北京市人民政府教育督导室
批准文号：京统函〔2012〕73 号
有效期至：2012 年 7 月 31 日

填报单位名称（盖章）：

序号	街道（乡镇）名称	户籍人口数（人）	常住人口数（人）	合计（个）		教育部门办园数（个）		其他部门办园数（个）		地方企业办园数（个）		事业单位办园数（个）		部队办园数（个）		集体办园数（个）		民办园数（个）	
				园所数	学位数	园所数	学位数	园所数	学位数	园所数	学位数	园所数	学位数	园所数	学位数	园所数	学位数	园所数	学位数
甲	乙	1	2	3	4	5	6	7	8	9	10	11	12	13	14	15	16	17	18

续表

序号	街道（乡镇）名称	户籍人口数（人）	常住人口数（人）	合计（个）		教育部门办园数（个）		其他部门办园数（个）		地方企业办园数（个）		事业单位办园数（个）		部队办园数（个）		集体办园数（个）		民办园数（个）	
				园所数	学位数	园所数	学位数	园所数	学位数	园所数	学位数	园所数	学位数	园所数	学位数	园所数	学位数	园所数	学位数
甲	乙	1	2	3	4	5	6	7	8	9	10	11	12	13	14	15	16	17	18

单位负责人： 填表人： 报出时间： 年 月 日

说明：

1. 统计范围：十六个区县和燕山地区。
2. 报送单位：各区县政府和燕山办事处。
3. 报送时间及方式：2012 年 5 月 31 日前上报纸介质和电子报表。
4. 审核关系：列 3 = 5 + 7 + 9 + 11 + 13 + 15 + 17；4 = 6 + 8 + 10 + 12 + 14 + 16 + 18。
5. 根据各区县街道（乡镇）的具体数可自行增加表行。

北京市区县适龄儿童入园情况统计表（2011—2012学年度）

表　　号：京教督统2-3表
制表机关：北京市人民政府教育督导室
批准文号：京统函〔2012〕73号
有效期至：2012年7月31日

填报单位名称（盖章）：

区县名称	婴幼儿及适龄儿童数（人）									在园人数（人）										毛入园率（%）		
	3岁以下儿童人数			3—5岁儿童人数			6岁儿童人数										按年龄分组					
	小计	本市户籍人数	非本市户籍常住人数	小计	本市户籍人数	非本市户籍常住人数	小计	本市户籍人数	非本市户籍常住人数	小计	本市户籍人数	非本市户籍人数	公办园	其中：附设幼儿班	民办园	其中：附设幼儿班	3岁以下	3—5岁	6岁及以上	学前年	学前年	学前年
甲	1	2	3	4	5	6	7	8	9	10	11	12	13	14	15	16	17	18	19	20	21	22

单位负责人：　　　　填表人：　　　　报出时间：　　年　　月　　日

说明：

1. 统计范围：十六个区县和燕山地区。
2. 报送单位：各区县政府和燕山办事处。
3. 报送时间及方式：2012年5月31日前上报纸介质和电子报表。
4. 审核关系：1＝2＋3；4＝5＋6；7＝8＋9；10＝11＋12；10＝13＋15；10＝17＋18＋19。

北京市区县幼儿园建设情况统计表（2011 年度）

表　　号：京教督统 2–4 表
制表机关：北京市人民政府教育督导室
批准文号：京统函〔2012〕73 号
有效期至：2012 年 7 月 31 日

填报单位名称（盖章）：　　　　　　　　　　　　　　　　　　单位：个

幼儿园类型	代码	新建幼儿园数				改扩建幼儿园数				新增学位数
		计	城区	镇区	乡村	计	城区	镇区	乡村	
甲	乙	1	2	3	4	5	6	7	8	9
合计	01									
公办幼儿园	02									
其中：乡镇中心幼儿园	03									
教育部门办幼儿园	04									
其他部门办幼儿园	05									
地方企业办幼儿园	06									
事业单位办幼儿园	07									
部队办幼儿园	08									
集体办幼儿园	09									
民办幼儿园	10									
另有：附设幼儿班	11									

单位负责人：　　　　　　　　填表人：　　　　　　　　报出时间：　　年　　月　　日

说明：

1. 统计范围：十六个区县和燕山地区。
2. 报送单位：各区县政府和燕山办事处。
3. 报送时间及方式：2012 年 5 月 31 日前上报纸介质和电子报表。
4. 审核关系：行 02 = 04 + 05 + 06 + 07 + 08 + 09；行 01 = 02 + 10 + 11。

北京市区县学前教育经费投入情况统计表（2011 年度）

表　　号：京教督统 2–5 表
制表机关：北京市人民政府教育督导室
批准文号：京统函〔2012〕73 号
有效期至：2012 年 7 月 31 日

填报单位名称（盖章）：　　　　单位：万元

区县名称	财政性教育经费投入			专项经费投入						生均预算内教育事业费	生均预算内公用经费	用于支持其他部门、地方企业、事业单位、部队和集体办园投入经费总数	用于奖励民办园投入经费总数
	全区教育财政性经费投入总数	学前教育财政性经费投入总数	所占比例（%）	专项经费总数		专项经费用于学前教育总数		其中教育费附加投入总数					
				市级	区级	市级	区级	全区教育费附加总数	教育费附加用于学前教育总数				
甲	1	2	3	4	5	6	7	8	9	10	11	12	13

单位负责人：　　　　填表人：　　　　填表时间：　　年　　月　　日

说明：

1. 统计范围：十六个区县和燕山地区。
2. 报送单位：各区县政府和燕山办事处。
3. 报送时间及方式：2012 年 5 月 31 日前上报纸介质和电子报表。

北京市区县幼儿园分级分类情况统计表（2011—2012 学年度）

表　　号：京教督统 2-6 表
制表机关：北京市人民政府教育督导室
批准文号：京统函〔2012〕73 号
有效期至：2012 年 7 月 31 日

填报单位名称（盖章）：　　　　单位：个

类别	代码	市级示范园	一级幼儿园个数				二级幼儿园个数				三级幼儿园个数				无级无类幼儿园个数
			小计	一类	二类	三类	小计	一类	二类	三类	小计	一类	二类	三类	
甲	乙	1	2	3	4	5	6	7	8	9	10	11	12	13	14
合计	01														
教育部门办幼儿园	02														
其他部门办幼儿园	03														
地方企业办幼儿园	04														
事业单位办幼儿园	05														
部队办幼儿园	06														
集体办幼儿园	07														
民办幼儿园	08														

单位负责人：　　　　填表人：　　　　报出时间：　　年　　月　　日

说明：
1. 统计范围：十六个区县和燕山地区。
2. 报送单位：各区县政府和燕山办事处。
3. 报送时间及方式：2012 年 5 月 31 日前上报纸介质和电子报表。
4. 审核关系：行 01 = 02 + 03 + 04 + 05 + 06 + 07 + 08；列 2 = 3 + 4 + 5，6 = 7 + 8 + 9，10 = 11 + 12 + 13。

北京市区县学前教育教师队伍结构情况统计表（2011—2012学年度）

表　　号：京教督统 2-7 表
制表机关：北京市人民政府教育督导室
批准文号：京统函〔2012〕73 号
有效期至：2012 年 7 月 31 日

填报单位名称（盖章）：

单位：人

类别		代码	职称结构							学历结构					专业对口情况		在编人数	取得资格人数
			小计	中学高级	小学高级	小学一级	小学二级	小学三级	未定职级	研究生	本科	大专	中专及高中	高中以下	学前专业人数	非学前专业人数		
甲		乙	1	2	3	4	5	6	7	8	9	10	11	12	13	14	15	16
园长	合计	01																
	教育部门办幼儿园	02																
	其他部门办幼儿园	03																
	地方企业办幼儿园	04																
	事业单位办幼儿园	05																
	部队办幼儿园	06																
	集体办幼儿园	07																
	民办幼儿园	08																

续表

类别		代码	职称结构							学历结构					专业对口情况		在编人数	取得资格人数
			小计	中学高级	小学高级	小学一级	小学二级	小学三级	未定职级	研究生	本科	大专	中专及高中	高中以下	学前专业人数	非学前专业人数		
甲		乙	1	2	3	4	5	6	7	8	9	10	11	12	13	14	15	16
专任教师	合计	09																
	教育部门办幼儿园	10																
	其他部门办幼儿园	11																
	地方企业办幼儿园	12																
	事业单位办幼儿园	13																
	部队办幼儿园	14																
	集体办幼儿园	15																
	民办幼儿园	16																
幼儿园教职工总人数（17）________																		

单位负责人：　　　　填表人：　　　　报出时间：　　年　　月　　日

说明：

1. 统计范围：十六个区县和燕山地区。
2. 报送单位：各区县政府和燕山办事处。
3. 报送时间及方式：2012 年 5 月 31 日前上报纸介质和电子报表。
4. 审核关系：列 1 = 2 + 3 + 4 + 5 + 6 + 7；1 = 8 + 9 + 10 + 11 + 12；1 = 13 + 14；行 01 = 02 + 03 + 04 + 05 + 06 + 07 + 08；09 = 10 + 11 + 12 + 13 + 14 + 15 + 16；行 17 > 01 + 09。

《北京市区县学前教育发展状况监测统计表》填表说明

表 1：学前教育三年行动计划基本情况汇总表

1. 无实体行政村数是指有行政村建制，但无行政村实体的行政村数。

2. 无实体幼儿园数是指有幼儿园建制，但无幼儿园实体的幼儿园数。

3. 城区是指在市辖区和不设区（包括不设区的地级市和县级市）的市中，街道办事处所辖的居民委员会地域；城市公共设施、居住设施等连接到的其他居民委员会地域和村民委员会地区。

4. 镇区是指在城市以外的镇和其他区域中，镇所辖的居民委员会地域，镇的公共设施、居住设施等连接到的村民委员会地域，常住人口在 3 000 人以上独立的工矿区、开发区、科研单位、大专院校、农场、林场等特殊区域。

5. 乡村是指城区、镇区以外的其他区域。

6. 公办园是指含公办性质的幼儿园。

7. 乡镇中心园是指公办园中包含的乡镇中心园数，含街道办中心幼儿园。

8. 附设幼儿班是指在幼儿园不能满足需要的地区，依托其他学校举办学前教育（包括学前班）的组织形式。

9. 无证园是指未取得教育行政部门颁发的办园资格证书的幼儿园，并且不计毛入园率。

10. 所占比例是指财政性学前教育经费在财政性教育总经费中的比例。

11. 幼儿教师数是指园长和专任教师数。

12. 在编教师是指公办幼儿园中具有事业单位编制的幼儿教师。

13. 取得资格是指公办和民办幼儿园中具有幼儿教师资格证书。

14. 学前一年教育毛入园率 = 5—6 岁在园幼儿人数 / 当地 5—6 岁常住幼儿总人数 ×100%（保留一位小数）。

15. 学前二年教育毛入园率 = 4—6 岁在园幼儿人数 / 当地 4—6 岁常住幼儿总人数 ×100%（保留一位小数）。

16. 学前三年教育毛入园率 = 3—6 岁在园幼儿人数 / 当地 3—6 岁常住幼儿总人数 ×100%（保留一位小数）。

表 2-1：北京市区县幼儿园结构情况统计表

1. 其他部门办园是指利用国家财政性教育经费或国有资产的教育行政部门以外的各级党政机关举办幼儿园，国家金融机构、经济实体举办幼儿园等，如财政、卫生、农业等单位。

2. 地方企业办园是指利用企业拨款举办幼儿园，如钢铁、石油等企业。

3. 事业单位办园是指利用国有资产或财政专项补贴举办幼儿园，如科研机构、大学等。

4. 部队办园是指军队系统举办幼儿园。

5. 集体办园是指利用集体或公共资产、经费举办幼儿园，如街道、乡镇、居委会。

6. 民办园是指利用非国家财政性经费举办幼儿园，如社会组织、个人等。

表 2-2：北京市区县幼儿园分布情况统计表

1. 户籍人口数是该街道（乡镇）辖区内户籍人口数。

2. 常住人口数是该街道（乡镇）辖区内常住人口数（以统计部门数据为准）。

3. 学位数是指每所幼儿园实际能够容纳幼儿人数。

表 2-3：北京市区县适龄儿童入园情况统计表

1. 非本市户籍常住人数是该区县常住一年以上的非本市户籍人口数。

表 2-4：北京市区县幼儿园建设情况统计表

1. 新建幼儿园是指当年新建成、经过相关部门审批并正式投入使用的幼儿园。

2. 改扩建幼儿园是指当年对已有建制的幼儿园进行改建、扩建的幼儿园。

3. 新增学位数是指当年经过新建、改扩建后新增加的学位数。

4. 乡镇中心园是指本年度新建、改扩建乡镇中心幼儿园数。

表 2-5：北京市区县学前教育经费投入情况统计表

1. 生均预算内教育事业费是指当年按照在园幼儿人数平均的预算内教育事业费（单位：元）。

2. 生均预算内公用经费是指当年按照在园幼儿人数平均的预算内公用经费（保证幼儿园正常运转所需的经费，单位：元）。

3. 所占比例是指财政性学前教育经费在财政性教育总经费中的比例（保留两位小数）。

表 2-6：北京市区县幼儿园分级分类情况统计表

无级无类是指未评级类的经过教育部门正式审批的幼儿园。

表 2-7：北京市区县学前教育教师队伍结构情况统计表

1. 专任教师是指具有教师资格、专职从事教学工作的人员。
2. 未定职级是指未确定职称。
3. 学前专业是指具备国家承认学历的学前教育专业。
4. 乡镇中心园是指本年度新建、改扩建乡镇中心幼儿园数。

北京市机构编制委员会办公室
关于同意设立北京市督学研修中心的函

京编办事〔2012〕127号

市教委：

你委《关于设立北京市督学研修中心的函》（京教函〔2011〕137号）收悉，经研究，现函复如下：

一、同意设立北京市督学研修中心，为北京教育学院相当正处级内设机构，业务接受市教委和市政府教育督导室的领导。

二、核定北京市督学研修中心全额拨款事业编制9名，其中处级领导职数1正1副，所需编制由北京教育学院内部调剂。

三、北京市督学研修中心的主要职责：受市教委和市政府教育督导室的委托，面向督学和学校负责教育评价的相关人员开展专业培训与高级研修；开展督学专业发展和督学资格认定研究，开发督学培训课程；建设和维护北京市督学专业发展数据库、培训课程库、案例库等。

调整后，北京教育学院全额拨款事业编制仍为851名，内设机构从19个增至20个，处级领导职数从48名增至50名。

北京市机构编制委员会办公室

2012年6月8日

北京市人民政府教育督导室
关于建立和完善督学责任区制度的意见

京督导〔2013〕38 号

各区县人民政府、燕山办事处：

为贯彻落实《教育督导条例》《教育部关于加强督学责任区建设的意见》《北京市中长期教育改革和发展规划纲要（2010—2020 年）》《北京市教育督导规定》《北京市关于进一步加强和改进教育督导和教育评价工作若干意见的通知》等法规和文件精神，进一步完善教育督导制度，充分发挥教育督导职能，建立保障全面实施素质教育、全面提高教育质量的长效机制，北京市人民政府教育督导室决定建立和完善督学责任区制度，现提出如下意见。

一、建立和完善督学责任区制度的意义

督学责任区制度是督学对划定区域内的学校依法开展经常性督导的工作制度。

建立和完善督学责任区制度是落实《教育督导条例》等法规和规范性文件要求，推动督学工作的制度化、常态化，加强对学校（包含幼儿园、普通中小学校、中等职业学校，下同）工作监督与指导的重要措施，有利于及时了解和掌握学校的工作状况，发现存在的问题和不足，督促和指导学校依法办学，规范办学行为，提高教育质量。同时，及时发现先进典型，总结推广经验，为政府和教育行政部门推进教育改革与发展提供决策参考。

二、督学责任区的设置

督学责任区由区县政府教育督导机构负责划分并实施管理。

区县政府教育督导机构根据行政区划、学校类别、学校数量等因素合理划分督学责任区，要确保将每所学校都纳入督学责任区。每个督学责任区内的学校数应控制在 10 所左右。

区县政府教育督导机构应为各督学责任区至少配备两名督学，并指定一名督学组长，负责组织责任区督学开展督导工作。

三、责任区督学的工作职责

责任区督学要遵循“依法监督、正确指导、及时反馈、深入调研、合理建议”的工作方针，按照区县政府教育督导机构的要求，履行以下工作职责：

1. 监督检查学校贯彻落实教育法律法规和方针政策，规范办学，加强教师队伍建设，全面实施素质教育，落实本市课程方案，减轻学生过重课业负担，提高学生体质健康水平，加强校风、教风和学风建设等情况，促进学校全面提高教育质量。

2. 对学校管理工作中的重点、难点问题进行调查研究，并向区县政府教育督导机构报告调研结果。

3. 指导学校开展自我评价，督促学校落实综合督导、专项督导提出的整改意见和建议。

4. 发现并指导学校总结工作经验；发现并要求学校及时纠正违法违规行为；发现学校周边环境问题，并将有关情况及时向区县政府教育督导机构报告。

5. 完成区县政府教育督导机构交办的其他任务。

四、责任区督学的工作方式

责任区督学开展工作一般采用听取汇报、列席会议、查阅资料、推门听课、座谈走访、问卷调查、校园巡视等方式。

责任区督学开展工作应持督学证。

责任区督学开展工作应根据本区县年度教育督导工作计划进行，责任区督学对本责任区内学校的督导原则上每个月不少于 1 次。

责任区督学每次督导应填写《督学责任区随访督导记录》，并向学校领导反馈督导情况。

责任区督学组长每学期要向本区县政府教育督导机构报告督学责任区的督导情况。

五、责任区督学队伍的建设

责任区督学应是区县政府和所属教育督导机构聘任的专兼职督学。

区县政府教育督导机构应建立健全责任区督学培训制度，定期组织责任区督学开展多种形式的培训和交流研讨活动，不断提高责任区督学的工作水平。

责任区督学要按照规定参加各级教育督导培训，不断增强学习的主动性和自觉性，提高督导工作能力。

六、督学责任区工作的保障和管理

区县政府要高度重视督学责任区制度建设，聘任一支数量足够、结构合理、责任心强、熟悉学校教育工作的责任区督学队伍，并为责任区督学开展工作提供必要的工作条件和经费保障，满足督学责任区督导工作的需要。

区县政府要听取教育督导机构关于督学责任区工作情况汇报。区县政府教育督导机构要将督学责任区工作情况向区县教育行政部门通报，区县教育行政部门应将督学责任区的督导结果纳入对学校工作评价和考核的范围。

区县政府教育督导机构要加强对督学责任区工作的领导，健全和完善督学责任区制度，对督学责任区工作情况要进行年度总结，并对表现突出的责任区和督学给予表彰。

各学校要积极配合责任区督学开展工作，如实反映情况，提供相关资料，对督导意见和建议认真研究，积极整改。

北京市政府教育督导室对各区县督学责任区制度的建设情况进行检查和指导。

北京市人民政府教育督导室

2013 年 11 月 13 日

北京市人民政府办公厅转发《市教委市政府教育督导室关于做好中小学校责任督学挂牌督导工作的实施意见（试行）》的通知

京政办函〔2014〕15号

各区县人民政府、市政府有关部门：

《市教委市政府教育督导室关于做好中小学校责任督学挂牌督导工作的实施意见（试行）》已经市政府同意，现转发给你们，请结合实际认真贯彻落实。

北京市人民政府办公厅

2014年3月18日

市教委市政府教育督导室关于做好中小学校责任督学挂牌督导工作的实施意见（试行）

为贯彻落实《教育督导条例》和《国务院教育督导委员会办公室关于印发〈中小学校责任督学挂牌督导办法〉的通知》（国教督办〔2013〕2号）的精神，进一步健全和完善本市中小学校（以下简称学校）督导制度，规范学校办学行为，提出如下意见。

一、高度重视责任督学督导工作

实施责任督学挂牌督导是转变政府职能、加强对学校的监督指导的重要举措，是密切学校与社会联系、办人民满意教育的有效方式，有利于监督指导学校依法办学、规范办学，有利于全面实施素质教育、维护教育公平、提高教育质量，有利于为推进教育改革和发展更好地提供决策参考。各区县、各相关部门要高度重视，紧紧围绕深化首都教育领域综合改革的中心工作，坚持责任督学挂牌督导与督学责任区制度建设相结合，与综合督导、专项督导相结合，积极推进教育督导体制机制改革创新，充分发挥教育督导行政监督职能，不断推动教育事业科学发展。

二、建立健全责任督学挂牌督导工作机制

（一）责任督学挂牌督导工作的主要任务

1. 责任督学是指受区政府教育督导室委派到指定学校，按照规定职责和程序，依法对学校办学行为进行监督指导的专业人员。责任督学由区县政府任命或区政府

教育督导室聘任。区政府教育督导室负责对责任督学进行直接管理，颁发督学证，实行注册登记，并将相关信息上报市教育督导机构备案。

2. 挂牌督导是指区县教育督导机构以悬挂标牌形式向社会公布责任督学的相关信息，并指导责任督学依法对学校办学行为进行经常性监督与指导。区县教育督导机构应按市教育督导机构统一设计的样式和规格制作责任督学标牌，标明责任督学的姓名、照片、联系方式和督导事项，在学校校门显著位置予以悬挂公布。

3. 责任督学主要对学校校务管理和制度执行，招生、收费、择校工作，课程设置和课堂教学，学生学习、体育锻炼和课业负担，教师职业道德和专业水平，校园安全、学生交通安全，食堂、食品、饮用水及宿舍卫生，校风、教风、学风建设等情况开展督导。

（二）责任督学的遴选机制

1. 责任督学主要从在职和退休的校长、教师、教研人员和行政人员中遴选，专兼结合，兼顾小学、初中和高中各个学段。鼓励区县委托有自制的社会组织，通过购买服务的方式参与督导；聘任人大代表、政协委员和相关专业人士等参与督导。

2. 责任督学应符合《教育督导条例》第七条规定的条件，且年龄原则上不得超过65周岁。责任督学实行定期交流制度，原则上每3年轮岗交流一次。聘任制责任督学每届任期3年。

（三）责任督学的配置原则

1. 区县教育督导机构根据本行政区域内学校分布、学校类别、学校数量等因素，合理划分督学责任区，确保每个督学责任区内的学校数量控制在10所左右，并覆盖本行政区域内所有学校。

2. 区县教育督导机构为每个督学责任区至少配备2名责任督学，确定1名责任督学组长，并明确每所学校的责任督学。

（四）责任督学的基本职责

1. 对学校依法依归办学情况进行监督，对学校管理和教育教学进行指导。

2. 参加学校有关工作会议，就督导事项有关问题开展调查研究，要求学校提供与督导事项相关的材料，就有关问题作出说明。

3. 听取人民群众对学校的意见，调查、核实相关举报和投诉，及时向区县教育督导机构报告。

4. 指导学校开展自我检查和自我评价，帮助学校总结工作经验，督促学校落实综合督导、专项督导提出的整改意见和建议。

5. 向区县政府或区县教育行政部门提出对被督导学校及相关人员给予评优表彰或追究责任的建议。受区县教育督导机构委托，约谈被督导学校校长及相关人员。

6. 及时发现、处理危机学校师生安全的重大隐患。不能立即处理的，及时向区县教育行政部门和教育督导机构报告，并督促学校和相关部门予以解决。

7. 对学校各类突发事件或重大事故，及时了解有关情况并向区县教育行政部门和教育督导机构报告。

8. 完成区县教育督导机构交办的其他任务。

（五）责任督学开展督导的形式

1. 责任督学开展督导应坚持个人督导与小组督导相结合，区县教育督导机构要研究制定具体办法。责任督学应根据本区县年度教育督导工作计划开展督导工作，原则上对每所学校的督导每月不少于1次。

2. 责任督学进校督导应出示有效督学证件，可采取听取汇报、列席会议、查阅资料、随机听课、座谈走访、问卷调查、校园巡视等方式进行经常性督导。

3. 督导结束后，责任督学要填写《责任督学经常性督导记录》，将督导结果及时向学校反馈；责任督学组长要定期向本区县教育督导机构报告督学责任区的督导情况。

（六）责任督学的工作纪律

1. 要按照规范程序，科学、客观、公正地依法督导，对有可能影响公正督导的情况要严格执行回避制度。

2. 不得影响学校正常工作秩序，不得随意向社会发布督导结果。

3. 要严格执行廉洁自律各项规定，不得接受被督导学校安排的任何宴请、消费活动或礼品，不得在被督导学校报销任何费用，不得要求被督导学校接受不符合相关规定的学生入学，不得做与责任督学身份不符的事情。

4. 要按照规定参加各级教育督导培训，不断提高督导工作能力。

三、明确和落实各方管理责任，确保责任督学挂牌督导工作取得良好效果

（一）加强统筹协调，形成工作合力

各区县、各相关部门要高度重视责任督学挂牌督导工作，把此项工作列入本区县、本系统推动教育领域综合改革重要议事日程，研究制定实施办法。各区县要成立专项工作领导小组，由分管教育工作的区县领导任组长，区县教育督导、教育行政、财政、人力社保、编制等相关部门共同参加，并为开展工作提供必要的工作条件和经费保障。各相关部门要认真履行职责，依据各自职责分工，加强协调配合，落实管理责任，确保责任督学挂牌督导各项工作顺利推进。

（二）加强分类指导，强化监督考核

区县教育行政部门要积极支持责任督学开展督导工作，与区县教育督导机构建立定期会商机制，不断完善工作体系。区县教育督导机构要加强对责任督学挂牌督导工作的指导和检查；建立责任督学考核制度和激励机制，对责任督学履行职责、开展工作和完成任务情况进行考核；建立健全责任督学培训制度，做好入职培训、定期

培训、集中轮训等各项培训工作。

（三）重视督导结果，确保取得实效

区县教育督导机构要定期将责任督学的督导结果进行汇总整理，作为综合督导和专项督导的重要依据，特别是对责任督学发现的问题、提出的意见和建议，及时向同级教育行政部门通报。区县教育行政部门要对督导结果进行研究，落实责任，责成有关学校认真整改；要将督导结果作为对学校综合评价、评优表彰、经费安排、人事任免、责任追究等工作的重要依据。区县政府要定期听取区县教育督导机构关于责任督学挂牌督导工作情况的汇报，研究解决重要问题，加强对督导结果的使用。

北京市人民政府教育督导室关于开展义务教育阶段减轻学生过重课业负担督导监测的通知

京督导〔2014〕32号

各区县教委、政府教育督导室：

2013年实施挂牌督导工作以来，各区县在督学责任区建设、聘请责任督学、开展经常性督导等方面不断创新工作，责任督学覆盖到每所学校。责任督学围绕挂牌督导的重点任务积极开展工作，与学校、社会和政府之间初步建立起有效的沟通和交流平台。为切实减轻学生过重课业负担（以下简称“减负”），督促各项“减负”措施的落实，市政府教育督导室决定通过责任督学挂牌督导，对全市义务教育阶段的学校减轻学生过重课业负担的情况进行督导监测，现将相关事宜通知如下。

一、“减负”督导监测的依据

为落实国家和北京市中长期教育改革规划纲要的精神，减轻中小学生过重课业负担，促进学生全面健康发展，北京市教育委员会、北京市人民政府教育督导室先后制定了《关于切实减轻中小学生过重课业负担的通知》（京教基一〔2013〕2号）和《关于进一步规范义务教育阶段教学行为的意见》（京教基一〔2014〕4号），北京市教育委员会还制定了《关于在义务教育阶段推行中小学生课外活动计划的通知》（京教体艺〔2014〕2号），从依法办学、规范教学行为、推进课外活动等方面明确了“减负”的重点工作和主要措施，提出了“减负”任务和工作要求。开展“减负”督导监测既是一项“减负”的有效措施，也是督促各项“减负”措施落实的重要途径。

根据教育部办公厅《关于开展义务教育阶段学校“减负万里行·第2季”活动的通知》（教基一厅函〔2014〕13号）提出“将学校减负工作情况纳入责任督学区日常督导范围，责任督学每学期要发布联系学校减负情况的督导报告”的要求，市政府教育督导室在加强挂牌督导指导的同时，在2013年市督学下校进行“减负”监测的基础上，修订与完善了监测指标与工具，在全市所有义务教育阶段的学校进行“减负”督导监测。

二、“减负”督导监测的内容与方式

责任督学对学校“减负”督导监测，侧重对“减负”有明确要求的进行量化监测，对学校“减负增效”的经验与有效做法进行总结，对学校“减负”存在的困难、问题提出政策建议等。一是对有明确要求、可以监测且严令禁止的内容进行量化监测，主要包括“课程计划执行严格”“学生时间安排合理”“教学管理规范”“考试安排合理”“课外活动达标”五个指标，涉及学校依法办学、规范管理的底线监测。二是对学校“减负增效”的经验与有效做法进行总结，发现和总结学校在“作业设计研究”“教学方式探索”等方面的经验与典型，突出源头“减负”——改革创新教学方式和作业设计，也重视学校全面的经验总结。三是对学校干部、教师、学生、家长进行访谈，深入了解学校在规范教学行为、减轻学生过重课业负担过程中存在的困难、问题和建议。

三、“减负”督导监测的实施

市政府教育督导室统筹全市“减负”督导监测工作，负责监测方案的制定、监测指标与工具的研制；建立全市“减负”督导监测数据库，汇总责任督学采集的信息，形成全市减轻中小学生过重课业负担督导监测报告，提出政策建议。

各区县教委和教育督导室要高度重视“减负”监测工作，依据市政府教育督导室制定的监测方案，结合区县实情，制定具体的实施措施和办法，认真落实“减负”各项要求，为责任督学开展“减负”监测提供条件与帮助，在挂牌督导监测的基础上形成本区县学校“减负”督导监测报告，按照挂牌督导工作要求对监测结果进行应用，并在一定范围内进行公开。

责任督学要依照“减负”督导监测指标，对自己所负责的学校进行监测，采集各项指标的信息，全面了解学校“减负”工作情况，收集整理学校在“减负增效”方面好的经验和典型，了解学校在“减负”过程中存在的困难、问题与建议，形成学校“减负”督导监测报告，促进学生的过重课业负担切实得到减轻。

四、“减负”督导监测的要求

“减负”督导监测是挂牌督导工作的一项重要内容，区县教育督导室和教育行政部门要依照挂牌督导工作要求，认真组织责任督学开展“减负”督导监测，从2014年开始，每年11月形成本区县“减负”督导监测报告，并在11月底前将区县报告报市政府教育督导室。区县教育行政部门要利用好监测结果，进一步促进学生过重课业负担的减轻。

责任督学要通过各种方式对减轻中小学生过重课业负担进行督导监测。责任督学每学年对学校开展全面“减负”监测要不少于2次。责任督学要严格遵守督学行为规范，维护学校正常教育教学秩序。

各学校要支持“减负”督导监测工作，并借此进一步明确措施，创新工作，促进“减负”各项工作的落实，切实减轻学生过重课业负担。

附件1：北京市人民政府教育督导室义务教育阶段（小学）减轻学生过重课业负担督导监测指标（试行）

2：北京市人民政府教育督导室义务教育阶段（初中）减轻学生过重课业负担督导监测指标（试行）

北京市人民政府教育督导室

2014 年 7 月 14 日

附件 1：

北京市人民政府教育督导室义务教育阶段（小学）减轻学生过重课业负担督导监测指标（试行）

<table>
<tr><th>一级指标</th><th>二级指标</th><th>监测要点</th><th>监测标准</th><th>分值</th><th>信息采集方式</th></tr>
<tr><td rowspan="10">A1. 课程计划执行严格（39）</td><td rowspan="2">B1. 周课时（10）</td><td>C1. 一、二年级周课时</td><td>26 节</td><td>5</td><td rowspan="6">1. 对比查阅学校总课表、学生课表和学生当天使用课表。
2. 进班听课，现场考察学生上课情况。
3. 访谈各年级学生了解实际课程安排。</td></tr>
<tr><td>C2. 三至六年级周课时</td><td>30 节</td><td>5</td></tr>
<tr><td rowspan="4">B2. 部分学科周课时（12）</td><td>C3. 一至五年级音乐周课时</td><td>2 节</td><td>3</td></tr>
<tr><td>C4. 六年级音乐周课时</td><td>1 节</td><td>3</td></tr>
<tr><td>C5. 一至五年级美术周课时</td><td>2 节</td><td>3</td></tr>
<tr><td>C6. 六年级美术周课时</td><td>1 节</td><td>3</td></tr>
<tr><td rowspan="4">B3. 体育活动一小时（17）</td><td>C7. 一、二年级体育周课时</td><td>3—4 节</td><td>4</td><td rowspan="4">1. 对比查阅学校总课表、学生课表和学生当天使用课表。
2. 现场考察学生体育课和课外活动情况，以及学生体育活动时间。
3. 访谈各年级学生，了解体育活动实际情况。</td></tr>
<tr><td>C8. 三至六年级体育周课时</td><td>3 节</td><td>4</td></tr>
<tr><td>C9. 保证学生体育课外活动</td><td>列入课表</td><td>4</td></tr>
<tr><td>C10. 保证学生每天一小时体育活动时间</td><td>60 分钟</td><td>5</td></tr>
<tr><td>A2. 学生时间安排合理（17）</td><td>B4. 在校开始学习时间（5）</td><td>C11. 规定开始上课时间符合要求</td><td>8 点上课</td><td>5</td><td>1. 查阅学校作息时间表。
2. 实地考察学生到校时间。
3. 访谈学生家长。</td></tr>
</table>

续表

一级指标	二级指标	监测要点	监测标准	分值	信息采集方式
A2. 学生时间安排合理（17）	B5. 学生家庭作业时间（12）	C12. 低年级学生完成家庭作业平均时间	0分钟	4	1. 访谈各年级学生，了解实际完成作业时间。 2. 访谈学生家长。 3. 访谈学校教师（含班主任、年级组组长、教研组组长等）。
		C13. 中年级学生完成家庭作业平均时间	30分钟	4	
		C14. 高年级学生完成家庭作业平均时间	60分钟	4	
A3. 教学管理规范（27）	B6. 管理行为（10）	C15. 学生教辅用书符合有关规定	符合	3	1. 查阅学生教辅用书。 2. 访谈学校教育教学的主管领导。 3. 访谈学校教师（含班主任、年级组组长、教研组组长等）。 4. 访谈学生，了解实际情况。 5. 访谈学生家长。
		C16. 学校制定监控家庭作业量措施落实情况	有落实	4	
		C17. 双休日、节假日无组织班级集体补课	是	3	
	B7. 教学行为（17）	C18. 按课程进度实施教学	符合	5	1. 查阅学校学期课程进度安排。 2. 进班听课，现场考察教师教学进度。 3. 访谈学生，了解教学进度。
		C19. 无惩罚性作业	是	4	1. 查阅学生作业本、练习册等。 2. 访谈学生，了解实际情况。 3. 访谈学生家长。
		C20. 家庭作业认真批改，及时反馈	是	5	
		C21. 不以考试成绩给学生排名	是	3	1. 访谈学生，了解实际情况。 2. 访谈学生家长。

续表

一级指标	二级指标	监测要点	监测标准	分值	信息采集方式
A4. 考试安排合理（8）	B8. 考试安排（8）	C22. 学期内学校规定统一考试次数	一次	4	1. 对比查阅学校学期校务安排、教学计划、年级教学计划。 2. 访谈学校教育教学的主管领导，了解学校考试安排。 3. 访谈学生，了解学校实际考试安排。
		C23. 学期内除统一期末考试外，无组织年级以上统一考试	符合	4	
A5. 课外活动达标（9）	B9. 课外活动（9）	C24. 课外活动每周不少于3天，每天不低于1小时	符合	5	1. 查阅学校课外活动计划的具体方案。 2. 访谈学校教育教学的主管领导。 3. 访谈学生，了解课外活动开展情况。 4. 访谈家长，了解课外活动方案的公布与落实情况。 5. 访谈学校教师（含班主任、年级组组长、教研组组长等）。
		C25. 课外活动形式和内容符合要求，有利于学生在体育、艺术、科技等方面的发展	符合	4	
A6. 创新增效	B10. 作业设计研究	C26. 积极探索有效的作业设计与实施			1. 与学校领导沟通情况、交换意见。 2. 访谈学校教育教学的主管领导。 3. 访谈学校教师（含班主任、年级组组长、教研组组长等）。
	B11. 教学方式探索	C27. 教学方式符合课程需要、适合学生发展			
	B12. 减负增效经验	C28. 创造适合本校学生“减负增效”的有效经验和做法			

说明：

1. 一级指标A1—A5根据学校落实情况，对照监测量化标准评分，总分为100分。
2. 一级指标A6各项须根据学校创新工作情况进行认真总结提炼。

附件2：

北京市人民政府教育督导室义务教育阶段（初中）减轻学生过重课业负担督导监测指标（试行）

一级指标	二级指标	监测要点	监测标准	分值	信息采集方式
A1. 课程计划执行严格（34）	B1. 周课时（7）	C1. 各年级周课时	34节	7	1. 对比查阅学校总课表、学生课表和学生当天使用课表。 2. 进班听课，现场考察学生上课情况。 3. 访谈各年级学生，了解实际课程安排。
	B2. 部分学科周课时（10）	C2. 各年级音乐周课时	1节	5	
		C3. 各年级美术周课时	1节	5	
	B3. 体育活动一小时（17）	C4. 各年级体育周课时	3节	5	1. 对比查阅学校总课表、学生课表和学生当天使用课表。 2. 现场考察学生体育课和课外活动情况，以及学生体育活动时间。 3. 访谈各年级学生，了解体育活动实际情况。
		C5. 保证学生体育课外活动	列入课表	6	
		C6. 保证学生每天一小时体育活动时间	60分钟	6	
A2. 学生时间安排合理（13）	B4. 在校开始学习时间（7）	C7. 规定开始上课时间符合要求	8点上课	7	1. 查阅学校作息时间表。 2. 实地考察学生到校时间。 3. 访谈学生家长。
	B5. 学生家庭作业时间（6）	C8. 学生完成教师布置家庭作业的平均时间	90分钟	6	1. 访谈各年级学生，了解实际完成作业时间。 2. 访谈学生家长。 3. 访谈学校教师（含班主任、年级组组长、教研组组长等）。
A3. 教学管理规范（37）	B6. 管理行为（15）	C9. 学生教辅用书符合有关规定	符合	5	1. 查阅学生教辅用书。 2. 访谈学校教育教学的主管领导。 3. 访谈学校教师（含班主任、年级组组长、教研组组长等）。
		C10. 学校制定监控家庭作业量措施落实情况	有落实	4	

续表

一级指标	二级指标	监测要点	监测标准	分值	信息采集方式
A3. 教学管理规范（37）	B6. 管理行为（15）	C11. 双休日、节假日无组织班级集体补课	是	6	4. 访谈学生，了解实际情况。 5. 访谈学生家长。
	B7. 教师行为（22）	C12. 按课程进度实施教学	符合	6	1. 查阅学校学期课程进度安排。 2. 进班听课，现场考察教师教学进度。 3. 访谈学生，了解教学进度。
		C13. 无惩罚性作业	是	6	1. 查阅学生作业本、练习册等。 2. 访谈学生，了解实际情况。 3. 访谈学生家长。
		C14. 家庭作业认真批改，及时反馈	是	6	
		C15. 不以考试成绩给学生排名	是	4	1. 访谈学生，了解实际情况。 2. 访谈学生家长。
A4. 考试安排合理（10）	B8. 考试安排（10）	C16. 学期内学校规定统一考试次数	两次	5	1. 对比查阅学校学期校务安排、教学计划、年级教学计划。 2. 访谈学校教育教学的主管领导，了解学校考试安排。 3. 访谈学生，了解学校实际考试安排。
		C17. 学期内除统一期中、期末考试外，无组织年级以上统一考试	是	5	
A5. 课外活动达标（6）	B9. 课外活动（6）	C18. 课外活动每周不少于3天，每天不低于1小时	符合	3	1. 查阅学校课外活动计划的具体方案。 2. 访谈学校教育教学的主管领导。 3. 访谈学生，了解课外活动开展情况。 4. 访谈家长，了解课外活动方案的公布与落实情况。 5. 访谈学校教师（含班主任、年级组组长、教研组组长等）。
		C19. 课外活动形式和内容符合要求，有利于学生在体育、艺术、科技等方面的发展	符合	3	

续表

一级指标	二级指标	监测要点	监测标准	分值	信息采集方式
A6. 创新增效	B10. 作业设计研究	C20. 积极探索有效作业设计与实施			1. 与学校领导沟通情况、交换意见。 2. 访谈学校教育教学的主管领导。 3. 访谈学校教师（含班主任、年级组组长、教研组组长等）。
	B11. 教学方式探索	C21. 教学方式符合课程需要、适合学生发展			
	B12. 减负增效经验	C22. 创造适合本校学生“减负增效”的有效经验和做法			

说明：

1. 一级指标 A1—A5 根据学校落实的情况，对照监测量化标准评分，总分为 100 分。
2. 一级指标 A6 各项须根据学校创新工作情况进行认真总结提炼。

北京市机构编制委员会办公室关于同意调整市政府教育督导室机构编制等有关事项的函

京编办行〔2015〕138号

市委教工委、市教委、市政府教育督导室：

你们《关于市政府教育督导室增加机构编制与调整机关部分处室机构职能方案的函》（京教函〔2015〕386号）收悉。经研究，现函复如下：

一、同意对“两委一室”主要职责作如下调整

1. 将市教委承担的有关教育评估和监测的职责划入市政府教育督导室，将市教委主要职责第6条中“负责教育教学质量的评估和监控工作”修改为“负责制定教育教学质量标准并组织实施”。

2. 市政府教育督导室主要职责中增加“负责各级各类教育发展状况和质量的监测及各级各类学校办学状况和教育教学水平的督导评估”职责。

二、同意对市委教工委和市教委的内设机构作如下调整

1. 撤销基层联络处，将基层联络处“对本市教育改革发展的情况进行调查研究、检查督促”的职责划入市政府教育督导室；其他职责划入组织处。

2. 撤销民办教育处，将民办教育处加挂的民办高等学校党建工作办公室的牌子调整加挂在组织处。

将民办高等教育机构的办学评估职责划入市政府教育督导室。

将民办教育处承担的“拟订民办教育有关政策、发展规划，并组织实施；负责民办高等教育机构的设置、变更、终止及校长聘任核准等行政许可工作；统筹管理民办教育信息的发布工作”职责划入发展规划处。

将“负责民办教育机构落实有关教育法律、法规和规章情况的备案工作；协调、处理违法违规办学案件”职责划入政策法规处。

将“协调民办高等学校和高等教育机构党建工作”职责划入组织处。

将“负责民办高等学校和教育机构的安全稳定工作”职责划入安全稳定处。

将“指导区县民办教育工作”职责划入基础教育二处。

3. 将基础教育一处的“负责教育教学质量监控”、职业教育与成人教育处的“拟订教育教学评价标准并指导实施”、高等教育处的“教学质量监控”、科学技术与研究生工作处的“负责北京地区研究生培养的质量监控工作”等职责划入市政府教育

督导室。

三、同意对市政府教育督导室的内设机构和人员编制作如下调整

1. 内设机构调整并增设为综合处、督政处、学校督导处、专项督导处、督学管理与信息化处、评估与监测处 6 个处。

调整后的内设机构主要职责是：

综合处：负责市政府教育督导室政务工作；承担文电、会务、机要、档案、信息、信访、建议、提案等日常工作；承担教育督导的政策研究和重大问题的调查研究工作；发布教育督导评估、评价、监测报告；开展教育督导交流与合作。

督政处：负责对市政府有关部门和区县政府执行教育法律、法规、规章，落实国家教育方针、政策，履行发展教育职责的督导工作；组织对区县教育发展水平的综合督导评价；组织对区县政府推进义务教育均衡发展情况的督导检查。

学校督导处：负责对本市各级各类学校规范办学行为的督导检查工作；负责对学校教育教学工作进行督导；组织指导中小学校责任督学挂牌督导工作。

专项督导处：负责开展校外教育、特殊教育、社区教育、成人教育和民办教育等专项督导检查工作；组织开展本市教育改革和发展中热点难点重点问题的专项督导；负责临时性专项督导工作。

督学管理与信息化处：负责拟订北京市教育督导队伍建设规划；组织开展北京市督学资格认证，选拔、聘任、管理北京市督学；组织对教育督导队伍的培训及督学培训教材的编写；负责本市教育督导信息化建设与管理工作。

评估与监测处：负责拟订各级各类学校办学状况、教育教学水平评估标准和规程；组织开展对各级各类学校办学状况、教育教学的评估评价；组织开展对各级各类教育发展状况和质量的监测；负责研究生学位论文抽检工作；负责组织开展区县教育工作满意度调查工作；负责组织协调第三方机构和社会力量参与教育评估监测工作。

2. 核增行政编制 12 名，所需编制由市委教工委、市教委机关调剂解决 8 名（其中处级领导职数 2 正 2 副），新增行政编制 4 名（其中处级领导职数 1 正 1 副）。

上述调整后，市委教工委、市教委、市政府教育督导室机关内设机构由 28 个增至 29 个，行政编制由 256 名增至 260 名，处级领导职数由 31 正 52 副增至 32 正 53 副（其中，市政府教育督导室行政编制由 17 名增至 29 名，处级领导职数由 3 正 3 副增至 6 正 6 副）。

北京市机构编制委员会办公室

2015 年 8 月 17 日

北京市人民政府办公厅关于深化教育督导改革的实施意见

京政办字〔2016〕21号

各区人民政府，市政府各有关委、办、局，各有关市属机构：

为认真贯彻落实国务院《教育督导条例》和《国家中长期教育改革和发展规划纲要（2010—2020年）》的精神，根据国务院教育督导委员会办公室《关于深化教育督导改革转变教育管理方式的意见》有关要求，经市政府同意，现就深化本市教育督导改革工作提出如下实施意见。

一、总体思路和工作目标

（一）总体思路

深入贯彻落实党的十八大和十八届三中、四中、五中全会精神，深入学习贯彻习近平总书记系列重要讲话和对北京工作的重要指示精神，紧紧围绕立德树人的根本任务，按照政府统筹、强化职能、多元参与、权威高效的要求，坚持教育决策、执行、监督既相互协调又相互制约的原则，深入推进管办评分离，加强教育督导法制化、专业化和现代化建设，创新教育督导体制机制与模式，构建督政、督学、评估监测三位一体的现代教育督导体系，不断提升教育督导工作水平和效能，为办好人民满意的首都教育提供有力的支撑。

（二）工作目标

督政。建立健全市政府相关部门和区政府及其相关部门依法履行教育职责督导评价制度，督促政府及其相关部门切实履行教育职责，提高教育公共服务能力和水平。

督学。建立健全各级各类学校（含民办，下同）教育教学工作督导评价制度，监督、指导、促进学校依法自主办学，规范办学行为，全面实施素质教育，努力提高教育质量。

评估监测。建立健全政府教育督导部门归口管理、专业机构提供服务、社会组织多方参与的竞争性、专业化第三方评估监测机制，全面提升对全市和区域教育发展状况、各级各类学校办学及教育教学质量的评估监测水平。

二、主要任务

（一）创新完善教育督导体制机制与模式

1. 健全完善教育督导体制机制。落实国务院《教育督导条例》，加快推进本市教育督导立法调研。按照管办评分离原则，强化政府教育督导，统筹实施教育监督、检查、评估与监测，有效履行政府教育监督监管职能。加强政府教育督导机构建设，成立市、区两级政府教育督导委员会及办事机构，合理划分市、区教育督导职责权限，强化区级教育督导部门职能；同时，加强学校内部督导机制建设，形成市、区、校统筹协调的教育督导工作体系，分层次开展各级各类教育督导评估工作。

2. 建立实施更加科学高效的教育督导模式。根据教育督导内容和工作需要，以经常性督导为基础，以专项督导为重点，以教育质量监测信息数据为依据，由市、区两级教育督导部门统筹，组织实施3年至5年为周期的综合督导。同时，创新开展诊断式督导等工作，加强学校内部督导与自我评价，不断丰富教育督导方式和手段。

3. 建立第三方教育评估监测机制和社会力量参与监督机制。制定实施第三方教育评估监测办法，依托高等学校、教育科研机构、教育学术团体和其他符合条件的社会组织，通过政府购买服务的方式开展教育评估监测工作，构建专业化教育督导评估和监测评价体系。聘请人大代表、政协委员等作为政府特约教育督导员，充分发挥新闻媒体等社会力量监督作用，形成多元参与教育监督评价的局面。

（二）全面开展政府履行教育职责督导

1. 开展对市政府相关部门、区政府及其相关部门履行教育职责情况的综合督导。市级教育督导部门负责组织实施对市政府相关部门、市属行业企业履行教育有关职责情况的督导检查；负责组织开展对区政府履行教育职责情况的综合督导，重点开展推动义务教育优质均衡发展、高中教育多样化特色化发展等方面的综合督导。区级教育督导部门负责组织实施对区政府相关部门及下级政府落实教育法律、法规、规章和国家教育方针、政策的督导。

2. 开展对区政府履行教育职责情况的专项督导。市级教育督导部门负责组织开展对区政府统筹各级各类教育协调发展和教育改革发展有关重大问题、重点工作的专项督导，重点组织开展对区域学前教育、特殊教育、民族教育等方面的专项督导；组织开展对区教委及教育督导部门履职情况的督导。建立应对教育突发事件专项督导制度，有效开展应急督导。

3. 开展对市政府相关部门、市属行业企业和区政府、区政府相关部门及乡镇政府等单位执行教育领域法律法规情况的督导检查，由市级教育督导部门统筹，市、区两级教育督导部门分工负责。

（三）有效开展学校教育教学工作督导

1. 开展对学校教育教学工作的综合督导。市级教育督导部门负责统筹组织开展对市属各级各类学校的综合督导，重点开展对高等学校师德建设、学风建设、思想政治理论课教学、创业就业能力培养和职业院校职业技能人才培养等情况的综合督导。区级教育督导部门负责实施对所属中等及以下各级各类学校全面实施素质教育情况的综合督导。

2. 开展对各级各类学校的专项督导。市级教育督导部门负责依法组织实施对高等学校办学管理、贯彻执行教育领域法律法规等情况的专项督导。区级教育督导部门负责实施对所属中等及以下各级各类学校办学管理、教育教学、贯彻执行教育领域法律法规等情况的专项督导。

3. 开展经常性督导。市级教育督导部门研究制定进一步加强经常性督导工作的意见，推动各区创新督学责任区建设，构建覆盖中等及以下各级各类学校的责任督学挂牌督导工作体系，健全完善经常性督导工作机制。各区结合实际建立健全经常性督导的制度与运行保障体系，落实工作责任，努力争创国家责任督学挂牌督导工作创新区。建立民办高校经常性督导检查制度，聘请督导专员，切实加强经常性督导和工作指导。

4. 开展各级各类学校内部督导。市级教育督导部门研究制定进一步加强学校内部督导工作的意见，指导学校加强内部督导制度、机制与队伍建设，充分发挥学校自主办学、自我评价的主体作用，加强学校教育教学工作的内部管理与评价。市、区教育督导部门负责对学校内部督导建设工作加强检查指导和督促落实。

（四）科学开展教育发展水平和教育质量评估监测

1. 开展对全市教育发展状况和质量的评估监测。市级教育督导部门负责统筹组织开展对全市、区域义务教育优质均衡发展、高中教育普及化发展、职业教育创新发展、高等教育内涵式发展等方面的评估监测，区级教育督导部门可直接组织或委托第三方开展区域教育发展状况和质量的评估监测。认真组织实施国家级教育质量监测项目，积极参与国际组织教育质量监测项目，构建开放型教育评估监测体系。

2. 开展对各级各类学校办学状况、教育教学质量的评估监测。市、区教育督导部门统筹组织开展对中等及以下各级各类学校办学管理、教育教学质量的评估监测，探索开展中小学生综合素质与非智力因素影响评价、学业水平增值性评价、课业负担动态监测等监测评价工作。市级教育督导部门根据国家教育督导部门部署，组织实施高等学校相关评估工作，以及高等学校研究生学位论文抽检工作，探索开展研究生培养方面的评估监测。建立完善高等学校教育质量年报制度，探索建立高等教育质量监测体系。组织开展对民办高等学校办学状况与质量和职业院校职业技能人才培养质量的评估监测。

（五）建立健全教育督导和评估监测结果使用制度

1. 建立健全教育督导和评估监测结果的报告及问责机制。市、区教育督导部门要及时向同级政府报告重要教育督导和评估的监测结果。强化教育督导和评估监测结果的使用，健全奖惩、问责和综合运用机制，切实提高教育督导评估和监测结果的使用效能。

2. 建立健全教育督导和评估监测报告发布相关制度。坚持“谁组织、谁发布、谁负责”的原则，明确载体，规范流程，由市、区教育督导部门分级发布教育督导评估监测报告，接受社会公众监督。建立健全教育督导和评估监测工作的公示、公告、反馈、约谈、预警、限期整改和复评复查等制度，及时发现问题，督促整改落实。

（六）着力加强教育督导队伍专业化建设

1. 强化督学队伍的选配、选聘与管理。研究制定进一步加强督学队伍建设的实施意见，按照数量充足、结构合理、责任心强、业务精湛的要求，逐步建立以专职为主、专兼职结合的专业化督学队伍。科学规划和设置市、区两级教育督导部门的人员编制，配齐配强专职督学队伍；按照任职条件要求选聘具有相关经验的教学科研骨干、学科带头人等作为兼职督学，建好兼职督学队伍。强化督学队伍聘任与管理，探索实施督学职级制，建立健全督学资格准入、持证履职、聘任考核、聘期管理、奖惩问责等相关制度和机制。

2. 建立教育督导评估专家委员会和专家库制度。依托教育社会团体选聘相关领域专家，成立基础教育、职业教育、高等教育、民办教育等不同类别的教育督导评估专家委员会，开展教育督导评估有关工作。建立教育督导评估专家库，实现动态管理。

3. 强化教育督导队伍的教育培训。完善教育督导队伍教育培训制度，健全市、区两级培训体系，围绕提升队伍综合素质、履职能力和专业化水平，创新教育培训方式方法，通过督导论坛、督学大讲堂等形式，充分运用现代技术手段，提升教育督导培训的系统性、针对性与实效性。

三、保障措施

（一）加强组织领导

深入贯彻落实国家教育领域综合改革部署和教育督导改革工作要求，将教育督导改革纳入全市教育领域综合改革工作统筹推进。市教育督导委员会要组织有关部门定期研究教育督导改革重大事项，及时解决改革中遇到的困难和问题；市级教育督导部门要结合实际，不断研究完善本市教育督导制度体系，并加强对各区教育督导改革工作的指导和协调；各区要加强组织领导，研究制定具体实施方案，推动各项任务落实。

（二）强化基础保障

建立健全教育督导经费和条件保障机制，有效支持和保障教育督导工作开展。加强北京市教育督导与教育质量评价研究中心、北京市督学研修中心等专业机构建设，切实提升教育督导专业支撑能力。加强教育督导信息化建设，以数据资源整合与共享为基础，构建高水平的教育督导信息管理应用系统。

（三）加大宣传力度

充分利用报刊、电视、互联网等媒体，广泛宣传国家及本市有关教育改革及教育督导改革的法律法规和政策，积极开展政策解读，回应社会关切，努力营造全社会关心支持教育督导改革发展的良好氛围。

北京市人民政府办公厅

2016 年 4 月 29 日

北京市教育委员会　北京市人民政府教育督导室关于印发《北京市人民政府教育督导室关于委托第三方机构开展教育评估监测工作暂行办法》的通知

京教督〔2016〕10号

各区教委、区政府教育督导室，各高等学校，各直属单位：

为进一步贯彻落实《北京市人民政府办公厅关于深化教育督导改革的实施意见》（京政办字〔2016〕21号），推进管办评分离，规范第三方机构参与组织实施教育评估监测工作，我们研究制定了《北京市人民政府教育督导室关于委托第三方机构开展教育评估监测工作暂行办法》，现印发给你们，请遵照执行。

北京市教育委员会　北京市人民政府教育督导室

2016年5月30日

北京市人民政府教育督导室关于委托第三方机构开展教育评估监测工作暂行办法

第一章　总　　则

第一条　为贯彻落实《国家中长期教育改革和发展规划纲要（2010—2020年）》和《中共中央关于全面深化改革若干重大问题的决定》精神，推进教育管办评分离，规范实施第三方机构教育评估监测，保障政府购买服务质量，根据《政府采购法》《招标投标法》《教育部关于深入推进教育管办评分离促进政府职能转变的若干意见》（教政法〔2015〕5号）和国务院教育督导委员会办公室《关于印发深化教育督导改革转变教育管理方式意见的通知》（国教督办〔2014〕3号）等相关法律和文件规定，制定本办法。

第二条　北京市人民政府教育督导室（以下简称市政府教育督导室）委托开展教育评估监测，适用本办法。

第三条　本办法所称第三方机构是指与市政府教育督导室和被评估监测方均无直接经济利益关系的组织机构，主要包括具有教育评估监测专业能力的高等院校、科研院所等事业单位和社会团体等社会组织。

第四条　本办法所称教育评估是指根据特定教育目标，按照一定的标准，通过一定的程序和方法，对教育活动、人员、管理和条件的状态与绩效进行事实判断和价值判断的过程。

第五条　本办法所称教育监测是指根据特定目的和指标，通过一定的程序和方法，系统收集和分析有关教育政策和项目进展的各项指标的数据和信息，追踪政策项目实施、资源分配与落实情况，监控预期目标达成程度等方面的过程。

教育监测主要是对教育政策、项目实施过程的客观描述和事实判断。

第六条　市级教育评估监测实行由市政府教育督导室归口管理。

第七条　市政府教育督导室委托第三方机构开展教育评估监测，应当遵循归口管理、严格程序、规范透明、公平公正、开放公开的原则。

第三方机构接受委托开展教育评估监测，应当遵循客观公正、科学规范、诚实信用及利害关系回避原则。

第八条　市政府教育督导室应根据开展教育评估监测工作的需要，将委托第三方机构的费用列入年度部门预算。

第二章　评估资质认定

第九条　参与市级教育评估监测的第三方机构除具备政府采购法对供应商资质规定的条件外还应具备下列基本条件：

（一）依法设立并具有独立的法人资格；

（二）具有开展教育评估监测的专业能力；

（三）具有一定规模且结构合理的专业团队；

（四）在教育评估监测领域具有良好的业绩和信誉，近三年内无不良记录。

第十条　凡符合本办法第九条规定条件的第三方机构，可自愿参加评估资质认定。

市政府教育督导室最终确认第三方机构资质条件是否符合纳入北京市教育评估监测第三方机构库要求，认定合格的第三方机构在市政府教育督导室纳入本市教育评估监测第三方机构库的同时向社会公示。

第三章　委 托 管 理

第十一条　以下事项可以委托第三方机构：

（一）研制评估监测指标、标准、工具和工作规程；

（二）评估监测各级各类教育发展状况；

（三）评估监测各级各类教育教学质量状况；

（四）评估监测市、区教育规划实施情况；

（五）评估监测各级各类教育改革政策实施情况；

（六）评估监测各级各类教育布局与资源配置情况；

（七）评估监测教育热点、难点、重点问题及舆情；

（八）需要评估监测的其他重要事项。

第十二条　参与市级教育评估监测的第三方机构，须入选本市教育评估监测第三方机构库。

第十三条　市政府教育督导室以政府购买服务方式开展教育评估监测，应优先采用公开招标、邀请招标、竞争性谈判等方式，并严格按照政府采购的有关规定执行。

特殊情况下，市政府教育督导室也可采取单一来源采购方式，并将委托事项、第三方机构信息以适当方式向社会公开，接受社会监督。

第十四条　市政府教育督导室（以下简称委托方）可就本办法第十一条所列的一个事项单独招标或委托，也可对多个事项打包招标或委托。

第十五条　参与市级教育评估监测的第三方机构不受地区限制。

符合资质要求的国际组织、国外教育机构可以第三方机构身份参与市级教育评估监测。

第十六条　参与市级教育评估监测的第三方机构确定后，委托方应与其签订委托协议，明确双方的权利与义务。

第十七条　委托方的主要权利和义务如下：

（一）就开展教育评估监测工作提出具体要求；

（二）对第三方机构开展评估监测进行过程管理；

（三）审核第三方机构的评估监测实施方案和成果；

（四）为第三方机构提供评估监测所需的信息和资料；

（五）协调第三方机构与被评估监测方之间的关系；

（六）对第三方机构提供的服务进行评鉴；

（七）支付委托费用。

第十八条　第三方机构的主要权利和义务如下：

（一）制定委托项目评估监测实施方案，并报委托方审核；

（二）独立开展评估监测；

（三）对评估监测成果的质量负责；

（四）及时向委托方报告评价工作方案、指标体系、样本选择、数据来源与计算、结果分析等事项；

（五）对评估监测数据、结果、报告及被评估监测方负有保密义务，未经委托方同意或授权，第三方机构不得将评估监测数据、结果、报告等对外公布或发表；

（六）建立委托项目档案管理制度，及时收集、整理业务资料并造册、建档，并在项目结束后按时将项目档案完整移交委托方；

（七）不得以该委托项目为由，向被评估监测方另行收取费用或报酬；

（八）不得将委托项目以各种方式分包或转包给其他单位或个人；

（九）收取委托费用。

第十九条　被评估监测方的主要权利和义务如下：

（一）全力配合第三方机构的工作；

（二）根据评估监测工作的需要，提供相关报表、情况介绍和自评报告等材料，并对其真实性负责；

（三）有权拒绝第三方机构提出的与本评估监测事项无关的要求。

第四章　工 作 程 序

第二十条　市政府教育督导室或受委托第三方机构依照法律、法规及北京市的有关规定组织开标、评标并确定中标人，依照下列程序进行：

（一）发布招标公告；

（二）符合资质要求的第三方机构参加投标；

（三）委托方组织开标、评标并确定中标人；

（四）出现流标时，委托方可重新招标，也可采取单一来源采购方式选定第三方机构；

（五）中标人确定后，委托方向中标人发出中标通知书，并同时将中标结果通知所有未中标的投标人；

（六）因出现流标或废标等情况，需要重新委托第三方机构的，委托方须将委托决定通知所有投标人。

第二十一条　第三方机构开展教育评估监测，依照下列程序进行：

（一）成立评估监测项目组，确定项目负责人；

（二）制定评估监测实施方案，报委托方审核、确认；

（三）根据评估监测工作需要，研制相关工具；

（四）采集评估监测相关信息；

（五）对评估监测信息进行分类、汇总、统计、分析；

（六）提交评估监测报告；

（七）移交委托项目档案。

第五章　监管和评鉴

第二十二条　委托方应在第三方机构提交评估监测成果后一个月内，组织专家组对委托项目进行验收。验收结果分为“通过”“不予通过”两种。

专家组验收结果将作为委托方对第三方机构服务质量进行评鉴的重要依据。

第二十三条　第三方机构对验收结果有异议的，应当自收到验收结果 7 个工作日内向委托方书面申请复评。

委托方应在收到第三方机构的书面申请后的一个月内，重新组织专家组对评估监测报告进行验收。

专家组的复评结论为终评结果。

第二十四条　委托方应在验收工作结束后的一个月内，对第三方机构提供的教育评估监测服务质量进行评鉴。评鉴结果分为“优秀”“合格”“不合格”三个等级。评鉴结果连续两次为“不合格”的，市政府教育督导室将取消其入选本市教育评估监测第三方机构库的资格。

第二十五条　市政府教育督导室每年定期向社会公示第三方机构评鉴结果。

第二十六条　有下列情形之一的，视情节轻重，给予核减委托经费、终止委托业务、取消委托资格等处理。

（一）在投标过程中有舞弊行为或通过不正当方式取得委托项目的；

（二）应当回避而未回避的；

（三）项目实施过程中索取、收受不当利益的；

（四）报告弄虚作假，与事实严重不符的；

（五）未在协议规定时间或委托方认可时间内完成委托业务的；

（六）未经委托方允许，擅自公开、发布评估监测数据、信息或结论的；

（七）委托项目进行验收结果为“不予通过”的。

第二十七条　第三方机构在参与教育评估监测活动中有违法违规行为的，按照有关法律法规和规定处理。

第六章　附　　则

第二十八条　本办法由市政府教育督导室负责解释。

第二十九条　本办法自印发之日起施行。

北京市机构编制委员会关于设立北京市人民政府教育督导委员会有关事项的批复

京编委〔2016〕29号

市教委、市政府教育督导室：

《关于成立北京市人民政府教育督导委员会的请示》（京教人〔2015〕19号）收悉。经市委主要领导和市编委领导批准，同意设立北京市人民政府教育督导委员会（简称市政府教育督导委员会），为市政府议事协调机构。现就有关事项批复如下：

一、主要职责

市政府教育督导委员会在市政府领导下独立行使教育督导职能，代表政府对各级各类教育进行监督、检查、监测、评估、指导，其主要职责：研究制定北京市教育督导的重大政策；审议北京市教育督导发展规划和重大事项；统筹指导全市教育督导工作；聘任北京市督学；发布北京市教育督导报告。

二、组成人员

主　任：由王宁副市长担任。

副主任：由市政府一名副秘书长、市教委主任、市政府教育督导室主任担任。

成　员：由市发展改革委、市教委、市科委、市公安局、市财政局、市人力社保局、市编办、市住房城乡建设委、市卫生计生委、市审计局、市工商局、市体育局、市统计局、市政府法制办等部门的主管领导组成。

三、工作机构

市政府教育督导委员会办公室设在市政府教育督导室，承担市政府教育督导委员会的日常工作。

今后，市政府教育督导委员会如需调整市领导同志以外的成员，由成员单位提出调整意见，经委员会办公室审核后报请主任批准，由委员会自行发文通知，同时向市编办备案。

北京市机构编制委员会

2016年6月1日

北京市教育委员会　北京市人民政府教育督导室关于印发《北京市普通高等学校本科专业评估试点工作方案》的通知

京教督〔2016〕17号

各相关市属普通高等学校：

根据《国务院教育督导委员会办公室关于组织开展普通高等学校本科专业评估试点工作的通知》(国教督办函〔2016〕6号)要求，结合北京市高校实际，市教委、市政府教育督导室制定了《北京市普通高等学校本科专业评估试点工作方案》，现印发给你们，请遵照执行。

北京市教育委员会　北京市人民政府教育督导室

2016年10月31日

北京市普通高等学校本科专业评估试点工作方案

根据《国务院教育督导委员会办公室关于组织开展普通高等学校本科专业评估试点工作的通知》(国教督办函〔2016〕6号)要求，经研究决定，于2016年组织开展北京市普通高等学校本科专业评估试点工作。现结合北京高校实际，制定本工作方案。

一、指导思想

贯彻落实《国务院教育督导委员会办公室关于组织开展普通高等学校本科专业评估试点工作的通知》(国教督办函〔2016〕6号)和《教育部关于普通高等学校本科教学评估工作的意见》(教高〔2011〕9号)要求，以专业评估试点为切入点，引导北京高校加强本科专业内涵建设和特色发展，完善内部质量监控保障体系建设和有效运行，提高本科专业建设水平和人才培养质量；为政府调整北京高校学科结构、优化专业布局、加强分类指导提供决策依据，促进北京高校服务首都经济社会发展能力的提升。

二、评估原则

(一)坚持质量标准

提高本科专业建设水平与人才培养质量是高校强化内涵建设、提升质量的突破点和着力点，是推进高校教育教学改革的核心环节。本科专业评估试点坚持以教育部相关文件要求及各有关本科专业教学指导委员会制定的质量标准为基本依据，借鉴国际国内通行的专业认证与评估的经验和做法，结合北京高校的办学特色，对高校本科专业建设水平与人才培养的质量做出相应评价。

（二）体现地区特色

北京地区高等教育资源丰富，优质资源相对集中，高等教育经费投入力度较大，教学条件保障度较高，教育国际化程度相对较高。专业评估试点要反映北京高等教育的发展现状，体现北京高校的学科专业特色与地区优势。此次试点选择市属普通高校布点较多、有一定代表性的本科专业进行评估，促进高校不断完善专业建设与人才培养方案，推动本科专业评估长效机制的建立。

（三）突出评估导向

专业评估试点的目的是提高本科专业建设水平，提高教育教学质量。各高校要贯彻落实国务院和教育部有关教育评估的政策要求，以提高教育教学质量为核心，强化质量保障体系建设，促进专业结构调整，适应区域经济发展的需要办出优势与特色，提高整个北京地区的教育教学水平和质量。同时，为全面开展高校本科专业评估工作积累经验、奠定基础。

（四）强化支持保障

专业评估试点将结合北京市属高校的实际及首都高等教育的特点，加强对教学过程的管理和教学质量的监控，探索建立有效的多样化人才培养模式与机制，强化本科专业的条件建设与有效运行、本科人才培养的经费保障、教师对本科教学与建设的精力投入、教师队伍的能力建设、本科人才培养的内涵建设等，不断提高北京高校本科专业建设与人才培养的质量保障水平与能力。

三、评估范围和评估方式

（一）评估范围

北京市普通高等学校中已经有四届毕业生（截至 2016 年 6 月 30 日）且 2016 年正常招生（不含因隔年招生原因，2016 年未招生）的英语、计算机科学与技术、会计学 3 个本科专业。

（二）评估方式

采取专家不进校的方式，通过专业教学基本状态数据采集、学校自评、市级评估、评估结果使用等四个环节，实施评估。

四、评估程序

（一）专业教学基本状态数据采集

1. 基本状态数据在线填报。参评学校及专业按照评估试点文件关于专业教学基本状态数据采集工作要求，组织状态数据在线填报。此项工作于2016年11月20日前完成。

2. 基本状态数据公示。通过专业教学基本状态数据采集平台，面向所有参评学校，公示各学校报送的参评专业教学基本状态数据，接受学校间相互监督，公示期为7天。此项工作于2016年11月底前完成。

3. 基本状态数据审核。基础评价工作专家组对学校填报的专业教学基本状态数据进行审核，提出需要核实确认的数据、需要补充的支撑材料和证明文件等，并通知相关学校。相关学校按照数据核查专家的要求提供补充材料、核实相关数据。修改和调整后的专业教学基本状态数据通过信息平台再次予以公示，公示期为3天。此项工作于2016年12月10日前完成。

（二）学校自评

1. 开展在线自评。参评学校及专业依据各专业评估试点指标体系与基本要求，通过专业教学基本状态数据采集平台，开展自我评价，完成相关数据、材料填报。

2. 自评报告撰写。参评学校及专业根据相关评估试点文件的要求结合在线自我评价结果，以及专业教学基本状态数据分析报告，形成专业自评报告。

3. 材料报送。参评学校及专业通过专业教学基本状态数据采集平台提交学校与本专业近3年的教学质量年报、最新的专业培养方案、专业自评报告和专业教学基本状态数据采集表（须加盖学校公章，以PDF格式上传）。

上述工作同步于2016年11月20日前完成。

（三）市级评估

1. 市级评估。依次进行基础评价工作专家组评价、专业评价工作专家组评价和综合评价工作专家组评价。基础评价工作专家组通过专家在线评价系统进行，在审阅专业自评报告等自评材料和专业教学基本状态数据分析报告基础上，依据各专业评估试点指标体系、基本要求和评价标准，形成基础评价意见；专业评价工作专家组在基础评价工作专家组评价基础上，通过专家在线评价系统审阅专业自评报告等自评材料和专业教学基本状态数据分析报告，进行会议集中审议，形成各专业评价工作专家组评估意见；综合评价工作专家组根据各专业评价工作专家组评估意见，依据评估工作方案和指标体系，进行会议集中评审，形成各专业的综合评价意见。此项工作于2016年12月20日前完成。

2. 评估结果审定。各专业的综合评价意见，在经北京市普通高等学校本科专业评估试点领导小组审定后，报经市政府教育督导室主任办公会、市教委主任办公会审议通过，形成最终专业评估结果。此项工作于2016年12月25日前完成。

（四）评估结果使用

市政府教育督导室将专业评估工作情况报告和评估结果，上报国务院教育督导委员会。同时，专业评估结果以会议形式向各高校通报，促进学校进一步加强专业特色建设、内涵发展，大力提升专业的竞争力和影响力。此项工作于 2016 年 12 月底前完成。

五、组织实施及责任分工

专业评估试点工作由市政府教育督导室统筹负责、市教委相关处室参与，委托北京教育评估院具体实施。

（一）成立北京市普通高等学校本科专业评估试点领导小组

组　长：唐立军

副组长：叶茂林　关国珍　杜　林

成　员：张晓玲　邵文杰　王家兵　金红莲

职　责：统筹规划、组织开展试点工作，审批评估试点实施方案，监管评估过程，审议并报告评估结果。

（二）委托北京教育评估院具体实施

职责：具体实施专业评估试点工作，研制评估指标体系和相应工具，负责专家组组建，统筹组织对 18 所高校涉及的 14 个英语专业布点、15 个计算机与科学技术专业布点、12 个会计学专业布点实施综合评价，提出评估意见，形成北京市普通高等学校本科专业评估试点工作报告；协调北京教育网络与信息中心建设北京市普通高等学校本科专业评估试点工作平台，指导完成专业教学基本状态数据采集，形成各专业教学基本状态数据分析报告，供专家和市教育主管部门使用。

（三）组建专业评估试点专家组织

1. 基础评价工作专家组：组成人员为各相关学校及专业推荐的评估专家。

职责：核查学校填报的教学基本状态数据；审阅评估材料，根据各专业评估试点指标体系、基本要求和评价标准对专业开展综合评价，形成评估结果和意见。

2. 专业评价工作专家组：组成人员为北京市教委批准的专业群专家委员会和教学协作委员会的专家，央属高校专家约占 55%，市属高校专家约占 25%，行业企业专家约占 20%。

职责：根据评估试点通用指标体系等评估文件和各专业的特殊性，研制涉及各相关专业人才培养内涵的评估指标体系、基本要求、评价标准和专业教学基本状态数据采集内容；审议对本专业评估试点的评估结果与工作建议。

3. 综合评价工作专家组：组成人员为专业评估试点所在的三个专业群专家委员会正、副主任委员，部分央属和市属高校领导以及教务处负责人等。

职责：研制专业评估试点方案、通用指标体系和基本要求等评估文件；审议拟报送专业评估试点领导小组审定的评估结果与工作建议。

六、工作要求

（一）高度重视，切实加强对专业评估试点工作的领导。各相关高校要高度重视此次本科专业评估试点工作，切实加强统筹领导。要组建学校专业评估试点工作机构，统筹负责学校参评专业的自评和专业教学基本状态数据采集工作，抓好评估试点工作落实，保证专业评估工作效果，并以此次评估试点为契机，进一步推动学校各专业内涵建设和特色发展，提升人才培养水平。

（二）认真做好专业评估自评和专业教学基本状态数据采集工作。各相关高校要认真组织参评专业做好自评和专业教学基本状态数据采集工作，实事求是总结相关专业建设取得的成绩、查找存在的问题、提出改进建议。要确保采集上报的专业教学基本状态数据和相关支撑材料内容全面、真实、客观、准确。要积极配合专家组做好审核专业教学基本状态数据、综合评价等环节工作，确保专业评估试点工作顺利进行。

（三）坚持公开、公平、公正原则开展评估试点，保证专业评估结果的公信力。市教委、市政府教育督导室将加强对专业评估试点的过程监管、监督，对专业评估试点中出现的数据造假、提供不实支撑材料等严重违纪问题，以及评估专家在评估过程中存在的擅自与参评学校或专业的领导、教师沟通评估敏感信息等违反评估纪律的情况进行问责，全面保障评估工作公开、公平、公正，保障专业评估结果有效、客观。

（四）按照高标准、高质量、高水平的要求，按时完成专业评估试点相关工作。各相关高校要按照本工作方案明确的时间节点和具体工作要求，认真组织评估试点实施工作，全面、细致做好工作部署，明确相关人员和条件保障，及时上报评估材料，切实保证专业评估试点工作按时、保质完成。工作中如遇到问题，请及时报告市政府教育督导室。

北京市教育委员会　北京市人民政府教育督导室关于做好市属普通高等学校本科教学工作审核评估有关工作的通知

京教督〔2016〕18 号

各市属普通高等学校：

为全面贯彻落实《国家中长期教育改革和发展规划纲要（2010—2020 年）》和《北京市中长期教育改革和发展规划纲要（2010—2020 年）》，切实推进高等教育质量保障体系建设，提高本科教学工作水平和人才培养质量，根据《教育部关于普通高等学校本科教学评估工作的意见》（教高〔2011〕9 号）和《教育部关于开展普通高等学校本科教学工作审核评估的通知》（教高〔2013〕10 号）要求，市教委、市政府教育督导室经研究决定，从今年下半年开始至 2019 年，组织开展北京市市属普通高等学校本科教学工作审核评估工作，现将有关事项通知如下。

一、认真学习领会本科教学工作审核评估有关文件精神

审核评估是在我国高等教育新形势下，总结已有评估经验、借鉴国外先进评估思想的基础上提出的新型评估模式，核心是对学校人才培养目标与培养效果的实现状况进行评价，旨在推进人才培养多样化，强调尊重学校办学自主权，体现学校在人才培养质量中的主体地位。

在试点工作的基础上，教育部于 2013 年 12 月发出通知，明确从 2014 年开始正式启动“普通高等学校本科教学工作审核评估”工作。依据教育部有关工作要求，本轮审核评估对象为参加普通高等学校本科教学工作水平评估获得“合格”及以上结论的高校。参加普通高等学校本科教学工作合格评估获得“通过”结论的新建本科院校，5 年后须参加审核评估。参加审核评估学校办学条件指标应达到教育部《普通高等学校基本办学条件指标（试行）》（教发〔2004〕2 号）规定的合格标准，公办普通本科高校生均拨款须达到《财政部关于进一步提高地方普通本科高校生均拨款水平的意见》（财教〔2010〕567 号）规定的相应标准。

审核评估范围主要包括学校的定位与目标、师资队伍、教学资源、培养过程、学生发展、质量保障以及学校自选特色等方面，涵盖学校的办学定位及人才培养目标，教师及其教学水平和教学投入，教学经费、教学设施及专业和课程资源建设情况，教学改革及各教学环节的落实情况，招生就业情况，学生学习效果及学风建设情况，质量保障体系的建设及运行情况等。

审核评估核心是对学校人才培养目标与培养效果的实现状况进行评价。重点考察办学定位和人才培养目标与国家和区域经济社会发展需求的适应度、教师和教学资源条件的保障度、教学和质量保障体系运行的有效度、学生和社会用人单位的满意度。

各市属普通高等学校要认真学习《教育部关于普通高等学校本科教学评估工作的意见》(教高〔2011〕9号)和《教育部关于开展普通高等学校本科教学工作审核评估的通知》(教高〔2013〕10号)等有关文件精神，深刻领会本轮审核评估的总体思路和教育部具体工作要求，全面认识审核评估的重要意义，充分了解审核评估的宏观背景，明确审核评估的对象、条件、范围和重点，以及审核评估的程序和任务要求，认真做好审核评估工作，扎实推进内涵建设、特色发展。

二、认真做好市属普通高等学校本科教学工作审核评估计划安排工作

市属普通高等学校本科教学工作审核评估，时间为2016年下半年至2019年。2016年下半年为评估准备阶段，根据教育部关于开展普通高等学校，本科教学工作审核评估工作部署安排，结合市属高校实际，研究制定评估方案，填报评估数据，制定工作计划，全面部署和启动评估工作。2017年、2018年、2019年分期分批全面实施评估。

请各高校结合自身实际，研究并报告审核评估时间，由市政府教育督导室和市教委，统筹协调确定高校审核评估具体时间。请各高校于2016年11月15日(星期二)前将《北京市普通高等学校本科教学工作审核评估计划及参评高校基本情况汇总表》报送至市政府教育督导室。

三、认真做好本科教学基本状态数据采集工作

为建立高等学校本科教学工作常态监测机制，切实推进高等教育质量保障体系建设，保障本科教学工作审核评估高效进行，2016年10月10日，市教委、市政府教育督导室、教育部高等教育评估中心，联合召开本科教学基本状态数据采集工作会议，正式启动北京地区高校教学基本状态数据采集工作，以后将每年定期开展此项工作。本年度数据平台开放时间为10月11日—11月30日，请各高校在此时间段完成数据采集工作。

开展本科教学基本状态数据采集是高等学校完善内部质量保障体系和本科教学质量常态监测的需要，同时也是本科教学审核评估、专业认证的基础性工作。请各高校高度重视此项工作，将此作为加强自评自建的重要抓手，加强内部组织协调，明确相关负责部门，并安排专人开展数据收集与审核，保证采集数据的客观真实。

四、认真做好参加审核评估的各项准备工作

一是高度重视，健全机构，加强领导。学校要高度重视本科教学与评估工作，切实把持续提高教学水平作为办学第一要务。要尽快组建审核评估工作机构，统筹负责学校审核评估工作的政策研究与计划安排、组织指导与沟通协调、任务分解与监督落实、材料汇总与内容复核等工作，通过全面加强对审核评估工作的领导和管理，确保审核评估工作的质量和效果。

二是进一步完善基础工作。学校自评自建工作是审核评估工作的基础和重要组成部分，主要包括组建审核评估工作组织、制订并执行评建计划、梳理评估材料、填报教学基本状态数据、形成自评报告等。要积极建立健全学校审核评估协调联络机制，加强学校审核评估工作统筹和具体实施。要立足学校实际，制定并执行学校评建计划，认真做好各项评建工作。要全面梳理审核评估材料，包括教学档案、自评报告支撑材料和方便专家进校考察的案头材料，为正式开展审核评估提供坚实依据。要认真做好学校教学基本状态数据的收集、整理、核实、填报工作，切实保证教学基本状态数据全面、真实、客观、准确。

三是做好学校摸底自评工作。自我评估是审核评估的重要基础。要着手开展好学校教学基本状态的摸底自评工作，并将自我评估贯穿学校审核评估整个周期，切实促进教学质量保障体系建设。各高校要根据教育部《普通高等学校本科教学工作审核评估方案》，深入研究审核评估项目的内涵，明晰各个审核要素和要点之间的内在逻辑关系，结合上一轮本科教学工作水平评估的整改情况和学校改革发展实际，着手开展摸底自我评估，全面掌握本校本科教学基本状态的综合数据信息，为最终形成《普通高校本科教学工作审核评估自评报告》《教学基本状态数据分析报告》奠定良好基础。

四是做好评估的条件保障准备工作。市教委、市政府教育督导室在教育部统筹协调和指导下，负责市属普通高校本科教学工作审核评估。各相关高校要根据学校实际，积极接受审核评估，为开展审核评估提供充分的条件保障。要在学校主要领导和主要职能部门负责人的统筹负责下，积极开展全校动员，全员参与，合理配备专职人员，具体实施学校整个评建工作。要积极安排学校审核评估专项经费，配齐配足实施审核评估必备的工作条件，为审核评估提供充分的资源保障。要全面加强审核评估中的工作协调，为评估专家开展工作提供便利条件。学校要以平常心、正常态对待审核评估，严格评估纪律，营造风清气正的评估氛围。

北京市教育委员会　北京市人民政府教育督导室

2016 年 10 月 31 日

北京市人民政府教育督导室
关于印发《北京市督学管理暂行办法》的通知

京督导〔2016〕34号

各区（含燕山地区）教委、区人民政府教育督导室，各高等学校：

根据国务院《教育督导条例》（国务院令第624号）、《教育部关于印发〈督学管理暂行办法〉的通知》（教督〔2016〕2号）的要求，为加强督学队伍管理，建设数量充足、结构合理、责任心强、业务精湛的高素质专业化督学队伍，特制定《北京市督学管理暂行办法》。现印发给你们，请遵照执行。

北京市人民政府教育督导室

2016年11月7日

北京市督学管理暂行办法

第一章 总 则

第一条 为有效履行教育督导职能，建设数量充足、结构合理、责任心强、业务精湛的高素质专业化督学队伍，促进督学管理科学化、规范化、专业化，提高教育督导工作质量和水平，根据国务院《教育督导条例》、教育部《督学管理暂行办法》、《北京市教育督导规定》，结合我市实际，制定本办法。

第二条 督学是受市、区人民政府教育督导机构指派实施教育督导工作的专业人员，包括专职督学和兼职督学。

第三条 市、区人民政府教育督导机构分别对本级督学实施管理。

第二章 资格与聘任

第四条 市、区人民政府及教育督导机构应当加强教育督导队伍建设，依据教育督导工作的性质与需要，配足配强专职、兼职督学，优化督学队伍结构，建立督学动态调整补充机制。

第五条 督学应具备下列基本条件：

（一）坚持党的基本路线，热爱社会主义教育事业，遵守宪法和法律，熟悉与教育相关的法律、法规、规章和方针政策，具有较高的理论和政策水平。

（二）品行端正，公道正派，坚持原则，廉洁自律。

（三）热爱教育督导工作，熟悉教育督导业务，掌握必要的教育督导工作方法和技术，能够深入一线开展教育督导工作。

（四）具有较强的组织协调、沟通表达、综合研究分析能力。

（五）具有大学本科及以上学历和相关经历。在各级各类教育机构和科研单位从事教育教学、科学研究或教育管理工作 10 年以上，一般具有副高级及以上职称，业务水平高，工作实绩突出；或在市级行政机关担任副处级及以上职务（区级督学应在区级行政机关担任副科级及以上职务），具有较丰富的行政管理经验；或具备相应专业水平的其他社会人士。

（六）身心健康，初聘年龄一般不超过 60 周岁。

第六条　督学聘任程序：

市区两级专兼职督学由本级人民政府教育督导机构依据规定按照教育督导工作需要聘任。聘任程序如下：

（一）发布公告：市、区人民政府教育督导机构发布督学换届遴选工作公告。

（二）推荐与自荐：相关单位按要求向市、区人民政府教育督导机构推荐参聘人员；个人可向市、区人民政府教育督导机构自荐。

（三）审查与遴选：市、区人民政府教育督导机构负责对本级督学资格进行审查、遴选和审核批准。

（四）结果公示：市、区人民政府教育督导机构将拟聘督学人员名单向社会公示，公示期不得少于 7 个工作日。

（五）督学聘任：市、区人民政府教育督导机构向聘任督学颁发聘书和督学证，聘任结果向上级教育督导机构报备并向社会公布。

第七条　督学每届任期 3 年，到期自动解聘，连续聘任一般不得超过 3 届。届中因工作需要可进行督学补充，聘任程序须执行本办法第六条规定，聘任截止日期与同届督学相同。

第三章　职责与权力

第八条　督学按照《教育督导条例》规定开展教育督导工作。

第九条　督学受教育督导机构指派，实施教育督导时履行以下职责：

（一）对政府及有关部门履行教育职责情况进行督导。

（二）对各级各类学校及教育机构教育教学工作情况实施督导。

（三）对师生或群众反映的教育热点、难点等重大问题实施督导。

（四）对严重影响或损害师生安全、合法权益、教育教学秩序等突发事件，及时督促处理并第一时间报告上级教育督导机构。

（五）每次完成督导任务后，及时向本级教育督导机构报告督导情况，提交督导报告。

（六）挂牌督导的责任督学还应根据国家、市、区对责任督学的相关要求履行经常性督导职责。

（七）参加统一安排的相关检查督察工作。

（八）完成本级人民政府及教育督导机构交办的其他工作事项。

第十条　督学受教育督导机构指派，实施教育督导时可行使以下权力：

（一）就督导事项有关问题进入相关部门和教育机构开展调查。

（二）查阅、复制与督导事项有关的文件、材料。

（三）列席与督导有关的工作会议。

（四）要求被督导单位就督导事项有关问题作出说明。

（五）采取约谈有关负责人等方式督促问题整改落实。

（六）对被督导单位的整改情况进行监督、检查。

第十一条　市、区人民政府教育督导机构应为督学开展教育督导工作提供经费和条件保障，对兼职督学给予必要的工作补贴。

第十二条　督学开展教育督导工作所需经费由市、区人民政府按《教育督导条例》要求纳入本级财政预算。

第十三条　市、区人民政府及有关部门应积极支持督学晋升职级或职称。

第十四条　市、区人民政府教育督导机构依法维护督学的合法权益，保障督学依法依规履职。

第四章　培养与培训

第十五条　市、区人民政府教育督导机构应重视对督学的培养，对督学聘任前后的培养工作进行系统设计，提高督学培训质量和督学队伍的专业化水平。

第十六条　市人民政府教育督导机构负责制定全市督学培养规划和培训规程，统筹指导市区两级督学培养培训工作，组织实施相关培训；区人民政府教育督导机构负责本级督学的培养与培训工作。

第十七条　市、区人民政府教育督导机构按照职责要求负责组织督学的岗前及在岗培训，新任督学上岗前应接受培训。督学每年参加的集中培训累计应不少于40学时，培训学时计入继续教育学时。

第十八条　督学培训可采取集中培训、网络学习和个人学习调研相结合的方式进行，督学每年向本级人民政府教育督导机构提交一篇工作总结或专题研究报告。

第十九条　市、区人民政府教育督导机构根据督学队伍实际和督导工作需要进行分层、分类、多种形式培训。培训主要内容包括：

（一）教育法律、法规、方针、政策、规章、制度和相关文件。

（二）教育学、心理学、教育管理、学校管理、应急处理与安全防范等相关理论和知识。

（三）督导评估与质量监测专业理论、方法和技术的应用、督导规程、督导实施和督导报告、案例撰写等业务知识。

（四）教育管理、教育教学、教育督导研究方法及应用。

（五）现代信息技术在教育督导中的应用。

（六）其他相关领域的知识与技术。

第二十条　市、区人民政府教育督导机构应建立本级督学培训档案，对督学参加培训的时间、班次与内容等情况进行记录备案。

第五章　管理与考核

第二十一条　市、区人民政府教育督导机构分别对本级督学进行登记管理与考核，动态掌握督学相关信息。

第二十二条　市、区人民政府教育督导机构对本级督学工作进行管理，主要包括：

（一）实施督导时遵守有关规定情况。

（二）督导报告撰写与提交情况。

（三）督导意见反馈和督促整改情况。

（四）按要求接受督学培训情况。

第二十三条　督学在开展教育督导工作时，应遵守以下纪律和规定：

（一）依法督导，持证履职，遵循督导工作规程，认真完成督导任务，实事求是，公平公正，坚持原则，恪尽职守。

（二）根据教育督导机构的统一安排，参加各项督导活动，不得开展与督导工作无关的事项。

（三）维护被督导单位的合法权益和正常工作秩序，自觉接受被督导单位和社会的监督。

（四）坚持督导意见集体审议制度，不擅自发布督导结果及其有关内容，不以个人名义对外发表督导意见，严格保护涉及被督导单位的相关信息。

（五）廉洁督导，不得收受被督导单位给予的任何形式的礼金礼物。

（六）因故不能参加督导活动，应及时向本级人民政府教育督导机构报告并办理请假手续。

第二十四条　实行督学回避制度。督学与被督导单位存在利害关系的应当回避。

第二十五条　督学应主动公开联系方式和督导事项等，方便社会了解督导工作情况，接受社会监督。

第二十六条　市、区人民政府教育督导机构受理对督学不当行为的举报，经查实后依照有关规定处理。对督学违法违规受到处理的，及时向上级教育督导机构报告。

第二十七条　督学考核应包括以下主要内容：

（一）督导工作完成情况。包括实施督导、督导报告、督促整改、任务完成和工作总结等情况。

（二）参加培训情况。包括参加集中培训、网络学习和个人学习调研等情况。

（三）廉洁自律情况。包括遵守廉政规定、遵守工作纪律和工作作风等情况。

第二十八条　市、区人民政府教育督导机构分别负责本级督学年度考核和聘期考核。对专职督学、兼职督学进行分别考核，并结合实际制定具体考核标准，采取个人自评和督导部门考核相结合的方式对督学进行全面客观评价，对考核优秀的督学按相应规定给予相应的表彰奖励。

第二十九条　市、区人民政府教育督导机构对督学考核后形成书面意见告知本人及所在单位并存档备案，作为对其使用、培养、聘任、续聘、解聘的重要依据。

第三十条　督学有下列情形之一的，由本级人民政府教育督导机构给予解聘：

（一）无正当理由不正常参加教育督导工作和完成督导工作任务的。

（二）弄虚作假、徇私舞弊、影响督导结果公平公正的。

（三）滥用职权、打击报复、干扰被督导单位正常工作的。

（四）受到行政处分、刑事处罚的。

（五）年度考核不合格的。

第三十一条　督学因个人原因不能正常履行职责须书面申请辞去督学职务，本级人民政府教育督导机构于30日内批准并向社会公布。

第六章　附　　则

第三十二条　各区人民政府教育督导机构根据本办法，结合本地实际，可制定实施细则或本区督学管理办法，并报市人民政府教育督导机构备案。

第三十三条　本办法自发布之日起施行。解释权归市人民政府教育督导机构。2008年4月2日北京市人民政府教育督导室发布的《北京市兼职督学聘任管理办法（暂行）》同时废止。

北京市人民政府教育督导委员会办公室关于印发《北京市人民政府教育督导委员会工作规则（草案）》的通知

京教督办〔2016〕1号

各北京市人民政府教育督导委员会成员单位：

《北京市人民政府教育督导委员会工作规则（草案）》已经北京市人民政府教育督导委员会第一次全体会议审议通过，现印发给你们，请遵照执行。

北京市人民政府教育督导委员会办公室

2016年12月6日

北京市人民政府教育督导委员会工作规则（草案）

一、根据国务院颁布的《教育督导条例》，为切实履行教育督导职责，结合北京实际，制定本规则。

二、北京市人民政府教育督导委员会的主要职责：研究制定北京市教育督导的重大政策；审议北京市教育督导发展规划和重大事项；统筹指导全市教育督导工作；聘任北京市督学；发布北京市教育督导报告。

三、北京市人民政府教育督导委员会办公室设在北京市人民政府教育督导室，承担北京市人民政府教育督导委员会的日常工作，执行北京市人民政府教育督导委员会决议，组织开展对北京市各级各类教育的督政、督学和评估监测工作。

四、北京市人民政府教育督导委员会实行集体讨论处理重大事项的制度。北京市人民政府教育督导委员会会议原则上每年召开2次。根据工作需要，北京市人民政府教育督导委员会主任或主任指定的副主任可召开专题会议。

五、北京市人民政府教育督导委员会会议由北京市人民政府教育督导委员会主任或主任指定的副主任主持。出席会议人员：北京市人民政府教育督导委员会主任、副主任、成员。列席会议人员根据会议需要确定。

六、北京市人民政府教育督导委员会会议议题由北京市人民政府教育督导委员会办公室根据主任要求及工作需要研究提出建议，报主任审定。

七、北京市人民政府教育督导委员会办公室根据北京市人民政府教育督导委员会会议结论性意见整理形成会议纪要。会议纪要、会议讨论通过的文件报主任同意后由办公室主任签发，送主任、副主任、委员，发市政府教育督导委员会成员单位及会议事项相关单位。

八、北京市人民政府教育督导委员会办公室负责督促落实委员会会议和专题会议决定事项。建立专报制度，及时将事项进展和结果报主任、副主任、委员及相关单位。重要事项专报经主任同意后报送国务院教育督导委员会办公室。

九、北京市人民政府教育督导委员会如需调整市领导以外的成员，由成员单位提出调整意见，经北京市人民政府教育督导委员会办公室审核后报请主任批准，由北京市人民政府教育督导委员会办公室发文通知各成员单位，同时向市编办备案。

十、本规则自北京市人民政府教育督导委员会会议通过之日起执行。

北京市人民政府教育督导委员会办公室关于印发《北京市教育督导报告发布管理暂行办法》的通知

京教督办〔2016〕2号

各区（含燕山）教委、人民政府教育督导室，市属各高校：

《北京市教育督导报告发布管理暂行办法》已经北京市人民政府教育督导委员会第一次全体会议审议通过，现印发给你们，请遵照执行。

北京市人民政府教育督导委员会办公室

2016年12月6日

北京市教育督导报告发布管理暂行办法

第一条　为规范北京市教育督导报告发布管理工作，根据国家《教育督导条例》、国务院教育督导委员会《教育督导报告发布暂行办法》、北京市人民政府办公厅《关于深化教育督导改革的实施意见》等有关规定，制定本办法。

第二条　本办法适用于市、区人民政府教育督导室（以下统称教育督导机构）向社会发布教育督导报告。

第三条　发布教育督导报告，遵循“依法公开、分级负责、客观公正、及时准确”的原则。市、区教育督导机构负责本级教育督导报告发布工作。

第四条　教育督导报告包括年度教育督导报告、综合督导报告、专项督导报告和评估监测报告。

年度教育督导报告是市、区教育督导机构根据一个年度内督政、督学、评估监测实施情况，总结形成的督导报告。

综合督导报告是市、区教育督导机构依照有关法律和规定实施的综合督导事项，对被督导单位实施综合督导后形成的督导报告。

专项督导报告是市、区教育督导机构依照有关法律和规定，以专项督导方式对被督导单位实施一项或几项督导事项后形成的督导报告。

评估监测报告是市、区教育督导机构依照有关法律和规定，对区域教育发展状况和质量，对各级各类教育机构办学状况、教育教学质量进行评估监测后形成的评估监测报告。

第五条　教育督导报告主要内容：

（一）年度教育督导报告：督导工作的计划、内容，督导工作的组织实施，重要督导事项和工作情况，督导意见和措施，整改情况。

（二）综合督导报告、专项督导报告：督导依据与目的，督导事项与内容，督导过程，督导意见，整改情况。

（三）评估监测报告：评估监测依据与标准，评估监测事项与内容，评估监测实施机构，评估监测实施方式，评估监测过程，评估监测结果与整改意见。

第六条　教育督导报告的撰写要求：

描述督导过程要简明扼要；总结被督导单位的工作情况要客观公正；反映督导中发现的问题要准确、客观、具体；提出督导意见要观点鲜明、针对性强，具有专业性、指导性和可操作性；被督导单位的整改情况要客观公正，实事求是；评估监测结果要真实、准确、科学、全面。

第七条　市、区年度教育督导报告、综合督导报告、评估监测报告，须经本级人民政府教育督导委员会会议讨论通过后由本级人民政府教育督导室发布；市、区专项督导报告、各级各类教育机构评估监测报告须经本级人民政府教育督导室主任办公会会议讨论通过，报本级人民政府教育督导委员会主任同意后，由本级人民政府教育督导室发布。

第八条　教育督导机构应统一教育督导报告的发布格式，力求规范、简洁。

第九条　教育督导报告应在结束全部工作后 15 个工作日内向社会发布。

第十条　教育督导报告一般通过本级教育督导机构网站、报刊、广播或电视等便于公众知晓的方式发布，必要时可召开新闻发布会对外发布。

第十一条　教育督导结果应作为各级政府对被督导单位及其主要负责人进行考核、奖惩、问责的重要依据。

第十二条　本办法自发布之日起施行。

北京市人民政府教育督导室关于做好 2016 年硕士学位论文抽检工作的通知

京督导〔2016〕39 号

各有关学位授予单位：

根据国务院学位委员会、教育部印发的《博士硕士学位论文抽检办法》，以及国务院教育督导委员会办公室《关于做好 2016 年硕士学位论文抽检工作的通知》（国教督办函〔2016〕74 号）的精神，北京地区硕士学位论文（军队系统除外）抽检工作由北京市人民政府教育督导室组织实施。为做好硕士学位论文抽检工作，现提出如下要求：

一、总体要求、目标及原则

硕士学位论文抽检工作是全面深化研究生教育综合改革、提高研究生教育质量的一项重要举措，各学位授予单位要高度重视，本着实事求是的态度，按照国务院学位委员会、教育部印发的《博士硕士学位论文抽检办法》，认真做好相关工作。

硕士学位论文抽检工作的主要目标是通过随机抽检，了解北京地区硕士研究生培养质量的现状，促进培养单位逐步建立与完善研究生培养的自我约束、自我监督体系，营造一个全方位关注研究生培养质量的良好氛围，促进北京地区硕士研究生质量的进一步提升。

硕士学位论文抽检遵循“随机抽取、均衡比例、科学公正”的原则进行。

二、抽检方式及办法

（一）论文来源：根据上一学年度北京地区授予硕士学位的全部论文名单，随机产生抽检论文名单，各学位授予单位按照该抽检论文名单，向北京市人民政府教育督导室提交抽检学位论文。

（二）抽检方式：采取随机抽检为主、重点抽检为辅的方式进行。以随机抽检为主，抽检论文涉及北京地区所有硕士学位授予单位和全部硕士授权学科，每个学位点均有一定比例论文被抽检。对于授予学位人数较少的学位点，将综合考虑连续几年内抽检的论文数达到一定比例。对于新增的学位点，以及之前抽检存在问题的学位点，在后期抽检中将适当增加抽检比例。

（三）抽检数量：硕士学位论文抽检每年进行一次，抽检范围为北京地区学位授予单位（军队系统除外）上一学年度授予硕士学位的论文。根据学位授予单位硕士学位授予规模情况，原则上按 5% 左右的总体抽检比例确定抽检论文的数量。为进一步加强市属高校硕士学位论文质量监控工作，从今年起，适度扩大市属高校硕士学位论文抽检比例至10%，其他学位授予单位抽检比例不变。

（四）论文评议：硕士学位论文的抽检分通讯评议和复评两个阶段进行。通讯评议和复评工作委托第三方组织实施。论文评议方案、评价指标体系依据国务院学位委员会、教育部印发的《博士硕士学位论文抽检办法》制定。

三、2016年北京地区硕士学位论文抽检工作安排

（一）抽检论文是从2015年9月1日至2016年8月31日授予学位的硕士学位论文中随机抽取。

（二）各单位应严格按北京市人民政府教育督导室下达的抽检论文名单提供学位论文。如果被抽检论文是涉密论文，由学位授予单位保密委员会提供书面说明，并盖章确定其内容涉密，无保密委员会的单位可盖单位公章代替，我室将另行抽取。

（三）材料报送：

1. 抽检论文原文电子版（PDF格式）。

2. 抽检论文汇总表电子版（EXCEL格式）。

各单位请于2017年1月10日前提交上述材料至我室评估与监测处。本通知及抽检论文汇总表数据结构请从北京市人民政府教育督导室网站通知栏下载。

北京市人民政府教育督导室

2016年12月26日

第六编

附　录

一、1986—2016 年北京市专职教育督导人员名单

（80 名）

陶西平　陶春辉　徐锡安　袁贵仁　耿学超　刘利民　线联平　唐立军
刘铁岭　徐俊德　高同福　高玉琛　谢幼琅　文教亨　章家祥　刘　莉
佟志衷　李　壑　董柏林　陈　宏　关国珍　张　军　冯义国　朱兆勇
庄文举　翁向新　刘任同　宋宝璋　闫长文　刘　光　朴荣亨　姜东华
田文生　田荣兴　王筱同　陈兴江　庞万良　李长禄　晨　阳　刘士龙
师其鹄　徐绍忠　李淑英　马　进　赵志德　高传霞　郭春彦　汤　静
高增茹　李小燕　张桂云　熊　红　张士佐　龙　梅　马千里　王家兵
杨江林　李　强　徐孟军　王德文　胡　靖　陈琦璐　魏旭斌　赵　兴
韩宝来　聂　荣　张晓玲　刘中阁　杜建峰　李丽晖　乔　永　刘　奇
蒋　婧　彭　君　杨　旸　胥丹丹　张　磊　单　聪　张　军　邸小宝

二、1986—2016 年北京市督学顾问及兼职督学名单

1989—1996 年北京市督学顾问及兼职督学名单（13 名）

督学顾问（3 名）：

周　正　王金翰　黄乃昆

兼职督学（10 名）：

曹丽珊　黄慕慈　饶　宜　崔先鹤　刘　光　张思齐　王韵生　陈荣臻
梁寅超　张希鹏

1996—1999 年北京市兼职督学名单（28 名）

方军燕　葛守熙　孟广烈　孙熙昆　孙国梁　朱正威　刘洁章　林　慈
阮燕君　陈景仁　王天信　杨思斌　宋静华　暴长起　孙金兰　庆　敏
闫长文　刘任同　刘常新　顾寿林　时　泓　李长贵　朱兆勇　罗凤乔
刘国锡　李定铭　胡雪晴　刘克楠

1999—2002 年北京市兼职督学名单（32 名）

方军燕　葛守熙　陈景仁　孙熙昆　孙国梁　阮燕君　罗国藻　王政敏
姚　英　鲁玉华　李光裕　刘任同　李淑英　闫长文　宋静华　杨思斌
刘世荣　高广乾　舒永襄　刘常新　顾寿林　关慧敏　庆　敏　李长贵
王筱同　王夔林　李德超　叶介良　胡正义　郭久骧　刘克楠　李定铭

2003—2005 年北京市兼职督学名单（71 名）

部分人员名单如下（36 名）：

陈兴江　陈　源　方军燕　高长宏　顾寿林　关慧敏　郭　麟　韩敬愈
侯守峰　黄在坡　李长禄　李定铭　廖万才　刘世荣　刘任同　卢宝生
陆逸民　罗国藻　马章全　朴荣亭　宋静华　师其鹄　苏宝光　谭国纶
田贞静　佟志衷　谢嘉平　宛公孚　王光甫　王化洁　王政敏　徐绍忠
谢幼琅　阮燕君　张广茂　张振芳

2005—2007 年北京市兼职督学名单（59 名）

部分人员名单如下（48 名）：

曹寿延　陈兴江　陈　源　高长宏　耿淑华　顾寿林　关慧敏　郭　麟
韩敬愈　侯守峰　滑淑荣　皇甫新　黄在坡　简尔贤　李长禄　李定铭
李振杰　廖万才　刘　和　刘任同　刘秀华　卢宝生　马章全　朴荣亭
师其鹄　施志正　苏宝光　孙衍慧　谭国纶　田贞静　佟志衷　宛公孚
王德超　王光甫　王化洁　王润文　王玉兰　谢嘉平　谢幼琅　徐慕雄
徐绍忠　薛家树　杨宗义　杨文尧　于洪武　张广茂　张森林　张振芳

2007—2009 年北京市督学顾问及兼职督学名单（69 名）

督学顾问（7 名）：

刘　志　刘江平　谈绪祥　高　华　牟达维　吴素芳　刘振华

基础教育兼职督学（40 名）：

于洪武　马　刚　马章全　王云峰　王四海　王玉兰　王建州　王海燕
王润文　田贞静　申珍明　乔树平　刘秀华　刘淑兰　师其鹄　何贤景
佟　岳　宋淑清　张广茂　张永启　张振芳　张爱兰　李长禄　李松龄
李振杰　苏宝光　林殿石　郑晓东　施志正　胡淑云　胡新懿　赵学勤
赵宝军　赵金铭　耿淑华　高长宏　晨　阳　韩敬愈　简尔贤　薛家树

职业教育兼职督学（18 名）：

王光甫　王汴生　关慧敏　刘　和　吉　利　严宝山　何　兵　张森林
杨　帆　杨文尧　杨之靖　陈保峰　宛公孚　林根盛　栗俊英　顾寿林
隋明阳　滑淑荣

高职和民办教育兼职督学（4 名）：

王文源　刘　林　许祥源　徐恒亮

2009—2016 年北京市督学顾问及兼职督学名单（112 名）

督学顾问（12 名）：

左铭飞　卢映川　吴素芳　刘江平　曹跃进　冯可粱　刘春广　牛德成
李　方　时　龙　王　健　刘彭芝

基础教育兼职督学（53 名）：

马　刚　马　凌　马　静　马杏芳　王　欢　王　森　王　静　王大平
王云峰　王四海　王兰芳　王洪兰　王海燕　白淑兰　冯惠燕　台　峰
邢筱萍　朱小娟　乔树平　刘　沪　刘永胜　汤　静　苏国华　李　国
李　真　李　烈　李仲秋　李松龄　李海波　吴　甡　张广茂　张世义
张立华　张永启　张雅文　张忠萍　张爱兰　陈汉龙　陈兴涛　陈燕青
郑晓东　线长久　赵文秀　赵学勤　荣培耘　胡淑云　胡新懿　耿淑华
柴旭津　肖宝军　晨　阳　简尔贤　薛家树

职业与成人教育兼职督学（25 名）：

丁久库　于唤洲　王光甫　王汴生　吉　利　刘　和　孙桂华　杨　帆
李　瑞　杨之靖　李怡民　张　蓉　陈保峰　林根盛　赵志群　赵爱芹
段福生　姜　婷　姜春梅　晋秉筠　徐素霞　高增茹　康　英　彭向东
潘晨光

高等教育兼职督学（10 名）：

王万良　王文源　刘　林　关仲和　许祥源　李振华　武马群　徐宝力
高　林　臧铁军

校外教育兼职督学（3 名）：

邓　敏　石宝泉　陈俊良

综合研究与管理兼职督学（9 名）：

刘小军　刘国强　沈　玲　周　栋　赵铁军　桂凤霞　郭培宜　桑锦龙
臧超美

三、2016—2019 年北京市专兼职督学名单

2016—2019 年北京市专职督学名单（66 名）

唐立军　刘　莉　关国珍　冯义国　马千里　杜建峰　张士佐　刘中阁
龙　梅　胡　靖　聂　荣　李　强　高传霞　韩宝来　李丽晖　张晓玲
王家兵　徐孟军　王　壮　龙华东　陆　巍　王华伟　辛向阳　康　英
梁　艳　李自强　宋　玫　张　锐　周志宇　李立军　张小洁　潘　嘉
付　葵　段　勇　赵蓬欣　王大庆　翁乃彤　吴晓哲　王世元　尚金森
乔　键　史怀远　屠永永　汪　彤　刘占良　李秀兰　杨玉柱　高增波
周靖合　王洪满　李少杰　刘德杰　李卫国　李卫东　张长征　扈岩江
石凤玲　钱正秒　王福胜　王恩成　乔玉波　王树生　于兆旺　闫利宽
王书忠　张凤玲

2016—2019年北京市兼职督学名单（194名）

学前教育兼职督学（18名）：

于渊莘　叶奕民　冯惠燕　朱小娟　朱继文　刘志成　刘　洁　刘洪霞
苏　婧　杜桂芳　李月英　李国荣　张志萍　张宝兰　柳　茹　郭文英
梁雅珠　游向红

职业教育与成人教育（25名）：

于唤洲　王东生　王成荣　王光甫　王彦荣　毛　燕　史晓鹤　吉　利
安江英　孙桂华　李长海　李怡民　李　瑞　杨　帆　张　蓉　陈建民
陈保峰　武马群　赵志群　赵爱芹　段福生　姜　婷　贺士榕　耿　芃
雷　庆

中小学教育（89名）：

于会祥　马丁一　马杏芳　王　元　王兰芳　王永洪　王　欢　王和宽
王泽旭　王宝珊　王建忠　王建宗　王春生　王俊成　王海燕　支　梅
尹　超　左玉霞　白淑兰　冯雅男　邢筱萍　吕宝新　朱建民　任　虹
刘　飞　刘长铭　刘　畅　刘显洋　刘顺利　刘炳辉　刘振凤　刘继忠
刘景敏　刘　磊　杜文平　李卫东　李子英　李有毅　李明新　李荣梅
李海波　杨　林　杨春林　杨德军　肖宝军　吴凤英　吴正宪　吴　甡
佟明河　余晓灵　沙晓燕　宋书慧　张凤玲　张丽华　张忠萍　张咏梅
张佳春　张京明　张悦峰　张　熙　陆云泉　陈立华　陈汉龙　陈　姗
陈维嘉　陈燕青　周玉江　郑培林　赵士雪　赵文红　赵文秀　赵方红
赵丽娟　赵学勤　赵璐玫　钮小桦　姜华阳　袁为民　贾美华　柴旭津
徐　华　徐素霞　郭树林　曹　力　曹士贤　雷海燕　臧富仁　管　杰
滕国清

高等教育（38名）：

于志刚　王文源　王兴芬　王　洪　王晓琳　王晓燕　王　敏　王德胜
仇鸿伟　石中英　田全华　付　丽　吕世彦　朱旭东　仲顺安　刘文辉
刘　林　孙洪祥　李长春　李　越　杨　鹏　肖万里　邹积亭　张文雪
张亦良　范双喜　林万龙　林　政　罗学科　周光礼　赵晓柏　姜广峰
秦惠民　徐宝力　郭　彪　郭　福　臧铁军　谭豫之

特殊教育（5名）：

王晨华　孙春锁　孙　颖　张北平　张咏梅

校外教育（9名）：

王振民　石冬玲　白　辉　刘焕子　吴子龙　张建湖　张　毅　周　咪
高玉明

语言文字（3名）：

杨海健　周海兵　郭龙生

综合教育管理（7名）：

伍芳辉　李　政　张瑞海　鱼　霞　钟祖荣　桑锦龙　褚宏启

四、1990—2016年北京市人民政府特约教育督导员名单

第一届北京市人民政府特约教育督导员名单（1990—1994年）（10名）

任国臣　刘捷平　沈绮云　沈静珠　谢衷洁　李　波　王树声　张钧篪
曹云健　黄日旭

第二届北京市人民政府特约教育督导员名单（1994—1997年）（13名）

王树声　叶　涛　任国臣　刘捷平　何　宁　肖幼宜　李　波　沈绮云
张君篪　黄日旭　曹云健　焦俊武　谢衷洁

第三届北京市人民政府特约教育督导员名单（1997—2004年）（12名）

叶　涛　肖幼宜　焦俊武　侯凤玲　黄源中　梁　捷　余贤著　肖鸣政
解世隆　王瑞昆　王永增　白玉新

第四届北京市人民政府特约教育督导员名单（2004—2008年）（12名）

降　云　文福安　朴　英　林安杰　张礼斌　李　彬　高向宇　马鸿韬
王培根　梁　捷　余贤著　肖鸣政

第五届北京市人民政府特约教育督导员名单（2008—2013年）（12名）

降　云　文福安　朴　英　林安杰　张礼斌　李　彬　高向宇　马鸿韬
常纪文　刘　驰　徐　勇　沈兴海

第六届北京市人民政府特约教育督导员名单（2013—2016年）（12名）

白广忱　文福安　徐　勇　朴　英　沈剑飞　林安杰　张礼斌　李　彬
高向宇　马鸿韬　沈兴海　郭丽双

后 记

为总结发展经验，巩固发展成果，促进改革创新，2016 年 3 月，北京市人民政府教育督导室主任办公会研究决定，成立编委会，组建编写组启动《北京教育督导30 年》编写工作。

在本书的编写过程中，市政府教育督导室老领导陶西平、刘铁岭、高玉琛、谢幼琅、李壑、陈宏、董柏林、关国珍等给予了特别关注，并欣然接受访谈或亲自撰写回忆录。市政府教育督导室原主任唐立军数次出席研讨会，对本书的编纂和出版工作给予了精心的指导。市教委原一级巡视员冯义国多次主持召开协调会议，为本书的顺利出版奠定了坚实的基础。市政府教育督导室原副主任刘莉牵头，组织完成了对本书的审校工作。时任市委教育工委副书记、市教委主任、市政府教育督导室主任刘宇辉高度关注本书的编辑出版工作，多次进行批示，并为本书撰写了序言。北京教育融媒体中心、北京市教育档案馆（北京教育博物馆）在统筹协调、资料整理等方面提供了有力的协助。市委教育工委、市教委各相关部门也给予了大力支持。

编写组为本书的编撰付出了艰苦的努力，先后多次召开工作会、座谈会、论证会，商议确定工作思路、结构框架、人员分工，分工协作，广泛搜集资料，精心梳理编辑。各区政府教育督导室积极组织人员编写本区教育督导发展历程和年度大事记，为本书提供了丰富的素材。

经过多方努力，《北京教育督导 30 年》终于编成。本书共分五个部分：第一部分为综述与领导讲话，第二部分为访谈录，第三部分为大事记，第四部分为区县教育督导，第五部分为法规文件。此外，本书还收录了市政府教育督导室（市教育局督学室）历任领导、历届督学和特约教育督导员名单。全书较全面地呈现了 1986—2016 年北京市及各区县教育督导改革与发展的脉络。

《北京教育督导 30 年》编写组具体分工如下：综述回顾组有郑晓东、薛家树、李强、刘中阁、胥丹丹；重大事件组有李长禄、张广茂、胡靖、王家兵、林业；图文资料组有李丽晖、李晓秋、冯伟、任彧；联络保障组有张凤华、龙梅、马千里、杜建峰、高传霞、赵兴、甄西川。刘莉、李长禄、高传霞、张广茂、郑晓东克服重重困难，完成了大量书稿审校方面的工作。

特别感谢北京教育融媒体中心党委书记李开发，党委委员、副主任李青，现代教育报社社长兼总编辑王宇，为本书顺利出版开展了卓有成效的组织协调工作。感谢人民教育出版社的大力支持与帮助。

尽管编写组尽了很大的努力，本书编写过程中也广泛征求了各方的意见和建议，但由于一些档案文献因年代久远保存不全，部分督导事项记载不详，加上编写人员自身水平有限，书中难免存在疏漏或不妥，我们衷心期待读者提出批评与建议。

《北京教育督导 30 年》编写组

2022 年 12 月 26 日